Andalousie

John Noble
Susan Forsyth

LONELY PLANET PUBLICATIONS
Melbourne • Oakland • London • Paris

ANDALOUSIE

CÓRDOBA
Capitale de l'Espagne musulmane avec sa magnifique ancienne mosquée

SEVILLA
La ville la plus animée d'Andalousie, forte de ses trésors historiques et artistiques

COSTA DE LA LUZ
200 km de plages de sable fin, de dunes et de pinèdes

JEREZ DE LA FRONTERA
Aux sources du xérès, haut lieu du cheval andalou et foyer du flamenco

CÁDIZ
Une ville portuaire attachante où il fait bon se distraire

EL CHORRO
Des gorges vertigineuses, idéales pour l'escalade

ANDALOUSIE

PARQUE NATURAL DE CAZORLA
Des massifs rocheux et forestiers d'une beauté exceptionnelle. Idéal pour des balades ou randonnées

GRANADA
Joyau de l'héritage de l'Andalousie musulmane

VALLÉES DES ALPUJARRAS
La beauté sauvage des paysages, des cultures en terrasses et des villages aux maisons blanches

CABO DE GATA
De belles plages peu fréquentées au pied de massifs rocheux

MÁLAGA
Théâtre de célébrations de la Semaine Sainte et de fiestas hautes en couleur

PARCS NATIONAUX ET RÉSERVES
1. Parque Natural Sierra de Aracena y Picos de Aroche
2. Parque Natural Sierra Norte
3. Parque Natural Sierra de Hornachuelos
4. Parque Natural Sierra de Cardeña y Montoro
5. Parque Natural Sierra de Andújar
6. Parque Natural de las Sierras de Cazorla, Segura y Las Villas
7. Parque Natural Sierras Subbéticas
8. Parque Nacional de Doñana
9. Parque Natural Los Alcornocales
10. Parque Natural Sierra de Grazalema
11. Parque Natural Sierra de las Nieves
12. Parque Natural Sierras de Tejeda, Almijara y Alhama
13. Parque Natural Sierra Nevada
14. Parque Nacional Sierra Nevada
15. Parque Natural Sierra de Baza
16. Parque Natural de Cabo de Gata-Níjar

ALTITUDE
- 4 000 m
- 3 000 m
- 2 000 m
- 1 000 m
- 700 m
- 400 m
- 0

Andalousie
2ᵉ édition française – Mars 2001
Traduit de l'ouvrage *Andalucia* (2th edition)

Publié par
Lonely Planet Publications 1, rue du Dahomey, 75011 Paris

Autres bureaux Lonely Planet
Australie Locked Bag 1, Footscray, Victoria 3011
États-Unis 150 Linden St, Oakland, CA 94607
Grande-Bretagne 10a Spring Place, London NW5 3BH

Photographies
Toutes les photos publiées dans ce guide sont disponibles auprès de notre agence photographique Lonely Planet Images (e-mail : lpi@lonelyplanet.com.au).

Photo de couverture
Peinture murale à Séville (Martin Moos)

Traduction partielle de
Anne Caron et Florence Vuarnesson

Dépôt légal
Mars 2001

ISBN 2-84070-186-3
ISSN 1242-9244

Texte et cartes © Lonely Planet 2001
Photos © photographes comme indiqués 2001

GR® et PR® sont des marques déposées de la FFRP
(Fédération Française de Randonnée Pédestre)

Imprimé par The Bookmaker International Ltd
Imprimé en Chine

Tous droits de traduction ou d'adaptation, même partiels, réservés pour tous pays. Aucune partie de ce livre, à l'exception de brefs extraits utilisés dans le cadre d'une étude, ne peut être reproduite, enregistrée dans un système de recherches documentaires ou de base de données, transmise sous quelque forme que ce soit, par des moyens audiovisuels, électroniques ou mécaniques, ou photocopiée sans l'autorisation écrite de l'éditeur et du propriétaire du copyright.

Lonely Planet et le logo de Lonely Planet sont des marques de Lonely Planet Publications Pty Ltd

Bien que les auteurs et l'éditeur aient essayé de donner des informations aussi exactes que possible, ils ne sont en aucun cas responsables des pertes, des problèmes ou des accidents que pourraient subir les personnes utilisant cet ouvrage.

Table des matières

LES AUTEURS	**6**
A PROPOS DE L'OUVRAGE	**7**
AVANT-PROPOS	**8**
INTRODUCTION	**11**

PRÉSENTATION DE L'ANDALOUSIE 13

Histoire 13	Faune 31	Populations et ethnies 36
Géographie 27	Parcs nationaux	Education 37
Climat 28	et réserves 33	Arts................................. 38
Écologie	Institutions	Règles de conduite 47
et environnement 29	politiques 34	Religion........................... 48
Flore 30	Économie 35	Langue............................. 49

FLAMENCO : LA COMPLAINTE DU GITAN 50

RENSEIGNEMENTS PRATIQUES 57

Suggestions d'itinéraires ... 57	Photographie.............. 75	Organismes à connaître 82
Préparation au voyage 57	Heure locale 75	Désagréments et dangers..... 82
Offices du tourisme 61	Électricité 75	Urgences 83
Visas et formalités	Poids et mesures 75	Problèmes juridiques 84
complémentaires 61	Blanchissage	Heures d'ouverture 84
Ambassades	/nettoyage 75	Jours fériés et
et consulats 63	Toilettes 75	manifestations annuelles ... 84
Douane 64	Santé 76	Activités sportives 87
Questions d'argent 64	Voyager seule............... 80	Cours et leçons.................. 90
Poste et communications ... 67	Communauté	Travailler
Internet 70	homosexuelle 80	en Andalousie 91
Livres 71	Voyageurs handicapés 81	Hébergement 93
Journaux et magazines 74	Voyageurs seniors 81	Distractions 96
Radio et télévision 74	Voyager	Manifestations sportives...... 97
Systèmes vidéo 74	avec des enfants 81	Achats 100

L'ANDALOUSIE À TABLE 101

COMMENT S'Y RENDRE 115

Voie aérienne 115	Voie maritime 125	Voyages organisés........... 126
Voie terrestre 119		

COMMENT CIRCULER 128

Avion 128	Voiture et moto 129	Transports locaux 131
Bus 128	Bicyclette 131	Circuits organisés 131
Train 128		

PROVINCIA DE SEVILLA 132

Sevilla 132	Renseignements 138	L'Alcázar 142
Histoire 134	La cathédrale	Archivo de Indias 145
Orientation 135	et la Giralda 139	Barrio de Santa Cruz 145

2 Table des matières – Texte

El Centro 145	Où se loger 156	Écija 176
El Arenal 149	Où se restaurer 161	Osuna 177
Sud du centre 152	Où sortir 166	Estepa 178
Nord du centre 153	Achats 170	**Parque Natural**
Triana 154	Comment s'y rendre 170	**Sierra Norte 179**
Isla de la Cartuja 154	Comment circuler 172	Cazalla de la Sierra 180
Cours et leçons 155	Les environs de Sevilla 173	Constantina 181
Circuits organisés 155	**La Campiña 173**	Villages
Manifestations annuelles ... 156	Carmona 173	de la Siera Norte 182

PROVINCIA DE HUELVA 183

Huelva et ses environs ... 183	Mazagón 192	La Antilla 199
Huelva 183	Matalascañas 193	Isla Cristina 199
Paraje Natural	Parque Nacional	Ayamonte 200
Marismas Del Odiel 188	de Doñana 193	**Le nord.............................. 201**
Lugares Colombinos 189	**L'ouest de Huelva 198**	Minas de Riotinto 201
Niebla 192	Punta Umbría 199	Aracena 203
Le sud-est de Huelva 192	El Rompido 199	L'ouest d'Aracena 206

PROVINCIA DE CÁDIZ 211

Cádiz 211	**Arcos et la Sierra 234**	Zahara de los Atunes 245
Le triangle du xérès 220	Arcos de la Frontera 234	Bolonia 246
El Puerto	Parque Natural	Tarifa 247
de Santa María 220	Sierra de Grazalema 237	**Le sud-est 252**
Sanlúcar de Barrameda ... 224	**Costa de la Luz 242**	Parque Natural
Chipiona 227	Vejer de la Frontera 242	Los Alcornocales 252
Jerez de la Frontera 227	Barbate 243	Algeciras 253
Les environs de Jerez 234	Los Caños de la Meca 243	La Línea de la Concepción .. 257

GIBRALTAR 259

PROVINCIA DE MÁLAGA 268

Málaga 268	Jardín El Retiro 275	Puerto Banús 291
Histoire 268	Jardín Botánico	Estepona 291
Orientation 270	La Concepción 275	Casares 292
Renseignements 270	Plages 275	**L'arrière-pays 292**
Alcazaba 270	Cours de langues 275	El Chorro, Ardales
Castillo de Gibralfaro 272	Manifestations	et les environs 292
La cathédrale 272	annuelles 275	Ronda 295
Palacio Episcopal 273	Où se loger 276	Les environs
Museo Picasso	Où se restaurer 277	de Ronda 302
et Museo de Málaga 273	Où sortir 279	Antequera 304
Casa Natal de Picasso 273	Manifestations sportives ... 280	Les environs
Alameda Principal	Comment s'y rendre 280	d'Antequera 307
et Paseo del Parque 274	Comment circuler 281	**L'est de Málaga 308**
Pasaje de Chinitas 274	**La Costa del Sol 281**	Rincón de la Victoria 308
Museo de Artes	Torremolinos	Torre del Mar 308
y Costumbres Populares . 274	et Benalmádena 282	Nerja 308
Museo Municipal 274	Fuengirola 285	Les environs
Plaza de Toros	Mijas 286	de Nerja 309
et Cementerio Inglés 274	Marbella 286	La Axarquía 310

Table des matières – Texte 3

PROVINCIA DE CÓRDOBA — 313

Córdoba 313	Le nord de Córdoba 329	Vers Málaga 330
Les environs de Córdoba .. 328	L'ouest de Córdoba 330	La Subbética 330

PROVINCIA DE GRANADA — 333

Granada 333	Baza 357	Salobreña 370
Les environs de Granada .. 354	**La Sierra Nevada**	Almuñecar 371
A l'est de Granada 355	**et Las Alpujarras** 358	Marina del Este 372
Guadix 355	Estación de	La Herradura 373
Marquesado de Zenete ... 357	Esquí Sierra Nevada 358	
Parque Natural	Las Alpujarras 361	
Sierra de Baza 357	**Le littoral** 369	

PROVINCIA DE JAÉN — 374

Jaén 374	Baeza 383	Parque Natural
Le nord-ouest 382	Úbeda 388	de Cazorla 396
Parque Natural	Cazorla 393	
Sierra Mágina et Huelma . 383	Les environs de Cazorla 396	

PROVINCIA DE ALMERÍA — 406

Almería 406	Las Alpujarras 413	Vélez Blanco
Les environs	Cabo de Gata 415	et ses environs 423
d'Almería 412	Mojáca 420	

LANGUE — 426

GLOSSAIRE — 430

REMERCIEMENTS — 434

INDEX — 444

Texte 444   Encadrés 447

LÉGENDE DES CARTES — 448

TABLEAU DE CONVERSION — Troisième de couverture

Table des matières – Cartes

COMMENT S'Y RENDRE
Accès à l'Andalousie 119

PROVINCIA DE SEVILLA
Provincia de Sevilla 133	Cathédrale de Sévilla 140	Centre de Sevilla 146-147
Sevilla 136-137	L'Álcazar de Sevilla 142	Carmona 174

PROVINCIA DE HUELVA
Provincia de Huelva 184	Aracena 204	
Huelva 185	Ouest d'Aracena 208	

PROVINCIA DE CADIZ
Provincia de Cádiz 212	Jerez de la Frontera 229	Tarifa 249
Cádiz 214	Arcos de la Frontera 235	Algeciras 255

GIBRALTAR
Gibraltar 262

PROVINCIA DE MALAGA
Provincia de Málaga 269	Centre	Marbella 288
Málaga 271	de Málaga 272	Ronda 297

PROVINCIA DE CORDOBA
Provincia de Córdoba 314   Córdoba 316-317

PROVINCIA DE GRANADA
Provincia de Granada 334	Centre de Granada 338	L'ouest de la Sierra Nevada
Granada 336-337	L'Alhambra 340	et Las Alpujarras 359

PROVINCIA DE JAEN
Provincia de Jaén 375	Baeza 385	Les environs
Jaén 378-379	Úbeda 391	de Cazorla 399

PROVINCIA DE ALMERÍA
Provincia de Almería 407	Cabo de Gata 416	
Almería 408	Mojácar Pueblo 421	

LÉGENDE DES CARTES   **448**

Table des matières – Cartes

CARTES

Provincia de Almería p. 407
Cabo de Gata p. 416
Almería p. 408

AUTRES CARTES
Accès à l'Andalousie p. 119

MURCIA

CASTILLA-LA MANCHA

Provincia de Jaén p. 375
Les environs de Cazorla p. 399
Jaén p. 378-379

Granada p. 336-337
Ouest de la Sierra Nevada et Las Alpujarras p. 359

Provincia de Granada p. 334

Provincia de Málaga p. 269
Málaga p. 271

MER MÉDITERRANÉE

Provincia de Córdoba p. 314
Córdoba p. 316-317

EXTREMADURA

Provincia de Sevilla p. 133
Sevilla p. 136-137
Ouest d'Aracena p. 208

Gibraltar p. 262

Provincia de Cádiz p. 212
Cádiz p. 214

Provincia de Huelva p. 184
Huelva p. 185

MAROC

PORTUGAL

OCÉAN ATLANTIQUE

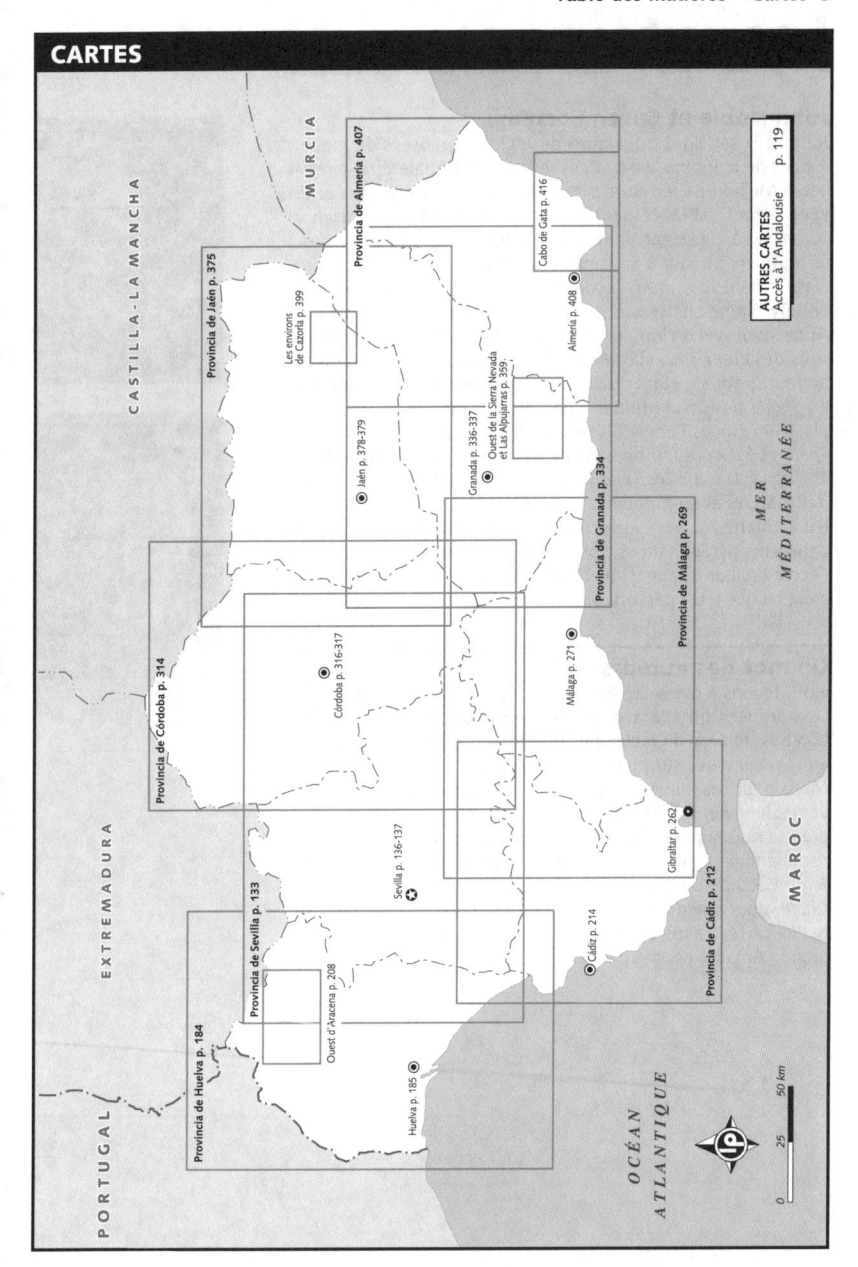

0 25 50 km

Les auteurs

John Noble et Susan Forsyth
John et Susan sont originaires de régions opposées du globe : il vient de la Ribble Valley dans le Nord de l'Angleterre, elle est née à Melbourne, en Australie. Leurs études universitaires achevées, John s'est lancé dans le journalisme tandis que Susan se consacrait à l'enseignement. L'attrait des voyages les a amenés à se retrouver un jour à Sri Lanka : Susan avait choisi d'y être professeur bénévole, John accomplissait sa première mission pour Lonely Planet. Ils se marièrent à Melbourne, il y a trois ans. Après avoir vécu cinq ans dans la Ribble Valley, ils sont partis sous des cieux plus cléments, plus proches du climat de Melbourne, pour s'installer dans un village andalou. Ce qui ne les empêche pas de continuer à parcourir le monde et à cosigner plusieurs guides Lonely Planet (*Australie*, *Indonésie*, *Sri Lanka*, *Spain* et *Mexique*). John a assuré la coordination des titres *URSS* et *Russia, Ukraine & Belarus*. Il est également auteur du guide *Baltic States* et co-auteur du guide *Central Asia*. Isabella et Jack, leurs enfants, suivent aussi souvent que possible John et Susan dans leurs pérégrinations, tout en poursuivant leurs études dans l'école de leur village, si bien qu'ils maîtrisent mieux le dialecte andalou que leurs parents.

Un mot des auteurs
Nous tenons à remercier Patricia Luce pour le flot d'informations savoureuses qu'elle a collecté pour nous ; Anna Suton, de Londres, Jen Joy d'Oakland et Julia Wilkinson de Lisbonne pour leurs recherches sur place ; Karen Abrahams de Los Caños de Meca pour ses lumières sur la Costa de la Luz ; Mariano Cruz, véritable mine de renseignements sur la province de Granada et pour sa disponibilité ; l'ensemble du personnel des offices du tourisme andalous pour sa coopération et son professionnalisme ; enfin l'équipe de Lonely Planet-Londres, et tout spécialement Claire, pour quelques mises au point salutaires et Gadi pour ses belles cartes ; sans oublier Kiko Veneno, Niña Pastori et Raimundo Amador pour leur musique.

A propos de l'ouvrage

John Noble et Susan Forsyth ont écrit la première édition du guide *Andalucia* et actualisé cette seconde édition.

Un mot de l'éditeur

Cécile Bertolissio a assuré la coordination éditoriale de cet ouvrage avec la collaboration efficace et précieuse de Michel Mac Leod, de Sophie Hofnung et de Bénédicte Houdré. Francis Degras en a créé la maquette, avec l'aide de Philippe Maitre et de Valérie Police.

Nous remercions Claude Albert, Jean-Michel Roux, Lucie Fontaine et Andrée Barthès pour leur contribution au texte.

La coordination de la cartographie originale est due à Gadi Farfour. Leur adaptation en français est l'œuvre d'Isabelle (Zab) Chipot.

La couverture a été créée par Sophie Rivoire. L'index a été conçu par Mélanie Sollin. Les illustrations sont le fruit des talents de Jane Smith, Kate Nolan, Martin Harris, Mick Weldon, Nick Kelly et Francis Degras. Un grand merci également à Caroline Guilleminot, Caroline Sahanouk, Régis Couturier et Corinne Holst pour leur soutien constant.

Toute notre gratitude va à Didier Buroc de Mercury, ainsi qu'au bureau australien de Lonely Planet, en particulier à Helen Papadimitriou et à Graham Imeson pour leur collaboration permanente avec le bureau français et à toute l'équipe de Lonely Planet Images.

Avant-propos

LES GUIDES LONELY PLANET

Tout commence par un long voyage : en 1972, Tony et Maureen Wheeler rallient l'Australie après avoir traversé l'Europe et l'Asie. A cette époque, on ne disposait d'aucune information pratique pour mener à bien ce type d'aventure. Pour répondre à une demande croissante, ils rédigent le premier guide Lonely Planet, un fascicule écrit sur le coin d'une table.

Depuis, Lonely Planet est devenu le plus grand éditeur indépendant de guides de voyage dans le monde, et dispose de bureaux à Melbourne (Australie), Oakland (États-Unis), Londres (Royaume-Uni) et Paris (France).

La collection couvre désormais le monde entier, et ne cesse de s'étoffer. L'information est aujourd'hui présentée sur différents supports, mais notre objectif reste constant : donner des clés au voyageur pour qu'il comprenne mieux les pays qu'il visite.

L'équipe de Lonely Planet est convaincue que les voyageurs peuvent avoir un impact positif sur les pays qu'ils visitent, pour peu qu'ils fassent preuve d'une attitude responsable. Depuis 1986, nous reversons un pourcentage de nos bénéfices à des actions humanitaires.

Remises à jour. Lonely Planet remet régulièrement à jour ses guides, dans leur totalité. Il s'écoule généralement deux ans entre deux éditions, parfois plus pour certaines destinations moins sujettes au changement. Pour connaître l'année de publication, reportez-vous à la page qui suit la carte couleur, au début du livre.

Entre deux éditions, consultez notre journal gratuit d'informations trimestrielles Le Journal de Lonely Planet. Sur notre nouveau site Internet www.lonelyplanet.fr, vous aurez accès à des fiches pays régulièrement remises à jour. Néanmoins d'autres informations (en anglais) sont disponibles sur notre site anglais www.lonelyplanet.com.

Courrier des lecteurs. La réalisation d'un livre commence avec le courrier que nous recevons de nos lecteurs. Nous traitons chaque semaine des centaines de lettres, de cartes postales et d'e-mails, qui sont ajoutés à notre base de données, publiés dans notre journal d'information ou intégrés à notre site Internet. Aucune information n'est publiée dans un guide sans avoir été scrupuleusement vérifiée sur place par nos auteurs.

Recherches sur le terrain. Nos auteurs recueillent des informations pratiques et donnent des éclairages historiques et culturels pour mieux appréhender le contexte culturel ou écologique d'un pays.

Lonely Planet s'adresse en priorité aux voyageurs indépendants qui font la démarche de partir à la découverte d'un pays. Nous disposons de multiples outils pour aider tous ceux qui adhèrent à cet esprit : guides de voyage, guides de conversation, guides thématiques, cartes, littérature de voyage, journaux d'information, banque d'images, séries télévisées et site Internet.

Les auteurs ne séjournent pas dans chaque hôtel mentionné. Il leur faudrait en effet passer plusieurs mois dans chacune des villes ; ils ne déjeunent pas non plus dans tous les restaurants. En revanche, ils inspectent systématiquement ces établissements pour s'assurer de la qualité de leurs prestations et de leurs tarifs. Nous lisons également avec grand intérêt les commentaires des lecteurs.

La plupart de nos auteurs travaillent sous le sceau du secret, bien que certains déclinent leur identité. Tous s'engagent formellement à ne percevoir aucune gratification, sous quelque forme que ce soit, en échange de leurs commentaires. Par ailleurs, aucun de nos ouvrages ne contient de publicité, pour préserver notre indépendance.

Production. Les auteurs soumettent leur texte et leurs cartes à l'un de nos bureaux en Australie, aux États-Unis, au Royaume-Uni ou en France. Les secrétaires d'édition et les cartographes, eux-mêmes voyageurs expérimentés, traitent alors le manuscrit. Trois à six mois plus tard, celui-ci est envoyé à l'imprimeur. Lorsque le livre sort en librairie, certaines informations sont déjà caduques et le processus se remet en marche...

ATTENTION !

Un guide de voyage ressemble un peu à un instantané. A peine a-t-on imprimé le livre que la situation a déjà évolué. Les prix augmentent, les horaires changent, les bonnes adresses se déprécient et les mauvaises font faillite. Gardez toujours à l'esprit que cet ouvrage n'a d'autre ambition que celle d'être un guide, pas un bréviaire. Il a pour but de vous faciliter la tâche le plus souvent possible au cours de votre voyage.

N'hésitez pas à prendre la plume pour nous faire part de vos expériences.

Toutes les personnes qui nous écrivent sont gratuitement abonnées à notre revue d'information trimestrielle le *Journal de Lonely Planet*. Des extraits de votre courrier pourront y être publiés. Les auteurs de ces lettres sélectionnées recevront un guide Lonely Planet de leur choix. Si vous ne souhaitez pas que votre courrier soit repris dans le *Journal* ou que votre nom apparaisse, merci de nous le préciser.

Envoyez vos courriers à Lonely Planet, 1 rue du Dahomey, Paris 75011

ou vos e-mails à : bip@lonelyplanet.fr

Informations de dernières minutes : www.lonelyplanet.fr et www.lonelyplanet.com

COMMENT UTILISER VOTRE GUIDE LONELY PLANET

Les guides de voyage Lonely Planet n'ont pour seule ambition que d'être des guides, pas des bibles synonymes d'infaillibilité. Nos ouvrages visent à donner des clés au voyageur afin qu'il s'épargne d'inutiles contraintes et qu'il tire le meilleur parti de son périple.

Contenu des ouvrages. La conception des guides Lonely Planet est identique, quelle que soit la destination. Le chapitre *Présentation* met en lumière les diverses facettes de la culture du pays, qu'il s'agisse de l'histoire, du climat ou des institutions politiques. Le chapitre *Renseignements pratiques* comporte des informations plus spécifiques pour préparer son voyage, telles que les formalités d'obtention des visas ou les précautions sanitaires. Le chapitre *Comment s'y rendre* détaille toutes les possibilités pour se rendre dans le pays. Le chapitre *Comment circuler* porte sur les moyens de transport sur place.

Le découpage du reste du guide est organisé selon les caractéristiques géographiques de la destination. Vous retrouverez toutefois systématiquement la même trame, à savoir : centres d'intérêt, possibilités d'hébergement et de restauration, où sortir, comment s'y rendre, comment circuler.

Présentation des rubriques. Une rigoureuse structure hiérarchique régit la présentation de l'information. Chaque chapitre est respectivement découpé en sections, rubriques et paragraphes.

Accès à l'information. Pour faciliter vos recherches, consultez le sommaire en début d'ouvrage et l'index détaillé à la fin de celui-ci. Une liste des cartes et un index des cartes constituent également des clés pour se repérer plus facilement dans l'ouvrage.

Généralement, le guide s'ouvre avec une carte en couleurs, sur laquelle nous faisons ressortir les centres d'intérêt incontournables. Ceux-ci sont décrits plus en détails dans le chapitre *Renseignements pratiques*, où nous indiquons les meilleures périodes pour les visiter et où nous suggérons des itinéraires. Les chapitres régionaux ouvrent sur une carte de situation, accompagnée d'une liste de sites ou d'activités à ne pas manquer. Consultez ensuite l'index, qui vous renverra aux pages *ad hoc*.

Cartes. Les cartes sont une mine d'informations. La légende des symboles employés figure en fin d'ouvrage. Nous avons le souci constant d'assurer la cohérence entre le texte et les cartes, en mentionnant sur la carte chaque donnée importante présente dans le texte. Les numéros désignant un établissement ou un site se lisent de haut en bas et de gauche à droite. Les guides consacrés à une ville comprennent une série de cartes en couleurs numérotées en fin d'ouvrage.

> Remerciements :
> Nous exprimons toute notre gratitude aux lecteurs qui nous ont fait part de leurs remarques, expériences et anecdotes. Leurs noms apparaissent à la fin de l'ouvrage.

Introduction

A l'extrême sud de l'Europe, l'Andalousie exerce une fascination sur les voyageurs et les écrivains romantiques depuis le début du XIXe siècle. Le charme de sa splendeur passée, les jeux d'ombre et de lumière de ce pays inondé de soleil, ses montagnes contrastées, ses rivages étincelants et ce monde étonnant de musique et de danse qu'est le flamenco des Gitans, continuent d'attirer les voyageurs aux portes de l'Orient.

Le passage à la modernité au cours de ces dernières décennies n'a pas altéré les attraits qui séduisirent les voyageurs du siècle dernier et qui subsistent dans l'Andalousie d'aujourd'hui. Les Andalous ont gardé une notion du temps beaucoup plus souple que dans la plupart des cultures occidentales. Les innombrables fiestas andalouses sont toujours prétexte à des manifestations débordantes de sons et de couleurs, qu'il s'agisse des longues nuits passées à faire de la musique et à danser lors des ferias estivales ou des processions solennelles de la Semana Santa (Semaine Sainte).

La civilisation musulmane, qui a envahi la péninsule Ibérique au VIIIe siècle, est longtemps restée florissante dans cette région (jusqu'en 1492) : l'Andalousie est peut-être la partie la moins européenne de l'Europe occidentale. Cette ère musulmane a laissé de beaux vestiges architecturaux, comme le palais de l'Alhambra à Granada et la grande Mezquita de Córdoba (grande mosquée de Cordoue). Elle a profondément marqué de son empreinte les paysages, les cités, la population et même la gastronomie de l'Andalousie moderne. Le flamenco, la musique à laquelle le monde extérieur identifie l'Espagne, est en réalité une musique andalouse qui a des racines dans l'islam, même s'il ne s'est vraiment développé qu'avec les Gitans. La guitare, autre invention andalouse, tire elle aussi son origine de l'époque islamique.

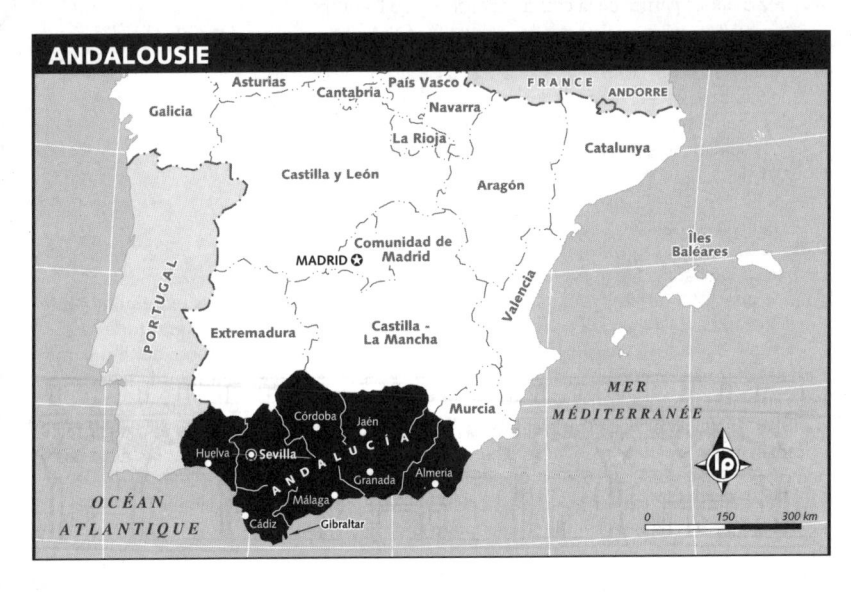

Les siècles chrétiens ont contribué à l'identité d'une Andalousie aux célébrations religieuses unique ainsi qu'au riche patrimoine architectural gothique, Renaissance et baroque. Les grands artistes que furent Velásquez, Murillo et Picasso étaient tous originaires d'Andalousie, de même que le poète Federico García Lorca et le plus célèbre compositeur espagnol, Manuel de Falla.

Sevilla, Granada, Málaga, Córdoba et Cádiz ont conservé un patrimoine historique, artistique et architectural fabuleux. Ce sont aussi des villes où règne une intense animation, souvent jusqu'à l'aube. Rien de tel pour commencer la nuit que de faire la tournée des bars en dégustant des tapas. Et pour les accompagner, un xérès, une production exclusive de l'Andalousie, s'impose tout naturellement.

Le climat de la région, brûlant en juillet et en août, tempéré en hiver, n'est pas le moindre de ses attraits. L'alliance du soleil, de la mer et du sable ont concentré sur la Costa del Sol, à l'ouest de Málaga, une multitude effroyable d'aménagements touristiques pour les voyages organisés. Mais vous visiterez d'autres parties de la côte andalouse (Cabo de Gata à l'est et la Costa de la Luz, sur l'Atlantique, à l'ouest) avec de plus belles plages, beaucoup moins fréquentées.

Dès que l'on s'éloigne des villes et des plages, l'Andalousie offre surtout des paysages de chaînes montagneuses déchiquetées et de pittoresques petits villages blancs où le temps semble s'écouler au ralenti depuis des siècles. Entre les villages reculés de l'ondulante Sierra Morena et les mystérieuses vallées de Las Alpujarras, entre la verte et humide Sierra de Grazalema et les pics rocheux du magnifique Parque Natural de Cazorla, vous découvrirez d'innombrables itinéraires de randonnée ainsi qu'une flore et une faune extrêmement riches. Une grande partie de ce patrimoine naturel est aujourd'hui protégé au sein de divers parcs et réserves. Le plus célèbre, le Parque Nacional de Doñana, dans le delta du Río Guadalquivir, constitue un refuge irremplaçable pour des centaines de milliers d'oiseaux migrateurs et d'autres espèces sauvages.

Ce sud de l'Espagne dont le passé puise aux sources de l'Orient mythique et dont la pointe touche presque l'Afrique vous réserve d'étonnantes surprises aux confins de l'Europe.

Présentation de l'Andalousie

HISTOIRE

L'Andalousie se situe au point de communication entre la mer Méditerranée et l'océan Atlantique, à l'endroit où l'Europe cède le pas à l'Afrique. De l'époque préhistorique jusqu'au XVIIe siècle, cette situation stratégique a valu à l'Andalousie un rôle prééminent dans l'histoire espagnole et lui a même permis, à certaines époques, d'être un élément moteur de l'histoire européenne, voire mondiale. Puis l'Andalousie a sombré dans l'oubli. Elle n'a commencé à émerger à nouveau que depuis les années 60, grâce à sa place de premier plan dans l'industrie touristique espagnole, mais également à la renaissance de l'économie nationale et au rôle majeur joué par les Andalous dans la politique du pays après la dictature de Franco.

Les premiers temps

Un fragment d'os, vieux de peut-être 1 à 2 millions d'années, découvert en 1976 près d'Orce dans la province de Granada, pourrait bien être le plus ancien vestige humain connu en Europe. Il provient, pense-t-on, du crâne d'un nourrisson *Homo erectus* – un ancêtre de l'*Homo sapiens*. Beaucoup plus tardif, puisqu'il remonte à l'ère de Neandertal, le crâne découvert en 1848 et appelé "Femme de Gibraltar" date de quelque 50 000 ans av. J.-C.

Le Paléolithique, ou les débuts de l'âge de la pierre, qui dura au-delà de la dernière période glaciaire jusqu'aux environs de 8000 av. J.-C., fut relativement moins froid en Andalousie que dans les régions plus septentrionales d'Europe. Cela permit le développement d'épaisses forêts, d'une faune variée et, par conséquent, d'une population humaine relativement importante qui vivait de la chasse et de la cueillette. De nombreux vestiges attestent cette présence, notamment d'impressionnantes figures rupestres (voir *Peinture, sculpture et travail du métal* à la rubrique *Arts* plus loin dans ce chapitre).

La civilisation néolithique, ou nouvel âge de la pierre, qui gagna l'est de l'Espagne vers 6000 av. J.-C. après s'être épanouie en Égypte et en Mésopotamie, apporta une foule d'innovations telles que la charrue, l'agriculture, l'élevage, la poterie, le tissage et la fondation de villages. Entre 3000 et 2000 av. J.-C. apparurent à Los Millares, près d'Almería, les premiers représentants espagnols de l'âge des métaux. L'art d'extraire par fusion les dépôts de cuivre local et de les façonner que développa la population de Los Millares fut une invention révolutionnaire dans les domaines agricole et militaire. Cet âge du cuivre, ou Chalcolithique, vit aussi l'arrivée en Andalousie de la civilisation mégalithique, marquée par la construction de monuments funéraires en blocs de pierre, ou dolmens. Les plus imposants dolmens d'Espagne se situent près d'Antequera, dans la province de Málaga.

L'autre grande avancée technologique fut ensuite la découverte de la fonte du bronze, un alliage de cuivre et d'étain, beaucoup plus robuste que le cuivre. Le village d'El Agar, près d'Antas dans la province d'Almería, fut sans doute le premier de toute la péninsule Ibérique (Espagne et Portugal actuels) à connaître l'âge du bronze vers 1900 av. J.-C. Puis, entre 1700 et 1200 av. J.-C., l'art du bronze se répandit dans toute l'Andalousie.

Tartessos

Environ 1 000 ans av. J.-C., une brillante civilisation s'épanouit dans l'Ouest de l'Andalousie, autour de la basse vallée du Guadalquivir, une région propice à l'agriculture et à l'élevage, et riche en métaux précieux. L'essor de cette civilisation dut beaucoup à l'influence des marchands phéniciens (le plus souvent originaires de Tyr et de Sidon dans l'actuel Liban), puis grecs au VIIe siècle av. J.C., qui troquaient huiles, tissages, bijoux et ivoires contre de l'argent et du bronze. Pour pratiquer leur commerce, ils fondèrent des comptoirs, notamment à Adra (à l'ouest d'Almería), à Cádiz (appelée Gadir, peut-être établie vers 1100 av. J.C. et probablement la plus ancienne cité d'Europe), à Huelva (Onuba), à Málaga (Malaca) et à Almuñécar (Sex).

Cette civilisation, marquée par une double influence, ressemblait fort à celle de la légendaire Tartessos, ce monde perdu dont les auteurs grecs, romains et bibliques évoquent la richesse inouïe.

Phéniciens et Grecs introduisirent en Andalousie le tour de potier, l'écriture, l'olivier, la vigne et des animaux domestiques tels que l'âne et la poule. Quelque 700 ans av. J.-C., la basse vallée du Guadalquivir vit le remplacement du bronze par le fer, le perfectionnement des techniques du travail de l'or et l'essor d'une nouvelle religion.

Les Ibères

A partir du VIe siècle av. J.-C., les Phéniciens et les Grecs furent repoussés de la Méditerranée occidentale par Carthage, une ancienne colonie phénicienne de l'actuelle Tunisie, qui réussit à dominer le commerce et l'économie de la région. La civilisation de Tartessos du bas Guadalquivir déclina et le peuple connu sous le nom d'Ibères, venu de régions plus septentrionales de l'Espagne, implanta en Andalousie un certain nombre de minuscules États, souvent réduits à un seul village.

Les Romains

Inévitablement les Carthaginois entrèrent en conflit avec la nouvelle puissance méditerranéenne, Rome. Après avoir perdu la première guerre punique (264-241 av. J.-C.), au cours de laquelle Rome enleva la Sicile, Carthage réussit à conquérir tout le sud de l'Espagne. La deuxième guerre punique (218-201 av. J.-C.) vit non seulement Hannibal tenter de franchir les Alpes avec ses éléphants pour marcher sur Rome, mais aussi les légions romaines débarquer en Espagne pour la première fois. Celles-ci mirent un terme aux ambitions carthaginoises sur la péninsule Ibérique par la victoire de Ilipa (Alcalá del Río, près de Sevilla) en 206 av. J.-C. La première cité romaine établie en Espagne, Itálica (Santiponce, près de Sevilla), fut fondée peu après, à proximité du champ de bataille. Finalement contraint de battre en retraite en Afrique du Nord, Hannibal dut s'avouer vaincu par le général romain Scipion en 202 av. J.-C.

S'il fallut 200 ans à Rome pour réussir à soumettre le reste de la péninsule Ibérique, l'Andalousie se plia rapidement à la colonisation romaine et devint l'une des régions les plus civilisées et les plus riches de l'empire, en dehors de l'Italie. Elle échangeait ses productions locales telles que le blé, les légumes, le raisin, les olives, le cuivre, l'argent, le plomb, les poissons et le *garum* (une sauce épicée tirée du poisson qui servait d'assaisonnement) contre des denrées de luxe provenant de Rome. L'Andalousie donna à Rome les empereurs Trajan et Hadrien, tous deux originaires d'Itálica.

Dans un premier temps, Rome divisa la péninsule Ibérique (Hispania) en deux provinces, l'Hispania Citerior et l'Hispania Ulterior, dont les capitales étaient Carthago Nova (Cartagena) et Corduba (Córdoba). Puis, au Ier siècle av. J.-C., elle la réorganisa en trois provinces : la Baetica (presque toute l'Andalousie, le sud de l'Extremadura et le sud-ouest de la Castilla-La Mancha, avec Corduba pour capitale), la Lusitania (le Portugal et le nord de l'Extremadura) et la Tarraconensis (le reste y compris la partie extrême-orientale de l'Andalousie). La Via Augusta allait de Rome à Gades (Cádiz) en passant par Tarraco (Tarragona en Cataluña), Corduba, Astigi (Écija), Carmo (Carmona) et Hispalis (Sevilla).

Les principaux héritages de Rome en Espagne, et donc en Andalousie, sont la langue et les fondements du système juridique, ainsi que, bien sûr, des aqueducs, des temples, des amphithéâtres, des cirques et des bains. L'ère romaine fut aussi l'époque de l'arrivée de nombreux juifs, qui se disséminèrent dans toute la partie méditerranéenne de l'empire. Le christianisme est également un apport des Romains, au IIIe siècle, sous l'influence sans doute de soldats venus d'Afrique du Nord et de marchands. Il s'enracina en Andalousie – au début parmi les classes urbaines possédantes – bien avant de s'établir dans le reste de l'Espagne et avant que l'empereur Constantin en ait fait la religion officielle de l'empire en 313.

Les Wisigoths

A la fin du IIIe siècle, l'Empire romain déclinait et souffrait des attaques des envahisseurs venus du nord et de l'est de l'Europe. En 324, Constantin fit de Byzance (rebaptisée Constantinople) sa nouvelle capitale et, en 395, le partage de l'Empire romain résolut la formation de l'empire d'Orient et de l'empire d'Occident. Quand la pression des Huns venus d'Asie à la fin du IVe siècle déplaça des populations germaniques vers l'ouest, quelques-unes envahirent la péninsule Ibérique. Acteurs de ces grandes migrations, les Wisigoths mirent à sac la ville de Rome en 410. Ayant épargné l'empereur romain, ils pactisèrent avec lui, s'engageant à débarrasser l'Hispania des autres envahisseurs en échange de terres dans le sud de la Gaule. Cependant, au début du VIe siècle, un autre peuple germanique, les Francs, chassa les Wisigoths de Gaule. Ces derniers s'établirent alors dans la péninsule Ibérique et firent de Toledo, au centre de l'Espagne, leur capitale.

Les liens disparates existant entre la monarchie wisigothe et les Hispano-Romains furent toutefois renforcés en 587 lorsque le roi Reccared se convertit au catholicisme en s'appuyant sur la conception aryenne du christianisme (qui niait que le Christ fût Dieu) des Wisigoths. Cela leur permit sans doute de repousser, en 622, les Byzantins, qui avaient réussi à conquérir le sud de l'Espagne vers le milieu du VIe siècle.

La conquête musulmane

Néanmoins, dès 700, le royaume wisigoth s'effondra. La famine et la maladie sévissaient à Toledo, les conflits minaient l'aristocratie et le chaos régnait dans toute la péninsule. L'invasion musulmane de 711, facilitée par cette situation dégradée, scella le destin de l'Espagne, maintenue à l'écart du reste de l'Europe.

Après la mort du prophète Mahomet en 632, les Arabes se répandirent dans tout le Moyen-Orient et le nord de l'Afrique en diffusant l'islam. La légende raconte qu'ils furent finalement envoyés dans la péninsule Ibérique à la suite des aventures amoureuses du dernier roi wisigoth, Rodéric (Rodrigue). Ballades et chroniques, écrites longtemps après l'événement, racontent en effet comment Rodéric séduisit la jeune Florinda, fille de Julien, le gouverneur wisigoth de Ceuta en Afrique du Nord... et comment Julien chercha à se venger en proposant aux musulmans un plan d'invasion de l'Espagne.

En 711, le gouverneur de Tanger, Tariq ibn Ziyad, franchit le détroit de Gibraltar avec environ 10 000 hommes, essentiellement berbères, et s'allia avec des Wisigoths rivaux de Rodéric. La même année, ou l'année suivante, l'armée de Rodéric fut décimée, sans doute près du Río Guadalete dans la province de Cádiz, et l'on pense que lui-même se noya dans sa fuite. Quant aux survivants wisigoths, ils s'enfuirent vers le nord.

Il suffit de quelques années aux musulmans pour conquérir le reste de la péninsule Ibérique, hormis quelques petites zones dans les Asturies, à l'extrême nord.

Al-Andalus

Les musulmans (souvent désignés sous le nom de Maures) restèrent la force dominante dans la péninsule Ibérique durant près de quatre siècles. Leur importance décrut progressivement au cours des siècles suivants. Entre les guerres et les rébellions, les régions musulmanes de la péninsule virent se développer la société la plus civilisée de l'Europe médiévale. Le nom donné aux territoires musulmans, Al-Andalus, probablement une forme arabisante dérivée de l'appellation wisigothe désignant le royaume, *landa-hlauts*, survit dans le nom moderne de celle qui demeura de tous temps la terre de prédilection de la culture musulmane, Andalucía (l'Andalousie).

Les frontières d'Al-Andalus se déplacèrent continuellement, en reculant globalement vers le sud, à mesure que les chrétiens luttaient pour regagner du territoire durant les 800 ans que dura la Reconquista (Reconquête). Jusqu'au milieu du XIe siècle, la frontière passait au nord de la péninsule Ibérique, en suivant approximativement une ligne qui allait du sud de Barcelona jusqu'au nord du Portugal. Au nord de cette frontière se développèrent un certain nombre de petits États chrétiens mais, durant 350 ans, ils restèrent trop faibles et enclins aux querelles intestines pour présenter une menace sérieuse contre Al-Andalus. Le territoire connut également son lot de conflits internes, au point que parfois même des musulmans en vinrent à sceller des alliances avec des chrétiens contre les leurs.

Le siège du pouvoir politique et le foyer de l'essor culturel musulmans se situèrent d'abord à Córdoba (756-1031), puis à Sevilla (vers 1040-1248) et enfin à Granada (1248-1492). Dans ces cités, les musulmans édifièrent de magnifiques palais et mosquées, dessinèrent de superbes jardins, ouvrirent des universités et créèrent de vastes marchés (*zocos*) très animés. Dans les campagnes, ils enrichirent l'agriculture hispano-romaine en améliorant l'irrigation et en introduisant de nouvelles cultures (orange, citron, pêche, canne à sucre, riz, etc.).

Si les expéditions militaires menées contre les chrétiens du Nord se réglaient dans le sang, les maîtres d'Al-Andalus accordaient cependant la liberté de culte aux juifs et aux chrétiens qui vivaient sous leur loi. Les juifs, dans l'ensemble, prospérèrent mais les chrétiens vivant en territoire musulman (en espagnol *Mozárabes*) devaient acquitter un impôt spécial, si bien que la plupart d'entre eux se convertirent à l'islam (devenant ce qu'on appellerait des *Muladíes*) ou se réfugièrent dans le Nord chrétien.

Les colons musulmans eux-mêmes ne constituaient pas une communauté homogène. Sous la classe dirigeante arabe – composée de divers groupes enclins aux frictions – se trouvait un groupe plus vaste de Berbères, maintenus dans des positions de second ordre et possédant des terres de médiocre catégorie. La tension entre ces deux groupes fut à l'origine de nombreuses rébellions berbères.

Néanmoins, des mariages rapprochèrent les communautés et, souvent même, réunirent les membres de la famille royale ou de l'aristocratie aux chrétiens du Nord en gage de tribut, d'apaisement ou d'alliance.

L'émirat de Córdoba (756-929). Au début, l'Espagne musulmane n'était qu'une province de l'émirat d'Ifriqiya (Afrique du Nord), appartenant lui-même au califat de Damas qui régnait sur le monde musulman. En 750, la dynastie califale des Omeyyades fut renversée par le clan rival des Abbassides qui, peu après, transférèrent le califat à Bagdad. Cependant, l'un des Omeyyades, qui avait échappé au massacre, gagna tant bien que mal Córdoba où, en 756, il réussit à s'imposer en tant qu'émir indépendant sous le nom d'Abd ar-Rahman Ier. C'est lui qui entama la construction de la grandiose Mezquita de Córdoba (la mosquée de Cordoue).

Sous la dynastie cordouane, Al-Andalus resta plus ou moins unifiée durant de longues périodes. Les chefs musulmans proches des frontières de la chrétienté se rebellaient souvent contre le pouvoir central cordouan. L'un de ceux qui opposa la résistance la plus prolongée fut Omar ibn Hafsun, un bandit Muwallad réfugié dans les collines de la région de Bobastro (province de Málaga). Il réunit des troupes et gagna rapidement le soutien populaire, en partie, dit-on, parce qu'il défendait les paysans contre les taxes abusives et le travail forcé. Il réussit ainsi à contrôler durant un temps le territoire s'étendant de Cartagena au détroit de Gibraltar. Après sa mort, en 917, ses fils poursuivirent sa rébellion pendant encore dix ans.

Le califat de Córdoba (929-1031). En 929, Abd ar-Rahman III (912-961) s'éleva au rang de calife, ou "commandeur des croyants", pour asseoir son autorité religieuse, politique et militaire face à un État musulman rival en Tunisie, sur lequel régnaient les Fatimides chiites. Il inaugura ainsi le califat de Córdoba durant lequel Al-Andalus atteignit l'apogée de sa puissance et de son lustre. Le califat couvrait alors la majeure partie de la péninsule Ibérique au sud du Río Duero, les îles Baléares et une part de l'Afrique du Nord. Cordoba était la plus grande cité de l'Europe occidentale. C'était aussi celle dont la civilisation était la plus brillante. Sa prospérité reposait sur une agriculture et un artisanat florissants.

La cour d'Abd ar-Rahman III était fréquentée par des érudits juifs, arabes et chrétiens. Ses médecins étaient si réputés que les chrétiens du Nord de l'Espagne venaient même se faire soigner par eux.

Par la suite, au Xe siècle, le terrifiant général cordouan Al-Mansour (ou Almanzor) terrorisa le Nord chrétien en lançant 50 *razzias* (incursions) en 20 ans. En 997, il détruisit la cathédrale de Santiago de Compostela au nord-ouest de l'Espagne (où se pratiquait le culte de Santiago Matamoros, c'est-à-dire de Saint-Jacques-le-Tueur-de-Maures, source d'inspiration précieuse pour les guerriers chrétiens). Al-Mansour conquit même le Maroc et, bien qu'il ne fût pas calife, régna de fait sur Al-Andalus. Après la mort de son fils en 1008, le califat fut livré à une guerre civile dévastatrice. Finalement, le califat éclata en 1031 en une multitude de *taifas* (petits royaumes) à la merci de potentats locaux, souvent des généraux berbères.

L'essor de Sevilla. L'émiettement fut tel que l'Andalousie, à elle seule, comptait douze principaux taifas : Algeciras, Almería, Arcos, Carmona, Córdoba, Granada, Huelva, Málaga, Morón, Niebla, Ronda et Sevilla. Granada et Sevilla étaient les plus puissants.

A Sevilla, la nouvelle dynastie des Abbassides, dont la prospérité reposait sur le commerce et la richesse agricole de la basse vallée du Guadalquivir, fut bientôt capable d'absorber les autres royaumes. Pour ce faire, elle n'hésita pas notamment à faire mourir d'étouffement les souverains de Morón, d'Arcos et de Ronda dans les bains de l'Alcázar de Sevilla. En 1078, Sevilla contrôlait le sud de la péninsule Ibérique depuis le sud du Portugal jusqu'à Murcia, ce qui ramena en grande partie la paix et la prospérité en Andalousie.

Les Almoravides. Entre-temps, les petits États chrétiens du Nord commençaient à prendre forme et à devenir plus menaçants. La Castilla (Castille), qui n'était à l'origine qu'une petite principauté de l'est du León, grandissait en puissance et s'imposait de plus en plus comme la force dominante. Quand Toledo tomba aux mains d'Alfonso VI de Castilla en 1085, Sevilla appela à la rescousse les Almoravides, une secte musulmane fanatique de Berbères du Sahara qui avait conquis le Maroc. Les Almoravides arrivèrent, vainquirent Alfonso à Sagrajas (Extremadura) en 1086 et repartirent au Maroc. Puis ils revinrent en 1091 pour conquérir à leur tour Al-Andalus.

Rudes et peu évolués, les Almoravides, consternés à la vue de ce qu'ils considérèrent comme la décadence d'Al-Andalus, persécutèrent les juifs et les chrétiens, unifièrent Al-Andalus et la traitèrent comme une colonie qu'ils gouvernèrent depuis le Maroc. Leur étau finit par se relâcher, en partie, semble-t-il, grâce aux charmes d'Al-Andalus qui eurent raison de leur austérité. A partir de 1143, une vague de révoltes se répandit dans tout le pays. Quelques années plus tard, Al-Andalus était à nouveau découpée en royaumes.

Les Almohades. Une nouvelle minorité musulmane stricte, les Almohades, des Berbères des montagnes de l'Atlas, supplanta les Almoravides au Maroc et commença à infiltrer Al-Andalus. C'est ce que firent également les chrétiens. Le Portugal, royaume chrétien occidental en plein essor, prit Lisbonne en 1147. Alfonso VII de Castilla et de León s'empara de Córdoba en 1146 et d'Almería en 1157. Cependant, il se les fit ravir peu après par les Almohades, qui lancèrent en 1160 une invasion à grande échelle d'Al-Andalus. En 1173, ils l'avaient entièrement conquise. Mais le domaine sur lequel ils régnaient était considérablement réduit par rapport à Al-Andalus de la grande époque, au Xe siècle. Sa frontière allait approximativement du sud de Lisbonne au nord de Valencia.

Les Almohades firent de Sevilla la capitale de tout leur royaume, qui incluait l'Algérie, la Tunisie et le Maroc. Ils encouragèrent les arts et les sciences et dotèrent Sevilla d'une nouvelle et grande mosquée.

En 1195, le roi Yousouf Yacoub al-Mansour écrasa l'armée de Castilla à Alarcos, au sud de Toledo. Toutefois, ce succès renforça considérablement l'unité de la plupart des États chrétiens, dont la puissance s'accroissait. En 1212, les armées de Castilla, Aragón-Cataluña et Navarra s'unirent pour mettre en déroute une importante force almohade à Las Navas de Tolosa, au nord-est de l'Andalousie. Pour Al-Andalus, ce fut le début de la fin.

Quand, après 1224, un conflit successoral divisa l'État almohade, les chrétiens s'engouffrèrent dans la brèche. En 1227, Fernando III de Castilla (El Santo, le Saint) s'empara de la ville stratégique de Baeza, au nord-est de l'Andalousie. Le León prit les villes clés d'Extremadura en 1229 et 1230 et, dans les années 1230, l'Aragón-Cataluña s'empara de la région de Valencia. Fernando III conquit facilement Córdoba en 1236 et s'empara de Jaén en 1246 en s'engageant à respecter les frontières de l'émirat de Granada. C'était alors une portion de territoire qui avait été détaché du royaume almohade en pleine dislocation par un certain Mohammed ibn Yousouf ibn Nasr. Celui-ci accepta de verser la moitié de ses revenus annuels en tribut à la Castilla et d'envoyer une troupe de cavalerie pour appuyer l'attaque de Fernando contre Sevilla, qui tomba en 1248 après deux ans de siège.

L'émirat nasride de Granada. A la suite de la victoire du Portugal sur les musulmans en 1249, il ne restait dans la péninsule Ibérique qu'un seul État musulman, le royaume de Granada, qu'on appelait l'émirat nasride, du nom d'ibn Nasr. Il englobait les provinces actuelles de Granada, Málaga et Almería, ainsi que les petites zones frontalières de Cádiz, Sevilla, Córdoba et Jaén. Sa population ne dépassait guère 300 000 âmes, dont quelque 50 000 à Granada même.

Les Nasrides régnaient depuis le somptueux palais de l'Alhambra à Granada. La ville voyait les derniers flamboiements de la culture musulmane en Espagne et l'État prospérait grâce à l'afflux de réfugiés musulmans venus des terres conquises. Dans les phases d'accalmie entre les com-

L'empreinte musulmane

Les musulmans ont laissé une profonde empreinte en Andalousie : les palais, les châteaux, les mosquées et les bains comptent parmi les plus grands monuments actuels. A première vue, du fait des nombreux mariages mixtes de l'époque médiévale, beaucoup d'Espagnols, voire la plupart d'entre eux, comptent une ascendance musulmane.

Le plan typique des villes et des villages andalous, avec leurs rues étroites et labyrinthiques, ainsi que le goût pour les fontaines, l'eau courante et l'utilisation des plantes en décoration, sont d'origine musulmane. Les goûts artisanaux et architecturaux musulmans furent adoptés par les chrétiens non seulement dans Al-Andalus (les territoires musulmans) mais également en dehors. Nombre de ces techniques et motifs sont encore utilisés en Espagne de nos jours. Le chant flamenco, même s'il a été amené à sa forme moderne par les *gitanos* (peuple rom) à l'époque post-musulmane, a très nettement des racines islamiques. La langue espagnole recèle de nombreux mots d'origine arabe, tels que arroz (riz), alcalde (maire), naranja (orange) ou azúcar (sucre). Quantité d'aliments que l'on mange de nos jours en Andalousie ont été introduits par les musulmans. Dans bien des régions, le système d'irrigation et de cultures en terrasse date de l'époque musulmane.

C'est à travers Al-Andalus qu'une grande partie du savoir de la Grèce ancienne a été transmise à l'Europe chrétienne. Les Arabes, au cours de leurs conquêtes en Méditerranée orientale, ont assimilé les traditions scientifiques et philosophiques grecques. Ils ont traduit les œuvres classiques en arabe et ont affiné et développé des sciences telles que l'astronomie et la médecine. Il existait au sud de l'Europe deux points de rencontre entre les mondes islamique et chrétien d'où cette connaissance pouvait trouver la voie vers le nord : l'un était le l'Italie du Sud, l'autre Al-Andalus.

bats, Granada commerçait avec l'Espagne chrétienne. L'émirat atteignit son apogée au XIVe siècle, sous les règnes de Yousouf Ier et Mohamed V.

Les armées castillanes commencèrent à s'attaquer à cet émirat au XVe siècle. La chute finale de Granada fut précipitée par deux causes, d'abord le refus qu'opposa, en 1476, l'émir Abu al-Hasan de continuer à payer un tribut à la Castilla, puis l'unification, en 1479, de la Castilla et de l'Aragón-Cataluña, devenus le plus grand et le plus puissant des États chrétiens de la péninsule à la suite du mariage de leurs monarques Isabel et Fernando (Isabelle et Ferdinand). Connus sous le nom de Reyes Católicos (Rois Catholiques), Isabel et Fernando lancèrent la croisade finale de la Reconquista contre Granada en 1482.

A cette époque, les souverains de Granada étaient minés par des jalousies de harem et autres rivalités. La situation dégénéra en une obscure guerre civile et les chrétiens en profitèrent pour attaquer l'émirat en assiégeant les villes et en dévastant les campagnes. Ils s'emparèrent d'Alhama de Granada en 1482, puis de Málaga (dont la majeure partie de la population fut vendue comme esclave) en 1487. Après huit mois de siège, Fernando et Isabel entrèrent dans Granada le 2 janvier 1492.

L'Andalousie chrétienne (XIIIe et XIVe siècles)

A mesure que les chrétiens "re"conquéraient l'Andalousie au XIIIe siècle, les musulmans étaient nombreux à s'enfuir pour se réfugier à Granada ou même en Afrique du Nord. Afin de repeupler les campagnes, les nouveaux souverains chrétiens donnaient de petites fermes aux paysans chrétiens. Ils attribuaient aussi de vastes terres aux nobles et aux ordres des chevaliers, tels que l'Orden de Santiago (Ordre de Santiago) et l'Orden de Calatrava, qui avaient participé à la Reconquista. C'est là l'origine des *latifundia* (immenses domaines) qui sont une des caractéristiques de l'Andalousie rurale et posent des problèmes encore de nos jours. Les raids menés par les musulmans depuis Granada incitaient souvent les petits fermiers à s'enfuir ou à vendre leurs terres aux nobles et aux ordres, dont les propriétés s'accroissaient d'autant. Vers 1300, la campagne de l'Andalousie chrétienne était presque vide. Les propriétaires terriens l'abandonnaient en grande partie aux moutons, ruinant des terres autrefois productives.

Le fils de Fernando III, Alfonso X (El Sabio, le Sage, 1252-1284) fit de Sevilla l'une de ses capitales et encouragea une renaissance culturelle en attirant autour de lui des érudits, en particulier des juifs, sachant parler l'arabe et le latin et capables de traduire les textes anciens en castillan.

Dans un premier temps, les Mudéjares (musulmans qui restaient en territoire chrétien) ne subissaient pas de représailles. Mais, en 1264, lorsqu'on voulut leur imposer de nouvelles taxes, les obliger à célébrer les fêtes chrétiennes et à vivre dans des ghettos, les Mudéjares de Jerez se soulevèrent. Après avoir soutenu un siège de cinq mois, ils furent expulsés à Granada ou en Afrique du Nord, de même que ceux de Sevilla, de Córdoba et d'Arcos.

D'autres soulèvements et complots, y compris au sein de sa propre famille, minèrent Alfonso. En Castilla où les nobles, enrichis par la production de laine sur leurs immenses domaines, ne cessaient de défier la couronne, l'agitation ne désarma pas jusqu'au XVe siècle. Cette période permit aux juifs et aux étrangers, en particulier des Génois, d'imposer leur suprématie dans le commerce et la finance.

La peste noire et une série de mauvaises récoltes décimèrent la population de l'Andalousie chrétienne au XIVe siècle. Le mécontentement trouva finalement son bouc émissaire dans les juifs (peu aimés pour leur rôle d'usuriers et de collecteurs de taxes) qui, dans les années 1390, furent victimes de pogroms un peu partout dans la péninsule. En conséquence, certains juifs se convertirent au christianisme (on les appelait des *conversos*) et d'autres se réfugièrent à Granada.

Les Rois Catholiques

La pieuse Isabel et le machiavélique Fernando formaient un couple invincible (voir plus haut la rubrique *L'émirat nasride de*

Granada). La guerre contre Granada ne fut qu'une des nombreuses démarches qu'ils entreprirent pour cimenter la loyauté de leurs sujets. Ils tempérèrent la puissance de la noblesse castillane en accordant des terres en Andalousie à ses partisans et en excluant les aristocrates de l'administration royale. Ils réformèrent aussi le clergé qui était corrompu. En 1516, lorsque Fernando meurt, douze ans après Isabel (ils sont tous deux enterrés à Granada), l'Espagne se retrouve unie sous une seule autorité pour la première fois depuis l'époque wisigothique.

Les juifs et l'Inquisition. La pression unificatrice ne s'exerça pas seulement dans le domaine territorial. Les Rois Catholiques ravivèrent la flamme de l'Inquisition (née au XIIIe siècle de la volonté de combattre les hérétiques en France) pour extirper du pays ceux qui ne pratiquaient pas le christianisme comme l'Église catholique le souhaitait. L'Inquisition espagnole s'en prit surtout aux *conversos*, juifs convertis, qu'elle accusait souvent de continuer à pratiquer le judaïsme en secret. Malgré les prêts consentis par les juifs pour la guerre contre Granada, ces derniers étaient considérés comme des alliés des musulmans. Le premier tribunal de l'Inquisition se tint à Sevilla en 1481. Durant ses trois siècles d'existence, l'Inquisition fut responsable de peut-être 12 000 morts, dont 2 000 dans les années 1480.

Sous l'influence du Grand Inquisiteur, Tomás de Torquemada, en 1492, Isabel et Fernando ordonnèrent l'expulsion de leur territoire de tous les juifs qui refusaient le baptême. Environ 50 000 à 100 000 juifs se convertirent, mais quelque 200 000 autres, les premiers juifs séfarades (juifs d'origine espagnole) quittèrent l'Espagne pour d'autres régions méditerranéennes. La monarchie en faillite confisqua tous les biens juifs invendus. Une classe moyenne urbaine talentueuse fut décimée.

La persécution contre les musulmans. Le cardinal Cisneros, confesseur d'Isabel et maître de l'Inquisition, fut chargé de convertir les musulmans de l'ancien émirat de Granada. Il imposa des baptêmes de masse, fit brûler les ouvrages islamiques et interdit l'usage de la langue arabe. S'ajoutant à l'expropriation de leurs terres, ces mesures déclenchèrent, en 1500, une révolte des musulmans dans les vallées des Alpujarras, qui se propagea à travers tout l'ancien émirat, de Ronda à Almería. Les musulmans se virent obligés de se convertir au christianisme ou de quitter le pays. La plupart d'entre eux – 300 000 estime-t-on – se firent baptiser pour rester. On les surnomma les *moriscos* (morisques ou musulmans convertis) mais leur conversion restait très superficielle et ils n'assimilèrent jamais la culture chrétienne.

Sevilla et les Amériques

En avril 1492, les Rois Catholiques se décidèrent enfin à accorder au navigateur génois Christophe Colomb (Cristóbal Colón en espagnol) les fonds nécessaires pour entreprendre le voyage qui consistait à traverser l'Atlantique afin de découvrir une nouvelle route commerciale vers l'Orient. Isabel et Fernando étaient motivés par l'espoir de remplir rapidement leurs coffres vides et la possibilité de faire de nouveaux convertis.

La découverte des Amériques par Christophe Colomb (voir l'encadré *Les quatre voyages de Christophe Colomb* dans le chapitre *Provincia de Huelva*) ouvrit un nouvel hémisphère de possibilités à l'Espagne et plus particulièrement à Sevilla, le port fluvial où fut bientôt établie la Casa de la Contratacíon, l'organisme royal qui exerçait le monopole du commerce avec les nouvelles colonies.

Le règne de Carlos Ier (Charles Ier, empereur germanique sous le nom de Charles Quint, 1516-1556), premier représentant de la dynastie des Habsbourg, vit l'Espagne mettre la main sur d'immenses territoires du continent américain. Les conquistadors, tels Hernán Cortés et Francisco Pizarro, qui soumirent les empires aztèque et inca avec une petite bande d'aventuriers, étaient les successeurs impitoyables des croisés de la Reconquista.

Les nouvelles colonies envoyèrent des cargaisons infiniment précieuses d'argent, d'or et d'autres trésors vers l'Espagne, où la Couronne prélevait un cinquième des richesses (le *quinto real* ou royal cinquième). Sevilla devint le grand centre du commerce mondial, creuset cosmopolite où se mêlait toute une population bigarrée appâtée par l'argent. Elle resta la principale ville d'Espagne jusque vers la fin du XVIIe siècle, même si Madrid, ville encore modeste, fut érigée au rang de capitale nationale en 1561.

Les retombées de la prospérité se faisaient sentir à Cádiz et dans la région du bas Guadalquivir et, à un moindre degré, dans des villes telles que Jaén, Córdoba et Granada. Cependant, l'est de l'Andalousie vivait encore de l'agriculture et de l'artisanat qui tardaient à prendre leur essor. Dans les campagnes, un nombre restreint de grands propriétaires sous-exploitaient d'immenses domaines uniquement destinés à faire paître des moutons, tandis que les paysans qui vivaient encore de la terre n'avaient aucun moyen d'en améliorer le rendement.

Grâce au statut cosmopolite de Sevilla, l'Andalousie s'ouvrit aux idées nouvelles et aux mouvements artistiques européens. De splendides monuments Renaissance puis baroques l'embellirent. Sevilla fut un fleuron de l'âge d'Or de l'Espagne. Les nouvelles universités de Sevilla (1505), Granada (1531) et Baeza (1542) répandirent les idées humanistes de la Renaissance.

La révolte et l'expulsion des moriscos

Felipe II (Philippe II, 1556-1598), catholique fanatique, incita l'Inquisition à reprendre les persécutions et interdit en 1567 aux moriscos d'utiliser la langue et les noms arabes, de porter les vêtements et de respecter certaines coutumes morisques. Les moriscos se voyaient reprocher – avec raison – certains des nombreux raids lancés sur la côte espagnole depuis l'Afrique du Nord. Une révolte morisque, née dans les Alpujarras puis qui s'était étendue à tout le sud de l'Andalousie et avait mis deux ans à être matée, entraîna l'expulsion des moriscos des zones rebelles et de Granada vers l'ouest de l'Andalousie et les régions plus septentrionales de l'Espagne. Cela eut pour effet de ruiner l'industrie de la soie de Granada. Les moriscos furent finalement expulsés de toute l'Espagne par Felipe III entre 1609 et 1614.

Le déclin

Sous Carlos Ier, l'Espagne gaspilla une grande partie de sa nouvelle richesse dans une série de guerres européennes. L'Espagne perdait ainsi toute chance de développer sa puissance industrielle, encore embryonnaire. Il n'existait aucun plan d'action pour absorber la nouvelle richesse américaine et faire face à l'inflation qu'elle provoquait. Dédaigneuse du commerce et de l'industrie, la petite noblesse laissait les marchands génois et germaniques dominer le monde des affaires. Elle consacrait ses terres à l'élevage du mouton et autre bétail et obligeait le pays à importer des céréales, causant ainsi un déficit commercial.

Au XVIIe siècle, sous le règne incompétent des trois derniers Habsbourg, l'Espagne poursuivit ses guerres en Europe. Dans le même temps, plusieurs cargaisons d'argent venant d'Amérique firent naufrage. En Andalousie, des épidémies et une succession de mauvaises récoltes décimèrent près de 300 000 personnes, dont la moitié de la population de Sevilla en 1649. Après l'expulsion des juifs et des moriscos, ces pertes laissèrent l'Andalousie exsangue. Le bas Guadalquivir, lien vital entre Sevilla et l'Atlantique, s'envasa progressivement, et en 1717 la Casa de Contratación (voir plus haut la rubrique *Sevilla et les Amériques*) fut transférée à Cádiz.

Excepté la petite noblesse et les ordres religieux, la plupart des Andalous ne possédaient presque rien. Les cités devaient acquitter de lourdes contributions et envoyer des soldats combattre pour le royaume.

Le XVIIIe siècle

Au XVIIIe siècle, sous la nouvelle dynastie des Bourbons (toujours en place de nos jours), l'Espagne se remit un peu des désastres du siècle précédent. C'était le siècle des Lumières, avec sa foi dans la raison, dans la science et dans l'organisation sociale. La monarchie finança des industries naissantes telles que la manufacture de tabac de Sevilla. Une nouvelle route, la Carretera General de

Andalucía, fut construite pour relier Madrid à Sevilla et à Cadíz. Sur sa section andalouse, Pablo de Olavide, le ministre réformateur de Carlos III, fonda une vingtaine de villes nouvelles, aux rues bien droites et aux vastes places, peuplées par des immigrants flamands et germaniques. L'idée était à la fois de repeupler des régions sinistrées et de moderniser l'agriculture de l'Andalousie. Cependant, le projet ne fut guère suivi d'effet, car il rencontra l'opposition des grands propriétaires terriens (qui n'appréciaient pas d'abandonner des terres) et de l'Église (parce que certains colons étaient protestants).

De nouvelles terres furent toutefois cultivées en blé et en orge et Cádiz (dont ce fut le grand siècle) vit accroître son rôle commercial. Des décrets sur la liberté de commerce datant de 1765 et de 1778 autorisèrent pour la première fois les autres ports espagnols à commercer avec les Amériques, ce qui favorisa l'essor de Málaga. L'Andalousie attira des immigrants des autres régions d'Espagne. En 1787, elle comptait environ 1,8 million d'habitants.

L'invasion napoléonienne et les Cortes de Cádiz

Quand, en 1793, Louis XVI, cousin de Carlos IV, fut guillotiné, l'Espagne déclara la guerre à la France. Deux ans plus tard, alors que les forces françaises occupaient le nord du pays, l'Espagne changea de tactique et s'engagea à soutenir militairement la France contre la Grande-Bretagne, à condition qu'elle se retire d'Espagne. En 1805, la flotte franco-espagnole fut vaincue par la flotte britannique, commandée par Nelson, au large du cap Trafalgar (entre Cádiz et Gibraltar). Cette défaite signa la fin de la puissance maritime de l'Espagne.

Deux ans plus tard, Napoléon Bonaparte et l'Espagne se mirent d'accord pour se partager le Portugal, allié de la Grande-Bretagne. Les forces françaises déferlèrent en Espagne sous prétexte de gagner le Portugal. L'occupation française de l'Espagne semblait se confirmer en 1808, lorsque Napoléon contraignit Carlos IV à abdiquer en faveur de son frère Joseph Bonaparte (José Ier). Une lutte sanglante marqua alors le début de la guerre d'indépendance. La population espagnole avait pris les armes contre les Français mais, malgré l'aide des forces britanniques et portugaises commandées par le duc de Wellington, elle ne réussit véritablement à les évincer qu'en 1813.

Lors de la guerre d'indépendance, peu de cités espagnoles purent s'opposer aux Français. Cádiz assiégée résista deux ans, de 1810 à 1812. Un parlement national, réuni dans la ville, adopta une nouvelle Constitution proclamant la souveraineté du peuple et réduisant les droits de la monarchie, de la noblesse et de l'Église.

L'affrontement libéraux-conservateurs

La Constitution de Cádiz ouvrit la voie à un siècle de conflits entre les libéraux espagnols, qui voulaient des réformes vaguement démocratiques, et les conservateurs qui entendaient maintenir le statu quo. Fernando VII, le fils de Carlos IV, abolit peu après la Constitution, persécuta les opposants et rétablit l'Inquisition. En 1820, à Las Cabezas de San Juan, dans la province de Sevilla, le colonel Rafael de Riego fit, au nom du libéralisme, le premier des nombreux *pronunciamientos* (déclaration de rébellion militaire) du XIXe siècle. Cependant, les troupes françaises rétablirent Fernando sur le trône en 1823 (Riego fut capturé à Jaén et emmené à Madrid pour y être pendu et écartelé).

Entre-temps, les colonies américaines avaient profité des problèmes internes espagnols pour gagner leur indépendance. Ce fut le cas du Mexique et de la plus grande partie de l'Amérique du Sud et de l'Amérique centrale, entre 1813 et 1825. Ces nouvelles étaient catastrophiques pour Cádiz, qui dépendait entièrement du commerce avec les colonies.

Conformément aux lois de "Desamortización" de 1836 et 1855, les gouvernements libéraux ordonnèrent de vendre aux enchères les terres de l'Église et des communes pour tenter de résorber la dette nationale. La bourgeoisie se réjouit de pouvoir ainsi se constituer de nouveaux domaines, mais ce fut un désastre pour les paysans qui virent la suppression des pâtures communales.

L'Andalousie, qui, en 1877, abritait un quart des 12 millions d'habitants de l'Espagne, connut un tel déclin qu'elle devint l'une des régions les plus arriérées de l'Europe. Sa société se partageait entre deux extrêmes, d'un côté les nobles propriétaires terriens et la bourgeoisie, très riches et souvent absents, et de l'autre un petit nombre de gens pauvres mais dotés d'un travail régulier et beaucoup de *jornaleros* (journaliers représentant avec leur famille environ les trois quarts de la population), encore plus pauvres, qui ne travaillaient même pas la moitié de l'année. L'analphabétisme, la maladie et la disette étaient très répandus. La révolution industrielle, qui toucha le nord de l'Espagne à la fin du XVIIIe siècle, atteignit à peine le Sud. Les quelques industries productives, telles que les mines du Río Tinto et les exploitations vinicoles de Jerez et de Málaga, étaient surtout le fait d'investissements et de gestionnaires britanniques.

En 1873, un gouvernement libéral fit de l'Espagne une république fédérale de 17 États. Mais cette Première République fut minée par des dissensions internes et totalement incapable de conserver un contrôle sur les provinces, où de nombreuses villes se proclamèrent États indépendants. Certaines se déclarèrent même la guerre, notamment Sevilla et sa voisine Útrera. Cette initiative républicaine ne dura que 11 mois avant que l'armée ne rétablisse la monarchie.

Anarchisme et socialisme

Désespérés par la suppression des pâtures communales et les aléas du travail misérablement payé, certains paysans andalous émigrèrent en Amérique latine. D'autres déclenchèrent des émeutes, toujours sauvagement réprimées, sans discontinuer depuis le milieu du XIXe siècle. Les idées de l'anarchiste russe Mikhaïl Bakounine firent de nombreux adeptes en Andalousie, en particulier dans la région du bas Guadalquivir où le monopole des propriétaires fonciers sur les terres cultivables était presque total. Bakounine prônait le remplacement de l'Église et de l'État par une société libre dans laquelle des groupes autonomes de gens coopéreraient volontairement.

C'est à Sevilla que le puissant syndicat anarchiste CNT (Confederación Nacional del Trabajo) fut fondé en 1910. Ses adhérents voyaient dans le syndicalisme le moyen de parvenir à une société anarchiste, la principale arme étant la grève générale. Mais les grandes actions anarchistes en Andalousie, telles l'occupation de Jerez de la Frontera un jour de 1891 par 4 000 travailleurs armés d'un bâton, n'eurent d'effet que de provoquer une violente répression qui, chaque fois, renvoya le mouvement dans la clandestinité durant des années. Des vagues de grèves anarchistes eurent lieu en 1902-1905 et en 1917-1918.

Le socialisme, qui visait au changement par les voies parlementaires, eut moins de succès en Andalousie. En 1919, la CNT comptait 93 000 membres en Andalousie tandis que l'UGT socialiste n'en avait que 12 000 et les syndicats catholiques seulement 7 000.

En 1923, un général excentrique de Jerez, Miguel Primo de Rivera, établit une dictature militaire modérée qui dura 6 ans. Soutenu par l'UGT, il tenta une politique industrielle, agraire et de grands travaux. Il fut renvoyé en 1930 par le roi à la suite d'un recul économique et du mécontentement d'une partie de l'armée.

La Seconde République

Après la victoire écrasante d'un nouveau mouvement républicain aux élections municipales d'avril 1931, Alfonso XIII partit en exil en Italie. La Seconde République (1931-1936) fut une période idéaliste, tumultueuse, qui s'acheva par une guerre civile.

La gauche au pouvoir (1931-1933).

La Niña Bonita (la jolie fillette), comme ses partisans appelaient la Seconde République, fut accueillie avec enthousiasme par la gauche et les masses pauvres, mais suscita la panique chez les conservateurs. Les élections nationales de 1931 amenèrent au pouvoir un mélange de socialistes, de centristes et de républicains. Les Cortes ne comportaient que peu d'ouvriers et aucun représentant de la CNT anarchiste qui s'appuyait sur les grèves et la violence pour amener la révolution.

La Constitution de 1931 mécontenta les catholiques en supprimant la rémunération des prêtres par l'État, en légalisant le divorce et en interdisant l'enseignement aux ordres cléricaux. La Constitution annonçait la redistribution des terres, mais ne tint guère sa promesse.

La droite au pouvoir (1933-1936).

Les perturbations continuelles provoquées par les anarchistes, une crise économique, l'hostilité des grandes entreprises et les divisions de la gauche contribuèrent à la victoire de la droite aux élections de 1933. Un parti catholique, la Confederación Española de Derechas Autónomas (CEDA, Confédération espagnole des droites autonomes) remporta plus de sièges qu'aucune autre formation. Dans le même temps, une autre nouvelle force émergeait à droite, avec à sa tête José Antonio Primo de Rivera, fils du dictateur des années 20 : c'était la Phalange, adepte sans vergogne de la violence dans la rue. La gauche, y compris les premiers communistes (qui, à la différence des socialistes, soutenaient la révolution russe), aspirait de façon de plus en plus pressante à la révolution.

En 1934, la spirale de la violence se propagea hors de tout contrôle. Quand les comités de travailleurs, qui avaient pris le pouvoir dans la région minière des Asturias, furent sauvagement écrasés par les généraux Millán Astray, Francisco Franco et la Légion étrangère espagnole (mise en place dans les années 20 pour lutter contre les tribus marocaines), le pays entier était profondément divisé entre la droite et la gauche.

Le Front populaire et le soulèvement de l'armée.

Lors des élections de février 1936, le Front populaire, une coalition de gauche, battit de peu le Front national, l'aile droite. Cependant, les violences persistèrent dans les deux camps. La CNT comptait désormais un million de membres et les paysans étaient au bord de la révolution.

Le 17 juillet 1936, la garnison espagnole de Melilla, en Afrique du Nord, se souleva contre le gouvernement de gauche, suivie le lendemain par d'autres garnisons sur le continent. Les chefs du complot étaient cinq généraux. Le 19 juillet, l'un d'eux, Francisco Franco, se rendit des îles Canaries au Maroc pour prendre le commandement de ses légionnaires. La guerre civile venait de commencer.

La guerre civile

La guerre civile espagnole coupa en deux les communautés, divisa les familles et sépara les amis. Au cours des premières semaines, en particulier, d'atroces massacres et représailles furent commis de part et d'autre. Les rebelles, qui se disaient nationalistes, fusillèrent ou pendirent des dizaines de milliers de partisans de la république. Les républicains firent de même à l'égard de ceux qu'ils considéraient comme des sympathisants de Franco, allant jusqu'à tuer sept mille prêtres, moines et nonnes dans le pays. La guerre décima environ 350 000 Espagnols.

Dans certaines régions républicaines, de nombreuses villes tombèrent entre les mains des anarchistes, des communistes ou des socialistes. En Andalousie, les anarchistes s'imposèrent, abolissant la propriété privée, incendiant des églises et des couvents. De vastes domaines furent occupés par les paysans et une centaine de communes agraires virent le jour. Entre-temps, la rébellion nationaliste prit l'accent d'une âpre croisade contre les ennemis de Dieu.

L'avance nationaliste.

La ligne de front s'établit dans la semaine qui suivit le soulèvement au Maroc. Les villes dont les garnisons soutenaient les rebelles (ce qui était souvent le cas) et qui étaient suffisamment puissantes pour mater la résistance tombèrent tout de suite entre les mains nationalistes. Ce fut le cas de Cádiz, de Córdoba, d'Algeciras et de Jerez. Moins de trois jours suffirent pour que Sevilla tombe aux mains des nationalistes et à peine plus longtemps pour Granada. Dans *La Guerre d'Espagne*, un ouvrage qui fait autorité, Hugh Thomas donne le chiffre de 4 000 personnes exécutées dans Granada et ses environs par les nationalistes après la prise de la ville : d'après lui, ce chiffre est représentatif de ce qui se passa d'une manière générale dans l'Espagne nationaliste. Les régions républicaines s'illustrèrent elles aussi par l'abondance des exécutions. On estime que 2 500 personnes furent massacrées en quelques mois dans Málaga, tenue par les anarchistes. Une troupe venue de Málaga exécuta environ 500 personnes à Ronda au cours du premier mois de la guerre.

Depuis Sevilla, les troupes nationalistes remontèrent en balayant la majeure partie de l'ouest de l'Andalousie dès la fin de juillet et s'emparèrent de Granada en août. Málaga fut prise sans grande résistance par les Italiens et les troupes nationalistes espagnoles en février 1937. Quand les nationalistes reprirent les villes républicaines, ils se vengèrent de façon sanglante des atrocités commises précédemment et exécutèrent des milliers de personnes.

Après la chute de Málaga, les positions militaires en Andalousie ne varièrent guère jusqu'à la fin de la guerre. Les provinces d'Almería et de Jaén, mais aussi de Granada (la moitié est) et de Córdoba (le nord) demeurèrent républicaines jusqu'à la fin de la guerre en 1939.

Le général Franco prit la tête de tous les nationalistes à la fin de 1936 en se proclamant *generalísimo* (général en chef). Peu après, il se proclama chef suprême de l'État sous le titre de *caudillo*, à peu près équivalent à celui de *führer* en allemand.

L'intervention étrangère. Les nationalistes eurent l'appui de l'Allemagne nazie et de l'Italie fasciste, qui fournirent des armes, des avions et 92 000 hommes (pour la plupart italiens). Les républicains bénéficiaient d'un certain soutien soviétique (avions, chars, artillerie et conseillers) et de celui des quelque 25 000 Français et des nombreux étrangers des brigades internationales qui combattirent à leurs côtés.

Les dissensions républicaines, la victoire nationaliste. Le gouvernement républicain fut transféré de Madrid assiégée à Valencia à la fin de 1936. Les tensions internes républicaines se traduisirent alors par une explosion de violence et de combats de rue à Barcelona en mai 1937. Les communistes, sous l'influence soviétique, écrasèrent les anarchistes et les trotskistes. A l'automne 1937, le gouvernement républicain se déplaça à Barcelona.

En 1938, Franco lança un mouvement vers l'est et réussit à isoler Barcelona de Valencia. L'URSS se retira de la guerre. Les nationalistes s'emparèrent de Barcelona, sans résistance, en janvier 1939, et de Madrid, en mars. Franco déclara la guerre terminée le 1er avril.

L'Espagne de Franco (1939-1975)

En fait de réconciliation, le sang continua de couler. Après la guerre civile, 100 000 personnes, estime-t-on, furent tuées ou moururent en prison dans toute l'Espagne. Les communistes et les républicains espagnols poursuivirent désespérément le combat sous forme d'une guerre de maquis dans les montagnes andalouses et ailleurs. Cette situation perdura jusqu'aux années 50.

Franco maintint l'Espagne à l'écart de la Seconde Guerre mondiale. Par la suite, l'Espagne fut exclue des Nations unies jusqu'en 1955. La décision prise par celles-ci de boycotter le commerce espagnol contribua à faire de la fin des années 40 des *años de hambre* (années de faim), en particulier dans les régions pauvres telles que l'Andalousie où, parfois, les paysans subsistent d'une maigre soupe d'herbe et de plantes sauvages.

Franco exerçait un pouvoir absolu. Il était chef d'armée, chef de gouvernement et chef du seul parti politique, le Movimiento Nacional. Des garnisons de l'armée étaient maintenues à la porte de chaque grande ville et les prisons regorgeaient de prisonniers politiques. L'orthodoxie catholique fut totalement rétablie, la plupart des écoles secondaires furent confiées aux jésuites, le divorce était interdit et les mariages à l'église obligatoires. Le taux de criminalité était bas et le droit de grève supprimé.

A la fin des années 50, une nouvelle génération de technocrates au pouvoir favorisa un boom économique. En Andalousie, malgré l'apparition de quelques nouvelles industries et l'essor rapide du tourisme sur la Costa del Sol, de nombreux villages manquaient toujours d'eau et d'électricité, mais aussi de routes goudronnées pour les relier avec le monde extérieur. Entre 1950 et 1970, environ 1,5 million d'Andalous émigrèrent pour chercher du travail ailleurs. Certains se rendaient dans d'autres pays européens, mais beaucoup allaient à Barcelona, à Madrid et dans d'autres villes espagnoles. S'il est sûr que le tourisme créait des emplois pour un petit nombre d'Andalous, il provoquait aussi un choc des cultures dans cette société encore très traditionnelle.

La nouvelle démocratie

Franco choisit pour successeur le prince Juan Carlos, petit-fils d'Alfonso XIII, qui avait été éduqué à l'espagnole. Juan Carlos monta sur le trône en 1975, à l'âge de 37 ans, deux jours après la mort de Franco. Il fut le grand artisan de l'évolution démocratique qui succéda au franquisme. L'homme qu'il nomma Premier ministre, Adolfo Suárez, soutint devant les Cortes, remplis de franquistes, la proposition d'un nouveau système parlementaire à deux chambres. L'année 1977 vit la légalisation des partis politiques, des syndicats et des grèves, et la suppression du Movimiento Nacional. Le parti centriste de Suárez remporta près de la moitié des sièges aux élections des nouveaux Cortes. Le Partido Socialista Obrero Español (PSOE, Parti socialiste ouvrier espagnol), dont le chef était un jeune avocat de Sevilla, Felipe González, arriva en second.

Le PSOE et le PP au pouvoir. En 1982, l'Espagne rompit de façon définitive avec le passé en votant à une large majorité pour le PSOE. Felipe González resta Premier ministre pendant 14 ans et recruta plusieurs autres Andalous. Jeune et instruite, la direction du PSOE appartenait à cette génération qui avait ménagé des ouvertures dans le régime de Franco à la fin des années 60 et au début des années 70. Elle améliora l'éducation et mit au point un système de santé publique. Elle légalisa l'usage des stupéfiants en 1983 et l'avortement en 1985. Depuis, les problèmes de drogue et d'alcoolisme ont entraîné l'interdiction de l'usage public de stupéfiants (1992).

En 1986, l'Espagne entra dans la Communauté européenne (aujourd'hui Union européenne), ce qui favorisa un second boom économique depuis la guerre civile, qui dura jusqu'en 1991 et réduisit le chômage à 16%. Cependant, le PSOE apparut dans une série de scandales, dont celui qui fit le plus de bruit, l'affaire des GAL (Grupos Antiterroristas de Liberación), des bataillons de la mort qui avaient assassiné 28 Basques soupçonnés de terrorisme au milieu des années 80.

Compte tenu des affaires et de la crise économique d'après 1991, le PSOE perdit les élections générales de 1996 au profit du PP (Partido Popular), un parti de centre-droit dont le leader est un ancien inspecteur des impôts, José María Aznar. Quatre années marquées par des progrès économiques constants et l'absence de scandale ont permis au PP de remporter de nouvelles élections au cours de l'année 2000.

L'Andalousie depuis Franco. Présent à l'échelon national, mais aussi régional, le PSOE éradiqua l'essentiel de la pauvreté de l'Andalousie grâce à des subventions, une politique d'emplois ruraux et un système d'indemnités de chômage beaucoup plus généreux. Ce parti de centre gauche a dirigé le gouvernement régional de l'Andalousie à Sevilla depuis son installation en 1982. L'exposition universelle de Sevilla en 1992, année du 500e anniversaire de la "Découverte" de l'Amérique et des jeux Olympiques de Barcelona, a amené des centaines de milliers de visiteurs et donné une vive impulsion à l'image internationale de Sevilla et de l'Andalousie. Elle a aussi permis l'ouverture d'une nouvelle ligne ferroviaire à très grande vitesse reliant Madrid et Sevilla, l'AVE (Alta Velocitad Española), et une amélioration notable du réseau routier andalou.

Si l'extension du tourisme et le développement graduel du tissu industriel de la province reflètent le renouveau économique global amorcé au milieu des années 90, l'Andalousie tente de combler son retard sur la plupart des autres régions. Elle affiche un air de prospérité et de confiance étonnant, conforté par les aménagements urbains et côtiers, l'assouplissement des mœurs, la scolarité généralisée ou l'université ouverte au plus grand nombre. Attachés aux valeurs familiales qui les unissent à tous les Espagnols, les Andalous ont conscience qu'ils doivent faire preuve encore de solidarité ne serait-ce qu'en mémoire des heures sombres de leur histoire.

GÉOGRAPHIE

L'Andalousie s'étend sur 550 km d'est en ouest et de 90 à 250 km du nord au sud. Elle couvre 87 000 km^2, soit à peu près la superficie du Portugal ou encore 17% de celle de l'Espagne. Elle possède 460 km de côtes le long de la mer Méditerranée et 240 km le long de l'océan Atlantique. Son littoral méditerranéen rejoint son littoral atlantique à la hauteur du détroit de Gibraltar, où la ville de Tarifa, qui n'est qu'à 15 km de l'Afrique, constitue le point le plus méridional de l'Europe continentale.

L'Andalousie se subdivise en quatre grandes régions géographiques qui s'étirent toutes plus ou moins d'est en ouest : la Sierra Morena, la vallée du Guadalquivir, les montagnes et la plaine côtière.

La Sierra Morena

La Sierra Morena, une chaîne de montagnes arrondies qui dépassent rarement 1 000 m, s'étend au nord de l'Andalousie à cheval sur ses frontières avec l'Extremadura et la Castilla-La Mancha. En dehors de quelques cités minières, cette région, à la population très disséminée, est couverte de forêts de chênes à feuilles persistantes, d'une végétation arbustive et de maigres herbages qui servent à la pâture. Les différentes parties de la Sierra Morena reçoivent chacune un nom, telles la Sierra del Viento dans la province de Sevilla ou la Sierra de Aroche et la Sierra de Aracena dans la province de Huelva.

La vallée du Guadalquivir

A travers l'Andalousie, au sud de la Sierra Morena, s'étend la vallée fertile du Río Guadalquivir, le plus long fleuve avec ses 660 km. Le Guadalquivir coule vers l'ouest quand il traverse la province de Jaén et celle de Córdoba, puis il se dirige vers le sud à la hauteur de Sevilla, pour déboucher dans l'Atlantique à Sanlúcar de Barrameda. Dans sa partie inférieure, la vallée forme une large plaine qui s'étire vers l'ouest dans la province de Huelva et vers le sud-est dans la province de Cádiz. Avant de mêler ses eaux à l'océan, le Guadalquivir donne naissance à un delta marécageux appelé Las Marismas del Guadalquivir, qui englobe le Parque Nacional de Doñana.

Le Guadalquivir, longtemps navigable depuis l'Atlantique jusqu'à Córdoba, l'est encore jusqu'à Sevilla. Les deux grandes villes qui jalonnent son cours, situées au milieu d'une riche contrée agricole, ont été les principaux sièges du pouvoir politique en Andalousie depuis les Romains. Son nom dérive de l'arabe Wadi al-Kabir (Grande Rivière). Les Romains l'appelaient le Betis et les Grecs le Tartessos.

Les plaines qui ondulent au nord et au sud de la rivière jusqu'à Sevilla ont pour nom *la campiña*. En aval de Córdoba, la vallée est désignée sous le nom de bassin inférieur du Guadalquivir. C'est la région des immenses domaines qui ont été à la source de certains des plus graves problèmes sociaux de l'Andalousie.

Les montagnes

Entre la vallée du Guadalquivir et le littoral méditerranéen se dresse la Cordillera Bética, un chapelet de chaînes montagneuses déchiquetées. Ce système montagneux s'élargit, depuis les modestes contreforts au sud-ouest de l'Andalousie, jusqu'à atteindre quelque 125 km de large à l'est. Au-delà, il se poursuit dans les régions de Murcia et de Valencia, avant de plonger brutalement dans la Méditerranée pour émerger à nouveau sous la forme des îles Baléares d'Ibiza et de Mallorca.

En Andalousie, la cordillera se divise en deux chaînes principales, le Sistema Subbético au nord et le Sistema Penibético au sud. Toutes deux prennent naissance dans les collines vertes et pluvieuses au sud et au sud-ouest de Ronda. Ces ensembles montagneux sont séparés par une série de vallées, de plaines et de bassins tels que le Llanos de Antequera, la Vega de Granada, la Hoya de Guadix et la Hoya de Baza.

Au nord-est de l'Andalousie, le Sistema Subbético devient un ensemble pittoresque et compliqué de sommets culminant à plus de 2 000 m, en l'occurrence orientés nord-sud. Ils constituent le Parque Natural de Cazorla dans la province de Jaén, et abritent la source du Río Guadalquivir.

Le Sistema Penibético comprend la Sierra Nevada, longue de 75 km, au sud-est de Granada, avec une série de pics de plus de 3 000 m, dont le Mulhacén (3 478 m), le point culminant de l'Espagne continentale.

La côte et la plaine côtière

La plaine côtière andalouse varie considérablement en largeur. Elle atteint 50 km à l'extrême ouest et se réduit pratiquement à zéro dans certaines régions des provinces de Granada et d'Almería, là où la Sierra de Contraviesa et la Sierra de Cabo de Gata plongent dans la Méditerranée par des falaises abruptes. Cette plaine assure une très grande partie de la production de fruits et de légumes.

Des ports importants jalonnent la côte, comme Almería, Málaga, Algeciras, Cádiz et Huelva. Le développement touristique a transformé les 75 km de la Costa del Sol, entre Málaga et Estepona, en une zone presque entièrement urbanisée. Sur le reste du littoral, de plus petites bourgades, ports de pêche, centres agricoles ou stations balnéaires, alternent avec de longues plages de sable fin quasiment désertes la plus grande partie de l'année, en particulier autour du promontoire de Cabo de Gata à l'est d'Almería et le long de la côte atlantique, appelée la Costa de la Luz. Outre les Marismas del Guadalquivir, d'autres marais marquent l'embouchure de diverses rivières le long du littoral atlantique.

Les barrages et le désert

Des barrages sont aménagés sur presque toutes les rivières d'Andalousie pour fournir eau et énergie hydroélectrique. Vous rencontrerez de nombreux bassins de retenue dans toute la région. La seule exception est la province d'Almería, extrêmement sèche, qui recèle de vastes régions semi-désertiques. Leur terrain nu et érodé rappelle suffisamment les déserts d'Arizona pour avoir servi de cadre au tournage de nombreux westerns !

CLIMAT

Il existe une nette différence entre le climat du littoral et celui de l'intérieur du pays. Dans l'intérieur, l'hiver peut être très rigoureux de novembre à février, tandis qu'une chaleur de fournaise embrase juillet et août. Sur le littoral, les températures sont modérées en hiver et pas trop caniculaires l'été.

En juillet et en août, les températures atteignent 36°C à Sevilla ou à Córdoba et un peu moins à Granada ou à Jaén. Le long du littoral, elles oscillent autour de 30°C. L'hiver, le temps est imprévisible. Plusieurs hivers secs et chauds au début des années 90 ont été suivis par des hivers humides et frais entre 1995 et 1998. La sécheresse des hivers entre 1998 et 2000 a fait resurgir de l'inquiétude à ce sujet. De décembre à février, les maxima de la journée tournent autour de 16°C sur le littoral et à Sevilla, et autour de 13°C à Granada et à Jaén. A Granada, il gèle presque la nuit.

Du fait que les vents dominants viennent de l'Atlantique, l'est de l'Andalousie reste plus sec que l'ouest. La Sierra de Grazalema, à l'ouest de Ronda, est la partie la plus humide d'Espagne : la ville de Grazalema reçoit plus de 2 200 mm de pluie par an. Le promontoire de Cabo de Gata, dans la province d'Almería, est la région la plus sèche d'Europe, avec seulement 100 mm de précipitations par an.

A Tarifa, située à la pointe la plus méridionale de l'Andalousie, là où la Méditerranée rencontre l'océan Atlantique, soufflent la plupart du temps des vents très forts (c'est le paradis des windsurfers).

Dans les montagnes, les températures sont toujours de quelques degrés inférieures à celles des plaines. Vous pouvez aussi vous attendre à ce qu'il y pleuve davantage et qu'il y neige un peu en hiver. La Sierra Nevada reste couverte de neige presque toute l'année au-dessus de 3 000 m.

Sur la plupart du littoral, la température de la mer oscille autour de 20°C de juillet à octobre et de 15°C de décembre à avril.

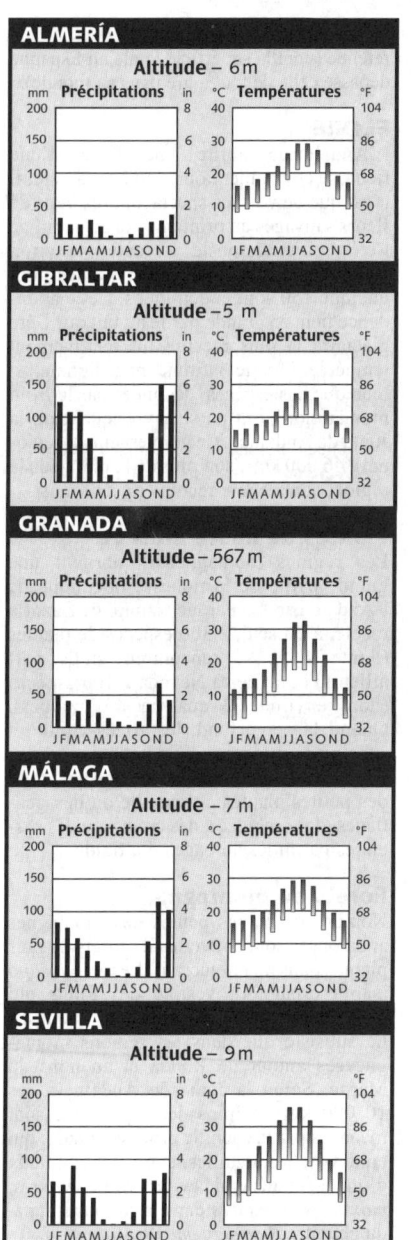

ÉCOLOGIE ET ENVIRONNEMENT

L'absence relative d'industrie et, jusqu'à récemment, le caractère traditionnel de l'agriculture ont permis à l'Andalousie de bénéficier d'un environnement relativement préservé. Chaque année, de 60 à 70 plages andalouses se voient décerner le drapeau bleu de l'Union européenne pour leur propreté et leurs équipements.

Cependant, quelques points noirs subsistent, comme la pollution atmosphérique provoquée par les industries de la région de Huelva ou l'énorme volume d'eaux usées qui continuent d'être déversées dans la mer à l'est de Málaga. Des catastrophes écologiques ont déjà eu lieu, comme celle qui a touché en 1998 les alentours du Parque Nacional de Doñana, à l'ouest de l'Andalousie, provoquée par une importante fuite de déchets toxiques issus de l'industrie minière (pour de plus amples détails, reportez-vous à l'encadré intitulé *Les conséquences du désastre d'Aznalcóllar* dans le chapitre *Provincia de Huelva*). L'inquiétude est grande également à propos des engrais qui pollueraient l'eau potable de la partie inférieure du bassin du Guadalquivir.

L'environnement de l'Andalousie a été fortement marqué par l'activité humaine. Ce sont les Romains qui ont commencé à couper ses forêts pour le bois, qu'ils utilisaient aussi bien en charpente qu'en combustible, pour confectionner des armes ou se ménager des terres cultivables. Romains et musulmans ont transformé de vastes régions destinées à l'agriculture en pratiquant des travaux d'irrigation et d'aménagement des collines en terrasses. Par la suite, le pâturage à outrance d'énormes troupeaux de moutons a causé une érosion notable de la couche arable – les marécages du Guadalquivir se sont en grande partie formés depuis 3 000 ans à partir des dépôts de sédiments – et les exigences de l'Espagne impériale en bois pour la construction de ses navires ont décimé plus d'une forêt dans le pays. De nombreuses espèces animales furent sacrifiées à la chasse. La protection dont bénéficient aujourd'hui de nombreuses espèces de mammifères et d'oiseaux a permis à leurs populations de se reconstituer de façon appréciable mais, pour d'autres, il est sans doute déjà trop tard.

Protection

La conscience des problèmes de l'environnement évolua rapidement dans les années 80 avec l'arrivée au pouvoir du PSOE. Ce dernier a donné l'impulsion à une série d'actions émanant des gouvernements régionaux qui ont maintenant la responsabilité de la plupart des problèmes relatifs à l'environnement. En 1981, l'Espagne ne comptait que 35 régions protégées, couvrant seulement 2 200 km². Aujourd'hui, il en existe plus de 400, qui s'étendent sur plus de 25 000 km², et l'Andalousie est la mieux placée dans ce domaine (voir la rubrique *Parcs nationaux et réserves* plus loin dans ce chapitre). Les régions protégées ne le sont pas toujours parfaitement. Les défenseurs de l'environnement doivent rester vigilants face à la corruption administrative, qui laisse libre cours aux constructions abusives, aux exploitations de carrières ou encore aux chasses illicites dans les zones protégées. Le Parque Nacional de Doñana, dont les marais constituent un habitat d'une importance considérable pour l'avifaune, a dû mener un combat continu depuis sa création en 1969 contre les projets agricoles et touristiques sur ses bordures, susceptibles de réduire ou de polluer les eaux qui l'alimentent. Lors de la rédaction de ce guide, un groupe insolite composé d'écologistes, de membres de l'extrême gauche andalouse et du centre droit au pouvoir en Espagne menait une bataille juridique contre le gouvernement régional andalou, en vue d'obtenir l'annulation de la construction d'un luxueux complexe de vacances, prévue sur 2 km² du côté de Sanlúcar de Barrameda, aux frontières du parc.

Sécheresse

Le problème le plus grave pour l'Andalousie en matière d'environnement reste potentiellement celui de la sécheresse, qui a par exemple frappé dans les années 50 et 60 et au début des années 90, et menace encore au XXIe siècle. Pourtant d'immenses investissements ont été consentis pour créer des lacs de retenue (dont la superficie totale en Espagne dépasse celle de tout autre pays au monde).

FLORE

L'Andalousie abrite une flore d'une richesse étonnante. Pour s'en convaincre, il n'est que de voir les spectaculaires tapis de fleurs sauvages au printemps et au début de l'été. L'Andalousie recèle environ 5 000 espèces de plantes différentes dont quelque 150 sont endémiques. Cette abondance tient en grande partie au fait que l'ère glaciaire la plus récente fut relativement tempérée à cette latitude méridionale, si bien que des espèces, décimées par le froid plus au nord, ont pu survivre ici. Selon la Junta de Andalucía (le gouvernement régional), 46 000 km², soit plus de la moitié de la région, sont encore recouverts de forêts.

Plantes de haute altitude

Les régions montagneuses abritent une grande partie de la richesse botanique de l'Andalousie. Le Parque Natural de Cazorla recèle, à lui seul, 2 300 espèces de plantes (dont 24 ne se rencontrent nulle part ailleurs) et la Sierra Nevada 2 100 espèces (dont environ 60 qualifiées d'uniques). Quand la neige fond, les zones alpine et subalpine, au-dessus de la ligne des arbres, s'agrémentent de la floraison spectaculaire des petites plantes de rocaille ou des gentianes, des orchidées, des crocus ou des narcisses parmi les herbages d'altitude.

Forêts de montagne

Nombre de basses pentes des montagnes andalouses sont couvertes de forêts de pins plantés dans un but lucratif. Le rare *pinsapo* (sapin espagnol), vestige des forêts qui existaient il y a plus de 2 millions d'années, ne subsiste que dans les régions montagneuses autour de Ronda et au nord du Maroc. Selon la Junta de Andalucía, les 10 000 km² de pins de la province sont menacés par la chenille processionnaire qui en dévore les aiguilles, et qu'il vaut mieux d'une façon générale éviter (voir *Coupures, morsures et piqûres* dans la rubrique *Santé* du chapitre *Renseignements pratiques*).

Forêts de plaines

Le long des rivières, vous verrez souvent une grande diversité d'arbres à feuilles caduques, tels que peupliers, frênes, saules, érables, ormes et aulnes, ainsi que des roseaux et des joncs.

Dans certaines régions, en particulier dans les provinces de Jaén et de Córdoba, se succèdent d'interminables rangées d'oliviers à perte de vue (voir l'encadré *Huile essentielle* dans le chapitre *Provincia de Jaén*). Très répandu également, l'eucalyptus n'est cependant plus aussi prisé en raison de ses insatiables besoins en eau. Les essences les plus caractéristiques de l'Andalousie sont le chêne-liège et l'yeuse (ou ilex). Toujours selon la Junta de Andalucía, ils couvriraient 13 000 km^2 du territoire de la province.

Sous les arbres, en Andalousie, surgissent en automne quelque 2 000 espèces de champignons, comestibles pour la plupart, que l'on retrouve sur les marchés et dans les menus campagnards. Certains d'entre eux sont vénéneux, aussi vaut-il mieux s'en remettre aux spécialistes locaux.

Végétation arbustive et steppe

Là où il n'y a ni arbres ni cultures, la terre se couvre généralement d'une végétation arbustive ou semblable à la steppe, qui recouvre également les forêts coupées et la terre abandonnée. Parmi les plantes typiques figurent la lavande, le romarin, le fenouil et le thym, ainsi que des buissons de la famille des cistes, des ajoncs, du genièvre et de la bruyère. Des orchidées, des glaïeuls et des iris fleurissent parfois sous ces arbustes qui, eux-mêmes, offrent souvent de superbes visions au printemps.

La steppe apparaît dans des régions de pâture intensive ou naturellement chaudes et très sèches, comme le sud-est de la province d'Almería où la végétation, éparse et souvent constituée de cactus, éclate en fleurs multicolores après une ondée.

FAUNE

La faune d'Andalousie compte parmi les plus riches d'Europe. La diversité du terrain, encore très sauvage, a permis la survie de plusieurs espèces, qui ont disparu d'autres pays, même si certaines populations sont aujourd'hui dangereusement réduites. De nombreux animaux sont des espèces nocturnes : il faut être persévérant et/ou chanceux pour les observer. Naturellement, ils sont en plus grand nombre dans les régions les plus sauvages, en particulier dans les zones protégées.

Mammifères

Une petite communauté de loups vit encore dans la Sierra Morena (dans la province de Jaén, au nord-est de la province de Córdoba et dans les régions voisines de Castilla-La Mancha). En 1986, le loup a été déclaré espèce en voie de disparition en Andalousie. Pour éviter qu'ils ne les tuent, les fermiers ont droit à des indemnités si leurs animaux se font attaquer par des loups. Malgré tout, la population de loups continue apparemment à

Les dehesas d'Andalousie

Dans des régions comme la Sierra Morena et le Parque Natural Los Alcornocales, on remarque l'application très étendue d'un système sylvo-pastoral appelé la dehesa et où prédominent deux sortes de chênes utilitaires à feuilles persistantes, l'alcornoque (chêne-liège) et l'encina (yeuse ou ilex).

L'épaisse couche externe de l'écorce du chêne-liège est enlevée tous les neuf étés pour récupérer le liège (corcho). Vous remarquerez les cicatrices sur certains arbres dont la couleur est d'un brun terre cuite quand elles sont récentes. L'yeuse peut être élaguée environ tous les quatre ans pour faire du charbon avec le bois coupé. Entre-temps, les animaux vont paître dans le sous-bois et, à l'automne, on y ramène les porcs pour qu'ils se goinfrent de bellotas (glands) tombés à terre, une alimentation qui passe pour donner le meilleur jambon. La plantation de ces dehesas remonte souvent à des temps très anciens où la forêt méditerranéenne originelle était abattue ou brûlée pour libérer des pâtures, puis replantée avec ces arbres utilitaires.

diminuer. Il subsiste sûrement moins de 100 individus, alors que dans d'autres régions d'Espagne on en compte jusqu'à 1 500.

La situation du bouquetin, qui compte environ 10 000 représentants en Andalousie, est plus favorable. Ce bouquetin trapu de haute montagne, dont les mâles possèdent de longues cornes très caractéristiques, passe l'été à sauter avec agilité autour des précipices de haute altitude et redescend plus bas l'hiver. Environ 5 000 ibex peuplent la Sierra Nevada, 2 000 le Parque Natural de Cazorla, 1 000 la Sierra de las Nieves et quelques centaines la Sierra de Grazalema et la Sierra Almijara.

Le lynx pardelle, ou lynx espagnol, propre à la péninsule Ibérique et plus petit que le lynx d'Europe septentrionale, est considéré comme le félin le plus menacé au monde. Décimé par la chasse et par la disparition du lapin, base de son alimentation, il se raréfie (on en compte à peine 600 en Espagne et moins de 50 au Portugal). Environ 50 de ces animaux subsistent en Andalousie dans le Parque Nacional de Doñana et quelques autres dans la Sierra Morena.

Parmi les mammifères moins rares, on rencontre le sanglier (essentiellement nocturne), le cerf commun, le chevreuil et le daim (dans toutes sortes de bois et de forêts), la genette (carnivore nocturne qui ressemble à un chat court sur pattes avec un pelage blanc moucheté de noir et une longue queue rayée, dans les terrains boisés et la végétation arbustive), l'écureuil roux (dans les forêts de montagne), le blaireau nocturne (dans les sous-bois épais), le renard (répandu çà et là), la loutre et la fouine (dans les forêts caduques ainsi que sur les falaises et les affleurements rocheux). Le mouflon, un mouton sauvage, a été introduit dans le Parque Natural de Cazorla et deux ou trois autres régions pour la chasse.

Gibraltar est célèbre pour sa colonie de magots ou macaques de Barbarie, les seuls singes sauvages d'Europe. La Bahía de Algeciras et le détroit de Gibraltar abritent une profusion de dauphins ainsi que quelques cétacés (plusieurs baleines et cachalots). Les excursions en bateau depuis Gibraltar pour aller les voir constituent une attraction de plus en plus appréciée.

Oiseaux

L'Andalousie exerce un attrait irrésistible sur tous les amateurs d'ornithologie (pour plus de détails, voir *Observation des oiseaux* du chapitre *Renseignements pratiques*).

Rapaces. L'Andalousie abrite 13 espèces d'oiseaux de proie résidentes et plusieurs autres espèces migratrices qui viennent d'Afrique l'été. On en voit qui tournent en rond ou planent au-dessus des hauteurs dans de nombreuses régions du territoire.

La Sierra Morena est le repaire du plus gros oiseau d'Europe, le rare vautour noir. Les quelques centaines de couples vivant en Espagne représentent sans doute la plus grande population au monde de cette espèce. L'une des plus importantes colonies de ce rapace se trouve dans la Sierra Pelada, au sud d'Aroche dans la province de Huelva.

Également emblématique et extrêmement rare, l'aigle impérial espagnol a des épaules blanches qui le distinguent des autres aigles impériaux. Sur les 130 couples qui subsistent, 30 se trouvent en Andalousie, dont 7 (selon les dernières estimations) dans le Parque Nacional de Doñana. Les appâts empoisonnés disposés par les fermiers ou les chasseurs sont les plus grands ennemis de cet aigle impérial.

D'autres grands oiseaux de proie vivent en Andalousie, notamment l'aigle royal. Parmi les plus petits oiseaux de proie, qui fréquentent souvent les bois et les forêts à feuilles caduques ou les plaines, figurent la crécerelle commune, la buse, l'épervier, divers busards, ainsi que les acrobatiques milan rouge et milan noir.

Cigognes. La grande et gauche cigogne blanche, en réalité noire et blanche, fait son nid entre le printemps et l'été sur les pylônes électriques, les arbres et les tours, parfois même en plein milieu des villes, dans l'ouest de l'Andalousie. Vous les entendrez sûrement claquer bruyamment du bec dans leurs nids haut perchés. Beaucoup plus rare, la cigogne noire, toute noire, niche aussi dans l'ouest de l'Andalousie, généralement sur les rebords des falaises. L'une et l'autre migrent depuis l'Afrique, par le détroit de Gibraltar, en volées de plus de 3 000 oiseaux, pour venir nidifier en Espagne.

Oiseaux aquatiques. L'Andalousie constitue un havre pour les oiseaux aquatiques, du fait principalement des vastes zones humides du littoral atlantique, en particulier le Parque Nacional de Doñana et le Paraje Natural Marismas del Odiel. Des centaines de milliers d'oiseaux migrateurs, dont vraisemblablement 80% des canards sauvages d'Europe occidentale, hibernent à Doñana. Bien davantage y font escale durant les migrations de printemps et d'automne.

La lagune de Fuente de Piedra, près d'Antequera, est le plus grand site européen de reproduction du grand flamant, avec jusqu'à 16 000 couples qui élèvent leurs poussins au printemps et durant l'été. Ce superbe échassier rose se rencontre aussi à divers autres endroits, notamment au Cabo de Gata, à Doñana et dans les Marismas del Odiel.

Autres oiseaux. Parmi les nombreux oiseaux les plus colorés d'Andalousie, le loriot jaune d'Europe se voit l'été dans les vergers et les bois à feuilles caduques (le mâle a le corps d'un jaune brillant qu'on ne peut pas manquer). La huppe orange et noir, avec sa crête caractéristique, se rencontre communément dans les paysages boisés, sur les terres agricoles et les terrains de golf. Le guêpier doré, brun et turquoise niche dans les bancs de sable l'été. Divers pics et hiboux habitent les régions boisées de montagne.

Autres animaux

Du printemps jusqu'à l'automne, l'Andalousie devient un paradis pour les amateurs de papillons de jour et de nuit. La plupart des papillons d'Europe se rencontrent en Espagne. On peut voir aussi plusieurs espèces de chauve-souris, des salamandres, des caméléons (particulièrement nombreux dans la région d'Axarquía), de nombreux lézards et des serpents. Pour connaître les espèces dangereuses, voyez *Coupures, morsures et piqûres* à la rubrique *Santé* dans *Renseignements pratiques*.

PARCS NATIONAUX ET RÉSERVES

Une grande partie des régions les plus spectaculaires et les plus importantes sur le plan écologique de l'Espagne bénéficient plus ou moins d'une protection officielle. L'Andalousie, pour sa part, abrite 60% de la superficie totale des régions protégées du pays, soit 90 de ces régions couvrant quelque 17 000 km^2 (20% du territoire andalou). Elles se visitent, mais les conditions d'accès et les équipements varient, de même que le degré de protection. Dans les plus intéressantes, vous trouverez généralement un centre d'accueil des visiteurs qui vous fournira toutes sortes d'informations sur les aspects les plus intéressants ainsi que sur les endroits accessibles ou non.

Parques nacionales

Les parcs nationaux font l'objet d'un classement voté par le Parlement national et leur administration relève à la fois du pouvoir central et du pouvoir régional. Au moment de la rédaction de ce guide, l'Espagne continentale en comptait 7, dont le Parque Nacional de Doñana et le Parque Nacional Sierra Nevada, tous deux situés en Andalousie.

Les parcs nationaux sont généralement les zones les plus sévèrement protégées. Elles abritent le plus souvent une population très clairsemée et peuvent englober des réserves interdites au public et des zones d'accès limité que l'on ne peut visiter qu'avec une autorisation. Le camping est interdit dans l'enceinte des parcs nationaux.

Parques naturales

Les parcs naturels sont classés et administrés au niveau régional. En Andalousie, ils dépendent de la Consejería de Medio Ambiente (département de l'Environnement) de la Junta de Andalucía. La région recense 23 sites qui forment la majeure partie du territoire protégé. Ils englobent les paysages andalous les plus spectaculaires, depuis les grandes forêts de chênes-lièges de Los Alcornocales jusqu'aux magnifiques montagnes et vallées de Cazorla (la plus vaste zone protégée d'Espagne, couvrant

2 140 km²), aux forêts millénaires de la Sierra de Grazalema ou aux prairies ondulantes de la Sierra Morena dans la Sierra de Aracena.

Les parcs naturels ont pour objet de protéger non seulement la nature, mais aussi le patrimoine culturel humain. Ils ont également pour vocation de favoriser un développement économique compatible avec cette protection. Ils englobent souvent des routes goudronnées, des villages ou même de petites villes. Généralement, il existe des possibilités d'hébergement dans le parc et le camping est interdit en dehors des campements organisés. Certains parcs sont jalonnés de sentiers de randonnée balisés. Comme les parcs nationaux, ils enserrent parfois des zones auxquelles on ne peut accéder qu'avec une autorisation.

Autres zones protégées

Les deux autres types de zones protégées en Espagne sont dénommées Paraje Natural (zone naturelle, au nombre de 31) et Reserva Natural (réserve naturelle, au nombre de 28). Il s'agit de terrains plus petits, généralement presque inhabités, mais dont les objectifs en termes de protection de l'environnement sont les mêmes que ceux des parcs naturels. Les zones naturelles englobent quantité de petits marécages de la côte atlantique. Les réserves naturelles sont moins étendues et comportent de nombreux lacs à l'intérieur des terres.

Reservas Nacionales de Caza

Certaines régions sauvages (environ 900 km² en Andalousie) sont classées réserves nationales de chasse. Elles sont généralement protégées dans l'intérêt du gibier qui devra être exploité de façon "rationnelle". Bien que soumise à des restrictions, la chasse est profondément enracinée dans la tradition espagnole. Les réserves sont généralement parfaitement accessibles au public et vous pouvez très bien vous promener à pied ou rouler en voiture au milieu de l'une d'elles, sans même en avoir conscience. Si vous entendez des coups de feu, faites attention !

INSTITUTIONS POLITIQUES

Depuis 1978, l'Espagne est dotée d'une monarchie constitutionnelle. Le Parlement national, les Cortes Generales, comporte deux chambres, le Congreso de los Diputados (Chambre des députés) et le Senado (Sénat). Les deux chambres sont élues au suffrage universel.

La Constitution de 1978 a transféré une partie importante du pouvoir aux régions. Il en résulte que l'Espagne est aujourd'hui divisée en 17 communautés autonomes, dotées chacune de son propre parlement, de son gouvernement et de sa cour suprême. Le parlement d'Andalousie siège à Sevilla et ses 109 membres sont élus au suffrage universel tous les 4 ans. Le pouvoir exécutif, appelé la Junta de Andalucía, est dirigé par un président. Le parlement et le pouvoir exécutif (*junta*) ont été contrôlés par le PSOE depuis le début de l'autonomie en 1982. Le PSOE gouverne sans majorité absolue au parlement après la rupture récente de la coalition avec la Izquierda Unida (IU, Gauche unie) communiste qui obtient généralement autour de 15 à 20% des voix. Manuel Chaves est président de la Junta depuis 1990.

Le pouvoir politique au niveau de la communauté varie d'une région à l'autre. L'Andalousie, la communauté la plus peuplée, possède davantage de pouvoirs que bien d'autres, notamment dans les domaines de l'industrie, de l'agriculture, du tourisme, de l'éducation, de la santé, de la sécurité sociale, de la protection de l'environnement ainsi que des routes et des voies ferrées autres que nationales. Cependant, du fait que le pouvoir central est doté d'une budget beaucoup plus important que celui des communautés, une grande partie des décisions importantes se prend encore à Madrid.

Chaque région autonome consiste en une ou plusieurs provinces. L'Andalousie en compte 8, qui portent chacune le nom de leur capitale : Almería, Cádiz, Córdoba, Granada, Huelva, Jaén, Málaga et Sevilla. Les provinces sont subdivisées en unités administratives autour d'une ville, d'un bourg ou d'un village, appelées *municipios*, qui ont chacune à leur tête un maire et un conseil municipal élus.

ÉCONOMIE

L'entrée de l'Espagne dans la Communauté européenne (aujourd'hui Union européenne) en 1986, ouvrit de nouveaux marchés à l'exportation et entraîna un flux d'investissements dans les infrastructures (routes, chemins de fer, aéroports etc.). Une expansion économique s'ensuivit et le fait que le gouvernement national de centre gauche de l'époque ait été dominé par les Andalous fut plutôt bénéfique à la province. Néanmoins, l'entrée dans la Communauté européenne ouvrit aussi l'Espagne à la concurrence étrangère et l'économie, jusqu'alors en expansion, bascula finalement dans la crise, avec un chômage atteignant 24% au niveau national en 1994, et un pic chez les jeunes de moins de 26 ans. La croissance a depuis lors repris et, en 2000, le taux de chômage était retombé à 15% – le plus élevé tout de même de l'Union européenne – un chiffre peut-être trompeur car bien plus de femmes sont inscrites au chômage en Espagne que dans les autres pays européens.

L'Andalousie a suivi les fluctuations de l'économie nationale avec quelque distance. La situation est certes meilleure qu'elle n'a été – pour preuve, l'expansion généralisée de la construction depuis la fin des années 90 – mais bien moins satisfaisante que celle qui prévaut dans le reste de l'Espagne. Le salaire mensuel moyen en Andalousie se situe autour de 200 000 ptas, bien au-dessous de la moyenne nationale. Le taux de chômage andalou – officiellement de 27% en 1999 – est le plus élevé du pays. Au sein de l'Andalousie, c'est la province de Cádiz qui détient le taux de chômage le plus fort, avec 33% et celle d'Almería le plus bas, avec 13%. Selon les chiffres émis par la banque La Caixa pour l'année 2000, les 7 villes les plus pauvres d'Espagne se trouvent toutes en Andalousie, dont 5 dans la province de Cádiz.

De telles statistiques tranchent peut-être avec ce que ressentent de nombreux visiteurs à propos de l'Andalousie, dont les habitants apparaissent dans l'ensemble sinon fabuleusement riches, du moins loin d'être pauvres. L'une des explications serait que les touristes ne fréquentent généralement pas les zones en difficulté des grandes villes ni les villages de campagne les plus désolés. Il est vrai également que les indemnités et les autres aides aux chômeurs ont éradiqué la grande pauvreté dans le pays mais la solidarité des familles joue aussi un rôle important. Il n'est pas rare que plusieurs générations partagent le même logement et l'ensemble des revenus. Il ne fait pas de doute non plus que beaucoup s'en tirent financièrement en s'inscrivant au chômage pour toucher les indemnités et travaillent en même temps. Selon l'organisation Pro Derechos Humanos, en 1999, l'économie "souterraine" assurait 26% des revenus andalous.

Seulement 2% des propriétaires terriens andalous possèdent environ la moitié des terres et les "cinq grands" – les ducs d'Arcos, Infantado, Medinaceli, Medina Sidonia et Osuna – détiennent de gigantesques domaines. Ceux-ci sont maintenant cultivés de façon efficace et productive mais la mécanisation n'a pas créé beaucoup d'emplois. Il y a peut-être encore 200 000 *jornaleros* – travailleurs agricoles saisonniers ne possédant aucune terre.

L'Expo'92 à Sevilla a apporté de grandes améliorations en Andalousie dans le domaine des routes et des chemins de fer mais sans l'étincelle nécessaire à la création d'industries de haute technologie. L'Andalousie reste donc sous-industrialisée. Ce type d'industrie se concentre principalement à l'ouest du triangle Sevilla–Huelva–Cádiz, et il en existe quelques-unes aussi à Málaga, Córdoba et Granada.

L'agriculture continue de fournir 1 emploi sur 7 (1 sur 5 dans certaines provinces). Quant à l'agriculture intensive sous serre chaude, elle se pratique avec succès sous des hectares de bâches en plastique, notamment dans la province d'Almería. Les produits agricoles traditionnels incluent porc, laine, boeuf, vin, raisin, blé, liège et olives (l'Andalousie produit environ 10% de l'huile d'olive mondiale – pour plus de détails, voir l'encadré *Huile essentielle* dans le chapitre *Provincia de Jaén*). La pêche conserve également son importance, car l'Andalousie possède l'une des plus importantes flottes de pêche d'Espagne, mais la valeur de la production andalouse par habitant équivaut à un peu plus de la moitié de celle des régions plus riches du pays, comme la Cataluña et Madrid.

Le tourisme compte pour plus de 10% dans l'économie de l'Andalousie et fournit directement plus de 100 000 emplois. De 15 à 20 millions de touristes visitent chaque année l'Andalousie, dont plus de 50% sont des étrangers. La province de Málaga, à laquelle appartient la Costa del Sol, bénéficie pratiquement pour moitié de ce tourisme.

POPULATION ET ETHNIES
Population

L'Andalousie compte 7,24 millions d'habitants, soit pratiquement autant que de touristes étrangers qui y viennent chaque année. Avec 18% de la population totale du pays, elle dépasse les 17 régions espagnoles en nombre d'habitants. Des 8 provinces andalouses, Sevilla est la plus peuplée (1,7 million), vient ensuite Málaga (1,24 million), puis Cádiz, (1,11 million), Granada (801 000), Córdoba (767 000), Jaén (646 000), Almería (505 000) et Huelva (454 000).

Les habitants se concentrent énormément autour des capitales provinciales. Les villes de Sevilla (702 000), Málaga (528 000), Córdoba (310 000), Granada (241 000) et Huelva (140 000) sont toutes au moins 5 fois plus grandes que les autres villes de leur province. Seules deux villes "moyennes", Jerez de la Frontera (182 000) et Algeciras (102 000), dépassent les 100 000 habitants.

Cette concentration urbaine reflète le mouvement d'exode rural vers les grandes villes qui a touché de nombreuses régions ces dernières décennies. Dans la plupart des provinces, la campagne s'anime surtout en fin de semaine.

L'Espagne détient l'un des taux de natalité le plus bas au monde (1,07 enfant par femme fertile) et l'on prévoit une réduction de sa population de 40 à 30 millions d'ici 2050. Certains experts considèrent qu'il faut encourager l'immigration pour maintenir la main-d'oeuvre, la production et le système d'impôts et de sécurité sociale. Malgré le fort taux de chômage, relativement peu d'Espagnols acceptent les travaux faiblement rémunérés, dans les exploitations fruitières, sur les chantiers de construction, ou encore les emplois de maison.

Ethnies

Parmi les ancêtres des Andalous d'aujourd'hui figurent des chasseurs venus d'Afrique au temps de la préhistoire, des Phéniciens, des juifs et des Arabes du Moyen-Orient, des Carthaginois et des Berbères d'Afrique du Nord, des Wisigoths des Balkans, des Celtes d'Europe centrale, des Romains, et des Espagnols du Nord qui étaient eux-mêmes des descendants de populations anciennes également mélangées. A l'époque où les derniers juifs et musulmans ont été expulsés, entre le XVe et le XVIIe siècle, toutes ces influences se mêlaient. Au cours du dernier millénaire, il n'y eut que deux ajouts majeurs au tableau ethnique andalou, les *gitanos* (Rom, anciennement appelés Tsiganes), arrivés au XVe siècle, et les Européens du Nord. L'Espagne n'eut à connaître qu'une faible immigration venue de son empire colonial.

Gitans. On considère que, sur quelque 500 000 à 600 000 Gitans *(gitanos)* vivant dans le pays, environ la moitié habitent l'Andalousie. Leurs origines sont incertaines, mais on pense qu'ils sont venus de l'Inde, en se dirigeant vers l'ouest au IXe siècle. L'une de leurs routes de migration les a conduits à Istanbul et, de là, en Europe. La plupart se dirigeaient vers le Sud et certains finirent par atteindre l'Espagne au XVe siècle. On suppose qu'ils choisirent le Sud du fait de certaines affinités avec les musulmans de l'émirat de Granada. Une autre route les aurait amenés, pense-t-on, de l'Orient vers l'Égypte et, à travers l'Afrique du Nord, jusqu'en Andalousie.

L'Espagne a commencé à promulguer des lois contre les Gitans en 1499 et elle a continué à le faire fort longtemps. Les premières de ces lois visaient surtout à mettre fin à leur nomadisme. D'autres cherchaient à supprimer leur identité gitane en leur interdisant d'utiliser la langue, les noms ou les costumes gitans ou en leur interdisant des activités traditionnelles comme de posséder des chevaux ou de travailler comme forgerons. En 1783, le roi Carlos III autorisa les Gitans à pratiquer n'importe quelle activité, à condition qu'ils abandonnent leurs coutumes (ce qu'ils ne pouvaient bien sûr pas faire). Ils sont restés en marge de la société. Au fil du temps, ils ont créé le flamenco, musique qui est apparue peu ou prou sous sa forme actuelle au XIXe siècle (pour plus de détails, voir le chapitre *Flamenco : la complainte du Gitan*).

De nos jours, la plupart des Gitans andalous mènent une vie sédentaire, dans les villes et les villages de toute la région et, souvent, les quartiers gitans se situent dans les parties les plus pauvres de la ville.

Pour davantage d'informations sur les Gitans espagnols, essayez le site Web trilingue (anglais, espagnol, romani) de l'organisation gitano Unión Romaní (www.unionromani.org).

Ressortissants étrangers. Officiellement l'Andalousie compte 96 000 résidents étrangers, pour la plupart britanniques, allemands, scandinaves et français, dont pratiquement la moitié vivent sur la Costa del Sol. Bon nombre y viennent prendre leur retraite. Il faut ajouter peut-être le double de ressortissants qui vivent en Andalousie temporairement ou à temps partiel, et qui n'apparaissent pas dans les recensements.

Les Africains. On estime à environ 100 000 (voire 200 000) le nombre d'Africains vivant en Espagne, principalement originaires du Maroc et des pays voisins. La plupart arrivent par l'Andalousie mais se dirigent ensuite vers le nord de l'Espagne pour trouver du travail. De toute la région, c'est la province d'Almería, avec son industrie horticole saisonnière très demandeuse en main-d'oeuvre, qui compte le plus d'Africains. Elle est parfois le théâtre de conflits raciaux.

Nombre d'Africains arrivent clandestinement en Espagne et chaque année des centaines d'entre eux périssent dans cette entreprise, la plupart du temps par noyade, lors du naufrage de leurs petites embarcations surchargées dans le dangereux détroit de Gibraltar, ou lorsqu'ils ne parviennent pas à nager les derniers mètres jusqu'au rivage. Ils sont aussi de plus en plus nombreux chaque année à être interceptés par la police et renvoyés chez eux.

ÉDUCATION

Sept des 17 régions espagnoles prennent en charge leur système d'éducation, et l'Andalousie en fait partie. L'instruction est obligatoire dans tout le pays, de 6 à 16 ans. Les enfants passent de l'école primaire à l'école secondaire à 12 ans. Les deux tiers d'entre eux fréquentent des établissements publics et la plupart des autres, des écoles catholiques mixtes subventionnées par l'État. Environ 90% des enfants de 4 et 5 ans fréquentent la maternelle privée ou publique. D'une façon très générale, on peut dire que l'éducation espagnole est bien organisée, assez approfondie mais pas particulièrement imaginative. Les activités extra-scolaires sont rares.

Environ 55% des jeunes qui quittent l'école entament une formation professionnelle ou s'inscrivent au *bachillerato*, un cursus universitaire de deux ans menant à un enseignement ou à une formation professionnelle de niveau supérieur. Tout comme les disciplines plus théoriques, les diplômes d'enseignant, d'infirmière ou de physiothérapeute s'obtiennent à l'université, que fréquentent actuellement 40% des Espagnols – une progression de 20% par rapport aux années 80, avant que des mesures indispensables soient prises en matière d'éducation par le gouvernement PSOE. Toutefois, les échecs sont nombreux : seulement 10 à 12% des étudiants terminent leur cycle avec succès.

Chacune des 8 capitales de province en Andalousie possède son université, gérée par des fonds publics. Pour y accéder, l'étudiant doit obtenir son bachillerato et réussir son examen d'entrée. Il a alors le choix entre un cursus de 3 ans au bout duquel il sera *licenciado* ou *diplomado* (à peu près l'équivalent de la licence) ou un cursus de 5 à 6 années sanctionné par un diplôme de *licienciatura*, d'*arquitecto* ou d'*ingenio superior* (à peu près du niveau de la maîtrise). Le tarif des universités varie de 50 000 à 80 000 ptas par an et environ un septième des étudiants obtiennent des bourses. Un enseignement supérieur est également possible dans les instituts qui se consacrent aux matières comme l'éducation physique, le tourisme et les arts du spectacle.

Il est difficile d'obtenir des chiffres fiables concernant le taux d'alphabétisation en Espagne mais l'on peut affirmer avec certitude que l'illettrisme y est beaucoup moins important qu'il y a trente ou même seulement quinze ans, grâce aux programmes de scolarisation pour tous, à l'éducation des adultes et à la formation professionnelle. Si l'on en croit un rapport de 1995, le taux d'illettrisme des plus de 16 ans dans les 8 provinces d'Andalousie se situe entre 5,5% (Granada) et 11,1% (Jaén). Les femmes représentent environ 60% des illettrés qui sont presque tous nés avant 1960, à une époque où peu d'enfants fréquentaient l'école primaire.

ARTS

Les diverses formes du flamenco caractérisent l'expression artistique andalouse. Pour plus de détails, reportez-vous à la rubrique *Flamenco*.

Musique

La tradition du flamenco imprègne tellement la sensibilité andalouse que relativement peu d'artistes ou de compositeurs s'expriment réellement en dehors de son influence.

Pour tous renseignements sur les festivals musicaux, consultez la rubrique *Jours fériés et manifestations annuelles*.

Pop et rock. La scène musicale espagnole est animée et vibrante. Les étés andalous sont baignés de musique pour danser. Le duo sévillan Los del Río s'est retrouvé au milieu des années 90 au palmarès des discothèques du monde entier avec la *Macarena*. Néanmoins l'Andalousie n'a donné naissance qu'à un nombre très réduit de véritables groupes de rock et pop stars car ses meilleurs musiciens sont davantage attirés par la fusion flamenca. Les choses sont peut-être en train de changer. La province de Málaga posséderait actuellement, selon les statistiques officielles, 250 groupes de musique et Granada affirme abriter 300 groupes de rock.

L'un des artistes les plus intéressants, le chanteur-compositeur de chansons Kiko Veneno, est né en Cataluña en 1952, mais il a passé la plus grande partie de sa vie du côté de Sevilla et de Cádiz. Bien qu'il pratique aussi la fusion flamenca, il se situe plutôt maintenant dans le camp du rock/R&B. Avec la contribution de Raimundo Amador et d'autres, Kiko mixe rock, blues, rythmes africains et rythmes flamencos avec des paroles qui vont des scènes *simpático* et humoristiques de la vie de tous les jours à des poèmes de Lorca.

Le groupe "technopunk" de Granada, Lagartija Nick, que l'on décrit comme une "tyrannique tempête de bruit" a fait des vagues lors de son association avec l'as du flamenco Enrique Morente, qui aboutit à l'album *Omega* de 1996. Puis ce fut *Val de Omar* en 1998, inspiré par le *granadino* (natif de Granada) du même nom, inventeur, cinéaste expérimental et poète électronique, qui mourut en 1982. Les albums suivants s'intitulent *Space: 1999* puis *Lagartija Nick* (2000) dans lequel, selon un critique, le groupe dépouille la pop music de ses éléments de base comme la mélodie ou le refrain.

Parmi les autres groupes qui méritent l'attention, signalons Hermanas Sister (un duo basé à Málaga, composé d'un *madrileño* et d'une Anglaise, dont le répertoire comprend des titres de Janis Joplin et des Red Hot Chili Peppers), Los Perdidos de Fuengirola (qui joue un puissant mélange de funky latino aux accents de rock et de flamenco), les punk-rock sévillans d'Amphétamine Discharge, Los Hermanos Dalton (un énergique trio rock de San Fernando), le groupe de rock-reggae latino Hyperbórea (originaire de Marbella), Danza Invisible (*le* groupe du moment à Málaga), Los Planetas (basé à Granada, d'inspiration indienne), enfin Tabletom (formation ouvertement hippie qui mêle Frank Zappa au blues, au jazz et à l'hédonisme de Málaga depuis les années 70, en accumulant les générations de fans).

Hormis les artistes andalous, vous avez des chances de voir d'autres groupes espagnols très en vogue lors des nombreux concerts et festivals qui ont lieu l'été. Guettez par exemple le Madrid quartet Dover (le plus connu des groupes espagnols d'influence indienne des années 90), la bande rock-blues du Jarabe de Palo de Barcelona, les chefs de file hip-hop de Mastretta, les rockers asturiens de Hevia avec leurs cornemuses, la techno de Barcelona par An Der Beat, le heavy metal d'Extremoduro venus d'Extremadura, les Celtas Cortos de Valladolid (qui rappellent les Pogues) et le Javier Vargas Blues Band (recommandés par Carlos Santana lui-même).

Un genre né hors d'Espagne, qui reste totalement intouché par le flamenco mais convient parfaitement à la propension des Espagnols à passer la nuit à danser est la dance music électronique sous toutes ses formes. Un nombre croissant de *salas* (grandes salles, dont certaines ouvrent très tard, à 6h du matin) et de festivals sont consacrés à des DJ qui passent de la techno, de la house et d'autres musiques affiliées. Parmi les noms à retenir, citons Javy Unión de Sevilla (techno style Detroit), Sambafonker (house), DJ Killer et Jordi Slate (electro-break beat) et F Volumen (techno-house), tous venus de Málaga.

La musique classique. Celui qu'on peut qualifier de plus grand compositeur espagnol, Manuel de Falla, naquit à Cádiz en 1876. Il grandit en Andalousie puis séjourna à Madrid et à Paris, revint vers 1919 vivre à Granada jusqu'à la fin de la guerre civile avant de partir en Argentine. Ses trois œuvres principales, toutes composées pour des ballets, ont de profondes racines andalouses : *Noches en los Jardines de España* (*Nuits dans les jardins d'Espagne*) évoque le passé musulman et les bruits et sensations d'une chaude nuit andalouse, tandis que *El Amor Brujo* (*L'Amour sorcier*), et *El Sombrero de Tres Picos* (*Le Tricorne*) s'inspirent du flamenco. *El Amor Brujo*, une histoire d'amour gitano avec une touche surnaturelle, resta durant des décennies le fleuron des ballets pour les danseurs espagnols.

L'amitié de Falla et de Lorca joua un rôle capital dans l'organisation en 1922 du Concurso de Cante Jondo à l'Alhambra de Granada (voir le chapitre *Flamenco : la complainte du Gitan*). L'un des instrumentistes présents lors de ce *concurso* (mais pas du flamenco) n'était autre que Andrés Segovia, de la province de Jaén, qui allait devenir l'un des grands guitaristes classiques du XXe siècle.

Outre ces compositeurs, la région doit surtout sa réputation à la musique qu'elle a inspirée aux auteurs étrangers. Parmi eux, citons Rossini avec *Il Barbiere di Siviglia* (*Le Barbier de Séville*) et Mozart pour son opéra *Don Giovanni*, inspiré d'une pièce du XVIIe siècle espagnol de Tirso de Molina (voir l'encadré *L'Andalousie à travers le roman* à la rubrique suivante). Nul doute que l'amitié que noua Falla à Paris avec les compositeurs français Ravel (célèbre pour son *Boléro*) et Debussy (*Ibéria*) a contribué à développer leur goût pour l'Espagne.

Littérature

L'époque romaine. La littérature andalouse commence avec deux Cordouans, le philosophe stoïcien Sénèque et son neveu le poète-historien Lucain. Ils jouèrent des rôles importants à Rome dans les cercles impériaux, mais furent tous deux condamnés à se suicider pour avoir participé, en 65, à une conjuration contre l'empereur Néron, dont Sénèque avait été le précepteur.

La période musulmane. Le XIe siècle vit une floraison d'œuvres de poésie arabe et hébraïque. Consacrée essentiellement au thème de l'amour (platonique ou non), la poésie arabe fut notamment le fait de Ibn Hazm et de Ibn Zaydun de Córdoba ainsi que de Ibn Ammar et du roi Al-Mutamid de Sevilla. Ces deux derniers, après avoir été amis, se fâchèrent et Al-Mutamid frappa Ibn Ammar d'un coup de hache. Parmi les poètes juifs, Judah Ha-Levi, considéré comme l'un des plus grands de tous les écrivains hébraïques post-bibliques, passa sa vie entre Granada, Sevilla, Toledo et Córdoba, avant de décider que le retour en Palestine était la seule solution possible pour les juifs espagnols. L'œuvre de Samuel Ha-Nagid, général en chef de Granada, traite surtout de la guerre.

Parmi les nombreux musulmans qui écrivirent sur d'autres thèmes que celui de l'amour, se distingue le philosophe Ibn Rushd, dit Averroès, (1126-1198) de Córdoba. Il exprima la conception très spirituelle et intériorisée qu'avaient les Almohades de l'islam.

Le Siglo de Oro. En Andalousie, le Siècle d'or, du milieu du XVIe siècle au milieu du XVIIe siècle, commença avec le cercle qui se rassembla à Sevilla autour de l'arrière-petit-fils de Christophe Colomb, Álvaro Colón. Il regroupa aussi bien les auteurs dramatiques Juan de la Cueva et Lope de Rueda, que Fernando de Herrera qui dédia ses poèmes d'amour à la femme de Colón.

Le Cordouan Luis de Góngora (1561-1627) passe pour le plus grand auteur espagnol de sonnets. Certains le considèrent même comme le plus grand poète espagnol. Ses vers descriptifs, riches de métaphores, se veulent avant tout source de plaisir sensuel. Certains célèbrent les aspects idylliques de la vallée du Guadalquivir.

L'Andalousie à travers le roman

Le retard et la pauvreté de l'Andalousie au XIXe siècle ont poussé les voyageurs et les écrivains venus du nord de l'Europe à développer une image romantique de cette région espagnole. Échappant aux réalités de leur propre pays, ils ont dépeint l'Andalousie comme une terre de volupté, mystérieuse, pauvre matériellement mais riche spirituellement. Le charme d'un autre âge des villes et des monuments, la danse et le chant flamencos des Gitans, l'histoire semi-orientale et remplie de légendes, l'amour des Andalous pour l'apparat, la fête et la corrida, les rues étroites et sinueuses, les sierras rocheuses et pittoresques, la chaleur, les femmes aux yeux et aux cheveux d'ébène, et même les brigands qui vagabondaient dans les endroits les plus reculés, ont contribué à donner de l'Andalousie une image idéale, dont elle a encore peine à se défaire aujourd'hui. Beaucoup d'Andalous voient également leur région sous cet angle, ce qui n'est guère surprenant car il existe une part de vérité dans ce tableau, la pauvreté ayant aujourd'hui disparu.

Un des premiers écrits romantiques à planter son décor en Andalousie (en l'occurrence à Sevilla) fut *Don Juan*, le chef-d'œuvre du Britannique Lord Byron. Celui-ci arriva en Andalousie en 1809 et écrivit cette épopée comique à la fin de sa vie, au début des années 1820. En 1826, le vicomte de Chateaubriand publia *Les Aventures du dernier Abencerage*, une nouvelle très originale et pleine de mélancolie, dans laquelle un prince musulman de Granada retourne chez lui, après la conquête chrétienne. L'Alhambra devint la quintessence de l'Andalousie romantique dans *Les Orientales* (1829), de Victor Hugo (qui ne connaissait pas la ville) et dans les *Contes de l'Alhambra* (1832), de l'Américain Washington Irving (qui habita le palais quelques mois). Théophile Gautier prit également l'Alhambra comme thème central dans *Voyage en Espagne* (1841). L'histoire tourmentée d'amour et de vengeance, à Sevilla, contée par Prosper Mérimée dans *Carmen*, ajouta une note de sensualité subtropicale à la mystique Andalouse. En 1875, l'opéra de Georges Bizet, basé sur la nouvelle de Mérimée, édulcora l'intrigue mais renforça le stéréotype de l'Andalouse fougueuse, rusée et d'une beauté éclatante.

Le compositeur russe Mikhail Glinka vint à Granada en 1845 et fut fasciné par la guitare et le chant gitans. De retour chez lui, il composa des musiques aux accents espagnols qui influencèrent ses successeurs. Parmi eux, Rimsky Korsakov passa trois jours à Cádiz lors d'une permission, alors qu'il servait dans la marine russe, et composa le délicieux *Capriccio Espagnol* (1887, Caprice espagnol).

Alexandre Dumas résume pratiquement cela lorsqu'il caractérise l'Andalousie comme "une terre charmante et gaie, avec des castagnettes à la main et une guirlande sur le front". Le missionnaire anglais George Borrow, auteur de *La Bible en Espagne*, quoique moins romantique, est peut-être plus concis lorsqu'il affirme : "Il est impossible d'être triste dans une telle contrée."

Contemporain de Góngora, Miguel Cervantes (1547-1616) n'était pas andalou mais, au cours de sa vie mouvementée, passa dix années tumultueuses en Andalousie. Cervantes commença *El Ingenioso Hidalgo Don Quijote de La Mancha* sous la forme d'une courte histoire qu'il voulait écrire rapidement pour gagner quelques pesetas. Lors de sa parution en 1605, c'était devenu un récit épique. Les pérégrinations de Quijote et de Sancho Panza se déroulent surtout dans les plaines de La Mancha, mais il leur arrive de s'égarer pendant quelques épisodes fous dans la Sierra Morena. Certaines des courtes *Novelas Ejemplares* (*Nouvelles exemplaires*) font la chronique de la vie mouvementée à Sevilla au XVIe siècle.

Le XIXe siècle. Pour voir une explosion de créativité littéraire en Andalousie, il faut attendre José María Blanco White (1771-1841). Issu d'une famille de marchands irlandais catholiques de Sevilla, il fuit l'invasion napoléonienne en Angleterre. Ses *Letters from Spain* (1822), très lues en Angleterre, racontent la vie et les coutumes de l'Andalousie avec une précision qui ne dissimule pas son mépris pour la "superstition" et le "fanatisme" locaux.

Le "costumbrista" est un écrivain ou un artiste qui décrit les us et coutumes d'une région. Serafín Estébanez Calderón, avec ses *Escenas Andaluzas* (*Scènes andalouses*, 1846), et Fernán Caballera (un sevillano né en réalité en Suisse qui s'appelait Cecilia Böhl de Faber Morges), avec sa nouvelle *La Gaviota* (*La Mouette*, 1849), peignirent les manières et les coutumes andalouses en étant fortement influencés par la vision romantique qu'avaient les étrangers de l'Andalousie (voir l'encadré *L'Andalousie à travers le roman*).

Les Générations de 98 et de 27. Sous le nom de Génération de 98, se regroupaient divers intellectuels qui avaient une commune inquiétude face au déclin national engendré par la perte des dernières colonies espagnoles en 1898. Le plus connu était le romancier du nord du pays, Miguel de Unanumo, également poète, universitaire et écrivain politique. Le poète le plus fameux, Antonio Machado (1875-1939) venait de Sevilla, mais il passa sa vie d'adulte loin de l'Andalousie, à part quelques années durant lesquelles il enseigna à Baeza, où il acheva *Campos de Castilla* (*Champs de Castille*), un recueil de poèmes inspiré des paysages de la région.

Ami d'Antonio Machado, Juan Ramón Jiménez (1881-1958), originaire de Moguer près de Huelva, fait revivre sa ville et sa campagne de façon amusante et émouvante dans *Platero y Yo* (*Platero et moi*). Ce poème en prose raconte ses balades d'enfant autour de Moguer avec son âne et confident Platero. Cet ouvrage, ainsi que d'autres textes, lui valurent le prix Nobel de littérature en 1956.

Juan Ramón établit une sorte de lien entre la Génération de 98 et la dernière grande vague d'écrivains andalous, la Génération de 27. Les membres de ce groupe peu structuré doivent en réalité leur nom aux conférences et aux lectures qu'ils organisèrent à Sevilla pour le tricentenaire de la mort de Luis de Góngora. Dans ce groupe figuraient les poètes Rafael Alberti, de El Puerto de Santa María, ainsi que Vicente Aleixandre (lauréat du prix Nobel 1977) et Luis Cernuda, tous deux de Sevilla. Le compositeur Manuel de Falla était également proche d'eux, mais la figure la plus marquante du groupe restait Federico García Lorca, de Granada.

Federico García Lorca. Lorca (1898-1936) était musicien, artiste, directeur de théâtre, poète, auteur dramatique et davantage encore. Il jugeait Granada, sa ville natale, étriquée et bourgeoise, de même que la société contemporaine espagnole en général. Homosexuel et marginal, Lorca se tournait vers les gitanos d'Andalousie et les femmes qui étouffaient sous le poids des convenances. Il aspirait à la spontanéité et à la vivacité et vantait les charmes à la fois du passé musulman de Granada et de ce qu'il considérait comme l'Andalousie "authentique" (que l'on trouvait à Málaga, à Córdoba, à Cádiz... partout sauf à Granada).

Alors qu'il était étudiant à Madrid au début des années 20, Lorca rencontra Jiménez, Alberti et d'autres personnages liés avec la Génération de 27, dont le peintre Salvador Dalí et le cinéaste Luis Buñuel. Lorca remporta son plus grand succès populaire avec *El Romancero Gitano (Romancero gitan)*, un recueil de vers publié en 1928 où il évoque avec beaucoup de pittoresque les gitanos andalous, en associant la richesse des métaphores et la simplicité du chant flamenco. Suivirent ensuite, entre 1933 et 1936, ses trois tragédies les plus célèbres, *Bodas de Sangre (Noces de sang)*, *Yerma (Yerma)* et *La Casa de Bernardo Alba (La Maison de Bernardo Alba)*, œuvres sombres mais puissantes, qui traitent de l'enfermement dans des pièges et de la libération, de la passion et de la répression. Lorca mourut exécuté par les nationalistes au début de la guerre civile.

Architecture

Hormis quelques tombeaux phéniciens (comme à Almuñécar) et des dolmens mégalithiques, tels ceux d'Antequera, les seules structures pré-musulmanes importantes sont romaines. A Itálica en particulier, près de Sevilla, subsistent le plus grand de tous les amphithéâtres romains, des bains et un théâtre. Les sites des cités romaines de Baelo Claudia et de Ronda la Vieja méritent une visite, de même que la nécropole de Carmona. Les Romains ont légué à l'Andalousie cette délicieuse invention qu'est le patio intérieur dans les maisons et autres édifices, une idée adoptée plus tard par les musulmans.

L'architecture musulmane. Le cœur des cités musulmanes abrite une grande mosquée (*mezquita*) et un vaste marché autour desquels s'étend l'entrelacs de rues de la *medina*, ou cité intérieure. Une mosquée se compose de trois parties principales : le minaret, une tour (toujours carrée en Andalousie) du haut de laquelle le muezzin appelle les fidèles à la prière, une salle de prière et une cour d'ablutions rituelles, avant de pénétrer dans la salle de prière.

Peu de grands édifices musulmans andalous ont survécu dans leur intégrité à l'ère chrétienne. Parmi ceux qui subsistent figurent quelques-uns des plus beaux édifices musulmans au monde : la Mezquita de Córdoba, le palais de l'Alhambra à Granada et le minaret de la Giralda à Sevilla. Une quatrième construction grandiose, la Medina Azahara, palais-cité à l'extérieur de Córdoba, a été en partie restaurée. L'architecture musulmane marque également l'Alcázar de Sevilla, dont le magnifique Palacio de Don Pedro édifié au XIVe siècle pour un roi chrétien mais essentiellement par des artisans musulmans. Merveilleux exemple de petite mosquée bien préservée, la Mezquita du village d'Almonaster la Real s'élève dans la province de Huelva. Elle fut édifiée sur les fondations d'une vieille église, comme tant d'autres ; de même que certaines églises andalouses, qui furent construites sur le site d'anciennes mosquées.

De nombreuses et imposantes fortifications musulmanes, plus ou moins bien préservées, ont été rebâties par les souverains andalous. En ce qui concerne l'architecture civile, des dizaines de cités et de villages incorporent des portions d'édifices musulmans et ont conservé un dédale de rues dont le tracé remonte à l'époque musulmane.

Le trait distinctif de cette période, l'arc en forme de fer à cheval, pourrait avoir été apporté du Moyen-Orient, ou bien imité de l'architecture wisigothe.

L'architecture musulmane andalouse se subdivise en deux grandes périodes. La première fut marquée par le style califal imposant et triomphant émanant de Córdoba et introduit par les Arabes du Moyen-Orient. La Mezquita de Córdoba en offre le meilleur exemple avec son double étage d'arcades qui supportent le toit.

La seconde période fut celle du style maghrébin. Développé par les musulmans en Afrique du Nord et dans les régions voisines, il fut introduit en Espagne au XIIe siècle par les envahisseurs almohades, puis s'épanouit au cours des trois siècles suivants, alors que se multipliaient les contacts avec l'Afrique du Nord. Avec ses proportions superbes et ses motifs de brique treillissés, la Giralda, construite en 1184-1198, est considérée comme le plus beau de tous les minarets du Maghreb. Par la suite, ce style devint de plus en plus élaboré et décoratif. Il atteignit son apogée dans le Palacio Nazaries de l'Alhambra et dans le Palacio de Don Pedro de Sevilla.

Le mudéjar et le mozarabique. Ces termes désignent des formes d'art dérivées de l'architecture musulmane, développées, respectivement, par les musulmans dans les régions chrétiennes et par les chrétiens dans les régions musulmanes.

Certains édifices mudéjars ne se distinguent pas des édifices musulmans, tels le Palacio de Don Pedro. Néanmoins, les bâtisseurs mudéjars développèrent quelques traits bien caractéristiques. C'est le cas de l'utilisation de la brique pour de nombreuses églises et demeures. Les plafonds en bois sculptés témoignent de la création mudéjare.

Le principal vestige mozarabique andalou est une église édifiée dans la paroi rocheuse à Bobastro. De nombreux sites subsistent dans le nord de l'Espagne.

Le gothique. Le style gothique, avec ses arcs en ogive, ses plafonds nervurés, ses arcs-boutants et ses découpes de fenêtres, a commencé à gagner l'Espagne depuis la France au XIIe siècle. Il arriva au nord et à l'ouest de l'Andalousie avec la Reconquista au XIIIe siècle, puis se perpétua jusqu'au XVIe siècle. Ces innovations techniques permirent de construire des édifices beaucoup plus grands, notamment de gigantesques cathédrales. Celle de Sevilla, à la structure presque entièrement gothique, est la plus grande d'Espagne.

Les cathédrales gothiques espagnoles diffèrent toutefois de celles de France ou d'Angleterre sur un certain nombre de points. Elles sont souvent plus larges (parfois parce qu'elles ont été construites sur le site de mosquées carrées) ; elles abritent, en leur milieu, le chœur (*coro*) et une chapelle où se trouve le grand autel (la *capilla mayor*) ; elles possèdent de nombreuses chapelles latérales de part et d'autre de l'allée centrale et elles recèlent des retables (voir l'encadré *Retablos* plus loin dans ce chapitre).

Nombre de bâtiments commencés à l'époque gothique ont été terminés à des époques ultérieures ou modifiés par la suite et mêlent ainsi, souvent avec bonheur, plusieurs styles successifs. C'est le cas de la cathédrale de Jerez de la Frontera (gothique, baroque et néoclassique, avec un clocher mudéjar) et de la cathédrale de Málaga (gothique, Renaissance, baroque).

Contemporain du règne des Rois Catholiques, le style Isabelin correspond à la dernière forme du gothique espagnol, un style très fleuri. La chapelle où sont enterrés les Rois Catholiques, la Capilla Real à Granada, en est l'un des fleurons. La façade du Palacio de Jabalquinto à Baeza en est un autre.

La Renaissance. La Renaissance en architecture peut se traduire comme un retour aux anciens idéaux grecs et romains d'harmonie et d'équilibre des proportions.

Dans l'architecture espagnole, la Renaissance se subdivise en trois styles différents. En premier lieu apparut le style *plateresque*, un genre qui affecte davantage la décoration que la structure, et dont le nom vient de l'espagnol *platero* qui signifie orfèvre. Il se caractérise par un décor foisonnant, sculpté en faible relief qui rappelle le travail d'orfèvrerie.

Puis vint le style proprement Renaissance, plus pur, qui attint sa plus belle expression dans le Palacio de Carlos V à l'Alhambra de Granada, conçu par l'Espagnol Pedro Machuca, formé à Rome.

La dernière phase, la plus sobre, vit apparaître le style herrerien, du nom de Juan de Herrera (1530-1597). C'est lui l'architecte du grand palais-monastère, dépouillé de toute ornementation, de San Lorenzo de El Escorial près de Madrid et de l'Archivo de Indias à Sevilla.

L'un des plus beaux ensembles Renaissance du pays, recoupant ces trois phases, reste l'œuvre de l'architecte Andrés de Vandelvira (1509-1575) qui construisit nombre des édifices de la ville d'Úbeda dans la province de Jaén (voir l'encadré *Andrés de Vandelvira* dans la partie *Úbeda* du chapitre *Provincia de Jaén*). C'est lui le principal architecte des cathédrales de Granada, de Málaga et de Guadix.

Autre grand architecte de l'époque, Hernán Ruiz, qui se spécialisa dans l'"amélioration" des vestiges musulmans, érigea un clocher Renaissance sur la Giralda de Sevilla et édifia une cathédrale entière *à l'intérieur* de la Mezquita de Córdoba.

Le baroque. La réaction à la sobriété de la Renaissance se manifesta dans le goût pour les courbes, les couleurs, le mouvement, l'expression dramatique et les effets de surcharge vers le haut qui caractérisent le baroque, un mouvement qui s'affirma à la fin du XVIIe siècle et atteignit son expression la plus élaborée (certains diraient surchargée) au XVIIIe siècle. L'Andalousie est l'une des régions où le baroque connut le plus bel épanouissement.

Avant l'apogée du baroque eut lieu une sorte de phase de transition avec la Renaissance, dont témoignent des œuvres plus sobres et plus simples comme la façade de la cathédrale de Granada, œuvre d'Alonso Cano au XVIIe siècle. Puis vint une explosion d'exubérance, dont l'expression la plus surchargée est qualifiée de churrigueresque du nom des Churriguera, une famille d'architectes et de sculpteurs de Barcelona.

Sevilla est sûrement l'une des villes au monde qui possède le plus d'églises baroques au kilomètre carré. Néanmoins, le Monasterio de La Cartuja à Granada, œuvre de Francisco Hurtado Izquierdo (1669-1728) compte parmi les plus somptueuses créations baroques de toute l'Espagne. Les disciples de Hurtado ornèrent la petite ville de Priego de Córdoba de 7 ou 8 églises baroques. Écija est une autre petite ville à avoir été dotée d'un nombre impressionnant de constructions baroques du fait de sa prospérité. Ailleurs, le style baroque se présente plus souvent sous la forme d'ajouts que d'édifices entiers.

Le néoclassicisme. Au milieu du XVIIIe siècle, dans toute l'Europe, revint la mode des lignes plus sobres et nettes du néoclassicisme, un retour aux idéaux grecs et romains en rapport avec la philosophie des Lumières qui prévalait alors dans les cercles érudits. Cádiz, dont les heures de gloire coïncident en outre avec l'époque baroque, possède le plus riche patrimoine néoclassique d'Andalousie. Cependant, le plus remarquable édifice de ce style de la région reste la très grande et presque monastique Antigua Fábrica de Tabacos (l'ancienne Manufacture de tabac) de Sevilla, construite pour abriter une des premières industries soutenues par l'État.

Les XIXe et XXe siècles. Le néoclassicisme se perpétua au début du XIXe siècle. Après quoi la plus importante tendance fut un retour aux styles antérieurs avec une sorte de nostalgie des gloires passées à l'heure du déclin. On vit ainsi apparaître du néogothique, et même un peu de néobaroque, mais surtout du néomudéjar et du néo-islamique. C'est l'époque où l'on construisit en imitant (souvent de façon plaisante) les styles architecturaux musulmans de grandes demeures privées, telles que le Palacio de Orleans y Borbón à Sanlúcar de Barrameda, et toutes sortes de bâtiments publics, des gares ferroviaires de Sevilla et d'Almería jusqu'aux marchés de Málaga et de Tarifa. L'Exposición Iberoamericana des années 20 servit de prétexte à la construction à Sevilla d'architectures fantaisistes inspirées de presque tous les styles andalous passés.

A l'époque de Franco, à Sevilla, des bâtiments historiques furent détruits pour céder la place à de nouveaux aménagements et à de nouvelles artères. De tristes immeubles ouvriers de style soviétique surgirent dans les villes. Les nouveaux bâtiments publics arboraient ici un air de classicisme stalinien et là une touche Art déco.

L'Expo'92 de Sevilla a entraîné la construction de plusieurs nouveaux ponts spectaculaires sur le Guadalquivir et d'une nuée de pavillons d'exposition d'avant-garde dans la Isla de la Cartuja.

Peinture, sculpture et travail du métal

L'art andalou date d'aussi loin que l'âge de la pierre. Au fil du temps, il atteint son apogée à l'époque baroque, au XVIIe siècle.

De la préhistoire à l'art islamique.
Vivant de la chasse et de la cueillette, les anciens Andalous laissèrent d'impression-

nantes peintures et sculptures rupestres d'animaux, de gens et de figures mythologiques ou divines dans des grottes telles que la Cueva de la Pileta, près de Ronda, la Cueva de los Letteros, près de Vélez Blanco, et la Cueva de los Murciélagos, près de Zuheros. Plus tard, les Tartessiens firent preuve d'un remarquable talent d'orfèvre et leurs successeurs, les Ibères, réalisèrent une profusion de ravissantes sculptures en pierre d'animaux, de divinités et d'autres figurines, souvent influencés par les Carthaginois et les Grecs. Les Musées archéologiques de Sevilla et de Córdoba, ainsi que le Museo Provincial de Jaén, exposent de belles collections ibères.

Parmi les vestiges artistiques de l'époque romaine, les plus beaux sont les mosaïques, dont il subsiste de merveilleux exemples à Itálica, à Carmona et à Écija (tous dans la province de Sevilla), dans l'Alcázar de los Reyes Christianos de Córdoba et dans les Musées archéologiques de Córdoba et de Sevilla.

La production artistique des Wisigoths fut réduite. Tout ce que vous verrez se limitera à quelques sculptures ou fonts baptismaux de l'époque wisigothique incorporés dans des édifices plus tardifs ou à quelques bijoux clinquants dans certains musées.

L'islam désapprouvant la représentation des êtres vivants, l'art de l'Andalousie musulmane – et celui des Mudéjares, les musulmans vivant et travaillant sous la domination chrétienne – se caractérise surtout par des compositions à base de motifs géométriques ou végétaux, ainsi que par des inscriptions tirées du Coran.

L'art gothique et Renaissance. Sevilla, la plus puissante et la plus riche des cités des débuts de l'Andalousie chrétienne, s'imposa longtemps comme le grand foyer artistique de toute la région. Chef-d'œuvre de l'art gothique, le gigantesque retable de la cathédrale de Sevilla, conçu et commencé par le sculpteur flamand Pieter Dancart en 1482, comporte plus d'un millier de figures bibliques sculptées, peintes et dorées.

A peu près à la même époque que Dancart, le Français Lorenzo Mercadante de Bretaña, suivi par son disciple local Pedro Millán, fit preuve d'un sens nouveau du naturalisme et du détail dans la sculpture sévillane. Puis l'essor de Sevilla au XVIe siècle l'ouvrit aux tendances humanistes et classiques de la Renaissance. En sculpture, le grand maître fut l'italien Pedro Torrigiano (1472-1528), après avoir été rival de Michel-Ange à Florence. En peinture, c'est Alejo Fernández (1470-1545), un artiste sans doute originaire d'Allemagne arrivé à Sevilla en 1508, qui introduisit les nouvelles tendances de la Renaissance. Le Sud de l'Espagne ne produisit toutefois au XVIe siècle aucun artiste de la stature de El Greco, le grand peintre né en Grèce qui fit carrière à Toledo.

Un maître-artisan du XVIe siècle, connu sous le nom de Maestro Bartolomé, réalisa certaines des plus ravissantes *rejas* (grilles en fer forgé) d'Espagne pour des églises de Granada et de la province de Jaén.

Le Siglo de Oro. La fin du XVIe siècle vit un certain déclin artistique avec les formes raides et idéalisée du maniérisme, une transition entre la Renaissance et l'art baroque. Cependant au début du XVIIe siècle, à l'aube du *Siglo de Oro* (Siècle d'or), des Sévillans adoptèrent une approche plus naturaliste, annonçant le baroque, à l'instigation de Juan de Roelas (1560-1625), qui avait voyagé en Italie, et de Francisco Pacheco (1564-1654), dont l'atelier était le centre d'un cercle humaniste qui influença la plupart des grands artistes andalous du siècle. Le style de Roelas, qui peignait des tableaux avec "deux registres" superposés, terrestre et céleste, eut également une grande influence.

Plutôt mystique, Francisco de Zurbarán (1598-1664), un Basque né en Extremadura qui passa la majeure partie de sa vie à Sevilla et dans les environs, mourut finalement dans la pauvreté à Madrid. Ses figures de saints, d'hommes d'Église et de moines, au dessin net et précis et d'où émane une grande spiritualité, baignent souvent dans des clairs-obscurs comparables à ceux de ses contemporains, l'Italien Caravaggio et l'Espagnol José de Ribera qui passa une grande partie de sa vie en Italie. Une partie intéressante des œuvres de Zurbarán sont exposées à la Catedral de Sevilla et au Museo de Cádiz.

Le gendre de Francisco Pacheco, né à Sevilla, Diego Rodríguez de Silva y Velázquez (1599-1660), témoigna aussi d'une forte tendance au naturalisme et d'une grande maîtrise des effets de clair-obscur dans ses premières œuvres qu'il peignit à Sevilla (scènes religieuses inspirées de modèles venant des rues de Sevilla, scènes de cuisine et portraits), avant de partir en 1623 pour devenir peintre officiel à la cour de Madrid et, finalement, le grand artiste du Siècle d'or espagnol.

Ami de Velázquez, Alonso Cano (1601-1677) fut également l'élève de Pacheco. Au cours de sa vie mouvementée, il se rendit à Madrid, puis à Granada. Cano était à la fois doué comme peintre, comme sculpteur et comme architecte. Certaines de ses plus belles œuvres figurent dans les cathédrales de Granada et de Málaga.

Bartolomé Esteban Murillo (1618-1682) et son ami Juan de Valdés Leal (1629-1690), tous deux nés à Sevilla, contribuèrent les premiers à l'épanouissement de l'art baroque, qui s'enracina profondément en Andalousie.

Retablos

Un retable *(retablo)*, invention espagnole pour l'ornementation des églises, est une grande pièce d'autel, souvent à trois parties, sur laquelle figure une profusion de sculptures peintes représentant des thèmes de la Bible, de la vie des saints et des anges. Le grand retable d'une église peut remplir toute la largeur de la nef derrière l'autel. Il peut aussi y avoir de plus petits retables pour les autels latéraux. Le rôle fondamental d'un retable est d'illustrer les histoires et les enseignements chrétiens pour l'édification des fidèles.

Les premiers retables apparurent au XIVe siècle, dans le style gothique, et ils atteignirent leur style le plus fleuri, le plus doré, le plus somptueux à l'époque baroque.

Cadet d'une famille de 14 enfants, orphelin à l'âge de 9 ans, Murillo fut un artiste prolifique. Sa superbe technique avec son sens du flou, parfois doucereuse, ses images de mendiants et ses scènes religieuses, telles la *Conceptión Inmaculada* (*L'Immaculée Conception*), connurent un immense succès en cette époque de déclin économique et lui acquit de nombreux disciples. Il mourut des suites d'une chute qu'il fit alors qu'il peignait un retable à Cádiz. Plusieurs créations de Murillo, ainsi que les plus belles œuvres de Valdés Leal, un artiste passionné qui pouvait à la fois avoir de l'humour et se montrer d'un pessimisme amer, sont exposées dans l'Hospital de la Caridad de Sevilla.

La sculpture baroque. Le Sévillan Juan Martínez Montañés (1568-1649), connu en son temps sous le nom de El Dios de la Madera (Le Dieu du Bois), réalisa de nombreuses sculptures et bas-reliefs en bois polychromes extrêmement vivants et expressifs. Ses oeuvres ornent de nombreuses églises d'Andalousie et certaines accompagnant les statues que portent les confréries lors des processions de la Semana Santa. C'est durant sa carrière qu'eut lieu à Sevilla la première organisation des rituels de la Semana Santa, selon des modalités un peu semblables à celles d'aujourd'hui. Ses crucifixions, ses immaculées conceptions, ses enfants Jésus et ses diverses sculptures de saints sur des retablos ont servi de modèles à des générations de sculpteurs. Parmi ses nombreux disciples, Juan de Mesa s'impose tout particulièrement pour le pathétique de ses statues, en particulier de ses crucifixions.

Le principal sculpteur sévillan de la seconde moitié du XVIIe siècle fut Pedro Roldán (1624-1699). Certaines de ses sculptures en bois furent peintes par Valdés Leal et l'on peut voir ses plus belles œuvres, comme celles de ce dernier, à l'Hospital de la Caridad. Plusieurs de ses enfants et de ses petits-enfants devinrent également sculpteurs. La tradition veut que ce soit sa fille, María Luisa Roldán ou La Roldana (1654-1704) qui créa La Macarena, l'impressionnante statue de la Vierge qui tient la place d'honneur dans la Semana Santa de Sevilla.

Pedro de Mena (1628-1688), le plus recherché des sculpteurs andalous de son temps, réalisa toutes sortes de saints, d'enfants Jésus et d'autres œuvres religieuses. Quant au dernier grand sculpteur baroque andalou, José de Mora (1642-1724) de Granada, il ne fit apparemment appel qu'à un seul modèle pour ses nombreuses sculptures de Vierge, sa femme Luisa de Mena.

Les XVIIIe et XIXe siècles. Durant cette période d'appauvrissement, l'Espagne ne donna naissance qu'à un seul artiste d'exception, le grand Francisco Goya (1746-1828). Bien qu'originaire d'Aragón, Goya représenta des scènes de tauromachie vues à Ronda. Il est possible qu'il ait été invité dans un pavillon de chasse royal dans ce qui est aujourd'hui le Parque Nacional de Doñana. La tradition veut que ce soit là qu'il peignit ses célèbres tableaux de *La Maja Vestida* et de *La Maja Desnuda*, deux portraits d'une même femme, tour à tour vêtue et nue.

On peut voir en Andalousie quelques-unes des œuvres de Goya, notamment à la Catedral de Sevilla et à l'Oratorio de la Santa Cueva à Cádiz.

Le XXe siècle. Comme Velásquez (voir plus haut la rubrique *Le Siglo de Oro*), Pablo Ruiz Picasso (1881-1973) naquit en Andalousie (Málaga), mais n'y demeura pas longtemps. Sa famille partit s'installer en Galicia quand Picasso avait neuf ans, puis quelques années plus tard à Barcelona. Après être retourné tous les ans de 1891 à 1900 pour les vacances à Málaga, où il avait peint des paysages et des scènes de pêche, il n'y revint jamais plus par la suite, et s'installa définitivement en France en 1904.

Un Museo Picasso, centré autour de l'importante collection d'œuvres données par la belle-fille de l'artiste, Christine Ruiz-Picasso, doit ouvrir à Málaga en 2002, ce qui assurera enfin à la ville quelques retombées de la célébrité de cet enfant du pays.

Parmi les artistes du XXe siècle à avoir effectivement travaillé en Andalousie, les plus remarquables furent Julio Romero de Torres (1880-1930) de Córdoba, peintre de nus féminins sombres et sensuels, et Daniel

MICHAEL WELDON

Málaga célèbre la vie et l'œuvre du fils le plus célèbre de l'Andalousie, Pablo Picasso.

Vázquez Díaz (1882-1969) de Huelva, un portraitiste qui fit aussi un ensemble de peintures murales sur la vie de Christophe Colomb dans le Monasterio de la Rábida.

RÈGLES DE CONDUITE

Les Andalous peuvent être avares de merci et autres signes de politesse sans que cela témoigne pour autant d'une quelconque froideur. Ils sont généralement tolérants et faciles à vivre. Forts d'une longue expérience touristique, ils accueillent volontiers les millions d'étrangers qui débarquent chaque année. Comme partout, mieux vaut connaître quelques mots pour se débrouiller en dehors des centres touristiques.

Chez les Andalous, la famille joue un rôle fondamental, aussi les enfants offrent-ils toujours un bon sujet de conversation.

La répartition des rôles entre les sexes reste plus nette en Espagne que dans le nord de l'Europe. Alors qu'un certain nombre de femmes ont une activité professionnelle extérieure, elles continuent à assumer l'essentiel des tâches domestiques. La tendance est moins forte dans les grandes villes et chez les jeunes.

La plupart des gens saisissent toutes les occasions pour s'habiller (sans pour autant porter souvent un costume-cravate). Ils admettent que les étrangers n'en fassent pas autant ; toutefois, vous vous sentirez peut-être mal à l'aise avec un T-shirt et un jean pas très frais ou des chaussures de sport dans certains restaurants et discothèques – si vous êtes admis, ce qui n'est pas toujours le cas.

L'heure espagnole

Les Espagnols, et peut-être plus particulièrement les Andalous, ont une notion du temps plus décontractée que dans la plupart des autres sociétés occidentales. Toutefois, quand il y a un horaire fixe (trains, bus, cinémas, corridas), ils s'y tiennent.

La grande différence concerne les horaires de la journée. La *tarde* (après-midi) espagnole ne commence pas vraiment avant 16 ou 17h et dure jusqu'à 21 ou 22h, voire plus tard. L'été, les gens restent dehors très tard, pour profiter de la fraîcheur. Tout au long de l'année, le vendredi et le samedi, la soirée commence à peine avant minuit pour ceux qui font le tour des bars et des discothèques.

La siesta. Contrairement à une idée très répandue, la plupart des Andalous ne dorment pas l'après-midi. La siesta, quand on en prend le temps, est généralement consacrée à un long déjeuner et à une pause.

Sévices sur les animaux

Bien qu'il soit dangereux de généraliser, laissant de côté pour l'instant la question des corridas, nous dirons que les Andalous semblent respecter les animaux autant que dans la plupart des autres pays occidentaux, sans pour autant les dorloter. Les animaux ont à leurs yeux une valeur utilitaire, que ce soit comme bêtes de somme ou de labour (ânes, mules, chevaux), comme gardiens (chiens) ou chasseurs de souris (chats), mais en tout premier lieu bien sûr une valeur alimentaire. Les animaux sont donc bien traités aussi longtemps qu'ils restent utiles.

La chasse aux animaux sauvages et aux oiseaux (au fusil et dans un but alimentaire) est une activité répandue dans les campagnes, strictement réglementée, de façon à ne pas détruire d'espèces animales. Les Espagnols sont amateurs de viande, bien plus que dans le reste de l'Union européenne – ils en consomment 103,5 kg par personne et par an, dont la moitié de porc, mais le végétarisme est en augmentation, surtout parmi les jeunes.

Quant à la corrida, elle s'inscrit tellement dans la culture espagnole comme un sport où se mêlent à la fois l'art et la fête que pour de nombreux Andalous, la question d'une quelconque cruauté ne s'envisage même pas (excepté peut-être en termes de danger réel pour le torero). Beaucoup ne s'intéressent pas à la corrida mais peu s'y opposent activement. Interrogé sur la question, un Espagnol vous répondra peut-être que les taureaux ont une vie particulièrement agréable avant de mourir dans l'arène et que sans cette échéance on n'en ferait même pas l'élevage. La principale organisation qui lutte contre les corridas en Espagne est l'Asociación para la Defensa de los Derechos del Animal (ADDA, Association pour la défense des droits des animaux), Calle Bailén 164, Local 2 interior, 08037 Barcelona. L'ADDA, qui possède également un site internet en anglais et en espagnol (www.intercom.es/adda/), s'oppose aussi à l'agriculture intensive, à la captivité des animaux et aux tests cosmétiques qui les utilisent. Elle s'engage également dans des campagnes internationales anti-corrida. Une autre association qui combat cette pratique, la World Society for the Protection of Animals, constituée d'un réseau de sociétés de protection des animaux dans plus de 80 pays, tient ses quartiers (☎ 020-7793 0540) en Grande-Bretagne. Retrouvez-les sur leur site Web (www.wspa.org.uk).

RELIGION
Catholicisme romain

Comment ne pas remarquer l'importance de l'Église en Andalousie, comme dans toute l'Espagne ? Les plus grandes manifestations du pays sont des fiestas religieuses et les édifices les plus grandioses sont des cathédrales ou des églises. Environ 85% des Espagnols se disent catholiques. Rien d'étonnant à cela pour une nation dont l'existence même résulte d'une succession de croisades antimusulmanes à l'époque médiévale.

Sous Franco, le gouvernement accordait une multitude de privilèges à l'Église, y compris beaucoup d'argent. Depuis 1978, l'Espagne n'a plus de religion officielle, mais l'État continue de subventionner généreusement le clergé et nombre d'écoles sont toujours dirigées par des confréries ou des groupes religieux.

L'Espagne fait également preuve d'une tradition anticléricale très ancrée, qui remonte à l'époque où l'Église et la noblesse étaient très riches, alors que le reste de la population vivait dans la misère. L'Église était d'ailleurs considérée comme l'ennemi à abattre par les anarchistes andalous et les autres révolutionnaires espagnols du XIXe siècle. Cette hostilité a atteint un paroxysme sanglant au cours de la guerre civile. L'esprit révolutionnaire reste bien vivace en Andalousie (environ 10% des gens votent communiste), de même que la tradition anticléricale, en particulier, semble-t-il, parmi les hommes.

Si les Espagnols se déclarent catholiques, seulement 40% d'entre eux se rendent à l'église au moins une fois par mois. Cependant, le culte est si profondément enraciné qu'il conditionne l'existence de chacun au fil des manifestations religieuses rythmant la vie du pays.

Autres confessions

Le protestantisme a été éradiqué par l'Inquisition au XVIe siècle. De nos jours, les quelques protestants d'Andalousie viennent presque tous d'Europe du Nord. La présence des Témoins de Jehovah est loin d'être négligeable.

Musulmans et juifs ont joué un rôle considérable dans l'Espagne médiévale, puis ils ont été expulsés (voir plus haut la rubrique *Histoire*). Aujourd'hui, l'Espagne continentale compte environ 100 000 musulmans. Il s'agit majoritairement d'immigrants africains, dont peu vivent en Andalousie.

Quelques centaines de personnes nées dans le pays et converties à l'islam vivent dans le vieux quartier musulman de Granada, l'Albayzín.

La communauté juive compte quelques milliers de personnes, dont beaucoup sont originaires du Maroc. En 1982, les juifs séfarades (juifs d'origine espagnole) ont été officiellement invités à revenir en Espagne, 490 ans après leur expulsion par les Rois Catholiques.

LANGUE

On parle l'espagnol dans toute l'Andalousie, mais la plupart des habitants qui rencontrent un touriste étranger parlent au moins un peu anglais et/ou allemand, et ceux qui maîtrisent bien l'une ou l'autre langue préfèrent communiquer de cette façon plutôt que d'écouter un étranger buter sur ses mots en espagnol.

Toutefois, en dehors des itinéraires touristiques, soyez prêts à parler un peu espagnol. Pour en savoir plus, notamment sur les prononciations locales, reportez-vous au chapitre *Langue* à la fin du guide.

FLAMENCO : LA COMPLAINTE DU GITAN

Dans cette Espagne qui vibre tout entière avec la musique, l'Andalousie est, en quelque sorte, le cœur musical. C'est là en effet que le flamenco plonge ses racines.

Le flamenco est un type de chant, de musique et de danse qui a pris forme chez les Gitans andalous de la basse vallée du Guadalquivir à la fin du XVIIIe et au début du XIXe siècle. Il a été forgé à partir de chants préexistants, auxquels les précurseurs ont mêlé la musique et la poésie d'Al-Andalus, la liturgie byzantine des églises wisigothiques et les chants amenés par les Gitans eux-mêmes.

Le flamenco des origines, le *cante jondo* (chant profond), correspondait à la complainte déchirante et tragique des Gitans qui souffraient de la répression et de l'exclusion. La jondura reste toujours considérée comme l'essence même du flamenco. Certaines formes de cet ancien jondo se chantent encore aujourd'hui, notamment le *martinete*, qui n'a pour accompagnement que le son d'un marteau frappant sur une enclume, comme dans les forges où travaillaient de nombreux Gitans.

Un chanteur de flamenco s'appelle un *cantaor* (ou *cantaora* s'il s'agit d'une chanteuse), un danseur est un *bailaor(a)* ; la plupart des chants et des danses sont accompagnés à la guitare par le *tocaor(a)*. Les chants flamencos, appelés *coplas*, se composent d'une ou plusieurs courtes strophes puissantes, de deux à cinq vers, appelés *tercios* qui se prêtent à l'improvisation. La structure rythmique porte le nom de *compás*.

Même si les rythmes et les échelles (ou gammes) flamencos, différents des règles de la musique occidentale, sont un peu déconcertants pour les non-initiés, le côté très physique, voire viscéral, du flamenco ne peut qu'émouvoir. Pour être un peu technique, disons que le flamenco utilise le mode phrygien, dans lequel l'intervalle entre deux notes, d'une gamme à huit notes, est un demi-ton. Dans la musique occidentale classique, il est d'un ton.

Le chant et la danse flamencos ont pour origine les complaintes désespérées des Gitans qui souffraient de la répression et de l'exclusion (gravure du XIXe siècle)

La danse (le *baile* dans le cadre du flamenco) accompagna rapidement le cante. La guitare, troisième composante du flamenco, fut inventée en Andalousie. Son origine remonte à un ancien instrument à corde du Moyen-Orient, la cithare, que les Arabes transformèrent en un instrument à quatre cordes, le luth. Au IXe siècle, un musicien de la cour de Córdoba, du nom de Ziryab, ajouta une cinquième corde à cet instrument, qui devint bientôt populaire et dont l'usage se répandit dans toute l'Espagne. Autour des années 1790, une sixième corde fut ajoutée, probablement par un fabricant de guitare de Cádiz appelé Pagés. Dans les années 1870, un luthier d'Almería, Antonio de Torres, donna à l'instrument sa forme moderne en élargissant la caisse et en plaçant le chevalet au centre de la partie inférieure. Dans le flamenco, le jeu de la guitare (*toque*) n'a longtemps été que l'accompagnement du chant et de la danse.

Entre le milieu du siècle dernier et le début du XXe siècle, des établissements appelés *cafés cantantes* ont permis, pour la première fois, que le flamenco monte sur scène. Ce n'était alors qu'une petite scène basse dans un bar doté de tables et de chaises. Les clients pouvaient ainsi assister au spectacle en prenant un verre et en mangeant. C'est à cette époque que les castagnettes firent leur apparition (elles n'ont rien d'indispensable, normalement la percussion se fait en tapant des pieds ou en claquant dans les mains). Les vêtements typiques du XIXe siècle – pour les femmes la longue *bata de cola* (robe à traîne) à volants, le châle et l'éventail ; pour les hommes le chapeau andalou et le pantalon noir serré – sont devenus les costumes traditionnels du flamenco.

Formes de chants

Il existe différents types de chant, ou *palos*. La *siguiriya*, qui exprime un profond chagrin, une perte ou un deuil, est la forme de chant la plus désespérée. C'est aussi celle qui permet le mieux de mesurer le talent d'un chanteur. On pense qu'elle provient de Jerez de la Frontera, l'une des trois cités clés du bas Guadalquivir, le cœur du flamenco. La *soleá*, à peine moins angoissée, vient probablement de Triana, un quartier de Sevilla, qui fut durant des siècles un barrio gitan, avant d'être transformé en quartier bourgeois dans les années 60-70. La plus vivante, la plus joyeuse, la *alegría*, est un apport de la troisième ville, Cádiz. Jerez est également de nos jours la patrie de la *bulería*, le palo le plus rapide, le plus rythmé, mais qui est en réalité originaire de Triana.

Parmi les formes non-jondo (plus légères, même si elles peuvent également être intenses), citons le *tango*, originaire de Cádiz, et ses dérivés la *guarija*, la *rumba* et la *colombiana*. Le tango n'a rien à voir avec la danse argentine du même nom, bien qu'il vienne peut-être d'Amérique latine ou des Caraïbes. La patrie du *fandango* est Huelva ; bien d'autres régions possèdent chacune leur propre variété de fandango : la *malagueña* à Málaga, la *granaína* à Granada et la *rondeña* à Ronda. La *taranta* d'Almería leur ressemble beaucoup.

La *saeta*, un élan d'adoration exprimé par un spectateur lors de la procession de la Semana Santa, n'était pas à l'origine une forme flamenca, mais elle a été adaptée aux canons du flamenco vers le début du XXe siècle. Les saetas, traditionnellement spontanées, sont maintenant mises en scène.

Quant à la très populaire *sevillana*, ce n'est pas, à en croire les spécialistes, du flamenco. Forme de danse folklorique en couple à l'origine, elle comporte quatre séries successives de mouvements des bras, que le danseur interrompt brutalement, et correspond sans doute à une version andalouse de la danse castillane appelée *seguidilla*.

Les interprètes légendaires du flamenco

La première personne à avoir vécu du flamenco, El Fillo, naquit vers 1820 dans la région de Cádiz. Son nom se perpétue dans l'expression *voz affillá* qui désigne la voix jondo classique, rauque, puissante et éraillée par le tabac et l'alcool.

Les deux premiers grands chanteurs de l'époque des cafés cantantes furent Silverio Franconetti, de Sevilla, et Antonio Chacón, de Jerez. Au début du XXe siècle, leur succédèrent Manuel Torre, de Jerez, dont la légende veut que sous l'effet de son chant les gens déchiraient leur chemise et renversaient les tables, et La Niña de los Peines, de Sevilla, la première grande chanteuse.

La Macarrona, de Jerez, et Pastora Imperio, de Sevilla, les premières bailaoras célèbres, dansèrent à Paris et en Amérique du Sud. Leur style mettait l'accent sur les mouvements du torse et des bras, plutôt que sur ceux des pieds et sur les déplacements sur scène.

Le flamenco des cafés cantantes avait tendance à s'éloigner du type jondo, au point que se développa, dans les années 20, un genre léger, style opérette, appelé *opera flamenca*. Le chanteur Pepe Marchena, son principal interprète, exerça son talent jusque dans les années 60. En 1922, le compositeur Manuel de Falla, l'écrivain Federico García Lorca, et d'autres, organisèrent un célèbre Concurso (concours) de Cante Jondo à Granada pour redonner vie au pur chant jondo. Cette manifestation eut pour effet de lancer la carrière de Manolo Caracol, le plus grand chanteur de jondo du milieu du XXe siècle ; elle n'empêcha pas pourtant le cante de devenir de plus en plus commercial et de moins en moins jondo.

Cependant, le *baile* connaissait ses heures de gloire avec La Argentina et sa cadette La Argentinita, deux danseuses d'origine argentine qui le transformèrent en spectacle théâtral. Elles formèrent les premières troupes de danseurs espagnols et remportèrent un triomphe à Paris, en Amérique du Sud et à New York, à la fin des années 20 et dans les années 30. Leur contemporain, Vicente Escudero, fut le premier grand danseur. Quant à Carmen Anaya (1913-1963), de Barcelona, sa manière de danser, rapide, dynamique et énergique ont fait d'elle la danseuse gitane légendaire de tous les temps. Des tournées triomphales la menèrent en Amérique et en Europe, tout comme Antonio Ruiz Soler (1921-1996), de Sevilla. Célèbre pour son jeu de pieds, Antonio fut aussi le premier homme à danser le flamenco en jouant de ses bras.

Sabicas, né en 1912 à Pamplona, dans le Nord de l'Espagne, et longtemps partenaire de Carmen Anaya, fut le père du solo flamenco de guitare moderne et inventa une foule de techniques, aujourd'hui considérées comme indispensables. Il quitta l'Espagne au moment de la guerre civile et n'y revint jamais.

Flamenco moderne

C'est Antonio Mairena, de Sevilla, qui, dans les années 50-60, garda vivace la flamme du pur flamenco. Il ne se contenta pas d'interpréter le canto jondo mais s'efforça de le défendre : il collecta et enregistra de vieux chants et relança une nouvelle vague de concours et de festivals. A la même époque, le flamenco était déformé dans les *tablaos*, ouverts pour distraire la nouvelle vague de touristes étrangers: ces "clubs" présentaient des spectacles médiocres, jouant sur le côté joyeux et sexy.

La fin des années 60 vit renaître le *flamenco puro*. Parmi les chanteurs qui ont marqué les années 70, se distinguent Terremoto (tremblement de terre) et El Chocolate, tous deux de Jerez ; Enrique Morente, de Granada, à la voix plus claire, plus proche de celle d'un ténor et La Paquera, de Jerez, réputée pour ses puissants chants, les bulerías.

La personnalité la plus remarquable des années 70 reste toutefois El Camarón de la Isla, la "Crevette de l'Île", l'île de León, où San Fernando, sa ville natale, s'étend dans la péninsule de Cádiz. La voix éraillée et perçante de Camarón, sa grande diversité de styles et son côté capricieux ont fait de lui, bien avant sa mort survenue en 1992, une légende dans le monde du flamenco. Malgré de graves problèmes de drogue, il avait le *duende* (il était "habité"), ce pouvoir mystérieux que possèdent les grands interprètes de flamenco.

Le nom le plus illustre de la danse dans les années 70-80 était Antonio Gades, basé à Madrid. Lui et son ancienne partenaire, Cristina Hoyos de Sevilla, ont maintenant chacun leur propre compagnie.

Le seul nom de l'univers du flamenco connu des non-initiés est celui de Paco de Lucía. Né en 1947 à Algeciras, de Lucía assimila les formes et les techniques avec une rapidité telle qu'à 14 ans, ses professeurs considérèrent qu'ils n'avaient plus rien à lui apprendre. Il a fait de la guitare, qui n'était encore que le dernier partenaire de la trinité flamenca, un instrument d'expression solo ; il lui a apporté un monde de nouvelles techniques, échelles, mélodies et harmonies qui l'ont emmenée bien au-delà des limites traditionnelles du flamenco. De Lucía jouait avec une telle virtuosité que les auditeurs avaient l'impression d'entendre deux ou trois guitaristes jouer ensemble. Dans les années 70, de Lucía a accompagné El Camarón de la Isla et ils ont enregistré plusieurs albums ensemble. Par la suite, il accompagna des musiciens de jazz, tels John McLaughlin et Larry Coryell ; et, dans un album de 1990, *Ziryab*, il a fait un retour aux racines islamiques de la musique andalouse. Le double album *Paco de Lucía Antología* est une merveilleuse introduction à ses créations de 1967 à 1990.

Flamenco contemporain

A ces interprètes mentionnés ci-dessus qui se produisent toujours avec succès, il faut ajouter, d'autres noms de grands chanteurs : Carmen Linares, de la province de Jaén, ambassadrice du jondo aux talents variés, offre un voyage à travers les cent cinquante dernières années de cante féminin dans un double album, *Carmen Linares en Antología* (1996 ; El Cabrero (un chevrier comme son nom l'indique), qui reste dans le registre sévère ; El Lebrijano (Juan Peña), un chanteur à la voix puissante et aux gestes amples, originaire de Lebrija, une autre ville de la vallée du Guadalquivir qui a donné beaucoup au flamenco ; Calixto Sánchez aux talents multiples ; José Mercé et Miguel Poveda.

Parmi les guitaristes, ne manquez pas l'excellent soliste Manolo Sanlúcar, Manuel Morao de Jerez qui a joué avec les plus grands interprètes, Pedro Bacán, Moraíto Chico, Juan Habichuela et Pepe Habichuela – qui font partie de la prolifique famille d'interprètes de flamenco de Granada, les Montoya –, Rafael Riqueni et Tomatito d'Alamería, qui a accompagné El Camarón après Paco de Lucía.

Nuevo flamenco

Après que Paco de Lucía leur eut ouvert la porte, une nouvelle génération de musiciens apparut, qui s'aventura à mêler le flamenco avec le jazz, le rock, le blues, le rap et autres styles. Tout d'abord vilipendé par les traditionalistes, ce Nouveau Flamenco a beaucoup élargi l'audience du flamenco, en particulier chez les jeunes.

Passé quasiment inaperçu au début puis ayant acquis un statut légendaire, le premier à avoir fait école fut l'album de flamenco/rock/folk intitulé *Veneno*, réalisé par le groupe du même nom centré autour de Kiko Veneno (voir *Pop et Rock* dans la rubrique *Musique* du chapitre *Présentation de l'Andalousie*) et de Raimundo Amador, tous deux de Sevilla. Après quoi, Amador et son frère Rafael formèrent Pata Negra qui a sorti quatre albums de flamenco/jazz/blues dont l'aboutissement fut *Blues de la Frontera* en 1986. Depuis lors, Raimundo a fait carrière en solo, en virant vers le blues et en jouant avec BB King dans de mémorables concerts, dont est tiré l'album *Noche de Flamenco y Blues* (1998).

Ketama, dont le nom vient d'une ville marocaine réputée pour son haschich et dont les trois membres importants appartiennent à la famille flamenco des Montoya, ont fusionné le flamenco avec des rythmes africains, cubains, brésiliens et autres. Pour deux de leurs albums, *Songhai* (1987) et *Songhai 2* (1995), ils ont collaboré avec le joueur de kora malien Toumani Diabate et le bassiste folk britannique Danny Thompson.

Au début des années 90, Radio Tarifa s'est fait connaître avec un fascinant mélange de flamenco, de musique nord-africaine et de sonorités médiévales. Le premier CD, *Rumba Argelina*, a fait un tabac.

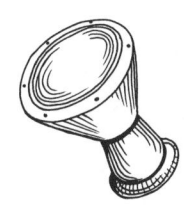

Plus récemment, Niña Pastori de Cádiz a connu une immense popularité en chantant du flamenco avec un accompagnement d'orchestre jazz-rock électrique. Ses albums *Entre dos Puertos* (1997), *Eres Luz* (1999) et *Cañailla* (2000), méritent vraiment qu'on les écoute. Tomasito, de Jerez, *"el breaker flamenco"*, fait des sortes de bulerías robotisées avec une avalanche de rumba et rythmes hiphop. Navajita Plateá, deux frères de Jerez, réussissent bien dans le genre décrit comme le "blues de la frontera", entre le flamenco et le pop : *Desde Mi Azotea* fut l'album de flamenco le plus vendu en 1999.

Curieusement, la musique de style flamenco moderne qui connaît le plus grand succès est le rock-rumba des Gipsy Kings, qui sont, par ailleurs originaires du sud de la France et non d'Espagne.

Les artistes de flamenco établis se lancent aussi dans des expérimentations. Le guitariste Tomatito eut le plaisir de jouer avec le pianiste de jazz et dominicain, Michel Camilo. Cette collaboration connut le plus vif succès (vous pouvez écouter l'album *Spain*, sorti en 1999). El Camarón de la Isla était autant une star du pop qu'une star du flamenco quand il est mort. Le guitariste Manolo Sanlúcar, sorti du moule Paco de Lucía, introduit dans son répertoire le rock, le jazz et le classique. El Lebrijano a fait de savoureux cocktails avec de la musique classique marocaine.

Le plus étonnant fut peut-être la collaboration d'Enrique Morente, en 1997-1998, avec Lagartija Nick, metallic rocker de Granada, dans *Omega*, une interprétation du recueil de poésie de Lorca intitulé *Poeta en Nueva York* (Poète à New York), qui comporte aussi des chansons de Léonard Cohen, autre artiste influencé par Lorca.

Danse

De tous les arts flamencos, le plus propice au passage des frontières, la danse, a atteint des rives encore plus audacieuses (scandaleuses, diraient certains) en la personne de Joaquin Cortés, né à Córdoba en 1969. Cortés se voit comme le successeur – dans le domaine de la danse – de Paco de Lucía et de El Camarón de la Isla. Il dit de lui qu'il n'est pas vraiment un danseur de flamenco, mais un Gitan qui danse. Avec son ensemble, lors de tournées triomphales, il associe le flamenco à la danse contemporaine, au ballet et au jazz, avec de la musique amplifiée, sur laquelle il danse torse nu avec un jeu de bras débridé.

Antonio Canales, né à Triana en 1962, est davantage un puriste. Sa compagnie a donné des spectacles sur les thèmes de la tauromachie et des Gitans et il a l'intention d'en préparer d'autres autour de Lorca et de *Guernica* de Picasso. A noter aussi, une étoile montante, Javier Barón, un sevillano qui a créé sa propre compagnie en 1997.

Parmi les interprètes illustres de flamenco plus traditionnel, mentionnons Miguel El Funi et Concha Vargas, tous deux de Lebrija.

Films consacrés au flamenco

Carlos Saura, l'un des principaux metteurs en scène espagnols depuis le début des années 70, a consacré plusieurs films au flamenco. Dans ses versions flamencas de *Bodas de Sangre* de Lorca, de *Carmen* de Bizet et de *El Amor Brujo* de Falla, réalisées entre la fin des années 70 et 1986, il fait danser Antonio Gades et Cristina Hoyos. La bande sonore de *Carmen* est de Paco de Lucía. *Flamenco* (1995), toujours de Saura, offre une excellente introduction au flamenco : plus qu'un film, c'est une passionnante revue de ce qu'il y a de mieux dans le genre (Paco de Lucía, Manolo Sanlúcar, Joaquin Cortès…). Il existe un double CD de la bande originale. Saura a également réalisé *Sevillanas*, qui célèbre les diverses formes de ce genre.

Voir du flamenco

Vous trouverez des renseignements sur les moments et les endroits où voir du vrai flamenco dans le chapitre *Renseignements pratiques*.

La revue Alma 100 – un mensuel disponible gratuitement dans les offices du tourisme et les lieux qui programment du flamenco, notamment à Granada, Córdoba, Sevilla et Jerez – informe efficacement sur les spectacles et les cours de flamenco. Il en est de même du Centro Andaluz de Flamenco, à Jerez, dont il s'avère très utile de consulter le site Web (http://caf.cica.es).

Renseignements pratiques

SUGGESTIONS D'ITINÉRAIRES

Tout dépend de ce qui vous intéresse et de ce que vous avez envie de faire en Andalousie : admirer les merveilleux monuments de son passé fascinant, profiter de ses plages, de ses mers et de ses côtes déchiquetées, découvrir ses superbes régions montagneuses et champêtres, ou bien faire la fête la nuit dans les villes animées. Jetez un œil sur l'encadré *A ne pas manquer* dans ce chapitre.

Si vous êtes toujours perplexe, voici quelques suggestions qui vous aideront à voir le maximum en un temps limité.

Une semaine

Vous devrez vous déplacer pas mal pour avoir un bon aperçu de l'Andalousie en une seule semaine. Si vous voulez voir les principaux monuments, fixez-vous sur Sevilla, Córdoba et Granada, trois villes fascinantes et bien différentes les unes des autres. Ou alors, prévoyez un itinéraire côté est ou côté ouest. A l'est, vous pouvez combiner Granada et Las Alpujarras, un bel échantillon de l'Andalousie rurale et montagneuse. A l'ouest, Sevilla sera couplée avec la ville portuaire historique de Cádiz, ou la capitale du xérès, Jerez de la Frontera, ou la Costa de la Luz (côte de Lumière) dans la province de Cádiz. Dans les deux cas, la semaine peut être complétée par Córdoba ou Málaga, qui vaut elle aussi le déplacement.

Deux semaines

Organisez votre séjour autour de l'axe Sevilla-Córdoba-Granada. Vous pouvez facilement passer quinze jours uniquement dans ces trois villes, en incluant éventuellement des excursions à Carmona, Sanlúcar de Barrameda ou Jerez de la Frontera (depuis Sevilla), Zuheros (depuis Córdoba) ou Las Alpujarras et la Sierra Nevada (depuis Granada). Pour un séjour plus diversifié, ajoutez au trio de base et aux suggestions mentionnées ci-dessus une ou plusieurs des destinations suivantes. A l'ouest, vous pourrez découvrir les charmes de Ronda, Tarifa, la Costa de la Luz, Cádiz, la Sierra de Grazalema, le Parque Nacional de Doñana et la Sierra de Aracena. A l'est, vous consacrerez plusieurs jours aux splendeurs architecturales de Jaén, Úbeda et Baeza et au superbe Parque Natural de Cazorla, en pleine montagne, à moins que vous ne fassiez une pause décontractée sur les plages du spectaculaire Cabo de Gata. Quel que soit l'itinéraire choisi, la ville de Málaga, intéressante et très vivante, constitue un bon point de départ ou d'arrivée.

Un mois

En vous organisant bien, vous couvrirez la plupart des destinations proposées au choix pour un séjour de deux semaines. Vous pouvez aussi vous contenter d'un nombre limité de visites et prendre le temps d'en profiter pleinement.

Deux mois

Si vous avez deux mois devant vous, vous pouvez tranquillement découvrir tous les lieux proposés ci-dessus, trouver par vous-même quelques destinations hors des sentiers battus et avoir encore le temps de vous reposer. Ne craignez pas d'épuiser les possibilités : au fur et à mesure que vous découvrirez l'Andalousie vous aurez envie d'en voir davantage.

PRÉPARATION AU VOYAGE
Quand partir

L'Andalousie peut se découvrir en toute saison, quoique le climat soit plus aléatoire de novembre à février. Les meilleurs mois sont avril, mai, juin, septembre et octobre. Durant ces périodes, le temps varie du beau au splendide et vous échapperez à l'extrême chaleur, ainsi qu'à l'afflux de touristes espagnols et étrangers en juillet et août, lorsque les températures montent parfois jusqu'à 45°C à l'intérieur des terres. Ces deux mois constituent aussi la haute saison pour le prix des chambres presque partout. Toutefois, s'y déroule une majorité de fiestas hautes en couleurs, même si de nombreuses autres ont lieu pratiquement sans discontinuer entre la Semana Santa (la semaine qui précède Pâques) et octobre.

La plupart des musées et des sites touristiques sont ouverts toute l'année.

Si vous comptez vous adonner à une activité spécifique comme la randonnée, mieux vaut choisir soigneusement les dates de votre séjour – reportez-vous à *Activités sportives* dans ce chapitre et ceux des diverses provinces.

A ne pas manquer

La plupart des régions d'Andalousie valent la peine d'être visitées. Voici quelques indications pour vous aider à établir un itinéraire.

Les villes
Sevilla est la ville la plus animée d'Andalousie. Málaga arrive juste derrière, bien qu'elle ne compte pas autant de trésors historiques et culturels. Granada est à voir absolument en raison de ses influences musulmanes. Grâce aux nombreux étudiants et touristes étrangers qu'elle attire, c'est sans doute la ville andalouse où l'ambiance est la plus internationale. Córdoba représente également une destination incontournable, en raison de son extraordinaire passé islamique.

Parmi les villes plus petites, nos préférées comprennent Cádiz, réaliste et débridée, Jerez de la Frontera, capitale du xérès, célèbre aussi pour ses chevaux et son flamenco, Ronda, qui domine une gorge spectaculaire à proximité de collines magnifiques, Arcos de la Frontera, ville blanche qui s'étend le long d'une arête rocheuse et Cazorla, au charme vieillot, qui constitue l'entrée du Parque Natural de Cazorla. Toutes ces villes, à l'exception de Cádiz, ont gardé une forte empreinte de leur passé musulman. Près de Cazorla, les villes de Baeza et d'Úbeda s'ornent d'innombrables bâtiments somptueux, dont l'architecture remonte aux premiers siècles qui suivirent la Reconquista (Reconquête).

Les côtes
Les plus belles côtes se situent à chaque extrémité de l'Andalousie. A l'est d'Almería, le Cabo de Gata, cap aride et faiblement peuplé, est bordé de plages ravissantes et – selon les critères espagnols – peu fréquentées, derrière lesquelles s'élèvent des collines désolées au relief déchiqueté.

A l'ouest de l'Andalousie, la Costa de la Luz (côte de Lumière) s'étire sur près de 200 km entre Tarifa et la frontière portugaise. Les eaux et la brise légèrement plus fraîches de l'Atlantique sont le (faible) prix à payer pour profiter des nombreuses longues plages de sable splendides, qui s'étendent au pied de dunes couvertes de pins. Les petites stations balnéaires comme

---

Cartes

Cartes à petite échelle. Celle de l'*Espagne du Sud* au 1/400 000 de Michelin est parfaite pour organiser l'ensemble du voyage et circuler sur place. Une nouvelle édition est publiée chaque année et il est facile de la trouver en Andalousie ou ailleurs. En Espagne, ces cartes sont en vente dans les stations-service et les librairies pour environ 900 ptas.

Atlas routiers. Reportez-vous à *Voiture et moto* dans le chapitre *Comment circuler*.

Plans de villes. Les plans fournis par les offices du tourisme sont la plupart du temps suffisants pour s'orienter dans les villes. Si vous préférez un guide plus détaillé, procurez-vous un de ceux publiés par des éditeurs espagnols comme Telstar, Alpina ou Everest, qui sont accompagnés d'un index des rues – ils sont disponibles dans les librairies mais pensez à vérifier la date de publication.

Cartes à grande échelle. Celles du Centro Nacional de Información Geográfica (CNIG), qui publie les travaux de l'Instituto Geográfica Nacional (IGN), au 1/25 000 (1 cm égale 250 m), couvrent la majorité du pays, dont les trois quarts de l'Andalousie, et sont pour la plupart récentes. Le CNIG et le Servicio Geográfico del Ejército (SGE, service géographique de l'armée) éditent des cartes au 1/50 000, les plus à jour étant celles du SGE. Le CNIG propose entre autres une série de cartes *Mapa Guía* consacrées aux parcs nationaux et naturels, qui sont établies au 1/50 000 ou au 1/100 000

Renseignements pratiques – Préparation au voyage

À ne pas manquer

Tarifa, dédiée à la pratique internationale du surf, Bolonia, Zahara de los Atunes, Los Caños de Meca, Sanlúcar de Barrameda et La Antilla comptent parmi les lieux de villégiature les plus agréables et les plus décontractés de la région – relativement inconnues du monde extérieur, quoique assez appréciées des Andalous. Ces plages et stations balnéaires sont disséminées entre des villes et des ports tels que Cádiz, Huelva et Isla Cristina, et de vastes terres marécageuses abritant une faune et une flore sauvages – notamment le Parque Nacional de Doñana.

Les collines

L'Andalousie recèle plusieurs régions de montagnes et de collines d'une grande beauté, idéales pour faire de la randonnée à pied ou en VTT, ou tout simplement se promener en voiture. Avec sa forêt dense, le Parque Natural de Cazorla, dans la province de Jaén, est sans doute le plus étonnant. Les montagnes aux formes aussi déchiquetées que variées sont ici impressionnantes, et le village Segura de la Sierra se niche dans un des sites les plus spectaculaires de toute l'Espagne.

Les vallées de Las Alpujarras, sur le flanc sud de la Sierra Nevada, au sud-est de Granada, dont les collines arides et les ravins forment un paysage d'une étrange beauté, presque inquiétante, sont parsemées de villages d'un blanc immaculé évoquant des oasis. La Sierra Nevada abrite le plus haut sommet de l'Espagne continentale et attire irrésistiblement d'énergiques randonneurs.

La Sierra Morena, qui longe la limite nord de l'Andalousie et où l'altitude dépasse rarement 1 000 m, s'agrémente de splendides paysages tapissés de verdure dans des régions comme le Parque Natural Sierra Norte et surtout le Parque Natural Sierra de Aracena y Picos de Aroche, tous deux situés à l'écart des circuits empruntés d'ordinaire par les touristes étrangers.

D'autres superbes montagnes verdoyantes s'élèvent aux environs de la ville de Ronda, notamment dans le Parque Natural Sierra de Grazalema et la Sierranía de Ronda. Un peu plus à l'est, la gorge la plus impressionnante d'Andalousie, El Chorro, a été creusée par le Río Guadalhorce.

---

et datent des années 90. Sur les cartes CNIG peuvent figurer les sigles CNIG ou IGN, ou bien les deux. Certaines des *Mapa Guía* ont été éditées en collaboration avec la Junta de Andalucía, le gouvernement régional.

La Junta publie également toute une gamme de cartes de l'Andalousie. La plupart sont relativement récentes, en particulier la série des cartes *Mapa Guía* au 1/75 000 consacrées aux parcs naturels et nationaux, dont la publication a commencé en 1998 et que l'on trouve à peu près partout. Elles conviennent bien pour le tourisme en voiture, mais vous leur préférerez une carte au 1/50 000 si vous envisagez la marche. La Junta édite aussi de bonnes cartes au 1/10 000 et au 1/20 000 qui couvrent toute l'Andalousie, mais vous aurez du mal à trouver des points de vente.

Pour partir en randonnée dans la Sierra Nevada, Las Alpujarras et le Parque Natural de Cazorla, les meilleures cartes sont celles au 1/40 000 publiées récemment par Editorial Alpina, une maison d'édition de Cataluña.

Comment se les procurer. Les cartes à grande échelle sont peu répandues dans les régions concernées. Vous trouverez surtout les *Mapa Guía* ou les cartes Alpina, aussi est-il conseillé de se les procurer à l'avance.

Sur place, adressez-vous aux librairies de voyage dans les villes où vous passez. La meilleure boutique de cartes que nous ayons trouvée en Andalousie est LTC (☎ 95 442 59 64, fax 95 442 34 51, ltc-mapas@sp-editores.es), Avenida Menéndez Pelayo 42-44, 41003 Sevilla. Elle vend la plupart des

cours de conversion de l'euro 1 000 ptas = 6,01 €

cartes de la Junta ainsi que les cartes du SGE et du CNIG. Les feuillets au 1/10 000 et au 1/20 000 de la Junta ne coûtent que 284 ptas l'unité. LTC peut expédier des cartes en Espagne contre remboursement (*reembolso*). Pour les autres pays, un paiement préalable par transfert bancaire est demandé pour les expéditions par courrier ; le service de livraison permettant de payer à la réception s'avère plus onéreux. A Málaga, Atlante Mapas est une autre excellente adresse pour se procurer des cartes au 1/10 000 et bien d'autres (pour les coordonnées, voir *Librairies* à la rubrique *Málaga*).

Le CNIG dispose également de points de vente dans les capitales des 8 provinces andalouses, notamment à :

Granada (☎ 958 29 04 11) Avenida Divina Pastora 7-9
Málaga (☎ 95 231 28 08) Avenida de la Aurora 47, 7°
Sevilla (☎ 95 464 42 56) Avenida San Francisco Javier 9, Edificio Sevilla 2, 8° (módulo 7)

Le siège du CNIG (☎ 91 597 95 14, fax 91 553 29 13), Calle General Ibáñez de Íbero 3, 28003 Madrid, vous enverra gratuitement un catalogue de ses cartes, que vous pourrez ensuite acheter par fax ou par e-mail. Les cartes standard au 1/25 000 ou au 1/50 000 coûtent 500 ptas, plus les frais d'envoi (dites-leur quelles cartes vous désirez et ils vous indiqueront le prix et le mode de règlement).

La seule boutique du SGE en Espagne continentale (☎ 91 711 50 43, fax 91 711 14 00) se situe Calle de Darío Gazapo 8 (Cuartel Alfonso X), 28024 Madrid. Elle ouvre du lundi au vendredi de 9h à 13h30. Vous pouvez passer commande par fax ou par e-mail. Avant de vous envoyer les cartes, le SGE vous adressera une facture, que vous devrez régler par virement bancaire depuis l'Espagne ou par chèque libellé en pesetas depuis l'étranger. Les cartes au 1/50 000 coûtent 303 ptas.

Les cartes CNIG ou SGE achetées dans d'autres points de vente risquent de vous coûter plus cher, en raison notamment des frais d'expédition ou de la marge prise par le commerçant.

Que prendre avec soi

Sachez que vous pourrez acheter quasiment tout ce dont vous aurez besoin en Espagne. Inutile donc de vous encombrer avant le départ.

Bagages. Si vous devez marcher un tant soit peu avec vos bagages, la meilleure solution est le sac à dos. Préférez un modèle dont les courroies et les poches sont dissimulées sous un rabat à fermeture Éclair – cela évite de s'accrocher aux poignées de porte, sur les escalators, etc. Emporter un autre petit sac à dos pour la journée peut s'avérer pratique.

Inscrire vos nom et adresse à l'intérieur aussi bien qu'à l'extérieur de votre bagage augmentera vos chances de le retrouver en cas de perte ou de vol.

La plupart des gares routières et de chemin de fer espagnoles disposent d'une consigne (*consigna*). Le prix varie entre 300 et 600 ptas pour 24 heures, en fonction du volume de bagages déposé.

Habillement. En plein été, des vêtements fins suffisent généralement, même à 4h du matin. Par temps plus frais, superposer plusieurs couches, qui peuvent être retirées si nécessaire, est préférable à un seul vêtement épais. Quel que soit le type de voyage que vous envisagez, vous aurez besoin au moins de solides baskets. Une tenue et des chaussures plus adéquates vous serons utiles pour aller dans certains restaurants ou discothèques – rien toutefois de trop formel.

Articles utiles. En dehors de vos affaires personnelles, ou du matériel nécessaire à des activités spécifiques (camping, randonnée, planche à voile, etc.), les objets suivants pourront vous rendre service.

- une ceinture-portefeuille à glisser sous les vêtements ou un portefeuille-holster, pour protéger votre argent et vos papiers en ville
- une petite serviette et un savon, souvent absents dans les établissements bon marché

- une lotion écran total, parfois plus chère en Espagne qu'ailleurs
- un petit dictionnaire d'espagnol et/ou un livre de phrases essentielles
- des photocopies de vos principaux documents, à ranger séparément des originaux
- un couteau de poche
- un minimum d'ustensiles de cuisine si vous comptez préparer vous-même vos repas
- une trousse de médicaments (voir la rubrique *Santé*)
- un ou deux cadenas
- un adaptateur pour appareils électriques
- une lampe électrique de poche
- un réveil
- des lunettes de soleil
- des jumelles si vous voulez observer la faune ou la flore sauvages

OFFICES DU TOURISME
Offices du tourisme locaux

Toutes les villes, et même certains villages disposent au minimum d'un office du tourisme (*oficina de turismo*) ou d'un office d'information touristique (*oficina de información turística*). Dans l'ensemble, ces bureaux sont efficaces, compétents, bien documentés et donnent ou vendent des brochures imprimées. Presque toujours, quelqu'un parle l'anglais et/ou le français. Les horaires d'ouverture sont très variés.

Les offices du tourisme sont gérés par la municipalité, par un organisme régional, ou par le gouvernement de la province ou de la communauté autonome (la Junta de Andalucía). Dans les grandes villes, on peut donc en trouver plusieurs, chacun diffusant des informations sur son territoire de compétence (ville, région, province ou ensemble de l'Andalousie). Le service de la Junta chargé de l'environnement, la Consejería de Medio Ambiente, possède des bureaux d'information dans de nombreuses zones écologiquement protégées, dont les *parques naturales*. Si le site ne possède pas d'office du tourisme, l'hôtel de ville sera souvent en mesure de vous renseigner.

Offices du tourisme à l'étranger

Il est néanmoins possible d'obtenir des informations sur l'Andalousie auprès des offices du tourisme espagnols dans 20 pays, parmi lesquels :

Belgique (☎ 02 280 19 26, bruselas@tourspain.es) Avenue des Arts 21, 1000 Bruxelles
Canada (☎ 416-961 3131, toronto@tourspain.es) 2 Bloor St W, 34th floor, Toronto M4W 3E2
France (☎ 01 45 03 82 57, paris@tourspain.es) 43, rue Decamps, 75784 Paris Cedex 16
Portugal (☎ 21-354 1992, lisboa@tourspain.es) Avenida Sidonío Pais 28-3° Dto, 1050-215 Lisbonne
Suisse (☎ (022) 731 11 32, ginebra@tourspain.es) 15, rue Ami-Lévrier, 1201 Genève

Certains offices de tourisme espagnols à l'étranger ont leur propre site Web. Le site de Turespaña (www.tourspain.es) coordonne des liens vers ceux-ci.

VISAS ET FORMALITÉS COMPLÉMENTAIRES
Passeport

Les ressortissants des 15 États membres de l'Union européenne et de la Suisse peuvent entrer en Espagne munis de leur seule carte d'identité. Si leur pays d'origine n'en délivre pas – c'est le cas du Royaume-Uni – les voyageurs doivent présenter un passeport en cours de validité. Tous les ressortissants d'autres pays – notamment le Canada – doivent également posséder un passeport en cours de validité.

Selon la loi espagnole, vous êtes censé avoir votre carte d'identité ou votre passeport sur vous en permanence. Vous aurez le plus souvent à fournir une pièce d'identité pour réserver une chambre dans un hôtel.

Visas

L'Espagne est l'un des 15 pays signataires des accords de Schengen, selon lesquels le contrôle des passeports n'est théoriquement plus nécessaire pour voyager entre les pays membres. Les autres sont la France, l'Allemagne, l'Italie, la Belgique, les Pays-Bas, le Luxembourg, l'Autriche, le Portugal, la Grèce, la Suède, le Danemark et la Finlande, auxquels la Norvège et l'Islande devraient bientôt se joindre. Les ressortissants des pays qui doivent posséder un visa pour l'Espagne n'en n'ont pas besoin s'ils

cours de conversion de l'euro 1 000 ptas = 6,01 €

résident dans l'un des pays ayant signé les accords de Schengen. Pour un séjour touristique en Espagne n'excédant pas 90 jours, aucun visa n'est exigé des ressortissants de nombreux pays, notamment du Canada, de la Suisse et des pays de l'Union européenne non signataires des accords de Schengen.

Pour les ressortissants des pays qui doivent posséder un visa pour l'Espagne, les visas à entrées multiples leur épargnent beaucoup de temps et de démarches lorsqu'ils veulent sortir d'Espagne (pour aller par exemple à Gibraltar ou au Maroc) et y revenir ensuite.

Les pays signataires se réservent le droit d'effectuer des contrôles impromptus depuis les points d'entrée de l'immigration, ce qui arrive assez régulièrement dans les aéroports espagnols, dans le Sud ou dans les enclaves africaines de Ceuta et Melilla.

Prorogations de visas et permis de séjour. Les visas de l'espace Schengen ne peuvent être prorogés. Les ressortissants des pays de l'Union européenne, de Norvège et d'Islande qui veulent rester en Espagne plus de 90 jours devront demander une carte de résident au cours du premier mois de leur séjour. Cette procédure administrative est assez longue. Par conséquent, si vous avez l'intention d'accomplir une telle démarche, renseignez-vous auprès d'un consulat espagnol avant de vous rendre en Espagne, car vous devrez être en possession de certains documents.

Les ressortissants d'autres pays voulant rester en Espagne plus de 90 jours doivent également demander une carte de résident. La procédure dure longtemps et, comme ils doivent commencer par se faire délivrer un visa par un consulat espagnol dans le pays où ils résident, il leur est conseillé de s'y prendre bien à l'avance.

Les conjoints non ressortissants de l'Union européenne, mariés à des ressortissants de l'Union européenne résidant en Espagne, peuvent eux aussi demander une carte de résident. La procédure est longue, et ceux ou celles qui ont besoin d'entrer et de sortir du pays entre-temps peuvent demander une *exención de visado* – une exemption de visa. Dans la plupart des cas, le conjoint est obligé de faire la demande officielle dans son pays de résidence. Autant dire qu'il vaut mieux s'armer de patience !

Assurance voyage

Il est conseillé de prendre une assurance voyage couvrant le vol et la perte des bagages ou des titres de transport, ainsi que les problèmes de santé (pour de plus amples détails sur l'assurance, reportez-vous à la rubrique *Santé* plus loin dans ce chapitre).

Permis de conduire

Tous les permis délivrés par l'Union européenne (couleur rose ou rose et vert) sont acceptés. Les autres permis étrangers sont censés être accompagnés d'un Permis de conduire international (quoique, dans la pratique, un permis national suffise pour louer une voiture ou le présenter à la police de la route).

Carte d'auberges de jeunesse

Une carte de membre en cours de validité est nécessaire dans les 19 auberges de jeunesse de l'Inturjoven, l'organisme officiel des auberges de jeunesse en Andalousie – voir la rubrique *Hébergement* dans ce chapitre.

Cartes d'étudiants, de professeurs et cartes jeunes

Ces trois types de cartes permettent d'obtenir des rabais intéressants dans les transports, ainsi que des tarifs réduits dans certains musées, sites touristiques et lieux de distraction.

L'International Student Identity Card (ISIC), pour les étudiants à temps complet, et l'International Teacher Identity Card (ITIC), pour les enseignants à temps complet, sont délivrées par des organismes reliés le plus souvent à des agences de voyages pour étudiants tels que STA Travel et usit Council Travel (voyez plus loin la rubrique *Voie aérienne* au chapitre *Comment s'y rendre* pour les coordonnées des voyagistes).

Toute personne de moins de 26 ans peut demander une carte GO25 ou une carte Euro26. Toutes deux offrent des avantages similaires à la carte ISIC et sont délivrées par la plupart des mêmes organismes. La carte Euro26 reçoit des appellations différentes selon les pays, et s'intitule Carnet Joven en Espagne.

A titre d'exemple, les détenteurs de la carte Euro26 bénéficieront en Espagne de réductions de 20% à 25% sur la plupart des billets de train de 2e classe, de remises dans certaines auberges de jeunesse, en particulier de 10% sur l'hébergement et les repas dans les établissements affiliés à l'Inturjoven, ainsi que de tarifs réduits dans certains musées.

Photocopies

C'est une sage précaution que de photocopier tous vos documents importants (pages principales du passeport et du visa, cartes de crédit, police d'assurance voyage, titres de transport, permis de conduire, etc.) avant de partir. Laissez un jeu de photocopies à un proche resté au pays et gardez-en un autre, que vous conserverez séparément des originaux.

Vous pouvez aussi stocker ces informations dans le coffre virtuel de Lonely Planet. Votre coffre, qu'il vous est possible de créer gratuitement sur www.ekno.lonelyplanet.com, sera protégé par un mot de passe et accessible en permanence.

AMBASSADES ET CONSULATS
Votre ambassade

Il est important de savoir ce que l'ambassade du pays dont vous êtes ressortissant peut et ne peut pas faire pour vous aider en cas d'ennui. En règle générale, elle ne sera pas d'un grand secours si vous êtes un tant soit peu responsable de votre problème. N'oubliez pas que vous êtes soumis aux lois du pays dans lequel vous séjournez. Votre ambassade ne pourra rien faire pour vous si vous échouez en prison pour un crime ou un délit, et même si l'acte que vous avez commis est légal dans votre pays.

Vous pourrez obtenir de l'aide en cas de réelle urgence, si vous avez épuisé toutes les autres voies de recours. Toutefois, il est tout à fait improbable par exemple que l'ambassade vous fournisse un billet d'avion gratuit si vous devez écourter votre séjour : vous êtes censé faire jouer votre assurance. Si l'on vous vole vos papiers et votre argent, elle vous procurera un nouveau passeport, mais ne vous attendez pas à ce qu'elle vous octroie un prêt vous permettant de poursuivre votre voyage.

Ambassades et consulats espagnols

Voici une sélection d'ambassades et de consulats espagnols à l'étranger :

Belgique (☎ 02-230 03 40) 19, rue de la Science, 1040 Bruxelles
Canada (☎ 613-747-2252, spain@DocuWeb.ca) 74 Stanley Avenue, Ottawa, Ontario KIM 1P4
  Consulat à Toronto (☎ 416-977-1661)
  Consulat à Montréal (☎ 514-935-5235)
France (☎ 01 44 43 18 00, ambespfr@mail.mae.es) 22, avenue Marceau, 75008 Paris cedex 08
  Consulat (☎ 01 44 29 40 00, cg-esp-p@club-internet.fr) 165, bd Malesherbes, 75017 Paris
Portugal (☎ 02-347 2381, embesppt@mail.mae.es) Rua do Salitre 1, 1250 Lisbonne
Maroc (☎ 212-7-26 80 00) 3 Zankat Madnine, Rabat BP 1354
  Consulat à Rabat (☎ 70 41 47 ou 70 41 48)
Suisse (☎ 031-352 04 12) 24 Kalcheggwed, 3000 Berne 16
  Consulat à Genève (☎ 22-734 46 04)

Ambassades et consulats étrangers en Espagne

Toutes les ambassades sont regroupées à Madrid, mais de nombreux pays disposent également d'un consulat en Andalousie. Sevilla en compte près de 40, mais Málaga, Almería et Cádiz en hébergent également :

Canada
  Ambassade : (☎ 91 432 32 50) Calle de Núñez de Balboa 35, Madrid
  Consulat : (☎ 95 222 33 46) Edificio Horizonte, Calle Cervantes, Málaga
France
  Ambassade : (☎ 91 310 11 12) Calle del Marqués de la Ensenada 10, Madrid
  Consulat : (☎ 95 422 28 96) Plaza de Santa Cruz 1, Sevilla

cours de conversion de l'euro 1 000 ptas = 6,01 €

Consulat : (☎ 95 222 65 90) Calle Duquesa de Parcent 8, Málaga
Maroc
Ambassade : (☎ 91 563 79 28) Calle de Serrano 179, Madrid
Consulat : (☎ 91 561 21 45) Calle de Leizaran 31, Madrid
Portugal
Ambassade : (☎ 91 561 47 23) Calle de Castelló 128, Madrid
Consulat : (☎ 91 577 35 38) Calle Lagasca 88, Madrid
Consulat : (☎ 95 423 11 50) Avenida del Cid s/n, Sevilla
N.B. : Les voyageurs qui veulent se rendre au Portugal et qui ont besoin d'un visa doivent présenter au consulat de Sevilla leur passeport ainsi que la preuve de l'existence de ressources suffisantes (de préférence une carte de crédit). La procédure peut prendre plusieurs jours. Le consulat est ouvert du lundi au vendredi de 9h30 à 13h30.

Les bureaux cités vous indiqueront s'il existe un consulat plus près de l'endroit où vous vous trouvez. En général, les offices du tourisme peuvent également vous renseigner.

DOUANE

Les voyageurs arrivant en Espagne et venant de pays n'appartenant pas à l'Union européenne ont le droit d'importer en duty-free 2 litres de vin, 1 litre d'alcool ou 2 litres de vin cuit, de vin mousseux ou d'autres liqueurs, 60 ml de parfum et 200 cigarettes ou 50 cigares ou 250g de tabac. Les achats dans les magasins hors taxes destinés aux personnes voyageant à l'intérieur de l'Union européenne ont été interdits en 1999. D'un pays à l'autre de l'Union européenne, vous avez le droit d'importer, en payant les taxes, 90 litres de vin, 10 litres d'alcool, 110 litres de bière et 800 cigarettes.

QUESTIONS D'ARGENT

Vous pouvez très bien vous débrouiller avec une seule carte de crédit ou de paiement vous permettant de retirer de l'argent dans les distributeurs automatiques, mais il n'est pas inutile, si vous en disposez, de prendre deux cartes ainsi que des chèques de voyage. Vous aurez ainsi une solution de rechange si l'une des cartes est indisponible en cas de perte par exemple.

Monnaie nationale

La monnaie nationale, utilisée pour les transactions courantes jusqu'au début de 2002, est la peseta (pta). Elle comporte des pièces de 1, 5, 10, 25, 50, 100, 200 et 500 ptas, et des billets de 1 000, 2 000, 5 000 et 10 000 ptas. La pièce de 5 ptas est plus connue sous le nom de *duro* et il est fréquent de compter les petites sommes en duros : *dos duros* pour 10 ptas, *cinco duros* pour 25 ptas ou encore *veinte duros* pour 100 ptas.

L'euro (€), la nouvelle monnaie commune à 11 pays européens (Allemagne, Autriche, Belgique, Espagne, Finlande, France, Irlande, Italie, Luxembourg, Pays-Bas et Portugal), est en vigueur depuis 1999 pour certaines transactions, en particulier les transferts entre banques. On l'utilisera pour toutes les transactions au début de 2002. L'échéance approchant, les prix et les factures sont maintenant souvent établis dans les deux devises, afin que les usagers s'habituent.

Les pièces et les billets euro seront mis en circulation le 1er janvier 2002. Une période de transition de deux mois suivra, pendant laquelle l'euro et la peseta seront utilisés conjointement et les pesetas pourront être changées contre des euros sans frais dans les banques. Après le 28 février 2002, l'euro sera la seule monnaie légale en Espagne et dans les 10 autres pays de la "zone euro".

L'euro est divisé en 100 centimes (*céntimos*, en Espagne). Il y aura des pièces de 1, 2, 5, 10, 20 et 50 centimes, et de 1 et 2 €, ainsi que des billets de 5, 10, 20, 50, 100, 200 et 500 €. Dans les 11 pays de la zone euro, les pièces seront identiques sur la face indiquant la valeur, l'autre face étant différente selon le pays. Tous les billets seront identiques sur les deux côtés (le billet de 500 € représente deux des ponts franchissant le Guadalquivir à Sevilla). Toutes les pièces et tous les billets euro auront cours dans l'ensemble de la zone euro.

Il est rare de croiser des gens pressés en Andalousie. Le temps s'écoule tranquillement. Les visiteurs tout comme les habitants prennent le temps de deviser et de goûter la douceur de vivre

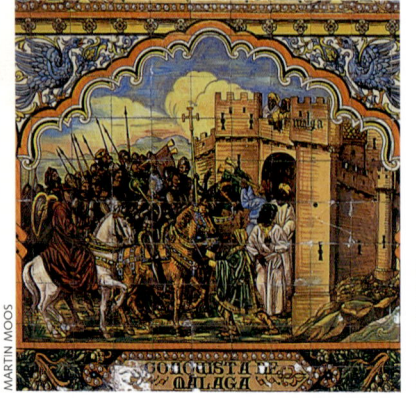

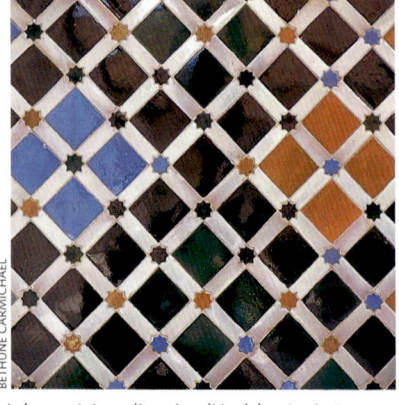

Au premier plan dans l'histoire de l'Espagne pendant des centaines d'années, l'Andalousie s'est imprégnée de l'héritage culturel de ses occupants. Les mosaïques sophistiquées et les somptueuses images pieuses qui ornent palais et maisons particulières illustrent ce passé tumultueux

Taux de change

Les valeurs des devises des pays de la zone euro par rapport à l'euro (et donc les unes par rapport aux autres) ont été fixées en 1999. Les taux de change entre les devises de la zone euro et celles hors zone euro, ainsi que ceux entre ces dernières et l'euro sont variables.

devise	unité	pesetas	euros
Belgique	10 FB	= 41,2 ptas	0,25 €
Canada	1 C$	= 127 ptas	0,77 €
euro	1 €	= 166 ptas	–
France	10 FF	= 254 ptas	1,52 €
Maroc	10 Dr	= 178 ptas	1,07 €
Portugal	100 $	= 83 ptas	0,50 €
Suisse	10 FS	= 1,1 ptas	6,50 €

Change

Il est possible de changer des espèces ou des chèques de voyage dans pratiquement n'importe quelle banque ou bureau de change. Les détenteurs de cartes bancaires peuvent retirer de l'argent dans les nombreux établissements pourvus de distributeurs automatiques. Si vous venez du Maroc, écoulez vos dirhams avant de quitter le pays. En Espagne, les aéroports internationaux disposent généralement de banques et de bureaux de change, et vous trouverez au moins l'une ou l'autre à proximité des ports maritimes et des postes-frontières routiers.

Le taux pratiqué par les banques est souvent plus avantageux. Il en existe de nombreuses dans les villes, et même dans certains petits villages. Elles sont ouvertes du lundi au vendredi de 8h30 à 14h et le samedi de 9h à 13h.

Les bureaux de change – signalés par le mot *cambio* (change) – sont principalement installés dans les stations balnéaires et les sites touristiques. Ils restent souvent ouverts plus longtemps que les banques, le service y est plus rapide, mais les taux de change sont nettement moins favorables.

Où que vous changiez de l'argent, renseignez-vous d'abord sur les commissions et assurez-vous que les taux affichés sont bien ceux du jour (ils peuvent dater de la veille, voire de la semaine écoulée).

Chèques de voyage. Les chèques de voyage constituent une bonne protection en cas de perte ou de vol. En Espagne, ils peuvent être encaissés facilement dans de nombreuses banques ou bureaux de change et bénéficient généralement d'un meilleur taux de change que les espèces. Vous ne pouvez généralement pas les utiliser pour régler vos achats. Ceux émis par American Express et Thomas Cook sont acceptés un peu partout et remplacés rapidement en cas de problème. Pour savoir où changer des chèques de voyage American Express, vous pouvez appeler le ☎ 900 99 44 26 de n'importe où en Espagne.

Peu importe que vos chèques soient libellés en pesetas (en euros à partir de 2002) ou dans la monnaie du pays où vous les avez achetés : la plupart des casas de cambio espagnoles changent les devises les plus répandues. Faites établir vos chèques en montants assez importants (l'équivalent de 10 000 ptas, 100 € ou plus), de manière à économiser sur les commissions perçues à l'encaissement sur chaque chèque.

Pensez à conserver le reçu et la liste des numéros de vos chèques séparément de vos chèques de voyage. De plus, n'oubliez pas de vous munir de votre passeport pour aller les changer.

Cartes de crédit et distributeurs. Les cartes de crédit (type Visa) sont plutôt plus utiles que les cartes de retrait simple (type Maestro ou Cirrus), car elles peuvent être utilisées pour prendre de l'argent au guichet et dans les distributeurs automatiques ou pour régler directement les achats. Le montant quotidien de retrait autorisé peut également être plus important avec ce type de carte.

Le taux de change est généralement plus avantageux si vous utilisez votre carte de crédit que si vous changez des espèces.

Les cartes de crédit permettent de régler de nombreux achats (y compris le restaurant et l'hôtel, notamment en catégories moyenne ou supérieure, et les trajets longue distance en train), de même que de retirer des pesetas en espèces dans les banques ou les distributeurs automatiques. Visa, MasterCard, EuroCard, Eurocheque, American

cours de conversion de l'euro 1 000 ptas = 6,01 €

Express, Cirrus, Maestro, Plus, Diners Club et JCB figurent parmi les cartes les plus largement répandues.

Certaines cartes de retrait, comme celles des réseaux Cirrus et Maestro, permettent de retirer de l'argent sur son compte bancaire personnel depuis l'Espagne sans entraîner de frais supplémentaires. Avant votre départ, renseignez-vous auprès de l'organisme émetteur de votre carte afin de savoir si celle-ci est largement utilisée, de connaître les démarches à effectuer en cas de perte, les taux de change et les commissions, ainsi que le montant maximum de vos retraits et de vos dépenses, et enfin si votre code (ou PIN, *personal identification number*) sera accepté – certains distributeurs n'acceptent pas les codes de plus de 4 chiffres.

Les cartes American Express comptent parmi les plus faciles à remplacer – à tout moment vous pouvez appeler le ☎ 902 37 56 37 ou le ☎ 91 572 03 03 (à Madrid). En cas de perte, faites opposition le plus vite possible. Appelez les numéros suivants : ☎ 900 97 44 45 (Visa), ☎ 900 97 12 31 (MasterCard ou EuroCard), ☎ 91 547 40 00 (Diners Club).

Transferts internationaux. Pour procéder à un transfert d'argent d'un pays à un autre, il est nécessaire d'avoir quelqu'un sur place qui puisse vous l'envoyer, par l'intermédiaire d'une banque ou d'un organisme de transferts internationaux comme Western Union (www.westernunion.com) ou MoneyGram (www.moneygram.com), et une banque en Espagne (ou un bureau de transfert) pour le recevoir. Si vous disposez d'argent sur votre compte, vous pouvez donner des instructions vous-même à votre banque.

Pour toute information sur les services de la Western Union en Andalousie, appelez le ☎ 900 63 36 33.

Si vous voulez effectuer un transfert par l'intermédiaire d'une banque, demandez à votre banque de domiciliation de vous recommander une banque en Andalousie ou renseignez-vous dans une banque andalouse sur la marche à suivre. L'expéditeur aura besoin de connaître précisément tous les détails concernant l'établissement bancaire espagnol – ses nom et adresse, la ville, ainsi que tous les numéros d'identification ou de code indispensables.

Un mandat télégraphique de banque à banque revient généralement à 3 000 ou 4 000 ptas et prend environ une semaine. Les transferts effectués par Western Union sont souvent plus rapides mais coûtent légèrement plus cher. Il est possible également de se faire envoyer de l'argent par American Express.

Sécurité

Ne gardez qu'un minimum d'espèces sur vous et préférez les moyens de paiement plus facilement remplaçables, comme les chèques de voyage ou les cartes de crédit. Si l'établissement qui vous héberge dispose d'un coffre-fort, utilisez-le. Si vous devez laisser de l'argent dans votre chambre, cachez-le en prenant soin de le répartir dans différents endroits.

Dans la rue – restez prudent en ville et dans les lieux touristiques –, le plus sûr est de ranger son argent dans un portefeuille-holster ou dans une ceinture porte-monnaie dissimulée sous un vêtement, de façon à ne pas pouvoir être arrachée d'un rapide coup de couteau. Prenez garde aux gens qui vous frôlent ou semblent se rapprocher de manière injustifiée.

Coût de la vie

Des dépenses extrêmement frugales, vous arriverez à vous permettront de vous débrouiller avec 3 000 ptas par jour, à condition naturellement de choisir la formule d'hébergement la moins coûteuse, d'éviter les restaurants, de fréquenter modérément les musées ou les bars. Une étape à Sevilla, par exemple, risque de faire un trou dans votre budget.

Pour être plus à l'aise, il vous faudra débourser 6 000 ptas par jour : de 1 500 à 2 000 ptas pour l'hébergement, 300 ptas pour le petit déjeuner (un café et une viennoiserie), de 1 000 à 1 500 ptas pour le déjeuner ou le dîner, de 600 à 800 ptas pour un autre repas plus léger, 250 ptas pour les transports publics (deux trajets en métro ou en bus), de 500 à 1 000 ptas pour un musée ou un site touristique, l'argent restant vous permettant de vous offrir un ou deux verres et un déplacement interurbain.

Si vous disposez de 20 000 à 25 000 ptas par jour, vous pourrez descendre dans d'excellents hôtels, louer une voiture et goûter aux meilleures spécialités andalouses.

Comment faire des économies. Voyager à deux revient moins cher (par personne) si l'on partage une chambre. Vous ferez en outre des économies en évitant les saisons les plus touristiques, lorsque le prix des chambres grimpe en flèche. Bien qu'elle varie d'un endroit à l'autre, selon les festivités locales et le climat, la haute saison s'étend approximativement de juillet à la mi-septembre.

Posséder une carte jeune ou d'étudiant, ou un document prouvant que vous avez plus de 60 ans, permet de bénéficier de tarifs réduits dans les transports ainsi que dans les musées et les sites touristiques. (voyez la rubrique *Visas et formalités complémentaires* plus haut dans ce chapitre). Quelques musées et sites touristiques consentent des réductions aux détenteurs de passeports de l'Union européenne.

Pourboires et marchandage

Selon la loi, le service doit être inclus dans les prix figurant sur la carte des restaurants, le pourboire étant laissé à l'appréciation du client – la plupart des gens laissent quelques pièces lorsqu'ils sont satisfaits ; 5% suffisent habituellement. Les portiers d'hôtel sont en général contents avec 200 ptas, mais ils ne vous feront pas la grimace s'ils ne reçoivent que 100 ptas.

Les seuls endroits où il est possible de marchander en Espagne sont les marchés – bien que le prix soit fixe pour la plupart des articles – et, de temps en temps, les hôtels modestes, surtout si vous prévoyez de rester plusieurs jours.

Taxes et remboursement

En Espagne, la TVA est connue sous le nom d'IVA (Prononcez "iba", *impuesto sobre el valor añadido*). Elle s'élève à 7% dans les hôtels et les restaurants et elle est généralement comprise dans les prix affichés. Sur les articles de détail et la location de voiture, l'IVA se monte à 16%. Pour vous assurer qu'un prix inclut l'IVA, vous pouvez demander : "*¿Está incluido el IVA?*"

Les visiteurs ont droit à un remboursement des 16% de l'IVA sur leurs achats d'un montant supérieur à 15 000 ptas effectués dans n'importe quel magasin, à condition de quitter l'Union européenne dans un délai de 3 mois. Demandez une facture indiquant le prix ainsi que l'IVA perçu sur chaque article, et sur laquelle figure l'identité du vendeur et de l'acheteur. Au moment de sortir du territoire espagnol, présentez-vous au bureau des douanes avec cette facture, que l'officier tamponnera et que vous remettrez ensuite à une banque de l'aéroport ou du port pour être remboursé.

POSTE ET COMMUNICATIONS
Tarifs postaux

D'après les tarifs 2000, une carte postale ou une lettre pesant jusqu'à 20 grammes envoyée d'Espagne vers un autre pays européen revient à 70 ptas, à 115 ptas vers l'Amérique du Nord et à 185 ptas vers l'Australie ou l'Asie. Un aérogramme coûte 85 ptas, quelle que soit sa destination.

Pour expédier un *certificado* (recommandé) à l'étranger, il faut ajouter 175 ptas. Pour le service *urgente*, ce qui signifie que votre lettre arrive deux ou trois jours plus vite, comptez un supplément de 270 ptas.

Envoyer du courrier

Des timbres sont vendus dans la plupart des *estancos* (bureaux de tabac signalés par une enseigne annonçant "Tabacos" en lettres jaunes sur fond marron), ainsi que dans tous les bureaux de poste (*oficinas de correos*). En ville, les postes ouvrent généralement du lundi au vendredi de 8h30 à 20h30 environ et le samedi de 9h à 13h30. Dans les villages, les bureaux restent ouverts moins longtemps. Les horaires d'ouverture des estancos sont les mêmes que ceux de la plupart des magasins.

Vous pouvez poster votre courrier dans les boîtes aux lettres jaunes (*buzones*) installées dans les rues, sans aucun risque, ou dans les bureaux de poste. Les délais de livraison sont parfois fantaisistes mais le courrier ordinaire à destination des pays européens arrive en moyenne en une semaine. Pour l'Amérique, il faut compter une dizaine de jours, et deux semaines pour l'Australie ou l'Asie.

Recevoir du courrier

Les délais de réception sont similaires à ceux des envois vers l'étranger (voyez ci-dessus). Vous pouvez vous faire adresser du courrier en poste restante (en espagnol, *lista de correos*) pratiquement dans toutes les villes d'Espagne disposant d'un bureau de poste. Il arrivera à la poste principale, à moins que l'adresse n'indique un autre bureau. Pensez à prendre votre passeport pour retirer votre courrier.

Les possesseurs de cartes ou de chèques de voyage American Express peuvent utiliser le service gratuit des bureaux American Express espagnols pour faire garder leur courrier. La liste de ces bureaux s'obtient auprès de cette compagnie. Pensez à vous munir de votre passeport pour retirer votre courrier.

Téléphone

L'Andalousie est très bien équipée en cabines téléphoniques. Elles sont bleues, et faciles à utiliser pour des appels nationaux et internationaux. Elles acceptent des pièces et/ou des cartes de téléphone espagnoles (*tarjetas telefónicas*). Ces cartes coûtent 1 000 ou 2 000 ptas et, comme les timbres, elles sont en vente dans les postes et les estancos.

Appeler des téléphones publics installés dans les bars ou les cafés – ils sont généralement de couleuer verte – coûte en principe un peu plus cher que des cabines installées dans la rue. Les appels depuis les chambres d'hôtels peuvent être nettement plus onéreux. Les établissements fixant eux-mêmes le prix des communications, renseignez-vous sur les tarifs auparavant.

Tarifs téléphoniques. Les appels effectués à partir d'une cabine téléphonique à pièces ou à carte reviennent environ 35% plus cher que sur une ligne privée. Depuis une cabine, une communication de 3 minutes dans la même localité coûte environ 25 ptas, 65 ptas dans une autre ville de la même province, 110 ptas dans une autre province espagnole, 230 ptas dans les autres pays de l'Union européenne et 280 ptas en Amérique du Nord. Sur la même base de 3 minutes, les appels vers les numéros commençant par l'indicatif 901 reviennent à 35 ptas, ceux vers les numéros débutant par le 902 à 75 ptas, ceux vers les téléphones portables espagnols (numéros commençant par un 6) à 230 ptas. A l'exception de celles effectuées vers les téléphones mobiles, toutes ces communications sont moins chères de 20h à 8h (de 18h à 8h pour les appels locaux) en semaine, et le samedi et le dimanche toute la journée. Le prix des appels vers les téléphones portables diminue entre 22h et 8h en semaine, de 14h à minuit le samedi et toute la journée le dimanche. Comptez environ 50% de réduction pour les appels dans la province, entre provinces, ou vers les téléphones portables, et 10% pour les appels locaux et internationaux. Les communications vers les numéros commençant par le 900 sont gratuites.

L'utilisation d'une carte de réduction peut faire baisser de manière significative le coût des appels, en particulier si vous téléphonez à l'étranger. Il en existe plusieurs, qui ne sont en général pas des cartes de téléphone classiques, mais fonctionnent avec

Code postal

Toutes les adresses espagnoles comportent un code à 5 chiffres. Votre courrier arrivera un peu plus vite si vous l'utilisez. Les villes et les villages ont un seul code postal (par exemple 29400 pour Ronda) mais les grandes villes en comptent plusieurs. Pour celles-ci (les 8 capitales de province, ainsi qu'Algeciras et Jerez de la Frontera), les codes postaux indiqués dans ce guide doivent être utilisés pour la poste restante (lista de correos) au bureau de poste principal.

Renseignements pratiques – Poste et communications

des numéros d'accès spéciaux (voir la rubrique *Cartes téléphoniques* pour plus d'informations).

Appels nationaux. L'Espagne n'a pas d'indicatif régional. Tous les numéros comportent 9 chiffres, qu'il suffit de composer directement quel que soit l'endroit d'où vous appelez dans le pays.

Pour obtenir une ambulance, faites le ☎ 061. Il faut composer le ☎ 1009 pour joindre un opérateur national, de même que pour effectuer un appel national en PCV (*una llamada por cobro revertido*). Pour tout renseignement téléphonique, composez le ☎ 1003, un appel coûtant environ 60 ptas. Vous pouvez également consulter les pages jaunes en ligne (www.paginasamarillas.es).

Appels internationaux. Le code d'accès à l'international depuis l'Espagne est le ☎ 00. Composez ce code, attendez la tonalité, puis composez le code du pays, suivi du code régional et du numéro de votre correspondant. Effectuer un appel international en PCV est très simple : il suffit de composer le ☎ 900 99 00, suivi du code du pays que vous désirez appeler (ces codes sont en général affichés dans les cabines téléphoniques). Vous serez mis directement en relation avec un opérateur dans le pays de votre choix. Si, pour une raison ou une autre, cela ne fonctionnait pas, vous pourrez joindre un opérateur international espagnol parlant anglais ou français en composant le ☎ 1008.

Téléphones portables. L'utilisation du téléphone portable (*teléfono móvil*) a connu un essor fulgurant en Espagne. Le pays utilise le système GSM 900/1800, qui est compatible avec le reste de l'Europe, mais pas avec le GSM 1900 utilisé en Amérique du Nord. Certains téléphones GSM 1900/900 peuvent toutefois fonctionner en Espagne. Si vous souhaitez utiliser votre téléphone portable, vérifiez auprès de votre opérateur si l'Andalousie fait partie de la couverture du réseau, et prenez garde aux appels acheminés à l'international (qui reviennent très cher lorsqu'il s'agit d'une communication locale).

Des boutiques de téléphones portables sont installées dans toutes les villes andalouses de grande ou de moyenne importance. Présent partout, ou presque, MoviStar vend des portables à environ 10 000 ptas, avec un forfait de communications inclus de 4 000 ptas. Certaines boutiques offrent pratiquement l'appareil lui-même – vous ne payez que le temps de communication dont il est crédité à l'achat (entre 5 000 et 10 000 ptas).

Appeler l'Andalousie depuis l'étranger. Composez le code pour l'Espagne (☎ 34), suivi du numéro à 9 chiffres de votre correspondant.

Cartes téléphoniques. Une grande variété de cartes téléphoniques nationales et internationales sont vendues dans les lieux touristiques tels que Sevilla ou Granada. La plupart ne sont pas conçues pour être insérées dans un appareil. Elles sont utilisables grâce à un numéro d'accès spécifique que vous devez composer afin d'effectuer votre appel. Si vous envisagez d'en acheter une, étudiez attentivement les tarifs (y compris les taxes à payer, comme l'IVA) et renseignez-vous bien sur les endroits d'où vous pourrez l'utiliser.

Spécialement conçue pour les voyageurs indépendants, la carte eKno de Lonely Planet propose des communications internationales bon marché, différents services de messagerie, un e-mail gratuit et des informations sur les voyages. Pour les appels locaux, une carte espagnole sera en principe plus avantageuse. On peut souscrire depuis l'Espagne par téléphone au ☎ 900 93 19 51 ou au ☎ 900 97 15 37 ou en ligne sur le site Internet www.ekno.lonelyplanet.com. Sur celui-ci, vous pourrez aussi obtenir les numéros d'accès à partir d'autres pays, profiter des nouvelles offres et des mises à jour des numéros d'accès locaux à bas prix.

Fax

La plupart des bureaux de poste disposent d'un service de fax. Envoyer une page en Espagne coûte environ 350 ptas, en Europe 1 115 ptas et dans les autres pays de 2 100 à 2 500 ptas. Néanmoins, les tarifs sont sou-

cours de conversion de l'euro 1 000 ptas = 6,01 €

vent inférieurs dans les boutiques ou officines affichant l'enseigne "Fax Público".

E-mail et accès Internet

Les cybercafés et les autres points d'accès publics constituent un moyen facile de se connecter à Internet au cours d'un voyage. Vous en trouverez dans de nombreuses villes d'Andalousie, en particulier celles accueillant une population universitaire. Reportez-vous aux rubriques de ce guide consacrées aux villes. Visitez aussi le site www.netcafeguide.com (l'heure de connexion coûte entre 200 et 600 ptas). Le plus simple est d'utiliser un e-mail domicilié sur le Web, auquel vous pouvez avoir accès partout dans le monde à partir d'un ordinateur connecté à Internet. Avant votre départ, vous pouvez vous créer une adresse gratuite auprès d'un portail. Il vous suffira de vous connecter sur ce site, depuis un cybercafé par exemple, pour envoyer ou recevoir vos e-mails.

Voyager avec un ordinateur portable permet aussi de rester en contact avec le reste du monde, mais cette option n'est pas exempte de problèmes potentiels. Si vous avez l'intention d'emporter avec vous votre note-book ou votre ordinateur de poche, n'oubliez pas que le voltage en Espagne peut être différent de celui de votre pays, au risque d'endommager votre matériel. Investissez dans un adaptateur AC universel, qui vous permettra de brancher votre appareil où que vous soyez sans en griller les composants. Munissez-vous aussi d'un adaptateur pour prises.

Il n'est pas certain que votre carte modem fonctionne... et vous ne le saurez qu'une fois que vous aurez essayé. Le plus sûr est d'acheter un modem "global" de bonne marque avant de partir, ou une carte modem sur place si vous restez longtemps en Espagne. Les prises téléphoniques pouvant être différentes de celles de votre pays, emportez un adaptateur RJ-11 qui fonctionne avec votre modem. Sur place, vous trouverez toujours un adaptateur permettant de passer du RJ-11 aux prises locales. Pour plus de détails, visitez les sites www.teleadapt.com et www.warrior.com.

Les grands fournisseurs d'accès Internet comme AOL (www.aol.com), CompuServe (www.compuserve.com) ou AT&T Business (www.attbusiness.net) possèdent des systèmes d'accès au réseau partout en Europe, y compris à Sevilla, Málaga et dans d'autres villes espagnoles. Chargez une liste de numéros d'accès avant de partir.

INTERNET

Rechercher des informations pour le voyage, trouver des billets d'avion à prix réduits, réserver des hôtels, regarder la météo, discuter avec les habitants du pays ou d'autres voyageurs des endroits à visiter (ou à éviter !) : le Web est bien utile au voyageur.

Si vous souhaitez obtenir des informations de dernière minute, connectez-vous au site de Lonely Planet : www.lonelyplanet.fr. Des rubriques complètent utilement votre information : mises à jour de certains guides entre deux éditions papier, catalogue des guides, courrier des voyageurs, actualités en bref et fiches pays. Profitez aussi des forums pour poser des questions ou partager vos expériences avec d'autres voyageurs. Vous pouvez consulter également le site de Lonely Planet en anglais (www.lonelyplanet.com), la rubrique *subWWWay* vous reliera aux autres sites utiles concernant les voyages.

Voici quelques-uns des meilleurs sites généralistes sur l'Andalousie. Des sites plus spécifiques sont recommandés dans les différentes rubriques de cet ouvrage.

All About Spain
Ce site contient, entre autres, des rubriques sur les villes, la corrida, le flamenco, les fiestas, la cuisine, la vie nocturne.
www.red2000.com/spain

Andalucía There's Only One
Le site officiel du tourisme de la Junta de Andalucía est accessible en 4 langues, dont le français et l'anglais. Il comporte un calendrier des événements à venir, un atlas touristique avec des photos, des plans et des informations détaillées sur toutes les villes et tous les villages, un service de réservation en ligne pour l'hébergement, les sorties et la location d'une voiture.
www.andalucia.org

Renseignements pratiques – Livres

Turespaña
Le site de l'organisme de promotion du tourisme espagnol à l'étranger propose des liens vers les sites des offices du tourisme espagnols dans le monde, des tarifs hôteliers et une multitude d'informations pratiques.
www.tourspain.es

LIBRAIRIES
Librairies spécialisées
En France
Librairie espagnole, 72, rue de Seine, 75006 Paris (☎ 01 43 54 56 26)
Ediciones Hispano-Americanas, 26, rue Monsieur-le-Prince, 75006 Paris (☎ 01 43 26 03 79)

En Belgique
Punta y Coma, Rue Stevin 117, 1000 Bruxelles (☎ 2-230 10 29)

En Suisse
Albatros, 5, rue Théodore-Lissignol, 1201 Genève (☎ 22-27 31 75 43)

Librairies de voyage
En France, vous trouverez également un vaste choix de cartes et de documentation dans les librairies suivantes :

Ulysse, 26, rue Saint-Louis-en-l'Île, 75004 Paris, ☎ 01 43 25 17 35 (fonds de cartes exceptionnels)
L'Astrolabe, 46, rue de Provence, 75009 Paris, ☎ 01 42 85 42 95
Au vieux Campeur, 2, rue de Latran, 75005 Paris, ☎ 01 43 29 12 32
Itinéraires, 60, rue Saint-Honoré, 75001 Paris, ☎ 01 42 36 12 63, Minitel 3615 Itinéraires, http://www.itineraires.com
Planète Havas Librairie, 26, avenue de l'Opéra, 75001 Paris, ☎ 01 53 29 40 00
Voyageurs du monde, 55, rue Sainte-Anne, 75002 Paris, ☎ 01 42 86 17 38
Ariane, 20, rue du Capitaine A. Dreyfus, 35000 Rennes, ☎ 02 99 79 68 47
Géorama, 22, rue du Fossé des Tanneurs, 67000 Strasbourg, ☎ 03 88 75 01 95
Géothèque, 10, place du Pilori, 44000 Nantes, ☎ 02 40 47 40 68
Géothèque, 6, rue Michelet, 37000 Tours, ☎ 02 47 05 23 56
Hémisphères, 15, rue des Croisiers, BP 99, 14000 Caen, ☎ 02 31 86 67 26
L'Atlantide, 56, rue Saint-Dizier, 54000 Nancy, ☎ 03 83 37 52 36
Les Cinq Continents, 20, rue Jacques-Cœur, 34000 Montpellier, ☎ 04 67 66 46 70
Magellan, 3, rue d'Italie, 06000 Nice, ☎ 04 93 82 31 81
Ombres Blanches, 48, rue Gambetta, 31000 Toulouse, ☎ 05 34 45 53 38

Au Canada
Ulysse, 4176 rue Saint-Denis, Montréal (☎ 514-843 9882)
Tourisme Jeunesse, 4008, rue Saint-Denis, Montréal (☎ 514-844 0287)
Ulysse, 4, bd René Lévesque Est, Québec G1R2B1 (☎ 418-654 9779)
Librairie Pantoute, 1100, rue Saint-Jean Est, Québec (☎ 418-694 9748)

En Belgique
Peuples et Continents, rue Ravenstein 11, 1000 Bruxelles (☎ 2-511 27 75)
Anticyclone des Açores, rue des fossés aux loups 34B, 1000 Bruxelles (☎ 2-217 52 46)

En Suisse
Artou, rue de Rive, 1204 Genève (☎ 22 818 02 40)
Artou, 18, rue de la Madeleine, 1003 Lausanne (☎ 21 323 65 56)

LIVRES
L'Andalousie fascine les écrivains étrangers depuis deux siècles. Il existe une abondante littérature sur la région dans de nombreuses langues. Si vous souhaitez lire ou emporter des ouvrages de littérature ou des documents, faites vos provisions avant de partir, car les livres en français, ou en langue étrangère, disponibles sur place sont assez rares.

La plupart des livres sont publiés dans des éditions différentes par des éditeurs différents dans des pays différents. C'est pourquoi un livre peut être un ouvrage relié rare dans un pays, alors qu'il sera disponible en édition de poche dans un autre. Les libraires et les bibliothécaires font des recherches par titre ou par auteur et sauront vous renseigner sur la disponibilité des ouvrages que nous recommandons ci-dessus.

Lonely Planet
Les voyageurs ayant l'intention de faire des randonnées trouveront des descriptions d'itinéraires dans certaines régions d'Andalousie, ainsi que des informations pratiques, dans le *Walking in Spain* (en anglais seulement). Si

cours de conversion de l'euro 1 000 ptas = 6,01 €

vous prévoyez d'aller plus loin qu'en Andalousie, les guides *Spain*, *Madrid*, *Canary Islands* et *Barcelona* vous renseigneront utilement. Le guide *Spain* couvre l'ensemble du pays ainsi que les îles Baléares. Véritable voyage dans l'âme culinaire espagnole, *World Food Spain*, de Richard Sterling, explore les tapas, les *postres*, le *menú del día* et la *carta de vinos*. Il comporte un dictionnaire de cuisine très complet.

Autres guides

Parmi les nombreux guides publiés en espagnol sur différentes parties et aspects de l'Andalousie et de l'Espagne, ceux édités par El País/Aguilar sont remarquables par leur concision, le traitement honnête et vivant des informations et leur format pratique. Il en existe d'autres tels que les excellents *Pequeños Hoteles con Encanto* (petits hôtels de charme) et *Pueblos con Encanto de Andalucía* (villages de charme d'Andalousie). Voyez également *Randonnée* à la rubrique *Activités sportives* dans ce chapitre.

Récits

Les classiques du XIXe siècle. Des écrivains romantiques français de la première moitié du XIXe siècle sont à l'origine d'un véritable engouement pour l'Espagne et, en particulier pour l'Andalousie. Sur ce sujet, reportez-vous à l'encadré *L'Andalousie à travers le roman*.

Avec *Les Aventures du dernier Abencerage* (Flammarion, 1996) se déroulant à Grenade, Chateaubriand écrivit la première nouvelle "orientaliste".

Prosper Mérimée est l'auteur de *Carmen* (Gallimard, 2000) en 1845. La nouvelle raconte les amours tumultueuses d'une bohémienne et d'un brigadier-bandit à Séville.

Le *Voyage en Espagne* (Flammarion, 1998) de Théophile Gautier retrace la fascination et les impressions de ce voyageur romantique hors pair.

L'Américain Washington Irving installa sa résidence dans le palais de l'Alhambra à Granada dans les années 1820, alors que celui-ci était livré à l'abandon. Ses *Contes de l'Alhambra* (Phébus, 1998) rassemblent vingt histoires mêlant passé et présent dans une image romantique de l'Al-Andalus, qui perdure encore aujourd'hui.

La Bible en Espagne, de George Borrow (Phébus, 1989), narre les aventures truculentes d'un jeune pasteur anglais dans l'Espagne du XIXe siècle, où il partit répandre la bonne parole protestante et vendre des bibles.

XXe siècle. Laurie Lee partit de son Gloucestershire natal en 1934, à l'âge de 19 ans. Il marcha du nord de l'Espagne jusqu'en Andalousie en jouant du violon pour subsister. Lorsque la guerre civile éclata, il se trouvait dans un village qu'il appelle Castillo (probablement Almuñecar) et fut sauvé par la Royal Navy. *Un beau matin d'été* (Payot, 1994) offre un savoureux aperçu de ses aventures tout en restituant les paysages, les odeurs et l'atmosphère contrastée de la turbulente Espagne d'avant la guerre civile.

Juanito : Andalousie de boue et de sang (Payot, 1994) est l'histoire d'une rencontre entre l'auteur, Louis Chevalier, professeur au Collège de France, et un jeune homme un peu perdu, marqué par la misère, ses rêves de torero déçu et l'histoire de son pays, l'Andalousie.

Dans l'esprit des voyageurs européens humanistes, les *Désirs d'Espagne* du Hollandais Cees Nooteboom (Actes Sud, 1993) sont le récit personnel d'un voyage dans la culture et l'identité de l'Espagne profonde.

Histoire

Pour aborder l'histoire générale de l'Espagne, nous recommandons *L'Histoire des Espagnols* de Bartolomé Benassar (Robert Laffont, 1992) et *Histoire de l'Espagne* de Joseph Perez (Fayard, 1996). Dans *La cuisine andalouse, un art de vivre : XIe-XIIIe siècles* (Albin Michel, 1990), Lucie Bolens, à travers 300 recettes arabo-andalouses, dresse un portrait du peuple andalou du Moyen Age.

Al-Andalus. L'Andalousie musulmane a fait l'objet de nombreux travaux universitaires remarquables mais très spécialisés.

Sur cette période, retenons l'*Identité andalouse* (Sindbad, "Bibliothèque arabe", 1997), ouvrage au cours duquel Gabriel Martinez-Gros montre comment les Andalous ont tiré une conception originale de leur histoire fondée sur leur identité arabe.

Guerre civile. Gerald Brenan, un Anglais qui s'établit dans les années 20 à Yegen, un village isolé de Las Alpujarras au sud de Granada, évoque longuement les problèmes et la politique de la région dans *Le Labyrinthe espagnol : origines sociales et politiques de la guerre civile* (Lebovici). Il y décortique les mouvements politiques et sociaux de la première moitié du siècle.

La Guerre d'Espagne : juillet 1936-mars 1939 de Hugh Thomas (Laffont Bouquins, 1999), compte sans doute parmi les études les plus complètes sur la question, toutes langues confondues. Dense et extrêmement détaillé, cet ouvrage est cependant facile d'accès et agréable à lire.

Synthétique, l'ouvrage de Guy Hermet *La Guerre d'Espagne* (Le Seuil Points, 1989) donne une vision globale de la tragédie espagnole dans son contexte international.

Romans sur la guerre

Les livres cité ici ne concernent pas directement l'Andalousie, mais les lire ou les relire dans un contexte espagnol (avant ou pendant un voyage) leur donne une autre dimension.

Pour qui sonne le glas (LGF, 1989), récit de 1941, lyrique et poignant sur la guerre civile, dont Hemingway fit l'expérience en tant que journaliste, décrit merveilleusement l'atmosphère de cette période ainsi que tous les sentiments déclenchés par la guerre.

Autre correspondant de guerre – qui fut emprisonné par les nationalistes lorsqu'ils prirent Málaga et faillit être exécuté – Arthur Koestler s'est servi de son expérience pour écrire, en 1940, son extraordinaire roman *Le Zéro et l'Infini* (LGF, 1991).

L'Espoir d'André Malraux (Folio, 1996) est une chronique de 1937, sur la guerre vue du côté républicain et de l'expérience qu'en a tirée l'auteur : l'espoir de l'homme réside en la fraternité.

Aperçus de la vie en Andalousie

Mort dans l'après-midi (1932) est le livre de référence d'Ernest Hemingway (Gallimard Folio, 1972) sur l'univers de la corrida.

Plus informatif sur le même sujet, *La Corrida* (PUF, Que sais-je, 1995), d'Éric Baratay explique son contexte culturel et met en lumière les interrogations qu'elle a suscitées depuis le XVIIe siècle.

Le romancier Michel Del Castillo dresse une véritable biographie de sa région d'origine dans *Andalousie : Séville, Grenade, Cordoue, Ronda...* (Seuil, 1991). Chaque description porte la marque d'un passé riche et d'une identité forte.

Littérature

Parmi les écrivains mentionnés dans la rubrique *Littérature* du chapitre *Présentation de l'Andalousie*, nous vous recommandons tout particulièrement les éditions françaises de : *Platero et moi* (10-18, 2000) de Juan Ramón Jiménez, qui lui valut le prix Nobel de littérature 1956 ; *Poésies* (Gallimard, coll. "Poésie", 1973, épuisé) d'Antonio Machado ; les *Oeuvres complètes* de Federico Garcia Lorca sont publiées dans la collection "La Pléiade" (1990) chez Gallimard, ses poésies et son théâtre sont également disponibles en collection de poche chez le même éditeur.

Culture et arts

Bernard Leblon est l'auteur d'un excellent *Flamenco* (Actes Sud "Musique du monde", 1995). Cet ouvrage, accompagné d'un disque, présente l'histoire du flamenco et ses trois visages : le chant, la guitare et la danse. Hélas, il était épuisé lors de la mise sous presse de ce guide.

Figure emblématique de Grenade et symbole des victimes de la guerre civile, le poète et dramaturge Federico García Lorca est le sujet d'une remarquable biographie *Federico García Lorca, une vie* signée de Ian Gibson (Seghers, 1990).

Faune et flore

Comme toujours dans ces domaines, les livres en anglais sont d'excellentes références.

cours de conversion de l'euro 1 000 ptas = 6,01 €

Le *Wildlife Travelling Companion Spain* de John Measures répertorie 150 des meilleurs sites du pays pour observer la faune et la flore – dont de nombreux en Andalousie – et donne des détails sur la manière de s'y rendre ainsi que sur ce qu'on peut espérer y voir. Il contient également un guide élémentaire sur les animaux et les plantes les plus répandus. Les passionnés d'ornithologie apprécieront le *Where to Watch Birds in Southern Spain* d'Ernest Garcia et Andrew Paterson, mais auront aussi besoin d'un guide de terrain comme le *Collins Field Guide to the Birds of Britain and Europe*, de Roger Peterson, Guy Mountfort et P.A.D. Hollom, ou le *Collins Pocket Guide Birds of Britain and Europe*, de H. Heinzel, R.S.R. Fitter et J. Parslow.

Les botanistes auront le choix entre *Flowers of South-West Europe*, *A Field Guide* d'Oleg Polunin et B.E. Smythies et *Wild Flowers of Southern Spain* de Betty Molesworth Allen.

JOURNAUX ET MAGAZINES
Presse espagnole

La presse espagnole est extrêmement florissante. Parmi les principaux quotidiens nationaux, le libéral *El País* est un journal à la rigueur et au sérieux incontestables. En Andalousie, toutes les villes importantes possèdent leurs propres quotidiens, souvent fort utiles pour savoir ce qui se passe et obtenir des informations sur les moyens de transport. *El Correo*, de Sevilla, *Ideal*, de Granada et *Sur*, de Málaga, figurent parmi les meilleurs journaux.

Presse étrangère

Le journal gratuit publié chaque semaine à Málaga, *Sur in English*, donne des nouvelles locales et comporte des petites annonces. Vous en trouverez des exemplaires dans les offices du tourisme, les hôtels et certaines boutiques, surtout dans la province de Málaga et l'ouest de l'Andalousie.

Les journaux et magazines des pays européens et la presse internationale arrivent dans la plupart des villes et des endroits touristiques le jour même de leur parution.

RADIO ET TÉLÉVISION
Radio

Les radios espagnoles, dont plusieurs dizaines émettent en Andalousie, sont idéales pour écouter de la musique et essayer d'améliorer son espagnol. *El País* publie un guide des fréquences locales dans sa rubrique *Cartelera*. Les stations andalouses les plus populaires sont Canal Sur Radio et les radios commerciales de musique pop et rock 40 Principales et M-80 ("M-ochenta"). Le réseau d'État Radio Nacional de España (RNE) compte 4 stations, parmi lesquelles RNE2 (musique classique) et RNE3 (ou "Radio d'Espop") qui passe de la musique pop et du rock, toutes deux diffusées en FM. Pour écouter du flamenco et d'autres musiques typiquement espagnoles, branchez-vous sur Radio E autour de 91 MHz FM.

Télévision

La plupart des postes reçoivent entre 5 et 7 chaînes – 2 chaînes de la Televisión Española gérée par l'État (TVE1 et La 2), 3 chaînes indépendantes (Antena 3, Tele 5 et Canal Plus) et 2 chaînes à vocation régionale ou locale, dont l'exclusivement andalouse Canal Sur. La plupart diffusent quasiment en continu. En dehors des informations (qui sont relativement fréquentes), les programmes proposent essentiellement des jeux, des entretiens télévisés, du sport, des feuilletons *(telenovelas)* et des films américains doublés en espagnol. Comme en France, Canal Plus est une chaîne payante et nécessite un décodeur.

La télévision par satellite ou numérique est diversifiée et certains bars, cafés et hôtels en sont équipés.

SYSTÈMES VIDÉO

Si vous souhaitez enregistrer ou acheter des cassettes vidéo pour les regarder à votre retour, sachez que la télévision espagnole et pratiquement toutes les cassettes vidéo vendues en Espagne utilisent le système PAL, commun à la plupart des pays européens. La France utilise le système SECAM, incompatible (l'Amérique du Nord et le Japon ont le système NTSC, incompatible également). Les cassettes vidéo PAL ne fonctionnent pas dans un magnétoscope qui ne possède pas ce système.

PHOTOGRAPHIE

La plupart des principales marques de film sont disponibles un peu partout. Le développement est rapide et en général bien fait. Un rouleau de film pour tirages papier (36 poses, ISO 100) coûte autour de 700 ptas et peut être développé pour environ 1 700 ptas – les tarifs baissent de façon intéressante si vous donnez 2 ou 3 films en même temps. L'équivalent en film pour diapositives revient à 800 ptas, plus 800 ptas pour le développement.

Votre appareil photo et vos films seront passés automatiquement dans les appareils de détection à rayons X des aéroports. Cela ne devrait pas les abîmer mais, si vous êtes inquiet, vous pouvez demander une inspection manuelle.

Quelques musées et galeries interdisent les photographies, ou du moins le flash, et les soldats apprécient rarement de poser devant l'objectif. La moindre des courtoisies est de demander leur permission aux personnes que vous souhaitez photographier.

Le soleil éclatant du milieu de journée a tendance à décolorer les prises de vue. Vous obtiendrez des couleurs et des contrastes plus forts en début et en fin de journée.

Édité par Lonely Planet, *Travel Photography*, du photographe de voyage de renommée internationale Richard I'Anson, fournit des conseils d'expert et est conçu pour être emporté en voyage.

HEURE LOCALE

L'heure locale dans toute l'Espagne continentale correspond à l'heure GMT plus une heure pendant l'hiver, et à GMT plus deux heures durant la période d'économie d'énergie, qui commence le dernier dimanche de mars et se termine le dernier dimanche d'octobre. La plupart des autres pays européens, dont la France, vivent à la même heure que l'Espagne tout au long de l'année. Les principales exceptions sont la Grande-Bretagne, l'Irlande et le Portugal.

L'heure espagnole correspond normalement à l'heure de la côte est des États-Unis plus six heures.

ÉLECTRICITÉ

En Espagne, le courant électrique fonctionne sous 220 V/50 Hz, comme dans le reste de l'Europe continentale, mais certains endroits sont encore en 125 V ou 110 V (c'est en principe indiqué sur les prises). Il arrive même que le voltage varie dans un même immeuble. Ne branchez aucun appareil en 220 V dans une prise en 125 V ou 110 V, à moins que celle-ci soit équipée d'un transformateur. Les appareils américains fonctionnant sur 60 Hz avec un moteur électrique (comme certaines platines à CD et à cassettes) risquent de tourner au ralenti. Les prises sont dotées de deux fiches rondes, comme dans le reste de l'Europe continentale.

POIDS ET MESURES

L'Espagne utilise le système métrique. Comme dans les autres pays d'Europe continentale, les décimales sont indiquées par des virgules et les milliers, par des points.

BLANCHISSAGE/NETTOYAGE

Les laveries automatiques en self-service sont rares. Par contre, les *lavanderías* sont assez répandues : vous pourrez y déposer un tas de linge qui sera lavé, séché et plié pour 1 000 à 1 200 ptas. Certaines auberges de jeunesse et quelques *hostales* (pensions de famille) pour petits budgets mettent des machines à laver le linge à la disposition de leurs hôtes.

TOILETTES

Les toilettes publiques ne sont pas très fréquentes en Andalousie, mais il est possible d'entrer dans de nombreux bars et cafés pour utiliser les toilettes, même sans être client. Cependant, la plupart ne disposant pas de papier toilette, prévoyez d'en avoir avec vous. Si vous voyez une poubelle à côté des toilettes, jetez le papier toilette dedans – elle est placée là parce que le système d'évacuation n'est pas adapté.

cours de conversion de l'euro 1 000 ptas = 6,01 €

SANTÉ

Vous ne risquez pas grand-chose en Andalousie, les seuls problèmes dont vous pourriez souffrir étant les coups de soleil, la déshydratation, les ampoules aux pieds et les piqûres de moustiques, ou éventuellement de petits problèmes d'estomac si vous n'êtes pas un grand consommateur d'huile d'olive.

Avant le départ

Vaccins. Planifiez vos vaccinations à l'avance (au moins six semaines avant le départ), car certaines demandent des rappels ou sont incompatibles entre elles. Même si vous avez été vacciné contre plusieurs maladies dans votre enfance, votre médecin vous recommandera peut-être des rappels contre le tétanos ou la poliomyélite, maladies qui existent toujours dans de nombreux pays en développement et peuvent franchir les frontières. Les vaccins ont des durées d'efficacité très variables ; certains sont contre-indiqués pour les femmes enceintes. Vous pouvez envisager de vous faire vacciner contre l'hépatite A, et contre l'hépatite B. Le vaccin contre l'hépatite B est désormais couramment effectué chez les nourrissons et chez les enfants de 11 ou 12 ans qui n'ont pas été vaccinés au préalable.

Pour de plus amples informations sur la santé en voyage, vous pouvez vous connecter au site Internet Lonely Planet (www.lonelyplanet.com/health/health.htm/hlinks.htm) qui est relié à l'OMS (Organisation mondiale de la santé).

Assurance médicale

Il est conseillé de souscrire à une police d'assurance qui vous couvrira en cas d'annulation de votre voyage, de vol, de perte de vos affaires, de maladie ou encore d'accident. Les assurances internationales pour étudiants sont en général d'un bon rapport qualité/prix. Lisez avec la plus grande attention les clauses en petits caractères : c'est là que se cachent les restrictions.

Vérifiez notamment que les "sports à risques", comme la plongée, la moto ou même la randonnée ne sont pas exclus de votre contrat, ou encore que le rapatriement médical d'urgence, en ambulance ou en avion, est couvert. De même, le fait d'acquérir un véhicule dans un autre pays ne signifie pas nécessairement que vous serez protégé par votre propre assurance.

Trousse médicale de voyage

Veillez à emporter avec vous une petite trousse à pharmacie contenant quelques produits indispensables. Certains ne sont délivrés que sur ordonnance médicale.

☐ des **antibiotiques**, à utiliser uniquement aux doses et périodes prescrites, même si vous avez l'impression d'être guéri avant. Chaque antibiotique soigne une affection précise : ne les utilisez pas au hasard. Cessez immédiatement le traitement en cas de réactions graves

☐ un **antidiarrhéique** et un **réhydratant**, en cas de forte diarrhée, surtout si vous voyagez avec des enfants

☐ un **antihistaminique** en cas de rhumes, allergies, piqûres d'insectes, mal des transports – évitez de boire de l'alcool

☐ un **antiseptique** ou un désinfectant pour les coupures, les égratignures superficielles et les brûlures, ainsi que des **pansements gras** pour les brûlures.

☐ de l'**aspirine** ou du paracétamol (douleurs, fièvre)

☐ une **bande Velpeau** et des **pansements** pour les petites blessures

☐ une **paire de lunettes de secours** (si vous portez des lunettes ou des lentilles de contact) et la copie de votre ordonnance

☐ un **produit contre les moustiques,** un **écran total**, une **pommade pour soigner les piqûres et les coupures** et des **comprimés pour stériliser l'eau**

☐ une **paire de ciseaux**, une **pince à épiler** et un **thermomètre à alcool**

☐ une petite **trousse de matériel stérile** comprenant une seringue, des aiguilles, du fil à suture, une lame de scalpel et des compresses

Vous pouvez contracter une assurance qui réglera directement les hôpitaux et les médecins, vous évitant ainsi d'avancer des sommes qui ne vous seront remboursées qu'à votre retour. Dans ce cas, conservez avec vous tous les documents nécessaires.

Attention ! avant de souscrire une police d'assurance, vérifiez bien que vous ne bénéficiez pas déjà d'une assistance par votre carte de crédit, votre mutuelle ou votre assurance automobile. C'est bien souvent le cas.

Les citoyens de l'Union européenne peuvent se faire soigner gratuitement en Espagne sur présentation du formulaire E111, délivré dans leur pays d'origine avant le départ. Vous devrez cependant payer au moins en partie les médicaments achetés dans les pharmacies, même s'ils ont été prescrits par un médecin (sauf si vous êtes pensionné), et régler éventuellement quelques analyses ou examens.

Néanmoins, le formulaire E111 n'est pas valable pour les consultations ou les soins privés, soit pratiquement tous les dentistes, quelques-uns des meilleurs cabinets médicaux ou cliniques, et le rapatriement en urgence. Si vous voulez éviter de débourser quoi que ce soit, il vous faudra souscrire une assurance médicale. Pour plus d'informations, reportez-vous à la rubrique *Visas et formalités complémentaires* plus haut dans ce chapitre. Munissez-vous de photocopies du formulaire E111 avant votre départ, car vous devrez en fournir si vous vous faites soigner sur place.

Eau

Pratiquement partout en Espagne, l'eau du robinet est potable dans les maisons, les hôtels et les restaurants. A Málaga, toutefois, beaucoup de gens préfèrent boire de l'eau en bouteille. Celle-ci est vendue partout, le prix oscillant entre 60 et 125 ptas le litre et demi dans les épiceries et les supermarchés.

Pour vous assurer de la qualité de l'eau, demandez : "*¿Es potable el agua?*" L'eau des fontaines publiques n'est pas toujours bonne à boire, sauf lorsqu'il est indiqué "Agua Potable". Vous verrez souvent des écriteaux stipulant *Agua No Potable* : abstenez-vous d'en boire !

L'eau qui coule dans la nature – à moins de sortir d'une source non polluée ou de provenir de la fonte de neiges ou de glaces sans avoir été en contact avec des personnes ou des animaux – ne doit pas être bue sans avoir été purifiée au préalable.

Services médicaux

En cas d'urgence ou de problème médical grave, les services espagnols de santé publique offrent des soins comparables à ceux des autres pays du monde. Toutefois, consulter un médecin pour une raison plus bénigne peut s'avérer quelque peu déplaisant – en raison notamment d'un système de rendez-vous assez obscur, de la longueur des files d'attente et du manque de disponibilité du personnel – même si vous serez soigné correctement au bout du compte. La dépense qu'implique de s'adresser à un cabinet ou à une clinique privés est souvent compensée par un gain de temps (et d'énervement). Une consultation vous reviendra en moyenne entre 3 000 et 6 000 ptas (sans les médicaments). Sachez en outre que tous les cabinets de dentistes sont privés.

Si vous avez besoin de voir un médecin rapidement, ou de recevoir des soins dentaires en urgence, le mieux est d'aller aux urgences (*urgencias*) du plus proche hôpital. De nombreuses villes disposent également d'un Centro de Salud (centre de santé) doté d'un service d'urgence. Lorsque vous aurez affaire aux services médicaux, pensez à vous munir du plus grand nombre de documents : passeport, E111, assurance (avec des photocopies du tout si possible). Les offices du tourisme, la police et, la plupart du temps, l'accueil de votre lieu d'hébergement seront à même de vous indiquer où trouver de l'aide ou comment appeler une ambulance. Vous pouvez aussi demander conseil auprès du consulat de votre pays. Pour obtenir une ambulance, appelez le ☎ 061. La plupart des grands hôpitaux et des autres services médicaux d'urgence sont mentionnés et/ou localisés sur les cartes des villes figurant dans ce guide.

Les pharmacies (*farmacias*) permettent de soulager bien des maux. Le système de pharmacies de garde (*farmacias de guar-*

cours de conversion de l'euro 1 000 ptas = 6,01 €

dia) fonctionne de manière à ce que chaque quartier dispose en permanence d'une pharmacie ouverte. Lorsqu'une pharmacie est fermée, le nom de la plus proche est indiqué sur la porte. Leur liste est souvent donnée dans la presse locale.

Affections liées à l'environnement

Coup de chaleur. Cet état grave, parfois mortel, survient quand le mécanisme de régulation thermique du corps ne fonctionne plus : la température s'élève alors de façon dangereuse. De longues périodes d'exposition à des températures élevées peuvent vous rendre vulnérable au coup de chaleur. Évitez l'alcool et les activités fatigantes lorsque vous arrivez dans un pays à climat chaud.

Symptômes : malaise général, transpiration faible ou inexistante et forte fièvre (39 à 41°C). Là où la transpiration a cessé, la peau devient rouge. La personne qui souffre d'un coup de chaleur est atteinte d'une céphalée lancinante et éprouve des difficultés à coordonner ses mouvements ; elle peut aussi donner des signes de confusion mentale ou d'agressivité. Enfin, elle délire et est en proie à des convulsions. Il faut absolument hospitaliser le malade. En attendant les secours, installez-le à l'ombre, ôtez-lui ses vêtements, couvrez-le d'un drap ou d'une serviette mouillés et éventez-le continuellement.

Coup de soleil. Sous les tropiques, dans le désert ou en altitude, les coups de soleil sont plus fréquents, même par temps couvert. Utilisez un écran solaire et pensez à couvrir les endroits qui sont habituellement protégés, les pieds par exemple. Si les chapeaux fournissent une bonne protection, n'hésitez pas à appliquer également un écran total sur le nez et les lèvres. Les lunettes de soleil s'avèrent souvent indispensables.

Froid. L'excès de froid est aussi dangereux que l'excès de chaleur, surtout lorsqu'il provoque une hypothermie. Elle peut se produire en montagne (en altitude, le froid est parfois intense dans la Sierra Nevada, même en septembre). Si vous faites une randonnée en haute altitude ou, plus simplement, un trajet de nuit en bus dans la montagne, prenez vos précautions. Dans certains pays, il faut toujours être équipé contre le froid, le vent et la pluie, même pour une promenade.

L'hypothermie a lieu lorsque le corps perd de la chaleur plus vite qu'il n'en produit et que sa température baisse. Le passage d'une sensation de grand froid à un état dangereusement froid est étonnamment rapide quand vent, vêtements humides, fatigue et faim se combinent, même si la température extérieure est supérieure à zéro. Le mieux est de s'habiller par couches : soie, laine et certaines fibres synthétiques nouvelles sont tous de bons isolants. N'oubliez pas de prendre un chapeau, car on perd beaucoup de chaleur par la tête. La couche supérieure de vêtements doit être solide et imperméable, car il est vital de rester au sec. Emportez du ravitaillement de base comprenant des sucres rapides, qui génèrent rapidement des calories, et des boissons en abondance.

Symptômes : fatigue, engourdissement, en particulier des extrémités (doigts et orteils), grelottements, élocution difficile, comportement incohérent ou violent, léthargie, démarche trébuchante, vertiges, crampes musculaires et explosions soudaines d'énergie. La personne atteinte d'hypothermie peut déraisonner au point de prétendre qu'elle a chaud et de se dévêtir.

Pour soigner l'hypothermie, protégez le malade du vent et de la pluie, enlevez-lui ses vêtements s'ils sont humides et habillez-le chaudement. Donnez-lui une boisson chaude (pas d'alcool) et de la nourriture très calorique, facile à digérer. Cela devrait suffire pour les premiers stades de l'hypothermie. Néanmoins, si son état est plus grave, couchez-le dans un sac de couchage chaud. Il ne faut ni le frictionner, ni le placer près d'un feu ni lui changer ses vêtements dans le vent. Si possible, faites-lui prendre un bain chaud (pas brûlant).

HIV et sida

L'infection à VIH, HIV en Espagne (virus de l'immunodéficience humaine), agent causal du sida (syndrome d'immunodéficience acquise) est présente dans pratiquement tous les pays et épidémique dans nombre d'entre eux. La transmission de cette infection se fait : par rapport sexuel (hétérosexuel ou homosexuel – anal, vaginal ou oral), d'où l'impérieuse nécessité d'utiliser des préservatifs à titre préventif ; par le sang, les produits sanguins et les aiguilles contaminées. Il est impossible de détecter la présence du VIH chez un individu apparemment en parfaite santé sans procéder à un examen sanguin.

Il faut éviter tout échange d'aiguilles. S'ils ne sont pas stérilisés, tous les instruments de chirurgie, les aiguilles d'acupuncture et de tatouage, les instruments utilisés pour percer les oreilles ou le nez peuvent transmettre l'infection. Il est fortement conseillé d'acheter seringues et aiguilles avant de partir.

Toute demande de certificat attestant la séronégativité pour le VIH (certificat d'absence de sida) est contraire au Règlement sanitaire international (article 81).

Le nombre de cas de sida en Espagne (9,3 pour 100 000 hab. en 1998) a réduit de moitié par rapport à ce qu'il était au milieu des années 90.

Toutes les capitales des provinces andalouses possèdent des organismes de soutien et d'information sur le sida. La Fundación Anti-Sida España (☎ 900 11 10 00, www.fase.es) peut également vous aider.

Coupures, piqûres et morsures

Insectes, scorpions, mille-pattes et chenilles. Les piqûres de guêpe ou d'abeille sont généralement plus douloureuses que dangereuses. Une lotion apaisante ou des glaçons soulageront la douleur et empêcheront la piqûre de trop gonfler. Certaines araignées sont dangereuses mais il existe en général des antivenins.

Les piqûres de scorpion sont connues pour être douloureuses, mais celles des scorpions espagnols ne sont pas mortelles. Ces petites bêtes aimant se cacher dans les chaussures ou les vêtements, prenez soin de les secouer avant de les enfiler si vous faites du camping. La piqûre de certains mille-pattes (*escolopendras*) d'Andalousie est très désagréable, mais nullement fatale. Ceux à éviter particulièrement sont ceux qui se composent de segments clairement définis, striés, par exemple, de rayures noires et jaunes.

Prenez garde également aux chenilles (*procesionarias*) poilues marron-rouge des papillons de pins, qui vivent dans des nids argentés facilement repérables dans les pins dans de nombreux coins d'Andalousie et ont pour habitude de se déplacer en marchant en longues files. Toucher les poils de ces chenilles provoque une réaction allergique de la peau fort irritante.

Les piqûres de moustiques ou d'autres insectes sont certes déplaisantes, mais les moustiques espagnols ne sont pas porteurs de la malaria. Pour éviter de vous faire piquer, couvrez votre peau et utilisez un produit anti-moustiques.

Serpents. Portez toujours bottes, chaussettes et pantalons longs pour marcher dans la végétation à risque. Ne hasardez pas la main dans les trous et les anfractuosités, et faites attention lorsque vous ramassez du bois pour faire du feu. Les morsures de serpent ne provoquent pas instantanément la mort, et il existe généralement des antivenins. Il faut calmer la victime, lui interdire de bouger, bander étroitement le membre comme pour une foulure et l'immobiliser avec une attelle. Trouvez ensuite un médecin, et essayez de lui apporter le serpent mort. N'essayez en aucun cas d'attraper le serpent s'il y a le moindre risque qu'il pique à nouveau. On sait désormais qu'il ne faut absolument pas sucer le venin ou poser un garrot.

Le seul serpent venimeux relativement répandu en Espagne est la vipère à nez plat (*víbora hocicuda*). Cette créature à tête triangulaire mesure rarement plus de 50 cm et a une peau grise à zigzags. Elle vit dans les endroits secs et rocailleux, à l'écart des êtres humains. Sa morsure pouvant être fatale, elle doit être soignée le plus rapidement possible à l'aide d'un sérum que les hôpitaux des grandes villes gardent toujours en stock.

Leishmaniose. Il s'agit d'un groupe de maladies parasitaires que l'on trouve dans

cours de conversion de l'euro 1 000 ptas = 6,01 €

de nombreuses parties du bassin méditerranéen. La souche qui sévit en Espagne – principalement dans les régions proches de la côte méditerranéenne – est appelée *leishmania infantum*. C'est une forme de leishmaniose viscérale qui se caractérise par des accès de fièvres irréguliers, une perte de poids substantielle, un gonflement de la rate et du foie et une anémie. Elle peut être mortelle pour les enfants de moins de cinq ans et pour les personnes atteintes de déficiences du système immunitaire telles que les malades du sida. Elle est transmise par des insectes (phlébotomes) qui piquent les êtres humains après avoir piqué un chien porteur de la leishmaniose. La meilleure précaution consiste à éviter de se faire piquer en se couvrant et en appliquant une lotion anti-moustiques. Ces insectes sont surtout actifs à l'aube et au crépuscule. Les piqûres ne sont généralement pas douloureuses, mais provoquent des démangeaisons. Si vous pensez souffrir de la leishmaniose, consultez un médecin, des analyses en laboratoire étant nécessaires pour poser le diagnostic et décider d'un traitement.

VOYAGER SEULE

Les voyageuses devront être prêtes à ignorer les regards appuyés, les sifflements et autres commentaires déplacés, bien que le harcèlement soit en fait beaucoup moins fréquent qu'on ne pourrait le supposer. En cas de besoin, criez "*socorro*" ("au secours"). Les hommes de moins de 35 ans, qui ont grandi dans l'Espagne d'après Franco, sont moins sexistes – ou moins "machos" – que leurs aînés. Vous devrez tout de même faire preuve de bon sens si vous vous déplacez seule. Évitez d'aller seule dans des coins de plage ou de campagne isolés, ou dans des rues désertes à la nuit tombée. Il est absolument déconseillé à une femme seule de faire de l'auto-stop – tout autant d'ailleurs qu'à deux femmes seules.

Si bronzer les seins nus et porter des vêtements minuscules est à la mode dans nombre de stations balnéaires, ailleurs, les gens ont toutefois tendance à s'habiller plus discrètement.

Pour connaître les coordonnées des services d'aide aux femmes, reportez-vous à la rubrique *Urgences* ci-dessous.

COMMUNAUTÉ HOMOSEXUELLE

En Espagne, avoir des relations homosexuelles est légal : l'âge de consentement est de 16 ans, comme pour les relations hétérosexuelles. En 1996, le gouvernement conservateur du Partido Popular (PP) a entravé l'adoption d'un projet de loi visant à reconnaître les droits des couples gay. Néanmoins, en 2000, certains bureaux d'état civil inscrivaient des couples gay ou lesbiens sur leurs registres.

En Andalousie, les endroits les plus animés se trouvent à Sevilla, à Granada, à Cádiz et à Torremolinos. Le magazine gay madrilène *Entiendes* est vendu dans certains kiosques au prix de 500 ptas et propose une édition trimestrielle en anglais. Quant aux guides internationaux, vous pouvez vous procurer le *Spartacus Guide for Gay Men* (Spartacus publie aussi une très complète *Spartacus National Edition España*), édité par Bruno Gmünder Verlag (P.O. Box 61 01 04, D-10921 Berlin) et *Places for Women*, édité par Ferrari Publications, à Phoenix, Arizona, USA.

Informations et organismes spécialisés

Pour obtenir des informations sur les lieux et les associations gays et lesbiens dans toute l'Espagne, adressez-vous à la Coordinadora Gai-Lesbiana, à Barcelona, (☎ 93 298 00 29, fax 93 298 06 18) qui publie sur son site Internet (www.pangea.org/org/cgl) *Gay Spain, Feel the Passion*, un guide dont le PP a interdit la publication en 1997, ou à Cogam, Calle del Fuencarral 37, 28004 Madrid (☎/fax 91 532 45 17), qui dispose également d'un site Internet (www.cogam.org). Ces deux organismes vous fourniront des informations sur les associations de soutien, les endroits où sortir, les bars, le sida, ou toute autre chose.

La NOS (Asociación Andaluza de Lesbianas y Gais), Calle Lavadero de las Tablas 15, Granada, s'occupe du Teléfono Andaluz de Información Homosexual

(☎ 958 20 06 02). Elle ouvre du lundi au vendredi de 10h à 14h et de 16h à 20h.

Le site de la Plataforma Gay-Lesbiana de Sevilla (www.arrakis.es/~somos) contient les coordonnées de plusieurs autres associations gay et lesbiennes d'Andalousie. Le site Gayscape (www.gayscape.com) comporte des liens vers d'autres sites gay.

VOYAGEURS HANDICAPÉS

Certains offices du tourisme espagnols à l'étranger distribuent une circulaire d'informations élémentaires qui comporte plusieurs adresses utiles aux voyageurs handicapés et donne des détails sur les possibilités d'accès à des endroits précis.

En Andalousie, l'accessibilité aux fauteuils roulants s'améliore. Fuengirola aménage actuellement deux plages pour les handicapés, avec des douches et des chaises longues spécialement adaptées, des toilettes et un parking spécialement réservés et la mise à disposition de fauteuils roulants en aluminium qui peuvent aller dans l'eau de mer sans rouiller. Presque toutes les auberges de jeunesse andalouses proposent désormais des chambres adaptées aux handicapés, mais l'accessibilité est encore rare dans les autres établissements bon marché. Tous les bâtiments publics modernes sont censés permettre l'accès aux fauteuils roulants, mais la plupart d'entre eux datent d'avant la loi. De nombreux hôtels prétendument accessibles ne le sont malheureusement pas en totalité.

Le CNRH (Comité national pour la réadaptation des handicapés, 236 bis, rue de Tolbiac, 75013 Paris, ☎ 01 53 80 66 66, cnrh@worldnet.net) peut fournir d'utiles informations sur les voyages accessibles.

L'APF (Association des paralysés de France, 17, bd Blanqui, 75013 Paris, ☎ 01 40 78 69 00, fax 01 45 89 40 56, www.apf-asso.com) est également une bonne source d'information.

VOYAGEURS SENIORS

Les personnes âgées de plus de 60, 63 ou 65 ans bénéficient de tarifs réduits dans certains musées et sites touristiques, et parfois dans les transports (voir le chapitre *Comment s'y rendre*). Quelques luxueux *paradores* (voir la rubrique *Hébergement* plus loin dans ce chapitre) offrent quelquefois des réductions aux clients âgés de plus de 60 ans.

VOYAGER AVEC DES ENFANTS

Dans l'ensemble, les Andalous adorent les enfants. Tout bambin dont les cheveux ne sont pas noir corbeau se verra qualifier de *rubia* (blonde) s'il s'agit d'une fille, ou de *rubio* s'il s'agit d'un garçon. Les enfants accompagnés sont les bienvenus dans toutes sortes d'hôtels, et pratiquement dans tous les cafés, bars et restaurants. Les petits Andalous se couchent tard et, à toutes les fiestas, il est fréquent de voir de très jeunes enfants gambader dans les rues jusqu'à 2h ou 3h du matin. Les enfants en visite apprécient généralement beaucoup cette idée, sans toujours pouvoir toutefois s'y habituer d'emblée.

La plupart des jeunes enfants préfèrent ne pas trop voyager et sont contents de pouvoir s'installer quelque part pour se faire de nouveaux amis. Ne pas devoir refaire les bagages tous les deux ou trois jours pour partir ailleurs est également plus simple pour les parents. L'animation des rues espagnoles et la découverte de leur environnement suffisent à distraire la majorité des enfants, mais ils finiront par s'ennuyer si une partie du temps n'est pas consacré à l'une de leurs activités favorites. En outre, les petits sont souvent plus affectés que les adultes par la chaleur inhabituelle et ont besoin de plus de temps pour s'adapter. Veillez à les protéger des coups de soleil.

En dehors de l'attrait évident qu'offrent les plages, les terrains de jeu sont relativement nombreux en Andalousie, et vous trouverez d'excellentes distractions dans les parcs d'amusement (comme Isla Mágica à Sevilla et Tivoli World sur la Costa del Sol), les aquaparcs ou les aquariums – sans oublier le Mini-Hollywood et les décors de western installés dans le désert d'Almería (reportez-vous à ces chapitres pour plus de détails).

La plupart des enfants sont fascinés par les *kioscos* omniprésents au coin des rues, où bonbons et *gusanitos* (maïs soufflé) sont vendus pour quelques pesetas. Ces endroits les attirent en général comme un aimant, les

cours de conversion de l'euro 1 000 ptas = 6,01 €

Police – qui fait quoi ?

Pour l'ensemble des voyageurs respectueux de la loi, les policiers espagnols représentent plus une aide qu'une menace. S'il arrive que des fouilles volantes soient effectuées dans le but de trouver de la drogue, elles sont néanmoins peu fréquentes.

Il existe trois principales catégories de policía : la Guardia Civil, la Policía Nacional, la Policía Local (appelée quelquefois Policía Municipal). Si vous avez besoin de contacter la police, n'importe laquelle fera l'affaire, bien que les agents de la Policía Local soient souvent les plus serviables. Où que vous soyez dans le pays, composez le ☎ 091 pour la Policía Nacional ou le ☎ 092 pour la Policía Local. En Andalousie, le ☎ 062 correspond souvent, mais pas toujours, à la Guardia Civil. D'autres numéros, ainsi que les adresses des commissariats principaux, sont indiqués dans les rubriques sur les villes.

Guardia Civil. Les gardes en uniforme vert ont pour principale responsabilité la surveillance des routes, des campagnes, des villages et des frontières internationales.
Policía Nacional. Elle est chargée de couvrir les villes, grandes ou petites. Une partie de ces policiers portent un uniforme bleu, tandis que le reste du contingent se charge de tâches administratives dans des comisarías ressemblant à des bunkers.
Policía Local ou Policía Municipal. Ces forces dépendent des conseils des villes et des agglomérations et s'occupent d'affaires mineures : le stationnement, la circulation et les arrêtés municipaux. Leur uniforme est bleu et blanc.

---

poussant même parfois à oublier leurs inhibitions pour aller mener tout seuls leurs premières transactions en espagnol.

Les couches, les crèmes, les lotions et les petits pots pour bébé sont aussi faciles à trouver en Espagne que dans tous les pays européens mais, si vous avez une préférence pour une marque, pensez à l'apporter dans vos bagages.

Les enfants bénéficient de tarifs réduits ou de la gratuité à l'entrée de nombreux sites touristiques et musées. Les moins de 4 ans voyagent gratuitement à bord des trains espagnols, ceux âgés de 4 à 11 ans payant normalement 60% du tarif adulte.

Le guide *Travel with Children* comporte de nombreux conseils pratiques, ainsi que de multiples anecdotes rapportées par des auteurs Lonely Planet ou d'autres.

ORGANISMES A CONNAÎTRE

L'Instituto Cervantes est destiné à promouvoir la langue espagnole et les cultures de l'Espagne et des autres pays de langue espagnole. Des antennes sont installées dans plus de 30 villes à travers le monde. Sa fonction principale est d'enseigner l'espagnol, mais il propose également une bibliothèque et des services d'information. Contactez l'Instituto Cervantes, 7, rue Quentin-Bauchart, 75008 Paris, (☎ 01 40 70 92 92, www.cervantes.es)

DÉSAGRÉMENTS ET DANGERS

L'Andalousie est un endroit plutôt sûr. La seule chose à laquelle vous devrez faire attention est le vol (il s'agit le plus souvent de larcins, mais il n'est jamais amusant de se retrouver sans passeport, sans argent et sans appareil photo). Prendre quelques précautions élémentaires permet en général de minimiser les risques.

Si vous avez besoin de conseils sur la procédure à suivre pour retrouver vos bagages, votre argent et vos papiers, ou sur l'assurance voyage, ou encore sur les précautions à prendre si vous êtes une femme, reportez-vous aux rubriques *Préparation au voyage*, *Visas et formalités complémentaires*, *Questions d'argent* et *Voyager seule* plus haut dans ce chapitre.

En cas de perte ou de vol

Les risques de vol sont plus élevés dans les stations balnéaires et les grandes agglomérations, de même qu'au moment de l'arrivée dans le pays ou dans une nouvelle ville.

Prenez surtout garde aux pickpockets, aux arracheurs de sac et aux vols dans les voitures. Si possible, portez vos objets de valeur sous vos vêtements – et non pas dans un sac qui peut être arraché facilement. Faites attention aux personnes qui se rapprocheraient de vous sans raison dans les aéroports et les gares, dans les trains et les bus ou dans la rue. Ne laissez jamais vos bagages sans surveillance, et évitez les foules. Méfiez-vous également des personnes qui s'adressent à vous pour vous offrir ou vous demander quelque chose, ou commencent à vous parler sans véritable motif. Il pourrait s'agir d'une tentative visant à vous distraire et faire de vous une victime facile.

Tout objet laissé en évidence dans une voiture est susceptible d'attirer l'attention de voleurs. Si vous vous rendez en Espagne avec votre véhicule, il est préférable de retirer l'autoradio avant de partir. Lorsque vous descendez de voiture, ne laissez aucun objet de valeur à l'intérieur – le mieux étant encore de ne rien laisser du tout. Même si les voleurs ne trouvent pas leur bonheur, ils commenceront probablement par fracturer une vitre.

Sur les plages, faites attention à vos affaires, tout ce qui est abandonné sur le sable risque de disparaître en une seconde, dès que vous tournerez le dos. En ville, évitez les rues glauques ou désertes, ou tout endroit qui ne paraisse pas sûr à 100%, à la nuit tombée.

Ne laissez jamais un objet de valeur dans votre chambre, tout particulièrement dans les auberges de jeunesse ou établissements assimilés. Si un coffre est mis à la disposition des clients, utilisez-le.

Si, toutefois, vous perdiez ou vous faisiez voler quelque chose, et que vous vouliez vous faire rembourser par votre assurance, il vous faudra aller déposer une plainte au commissariat de police et demander une copie du formulaire. Si votre passeport disparaît, contactez votre ambassade ou votre consulat, qui vous établiront un document provisoire.

Terrorisme
L'organisation terroriste basque ETA a déjà fait exploser des bombes et commis des assassinats en Andalousie, comme ailleurs dans le pays. Avant de partir en Espagne, vous pouvez consulter le ministère des Affaires étrangères de votre pays, qui vous informera des risques encourus.

Désagréments
L'Andalousie est une région assez décontractée où vous ne devriez pas rencontrer trop de problèmes. Cela dit, il est probable qu'on essaiera de temps en temps de ne pas vous rendre toute la monnaie due – par ailleurs, préparez-vous à vivre dans un environnement plus bruyant que vous n'en avez sans doute l'habitude ! Il existe une vague législation concernant les pots d'échappement des motocyclettes, mais elle est rarement appliquée.

El Libro de Reclamaciones
La plupart des établissements publics affichent un panneau informant qu'ils possèdent un livre de réclamations ouvert à toute personne désireuse de présenter une doléance. Si vous avez un motif sérieux de vous plaindre ou que vous contestez une addition, demandez le *libro de reclamaciones*, ce qui entraînera peut-être un changement d'attitude de la personne avec laquelle vous êtes en désaccord. Si vous décidez vraiment de consigner quelque chose dans ce livre, une copie vous sera remise à vous et une autre à l'établissement concerné. Au dos de votre exemplaire figureront les instructions sur la marche à suivre si vous décidez de poursuivre l'affaire. Ces livres sont censés être vérifiés de temps à autre par des agences gouvernementales à la consommation.

URGENCES
L'Espagne est en train de mettre en place un numéro unique, le ☎ 112, pour tous les services d'urgence (police, pompiers, ambulance). Au moment de la rédaction de ce guide, il était en service dans certaines parties seulement de l'Andalousie et du pays. En attendant la généralisation du ☎ 112,

cours de conversion de l'euro 1 000 ptas = 6,01 €

plusieurs autres numéros vous seront utiles. Pour les numéros de téléphone de la police, reportez-vous à l'encadré *Police – qui fait quoi ?* plus haut dans ce chapitre.

Urgences médicales
Composez le ☎ 061 pour appeler une ambulance. Dans de nombreuses villes, vous pouvez également obtenir une ambulance ou un secours médical d'urgence en téléphonant à la Cruz Roja (Croix-Rouge). Ses coordonnées, d'autres numéros d'urgences médicales ainsi que les adresses de nombreux hôpitaux et cliniques sont indiqués dans les rubriques sur les villes.

Pour plus de détails sur les services médicaux et les problèmes de santé, reportez-vous à la rubrique *Santé* dans ce chapitre. En cas de maladie ou de blessure graves, quelqu'un devra prévenir votre ambassade ou votre consulat.

Pompiers
Dans la plupart des villes, composez le ☎ 080 pour appeler les pompiers (*bomberos*). Attention, à Cádiz, Jerez de la Frontera et Algeciras, faites le ☎ 085, à Jaén le ☎ 953 25 15 95 et à Marbella le ☎ 95 277 43 49.

Aide pour les femmes
Dans toutes les provinces, le siège de la police nationale possède un Servicio de Atención a la Mujer (SAM, service d'aide aux femmes). La Comisión de Investigación de Malos Tratos a Mujeres, Calle Almagro 28, 28010 Madrid, met à disposition un numéro d'appel d'urgence fonctionnant 24h/24 pour les femmes victimes de mauvais traitements partout en Espagne ☎ 900 10 00 09.

PROBLÈMES JURIDIQUES
Si vous êtes arrêté, vous aurez le droit d'être assisté gratuitement par un avocat commis d'office (*abogado de oficio*), qui risque de ne parler que l'espagnol. Vous aurez également le droit à un appel téléphonique. Si vous choisissez d'appeler votre ambassade ou votre consulat, ils ne pourront probablement rien faire d'autre que de vous adresser à un avocat parlant votre langue. Et si vous vous retrouvez devant un tribunal, les autorités seront dans l'obligation de vous fournir un traducteur.

Drogue
Les lois espagnoles sur les stupéfiants se sont durcies en 1992. La seule drogue légale est le cannabis, mais seulement pour une consommation personnelle – c'est-à-dire en très petite quantité. Il existe plusieurs bars où les clients fument ouvertement des joints, bien que toute consommation de drogue en public soit théoriquement interdite. Par conséquent, une extrême discrétion s'impose si l'on prend du cannabis. Il serait extrêmement peu raisonnable de le faire dans la chambre d'un hôtel ou d'une pension de famille.

Les voyageurs qui entrent en Espagne en venant du Maroc, en particulier s'ils arrivent en voiture, doivent s'attendre à une fouille minutieuse dans le but éventuel de trouver de la drogue.

HEURES D'OUVERTURE
En Andalousie, les gens travaillent dans les bureaux en général du lundi au vendredi de 9h à 14h environ, puis de 17h jusque vers 20h. Les magasins suivent habituellement le même horaire, y compris le samedi, certaines boutiques fermant toutefois ce jour-là à 14h.

Les grands magasins et les supermarchés restent ouverts toute la journée du lundi au samedi, de 9h à 21h environ. La plupart des bureaux du gouvernement ne rouvrent pas l'après-midi.

JOURS FÉRIÉS ET MANIFESTATIONS ANNUELLES
Jours fériés
Partout en Espagne, il existe 14 jours fériés par an – certains étant respectés dans le pays tout entier, d'autres très localement. La liste de ces jours peut être modifiée légèrement d'une année sur l'autre. Lorsqu'un jour férié tombe un week-end, il arrive qu'il soit reporté au lundi. S'il se situe à proximité d'un week-end, les Espagnols s'accordent souvent un pont.

Horaires très variables

En Andalousie, les heures d'ouverture des musées, des monuments et des autres sites touristiques changent horriblement souvent. Les horaires varient en fonction du jour de la semaine (avec souvent des horaires réduits le dimanche et un jour de fermeture – le lundi), mais aussi, dans nombre d'endroits, en fonction de la saison. N'essayez pas cependant de trouver une quelconque logique à ces changements. Certains sites sont ouverts plus longtemps en été parce qu'il fait jour plus tard, d'autres moins, car il fait trop chaud l'après-midi, d'autres encore sont fermés en raison du départ de tout le personnel en vacances. En période de jours fériés, on atteint une totale confusion.

Si de nombreux offices du tourisme distribuent des listes d'horaires *(horario de monumentos)*, celles-ci ne tiennent pas toujours compte des tout derniers changements. Le seul moyen d'être certain des heures d'ouverture est de téléphoner avant de se déplacer, ou de demander aux offices du tourisme de le faire. Hélas, les établissements dont les horaires sont le plus sujets à variation sont... les offices du tourisme eux-mêmes. Cela fait partie de l'Andalousie, allez prendre un verre et des tapas en attendant l'ouverture.

Les deux périodes pendant lesquelles les Espagnols prennent des vacances sont la Semana Santa (la semaine qui précède le dimanche de Pâques) et les six semaines comprises entre la mi-juillet et la fin août. Les lieux d'hébergement dans les stations balnéaires affichent alors souvent complets, tout comme les transports, tandis que d'autres villes sont parfois à moitié désertes.

En 2000, les 9 jours fériés nationaux étaient les suivants :

Año Nuevo (Nouvel An) 1er janvier
Viernes Santo (Vendredi saint) 13 avril en 2001, 29 mars en 2002
Fiesta del Trabajo (fête du Travail) 1er mai
La Asunción (fête de l'Assomption) 15 août
Fiesta nacional de España (fête nationale) 12 octobre
Todos los Santos (Toussaint), 1er novembre
Día de la Constitución (jour de la Constitution) 6 décembre
La Inmaculada Concepción (fête de l'Immaculée Conception) 8 décembre
Navidad (Noël) 25 décembre

Le gouvernement régional fixe 3 jours fériés supplémentaires et les conseils municipaux, 2 autres. En 2000, les 3 jours fériés régionaux étaient répartis comme suit en Andalousie :

Epifanía (Épiphanie) ou **Día de los Reyes Magos** (jour des Rois mages) 6 janvier. Les enfants reçoivent des cadeaux – dans de nombreuses villes, les Reyes Magos cabalgatas (cavalcades) envahissent les rues en jetant des bonbons à la foule
Día de Andalucía (jour de l'Andalousie) 28 février
Jueves Santo (Jeudi saint, veille du Vendredi saint) 12 avril en 2001, 28 mars en 2002

Voici quelques jours fériés respectés localement :

Corpus Christi (Fête-Dieu) fin mai ou juin, 14 juin en 2001, 30 mai en 2002
Día de San Juan Bautista (fête de Saint-Jean-Baptiste, jour de la fête du roi Juan Carlos I) 24 juin
Día de Santiago Apóstol (fête de Saint-Jean-l'Apôtre, célébrant le saint patron de l'Espagne) 25 juillet

Festivals

D'innombrables et exubérantes fiestas locales offrent l'occasion aux Andalous de donner libre cours à leur passion pour la couleur, le bruit, la foule, la reconstitution historique, les tenues élégantes et la fête. Tous les petits villages de campagne, tous les quartiers *(barrios)* des villes organisent au moins une fête (mais souvent plusieurs)

cours de conversion de l'euro 1 000 ptas = 6,01 €

par an, chacune possédant un charme particulier. De nombreuses fiestas sont d'origine religieuse, tout en étant extrêmement joyeuses.

Dans la plupart des endroits, la principale foire (*feria*) annuelle se déroule en été, donnant lieu à une série de concerts, de défilés, de corridas, de champs de foire et de danses, dans une atmosphère festive qui se prolonge tout au long de la nuit.

A tout moment, un festival a lieu quelque part en Andalousie. Nombre de festivals locaux sont indiqués dans les rubriques sur les villes, mais les offices du tourisme vous fourniront des informations plus détaillées.

Le magazine mensuel *El Giraldillo* dispose d'une rubrique consacrée aux fiestas. Le site Internet d'Andalucía There's Only One (www.andalucia.org) fournit les dates de nombreuses fiestas.

Voici une liste de manifestations exceptionnelles (pour plus de détails, voyez les rubriques consacrées aux villes) :

JANE SMITH

Le joyeux pèlerinage de Romería del Rocío est accompli en corso fleuri

Carnaval
Défilés avec déguisements et réjouissances dans de nombreux endroits (le plus fou est celui de Cádiz) en février et/ou mars. Il se termine habituellement un mardi, 47 jours avant le dimanche de Pâques.

Semana Santa (la Semaine Sainte, qui précède le dimanche de Pâques)
Défilés d'images saintes somptueusement ornées, longues files de pénitents (*nazarenos*), parfois masqués d'une cagoule, et immenses foules, dans pratiquement chaque ville, agglomération et village. Dans les plus grandes villes, des processions ont lieu tous les jours du dimanche des Rameaux au dimanche de Pâques. Les célébrations de Sevilla sont les plus réputées. Málaga, Granada, Córdoba, Arcos de la Frontera, Jaén, Baeza, Úbeda et Huércal-Overa organisent de grandes processions spectaculaires. Celles qui déambulent dans les villages peuvent être tout aussi originales et émouvantes. Le site Guía de Semana Santa (http://guia.semanasanta.andal.es) propose des liens vers des dizaines d'autres sites.

Feria de Abril
Foire d'une semaine à Sevilla fin avril.

Romería de la Virgen de la Cabeza
Des centaines de milliers de fidèles font un pèlerinage collectif au Santuario de la Virgen de la Cabeza près d'Andújar (Provincia de Jaén), le dernier dimanche d'avril.

Feria del Caballo (foire du cheval)
A Jerez de la Frontera, début mai. Nombreuses activités équestres hautes en couleur et autres festivités dans la capitale du cheval de l'Andalousie.

Cruces de Mayo (croix de mai)
Vers le 3 mai, sur les places et dans les patios de nombreuses villes, notamment à Granada et dans les environs, les croix sont décorées de fleurs, donnant lieu à l'apparition temporaire de bars et de stands de nourriture ainsi que de scènes de musique et de danse.

Concurso de Patios Cordobeses
De nombreuses et magnifiques cours privées sont ouvertes au public pendant 2 semaines, début mai, à Córdoba.

Romería del Rocío
Joyeux pèlerinage rassemblant jusqu'à un million de personnes dans le village d'El Rocío (Provincia de Huelva), qui se déroule à la Pentecôte, 7 semaines après Pâques (2-4 juin en 2001, 18-20 mai en 2002).

Hogueras de San Juan
Le 23 juin, feux de la Saint-Jean et feux d'artifices au milieu de l'été, notamment le long des côtes.

Día de la Virgen del Carmen
Le 16 juillet, jour de la fête célébrant la sainte patronne des pêcheurs, l'image de la Virgen del Carmen est plongée dans la mer, ou exposée sur une flottille de petits bateaux, dans de nombreuses villes côtières.

Feria de Málaga
Une des ferias de l'été les plus animées, qui dure 9 jours et commence vers le 15 août.

Moros y Cristianos (maures et chrétiens)
Reconstitution de la rébellion islamique des 14

et 15 septembre 1568 à Válor (Provincia de Granada). Cette manifestation est une des plus colorées parmi celles qui commémorent les conflits entre musulmans et chrétiens.

Fiestas de Otoño (festival d'automne)
Fêtes des vendanges à Jerez de la Frontera, de mi-septembre à mi-octobre : courses de chevaux, défilés, flamenco et show aérien.

Festivals de musique et de danse. Étant donné le goût des Andalous pour la fête et la musique, nul ne s'étonnera que le calendrier soit rempli de festivals de musique et de danse. Dans les villes et les villages, la foire d'été donne lieu à de multiples spectacles. Dans les grandes villes, il n'est pas rare que ceux-ci aient pour tête d'affiche les grands noms de la musique et de la danse espagnoles. De nombreuses villes organisent des *fiestas de flamenco* qui durent de un à deux jours pendant les mois de juin, de juillet ou d'août, avec des spectacles commençant aux alentours de minuit. Pour les aficionados, les trois grands rendez-vous sont le Potaje Gitano, la Caracolá Lebrijana et le Gazpacho Andaluz (voir ci-dessous). Renseignez-vous auprès des offices du tourisme pour connaître les dates exactes, ou consultez la rubrique musique d'*El Giraldillo*. Voici une sélection des meilleurs festivals de musique et de danse en Andalousie (reportez-vous aux rubriques consacrées aux villes pour plus de précisions sur nombre d'entre eux) :

Espárrago Rock
Il se déroule à Jerez de la Frontera pendant un week-end, fin mars ou début avril, et braque ses projecteurs sur le rock indé ou alternatif – en 2000, The Cranberries, Lou Reed, Asian Dub Foundation, Celtas Cortos et Dover and Mastretta figuraient parmi les invités.

Festival de Jerez
Deux semaines de fiesta avec musique et danse, particulièrement du flamenco, animent Jerez de la Frontera fin avril.

Potaje Gitano (Potage gitan)
Ce festival de flamenco se tient à Utrera, dans la province de Sevilla, un samedi de juin.

Festival Torre del Cante
Un autre festival de flamenco en juin. Il se déroule à Alhaurín de la Torre, près de la Costa del Sol.

Caracolá Lebrijana (*Caracol* signifie escargot)
Ce festival de flamenco a lieu un samedi soir à Lebrija, dans la province de Sevilla, en juin ou juillet.

Festival Internacional de la Guitarra
Ce festival de guitare est organisé à Córdoba pendant deux semaines à la fin juin ou pendant la première quinzaine de juillet.

Festival Internacional de Música y Danza
A Granada, sur une durée de deux semaines, fin juin ou début juillet.

Festival Internacional de Itálica
Ce programme de quinze jours de danse, du ballet classique à la danse contemporaine, se déroule à Sevilla en juillet.

Cubano y Flamenco
Des groupes de musique traditionnelle cubaine de premier plan et les plus grands noms andalous du flamenco effectuent une tournée dans la province de Sevilla pendant quinze jours en juillet.

Gazpacho Andaluz
Festival de flamenco à Morón de la Frontera, en juillet ou en août.

Castillo de Cante
Le premier ou le deuxième samedi d'août, une nuit consacrée au chant flamenco est organisée à Ojén, près de Marbella.

Bienal de Flamenco
Elle attire les plus grands noms du flamenco à Sevilla, au mois de septembre de chaque année paire.

Festival Internacional de Jazz
Il se déroule dans plusieurs villes andalouses tout au long de novembre.

Fiesta Mayor de Verdiales
Ces festivités grisantes, autour d'une musique populaire typique de la région de Málaga, se tiennent à Puerto de la Torre, Málaga, le 28 décembre.

ACTIVITÉS SPORTIVES

En dehors des visites touristiques et des plages, l'Andalousie offre de multiples possibilités. Les offices du tourisme espagnol, sur place et à l'étranger, disposent en général d'informations ou d'adresses et de numéros à contacter concernant la plupart des activités proposées. La Junta de Andalucía édite d'utiles brochures sur l'équitation, la plongée, les randonnées en VTT, la voile, la pêche et le golf. Disponibles en plusieurs langues, elles sont vendues quelques centaines de pesetas dans les offices du tourisme de la Junta. Pour toute information sur les séjours organisés autour d'une activité sportive, reportez-vous à la

cours de conversion de l'euro 1 000 ptas = 6,01 €

rubrique *Voyages organisés* dans le chapitre *Comment s'y rendre*.

Randonnée

L'Andalousie recèle quelques coins merveilleux pour faire de la randonnée, parmi lesquels le Parque Natural de Cazorla (provincia de Jaén), la Sierra Nevada et Las Alpujarras (provincia de Granada), le Parque Natural Sierra de Aracena y Picos de Aroche (provincia de Huelva), le Cabo de Gata (provincia d'Almería), le Parque Natural Sierra de Grazalema et d'autres régions de collines près de Ronda (provincias de Cádiz et de Málaga) et le Parque Natural Sierras de Tejeda, Almijara y Alhama (à la limite des provincias de Málaga et de Granada).

Dans certaines de ces régions, vous pourrez transformer une promenade d'une journée en randonnée de plusieurs jours en faisant halte dans différents hostales, refuges de montagne ou terrains de camping, et même faire parfois du camping sauvage. Vous trouverez des informations complémentaires sur la randonnée dans les chapitres consacrés aux provinces. En outre, l'ouvrage *Walking in Spain* de Lonely Planet, comporte les descriptions des meilleurs itinéraires en Andalousie (couvrant 3 semaines de marche). Les offices du tourisme, et surtout les centres d'accueil des visiteurs des parcs naturels ou des zones protégées, seront également à même de vous renseigner. Plusieurs guides sont disponibles en espagnol. La collection des guides de randonnée *El Buhó Viajero*, des éditions Libros Penthalon, comporte une dizaine de volumes sur diverses régions d'Andalousie. La série *Ecoguía* d'Anaya Touring Club est très recommandable aussi. Vous trouverez certains de ces guides dans les régions de randonnée, mais pensez à regarder aussi en ville dans les librairies.

Pour toute information sur les cartes, reportez-vous à la rubrique *Préparation au voyage* au début de ce chapitre.

Sentiers. Dans certains endroits, les sentiers sont bien signalés par des numéros d'itinéraire. Dans d'autres, une simple tache de peinture sur une pierre vous indiquera que vous vous dirigez dans la bonne direction. Ailleurs, vous devrez vous en remettre entièrement à votre intuition.

En Espagne, les deux principales catégories de sentiers sont les *senderos de Gran Recorrido* (GR, sentiers de grande randonnée, couvrant parfois plusieurs centaines de kilomètres) et les *senderos de Pequeño Recorrido* (PR, sentiers de petite randonnée, parfaits pour une journée ou un week-end). Cependant, tous ne sont pas balisés ni entretenus sur toute leur longueur – ni même sur leur plus grande partie dans certains cas. Il existe en outre quantité de sentiers qui ne sont ni des GR, ni des PR.

Le GR-7, un sentier de grande randonnée qui est en train d'être créé en Europe entre la Grèce et Algeciras, commence en Andalousie près d'Almaciles, au nord-est de la province de Granada, puis se divise en deux à Puebla de Don Fadrique, partant d'un côté vers la province de Jaén et de l'autre, à travers Las Alpujarras, au sud-est de Granada. Sur sa partie andalouse, la signalisation de ce sentier est en cours d'achèvement.

Les parcs naturels et nationaux ainsi que d'autres zones protégées sont autorisés à cantonner les visiteurs à des itinéraires limités – et à interdire le camping sauvage – mais proposent habituellement des promenades balisées à travers quelques-uns de leurs sites les plus intéressants.

Saisons. Les périodes les plus agréables pour la randonnée se situent d'avril à mi-juin et de septembre à mi-octobre. Toutefois, la Sierra Nevada n'est vraiment accessible que de juillet à début septembre, le temps en haute montagne n'étant jamais prévisible.

Escalade

Les montagnes andalouses comportent de nombreux rochers escarpés invitant à faire de l'*escalada*. Plus de 3 000 chemins d'ascension – dont plus de la moitié dans la province de Málaga – sont équipés de pitons. Les parois abruptes de la gorge El Chorro, au nord-ouest de la province de Málaga, exercent un indéniable attrait avec plus de 400 escalades répertoriées, proposant tous les niveaux de difficulté. Parmi les autres centres d'escalade figurent la Sierra Nevada, El Torcal près d'Antequera, la Sierra de las Nieves près de Ronda, Casares près d'Estepona, la Sierra de Grazalema et le Parque Natural de Cazorla.

Cyclotourisme

En Andalousie, les amateurs de VTT (en espagnol BTT, *bici todo terreno*, ou *bici de montaña*) pourront tester leurs muscles sur de longs kilomètres de pistes et de routes plus ou moins entretenues. Les offices du tourisme procurent souvent des renseignements sur les itinéraires.

Les points de location de VTT sont de plus en plus nombreux en Andalousie. Il en coûte généralement entre 1 500 et 3 000 ptas la journée. Reportez-vous aux rubriques *Tarifa, Parque Natural Los Alcornocales, El Chorro, Ardales et ses environs, Ronda, La Sierra Nevada et Las Alpujarras* et *Parque Natural de Cazorla*.

Ski

La station de ski Sierra Nevada, au sud-est de Granada, très fréquentée, est la plus méridionale de toute l'Europe. Ses pistes et ses équipements sont suffisamment développés pour avoir pu accueillir les championnats du monde de ski alpin en 1996. La saison de ski s'étend approximativement de décembre à avril.

Planche à voile

Tarifa, à l'ouest de Gibraltar, est un des hauts lieux européens de la planche à voile. Cette station balnéaire bénéficie d'un vent fort toute l'année, d'un grand centre de planche à voile et de longues plages de sable.

Plongée avec bouteilles et en apnée

Les côtes rocheuses de la Méditerranée offrent d'intéressants sites de plongée avec masque et tuba, notamment La Herradura et Castell de Ferro, tous deux près d'Almuñecar, et Punta del Plomo au Cabo de Gata (accessible aux débutants). Dans tous ces endroits, vous pourrez partir en excursion et louer du matériel de plongée.

Voile

La voile est naturellement une activité très populaire le long des côtes andalouses. Plus de 40 marinas et ports d'ancrage se succèdent entre Ayamonte, à la frontière portugaise, et Garrucha, dans la province d'Almería. Les ports de plaisance les plus importants et élégants sont ceux de Puerto Banús et de Benalmádena sur la Costa del Sol, et d'Almerimar près d'Almería, chacun disposant de plus de 900 points d'ancrage.

Golf

Le golf a tellement pris d'importance en Andalousie depuis la Ryder Cup qui s'est déroulée sur le terrain de Valderrama, à Sotogrande (près de Gibraltar), que la Costa del Sol s'est elle-même rebaptisée la "Costa del Golf" sur les panneaux routiers. C'était la première fois que cette illustre coupe (qui voit s'affronter l'Europe et les États-Unis) avait lieu en Europe ailleurs qu'en Grande-Bretagne (l'équipe européenne, dont le capitaine était l'Espagnol Severiano Ballesteros, a remporté la coupe).

L'Andalousie dispose de 54 terrains de golf, dont les deux tiers sont disséminés le long et à proximité de la Costa del Sol entre Gibraltar et Málaga. L'entrée coûte de 6 000 à 9 000 ptas en général, sauf aux golfs d'Estepona et de La Duquesa sur la Costa del Sol, de Guadalhorce près de Málaga et d'Añoreta à Rincón de la Victoria, où elle est inférieure à 6 000 ptas. Ceux de la plus haute catégorie, comme Valderrama, Sotogrande, et Las Brisas ou Aloha à Marbella, sont plus onéreux (30 000 ptas à Valderrama, le plus cher). Golf Service (www.golf-service.com) propose des tarifs réduits et un service de réservation.

Randonnée équestre

Principal lieu de reproduction des pur-sang espagnols (qu'on appelle aussi chevaux andalous), l'Andalousie est férue de tradition équestre. Il existe de nombreuses belles pistes dans maintes régions. Un nombre

cours de conversion de l'euro 1 000 ptas = 6,01 €

croissant d'écuries vous proposeront une promenade avec un guide, ou même une plus longue randonnée. Reportez-vous aux rubriques *Aracena, Arcos de la Frontera, Ronda et ses environs, El Rocío, La Sierra Nevada et Las Aljapurras, Parque Natural de Cazorla, Parque Natural Los Alcornocales, San José* (Provincia d'Almería), *Tarifa* et *L'ouest d'Aracena*. Il faut en général compter autour de 3 000 ptas pour 2 heures ou 5 000 ptas pour 4 heures.

Tous ceux et celles que les chevaux intéressent ne manqueront pas d'inclure Jerez de la Frontera dans leur itinéraire. La ville organise plusieurs rendez-vous équestres de qualité, et son École royale andalouse d'art équestre ainsi que le centre de reproduction tout proche de Yeguada del Hierro sont passionnants à visiter à toute époque de l'année. Jerez accueillera les Jeux équestres mondiaux en 2002.

Observation des oiseaux

L'Andalousie est un paradis pour ceux qui aiment observer les oiseaux tout au long de l'année. Mars et avril, époque à laquelle on peut voir hiverner de nombreuses espèces et arriver quelques oiseaux migrateurs pour l'été, sont des mois particulièrement intéressants. Le détroit de Gibraltar est un lieu d'observation particulièrement passionnant (voir l'encadré *Oiseaux de haut vol dans le détroit de Gibraltar* dans le chapitre *Provincia de Cádiz*). Vous trouverez des informations sur les sites les plus réputés – notamment, où et quand voir le plus grand flamant rose, sans doute l'oiseau le plus spectaculaire d'Andalousie – dans plusieurs rubriques de ce guide : *Faune et flore* (dans la *Présentation de l'Andalousie*), *Isla Cristina, Laguna de Fuente de Piedra, Paraje Natural Marismas del Odiel, Parque Nacional de Doñana, Parque Natural de Cazorla, Parque Natural Sierra de Grazalema, Parque Natural Sierra Norte, San Miguel de Cabo de Gata*. Consultez également la rubrique *Livres* plus haut dans ce chapitre. SEO/Birdlife, la Société ornithologique espagnole (☎ 959 50 60 93), dispose d'un bureau à El Rocío, à la limite du Parque Nacional de Doñana.

COURS ET LEÇONS

Prendre des cours est une formidable façon non seulement d'apprendre quelque chose de nouveau mais aussi de rencontrer des gens et d'avoir un point de vue privilégié sur la vie locale.

Langue

Vous trouverez beaucoup d'informations sur les cours d'espagnol en Andalousie sur le site Internet de l'Instituto Cervantes (voyez *Organismes à connaître* plus haut dans ce chapitre) ou par l'intermédiaire de ses antennes dans le monde. Vous pouvez aussi consulter l'annuaire de l'Espagne en ligne (www.atlas.co.uk/efl/spain).

Sevilla et Granada sont les deux villes espagnoles les plus appréciées pour apprendre l'espagnol, mais il existe aussi des écoles dans la plupart des grandes villes et dans les villes côtières telles que Tarifa, Nerja, Marbella et Almuñécar. Les cours à l'université durent souvent un trimestre, bien que certains se limitent à deux semaines et que d'autres s'étendent sur une année entière. Les dates de début de cours et leur durée sont souvent plus flexibles dans les écoles privées. La plupart de ces écoles s'adressent à toutes sortes de niveaux (depuis les débutants). Nombre de cours comprennent également un aspect culturel.

Les tarifs sont extrêmement variés. Ceux des cours à l'université offrent le meilleur rapport qualité/prix. Un stage classique de 4 semaines, comportant 20 cours d'une heure par semaine, revient environ à 60 000 ptas. Nombreuses sont les propositions d'hébergement partout, dans les familles, des logements pour étudiants ou des appartements – il faut compter en moyenne 35 000 ptas par mois sans repas et 70 000 ptas en pension complète.

Les rubriques consacrées aux villes fournissent de plus amples informations sur certaines de ces écoles. La plupart de celles-ci vous donneront une documentation détaillée. Avant de choisir un cours, pensez à vous renseigner sur son degré d'intensité (*intensivo* revêt des significations très différentes selon les écoles), la taille des classes, le type d'étudiants et l'obligation ou non de participer à des activités annexes. Les recommandations des anciens étudiants comptent beaucoup dans le choix d'une école. Il est en outre conseillé de demander si le cours débouchera sur un quelconque diplôme officiel. Les Diplomas Oficiales de Español como Lengua Extranjera (DELE) sont des qualifications reconnues par le ministère espagnol de l'Éducation et des Sciences (un vrai débutant doit suivre quelque 40 heures de cours pour atteindre le premier niveau du DELE).

Prendre des cours particuliers est possible dans de nombreux endroits. Consultez les tableaux d'affichage des universités et des écoles de langues ou les petites annonces dans la presse locale. Attendez-vous à débourser environ 2 000 ptas de l'heure pour une leçon particulière.

Arts et culture

Nombre d'universités et d'écoles de langues proposent également des cours d'histoire, de littérature et de culture espagnole. Là encore, l'Instituto Cervantes constitue une bonne source d'information. Pour tout renseignement sur les cours de danse et de guitare espagnoles, reportez-vous aux rubriques *Sevilla* et *Granada*. Le magazine *Alma 100* (lire la rubrique *Voir du flamenco* dans le chapitre spécial *Flamenco : la complainte du gitan*) regorge d'annonces proposant des cours de flamenco. Vous en trouverez aussi quelques-unes dans *El Giraldillo*.

Cuisine et autres cours

Le Cortijo Romero, centre de développement personnel et de vacances alternatives situé près d'Órgiva dans Las Alpujarras, programme des cours et des ateliers d'une semaine dans une large gamme d'activités : danse, massage, écriture créative, yoga, technique Alexander, ainsi que des "semaines dédiées au soleil". Les intervenants viennent tous du monde entier. Vous pouvez contacter Cortijo Romero (☎ 01494-782720), Little Grove, Grove Lane, Chesham, Bucks HP5 3QQ, Grande-Bretagne, ou consulter son site Internet (www.cortijo-romero.co.uk).

TRAVAILLER EN ANDALOUSIE

En raison d'un taux de chômage élevé, même par rapport au reste de l'Espagne, l'Andalousie n'est jamais vraiment à court de main-d'œuvre. Il existe cependant quelques possibilités de gagner de quoi payer (ou presque) son séjour. Si vous avez des contacts – parmi les nombreux étrangers vivant en Andalousie – utilisez-les. Communiquer de vive voix est encore le meilleur système.

Législation

Les citoyens de l'Union européenne sont autorisés à travailler sans avoir de visa, mais sont censés demander un permis de résident avant le premier mois révolu (voir *Visas et formalités complémentaires*) s'ils ont l'intention de rester plus de 3 mois.

Pratiquement tous les autres ressortissants sont supposés obtenir un permis de travail auprès d'un consulat espagnol de leur pays de résidence, de même qu'un visa de résident s'ils comptent rester plus de 90 jours.

Sachez, toutefois, que ces procédures n'aboutissent quasiment jamais, à moins d'avoir déjà un contrat de travail. Vous devrez entamer les démarches très longtemps avant votre départ. Néanmoins, nombre de gens travaillent – discrètement – sans se donner la peine d'entreprendre ces démarches administratives.

Possibilités

Bénévolat. En France, quelques organismes offrent des opportunités de travail bénévole sur des projets de développement ou d'environnement.

Comité de coordination pour le service volontaire international
Unesco, 1, rue Miollis, 75015 Paris
(☎ 01 45 68 49 36, fax 01 42 73 05 21, ccivs@unesco.org, www.unesco.org/ccivs)

Délégation catholique pour la coopération (DCC)
9, rue Guyton-de-Morveau, 75013 Paris (☎ 01 45 65 96 65, ladcc@worldnet.fr, www.cef.fr/dcc)

Stations balnéaires. Travailler l'été, notamment sur la Costa del Sol, est une

cours de conversion de l'euro 1 000 ptas = 6,01 €

Le juste prix

Sauf mention contraire, les tarifs des chambres indiqués dans ce guide correspondent à ceux de la haute saison, aussi aurez-vous sans doute d'agréables surprises si vous voyagez à d'autres moments. De nombreux établissements pratiquent des prix différents en haute saison (temporada alta), en moyenne saison (temporada media) et en basse saison (temporada baja), tous ces prix étant en principe affichés à la réception ou à proximité (les hôteliers sont libres de demander des tarifs inférieurs à ceux indiqués, ce qu'ils font souvent, ou supérieurs, ce qui arrive plus rarement).

La notion de haute saison varie selon les endroits, mais correspond dans la plupart des cas à l'été – ce terme pouvant tout aussi bien recouvrir une courte période (de mi-juillet à fin août), qu'une plus longue (de Pâques à octobre). Les congés de Noël et du Nouvel An, la Semana Santa (la semaine avant Pâques) et les festivals locaux, qui attirent de nombreux visiteurs, sont également classés en haute saison dans de nombreux endroits. Les principales variations saisonnières sont indiquées dans les rubriques Où se loger et, sauf mention contraire, les prix indiqués comprennent les 7% d'IVA.

Les écarts de prix entre basse et haute saison tendent à être plus importants dans les stations côtières (où, entre février et août, la différence tarifaire atteint généralement 25% à 50%). Certains établissements de Sevilla demandent 3 fois plus pendant la Semana Santa et la Feria de Abril qu'en hiver.

De nombreux établissements, en particulier les moins chers, modulent leurs prix en fonction de l'offre et de la demande. Si leurs affaires sont médiocres, certains proposent un prix inférieur à celui indiqué dans ce guide, même en haute saison. Si vous ne demandez pas de facture, on ne vous comptera peut-être pas l'IVA. A n'importe quel moment de l'année, vous pouvez obtenir une réduction si vous restez plus de deux nuits.

S'il n'est généralement pas nécessaire de réserver en basse saison, il est plus prudent de le faire dès que les choses s'animent un peu. Lorsque la saison bat son plein, une réservation devient indispensable si vous voulez éviter la recherche laborieuse d'une chambre. Dans la plupart des établissements, il suffit de passer un coup de téléphone et de donner l'heure approximative de votre arrivée.

---

solution possible, surtout si vous arrivez en tout début de saison et êtes disposé à rester un bon moment. De nombreux bars, restaurants et autres commerces sont tenus par des étrangers. Utilisez tous vos contacts et consultez les tableaux d'affichage ainsi que les petites annonces dans la presse locale, sans négliger *Sur in English*, qui contient des annonces pour des secrétaires, des réceptionnistes, des vendeurs, des serveurs, du personnel de bar, des gouvernantes, des cuisiniers, des baby-sitters et des agents de nettoyage – ainsi que des débrouillards en tout genre pour vendre des appartements en multipropriété aux estivants étrangers. Bien entendu, mieux vous parlez espagnol, plus vous aurez de chance.

Enseignement d'une langue. Avoir des qualifications dans l'enseignement d'une langue et quelques connaissances d'espagnol représente naturellement un sérieux avantage. La plupart des grandes villes comptent plusieurs écoles de langues, et il en existe parfois une ou deux dans les agglomérations plus petites. Trouver un emploi sera cependant plus difficile si vous n'êtes pas citoyen de l'Union européenne. Donner des leçons particulières est une autre solution, mais cela ne vous rapportera sans doute pas immédiatement l'équivalent d'un salaire.

Pour obtenir des informations sur les possibilités d'enseigner une langue, adressez-vous aux universités, aux écoles de langues et aux librairies de langues étrangères. Vous trouverez là des panneaux d'affichage avec des offres d'emploi, ou vous pourrez y mettre une annonce proposant vos services. Pensez également à consulter la presse locale ou à passer une petite annonce. Dans les pages jaunes, les écoles de langues sont classées à la rubrique "Academias de Idiomas".

Équipage de bateau. Gibraltar est un endroit tout indiqué si vous cherchez une place à bord d'un yacht ou d'un bateau de croisière. En plein été, quelques rares places sont proposées chaque semaine sur des embarcations naviguant en Méditerranée et, de novembre à janvier, il est possible de travailler pour payer son passage jusqu'aux Caraïbes. Puerto Banús est un autre bon endroit où tenter votre chance. Il est peu probable que vous obteniez une rémunération pour ce travail.

HÉBERGEMENT

Le guide annuel de la Junta de Andalucía, *Guía de Hoteles, Pensiones, Apartamentos, Campings y Casas Rurales*, disponible dans certains offices du tourisme et librairies andalous pour 800 ptas, répertorie la plupart des lieux d'hébergement de la région, y compris les terrains de camping, ainsi que leurs équipements et leurs tarifs approximatifs. Voici trois adresses Internet utiles disposant d'un service de réservation en ligne : http://interhotel.com/spain/en (InterHotel), www.andalucia.org (site officiel du tourisme de la Junta) et www.madeinspain.net (Madeinspain).

Campings

L'Andalousie compte plus de 130 campings officiellement recensés. Certains sont agréablement situés dans des bois, près de plages ou de rivières, mais d'autres sont coincés le long de routes principales à la sortie des villes et agglomérations. Rares sont ceux proches d'un centre-ville.

Les terrains sont classés officiellement en 1re classe (1a C), 2e classe (2a C) ou 3e classe (3a C). Il en existe aussi quelques-uns qui ne sont pas classés et correspondent généralement à la 3e classe. Les équipements peuvent aller de corrects à excellents, n'importe quel terrain pouvant être toutefois encombré et bruyant en période de pointe. Même un camping de 3e classe est censé posséder des douches chaudes, des prises de raccordement électrique et une cafétéria. Les meilleurs terrains disposent d'une piscine chauffée, d'un supermarché, de restaurants, d'un service de buanderie et d'aires de jeux pour les enfants. Leur capacité peut varier de moins de 100 personnes pour certains à plus de 5 000 pour d'autres.

Les tarifs s'entendent généralement par personne, par tente et par véhicule – de 250 à 800 ptas pour chaque poste, 500 ptas représentant une moyenne. Les enfants paient habituellement un peu moins cher que les adultes. Nombre de campings sont ouverts toute l'année, mais certains ferment approximativement d'octobre à Pâques. Ici et là, vous trouverez une *zona de acampada* ou une *área de acampada*, à savoir un camping dépourvu d'équipements, de surveillance, et gratuit. Les offices du tourisme pourront toujours vous indiquer le terrain le plus proche.

A quelques exceptions près – par exemple sur de nombreuses plages et dans des zones protégées – il est toléré de camper en dehors des terrains de camping (à condition d'être éloigné d'au moins 1 km d'un camping officiel). Le plus souvent, des panneaux indiquent les zones où le camping sauvage est interdit. Pour camper sur un terrain privé, il vous faudra naturellement la permission du propriétaire.

Camping Gaz est la seule marque répandue : les bonbonnes à vis sont quasiment impossibles à trouver.

Auberges de jeunesse

Sur la vingtaine d'*albergues juveniles* (à ne pas confondre avec les *hostales*, voir la rubrique suivante) que compte l'Andalousie, la plupart sont affiliées à l'Inturjoven, l'organisme officiel des auberges de jeunesse en Andalousie qui, dans l'ensemble, recense des établissements modernes et agréables, disposant d'une forte proportion de chambres à deux lits ainsi que de petits

cours de conversion de l'euro 1 000 ptas = 6,01 €

dortoirs à lits superposés. Les draps sont fournis, et de nombreuses chambres possèdent une salle de bains. Les auberges n'offrent pas la possibilité de cuisiner, mais elles comportent des *comedores* (salles à manger) où sont servis tous les repas à des prix raisonnables. Le bureau central de réservation de l'Inturjoven (☎ 902 51 00 00, fax 95 503 58 48, reservas@inturjoven.junta-andalucia.es), Calle del Miño 24, Los Remedios, 41011 Sevilla, est ouvert du lundi au vendredi de 9h30 à 14h et de 17h à 19h30. Vous pouvez aussi réserver directement auprès des auberges.

Les tarifs de toutes les auberges affiliées à l'Inturjoven sont fixés, petit déjeuner compris, à 1 200/1 500/1 800 ptas en basse/moyenne/haute saison pour les moins de 26 ans et à 1 500/2 000/2 300 ptas pour les 26 ans et plus – majorés de l'IVA dans tous les cas. Dans la plupart des auberges, la moyenne saison s'étend de mi-juin à mi-septembre et sur certaines courtes périodes d'affluence, le reste de l'année étant en basse saison. Cependant, les auberges d'Almería, Córdoba, Granada, Málaga et Sevilla n'ont pas de basse saison. Dans celles-ci, et quelques autres, les tarifs de haute saison s'appliquent uniquement durant quelques courtes périodes d'affluence. Pour toute information adressez-vous à n'importe quelle auberge affiliée à l'Inturjoven ou consultez son site Internet (www.inturjoven.com).

Pour descendre dans une auberge de jeunesse, vous aurez besoin d'une carte de membre. Il est moins cher d'acheter sa carte avant de partir. En France, la carte membre coûte 70 FF pour les moins de 26 ans et 100 FF pour les autres. Adressez-vous à la FUAJ, la Fédération Unie des Auberges de Jeunesse (☎ 01 48 04 70 30, www.fuaj.org, 9, rue Brantôme, 75003 Paris). Un guide des auberges de jeunesse européennes est disponible au prix de 35 FF. Si vous n'en avez pas déjà obtenu une auprès d'une auberge ou d'un organisme d'auberges de jeunesse dans votre propre pays, vous pourrez vous procurer une HI (Hostelling International) Card, valable jusqu'au 31 décembre de l'année en cours, dans n'importe quelle auberge de l'Inturjoven ou au bureau de Sevilla, ainsi que dans l'une des 140 auberges affiliées à la Red Española de Albergues Juveniles (REAJ), qui est la branche espagnole de HI. Avec la carte HI, vous payez par versements de 300 ptas pour chaque nuit passée dans une auberge, jusqu'à hauteur de 1 800 ptas.

Certains établissements sont souvent très sollicités par des écoles ou des groupes de jeunes. L'extinction des feux à une heure précise, ou la fermeture de l'auberge dans la journée semblent être des inconvénients rares en Andalousie.

L'annuaire des auberges européennes HI, édité chaque année, renferme des détails sur toutes les auberges affiliées à l'Inturjoven ou à la REAJ.

Seules quelques auberges sont dirigées par des organismes autres que l'Inturjoven. Certaines ne demandent pas de carte d'auberges de jeunesse.

Hostales, Hospedajes, Pensiones et Hotels

Officiellement, tous ces établissements sont classés soit comme *hoteles* ("une à cinq étoiles"), soit comme *pensiones* ("une ou deux étoiles"). Dans la pratique, les lieux d'hébergement utilisent toutes sortes d'appellations, notamment ceux de plus basse catégorie.

En d'autres termes, les endroits les moins chers sont ceux qui affichent *camas* (lits), *fondas* (réunissant traditionnellement une auberge et un restaurant rudimentaires, bien que l'un ou l'autre de ces services soit désormais souvent inexistant) et *casas de huéspedes* ou *hospedajes* (pensions de famille). Tous ces établissements seront sommaires, dépouillés et souvent dotés de s.d.b. communes. Votre chambre pourra être petite, parfois sans fenêtre, sans serviette, avec une installation électrique bricolée et un robinet d'eau chaude plutôt capricieux – mais elle sera relativement propre dans la plupart des cas. Les simples/doubles coûtent entre 1 200/ 2 000 ptas et 2 000/3 000 ptas. Une *pensión* (petit hôtel privé) correspond en général à une catégorie de confort et de prix légèrement supérieure. Certains établissements bon marché oublient de mettre à votre disposition des serviettes, du savon ou du papier toilette. N'hésitez pas à en réclamer.

Une catégorie au-dessus, les *hostales* ne diffèrent en fait que très peu des pensiones. Certaines offrent toutefois un meilleur confort et d'avantage de chambres, avec souvent une s.d.b. Certains hostales sont clairs, modernes et agréables, d'autres moins. Les prix s'échelonnent d'environ 1 500/3 000 ptas à 6 000/8 000 ptas.

Les établissements qui se baptisent eux-mêmes *hoteles* comprennent aussi bien des endroits simples, où une double revient à 4 000 ptas ou moins, que des endroits extrêmement luxueux, où vous débourserez jusqu'à 50 000 ptas. Les chambres, même dans les moins coûteux, auront sans doute une s.d.b., et vous profiterez probablement d'un restaurant.

L'Andalousie compte de charmants petits hôtels à prix raisonnables (entre 5 000 et 10 000 ptas pour une double). Ces établissements occupent souvent de vieilles maisons de ville pleines de caractère ou de vastes demeures campagnardes dotées d'agréables jardins et bassins.

Toutes catégories confondues, nombreux sont les établissements qui proposent des chambres à différents prix. En catégorie pour petit budget, le tarif varie selon que la chambre possède ou non un *lavabo*, une *ducha* ou un *banõ completo* (vraie s.d.b.). En catégorie supérieure, vous paierez davantage si la chambre est située à l'extérieur du bâtiment ou dispose d'un balcon. Bonne nouvelle pour les familles, beaucoup d'établissements disposent de chambres pour 3 ou 4 personnes, ou plus, et les tarifs par personne sont nettement inférieurs à ceux d'une simple/double. En général, les chambres doivent être libérées à midi.

Casas Rurales

Le récent intérêt des Espagnols pour leur campagne a entraîné l'ouverture, en Andalousie comme ailleurs, de nombreux nouveaux lieux de séjour dans les régions rurales. Les *casas rurales* sont en général des maisons de campagne ou des fermes rénovées et confortables comportant plusieurs chambres. Certaines servent des repas, d'autres disposent uniquement de chambres, et dans d'autres encore permettent aux résidents de faire la cuisine. En général les prix s'élèvent de 3 000 à 5 000 ptas par personne et par nuit.

Les offices du tourisme fournissent des brochures répertoriant les *casas rurales* de la région et peuvent vous orienter vers les agences où effectuer une réservation. Rural Andalus (☎ 95 227 62 29, fax 95 227 65 56), Calle Don Cristián 10, 29007 Málaga, rassemble plus de 200 logements ruraux, dont quelques hôtels. Cette fédération est particulièrement bien implantée à La Axar-

---

Luxe à l'ancienne

Les paradores (le terme officiel est pardores de turismo) font partie d'une chaîne de 85 hôtels de grande classe répartis dans tout le pays (dont 16 en Andalousie). Merveilleux endroits où séjourner, nombre d'entre eux – tels ceux de Carmona, Jaén, Úbeda et Granada en Andalousie – sont installés dans des châteaux, des demeures ou des monastères reconvertis. Les prix des chambres débutent à 9 200/11 500 ptas, IVA non compris, pour une simple/double en basse saison et atteignent environ 14 000/17 500, IVA non compris, en haute saison, parfois plus dans certains paradores (comme celui de Granada, le plus cher de toute l'Espagne). Des offres spéciales peuvent rendre les paradores plus abordables. Pendant la plus grande partie de l'année, notamment entre octobre et juin, les plus de 60 ans peuvent obtenir 35% de réduction sur le prix de la chambre et du petit déjeuner. Certains paradores proposent la chambre et le petit déjeuner pour 2 personnes à moins de 12 000 ptas en hiver. Vous trouverez ces offres en ligne (www.parador.es) ou en contactant la Central de Reservas, Calle Requena 3, 28013 Madrid (☎ 91 516 66 66, fax 91 516 66 57, info@parador.es).

---

cours de conversion de l'euro 1 000 ptas = 6,01 €

quía et dans la Serranía de Ronda, dans la province de Málaga, mais couvre une bonne partie de l'Andalousie. Consultez son site Internet (www.ruralandalus.es). Le Red Andaluza de Alojamientos Rurales (RAAR, Réseau andalou de logements ruraux, ☎ 902 44 22 33, fax 950 27 16 78) dispose de 370 places d'hébergement rural. Son site est également consultable (www.raar.es).

Appartements, maisons et villas

Des appartements, des maisons et des villas équipés sont à louer un peu partout en Andalousie. Un appartement d'une seule chambre pouvant accueillir 2 ou 3 personnes peut revenir à la modique somme de 3 000 ptas, quoique le prix demandé soit souvent le double, et même beaucoup plus en haute saison. Ces solutions sont néanmoins à envisager si vous comptez séjourner plusieurs jours, voire davantage, auquel cas vous obtiendrez généralement un forfait revenant moins cher que le tarif journalier.

Les offices du tourisme vous procureront des listes de locations. Reportez-vous aussi à la rubrique *Casas Rurales* ci-dessus.

DISTRACTIONS

Côté distractions, vous n'aurez en Andalousie que l'embarras du choix.

Adresses

La presse locale contient souvent nombre d'adresses de lieux où se distraire. Essayez de vous procurer dans les offices du tourisme, *El Giraldillo*, un bon répertoire mensuel de tout ce qui se passe en Andalousie. Les offices du tourisme seront à même de vous communiquer des renseignements plus personnalisés.

Bars et discothèques

Si cela vous tente, les folles soirées qui se prolongent très tard dans la nuit, surtout le vendredi et le samedi, font partie intégrante de la vie andalouse. Même les plus petites villes possèdent souvent des lieux très animés. La plupart des jeunes Andalous ne sortant qu'aux alentours de minuit, les bars, quels que soient leur style, leur taille ou leur thème, constituent l'attraction principale jusque vers 2h ou 3h. Certains proposent de l'excellente musique, ce qui vous permettra de patienter avant d'aller danser en *discoteca* ou au son de la techno en *sala*, si le cœur vous en dit, jusqu'à 5h ou 6h – ou plus tard ! Quelques discothèques vous refuseront l'entrée si vous portez des jeans ou des baskets. En Espagne, le mot "club", pris dans un contexte d'activités nocturnes, n'a pas vraiment le même sens que dans de nombreux autres pays : il s'agit souvent d'un bar de rencontres un peu glauque, à la limite de la maison close.

Pop, rock et jazz

Nombre de petites agglomérations comptent au minimum un bar ou un café où des musiciens se produisent le week-end. Les grandes villes offrent un choix plus vaste pratiquement tous les soirs, mais surtout en fin de semaine.

La scène rock et pop espagnole est très vivante, et les groupes étrangers font de fréquentes apparitions en Andalousie, notamment l'été. Les orchestres jouant toutes sortes de musique sont l'un des éléments essentiels à l'animation des fiestas. Le jazz et le blues attirent de nombreux amateurs et des concerts ont lieu dans la plupart des grandes villes.

Flamenco

C'est principalement en été que l'on peut voir du flamenco, lorsque certaines villes organisent des festivals et d'autres des représentations uniques, à l'occasion d'une feria ou d'une fiesta. Ces spectacles en plein air peuvent ne débuter qu'aux alentours de minuit. Ils se prolongent souvent jusqu'à l'aube et donnent lieu à la consommation de grandes quantités d'alcool.

Le reste de l'année, les grands noms du flamenco se produisent de temps en temps dans des théâtres, mais il existe aussi régulièrement des soirées flamenco dans les bars ou les clubs de certaines villes – parfois pour le prix d'une simple boisson. Les amateurs de flamenco se réunissent dans des clubs appelés *peñas* où sont organisés des spectacles.

A moins de préciser ce que l'on veut, les offices du tourisme ont tendance à conseiller

Pendant la Semana Santa, semaine précédant Pâques, défilés, fanfares, cortèges de pénitents et chars richement ornés d'images sacrées envahissent les rues et émerveillent les sens. Les plus belles célébrations se déroulent dans les rues de Sevilla

Casa de Pilatos, Sevilla

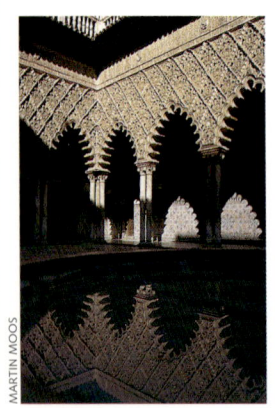

Patio de las Doncellas, Sevilla

A chaque province ses azulejos, Plaza de España, Sevilla

Les jardins luxuriants de l'Alcázar à Sevilla

La Giralda, cathédrale de Sevilla

aux étrangers les *tablaos* – des spectacles à prix élevés destinés aux touristes. Si certains sont plutôt de bonne qualité, d'autres sont franchement de très mauvais goût.

Pour plus de détails sur les spectacles de flamenco, reportez-vous à la rubrique *Jours fériés et manifestations annuelles* dans ce chapitre et à la rubrique *Où sortir* dans les chapitres sur les villes. Sevilla, Jerez de la Frontera et Granada sont le berceau du flamenco, mais vous l'apprécierez aussi à Málaga, Cádiz et Córdoba.

Cinémas

Les salles de cinéma abondent, le prix est abordable, mais les films étrangers sont presque toujours doublés en espagnol. Seules les plus grandes villes projettent des films en version originale, sous-titrés en espagnol. En consultant les programmes, cherchez la mention v.o.s. (*versión original subtitulada*).

Musique classique, danse et théâtre

Les villes andalouses proposent quantité de spectacles culturels qui prennent souvent la forme de festivals (voir plus haut *Jours fériés et manifestations annuelles*).

Festivals

La myriade de fiestas andalouses (voir *Jours fériés et manifestations annuelles*) présente des spectacles hauts en couleur, baignant souvent dans une atmosphère solennelle.

MANIFESTATIONS SPORTIVES
Football

Le *fútbol* est le véritable sport national espagnol. Chaque week-end, de septembre à mai, des millions de personnes regardent la *Primera División* nationale sur leur petit écran.

Aujourd'hui l'Andalousie compte 3 grandes équipes, qui occupent des places respectables en Primera División ou en Segunda División : Sevilla, Málaga et le Real Betis de Sevilla. Les équipes des autres grandes villes andalouses oscillent entre la Segunda División et la ligue suivante, la Segunda División B (elle-même divisée en quatre groupes régionaux).

Les rencontres ont lieu surtout le dimanche, mais parfois le samedi. Pour tout savoir des matchs à venir, consultez la presse locale et le journal des sports *Marca*, ou bien le site Planet Fútbol (www.grupocorreo.es/grupo/planetfutbol).

Tauromachie

La corrida (tauromachie) est un spectacle solennel, riche d'une longue histoire, avec des règles précises. Beaucoup sont mal à l'aise au moment de la mise à mort. La cruauté des derniers instants est réelle mais les aficionados affirment que jusqu'à ce jour fatidique, les taureaux de combat sont traités comme des rois. Ils estiment que mieux vaut trouver la mort entre les mains d'un matador (torero chargé de la mise à mort) qu'au *matadero* (abattoir). Confrontation directe avec la mort, la corrida exige bravoure et talent. Bon nombre d'Espagnols la considèrent comme une activité cruelle, beaucoup la voit comme un art mais la corrida est, sans conteste, populaire.

L'affrontement de la force, de l'habileté et du courage de l'homme et de l'animal n'est pas un phénomène récent. Les Perses et les Étrusques se mesuraient aux taureaux. Les Romains organisèrent sans doute les premières corridas espagnoles. La *lidia*, version moderne où le torero est à pied, a cours depuis la moitié du XVIIIe siècle. Cette variante est née en Andalousie. Auparavant, le torero montait à cheval. Il s'agissait d'une sorte d'activité équestre réservée à la noblesse. Les combats à cheval, *corridas de rejones*, sont toujours pratiqués et le cavalier fait preuve d'un grand art.

C'est à trois générations de la famille Romero, originaire de Ronda dans la province de Málaga, que l'on doit les principales règles de la lidia. Dans les années 1830, le roi Fernando VII nomma Pedro Romero, troisième de la lignée, directeur de la Escuela de Tauromaquia de Sevilla, la première école de tauromachie du pays. C'est également à cette époque, que les éleveurs parvinrent à créer la première race fiable de *toro bravo* ou taureau de combat.

cours de conversion de l'euro 1 000 ptas = 6,01 €

Pour toute information sur les associations anti-corrida, reportez-vous au paragraphe *Comportement envers les animaux* de la rubrique *Règles de conduite* dans le chapitre *Présentation de l'Andalousie*.

El Matador et la Cuadrilla. Seuls les matadors vainqueurs gagnent bien leur vie. En effet, le matador doit payer une *cuadrilla* (équipe d'aides), verser une somme pour combattre le taureau et acheter ou louer l'habit et l'équipement.

La cuadrilla se compose de plusieurs *peones*, toreros junior, obéissant aux ordres d'un matador. Ils ont pour mission de distraire l'animal au moyen de grandes capes et de l'inciter à adopter la position souhaitée. Interviennent ensuite les *banderilleros*. A un moment donné, un ou deux banderilleros courent vers le taureau et tentent de plonger une paire de *banderillas* multicolores (petits harpons) dans le garrot de la bête, pour l'exciter. A dos de cheval, les *picadores* jouent un rôle différent. Chargé par le taureau qui tente de renverser ou d'éventrer sa monture, le picador enfonce une lance dans le garrot de l'animal pour l'affaiblir. Depuis le XIXe siècle, les chevaux sont protégés par des bardes que les taureaux ne peuvent pénétrer. Auparavant, les chevaux étaient au moins aussi nombreux que les taureaux à mourir au combat.

Ensuite, le torero entre en scène. Il peut être vêtu comme un danseur de flamenco ou, lors des fêtes paysannes, porter un simple pantalon ou collant noir, une chemise blanche et une veste noire. Aux grandes occasions, le matador arborera le *traje de luces* (habit de lumière), de couleurs vives et pailleté. Tous les toreros (matadors, banderilleros...) sont coiffés d'une *montera*. Les armes classiques du torero se composent de l'*estoque* ou *espada* (épée) et d'une lourde *capa* (cape) en soie et en percale. En revanche, seul le matador possède une épée d'acier et une *muleta*, étoffe plus petite fixée à un bâton en bois, utilisée pour divers passes.

La corrida. Le combat commence habituellement à 18h. En règle générale, six taureaux sont à l'affiche et trois matadors combattent chacun deux taureaux. Si un animal ne s'avère pas à la hauteur, il est remplacé (provoquant la honte de son écurie). Chaque rencontre dure environ 15 minutes.

Au début du combat, le taureau charge dans l'arène. Les toreros juniors l'excitent puis le calment. Intervient alors le matador qui exécute des *faenas* (manœuvres) avec le taureau. Plus le matador est calme et proche de l'animal, pivotant et dansant devant ses cornes, plus l'approbation des spectateurs sera grande. Ayant prouvé son habileté, le matador cède la place aux banderilleros puis aux picadores, avant de revenir pour le dernier acte. A divers moments, la fanfare retentira donnant au spectacle un air solennel de fête.

Lorsque le taureau semble à bout, le matador choisit le moment pour le tuer. Affrontant l'animal, il tentera de plonger précisément l'épée dans son échine pour provoquer une mort instantanée : c'est l'*estocada*.

Si le matador a réalisé une bonne prestation et qu'il a réussi à tuer rapidement le taureau, il aura droit à une ovation de la foule qui agitera un mouchoir blanc pour inciter le président à le gratifier d'une *oreja* (oreille) du taureau. Le président attend en général de jauger l'enthousiasme de l'assistance avant de laisser tomber son mouchoir blanc. Si le combat a été exceptionnel, le matador peut *cortar dos orejas*, couper les deux oreilles. Celui qui a été vraiment excellent aura le droit de prendre la queue également *(dos orejas y rabo)*.

Pendant ce temps, les mules traînent le triste cadavre hors de l'arène et le sable est préparé pour le taureau suivant.

Toreros. Si vous vous voulez assister à une corrida, surveillez les grands noms de la tauromachie, même si la participation d'une célébrité ne garantit nullement la qualité du spectacle qui dépend aussi de l'animal. Parmi les vedettes, citons Enrique Ponce, dont les prestations sont réputées, Joselito, Rivera Ordóñez, ainsi que Curro Romero, né dans les années 20 et toujours actif, la nouvelle coqueluche, Julián "El Juli" López, qui n'a pas encore vingt ans et José Tomás. El Cordobés reste aussi une grande figure.

Éthique du combat. Il arrive qu'un torero meure dans l'arène. Quiconque douterait du danger encouru par les hommes dans ce combat de bravoure doit s'en souvenir. Le risque est cependant réduit de nos jours en raison de la pratique déloyale de l'*afeitado*, qui consiste à raccourcir les cornes du taureau. Cela le rend moins combatif et perturbe son évaluation des distances et des angles. Lorsqu'en 1997, des mesures furent prises pour mettre fin à cette pratique, les matadors se mirent en grève.

Quand et où. En Andalousie, la saison tauromachique débute le dimanche de Pâques et dure jusqu'en octobre. Il est possible d'assister à une corrida en dehors de cette période sur la Costa del Sol. La plupart des corridas sont programmées dans le cadre d'une fiesta organisée par une ville. A l'exception de celle de Sevilla, peu d'arènes planifient des combats pendant toute la saison.

A Sevilla, la saison tauromachique débute vraiment avec la Feria de Abril. Des combats sont prévus presque tous les jours de la semaine de la feria et de la semaine précédente. C'est également à Sevilla que se clôture la saison le 12 octobre, Día de la Hispanidad. Voici quelques autres temps forts du calendrier tauromachique de l'Andalousie :

Fin avril ou début mai
Fiesta de Jerez de la Frontera

Fin mai ou début juin
Feria de Nuestra Señora de la Salud à Córdoba, bastion de la tauromachie
Feria de la Manzanilla à Sanlúcar de Barrameda
Corpus Christi (Fête-Dieu), Granada

Juin à août
El Puerto de Santa María et la Costa del Sol Des corridas ont lieu presque tous les dimanches. Celles de la Costa del Sol sont fréquentées principalement par les touristes, mais toutes les semaines un combat sérieux se tient dans l'une des arènes (Fuengirola, Marbella, Torremolinos, Mijas, etc.).

Fiestas Colombinas à Huelva, approximativement du 3 au 9 août
Feria de Málaga à la mi-août
Feria de la Virgen del Mar à Almería, la dernière semaine d'août

Septembre
Corrida Goyesca à Ronda, autour du 6-8 septembre, se produit une sélection de matadors talentueux vêtus comme les personnages des gravures de Goya
Corridas dans la province de Jaén. Elles ont lieu pour la plupart à la mi ou à la fin septembre, entre autres à Úbeda, Cazorla et Linares, où succomba en 1947 le célèbre Manolete

Des magazines spécialisés, comme l'hebdomadaire *6 Toros 6*, diffusent toutes les informations quant aux participants, aux dates et aux lieux des corridas. Dans chaque localité des affiches aux couleurs éclatantes annoncent les événements tauromachiques et indiquent comment réserver. Outre les corridas prestigieuses qui attirent les grands noms de la tauromachie et la foule, d'autres, moins spectaculaires, se déroulent dans les petites villes et les villages. Il s'agit souvent de *novilleras*, au cours desquelles de jeunes taureaux *(novillos)* sont combattus par des toreros non confirmés *(novilleros)*. Dans les petites villes, la Plaza Mayor peut faire office d'arène improvisée.

Pour en savoir davantage, consultez le Web (www.sol.com/list/toros.htm).

Autres sports

L'un des événements sportifs majeurs en Espagne, le Grand Prix moto de Jerez de la Frontera comptant pour les championnats du monde attire actuellement en mai quelque 150 000 spectateurs.

Le basket est également un sport populaire. Unicaja de Málaga et Caja San Fernando constituent les meilleures équipes andalouses dans la Liga ACB, le championnat national professionnel.

L'Andalousie organise plusieurs tournois de golf professionnels tous les ans. Le calendrier est variable, mais l'on sait que le Masters Volvo se déroulera en novembre à Montecastillo, à Jerez de la Frontera, au moins jusqu'en 2002. Pour la première fois

cours de conversion de l'euro 1 000 ptas = 6,01 €

en 1999, un Espagnol a remporté cette épreuve : il s'agit de la star andalouse de la Ryder Cup, Miguel Ángel Jiménez, venu de Churriana, près de Málaga.

ACHATS

Vous trouverez en Andalousie de beaux objets d'artisanat à prix raisonnables, à condition de savoir où chercher. Il existe des styles d'artisanat très différents d'une région à l'autre, et de nombreux produits sont vendus à proximité de leur lieu de création. En dehors de ces boutiques spécialisées – qui sont légion sur les lieux de production et les sites touristiques – vous découvrirez des objets sur les marchés dans les villages ou dans les villes, ou même dans les grands magasins comme ceux de la chaîne nationale El Corte Inglés. Vous pourrez également faire d'excellentes trouvailles aux marchés aux puces (*mercadillos*) ou aux vide-greniers (*rastros*) organisés dans la région.

Poterie

L'Andalousie produit de très belles poteries – notamment, vaisselle, azulejos, jardinières – dont le style varie selon la région, et à des prix très intéressants. L'influence islamique se ressent très fortement dans les motifs et les couleurs. A Granada, les couleurs dominantes sont le blanc rehaussé de vert et de bleu, avec souvent une grenade au centre du motif. A Córdoba, les poteries sont plus fines et ornées de frises noires, vertes et bleues sur fond blanc. Celles d'Úbeda, autre centre important, possèdent un glacis vert très particulier. Des couleurs plus vives sont utilisées ailleurs. Certaines pièces, superbes et fort originales, sont fabriquées à Níjar, près d'Almería.

Tapis

Des tapis et des couvertures multicolores et bon marché sont tissés dans plusieurs régions, notamment dans Las Alpujarras et à Níjar.

Cuir

Les articles en cuir andalous peuvent être d'un bon rapport qualité/prix, et il est encore possible de faire de bonnes affaires en achetant des vestes, des sacs, des ceintures, des chaussures et des bottes. Dans des endroits comme Jerez de la Frontera et El Rocío, où le cheval est à l'honneur, vous trouverez de superbes bottes d'équitation.

Autre artisanat

Les bijoux en or et en argent abondent, certains des plus beaux étant les filigranes fabriqués à Córdoba. Le travail du bois produit également de belles pièces, comme les boîtes en marqueterie et les jeux d'échecs de Granada. Les objets en vannerie sont plus répandus sur les côtes.

L'ANDALOUSIE A TABLE

CUISINE

Typiquement méditerranéenne, la cuisine andalouse utilise généreusement l'huile d'olive, l'ail, les oignons, les tomates et les poivrons. Elle se compose traditionnellement de plats paysans simples, préparés avec des produits frais et relevés d'une pointe d'herbes et d'épices – rappel de ses influences romaine, juive, du Nouveau Monde et arabe, cette dernière étant la plus perceptible.

Le *pescado* (poisson) et la *carne* (viande) se mangent presque partout et l'on trouve des *mariscos* (fruits de mer) excellents et variés, notamment sur la côte atlantique. La façon la plus courante de cuisiner le poisson en Andalousie consiste à le plonger brièvement dans une friture d'huile d'olive très chaude. Une bonne *sopa de mariscos* (soupe de fruits de mer) constitue quasiment un repas en soi. Attention, les prix des fruits de mer et du poisson sont parfois indiqués au poids sur les menus, ce qui peut être trompeur.

Les fruits et les légumes sont partout frais et délicieux, dans la mesure où ils sont cultivés tout au long de l'année.

Pour des raisons économiques, de nombreuses variétés de haricots secs trempés servent traditionnellement de base à quantité de ragoûts, la viande n'étant ajoutée qu'occasionnellement, pour en rehausser la saveur.

Spécialités provinciales

La plupart des restaurants proposent une carte très variée, mais d'une région à une autre, l'accent sera mis sur tel ou tel type de plat. La variété des cuisines locales reflète pleinement la diversité géographique de l'Andalousie. Dans les sierras (montagnes), les jambons sont souvent fumés et les plats de gibier abondent. Sur les côtes, les fruits de mer prédominent. Vous trouverez partout des soupes de fruits de mer, des poissons frits et des brochettes de sardines grillées sur des feux de bois flotté.

Voici un bref aperçu de quelques traditions gastronomiques des huit provinces andalouses :

Almería. Cette province aride, et la plus à l'est, propose une cuisine simple à base de pois chiches, de céréales, de fruits de mer et de légumes frais cultivés par irrigation.

Cádiz. La côte offre de merveilleux fruits de mer ainsi qu'une multitude de savoureuses tapas. La ville de Cádiz est celle du *pescaíto frito* (poisson frit) dégusté dans la rue. A Jerez de la Frontera, les viandes sont arrosées de xérès. Les Français et les Anglais, qui ont joué un rôle important à Jerez dans l'industrie du xérès, ont également influencé la cuisine locale.

Córdoba. Autrefois au centre des bouleversements culinaires apportés par les musulmans, Córdoba possède aujourd'hui quelques luxueux restaurants où la nourriture est préparée dans le style médiéval musulman et séfarade. Bien que peu de recettes authentiques aient survécu à l'époque musulmane, il reste suffisamment d'éléments pour s'en approcher, ce qui fait notamment la *cocina Mozárabe* (cuisine mozarabe), que mangeaient les chrétiens qui vivaient sous la domination musulmane. Si vous voulez goûter des plats mozarabes du temps des califes, essayez le restaurant haut de gamme **El Caballo Rojo** (pour plus de détails, voir la rubrique *Où se restaurer* dans le chapitre *Provincia de Córdoba*). La cuisine populaire privilégie les plats à base de légumes et d'excellentes viandes fumées.

Granada. Cette province regroupe à la fois les plus hauts sommets d'Espagne et une région côtière semi-tropicale. Elle est aussi réputée pour ses plats de viande savoureux que pour ses fruits de mer ou ses fruits tropicaux. Les jambons fumés de montagne de Granada méritent pleinement leur renommée.

Huelva. L'extrême ouest de l'Andalousie offre également l'occasion de déguster d'excellents fruits de mer – les *chocos* (petites seiches) sont une passion locale. Toutefois, cette région est surtout connue pour ses viandes fumées, notamment les jambons de Jabugo.

Suspends un jambon

Quand vous entrez dans un bar espagnol, les dizaines de cuisseaux de cochon suspendus au plafond ne vous semblent pas nécessairement très appétissants à première vue. Si les non-initiés peuvent trouver cela épouvantable, le *jamón* (jambon fumé) met l'eau à la bouche de tous les Espagnols. Goûtez-en deux ou trois tranches en guise de tapa, ou en *bocadillo* (sandwich) pour 500 ou 600 ptas, ou bien prenez une *ración* (assiette de tapas) pour environ 900 ptas.

La plupart de ces jambons sont du *jamón ano* (jambon de montagne, même si de nos jours on peut reproduire les conditions climatiques de montagne dans des celliers ou des caves à n'importe quelle altitude). Encore plus fin, le *jamón ibérico*, ou *pata negra*, est fabriqué avec du cochon noir (ou brun foncé) ibérique, le plus goûteux étant le *jamón ibérico de bellota* – les porcs sont nourris de glands (*bellotas*).

Considéré comme le meilleur, le jamón ibérico de Jabugo, dans la province de Huelva, est fait avec des porcs élevés en liberté dans les forêts de chênes de la Sierra Morena. Les meilleurs jambons de Jabugo sont classés de une à cinq jotas – on dit de ceux qui portent la mention JJJJJ (cinco jotas) qu'ils sont faits avec des cochons n'ayant jamais été nourris avec autre chose que des glands.

Dans une boutique, attendez-vous à payer 1 kg de jamón serrano environ 2 000 ptas. Le jamón ibérico peut coûter jusqu'à deux fois ce prix.

D'ordinaire, le jambon non fumé s'appelle *jamón York*. Il risque de vous paraître affreusement fade une fois que vous aurez goûté au serrano ou à l'ibérico.

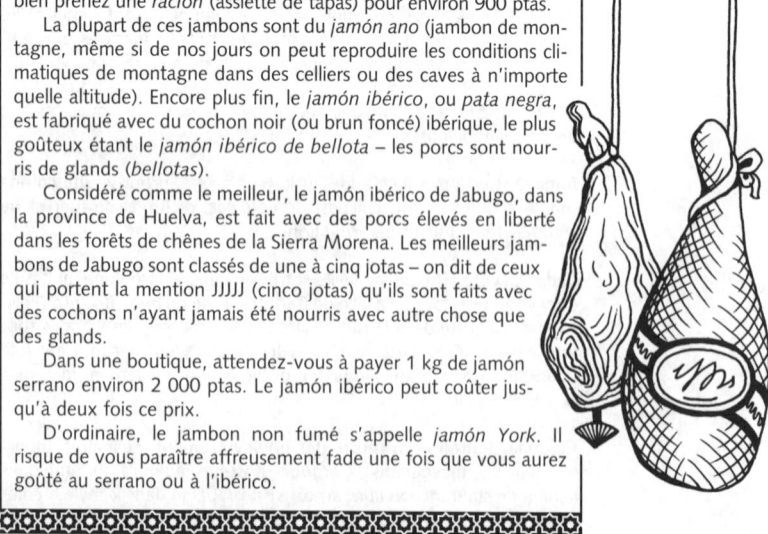

Jaén. Sur les pentes méridionales de l'est de la Sierra Morena, Jaén est le centre de l'huile d'olive, utilisée copieusement dans maintes préparations. Elle est aussi célèbre pour ses plats de gibier aux pommes de terre.

Málaga. Cette province est réputée pour ses poissons frits et ses fruits de mer, notamment, les *boquerones* (anchois), souvent dégustés crus, marinés dans du vinaigre, de l'huile et de l'ail. Les soupes de fruits de mer sont ici très répandues. Ronda, dans les sierras de Málaga, a pour spécialités le gibier goûteux, les viandes fumées, les ragoûts et les plats de haricots. Les *migas* sont une spécialité de Málaga. A la base, ce plat se compose de miettes de farine frite et d'eau. Il est souvent rehaussé de poisson, d'ail, de poivron ou de tomates séchées.

Sevilla. Sa cuisine est légèrement plus sophistiquée que dans le reste de l'Andalousie. C'est dans le port de Sevilla qu'arrivèrent les nouveaux aliments originaires des Amériques, qui devaient transformer de manière radicale la cuisine européenne : pomme de terre, avocat, chocolat, dinde, tomate, poivron, haricot sec, etc. C'est aussi la capitale andalouse des tapas.

Repas

Manger à l'heure espagnole atteint parfois des extrêmes en Andalousie. Mieux vaut mettre la pendule de votre estomac à l'heure locale si vous ne voulez pas manger seul ou en compagnie uniquement d'autres touristes.

Petit déjeuner. Comme la majorité des Espagnols, les Andalous commencent la journée vers 10h par un *desayuno* (petit déjeuner) léger, en général un café et une *tostada* (tranche de pain toastée).

Une variété pratiquement infinie de choses peuvent s'étaler sur une tostada. En Andalousie, on y met de l'*aceite* (huile d'olive), avec ou sans *ajo* (ail), de la *manteca* (saindoux, parfois coloré de rouge par le paprika), de la *sobrasada* (sorte de chorizo), ou du *tomate frotado* (tomate écrasée). Quantité d'autres propositions pourront plaire davantage aux étrangers : du jambon, du *beicon* ou *tocino* (bacon), une tranche de *lomo a la plancha* (échine de porc grillée), de *tortilla* (omelette), de *queso* (fromage), ou tout simplement de la *mantequilla* (beurre) et de la *mermelada* ou *confitura* (confiture).

Vous aurez peut-être l'occasion de préciser quelle sorte de pain vous voulez – nous vous recommandons tout particulièrement les *molletes*, de délicieux petits pains moelleux. Vous aurez le choix entre une *entera* (tranche entière) ou une *media* (moitié).

Les *churros con chocolate* – de longs beignets sucrés que l'on trempe dans du chocolat chaud bien épais – constituent un petit déjeuner nourrissant et plein de calories.

Si vous avez un gros appétit, commander une tortilla est une bonne solution. A moins que vous ne préfériez des *huevos fritos* (œufs sur le plat), des *huevos revueltos* (œufs brouillés), des *huevos pasados por agua* (œufs à la coque) ou des *huevos cocidos* (œufs durs).

104 L'Andalousie à table

Déjeuner. C'est habituellement le repas principal de la journée, qui se prend entre 14h et 16h, couramment appelé *comida* ou *almuerzo*. Il peut être composé de plusieurs plats, par exemple une soupe et/ou une salade, une viande ou un poisson avec des légumes, ou un plat de riz, ou encore un ragoût de haricots, suivis d'un fruit, d'une glace ou d'un dessert.

Dîner. Le repas du soir, *cena*, a tendance à être plus léger que celui du déjeuner et peut se prendre aussi tard que 22h ou 23h, mais beaucoup d'Andalous sortent également faire un copieux dîner. Toutefois, avant 21h, vous ne verrez dans les restaurants que des étrangers. Seuls quelques établissements proposent un *menú del dia* (plat du jour) dans la soirée.

Entre les repas. Il est fréquent (et c'est une excellente idée !) d'aller dans un bar ou un café pour prendre une *merienda* (goûter ou en-cas) vers midi, puis à nouveau vers 18h ou 19h. Outre les tapas, vous pourrez savourer d'autres merveilleux en-cas espagnols, les *bocadillos*, petits sandwiches au pain blanc garnis de fromage, ou de jambon, ou de salade, ou de tortilla... la liste n'en finit pas !

El Menú ne figure pas toujours sur la carte

Menú del Día. La plupart des restaurants proposent un *menú del día* (menu du jour) – fidèle compagnon des voyageurs à petit budget – entre 800 et 1 200 ptas. Il se compose normalement d'une entrée, d'un plat principal, d'un *postre* (dessert), de pain et de vin. Pour chacun de ces plats, vous aurez souvent le choix entre deux ou trois possibilités. En général, le menú est affiché à l'extérieur du restaurant – s'il n'est pas indiqué que les boissons, le dessert, le pain et le café sont compris, ni mentionné "IVA incluido", le repas risque de vous revenir plus cher.

Platos Combinados. Le *plato combinado* est un proche cousin du menú del día. Il signifie littéralement "plat garni" – par exemple, un steak avec un œuf à cheval, des frites et de la salade ou des calmars frits avec une salade de pommes de terre. Les photos insipides qui représentent ces plats sont parfois peu engageantes mais, le plus souvent, les platos combinados sont tout à fait corrects.

A la carte. Si vous commandez à *la carta*, vous paierez plus cher, mais vous ferez sans doute un meilleur repas. Sur la carta (et non pas el menú, qui signifie menú del día) figurent en premier lieu les entrées, *ensaladas* (salades), *sopas* (soupes) et *entremeses* (hors-d'œuvre). Les plats principaux seront probablement regroupés sous les appellations *pollo* (poulet), *carne* (viande), *mariscos* (fruits de mer), *pez/pescado* (poisson), *arroz* (riz), *huevos* (œufs) et *vegetales/verduras/legumbres* (légumes). Les assiettes de "légumes" peuvent contenir de la viande – par exemple des haricots avec des morceaux de jambon.

Les desserts ne sont pas toujours les mieux représentés, le choix se limitant le plus souvent à une *helado* (glace), à un fruit ou à un flan.

Types d'établissements

Cafés et bars. Si vous voulez vivre comme les Espagnols, vous passerez de longs moments dans des cafés et des bars de différentes sortes.

Mettez un couvercle – tapas et raciones

Les amuse-gueules servis dans des soucoupes connus sous le nom de *tapas* (qui signifie "couvercle") font partie de l'art de vivre espagnol et se présentent sous d'infinies variétés. Ils sont censés avoir fait leur apparition en Andalousie dans la région du xérès au XIXe siècle, lorsque les gérants de cafés posaient un morceau de pain sur le verre afin de dissuader les mouches. Cette coutume laissa bientôt place à une autre, qui consistait à mettre un petit quelque chose – de préférence salé – pour encourager les clients à boire, par exemple des olives ou des tranches de saucisson – sur une petite assiette recouvrant le verre.

Aujourd'hui, les tapas sont devenues des préparations à part entière, chaque région et ville d'Espagne proposant ses propres spécialités. Elle sont quelquefois gratuites, quoique cette pratique ait disparu dans maints endroits. Une assiette de tapas coûte en moyenne entre 100 et 200 ptas (vérifiez toutefois avant de commander, certaines pouvant coûter nettement plus cher). Se nourrir de tapas n'est pas une solution économique si l'on a un gros appétit, car il en faut une demi-douzaine pour obtenir l'équivalent d'un dîner.

Les tapas les plus courantes comprennent des olives, des tranches de viande fumée ou de fromage, de la salade de pomme de terre, des petites portions de poisson frit, des *albóndigas* (boulettes de viande ou de poisson), des pois chiches aux épinards, une petite portion de *solomillo* (filet de porc) ou de *lomo* (échine de porc) accommodé, des *gambas* (crevettes) à l'ail et des *boquerones* (anchois) marinés dans du vinaigre ou en beignets. En combinant saveurs et ingrédients, la gamme des possibilités est infinie pour les cuisiniers inventifs. Découvrez d'autres variétés de tapas dans l'encadré *Les spécialités andalouses de tapas* dans cette rubrique.

Les bars présentent souvent un assortiment de tapas sur le comptoir ou inscrivent la liste à la craie sur un tableau. Il en figure même parfois sur la carte. Sinon, vous êtes supposé savoir ce qui est proposé, situation qui peut s'avérer assez embarrassante. Un endroit qui semble ne pas avoir de tapas peut être en fait un spécialiste en la matière ! Il vous suffit alors de demander quelles sont les tapas du jour, puis de vous arranger pour reconnaître quelques mots au milieu de la longue réponse qui s'ensuivra. Sevilla est l'endroit idéal pour *tapear*, c'est-à-dire faire la tournée des bars pour goûter leur tapas.

Une *ración* correspond à une portion de ces amuse-gueules équivalente d'un repas, une *media-ración* n'étant que la moitié. Prendre deux *media-raciones* différentes revient quasiment à faire un repas complet. Si vous êtes plusieurs, vous pouvez partager une ración ou bien une *tabla*, un assortiment de tapas comprenant généralement plusieurs sortes de jambons, de saucissons et de fromages.

Vous aurez le choix entre des *bodegas* (bars à vin à l'ancienne), des *cervecerías* (bars à bière), des *tascas* (bars spécialisés dans les tapas), des *tabernas* (tavernes) et même des *pubs*. La plupart servent des tapas, les autres proposant parfois des plats plus consistants. Vous économiserez souvent de 10% à 20% en mangeant au bar plutôt qu'à une table. Les tables installées sur la *terraza*, à l'extérieur d'un café, d'un bar ou d'un restaurant, sont généralement plus chères.

Restaurants. Partout en Andalousie, de nombreux *restaurantes* préparent une nourriture simple et correcte à prix abordables et proposent souvent des spécialités locales. Il existe certains endroits très quelconques, voire déplorables, notamment dans les lieux fréquentés par les touristes.

Un *méson* est un restaurant sans prétention attenant à un bar, servant une cuisine familiale, tandis qu'un *comedor* est en général une salle à manger reliée à un bar ou à un hostal – où la nourriture est plutôt rudimentaire et l'addition très raisonnable. Une *venta* est habituellement une affaire familiale, par exemple une ancienne auberge en bordure de route ou en dehors des sentiers battus – c'est souvent délicieux et bon marché. Une *marisquería* est un restaurant de fruits de mer. Un *chiringuito* peut être soit un petit bar ou un kiosque en plein air, soit un restaurant plus conséquent au bord d'une plage.

Restaurants du monde et végétariens. L'Andalousie compte de nombreux restaurants chinois, le plus souvent quelconques mais bon marché. Certaines des plus grandes villes et stations balnéaires comportent d'autres restaurants asiatiques, notamment indiens. Les restaurants italiens sont répandus et plusieurs bons restaurants arabes sont installés à Málaga et à Granada.

Beaucoup de restaurants du monde proposent un plus grand choix pour les végétariens que les tables espagnoles, où la viande figure en bonne place. Il existe aussi quelques restaurants végétariens. Ailleurs, les salades sont un bon choix, de même que le *pisto,* une poêlée de courgettes, poivrons verts, oignons et pommes de terre.

Marchés. Les *mercados* (marchés) andalous sont très intéressants à voir. Achetez un assortiment de fruits, de légumes, de viandes froides ou de charcuteries, d'olives, de noix et de fromages, passez prendre du pain dans une boulangerie, choisissez une bouteille de vin dans un supermarché et allez pique-niquer dans le plus bel endroit à proximité. Si vous faites minutieusement vos courses, vous ferez un repas complet pour la somme modique de 500 ptas par personne.

Plats populaires

Ragoûts. Autrefois, le *cocido* ou ragoût, mélange de viande, de saucisse, de haricots et de légumes, était le plat de base de l'alimentation locale. Bien que sa préparation nécessite un temps fou, quand approche l'heure de la comida, il est encore fréquent de sentir monter une délicieuse odeur de pois chiches en train de mijoter dans les rues étroites des villages andalous. Le cocido peut constituer un repas complet en consommant d'abord le bouillon, suivi des légumes, puis de la viande.

Les spécialités andalouses de tapas

La *charcutería* ou les *chacinas* (charcuteries) figurent sur toutes les listes. Le *lomo embuchado*, saucisson d'échine de porc fumée (appelé aussi *caña de lomo* ou *cinta* en Andalousie), et le *chorizo*, saucisson du type salami, sont également très répandus. Les abats tels que *sesos* (cervelle), *callos* (tripes), *criadillas* (testicules de taureau ou d'agneau), *riñones* (rognons) et *hígado* (foie) peuvent être servis dans une petite marmite en terre, et frémissant dans une sauce tomate, tout comme les *albóndigas* (boulettes de viande ou de poisson). Les amateurs de viande apprécieront aussi les *croquetas* (croquettes au jambon) ou les *flamenquines* (veau ou jambon roulé et pané).

Les tapas de fruits de mer sont sans doute le point fort de la cuisine espagnole. Les meilleurs coquillages se dégustent dans le triangle du xérès de la *provincia* de Cádiz – les *conchas finas* (palourdes) de l'Atlantique, les *langostinos* (grosses langoustines), les *cangrejos* (petits crabes cuits entiers) ou les *búsanos* (escargots de mer ou buccins). Les *langostinos a la plancha*, grillés au gros sel, sont un régal pour les papilles.

La ville de Cádiz possède ses propres spécialités de tapas de fruits de mer. Ailleurs, vous savourerez des *boquerones* (anchois), des *mejillones* (moules), du *cazón en abado* et de la *pavía* (morceaux de poissons frits pré-assaisonnés et marinés), ainsi que des *puntillitas* (petites seiches frites) ou des *gambas al pil pil* (petites crevettes cuites à l'huile avec de l'ail et du piment).

Les olives rondes à la *manzanilla*, fourrées ou non d'anchois, sont quelquefois offertes par l'établissement. Il existe aussi de nombreuses tapas sous forme de salades telles que *pipirana* (à base de dés de tomates et de poivrons rouges), *salpicón* (la même chose avec des morceaux de fruits de mer), *ensaladilla* (salade russe), *espinacas con garbanzos* (épinards avec pois chiches), *Papas aliñas* (tranches de pommes de terre et œufs durs servis avec légumes farcis et vinaigrette) et *aliño* (tout aliment préparé en vinaigrette).

De nos jours, on prépare un ragoût plus simple, le *guiso*, qui se présente sous trois formes traditionnelles en Andalousie – *las berzas* (avec du chou et du bœuf ou du porc), *el puchero* (avec du bouillon de poulet et de bacon) et *los potajes* (avec des haricots secs et du chorizo).

Gazpacho. Le vrai *gazpacho*, plat typiquement andalou, est une soupe froide composée d'un mélange de tomates, de poivrons, d'oignons, d'ail, de miettes de pain, de citron et d'huile. Il est servi accompagné de petites assiettes de légumes crus coupés en morceaux, par exemple concombres et oignons. Plusieurs plats de la même famille consistent en soupes froides contenant de l'huile, de l'ail et des miettes de pain, comme le *salmorejo cordobés*, crème de gazpacho avec des œufs durs en garniture, typique de Córdoba, ou l'*ajo blanco con uvas*, soupe d'amandes et d'ail pilés avec des raisins, populaire dans la province de Málaga.

Le gazpacho est apparu en Andalousie grâce aux *jornaleros* – ouvriers agricoles journaliers – qui recevaient régulièrement des rations de pain et d'huile. Ils faisaient tremper le pain dans l'eau pour obtenir une base de soupe, puis ajoutaient de l'huile et de l'ail, ainsi que les légumes frais qu'ils avaient sous la main. Tous ces ingrédients étaient ensuite pilés. Le plat qui en résultait était relativement rafraîchissant et nourrissant.

Paella. Dans sa version andalouse, le plat espagnol le plus connu contient des fruits de mer et/ou du poulet. Sur la Costa del Sol, il est fréquent de mélanger des petits pois, des palourdes, des moules et des crevettes, ainsi qu'une garniture de poivrons rouges et de tranches de citron, tandis qu'à Sevilla et à Cádiz on ajoute plutôt des grosses crevettes et parfois du homard. La paella doit son nom à la grande poêle à deux anses dans laquelle elle est cuite – le mieux étant de le faire dehors, sur un feu de bois – et servie. Le riz absorbe le jus des autres ingrédients en cuisant tout doucement. Sa couleur d'un jaune éclatant vient traditionnellement du safran mais, dans la mesure où celui-ci coûte extrêmement cher, du *pimentón* (paprika) ou d'autres colorants naturels sont plus fréquemment employés. Beaucoup de restaurants ne servent la paella que pour un minimum de deux personnes, la préparation d'une seule portion ne justifiant pas l'effort nécessaire.

VIN

La production de vin espagnol a commencé en Andalousie lorsque les Phéniciens, qui fondèrent Cádiz vers 1100 av. J.-C., introduisirent la vigne. Le *vino* – *blanco* (blanc), *tinto* (rouge) ou *rosado* (rosé) – accompagne traditionnellement les repas.

En général, le vin reste à des prix raisonnables. Pour 500 ptas vous trouverez des bouteilles de qualité dans le commerce. Le *vino de mesa* (vin de table) revient à moins de 200 ptas le litre dans les boutiques.

Vous pouvez commander du vin à la *copa* (au verre) dans les bars et les restaurants. Le *vino de la casa* peut être tiré d'un tonneau et servi en pichet (environ 125 ptas le verre).

Terminologie du vin

L'Espagne exerçant un contrôle assez sérieux sur ses vins, vous pourrez vous faire une certaine idée de leur qualité en lisant l'étiquette. Les lettres DOC signifient *Denominación de Origen Calificada* (Appellation d'origine contrôlée), laquelle est accordée aux vins provenant de régions où une haute qualité de production a été maintenue en continu sur une très longue période. Si le Rioja, du nord de l'Espagne, a reçu pour l'instant la seule DOC, le Jerez (xérès) d'Andalousie ne devrait pas tarder à le rejoindre. La DO, *Denominación de Origen*, correspond à un échelon inférieur à la DOC. L'ensemble de l'Espagne compte environ 50 régions recevant l'appellation DO. Une étiquette portant la mention DOC ou DO indique qu'un vin a été produit selon certains critères contrôlés par des vignerons sérieux – bien que chaque DOC ou DO recouvre une large gamme de vins de qualités variables (en rapport généralement avec le prix).

Le *vino joven* doit être consommé immédiatement, tandis que le *vino de crianza* doit avoir été conservé pendant un minimum de temps : deux ans s'il s'agit de vin rouge, dont un minimum de six mois en fûts de chêne, et un an dans le cas du blanc ou du rosé. La *reserva* nécessite un plus long vieillissement – trois ans pour les rouges, deux ans pour les blancs et les rosés. La *gran reserva* est une appellation accordée à des crus particulièrement bons qui doivent avoir passé au moins deux ans en fût et trois ans en bouteille. Cela concerne principalement les vins rouges.

Xérès et Manzanilla

Le jerez (xérès) est produit dans les villes de Jerez de la Frontera, El Puerto de Santa María et Sanlúcar de Barrameda, ainsi que dans 5 autres régions de la province de Cádiz et à Lebrija, dans la province de Sevilla. La manzanilla (que les non-experts considèrent comme une autre sorte de xérès) n'est produite qu'à Sanlúcar de Barrameda. Les vignobles de xérès et de manzanilla s'étendent sur 103 km^2.

Cette production unique résulte à la fois du climat, des sols crayeux qui absorbent le soleil mais retiennent l'humidité et d'un procédé de vieillissement spécial, appelé système *solera* (voyez l'encadré *Le système Solera* dans le chapitre Provincia de Cádiz).

Le xérès est essentiellement connu sous deux désignations : *fino* (sec et de couleur paille, avec un degré d'alcool d'environ 15%) et *oloroso* (doux et de couleur sombre, d'un bouquet puissant et contenant 18% d'alcool). L'*amontillado* est un fino ambré modérément sec, au goût de noisette et au taux d'alcool plus élevé. La *manzanilla*, de couleur camomille, est un fino sec non liquoreux qui, dit-on, doit son parfum délicat aux brises marines qui soufflent jusque dans les *bodegas* (caves) de la région de Sanlúcar de Barrameda. Un oloroso mélangé à un vin doux donne une "crème de xérès", qui peut contenir jusqu'à 25% d'alcool. Le xérès, surtout le fino, accompagne merveilleusement de nombreuses tapas, mais aussi des plats. Une manzanilla est parfaite avec les fruits de mer, un amontillado avec la viande blanche et un oloroso avec la viande rouge et le gibier.

Un site Internet (www.sherry.org) propose une bonne introduction sur le xérès et ses producteurs.

Une fois les grappes de xérès récoltées, elles sont pressées, puis le moût qui en résulte est laissé à fermenter. Au bout de quelques mois, un voile mousseux de levure appelé *flor* apparaît à la surface. Le vin est fortifié et entreposé ensuite en cave dans de gros fûts en chêne américain.

Autres vins assimilés au xérès

La DO Montilla-Moriles s'étend dans la province de Córdoba, près des villes de Montilla et de Montiles principalement. Ce vin est similaire au xérès, mais il n'est pas liquoreux – le fino est le plus apprécié.

Le vin de Málaga

Doux et velouté, le Málaga Dulce a ravi les palais des grands de ce monde, de Virgile et Shakespeare aux ladies de l'Angleterre victorienne, dont il était la boisson favorite. Malheureusement, les vignobles ont été attaqués par le mildiou vers le début du XXe siècle, si bien que la région de DO Málaga est aujourd'hui la plus petite d'Andalousie avec seulement 9 km^2 de superficie.

Autres vins andalous

Pratiquement chaque village possède son propre vin – le vin campagnard bon marché est connu sous le simple nom de *mosto*. Outre les DO, huit autres régions produisent une gamme de bons vins caractéristiques que l'on peut goûter sur place. Ils ont pour noms Aljarafe et Los Palacios (province de Sevilla), Bailén, Lopera et Torreperogil (province de Jaén), Costa Albondón (province de Granada), Laújar de Andarax (province d'Almería) et Villaviciosa (province de Córdoba).

AUTRES BOISSONS
Bière

La façon la plus commune de commander une *cerveza* (bière) est de demander une *caña*, qui est une petite bière pression, ou un *tubo*, plus grand (environ 300 ml), qui est servi dans un verre droit. Si vous demandez simplement une cerveza, on vous servira probablement une bière en bouteille, qui est souvent plus chère. Une petite bouteille se dit *botellín* ou *quinto*, une plus grande *tercio* ou *media*. San Miguel, Cruzcampo et Victoria sont trois bonnes marques de bière andalouse.

Une *clara* est un panaché.

Boissons mélangées, liqueurs et spiritueux

La *sangría* est un punch au vin et aux fruits, agrémenté parfois de cognac. Rafraîchissante, elle peut toutefois provoquer des maux de tête. Vous en verrez des pichets sur les tables des restaurants, mais on trouve également de la sangría toute prête en bouteille à environ 300 ptas le litre et demi.

Le *coñac* (cognac espagnol), boisson populaire et bon marché, vient le plus souvent d'Andalousie – surtout des villes qui produisent du xérès, mais aussi de Málaga et de la province de Córdoba. Dans les bars, vous verrez des gens commencer la journée en prenant un café-cognac ou un verre d'*anís* (liqueur d'anis).

Les alcools produits en Espagne sont en général nettement moins chers que ceux importés de l'étranger. Le gin Larios de Málaga en est un bon exemple. Du *ron* (rhum) est produit à Málaga et à Motril (province de Granada), seules régions d'Europe à cultiver la canne à sucre.

L'Andalousie produit aussi une large gamme de *licores* (liqueurs). L'*aguardiente* est une liqueur incolore à base de raisin. Quand elle est rehaussée de graines d'anis, elle devient un *anís* ou un *anisado* (anisette). Le *pacharán* est une liqueur rouge faite avec des graines d'anis et des prunelles. Bien que ce ne soit pas une boisson spécifiquement andalouse, elle est ici très répandue – la marque la plus appréciée est Zoco

Boissons non alcoolisées

Café. Les amateurs devront préciser : un café *con leche* se compose de 50% de café et de 50% de lait chaud. Demandez-le *grande* ou *doble* si vous le voulez dans une grande tasse, en *vaso* si vous le préférez dans un verre ou *sombra* si vous le prenez avec beaucoup de lait. Un café *solo* est un café noir et un *cortado* un café avec un peu de lait.

Thé. Le *té* (thé) servi dans les bars et les cafés est souvent trop léger. Demandez-le *leche aparte* (le lait à part) si vous ne voulez pas vous retrouver devant une tasse d'eau laiteuse au milieu de laquelle flotte un sachet de thé. La plupart des établissements servent aussi du té de *manzanilla* (thé à la camomille). Les *teterías* (salons de thé de style islamique), devenues à la mode dans certaines villes, proposent toutes sortes de thés ainsi que des *infusiones* (tisanes).

Chocolat. Les Espagnols ont rapporté le chocolat du Mexique et l'ont adopté avec enthousiasme. Le chocolat chaud est servi onctueux et épais. Il arrive même quelquefois qu'il figure parmi les *postres* (desserts) sur la carte. En général, on le consomme au petit déjeuner accompagné de *churros* (voyez plus haut l'intitulé *Cuisine* dans cette rubrique spéciale).

Eaux minérales et jus de fruits. Le *zumo de naranja* (jus d'orange) est le jus de fruit frais pressé le plus courant, mais il revient aux alentours de 200 ptas le verre. Les boutiques proposent des jus de fruits en boîte variés et bon marché.

Les *refrescos* (rafraîchissements) comprennent les boissons internationales habituelles, des marques locales comme Kas et les plus coûteux *granizados* (jus de fruits glacés).

L'eau claire et froide qui coule des fontaines publiques ou du robinet est couramment bue par les Espagnols – assurez-vous toutefois qu'elle est potable. Au restaurant, si vous voulez une carafe d'eau, demandez de l'*agua de grifo*. D'innombrables marques proposent de l'*agua mineral* (eau minérale) en bouteille, soit *con gas* (gazeuse), soit *sin gas* (plate). Une bouteille d'eau plate d'un litre et demi coûte entre 60 et 125 ptas dans un supermarché.

Un *batido* est une boisson au lait parfumé ou un milk-shake. Une *horchata* (sirop d'orgeat), composée de jus de *chufa* (orge), de sucre et d'eau, a un goût délicat qui peut faire penser au lait de soja avec une pointe de cannelle. Vous en trouverez soit fraîche, soit en bouteille. La marque Chufi est délicieuse.

GLOSSAIRE

a la parilla – grillé
a la plancha – grillé sur une plaque chauffante
aceite – huile
aceituna – olive
adobo – marinade de vinaigre, sel, citron et épices, dans laquelle on fait mariner le poisson avant de le frire
aguacate – avocat
aguja – espadon
ahumado/a – fumé/e
ajo – ail
albóndiga – boulette de viande ou de poisson
alcachofa – artichaut
aliño – en vinaigrette
alioli – mayonnaise à l'ail
almejas – palourdes
almendra – amande
alubia – haricot
anchoa – anchois en boîte
apio – céleri
arroz – riz
asado – rôti
atún – thon

bacalao – morue salée, marinée avantd'être cuite.
beicon – bacon (souvent coupé en tranches fines et préemballé ; voir tocino)
berenjena – aubergine
bistek – tranche de steak mince
bocadillo – petit sandwich garni
bollo – petit pain
boquerones – anchois frais
butifara – grosse saucisse (à cuire)

caballa – maquereau
cabeza – tête
cabra – chèvre
cabrito – cabri
cacahuete – cacahuète
calabacín – courgette
calabaza – citrouille
caldereta – ragoût
caldo – bouillon
callos – tripes
calamares – calmars
camarón – crevette
cangrejo – crabe
caracol – escargot
carne – viande
carne de monte – viande de montagne : chevreuil ou sanglier
casero/a – cuisiné maison
caza – gibier
cazuela – marmite, ragoût
cebolla – oignon
cerdo – cochon, porc
cereza – cerise
chacinas – charcuteries
champiñones – champignons
chanquetes – petite friture (illégal, mais assez répandu)
chipirón – petit calmar
chirimoya – anone (fruit tropical)
choco – seiche
chorizo – saucisse rouge
chuleta – côtelette
churro – long beignet sucré
cigala – écrevisse
cocido – cuit ; ragoût
cocina – cuisine
codorniz – caille
col – chou
coliflor – chou-fleur
conejo – lapin
cordero – agneau
crudo – cru

dorada – daurade
dulce – friandise, dessert

embutidos – saucisses
empanada – chausson fourré
ensalada – salade
entremeses – hors-d'œuvre
escabeche – marinade d'huile, de vinaigre et d'eau,

dans laquelle on conserve du poisson ou des fruits de mer
espárragos – asperges
estofado – cuit à l'étouffée

faba – sorte de haricot
faisán – faisan
fideo – vermicelle
flamenquín – veau ou jambon pané
frito – frit
fritura – friture de fruits de mer
fruta – fruit

galleta – biscuit, galette
gamba – grosse crevette
garbanzo – pois chiche
gazpacho – soupe froide composée de tomates, poivrons, concombres, oignons, ail, citron et miettes de pain
gazpachos – plats de gibier à l'ail et aux herbes
girasol – tournesol
granada – grenade
gratinado/a – au gratin (avec du fromage râpé)
guindilla – piment fort
guisante – petit pois
guiso – ragoût

haba – fève
hamburguesa – hamburger
harina – farine
helado – glace
hierba buena – menthe
hígado – foie
higo – figue
hongo – champignon sauvage
horno – four
horneado – cuit au four
hortalizas – légumes
huevo – œuf

jabalí – sanglier
jamón (serrano) – jambon (fumé de montagne)
judías blancas – haricots blancs
judías verdes – haricots verts
langosta – langouste
langostino – langoustine
lechuga – laitue
legumbre – légume
lengua – langue
lenguado – sole
lentejas – lentilles
lima – citron vert
limón – citron
lomo – échine (de porc, à moins qu'il ne soit précisé autre chose – souvent le plat de viande le moins cher)

macarrones – macaroni
mandarina – mandarine
mantequilla – beurre
manzana – pomme
manzanilla – camomille ; c'est aussi une sorte de vin doux et une sorte d'olive
marisco – coquillage
mayonesa – mayonnaise
media-ración – moitié d'une ración
mejillones – moules
melocotón – pêche
merluza – colin
mermelada – marmelade
miel – miel
migas – plat simple à base de farine frite et d'eau
mojama – thon fumé
mollete – petit pain tendre et savoureux
montadito – petit pain garni, ou petit sandwich, ou tartine (toastés)
morcilla – boudin noir

naranja – orange
nata – crème
natilla – crème renversée
nuez – noix (pluriel : nueces)

olla – marmite
ostra – huître

paloma – pigeon
panecillo – petit pain
pasa – raisin sec
pastel – pâtisserie, gâteau

patatas a la pobre – patates à la pauvre – pommes de terre avec des poivrons et de l'ail
patatas bravas – pommes de terre frites épicées
patatas fritas – frites
pato – canard
pavía – beignet de poisson ou de fruits de mer
pavo – dinde
pechuga – blanc (de volaille)
peregrina – coquille Saint-Jacques
pescado – poisson
pescadilla – merlan
pez espada – poisson-épée
picadillo – hachis
pierna – gigot
pil pil – sauce à l'ail relevée parfois de piment
pimiento – poivron
pinchito – kebab style marocain
pincho – peut signifier soit pinchito, soit tapa
piña – ananas
pipirrana – salade de tomates et de poivrons rouges coupés en dés
pitufo – petite baguette garnie
plátano – banane
platija – flet (poisson plat)
potaje – **potage**
pollo – poulet
postre – dessert
puerro – poireau
pulpo – poulpe
puntillito/a – petit calmar, frit entier

queso – fromage

rabo (de toro) – queue (de taureau)
ración – portion de tapas équivalente à un plat
rape – baudroie
rebozado/a – en beignet
relleno – farci
revuelto de – œufs brouillés avec...
riñón – rognon
rosada – poisson-chat d'océan

salado – salé
salchicha – saucisse de porc fraîche
salchichón – saucisson
salmón – saumon
salmonete – rouget
sandía – pastèque
sardina – sardine
seco – sec, séché
sepia – friture de poissons
sesos – cervelle
seta – champignon sauvage
sobrasada – sorte de chorizo
solomillo – aloyau
sopa – soupe

tapa – amuse-gueule sur une soucoupe
tarta – tarte
ternera – veau, bœuf
tierno/a – tendre
tocino – bacon (en tranches épaisses ; voir beicon)
torta – tourte
tortilla – omelette
tortilla española – omelette aux pommes de terre
tostada – toast
trigo – blé
trucha – truite
trufa – truffe
turrón – nougat aux amandes
uva – raisin

vaca (carne de) – bœuf (viande de)
vegetariano/a – végétarien/ne
venado – gibier, venaison
venera – coquille Saint-Jacques
verdura – légume vert

yema – jaune d'œuf ou jaune d'œuf enrobé de sucre

zanahoria – carotte
zarzuela – ragoût de poissons

Comment s'y rendre

Depuis la France, vous trouverez des adresses, des témoignages de voyageurs, des informations pratiques et de dernière minute dans *Le Journal de Lonely Planet*, notre trimestriel gratuit (écrivez-nous pour être abonné), ainsi que dans le magazine *Globe-Trotters*, publié par l'association Aventure du bout du monde (ABM, 11, rue de Coulmiers, 75014 Paris, ☎ 01 45 45 29 29) qui organise des rencontres entre voyageurs (centre de documentation, projections…). Le site Internet d'ABM (www.abm.fr) rassemble une multitude d'informations. Le Centre d'information et de documentation pour la jeunesse (CIDJ, 101 quai Branly, 75015 Paris, ☎ 01 44 49 12 00) édite des fiches très bien conçues : "Réduction de transports pour les jeunes" n°7.72, "Vols réguliers et vols charters" n°7.74, "Voyages et séjours organisés à l'étranger" n°7.41. Il est possible de les obtenir par correspondance en se renseignant sur Minitel 3615 CIDJ. Les fiches coûtent entre 10 et 20 FF.

Le magazine *Job Trotter*, publié par Dakota Éditions (45, rue Saint-Sébastien, 75011 Paris, ☎ 01 55 28 37 00, fax 01 55 28 37 07), est une autre source d'informations sur les stages et les offres d'emplois en France et à l'étranger. L'abonnement à ce trimestriel revient à 20 FF par an.

Depuis la Belgique, la lettre d'information *Farang* (La Rue 12, 4261 Braives, ☎ 019 69 98 23) traite de destinations étrangères. L'association Wegwyzer (Beenhouwersstraat 9, B-8000 Bruges, ☎ 50-332 178) dispose d'un impressionnant centre de documentation réservé aux adhérents et publie un magazine en flamand, *Reiskrand*, que l'on peut se procurer à l'adresse ci-dessus.

En Suisse, Artou (Agence en recherches touristiques et librairie), 8, rue de Rive, 1204 Genève, ☎ 022-818 02 00 (librairie du voyageur) et 18, rue de la Madeleine, 1003 Lausanne, ☎ 021-323 65 54, fournit des informations sur tous les aspects du voyage. A Zurich, vous pourrez vous abonner au *Globetrotter Magazin* (Rennweg 35, PO Box, CH-8023 Zurich, ☎ 01-213 80 80) qui, au travers d'expériences vécues, renseigne sur les transports et les informations pratiques.

VOIE AÉRIENNE

L'Andalousie est bien reliée aux autres pays du continent et au reste de l'Espagne par voie aérienne, ferroviaire ou terrestre. Si vous partez d'Europe, l'avion sera bien souvent le mode de transport le plus avantageux. L'Andalousie connaît une haute saison de mi-juin à mi-septembre ainsi qu'à Pâques.

Aéroports et compagnies

Le principal aéroport de l'Andalousie est celui de Málaga. Certains vols internationaux ont pour destination Almería, Sevilla, Jérez de la Frontera et Gibraltar. L'aéroport de Granada ne dessert que des vols intérieurs mais vous pouvez gagner d'autres pays en effectuant une correspondance à Madrid ou à Barcelona.

Les compagnies nationales comme Air France, Swissair, Sabena et Iberia, qui desservent Málaga et parfois d'autres aéroports andalous, ne sont pas les plus économiques, mais certaines d'entre elles proposent actuellement des billets promotionnels.

D'autres compagnies régulières comme Air Liberté en France, ou Air Europa et Spanair en Espagne, desservent plusieurs pays européens et les États-Unis.

Les billets les moins chers correspondent à des vols charters. La plupart atterrissent à Málaga mais Almería est également desservie.

Si vous ne trouvez pas de billet adéquat pour un aéroport andalou, vous avez toujours la possibilité de prendre un vol jusqu'à Madrid, Barcelona ou Alicante et de terminer le trajet par la route.

Iberia assure le service intérieur entre les cinq aéroports andalous (sauf Gibraltar). D'autres compagnies espagnoles, Air

> **Attention**
>
> En raison de l'évolution constante du marché et de la forte concurrence régissant l'industrie du tourisme, les renseignements présentés dans ce chapitre restent purement indicatifs. En particulier, les tarifs des vols internationaux et les horaires sont toujours susceptibles d'être modifiés.
>
> De plus, l'administration et les compagnies aériennes semblent prendre un malin plaisir à concevoir des formules relativement complexes. Assurez-vous, auprès de la compagnie aérienne ou d'une agence de voyages, que vous avez bien compris les modalités de votre billet.
>
> Avant de vous engager, nous vous recommandons de vous renseigner auprès de votre entourage et de faire le tour des compagnies et des agences, en comparant les tarifs et les conditions proposés par chacune.

Europa, Spanair, Binter Mediterráneo, proposent davantage de vols intérieurs.

Billets

N'attendez pas la dernière minute pour vous procurer vos billets. Jetez un coup d'œil sur les publicités des journaux et magazines (ne négligez pas la presse espagnole disponible dans votre pays), et soyez attentif aux offres spéciales des compagnies aériennes. Appelez quelques agences de voyages pour obtenir leurs conditions puis, si vous le pouvez, consultez Internet ; nombre de sites annoncent des offres de billets pouvant être achetés en ligne au moyen d'une carte de crédit. Informez-vous sur les prix, itinéraires et restrictions. Dans tous les cas, ne vous précipitez pas et prenez votre décision uniquement après avoir consulté tous les prestataires sélectionnés.

Vous pouvez fréquemment obtenir des tarifs avantageux si vous voyagez en fin de semaine. Les étudiants titulaires de la carte internationale d'étudiant (ISIC) et les moins de 26 ans peuvent souvent bénéficier de tarifs spéciaux.

Une fois que vous aurez acheté votre billet, notez son numéro, le numéro de vol et autres détails. Ainsi, en cas de perte ou de vol, ces informations vous permettront d'obtenir un billet de remplacement.

Services particuliers

Si vous êtes dans une situation particulière – vous êtes végétarien, vous êtes accompagné d'un bébé, vous voyagez en fauteuil roulant ou avec un chien guidant les malvoyants – avertissez la compagnie à temps pour que des dispositions soient prises. Rappelez vos besoins au moment de la confirmation de la réservation et à l'enregistrement des bagages.

Les enfants de moins de 2 ans paient généralement 10% du tarif standard (ou voyagent gracieusement à bord de certaines compagnies), à condition qu'ils n'occupent pas de siège. Les enfants entre 2 et 12 ans occupent en général un siège moyennant la moitié ou les deux tiers du prix standard (le plein tarif pourrait leur être appliqué à bord des charters).

Taxe de sortie

Les tarifs des vols sont habituellement donnés taxes incluses, mais pas dans tous les cas. L'Espagne et Gibraltar facturent une taxe de sortie de 1 000 ptas et 7 £ respectivement, sur les vols à destination d'autres pays européens.

Depuis/vers la France

Certaines compagnies affichent des charters ou des vols à prix réduits aller et retour depuis Paris à destination de Málaga pour moins de 1 600 F.

Des agences de voyages pour étudiants peuvent proposer des billets à prix réduits aux voyageurs de tous âges. OTU Voyages (☎ 01 40 29 12 12, www.otu.fr) dispose d'un bureau central, 39, avenue Georges Bernanos, 75005 Paris, et de 42 antennes réparties dans toute la France.

Pour information, les agences de voyages en ligne suivantes proposent des billets d'avion à des prix très concurrentiels juste avant le départ : Dégriftour (3615 DT, www.degriftour.com/fr), Réductour (3615

RT, www.reductour.fr) et Travelprice (n° Indigo : 0 825 026 028, www.travelprice.fr).

Vous pouvez également vous adresser aux agences de voyages et compagnies suivantes :

Air France
119, avenue des Champs-Élysées, 75008 Paris
☎ 0 802 802 802, 3615/16 AF, www.airfrance.fr
Forum Voyages
28, rue Monge, 75005 Paris
☎ 01 53 10 50 50
Iberia
1, rue Scribe, 75009 Paris
☎ 0 802 07 50 73, 3615 Iberia
Nouvelles Frontières
87, bd de Grenelle, 75015 Paris
☎ 0 825 000 825, www.nouvelles-frontieres.fr
Voyageurs du Monde
55, rue Sainte-Anne, 75002 Paris
☎ 01 42 86 16 00

Depuis/vers la Belgique

Airstop
28, Wolvengracht, 1000 Bruxelles
☎ 70 23 31 88, www.airstop.be
Connections
Le spécialiste belge du voyage pour les jeunes et les étudiants. Plusieurs agences en Belgique :
Rue du Midi, 19-21, 1000 Bruxelles
☎ 2 550 01 00, 2 512 94 47
Avenue Adolphe-Buyllaan, 78, 1050 Bruxelles
☎ 2 647 06 05
Nederkouter, 120, 9000 Gand
☎ 9 223 90 20
Rue Sœurs-de-Hasque, 7, 4000 Liège
☎ 4 223 03 75, 4 223 60 10
Éole
Chaussée de Haecht, 43, 1210 Bruxelles
☎ 2 227 57 80, fax 2 219 90 73
Iberia
Aéroport Zaventem, comptoir Iberia
☎ 0 802 07 50 73
Sabena
2, Emmanuel Mounierlaan, Sint Lambrechts Woluwe, 1200 Bruxelles
☎ 2 770 56 97

Depuis/vers la Suisse

Jerrycan
11, rue Sauter, 1205 Genève
☎ 22 346 92 82, fax 22 789 43 63
SSR
Coopérative de voyages suisse. Propose des vols à prix négociés pour les étudiants jusqu'à 26 ans et des vols charters pour tous (tarifs un peu moins chers au départ de Zurich).
20, bd de Grancy, 1006 Lausanne
☎ 21 617 56 27
3, rue Vigner, 1205 Genève
☎ 22 329 97 33

Depuis/vers le Canada

Canada 3 000 affrète des vols allers-retours depuis Toronto jusqu'à Málaga et propose des prix intéressants (800 \$C). En dehors de ces offres, les meilleurs tarifs adultes pour des allers-retours Montréal ou Toronto-Málaga se situent entre 1 100 \$C et 1 500 \$C, selon la saison. Ces vols combinent Air Canada, Canadian Airlines et diverses grandes compagnies européennes et américaines, et prévoient un changement à Madrid ou dans une autre capitale européenne. Pour les vols au départ de Vancouver, il faut compter environ 250 \$C de plus.

Le principal organisme de voyage pour étudiants canadiens, Travel CUTS (www.travelcuts.com), connu au Québec sous le nom de Voyages Campus, possède des comptoirs dans toutes les grandes villes. Autrement, consultez les annonces dans le *Globe & Mail*, le *Toronto Star*, la *Montreal Gazette* et le *Vancouver Sun*. Vous pouvez également rejoindre les sites Internet d'organismes basés aux États-Unis comme Council Travel (☎ 800 226 8624, www.counciltravel.com), Spanish Heritage Tours (☎ 800 456 5050, www.shtours.com), ou STA Travel (☎ 800 777 0112, www.statravel.com).

Pour toute information sur les vols courriers au départ du Canada, contactez FB Onboard Courier Services (☎ 514-631 2077 à Toronto). Airhitch propose des billets sans garantie au départ de certaines villes du pays.

Vous trouverez ci-dessous, à titre indicatif, quelques adresses pour commencer vos recherches :

Funtastique Tours
8060, rue Saint-Hubert, Montréal, Québec H2 R 2P3
☎ 514 270-3186
Travel Cuts – Voyages Campus
225, Président Kennedy PK-R206, Montréal,

Quelques numéros utiles

Air Europa
Espagne : ☎ 902 40 15 01
France : ☎ 01 42 97 40 00

Binter Mediterráneo
Espagne : ☎ 902-40 05 00

Canada 3000
www.canada3000.com
Espagne : ☎ 727-535 2004
Canada : ☎ 888-CAN 300

easyJet
www.easyjet.com
Espagne : ☎ 902 29 99 92

Go
www.go-fly.com
Espagne : ☎ 901 33 35 00

Iberia
www.iberia.com
(France : www.iberia.fr)
Espagne : ☎ 902-40 05 00
Canada : ☎ 800 772 4642
France : ☎ 08 02 07 50 75

Regional Air Lines
Gibraltar : ☎ 79300
Maroc : ☎ 02-538080

Royal Air Maroc
Espagne : ☎ 902 21 00 10
Maroc : ☎ 02-31 41 41

Spanair
www.spanair.com
Espagne : ☎ 902 13 14 15

Québec H2X3Y8
☎ (514) 281 66 62, fax (514) 281 80 90
2085, avenue Union, suite L-8, Montréal, Québec H3 A 2C3
☎ (514) 284-1368 (boîte vocale)
187 College St, Toronto M5T 1P7
☎ 416 979-2406

Depuis/vers le Maroc
Iberia et Royal Air Maroc effectuent quotidiennement la liaison Málaga-Casablanca. Les allers-retours se situent aux alentours de 40 000 ptas avec Iberia et débutent à 33 900 ptas sur Royal Air Maroc. Les Regional Air Lines assurent tous les jours des vols directs au départ de Málaga vers Casablanca et Tanger, et de Gibraltar à Casablanca (104 £GB aller-retour) pratiquement tous les jours.

La compagnie espagnole Binter Mediterráneo rallie Marrakech depuis Granada et Málaga pour environ 30 000 ptas aller et retour, et Melilla, l'enclave espagnole sur la côte marocaine, au départ de Málaga, Almería et Granada, pour 13 000 à 16 050 ptas aller-retour selon l'aéroport de départ.

Depuis/vers le reste de l'Espagne
Le choix de l'avion peut se justifier si vous êtes pressé, spécialement pour les longs trajets ou les allers et retours.

Iberia. La compagnie nationale Iberia assure des vols quotidiens depuis Madrid et Barcelona vers tous les aéroports andalous ainsi que de Bilbao et Valencia à Sevilla. Une filiale d'Iberia, Binter Mediterráneo relie sans escale Valencia à Málaga (mais seulement dans ce sens). Le billet le plus intéressant sur Iberia est l'"Estrella", qu'il faut acheter au moins 2 jours avant le départ et utiliser au retour entre 4 et 14 jours après le départ. Pour des séjours plus longs, il vous faut un "Supermini", acheté au moins 4 jours à l'avance. Les prix des Estrella/Supermini/aller simple s'élèvent respectivement à 15 000/19 150/15 950 ptas pour un Madrid-Sevilla, 25 300/30 600/25 750 ptas pour un Barcelona-Málaga. En hiver, vous avez des chances de bénéficier de tarifs spéciaux (14 500 ptas par exemple l'aller/retour sur ces destinations et d'autres encore).

Autres compagnies aériennes. Les trajets sans escale que propose Air Europa comprennent Madrid-Málaga, Madrid-Jerez, Barcelona-Sevilla et Bilbao-Málaga. Spanair organise des vols directs vers Málaga et Sevilla au départ de Madrid et Barcelona. Ces deux compagnies permettent des connexions à Madrid desservant de nombreuses autres villes espagnoles. Leurs tarifs sont les mêmes que ceux d'Iberia mais cela vaut la peine de consulter leurs offres spéciales : sur Air Europa, par exemple, vous pouvez effectuer un Barcelona-Sevilla (environ 16 500/18 500 ptas) ou un Madrid-Málaga aller simple/aller-retour (environ 12 500/16 500 ptas).

Tarifs jeunes. Essayez de contacter l'organisme de voyage pour les jeunes et les étudiants usit Unlimited (☎ 902 25 25 75) qui possède des bureaux à Sevilla et Granada (voyez les rubriques sur les villes) ou un site sur Internet (www.unlimited.es).

VOIE TERRESTRE

Si vous voyagez par voie terrestre, vérifiez si vous devez obtenir les visas des pays que vous avez l'intention de traverser.

Ouvert par Deutsche Bahn (les chemins de fer allemands), un excellent site Internet (http://bahn.hafas.de) fournit toutes informations sur les horaires des trains européens.

Depuis/vers la France

Bus. Eurolines (à Paris ☎ 01 49 72 57 80) assure des liaisons en bus vers plusieurs villes d'Andalousie. Les départs sont possibles depuis de nombreuses villes en France. Un aller simple/aller-retour Paris-Granada (24 heures) revient à peu près à 800/1 300 F (700/1 200 F pour les moins de 26 ans ou les plus de 60 ans). Consultez également son site Internet (www.eurolines.fr).

Train. La plupart des trains se dirigent vers Irún, sur la baie de Biscay, ou Portbou, sur la côte méditerranéenne, et nécessitent une correspondance (en général à Madrid). De toutes les liaisons quotidiennes Paris-Madrid, la plus pratique et la plus chère est celle assurée par le "Francisco de Goya" qui relie la gare d'Austerlitz à celle de Chamartin. Il s'agit d'un train couchette exclusivement (l'aller simple/aller-retour en 2e classe vaut environ 700/1 200 F). Des options moins chères existent mais il faut changer de train au moins une fois entre Paris et Madrid.

Les trains au départ de Madrid (en général depuis la gare d'Atocha) vous mèneront dans la plupart des grandes villes andalouses en quelques heures, moyennant 3 600 à 9 900 ptas.

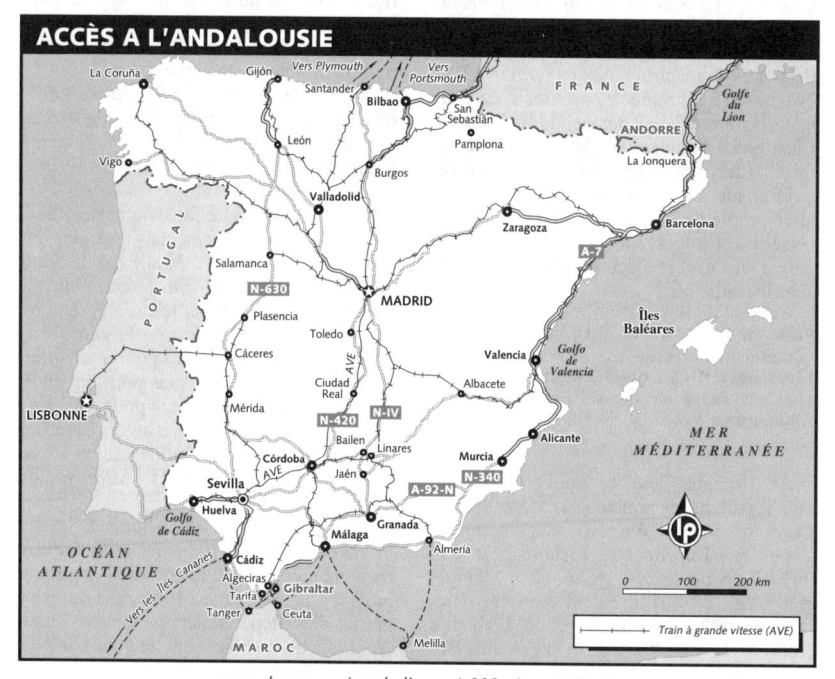

cours de conversion de l'euro 1 000 ptas = 6,01 €

Voiture et moto. La plupart des routes nationales françaises menant en Espagne passent par San Sebastián et Barcelona de chaque côté des Pyrénées. Les routes sont bonnes à partir des deux frontières (pour en savoir plus sur le passage des péages, voir plus loin la rubrique *Depuis/vers le reste de l'Espagne*).

Bicyclette. Le printemps, le début de l'été et l'automne sont les meilleures saisons pour découvrir l'Andalousie à bicyclette. Les vélos peuvent être présentés à l'enregistrement des bagages à l'aéroport. Demandez confirmation à l'avance auprès de votre compagnie aérienne, de préférence avant l'achat de votre billet.

Depuis/vers le Portugal

Vous ne croiserez généralement pas les agents des douanes ni ceux du bureau de l'immigration aux deux principaux passages de la frontière entre le Portugal et l'Andalousie – Vila Real de Santo António/Ayamonte et Ficalho/Rosal de la Frontera.

Bus. Les Transportes Agobe (☎ 958 63 52 74), basés à Almuñecar, provincia de Granada, assurent 3 liaisons hebdomadaires de Lisbonne à Granada (13 heures) *via* Albufeira, Huelva, Sevilla, Málaga, Almuñecar et Granada, chacune desservant Porto. Un aller simple de Lisbonne à Sevilla/Granada revient à 4 800/8 300 ptas. Les points de départ et de vente des billets au Portugal sont les suivants :

Porto (☎ 22-208 47 07) Viagens Resende, Rua Carmelitas 7
Lisbonne (☎ 21-796 61 48) Viagens Samar, Avenida do Brasil, au coin de l'Avenida Roma
Albufeira (☎ 289-58 04 70), Rua 1º Dezembro 32

En Espagne, les bus de la compagnie Agobe partent des principales gares routières. Consultez son site Web (www.agobe.es).

Les bus Eurolines (à Lisbonne, ☎. 21-357 17 45 ou ☎ 21-315 26 44, à Málaga, ☎ 95 223 23 00) circulent dans les deux sens entre la gare routière de Lisbonne Rodoviaria Arco do Cego et la gare routière de Málaga (15 heures) *via* Elvas, Badajoz, Sevilla (Plaza de Armas), Cádiz (Viajes Rico, Glorieta Ingeniero La Cierva), Algeciras et la Costa del Sol, de 2 à 4 fois par semaine. L'aller simple Lisbonne-Sevilla/Málaga coûte 4 800/8 150 ptas. Les moins de 26 ans et les plus de 60 ans bénéficient d'une réduction de 20%. Retrouvez Eurolines sur Internet (www.eurolines.es).

Au départ de Sevilla (Plaza de Armas), la ligne Casal relie 2 fois par jour Rosal de la Frontera à la frontière *via* Aracena. A l'arrivée, vous pouvez monter à bord d'un bus portugais à destination de Serpa et au-delà.

Les Transportes EVA, au Portugal, et Damas, en Espagne, effectuent un service conjoint 2 fois par jour dans les deux sens entre Lagos (gare routière EVA, Rossio de São João, ☎ 282-76 29 44) et Sevilla (Plaza de Armas) *via* Albufeira et Huelva. Le trajet Lagos/Sevilla dure 4 heures 30 et vous revient à 2 135 ptas. Les mêmes compagnies assurent toute l'année 2 services quotidiens (sauf le dimanche d'octobre à mars) entre Faro (Avenida da República 5, ☎ 289-89 97 60) et Huelva *via* Tavira, Vila Real de Santo António et Ayamonte.

Alcotan/Intersul (à Sevilla, ☎ 95 490 11 60) relie Lagos à Sevilla (Plaza de Armas) dans les deux sens 4 à 6 fois par semaine. Comptez 6 heures de trajet pour 2 600 ptas.

Train. Aucune ligne ferroviaire ne relie le Portugal à l'Andalousie, mais les trains longent l'Algarve jusqu'à Vila Real de Santo António, où un ferry vous attend pour traverser le Río Guadiana jusqu'à Ayamonte en Andalousie, à 50 km de la gare ferroviaire de Huelva (525 ptas pour une voiture et son conducteur, 250 ptas pour une moto avec son pilote et 135 ptas pour les autres passagers adultes ou les passagers à pied). Il est possible de se rendre de Lagos à Vila Real *via* Tunes ou Faro (5 liaisons quotidiennes).

Vous pouvez aller de Lisbonne à Sevilla, ou inversement, en 16 heures avec une correspondance (et une attente de 4 heures la nuit) à Cáceres dans l'Extremadura espagnole. Les départs depuis la gare Santa Apolónia de Lisbonne ont lieu quotidiennement à environ 22h. Un aller Sevilla-Lisbonne en 2e classe coûte environ 7 000 ptas.

Voiture et moto. Depuis Lisbonne, prenez la direction de Beja et Serpa et traversez la frontière au niveau de Rosal de la Frontera. Empruntez la N-433 qui mène à Sevilla (160 km) *via* Aracena. Depuis l'Algarve, un pont moderne traverse le Río Guadiana juste au nord de Vila Real de Santo António.

Ailleurs en Europe

Les bus Eurolines se rendent en Andalousie depuis l'Allemagne et la Suisse (appelez en Allemagne le ☎ 069-790350, www.eurolines.es). Des trains directs circulent au moins 3 fois par semaine depuis Genève, Berne, Zürich, Turin et Milan jusqu'à Barcelona, où les voyageurs changent pour un train à destination de l'Andalousie.

Depuis/vers le reste de l'Espagne

Vous pouvez vous rendre en Andalousie en une journée, quels que soient l'endroit où vous vous trouvez et le mode de transport dont vous disposez (bus, train, véhicule privé). Sur certains trajets longue distance, le bus est plus économique et/ou rapide que le train mais ce n'est pas toujours le cas.

Bus. Des bus desservent quotidiennement les grandes villes andalouses mais aussi de moins grandes, au départ de Madrid, depuis l'Estación Sur de Autobuses (☎ 91 468 42 00), Calle Méndez Álvaro (métro : Méndez Álvaro). A Barcelona, des bus pour l'Andalousie quittent l'Estación del Nord (☎ 93 265 65 08), Carrer d'Alí Bei 80. D'autres rallient aussi Sevilla depuis l'Extremadura, la Galicia et la Castilla y León.

Voici quelques horaires et tarifs pour des allers simples sur des trajets en bus à l'intérieur de l'Espagne :

Départ	Destination	Prix (ptas)	Durée (h)
Barcelona	Granada	7 915	13-14
Cáceres	Sevilla	2 200	4
Madrid	Málaga	2 650	6

Train. Les trains grandes lignes de la RENFE sont généralement fiables et rapides. Le plus véloce est l'AVE, qui parcourt les 471 km séparant Madrid de Sevilla *via* Córdoba en 2 heures 15 à 2 heures 30, atteignant jusqu'à 280 km/h. Si un train

Distances routières (km)

	Almería	Barcelona	Bilbao	Cádiz	Córdoba	Gibraltar	Granada	Huelva	Jaén	Madrid	Málaga	Sevilla
Almería	---											
Barcelona	809	---										
Bilbao	958	620	---									
Cádiz	484	1284	1058	---								
Córdoba	332	908	796	263	---							
Gibraltar	346	1124	1110	127	314	---						
Granada	166	868	829	355	166	256	---					
Huelva	516	1140	939	219	232	291	350	---				
Jaén	228	804	730	367	104	336	99	336	---			
Madrid	563	621	395	663	400	714	434	632	335	---		
Málaga	219	997	939	265	187	127	129	313	209	544	---	
Sevilla	422	1046	933	125	138	197	256	94	242	538	219	---

cours de conversion de l'euro 1 000 ptas = 6,01 €

Cartes de réduction ferroviaires

Les cartes ferroviaires permettant d'effectuer un nombre illimité de voyages au cours de périodes variables constituent une bonne solution pour certains, mais évaluez bien auparavant la fréquence de vos déplacements. Les cartes ne comprennent pas le couchage dans le train et leurs titulaires doivent payer 500 ptas à chaque réservation de place assise en Espagne, ce qui est recommandé sur tous les trains longue distance et même obligatoire sur certains.

Eurail et Europass. Ces cartes s'adressent aux personnes résidant hors d'Europe. Les passes Eurail sont identiques aux InterRail mais seulement valables dans 17 pays. Une carte Europass ressemble davantage à une Eurodomino en ce qu'elle donne droit à un certain nombre de jours de voyage – de 5 à 15 jours en 2 mois dans différents pays. Un Europass de 15 jours pour l'Espagne, la France, l'Italie, l'Allemagne et la Suisse coûte 513/728 $US pour les moins/plus de 26 ans. Que ce soit avec Eurail ou Europass, un supplément de 1 500 ptas est exigé sur l'AVE ou le Talgo 200.

Euro<26 et Explorer Rail. L'Euro<26, une carte jeune européenne pour les moins de 26 ans, appelée Carnet Joven en Espagne, donne droit à 20% de réduction sur les *largo recorrido* (longs-courriers) espagnols et les trains régionaux, et de 25 à 40% sur les liaisons rapides en AVE et Talgo 200.

Les titulaires d'une carte Euro<26 et les titulaires d'une ISIC de moins de 30 ans peuvent acheter une carte Explorer Rail, permettant des voyages illimités sur tous les trains espagnols sauf les *cercanías*, les trains internationaux et l'Euromed Barcelona-Alicante. Son prix est de 19 000/23 000/30 000 ptas pour 7/15/30 jours. Vous l'obtiendrez dans les agences de voyages accréditées, y compris usit Unlimited (tél. 902 32 52 75, www.unlimited.es) qui possède des bureaux dans de nombreuses villes d'Espagne.

EuroDomino. Cette carte s'adresse aux résidents européens. Elle permet d'effectuer de 3 à 8 jours de voyage en 1 mois dans 29 pays. Voyager 8 jours en Espagne en 2e classe revient à environ 1 200/1 600 FF pour les moins/plus de 26 ans. EuroDomino offre 25% de réduction

---

AVE accuse plus de 5 minutes de retard pour des raisons imputables à la RENFE, vous serez remboursé : ne vous emballez pas, cela n'arrive que très rarement !

Pour obtenir des informations sur les trains, rendez-vous dans les gares ou dans les billetteries RENFE du centre-ville. Vous pouvez les joindre par le biais de leur numéro national d'information et de réservation au ☎ 902 24 02 02 ou sur leur site Internet (www.renfe.es), où vous trouverez tous les horaires et les tarifs.

La carte intitulée "Accès à l'Andalousie" détaille les itinéraires des chemins de fer depuis les autres régions d'Espagne jusqu'en Andalousie.

Trains de jour. Les termes *grandes líneas* et *largo recorrido* (longue distance) renvoient à des trains parcourant des distances de 400 km et plus. La plupart disposent de voitures de 1re et 2e classe et généralement aussi d'une cafétéria. Les trains inter-régionaux standard s'appellent *diurnos*. Les autres, plus confortables, les InterCity, s'arrêtent moins souvent et sont un peu plus chers. Dans la catégorie supérieure, montez à bord du Talgo 200, qui emprunte la ligne à grande vitesse AVE sur une partie du trajet entre Madrid et des villes comme Málaga, Cádiz, Huelva ou Algeciras.

Prendre l'AVE sur la ligne Madrid-Córdoba-Sevilla est l'option la plus chère. Même en classe turista, la plus économique, les passagers ont à leur disposition des films vidéo, des téléphones, des jeux pour les enfants et des équipements adaptés aux handicapés.

Cartes de réduction ferroviaires

sur les voyages jusqu'à la frontière espagnole. Sur l'AVE ou le Talgo 200 un supplément de 1 500 ptas est exigé.

InterRail. Les cartes InterRail s'adressent aux personnes résidant dans tout pays européen et permettent de voyager de façon illimitée en 2e classe pendant 22 ou 30 jours consécutifs. La formule de 22 jours dans une zone InterRail, par exemple en Espagne, au Portugal et au Maroc, revient à environ 1 240/1 800 FF pour les moins/plus de 26 ans. Un billet valable 30 jours sur deux zones (qui vous emmène de Suisse ou de Belgique en Espagne) coûte 1 640/2 300 FF. Cette carte vous donne également droit à des réductions en train depuis/jusqu'à votre zone et à 30% sur les ferries Transmediterránea entre l'Andalousie et Tanger, Ceuta et Melilla, mais n'est pas valable sur l'Eurostar depuis Londres. Sur l'AVE ou le Talgo 200, comptez un supplément de 1 500 ptas.

Rail Europ Senior. Ce passe permet aux plus de 60 ans d'obtenir jusqu'à 30% de réduction sur les voyages en train qui vous font traverser au moins une frontière.

Tarifs aller-retour et enfants. Un aller/retour en Espagne est généralement moins cher de 20% par rapport à deux allers simples, si votre retour s'effectue sous 60 jours. Les enfants de moins de 4 ans voyagent gratuitement dans les trains espagnols. De 4 à 11 ans, ils bénéficient d'une remise de 40% sur les places assises et les couchettes.

Le Flexipass espagnol. Cette carte pour les résidents non européens, également appelée Tarjeta Turística, est valable pour 10 jours de voyage au cours d'une période de 2 mois et sur tous les trains espagnols. Pour les moins/plus de 26 ans, un passe coûte 2 950/4 210 FF. Sur l'AVE ou le Talgo 200 un supplément de 1 500 ptas est à prévoir, mais vous obtenez 20% de remise sur les ferries Algeciras-Tanger. Le Flexipass est vendu dans les agences de voyages en dehors de l'Europe, dans quelques gares principales et comptoirs RENFE en Espagne, y compris la gare de Santa Justa à Sevilla.

Les *regionales* et les *cercanías* sont des trains locaux circulant sur de plus courtes distances – voyez le chapitre *Comment s'y rendre*.

Trains de nuit. Le plus ordinaire, l'*estrella*, comprend généralement des places assises, des couchettes et des wagons-lits. Le *tren-hotel* est un train-couchette aérodynamique, confortable et cher. La 1re classe est appelée *gran clase* et la 2e classe *turista*.

Les couchettes ou *literas* sont constituées de lits pliants (en général 6 par compartiment). Le tarif de base de 1 500 ptas s'ajoute au prix du billet de 2e classe. Si vous souhaitez davantage de confort, plusieurs possibilités vous sont offertes, de la cabine commune à la luxueuse cabine individuelle, les prix variant en fonction de la distance parcourue.

Réservations. Sur la plupart des trains, il est inutile de réserver à l'avance mais, pour être sûr d'avoir une place, cela est préférable. Les réservations s'effectuent dans les gares ou aux comptoirs RENFE ainsi que dans de nombreuses agences de voyages, sans oublier Internet (pour l'AVE, le Talgo 200 et le TRD) sur le site RENFE (www.renfe.es). Au moment où nous rédigions ce guide, les réservations sur ce site n'étaient possibles qu'en espagnol – votre billet est ensuite à retirer à bord du train ou à la gare de départ.

Vous n'avez en général rien à payer, quel que soit le mode de réservation.

Coûts. La variété des prix est aussi déroutante que la multitude des trains. Économiser 2 ou 3 heures de voyage en optant pour

cours de conversion de l'euro 1 000 ptas = 6,01 €

un train rapide peut coûter beaucoup plus cher. Les tarifs cités dans ce guide correspondent à des billets standard en 2ᵉ classe.

Le tarif dépend tout d'abord du type de train. Parmi les trains de jour longue distance, vous avez généralement le choix entre 1ʳᵉ et 2ᵉ classe (appelées *turista* et *preferente* sur les trains les plus chers). L'AVE possède également une super 1ʳᵉ classe baptisée *club*. A bord des trains de nuit, vous avez le choix parmi toute une variété de sièges en 1ʳᵉ ou 2ᵉ classe, de couchetttes et parfois de *camas* (wagons-lits).

Dans certains cas, en particulier sur l'AVE et le Talgo 200, le prix dépend également de l'heure de départ. Les horaires les moins chers correspondent aux *valle* et les plus chers aux *llano*.

Le tableau ci-dessous montre l'exemple du trajet Madrid-Sevilla :

train	classe	prix (ptas)	durée (h)
Trenhotel	1ʳᵉ	6 600	3 heures 45
Talgo	2ᵉ/1ʳᵉ	7 300/10 200	3 heures 15
Talgo 200	2ᵉ/1ʳᵉ	8 300/12 000	3 heures 15
AVE (valle)	2ᵉ/1ʳᵉ	8 400/12 200	2 heures 30
AVE (llano)	2ᵉ/1ʳᵉ	9 900/14 400	2 heures 30

Voici d'autres exemples d'allers simples en 2ᵉ classe ou turista, à l'intérieur de l'Espagne :

départ	destination	prix (ptas)	durée (h)
Madrid	Málaga	4 700-8 200	4-11 heures 30
Barcelona	Granada	6 100-6 500	12 heures 30
Cáceres	Sevilla	2 245	5 heures 45

Voiture et moto. Les principales routes espagnoles sont en bon état. Il serait possible de se rendre de Málaga à Barcelona en 8 heures mais prévoyez plutôt 11 ou 12 heures de voyage.

La N-IV est la principale route nationale reliant Madrid à Córdoba, Sevilla et Cádiz. A Bailén, des embranchements sur la N-IV permettent de se rendre à Jaén, Granada, Almería ou Málaga. Une autre route, la N-401, qui devient la N-420, va de Madrid à Córdoba *via* Toledo et Ciudad Real.

Si vous avez emprunté le ferry jusqu'à Santander ou Bilbao, le chemin le plus court consiste à prendre la direction de Burgos, d'où il vous reste à parcourir une ligne droite de 240 km pour atteindre Madrid. La principale route reliant Bilbao à Burgos est payante (2 000 ptas).

La A7 descend de La Jonquera, sur la frontière française, jusqu'à Murcia en longeant la côte. Entre La Jonquera et Alicante, comptez environ 7 000 ptas de frais d'autoroute. Les autres routes, non payantes, sont encombrées et lentes. A Murcia, la N-340, que vous pouvez emprunter gratuitement, se substitue à la route principale et conduit à Almería et Málaga. La bifurcation de la A-92-N permet de rejoindre Granada et Málaga.

La N-630 descend depuis Gijón, sur la côte nord espagnole, vers Sevilla, en traversant la Castilla y León et l'Estremadura.

Reportez-vous au chapitre *Comment circuler* pour plus d'informations sur la conduite en Espagne.

Documents et formalités. Si vous voyagez avec votre propre véhicule, munissez-vous d'un justificatif de propriété, d'un contrôle technique et d'une attestation d'assurance. Reportez-vous à la rubrique *Visas et formalités complémentaires* dans *Renseignements pratiques* pour plus d'informations sur les permis de conduire. Une assurance véhicule au tiers est le minimum requis en Espagne et en Europe. Si vous n'êtes pas ressortissant d'un pays de l'Union européenne, de la Suisse ou de la Norvège, vous devez obligatoirement détenir une carte verte, document international délivré par votre assureur. Procurez-vous également un formulaire européen de constat d'accident : cela simplifierait les choses le cas échéant. Enfin, il peut être bon d'investir dans une assistance dépannage.

Tout véhicule traversant une frontière européenne doit porter une plaquette mentionnant son pays d'immatriculation. En Espagne, il doit aussi obligatoirement être pourvu de deux triangles de présignalisation (à utiliser en cas de panne). Il est recommandé d'être muni d'une trousse de premiers secours, d'un coffret d'ampoules de rechange et d'un extincteur.

Location de véhicules. Les grandes compagnies internationales dont Avis, Budget, Europcar, Hertz et National proposent des véhicules en bon état de marche et des services fiables. En général, il est plus économique de réserver avant le départ, ou même d'appeler depuis l'Espagne une antenne basée dans votre pays d'origine plutôt que de louer un véhicule auprès d'un bureau andalou.

Reportez-vous à la rubrique *Voiture et moto* dans le chapitre *Comment circuler* pour des renseignements pratiques concernant la conduite en Espagne.

En stop. Voyager en stop n'est jamais complètement sûr et nous ne vous recommandons pas d'y recourir. Même s'ils sont rares, les incidents peuvent avoir de graves conséquences. Les femmes seules devraient éviter de faire du stop et les hommes seraient bien avisés de voyager à deux et de prévenir quelqu'un de leur destination.

Il est illégal de faire du stop sur les meilleures routes espagnoles – *autopistas* et *autovías*. Sur la majorité des autres routes, l'opération s'avère difficile. Vous pouvez essayer aux postes de péages sur les autoroutes. Choisissez un endroit où les voitures peuvent s'arrêter en toute sécurité, avant les bretelles par exemple. Vous pouvez aussi vous poster sur des routes moins importantes mais l'attente risque d'être plus longue.

Il existe une ou deux associations, comme Compartecoche à Sevilla (reportez-vous à la rubrique *Comment s'y rendre* du chapitre *Provincia de Sevilla*), qui proposent des services de stop moyennant une participation aux frais d'essence et une somme minime.

Bicyclette. Si vous en avez assez de pédaler, vous pouvez envisager de prendre votre vélo dans le bus (on vous demandera généralement de retirer la roue avant). Pour le train, en revanche, il faut remplir plusieurs conditions. Sur les trajets longue distance, il faut voyager de nuit en wagon-lit ou en couchette, mais aussi démonter les pédales et ranger votre vélo dans un logement prévu à cet effet.

Depuis/vers le Maroc

Eurolines (à Málaga, ☎ 95 223 23 00, à Granada, ☎ 958 15 75 57, à Casablanca, ☎ 02-44 81 08, à Tanger, ☎ 09-93 11 72) assure plusieurs liaisons hebdomadaires depuis Córdoba, Granada, Málaga et la Costa del Sol jusqu'à Casablanca, Marrakech, Fès et d'autres points du Maroc par les ferries Algeciras-Tanger. Un aller simple/aller-retour Granada-Casablanca coûte 10 200/17 300 ptas.

Il est possible de charger son véhicule sur le ferry au départ de plusieurs ports andalous (pour plus de détails, voyez la rubrique *Voie maritime*).

VOIE MARITIME
Depuis/vers le Maroc

Vous pouvez prendre le bateau depuis Almería, Málaga, Algeciras, Gibraltar, Tarifa ou Cádiz jusqu'à Tanger, Ceuta ou Melilla (enclaves espagnoles sur la côte marocaine). Toutes ces traversées prennent les passagers et les véhicules.

Les moins chères sont celles qui franchissent le détroit de Gibraltar depuis Algeciras, Tarifa ou Cádiz. Le port connaissant le trafic le plus dense est celui d'Algeciras. En général, au moins 20 traversées quotidiennes ont lieu depuis Algeciras vers Tanger (1 à 2 heures 30) et 40, voire davantage, vers Ceuta (30 minutes à 1 heure 30). Il faut savoir que ce nombre augmente en période de vacances estivales, lorsque des centaines de milliers de Marocains rentrent chez eux depuis l'Europe.

La plupart des traversées sont assurées par deux sociétés de ferries : Trasmediterránea (☎. 902 45 46 45, www.trasmediterranea.es), depuis Algeciras, Málaga et Almería, et Euro-Ferrys (☎ 956 65 11 78, www.euroferrys.com), au départ d'Algeciras. L'aller simple pour un passager coûte 3 500 à 4 400 ptas jusqu'à Tanger et 1 945 à 3 095 ptas jusqu'à Ceuta. Pour une voiture, le passage revient à 10 750 ptas jusqu'à Tanger et 8 930 ptas jusqu'à Ceuta. Les titulaires d'une carte Euro>26 et les ressortissants de l'Union européenne de plus de 60 ans ont droit à 20% de réduction sur les tarifs passager à destination de

cours de conversion de l'euro 1 000 ptas = 6,01 €

Ceuta par la Trasmediterránea. Le service express de Buquebus ☎ 902 41 42 42) vous emmène à Ceuta en 30 à 35 minutes au départ d'Algeciras et en 1 heure 30 au départ de Málaga.

Si vous effectuez la traversée depuis le Maroc jusqu'à l'Espagne avec votre véhicule, préparez-vous à des fouilles minutieuses à Ceuta ou Melilla et lors du débarquement.

Pour de plus amples informations, reportez-vous aux rubriques *Comment s'y rendre* d'Algeciras, Almería, Cádiz, Gibraltar, Málaga et Tarifa.

Depuis/vers les îles Canaries (Islas Canarias)

Un ferry hebdomadaire part du port de Cádiz. Reportez-vous au chapitre *Provincia de Cádiz*.

VOYAGES ORGANISÉS

En France, les voyagistes proposant des circuits et des prestations sur l'Andalousie se comptent par dizaines. De nombreuses agences proposent des séjours en Andalousie, combinés parfois à des visites d'autres régions de l'Espagne.

Il existe aussi des voyages à thème, séjours culturels, randonnées équestres, pédestres et à bicyclette, observation des oiseaux ou circuits dans les vignobles. Les offices du tourisme espagnol disposent souvent de longues listes d'agences de voyages, mais vous pouvez aussi consulter Internet.

Voici un petit échantillon des séjours proposés au départ de la France :

Clio
27, rue du Hameau, 75015 Paris
☎ 01 53 68 82 82, fax 01 53 68 82 60, information@clio.fr
Le spécialiste des voyages culturels

Donatello
20, rue de la Paix, 75002 Paris
☎ 01 44 58 30 60, fax 01 42 60 32 14, crocher@donatello.fr
De nombreuses formules week-end à Sevilla, Granada, Cordoba et Málaga comprenant le billet d'avion aller-retour et 2 ou 3 nuits d'hôtel. On peut opter aussi pour le circuit en bus de 7 jours à travers l'Andalousie, accompagné d'un guide, de Sevilla à Granada, en passant par Cordoba, Málaga et Cádiz.

Fnac Voyages
☎ 01 55 21 57 93
Un circuit libre comprenant le billet d'avion aller-retour (arrivée à Sevilla et retour depuis Malaga), la location d'une voiture et 7 nuits d'hôtel.

Intermèdes
60, rue la Boétie, 75008 Paris
☎ 01 45 61 90 90, fax 01 45 61 90 09
Un circuit de 9 jours intitulé "Histoire d'Andalousie".
Les participants (de 10 à 22), sont accompagnés par une conférencière.

Go Voyages
14, rue de Cléry, 75002 Paris
☎ 01 53 40 44 29, 3615 Go, infos@govoyages.com

Havas Voyages
26, avenue de l'Opéra, 75001 Paris
☎ 01 53 29 40 00, fax 01 42 96 56 20
3615 Havas Voyages, www.havasvoyages.fr

Look Voyages
De nombreuses agences en France, dont une en région parisienne :
2, rue des Bourets, 92150 Suresnes
☎ 01 55 49 49 60
Le catalogue de ce voyagiste propose des circuits bon marché en Andalousie à partir de 4 490 F pour 8 jours en car. Les départs en avion se font de Paris.

Nouvelles Frontières
Réservations et informations au ☎ 0 825 000 825, www.nouvelles-frontieres.fr, 3615 NF
De nombreuses agences en France et dans les pays francophones :
87, bd de Grenelle, 75015 Paris
☎ 01 45 68 70 00
31, rue lamartine, 97200 Fort-de-France
☎ 05 96 70 59 70
2, bd Maurice Lemmonier, 1000 Bruxelles
☎ 02 547 44 44 et également à Anvers, Bruges, Liège et Gand
10, rue Chante Poulet, 1201 Genève
☎ 22 906 80 80
19, boulevard de Grancy, 1606 Lausanne
☎ 21 616 88 91
16, rue des Bains, 1212 Luxembourg
☎ 46 41 40
L'agence propose un circuit de 8 jours, comprenant le billet d'avion aller-retour, le trajet en car à travers l'Andalousie, en passant par Málaga, Granada et Sevilla, ainsi que l'hébergement.

Randonnée

Parmi les voyagistes organisant des randonnées pédestres, citons :

Rustic Blue
Barrio de la Ermita, 18412 Bubión, Granada, en Espagne ☎ 958 76 33 81, fax 958 76 31 34, www.rusticblue.com
Randonnées dans les Alpujarras et la Sierra Nevada

Randonnée équestre

Andalucía Trails
Bolonia, près de Tarifa, Provincia de Cádiz, en Espagne
☎ 956 68 85 33, www.andaluciatrails.com
Séjours équestres d'une semaine sur la côte ou dans l'arrière-pays dans la provincia de Cádiz.

Rustic Blue (voir ci-dessus)
Il organise également des séjours équestres dans les Alpujarras et la Sierra Nevada.

Comment circuler

Vous constaterez peut-être que c'est la combinaison bus-train qui vous convient le mieux pour voyager par les transports publics. Les services de trains sont en effet de bonne qualité entre certaines villes, mais peuvent être inexistants ailleurs. Les bus desservent à peu près la totalité des villes et des villages mais leur fréquence et la commodité des services varient énormément.

Si vous voyagez par vos propres moyens en Andalousie, les avantages sont nombreux. Les routes sont généralement bonnes – bien qu'à la campagne le revêtement laisse parfois à désirer – et l'on peut facilement sortir des sentiers battus, sans parler bien entendu de la plus grande flexibilité des horaires et des itinéraires.

AVION

Il n'existe pas de vols directs entre les différentes villes andalouses.

BUS

La plupart des grandes villes possèdent une *estación de autobuses* (gare routière) où s'arrêtent tous les bus assurant un service longue distance. Dans les villages, il arrive que les bus partent d'une rue ou d'une place sans aucune indication préalable. N'hésitez pas à demander, les gens sauront vous renseigner. En règle générale, vous trouverez les billets et les horaires au bar voisin. Les petits villages ne sont parfois desservis qu'une fois par jour, voire pas du tout le week-end.

Aller simple en bus

Départ	Destination	Tarif (ptas)	Durée
Cádiz	Sevilla	1 385	1 h
Granada	Almería	1 300	2 h 15
Granada	Pampaneira	635	2 h
Granada	Sevilla	2 400	3 h
Jaén	Cazorla	960	2 h
Málaga	Sevilla	1 900	2 h 30

Durant la Semana Santa, en juillet et en août, il est conseillé d'acheter les billets longue distance un certain temps à l'avance. A titre indicatif, un aller-retour est moins cher que deux allers simples et les jeunes de moins de 26 ans doivent toujours avoir le réflexe de se renseigner sur les réductions auxquelles ils peuvent prétendre.

TRAIN

Le service ferroviaire est satisfaisant, avec au moins 3 trains directs dans les deux sens sur les trajets suivants :

Algeciras-Ronda-Bobadilla
Córdoba-Málaga
Málaga-Torremolinos-Fuengirola
Sevilla-Jerez de la Frontera-El Puerto de Santa María-Cádiz
Sevilla-Córdoba
Sevilla-Huelva
Sevilla-Málaga
Sevilla-Antequera-Granada-Guadix-Almería

Hormis ces lignes, les trains circulant entre les grandes villes d'Andalousie et d'autres villes moins importantes sont peu fréquents et les trajets obligent souvent à des changements dans la petite gare de Bobadilla, où les lignes en provenance de Sevilla, Córdoba, Granada, Málaga et Algeciras convergent. Mis à part la petite ligne Málaga-Fuengirola, aucun train ne dessert les côtes andalouses. Toutefois, avec un peu de persévérance, vous vous apercevrez qu'un nombre surprenant de destinations sont accessibles en train, notamment Jaén, la Sierra Norte de la province de Sevilla et la Sierra de Aracena.

Sur certains itinéraires – comme entre Córdoba et Málaga, Cádiz, Algeciras, Ronda ou Sevilla – vous pouvez opter pour les trains longue distance reliant l'Andalousie et les autres régions espagnoles (pour plus de renseignements sur ces trains, voir *Depuis/vers le reste de l'Espagne* à la rubrique *Voie terrestre* dans le chapitre *Comment s'y rendre*). Le plus souvent, vous

Aller simple en train

Départ	Destination	Type de train	Tarif 2e classe (ptas)	Durée
Granada	Almería	Andalucía Express (AE)	1 610	2 h 45
		Tren Regional Diésel (TRD)	1 775	2 h 15
Granada	Sevilla	AE	2 415	3 h 30
		TRD	2 665	2 h 45 - 3 h
Málaga	Córdoba	Estrella	2 100	2 h 30
		Diurno, InterCity	2 300	2 h 15
		Talgo 200	2 000-3 000	2 h - 2 h 15
		Trenhotel	2 800	2 h 15
Sevilla	Cádiz	Regional (R)	1 125	2 h
		AE	1 290	1 h 45
		Talgo 200	1 600	1 h 30
		Estrella	1 800	2 h 15
		Talgo	2 100	1 h 45

utiliserez les trains *regionales* ou *cercanías*. Les premiers relient les villes andalouses entre elles, avec des arrêts en chemin dans certaines villes. La plupart entrent dans la catégorie du Tren Regional Diésel (TRD) ou, plus lent mais un peu moins cher, de l'Andalucía Expres (AE), ou bien, un peu moins rapide et moins cher encore, des trains régionaux (R). Quant aux cercanías, ils relient Sevilla, Málaga et Cádiz à leurs banlieues et aux villes avoisinantes.

La RENFE (Red Nacional de Ferrocarriles Españoles, Compagnie nationale des chemins de fer espagnols) dispose d'un excellent site Internet (www.renfe.es) fournissant les horaires et les tarifs des trains espagnols. Sur la ligne nationale d'informations et de réservations, vous pouvez réserver au ☎ 902 24 02 02 des billets sur tous les trains, excepté les cercanías et quelques regionales pour lesquels les réservations anticipées ne sont pas acceptées.

Reportez-vous à la rubrique *Cartes de réduction ferroviaires* dans le chapitre *Comment s'y rendre* pour des informations sur les passes ferroviaires européens et espagnols.

VOITURE ET MOTO

La rubrique *Voie terrestre* du chapitre *Comment s'y rendre* explique comment rejoindre l'Andalousie en voiture et moto depuis d'autres pays d'Europe et régions d'Espagne. Elle précise les documents exigés à l'entrée d'un véhicule en Espagne. Elle présente également un tableau des distances routières entre les villes andalouses et les autres régions d'Espagne. Pour des renseignements sur l'auto-stop, reportez-vous à *Voie terrestre* de *Comment s'y rendre*.

Il n'existe que deux routes à péage en Andalousie, la A-7 entre Fuengirola et Estepona, à l'ouest de Málaga (1 070/785 ptas de juin à septembre/le reste de l'année), et la A-4 de Sevilla à Cádiz (900 ptas).

Code de la route

Comme partout en Europe continentale, vous roulerez à droite et dépasserez par la gauche. Pour conduire, vous devez être âgé d'au moins 18 ans. Les ceintures de sécurité à l'arrière, si elles sont adaptées, doivent être bouclées. L'alcoolémie au volant est limitée à 0,05% (0,03% pour les conducteurs dont le permis date de moins de 2 ans). Des contrôles sont pratiqués de manière inopinée. Les étrangers non-résidents peuvent être mis à l'amende sur-le-champ pour infraction à la circulation. Vous pouvez contester en écrivant (dans n'importe quelle langue) à la Jefatura Provincial de Tráfico (Direction de la circulation provinciale) et si votre réclamation est retenue, vous serez remboursé, mais

cours de conversion de l'euro 1 000 ptas = 6,01 €

n'y comptez pas trop. Les motards doivent allumer leurs feux en permanence. Le port du casque est obligatoire. Un permis est requis pour conduire des motos et des scooters Il faut avoir au moins 16 ans pour pouvoir piloter un engin de 80 cm^3 ou plus, et au moins 14 ans pour utiliser un deux-roues de 50 cm^3.

La vitesse maximale est de 50km/h dans les agglomérations, 100 km/h sur les routes principales et 120 km/h sur les *autopistas* (autoroutes à péage) et *autovías* (routes à deux voies séparées d'accès gratuit).

Cartes et atlas

Les numéros de nombreuses routes andalouses ont été modifiés ces dernières années, ce qui a compliqué la tâche des cartographes. Néanmoins, la carte *Sud de l'Espagne* éditée par Michelin (pour plus de détails, reportez-vous à la rubrique *Préparation au voyage* dans le chapitre *Renseignements pratiques*) s'avère utile pour trouver son chemin en Andalousie. Michelin publie également un bon *Atlas routier – Espagne et Portugal* (*Michelin Atlas de Carteras España y Portugal*). Les deux se trouvent facilement en Espagne et ailleurs. En Espagne, un atlas vaut environ 2 600 ptas et une carte 900 ptas. Plusieurs autres bons guides sont disponibles, y compris celui édité par la compagnie pétrolière Campsa et la *Mapa Oficial de Carreteras* (2 300 ptas), publication de l'État. Vous les trouverez surtout dans les stations-service et bien sûr les librairies.

Assistance routière

Le Real Automóvil Club de España (RACE) propose un service disponible 24h/24 dans toute l'Espagne en cas de panne. Cette assistance est fournie aux membres d'associations automobiles étrangères (comme la RAC et l'AA en Grande-Bretagne). Contactez votre association nationale pour obtenir une liste de numéros utiles.

Essence

Les prix de la *gasolina* varient légèrement d'une station-service à l'autre et fluctuent en fonction du prix du pétrole et des politiques fiscales. Il existe deux catégories de sans plomb (*sin plomo*), l'octane 95, parfois appelé Eurosúper, qui coûte autour de 128 ptas/l, et l'octane 98, baptisé Súper Plus, qui vaut environ 140 ptas/l. Le super avec plomb, qui doit disparaître au 1er janvier 2002, en accord avec la politique européenne, coûte environ 134 ptas/l et le diesel (ou *gasóleo*) environ 110 ptas/l.

Location

Les principales agences internationales de location de voitures sont présentes en Andalousie et les agences locales ne manquent pas non plus. A l'aéroport de Málaga et dans les stations balnéaires de la Costa del Sol, comme Nerja et Almería, vous pourrez louer une petite voiture à une agence locale, moyennant 20 000 ptas la semaine (voire 15 000 ptas en hiver), kilométrage illimité, assurance et IVA (TVA) de 16% compris. Les sociétés internationales pratiquent des prix deux fois plus élevés. En général, il est plus rentable de louer une voiture avant d'arriver en Espagne (reportez-vous à la rubrique *Voie terrestre* dans *Comment s'y rendre*).

Si vous décidez de louer un véhicule après votre arrivée, faites le tour des prestataires locaux. Helle Hollis (☎ 95 224 55 44, fax 95 224 51 86) affiche une gamme de prix intéressants – de 15 900 à 20 900 ptas par mois tout compris et selon la saison, pour les voitures les moins chères. Il possède des comptoirs à l'aéroport de Málaga et à Fuengirola et Marbella. Consultez aussi son site Web (www.helleauto.com/hellehollis). Où que vous envisagiez votre location, assurez-vous dans tous les cas d'avoir bien connaissance de ce qui est inclus dans le tarif.

Vous devez avoir au moins 21 ans (voire 23 ans) et posséder un permis de conduire depuis 1 an au minimum (parfois 2 ans). Il est plus simple, et souvent obligatoire, de payer avec une carte de crédit. Voyez la rubrique *Visas et formalités complémentaires* dans le chapitre *Renseignements pratiques* pour de plus amples renseignements sur les permis de conduire.

Il est difficile de louer une moto ou une mobylette en Andalousie et les rares options se payent cher. Vous trouverez des cylindrées de 50/125/250/600cc pour 3 500/5 000/

7 000/11 500 ptas/jour (le prix est dégressif si vous louez pour 3 jours ou plus) chez Moto Mercado (☎ 95 247 25 51, motomerc@ futurnet.es.), Avenida Jesús Santo Rein 47, Los Boliches, Fuengirola, qui possède des succursales à Torremolinos et Marbella.

Conduite en ville et parking

Conduire dans les grandes villes est un peu irritant au début. Le code de la route et les feux de signalisation sont généralement respectés mais on s'habitue mal au rythme et à la foule.

Se garer dans les villes relève parfois d'un véritable casse-tête. Ne laissez pas d'objets de valeur dans votre véhicule. Si vous ne pouvez éviter de laisser vos bagages, optez pour un parking en sous-sol ou à étages. Si vous vous garez en double file ou en stationnement interdit, votre véhicule risque d'être enlevé et vous aurez à payer quelque 10 000 ptas pour le récupérer. De jour, il vous en coûtera généralement de 100 à 150 ptas/h et de 1 000 à 1 200 ptas de nuit. Les lignes bleues sur la chaussée signifient généralement que vous devez payer à un parcmètre proche durant certaines heures – en général de 9h à 14h du lundi au samedi, et de 17h environ à 20h du lundi au vendredi. Le tarif des parcmètres dépasse rarement 100 ptas/h. Les lignes jaunes indiquent une interdiction de stationner, souvent ignorée en dépit du risque réel de se faire enlever son véhicule.

Dans certaines parties des villes où le stationnement est particulièrement délicat, vous apercevrez des agents indépendants qui vous font signe dès qu'une place se libère, qui "supervisent" le stationnement dans les terrains vagues, etc. Il est d'usage de leur donner 100 ptas en échange de ces services. Ils surveillent aussi plus ou moins votre véhicule et ont apparemment toujours grand besoin de monnaie. Parfois, ils vous remettent un reçu indiquant que vous venez de faire don à une œuvre de charité ou à une coopérative quelconque.

BICYCLETTE

L'on trouve de plus en plus facilement des vélos à louer dans les grandes villes, les stations de la côte et les villes de l'intérieur qui attirent les touristes. Il s'agit le plus souvent de VTT (*bicis todo terreno*). Les prix vont de 1 500 à 3 000 ptas/jour. Les excursions d'une journée et le cyclotourisme sont particulièrement appréciables au printemps et en automne. Voyez la rubrique *Activités sportives* dans le chapitre *Renseignements pratiques* pour plus de détails sur le VTT.

Certains trains régionaux disposent de place pour le transport des vélos, mais pas tous. Renseignez-vous bien avant d'acheter votre billet. Vous pouvez charger votre vélo dans la plupart des cercanías (sauf le Cádiz-Jerez en juillet-août et le Málaga-Fuengirola), et des bus en ville à condition de démonter la roue avant.

TRANSPORTS LOCAUX

Les villes importantes disposent d'un service de bus efficace. Dans la plupart des endroits, les distances séparant le lieu d'hébergement, les distractions, les principales lignes de bus et les gares ferroviaires sont assez conséquentes. Tous les aéroports andalous, à l'exception de celui de Jerez de la Frontera, sont reliés par un bus au centre-ville. Málaga est aussi desservie par un train. L'aéroport de Gibraltar n'est pas loin de la ville en marchant.

Les taxis ne manquent pas dans les villes et de nombreux villages en possèdent un ou deux. Les prix sont raisonnables (une course de 3 km revient à environ 400 ptas) mais les trajets vers/depuis l'aéroport sont un peu plus chers. Une course en ville coûte environ 100 ptas/km. Le pourboire n'est pas systématique mais vous pouvez toujours arrondir le prix de la course.

CIRCUITS ORGANISÉS

Vous pourrez choisir d'effectuer une visite guidée des villes principales. Aucune n'est d'accès difficile et les services d'un guide ne s'avèrent guère utiles. En revanche, les sorties organisées dans les parcs nationaux et les réserves naturelles sont intéressantes (pour plus de détails voyez ces rubriques), d'autant que certains endroits sont inaccessibles si l'on n'est pas motorisé. L'unique moyen de se promener dans le Parque Nacional de Doñana est de prendre part à une visite guidée.

cours de conversion de l'euro 1 000 ptas = 6,01 €

Provincia de Sevilla

La magnifique ville de Sevilla (Séville en français) est le joyau de la province mais les amateurs de nature ne négligeront pas, au nord, le Parque Natural Sierra Norte. Si vous vous trouvez à l'est, profitez-en pour visiter des villes comme Carmona, Éjica, Osuna et Estepa.

Sevilla

Code postal 41080 • 702 000 hab.

Sevilla est la plus grande et la plus passionnante ville de l'Andalousie. On ne peut qu'être séduit par son atmosphère unique, à la fois antique et fière mais aussi conviviale, intime et animée. Al-Mutamid, poète et calife du XIe siècle, fut l'un des premiers à succomber au charme de cette cité. Aujourd'hui, la magie opère encore.

Sevilla offre peu de vues panoramiques, sauf lorsqu'on se trouve sur les rives du Río Guadalquivir, navigable jusqu'à l'océan Atlantique, à 100 km, et jadis source de prestige pour la ville. Vous découvrirez la vie sévillane en déambulant dans ses venelles étroites, sur ses petites places, en vous arrêtant dans ses bars et ses cafés pour y boire un verre ou déguster des tapas. A peine entré dans l'Alcázar musulman et la cathédrale chrétienne, vous serez saisi par leur splendeur.

Sevilla connut son âge d'Or à l'époque musulmane puis, à nouveau aux XVIe et XVIIe siècles. Elle traversa aussi des périodes moins glorieuses et sait donc apprécier les bons moments lorsqu'ils se présentent. Citons le plus marquant d'entre eux, qui fit converger les yeux du monde entier vers la capitale andalouse : l'organisation de l'Exposition universelle en 1992 (pour de plus amples détails, voir plus loin la section *Histoire*). D'autre part, tous les mois d'avril depuis plus d'un siècle, Sevilla donne le signal de l'une des plus importantes fiestas, la Feria de Abril (voir la section du même nom dans la partie *Mani-*

A ne pas manquer

- Émerveillez-vous devant les plus beaux monuments de la ville : la cathédrale et l'Alcázar
- Visitez le Museo de Bellas Artes, riche en peintures de l'âge d'Or espagnol
- Faites la tournée des bars à tapas de Sevilla
- Plongez dans l'ambiance animée de la vie nocturne sévillane
- Assistez aux processions de la Semana Santa à Sevilla : incontestablement les plus spectaculaires et émouvantes de tout le pays
- Découvrez les collines de la Sierra Morena dans le Parque Natural Sierra Norte

festations annuelles, un peu plus loin dans ce chapitre). Deux semaines avant la Feria, c'est encore à Sevilla que se déroulent les magnifiques processions de la Semana Santa (Semaine Sainte).

Des espaces verts bordent le centre de la ville. Capitale du flamenco et de la corrida, Sevilla jouit d'une vie nocturne intense. Avant toute chose, Sevilla est une atmosphère. Flâner parmi la foule joyeuse par une douce soirée est une expérience inoubliable.

Deux ombres viennent cependant assombrir le tableau. Sevilla est une ville chère. Une chambre qui coûte ailleurs 3 000 ptas vous reviendra à 6 000 ptas.

PROVINCIA DE SEVILLA

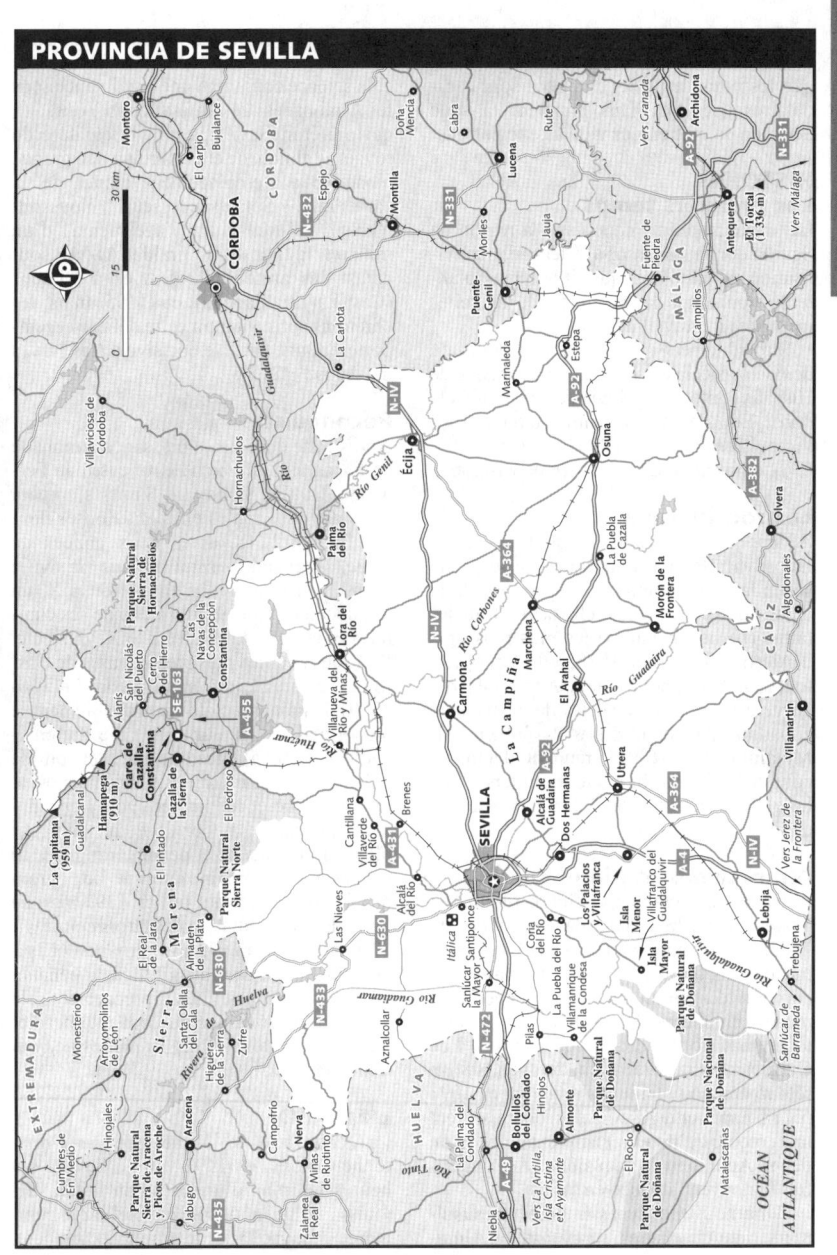

cours de conversion de l'euro 1 000 ptas = 6,01 €

Les prix montent encore lors des deux grandes manifestations. Sachez également que les mois de juillet et d'août sont caniculaires. Les Sévillans prennent la sage décision de quitter leur ville à cette période.

HISTOIRE
Les premiers temps
La présence phénicienne dans la région de Sevilla donna son essor à la légendaire civilisation de Tartessos, qui vit le fer supplanter le bronze et le développement de nouvelles méthodes du travail de l'or.

Probablement fondée au milieu du deuxième siècle av. J.-C., la ville romaine de Hispalis était un port fluvial, eclipsé par Córdoba. Elle devint un centre culturel, sous l'impulsion notamment de saint Isidoro (565-636), éminent érudit de la période wisigothe.

Les rois du taifa
A l'époque des musulmans, qui l'appelaient Ishbiliya, Sevilla jouait encore un rôle secondaire par rapport à Córdoba. A la chute du califat en 1031, elle devint l'un des taifas (petits royaumes) les plus puissants d'Al-Andalus. Vers 1078, elle contrôlait tout le sud de la péninsule Ibérique, de l'Algarve à Murcia. Les califes de la dynastie abbadide, Al-Mutadid (1042-1069) et Al-Mutamid (1069-1091), régnant depuis la cour de l'Alcázar, furent les premiers d'une longue série qui succombèrent aux charmes de la ville.

Almoravides et Almohades
Lorsque les chrétiens s'emparèrent de Toledo, dans le Centre de l'Espagne, en 1085, Al-Mutamid demanda aux souverains musulmans fondamentalistes du Maroc, les Almoravides, un soutien pour lutter contre la menace chrétienne. Les Almoravides lui prêtèrent main forte, vainquirent Alfonso VI de Castilla à Sagrajas (Extremadura) en 1086 et retournèrent au Maroc. Ils revinrent en 1091 pour s'emparer d'Al-Andalus, dont ils firent une colonie qu'ils administrèrent d'une main de fer. Au milieu du XIIe siècle, Al-Andalus fut de nouveau divisée en taifas.

Une nouvelle dynastie berbèro-musulmane, les Almohades, supplanta les Almoravides au Maroc puis dans Al-Andalus, dont elle prit le contrôle vers 1173. Les arts et la science connurent une renaissance sous les Almohades. Le calife Yacoub Youssouf, qui préférait Sevilla, en fit la capitale du royaume almohade et construisit une grande mosquée à l'emplacement actuel de la cathédrale. Son successeur, Youssouf Yacoub al-Mansour, l'agrémenta d'un minaret, la tour de la Giralda. Al-Mansour écrasa les armées chrétiennes à Alarcos (Castilla-La Mancha) en 1195 mais les chrétiens surmontèrent cette défaite et remportèrent une bataille décisive à Las Navas de Tolosa (1212).

Reconquista
Après cette débâcle, la puissance almohade en Espagne s'affaiblit. Le roi castillan Fernando III (El Santo, Le Saint) s'empara alors des principales cités andalouses dont Sevilla, en 1248, après deux années de siège. Fernando installa dans la ville 24 000 Castillans. Son fils Alfonso X, un intellectuel, fit de Sevilla l'une de ses capitales et la ville devint, vers le XIVe siècle, l'une des cités les plus prestigieuses de Castille. Cependant, le règne de Pedro I (1350-1369), le monarque qui fut probablement le plus grand admirateur de la ville, fut entaché par de sanglantes querelles au sein de la famille royale et par des conflits opposant la monarchie et les nobles (voir l'encadré sur l'*Alcázar*). La cour de Pedro comptait plusieurs financiers et percepteurs juifs, ce qui suscita une certaine jalousie. Le pogrom qui décima le quartier juif en 1391 marqua la fin de la cohabitation des "trois cultures".

Les Rois Catholiques, Fernando et Isabel, tinrent leur cour dans l'Alcázar pendant plusieurs années. Ils préparèrent la conquête du royaume de Granada, dernier bastion musulman dans la péninsule, qui tomba en 1492.

L'âge d'Or
La découverte de l'Amérique par Christophe Colomb en 1492 valut à Sevilla ses heures les plus glorieuses. En 1503, elle jouissait d'un monopole officiel sur le commerce espagnol avec le nouveau continent.

Les galions qui débarquaient dans le port de Sevilla (sur les berges du quartier d'El Arenal, non loin de l'actuelle Plaza de Toros) étaient chargés de cargos remplis d'or et d'argent. La ville devint rapidement un lieu cosmopolite, un foyer de misère et de richesse, de vice et de vertu, attirant mendiants, *pícaros* (joueurs de cartes et de dés), banquiers hollandais, marchands italiens et membres du clergé (avec plus de cent monastères et autres institutions religieuses). Sevilla fut baptisée *puerto y puerta de Indias* (port et porte des Indes), la Babylone espagnole et même la Nouvelle Rome. Sa population passa d'environ quarante mille habitants en 1500 à cent cinquante mille en 1600. On érigea un grand nombre de somptueux édifices Renaissance et baroque. Les grands artistes de l'âge d'Or espagnol exécutèrent la plupart de leurs œuvres à Sevilla.

Des temps moins glorieux

L'épidémie de peste qui s'abattit sur la ville en 1649 décima la moitié de la population. Au fil des ans, le Guadalquivir devenait de moins en moins navigable pour des navires toujours plus gros, nombreux à sombrer dans la barre de sable au niveau de son embouchure, non loin de Sanlúcar de Barrameda. L'essentiel du commerce avec l'Amérique commença à transiter *via* Cádiz. Vers les années 1700, Sevilla ne comptait plus que soixante mille âmes et en 1717, la Casa de la Contratación, organe officiel contrôlant le négoce avec l'Amérique, fut transférée à Cádiz. En 1800, une autre épidémie de peste emporta treize mille personnes. Les troupes napoléoniennes, qui occupèrent la ville entre 1810 et 1812, dérobèrent, dit-on, neuf cent quatre-vingt-dix-neuf œuvres d'art.

La ville connut une certaine prospérité au milieu du XIXe siècle avec le développement industriel. Le premier pont enjambant le Guadalquivir, le Puente de Triana (ou Puente de Isabel II), fut construit en 1845 et l'ancienne muraille almohade fut abattue en 1869 afin que la ville puisse s'étendre. La grandeur passée de Sevilla attira les voyageurs romantiques mais le peuple de la ville et de sa région demeura très pauvre.

Le XXe siècle

L'optimisme de la classe moyenne s'exprima à l'occasion de la première foire internationale qu'abrita la ville, l'Exposición Iberoamericana de 1929. Ses architectes s'efforcèrent de rappeler la gloire passée de la ville.

Sevilla tomba aux mains des nationalistes dès le début de la guerre civile, malgré la résistance de la classe ouvrière (ce qui donna lieu à de sauvages représailles). Sous Franco, de nombreux édifices historiques furent démolis. La situation s'améliora au début des années 80, lorsque Sevilla fut choisie comme capitale de la nouvelle région autonome de l'Andalousie et avec l'arrivée au pouvoir du PSOE, dirigé par le *sevillano* Felipe González (voir la rubrique consacrée à la nouvelle démocratie dans *Histoire* de *Présentation de l'Andalousie*). La ville reçut une autre impulsion en accueillant l'Expo'92, à l'occasion du 500e anniversaire de la découverte de l'Amérique. Outre les millions de visiteurs supplémentaires et le coup de pouce donné à sa renommée internationale, Sevilla fut dotée de huit ponts traversant le Guadalquivir, d'une nouvelle ligne ferroviaire AVE à grande vitesse la reliant à Madrid et de plusieurs milliers de chambres d'hôtel.

L'Expo'92 suscita une polémique : le coût du site augmentait à mesure qu'approchait l'échéance et personne ne semblait savoir comment transformer le lieu une fois l'exposition achevée. En 1997, alors que la rumeur faisait état de grosses sommes détournées au profit de particuliers et des caisses du PSOE, la Cour des Comptes nationale évalua les pertes de l'Expo à 35 milliards de pesetas.

Le coeur historique de la ville conserve ce délabrement pittoresque qui attira les Romantiques du XIXe siècle. Retards administratifs, querelles politiques et manque de fonds pour des travaux de rénovation continuent de caractériser Sevilla, au même titre que de grands projets tels que le stade olympique, construit pour les championnats du monde d'athlétisme de 1999.

ORIENTATION

Sevilla s'étend des deux côtés du Guadalquivir mais c'est la rive est qui présente le

cours de conversion de l'euro 1 000 ptas = 6,01 €

136 Sevilla – Orientation

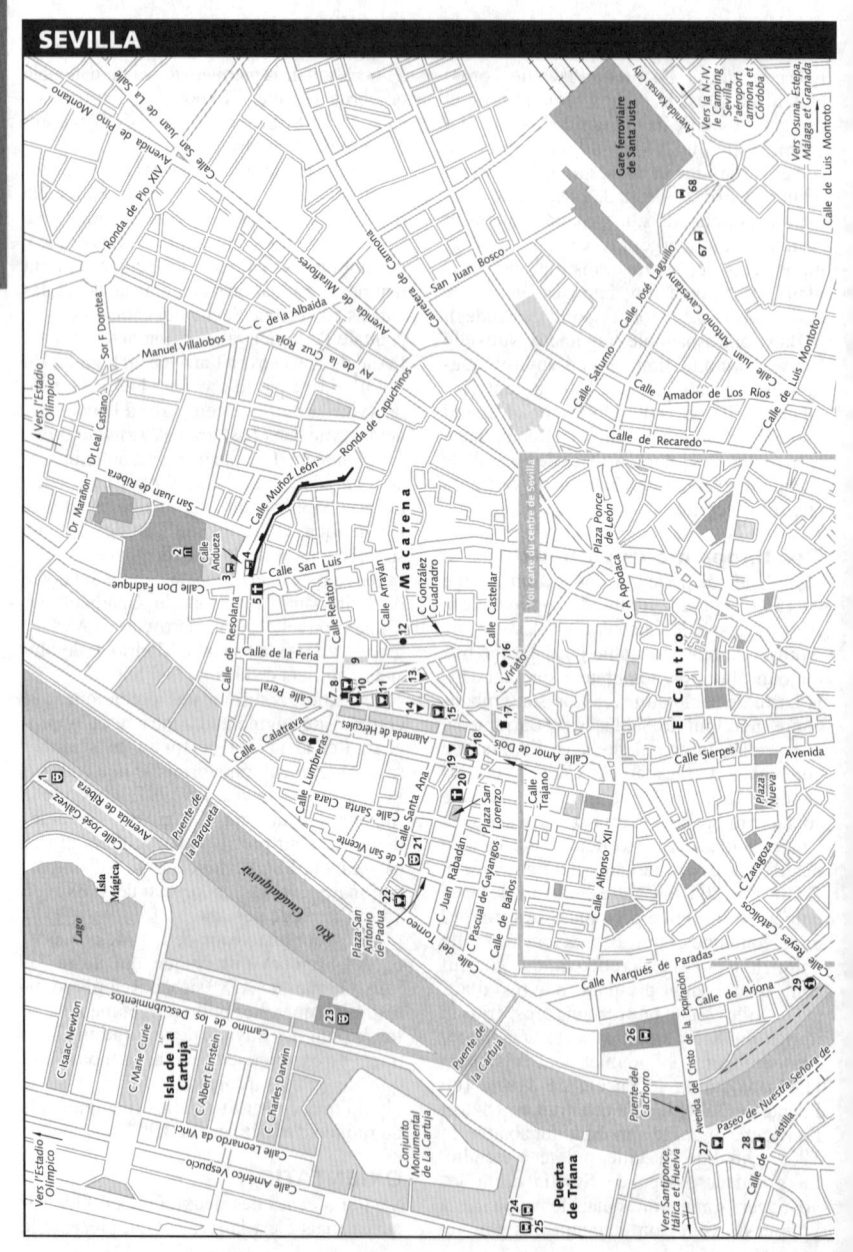

SEVILLA

SEVILLA

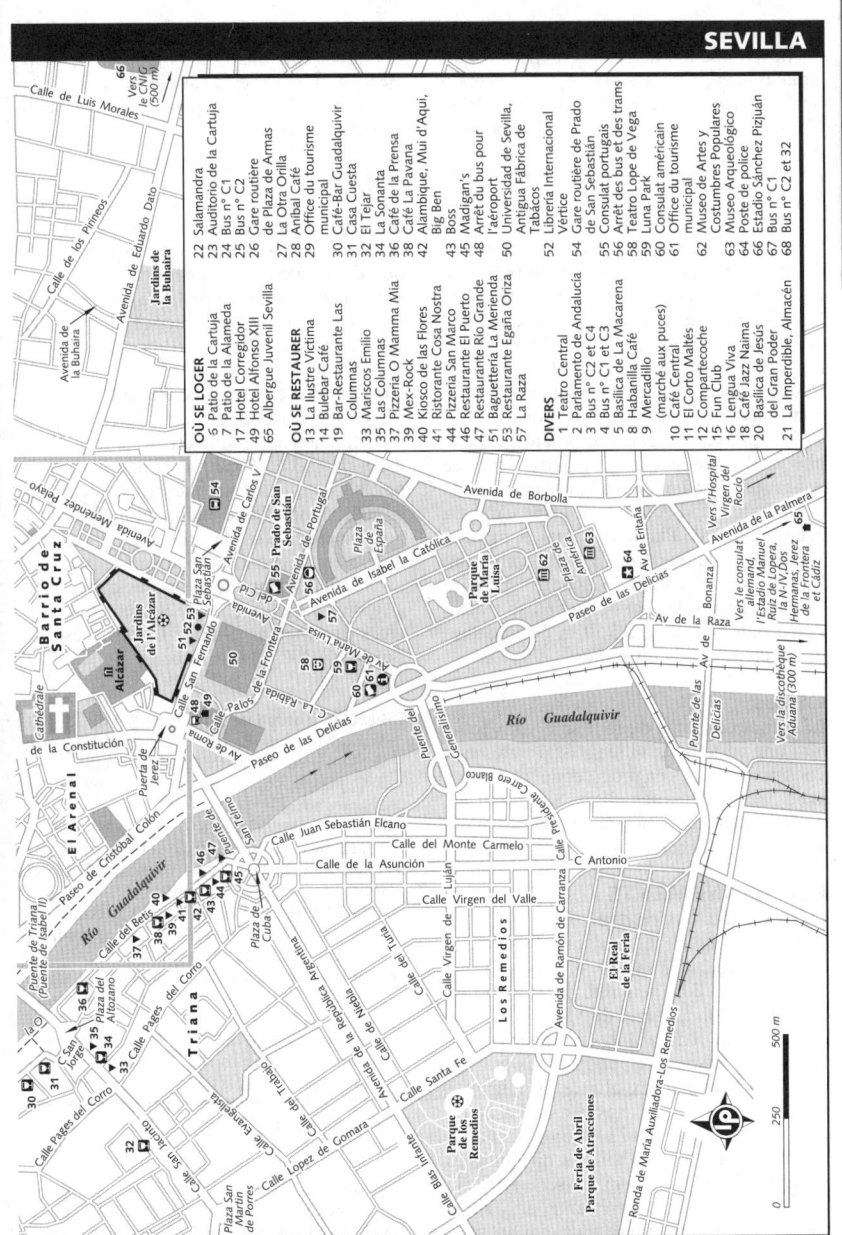

OÙ SE LOGER
5 Patio de la Cartuja
7 Patio de la Alameda
17 Hotel Corregidor
18 Hotel Alfonso XIII
49 Albergue Juvenil Sevilla

OÙ SE RESTAURER
13 La Ilustre Víctima
14 Bulebar Café
19 Bar-Restaurante Las Columnas
33 Mariscos Emilio
35 Las Columnas
37 Pizzería O Mamma Mia
39 Mex-Rock
40 Kiosko de las Flores
41 Ristorante Cosa Nostra
44 Pizzería San Marco
46 Restaurante El Puerto
47 Restaurante Río Grande
51 Baguettería La Merienda
53 Restaurante Egaña Oriza
57 La Raza

DIVERS
1 Teatro Central
2 Parlamento de Andalucía
3 Bus n° C2 et C4
4 Bus n° C1 et C3
8 Basílica de La Macarena
9 Mercadillo (marché aux puces)
10 Café Central
11 El Corto Maltés
12 Comparteochoe
16 Fun Club
18 Café Jazz Naima
20 Basílica de Jesús del Gran Poder
21 La Imperdible, Almacén
22 Salamandra
23 Auditorio de la Cartuja
24 Bus n° C1
25 Bus n° C2
26 Gare routière de Plaza de Armas
27 La Otra Orilla
28 Aníbal Café
29 Office du tourisme municipal
30 Café-Bar Guadalquivir
31 Casa Cuesta
32 El Tejar
34 La Sonanta
36 Café de la Prensa
38 Café La Pavana
42 Alambique, Mui d'Aquí, Big Ben
43 Boss
45 Madigan's
48 Arrêt du bus pour l'aéroport
50 Universidad de Sevilla, Antigua Fábrica de Tabacos
52 Librería Internacional Vértice
54 Gare routière de Prado de San Sebastián
55 Consulat portugais
56 Arrêt des bus et des trams
58 Teatro Lope de Vega
59 Luna Park
60 Consulat américain
61 Office du tourisme municipal
62 Museo de Artes y Costumbres Populares
63 Museo Arqueológico
64 Poste de police
66 Estadio Sánchez Pizjuán
67 Bus n° C1
68 Bus n° C2 et 32

cours de conversion de l'euro 1 000 ptas = 6,01 €

plus d'intérêt. Le centre apparaît comme un enchevêtrement d'anciennes ruelles étroites sinueuses et de petites places, à l'exception de la Plaza Nueva et de l'Avenida de la Constitución. Celle-ci part du sud de la Plaza Nueva et rejoint la Puerta de Jerez. La partie située entre l'Avenida de la Constitución et le fleuve s'appelle El Arenal. Juste à l'est de l'Avenida de la Constitución, se dressent les principaux monuments sévillans : la cathédrale, la tour de la Giralda et le palais de l'Alcázar. Le pittoresque Barrio de Santa Cruz, immédiatement à l'est de la cathédrale et de l'Alcázar, regorge d'hôtels bon marché. Le véritable centre de Sevilla (El Centro) se trouve un peu plus au nord, vers la Plaza de San Francisco et la Plaza Salvador.

Les principales gares se situent à la périphérie du centre. La gare ferroviaire de Santa Justa est à 1,5 km au nord-ouest de la cathédrale, sur l'Avenida Kansas City. La gare routière de Plaza de Armas apparaît à 1 km au nord-ouest de la cathédrale, non loin du pont Puente del Cachorro. La gare routière Prado de San Sebastián se trouve Plaza San Sebastián à 750 m de la cathédrale, en direction du sud-est.

Cartes
Le principal office du tourisme vous fournira une carte de la ville satisfaisante mais vous pouvez vous en procurer de meilleures avec index des rues dans les librairies. Avant toute acquisition (environ 700 ptas), vérifiez bien la date de parution.

RENSEIGNEMENTS
Offices du tourisme
Le principal office du tourisme, Avenida de la Constitución 21 (☎ 95 422 14 04), est ouvert du lundi au vendredi de 9h à 19h, le samedi de 10h à 14h et de 15h à 19h, et le dimanche de 10h à 14h (fermé les jours fériés). Il est souvent bondé. Vous pouvez aussi vous rendre aux offices du tourisme municipaux. Le premier, celui du Paseo de las Delicias 9, (☎ 95 423 44 65), au sud du centre, accueille les visiteurs du lundi au vendredi de 8h30 à 14h45. Le second, Calle de Arjona 28, vers le Puente de Triana (☎ 95 450 56 00) ouvre du lundi au vendredi de 8h à 20h45 ainsi que le samedi et le dimanche de 8h30 à 14h30. L'aéroport (☎ 95 444 91 28) et la gare ferroviaire Santa Justa (☎ 95 453 76 26) possèdent chacun un office du tourisme.

Argent
Ce ne sont pas les banques et les distributeurs automatiques qui manquent dans le centre-ville. La gare de Santa Justa dispose de distributeurs automatiques et d'un bureau de change qui pratique des taux peu avantageux. L'agence American Express se trouve Plaza Nueva 8.

Poste et communications
Le principal bureau de poste, Avenida de la Constitución 32, est ouvert du lundi au vendredi de 8h30 à 20h30 ainsi que le samedi de 9h30 à 14h. Vous mettrez du temps à dénicher une cabine téléphonique à pièces non saccagée dans la ville : il est prudent d'investir dans une carte téléphonique.

Sevilla compte de multiples cybercafés et autres lieux publics proposant des services Internet et e-mail. Le tarif est de l'ordre de 300 ptas de l'heure.

Cibercafé Torredeoro.net (☎ 95 450 28 09), Calle Nuñez de Balboa 3A, près de la Torre del Oro – ouvert de 8h30 à 13h tous les jours ; 200 ptas de l'heure, aux heures creuses dites "happy hours"
Cibercenter (☎ 95 422 88 99), Calle Julio Cesar 8, près de la gare routière de la Plaza de Armas
Inter@lfalfa (☎ 95 422 88 49), Calle Cabeza del Rey Don Pedro 22, El Centro
Puerta Centro, Calle San José 15, Barrio de Santa Cruz – ouvert de 8h à 22h du lundi au vendredi ; 400 ptas de l'heure
Sevilla Internet Center (☎ 95 450 02 75), Calle Almirantazgo 2, juste à la sortie de l'Avenida de la Constitución – ouvert de 9h à 22h du lundi au vendredi, de 12h à 22h le samedi et le dimanche ; 10 ptas la minute ; "forfait" 2 heures pour 840 ptas ; locaux spacieux avec autres services de communication et de bureau
The E-m@il Place (☎ 95 421 85 92), Calle Sierpes 54, El Centro – ouvert de 8h à 23h du lundi au vendredi, de 12h à 21h le samedi et le dimanche
Undernet Ciber Café (☎ 95 450 21 75), Calle O'Donnell 19, El Centro – 5 ptas la minute

Internet

Les sites Internet suivants peuvent vous être utiles :

Sevilla Cultural est un site d'information sur les manifestations culturelles qui propose également de la documentation sur l'art et la musique ; en espagnol.
www.sevillacultural.com

Sevilla Online regroupe toutes informations sur les expositions, les écoles de langues, les excursions, les distractions, les bars et la vie nocturne, les festivals, les transports, etc. ; en anglais, néerlandais et espagnol
www.sol.com

Agences de voyages

Usit Unlimited, l'agence de voyages pour les étudiants/jeunes, vous attend dans ses bureaux, Avenida de la Constitución et Calle Mateos Gago 2, Barrio de Santa Cruz.

Librairies

La Librería Beta, Avenida de la Constitución 9 et 27, vend des guides de voyages, des romans et des cartes. La Librería Internacional Vértice, Calle San Fernando 33, dispose d'un vaste rayon de livres en anglais, en français et en allemand. LTC, Avenida Menéndez Pelayo 42-44, non loin du Barrio de Santa Cruz, est sans aucun doute la meilleure boutique de cartes géographiques d'Andalousie (voir la rubrique *Cartes* dans *Renseignements pratiques*). Vous serez peut-être aussi intéressé par leurs guides en espagnol.

Blanchissage/nettoyage

La Tintorería Roma (☎ 95 421 05 35), Calle Castelar 2C, lave, sèche et plie le contenu d'une machine en une heure moyennant 1 000 ptas. Elle est ouverte en semaine de 9h30 à 13h30 et de 17h à 20h30 ainsi que le samedi de 9h à 14h.

Services médicaux et urgences

Un Centro de Urgencias (Poste médical d'urgence, ☎ 95 441 17 12) est à votre disposition au coin de l'Avenida Menéndez Pelayo et de l'Avenida Málaga, près de la gare routière de Prado San Sebastián. L'Hospital Virgen del Rocío (☎ 95 424 81 81), principal établissement hospitalier, se trouve Avenida de Manuel Siurot s/n, à 1 km au sud du Parque de María Luisa. Pour une ambulance, appelez le ☎ 95 442 55 65.

Le poste de la Policía Municipal (☎ 95 461 54 50) se situe dans le Pabellón de Brasil, Paseo de las Delicias 15, du côté sud du Parque de María Luisa. Le poste de la Policía Nacional (☎ 95 422 88 40), se trouve Plaza Concordia, à 900 m au nord de la cathédrale.

Désagréments et dangers

Sevilla est célèbre pour les petits vols commis contre des touristes. Selon nous, cette réputation n'est pas justifiée, mais il vaut toujours mieux être vigilant.

LA CATHÉDRALE ET LA GIRALDA

L'immense cathédrale de Sevilla (☎ 95 421 49 71) occupe l'emplacement de la principale mosquée almohade. Lorsque la ville passa aux mains des chrétiens en 1248, la mosquée fit office d'église jusqu'en 1401 : elle était alors dans un tel état de délabrement que les autorités décidèrent de tout démolir et de repartir de zéro. "Érigeons un édifice qui fasse croire aux générations futures que nous étions fous", tel aurait été leur dessein selon la légende. Le résultat fut à la mesure de leur ambition. L'édifice principal (non compris le Patio de los Naranjos), mesure 126 m de long et 83 m de large, ce qui en fait l'une des plus vastes cathédrales au monde. De style gothique, elle fut achevée en 1507, mais après l'effondrement du dôme central en 1511, les travaux de réfection s'inspirèrent davantage du style Renaissance. L'architecte demeure à ce jour inconnu.

L'extérieur

L'imposante façade de la cathédrale donne un faible aperçu des trésors qu'elle renferme. On remarquera quand même à l'extérieur la **Puerta del Perdón**, Calle Alemanes (un vestige de l'édifice musulman), le portail néogothique et deux **entrées** gothiques dans l'Avenida de la Constitución. Celles-ci furent enrichies de reliefs en terre cuite du XVe siècle et agrémentées de statues, œuvres de Lorenzo Mercadante de Bretaña et de Pedro Millán.

cours de conversion de l'euro 1 000 ptas = 6,01 €

CATHÉDRALE DE SEVILLA

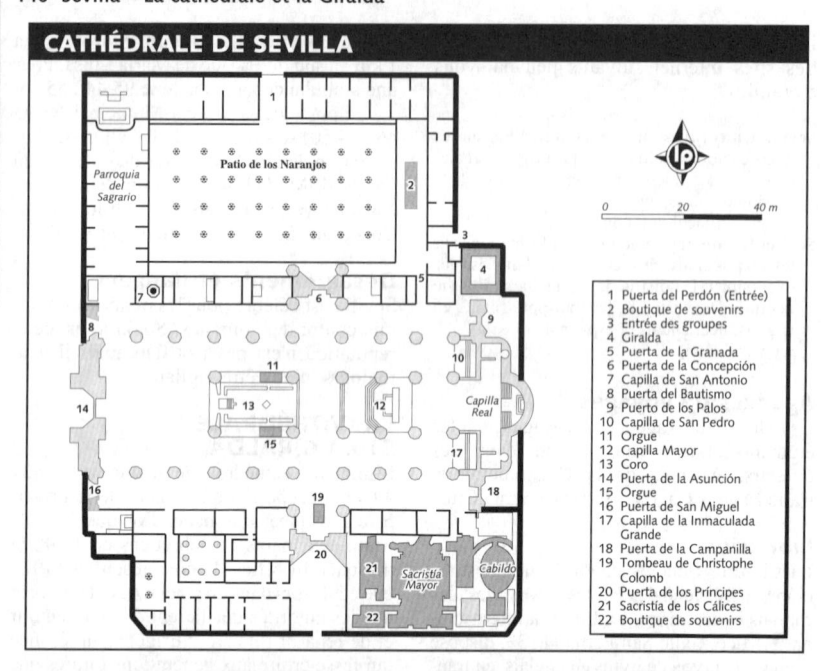

1 Puerta del Perdón (Entrée)
2 Boutique de souvenirs
3 Entrée des groupes
4 Giralda
5 Puerta de la Granada
6 Puerta de la Concepción
7 Capilla de San Antonio
8 Puerta del Bautismo
9 Puerto de los Palos
10 Capilla de San Pedro
11 Orgue
12 Capilla Mayor
13 Coro
14 Puerta de la Asunción
15 Orgue
16 Puerta de San Miguel
17 Capilla de la Inmaculada Grande
18 Puerta de la Campanilla
19 Tombeau de Christophe Colomb
20 Puerta de los Príncipes
21 Sacristía de los Cálices
22 Boutique de souvenirs

Plus impressionnante depuis l'extérieur, la **Giralda**, la tour à l'est de la cathédrale, mesure plus de 90 m. Construite en brique en 1184-1198, à l'apogée du califat almohade, la Giralda était le minaret de la mosquée. Ses proportions, sa décoration, et sa couleur qui varie en fonction de la lumière, en font le joyau de l'architecture musulmane en Espagne. Chacune de ses quatre façades est divisée en trois sections verticales. Les sections extérieures comportent des motifs en brique et les centrales sont dotées de fenêtres. La partie supérieure de la Giralda, à partir de la cloche, fut ajoutée au XVIe siècle, lorsque les Espagnols "améliorèrent" les vestiges musulmans.

La girouette en bronze qui trône au sommet de la Giralda, connue sous le nom d'**El Giraldillo**, représente la Foi. Ce symbole de Sevilla datant du XVIe siècle fut remplacé par une copie en 1997 afin d'être préservé des intempéries. L'original sera peut-être un jour exposé dans l'un des musées de la ville.

Patio de los Naranjos

A peine l'entrée franchie, vous découvrirez l'ancienne cour intérieure de la mosquée, un patio planté de plus de soixante orangers. La fontaine où les musulmans avaient coutume de faire leurs ablutions, avant de prier, trône toujours au centre. A l'angle sud-est du patio, un crocodile empaillé, don du Sultan d'Égypte à Alfonso X, datant de 1260, et une défense d'éléphant, découverte dans l'amphithéâtre romain d'Itálica, sont suspendus au plafond. Vous entrez dans la cathédrale par l'impressionnante Puerta de la Concepción, du côté sud, un ajout du XXe siècle.

La Giralda

Prenez à gauche à l'intérieur de la cathédrale pour monter jusqu'au clocher de la Giralda. L'ascension est facilitée par des rampes - et non des marches, pour que les gardes puissent gravir la tour à cheval. D'en haut, une vue magnifique s'offre sur la ville et la forêt d'arc-boutants et de pinacles qui entoure la cathédrale.

Les chapelles nord et sud

L'intérieur de la vaste cathédrale à cinq nefs est obscurci par un amas de structures et de décorations typiques des cathédrales espagnoles, véritable musée d'art et d'artisanat, plus riche que toute autre église en Espagne. Pensez à lever la tête de temps en temps pour admirer la magnifique voûte gothique et les dentelles de stuc.

Les chapelles longeant les côtés nord et sud recèlent quantité de sculptures, vitraux et tableaux. La **Capilla de San Antonio**, au nord-ouest, abrite un grand tableau de Murillo, datant de 1666, représentant la vision de saint Antoine de Padoue. En 1874, des voleurs découpèrent le saint agenouillé : on le retrouva à New-York. La toile fut restaurée.

Le tombeau de Christophe Colomb

A proximité de la porte sud de la cathédrale, la Puerta de los Príncipes, se dresse le monument funéraire de Christophe Colomb (Cristóbal Colón). Les restes (supposés) du grand navigateur ont été transférés de Cuba en 1899. Le monument funéraire est porté par les quatre représentants des grands royaumes espagnols : Castilla, portant Granada à la pointe de son épée, León, Aragón et Navarra.

Coro

Au centre de la cathédrale, admirez le grandiose *coro* (chœur) formé de cent dix-sept stalles gothico-mudéjares.

La Capilla Mayor

La Capilla Mayor (chapelle principale) se trouve à l'est du Coro. Joyau de la cathédrale, son retable gothique passe pour être le plus grand du monde. Commencées par le sculpteur flamand Pieter Dancart en 1482, les boiseries polychromes et agrémentées de dorures sont gravées de plus de mille scènes bibliques. L'ouvrage fut achevé par d'autres artistes en 1564. Au centre de la partie inférieure, trône la statue de la Virgen de la Sede, patronne de la cathédrale : en cèdre plaqué d'argent, elle date du XIIIe siècle.

Les chapelles est

A l'est de la Capilla Mayor, vous trouverez d'autres chapelles. L'accès en étant généralement interdit par des cordes, vous ne pourrez les examiner de près, ce qui est regrettable car la plus centrale, la **Capilla Real** (chapelle royale), abrite les tombeaux de deux grands rois castillans. La sépulture en argent et en bronze de Ferdinand III (momifié) est placé face à l'autel. Les tombes de son fils Alfonso X et de son épouse Beatrice de Swabia sont sur les côtés.

La Sacristía de los Cálices

Au sud de la Capilla Mayor, franchissez l'entrée qui donne sur les salles renfermant les principaux trésors de la cathédrale. La salle la plus à l'ouest, la Sacristía de los Cálices (sacristie des calices), fut construite en 1509-1537. Le tableau de Goya, *Santas Justa y Rufina* (1817) est exposé au-dessus de l'autel. Ces deux martyres furent tuées par les Romains en 287 : la Giralda et la cathédrale en arrière-plan sont anachroniques. Les autres œuvres d'art datent du XVIe et du XVIIe, notamment une sculpture maîtresse de Juan Martínez Montañés, le *Cristo de la Clemencia* (Christ de la Clémence, 1603) et le tableau de Zurbarán *San Juán Bautista* (1640).

La Sacristía Mayor

De style plateresque, cette vaste salle à coupole, à l'est de la Sacristía de los Cálices, fut construite entre 1528 et 1547. L'arc gravé ornant son portail date du XVIe siècle. Le *Descendimiento* (Descente de Croix) de Pedro Campaña (1547), au-dessus de l'autel central, du côté sud, ainsi que la *Santa Teresa* de Zurbarán, à sa droite, figurent parmi les chefs-d'œuvre de la cathédrale. Les tableaux de Murillo, *San Isidoro*, (lisant) et *San Leandro*, se font face. Tous deux étaient d'éminentes figures de l'église wisigothe à Sevilla. Cette salle possède une énorme *custodia* (ostensoir) en argent pesant 475 kg réalisée par Juan de Arfe dans les années 1580.

Des statues du XVIIe siècle, représentant San Fernando (Fernando III) et La Inmaculada (Marie, L'Immaculée), sont portées lors des processions de la Fête-Dieu de Sevilla.

cours de conversion de l'euro 1 000 ptas = 6,01 €

Derrière une vitrine, sont exposées les clefs de la ville, remises à Fernando III lorsqu'il s'empara de Sevilla en 1248.

Cabildo
Ce joli chapitre à coupole, dans l'angle sud-est de la cathédrale, fut construit entre 1558 et 1592 pour les réunions des religieux. A la base du dôme, au-dessus du siège de l'archevêque, côté sud, est exposé le chef-d'œuvre de Murillo, *La Inmaculada*. Profitez-en pour admirer les huit autres saints de Murillo présentés tout autour du dôme.

L'Entrée
Le système des entrées et les horaires de visite de la cathédrale et de la Giralda changent fréquemment. Les règles du moment sont généralement affichées très clairement. Lors de nos dernières vérifications, l'entrée Plaza Virgen de los Reyes, à côté de la Giralda, était réservée aux visites guidées, tandis que les touristes individuels étaient admis par la Puerta del Perdón au nord de l'édifice. Les heures d'ouverture de la cathédrale et de la Giralda étaient les suivantes : 11h à 17h du lundi au samedi, 14h à 19h le dimanche. L'entrée coûte 700 ptas (200 ptas pour les enfants au-dessous de 12 ans, les étudiants et les personnes âgées) et elle est gratuite le dimanche. Vous pouvez prendre vos tickets au guichet jusqu'à une heure avant la fermeture des lieux.

L'ALCÁZAR
Au sud de la cathédrale, en traversant la Plaza del Triunfo, se dresse l'Alcázar (forteresse, ☎ 95 450 23 23). Ne manquez pas ce lieu splendide et fascinant, associé aux vies et aux amours de plusieurs souverains célèbres, notamment l'extraordinaire Pedro I, appelé El Cruel ou El Justiciero (le justicier), selon votre vision de l'histoire.

Histoire
Faisant office de fort pour les gouverneurs cordouans de Sevilla, l'Alcázar fut construit en 913. Au cours des onze siècles qui suivirent, l'édifice subit de nombreuses transformations lui valant sa complexité actuelle et la fascination qu'il exerce.

Lorsque la ville devint capitale du taifa au XIe siècle, ses seigneurs firent ériger un palais qu'ils baptisèrent Al-Mubarak (Le Béni) à l'emplacement correspondant actuellement à la partie ouest de l'Alcázar. A l'est, les califes almohades du XIIe siècle ajoutèrent un autre palais autour du Patio del Crucero. Lorsque Sevilla passa aux mains des chrétiens en 1248, Fernando III s'installa dans l'Alcázar, où il mourut en 1252. Les monarques chrétiens qui lui succédèrent firent de l'Alcázar leur principale résidence. Le fils d'Alfonso X, Fernando, transforma le palais almohade en édifice gothique, les

L'ALCÁZAR DE SEVILLA

1 Patio de las Banderas (sortie)
2 Puerta del León (entrée)
3 Patio del León
4 Sala de la Justicia
5 Patio del Yeso
6 Apeadero
7 Jardín de la Alcabilla
8 Patio del Crucero
9 Patio de la Montería
10 Salón del Almirante
11 Sala de Audiencias
12 Cuarto Real Alto (entrée)
13 Cuarto del Príncipe
14 Cámara Regia
15 Salón de Tapices
16 Sala de las Bóvedas
17 Jardín del Chorrón
18 Puerta del Palacio de los Duques de Arcos
19 Baños de Doña María de Padilla (entrée)
20 Patio de las Doncellas
21 Patio de las Muñecas
22 Cuarto del Techo de los Reyes Católicos
23 Jardín del Príncipe
24 Salón del Techo de Felipe II
25 Salón de Embajadores
26 Sala de Infantes
27 Salón del Techo de Carlos V
28 Estanque de Mercurio
29 Jardín de las Danzas
30 Jardín de Troya
31 Jardín de las Galeras
32 Jardín de las Flores
33 Jardín de las Damas

Salones de Carlos V. En 1364-1366, Pedro I fit construire le joyau de la couronne, le somptueux palais mudéjar appelé le Palacio de Don Pedro, situé en partie à l'emplacement de l'ancien palais Al-Mubarak.

L'ensemble fut remodelé et complété par les monarques successifs, qui dessinèrent aussi les jolis jardins de l'Alcázar.

Patio del León

Il faisait office de cour de garnison à l'époque du palais d'Al-Mubarak. A l'angle sud-est s'ouvre la **Sala de la Justicia**, dotée de magnifiques plâtres mudéjars et d'un plafond artesonado réalisé dans les années 1340 par le roi Alfonso XI, qui s'amusait ici en compagnie de sa maîtresse Leonor de Guzmán, la plus belle femme d'Espagne, disait-on. Les conquêtes féminines d'Alfonso valurent à son héritier Pedro I, cinq demi-frères adultérins et une cruelle rivalité fraternelle. Pedro aurait tué une douzaine de proches et d'amis pour se maintenir au trône. L'un de ses demi-frères, Don Fadrique, trouva la mort dans la Sala de la Justicia. Cette salle donne sur le joli **Patio del Yeso**, un vestige (transformé au XIXe siècle) du palais almohade du XIIe siècle.

Patio de la Montería

Les salles situées à l'ouest de cette cour faisaient partie de l'initiale Casa de Contratación fondée par les monarques catholiques en 1503 pour contrôler le commerce américain. Le **Salón del Almirante** recèle des peintures des XIXe et XXe siècles illustrant des événements historiques associés à Sevilla. La **Sala de Audiencias** est décorée des armes des amiraux de la flotte espagnole et d'un tableau datant de 1530, le premier à illustrer la découverte des Amériques, *Virgen de los Mareantes* (Vierge des marins) d'Alejo Fernández. On distingue Christophe Colomb, Fernando El Católico, Carlos I, Amerigo Vespucci et des Amérindiens, abrités sous le manteau de la Vierge, protectrice des marins. Cette salle possède aussi un modèle de la *Santa María,* navire de Christophe Colomb.

Palacio de Don Pedro

On oublie les méfaits de Pedro I devant la magnificence des motifs et des décorations de son palais, rivalisant avec la splendeur de l'Alhambra à Granada. L'entrée se fait au sud du Patio de la Montería.

Parce qu'il ne pouvait accorder sa confiance à ses coreligionnaires, Pedro I entretint une alliance durable avec l'émir musulman de Granada, Mohammed V, le principal commanditaire des décorations du palais nasride de l'Alhambra. En 1364, lorsque Pedro décida de construire un nouveau palais dans l'Alcázar, Mohammed lui envoya ses meilleurs artisans. Ils furent rejoints par d'autres ouvriers juifs et musulmans de Toledo et d'autres, musulmans pour la plupart, de Sevilla. Leur ouvrage ne représentait pas seulement le meilleur de l'architecture contemporaine mais empruntait également aux premières traditions des Almohades et du Califat de Córdoba. Le résultat aboutit à une synthèse unique de l'art ibéro-musulman.

Les inscriptions sur la **façade** un peu austère du palais, face au Patio de la Montería, résument bien l'esprit inhabituel de toute l'entreprise. L'une rappelle que le créateur de l'édifice est "le majestueux, noble et conquérant Don Pedro, par la grâce de Dieu roi de Castilla et León". L'autre répète inlassablement : "Il n'est de conquérant qu'Allah."

Dans l'entrée, le passage à gauche conduit vers le merveilleux **Patio de las Doncellas,** entouré de magnifiques arcs et décoré de dentelles de stuc et d'azulejos. Les portails fixés à chaque extrémité sont les plus beaux jamais réalisés par les charpentiers de Toledo. Les galeries à l'étage furent rajoutées en 1540.

Les deux salles de la **Cámara Regia**, au nord du Patio de las Doncelllas, sont agrémentées de magnifiques plafonds ainsi que de dentelles de stuc et d'azulejos encore plus beaux. La pièce à l'arrière servait probablement de chambre à coucher royale en été.

En allant vers l'ouest, vous aboutirez au petit **Patio de las Muñecas**, au cœur des quartiers privés du palais, paré de délicates décorations de style Granada. La verrière et la galerie supérieure furent ajoutées au

Le Patio de las Doncellas abrite quelques-unes des plus belles réalisations artistiques du palais

XIXe siècle à la demande de la reine Isabel II. Le plâtre dont elles sont décorées provient de l'Alhambra. Le **Cuarto del Príncipe**, au nord, possède de somptueux plafonds et devait probablement être la chambre à coucher de la reine.

L'impressionnant **Salón de Embajadores** (salon des ambassadeurs), à l'ouest du Patio de las Doncellas, constituait la salle du trône du palais de Pedro I, comme elle l'avait été dans le palais d'Al-Mubarak (Al-Mutamid y tint des soirées littéraires). Pedro conserva les arcs de l'entrée du palais d'Al-Mubarak, rappelant celles du palais de Medina Azahara, près de Córdoba. L'extraordinaire coupole en bois de cette salle, parée de multiples motifs en étoile symbolisant l'univers, fut rajoutée en 1427. Cette forme en dôme donna à la salle son autre nom, Sala de la Media Naranja (salle de la moitié d'orange). Le stuc coloré n'est pas moins admirable. C'est dans cette salle que Pedro tendit un traquenard au dit Roi rouge, qui avait temporairement détrôné Mohhamed V à Granada. Au cours d'un banquet, des hommes armés surgirent et s'emparèrent du Roi rouge et des 37 hommes de sa suite. Tous furent exécutés quelques jours plus tard en dehors de Sevilla.

Côté ouest du Salón de Embajadores, le somptueux **Arco de Pavones**, ainsi nommé en raison de ses motifs de paons, mène au **Salón del Techo de Felipe II**, au plafond Renaissance (1589-1591). Longeant le côté sud du Patio de las Doncellas, le **Salón del Techo de Carlos V**, qui possède également un plafond des plus raffinés (datant des années 1540), faisait office de chapelle du palais.

Salones de Carlos V

Accessibles depuis un escalier à l'angle sud-est du Patio de las Doncellas, ces salles remodelées à maintes reprises datent du règne d'Alfonso X au XIIIe siècle. C'est ici que se réunissait la cour intellectuelle d'Alfonso et qu'un siècle plus tard, Pedro I installa celle qu'il aimait à la folie, María de Padilla (bien qu'étant déjà marié à une princesse française). La **Sala de las Bóvedas** est aujourd'hui ornée de superbes carreaux réalisés dans les années 1570 par Cristóbal de Augusta pour Felipe II. Le **Salón de Tapices** possède une riche collection de tapisseries du XVIIIe siècle illustrant la conquête de Tunis par Carlos I en 1535, alors aux mains du corsaire Barberousse soutenu par les Turcs.

Patio del Crucero

Situé à l'extérieur et au nord des Salones de Carlos V, ce patio constituait, à l'origine, la partie supérieure du patio central du palais almohade du XIIe siècle. Initialement, il se composait d'allées longeant les quatre côtés et de deux autres diagonales qui se croisaient au milieu. Des orangers avaient été plantés au niveau inférieur, dont ceux qui avaient le privilège de fréquenter les galeries de l'étage pouvaient cueillir les fruits. María devait certainement aimer flâner dans ce patio et y cueillir des oranges car celui-ci est également appelé Patio de María de Padilla.

Tout le niveau inférieur dut être reconstruit au XVIIIe siècle suite à un tremblement de terre.

Les jardins et la sortie

Depuis les Salones de Carlos V, vous pouvez accéder aux vastes jardins de l'Alcázar, qui constituent l'endroit idéal pour vous reposer après cette visite chargée. Les jardins en face des Salones de Carlos V et du Palacio de Don Pedro datent de l'époque musulmane mais doivent leur aspect actuel aux XVIe et XVIIe siècles. Juste en face des bâtiments, de petits jardins se succèdent en enfilade, dotés parfois de bassins et de fontaines. De l'un d'entre eux, le Jardín de las Danzas, un corridor passant sous les Salones de Carlos V mène aux **Baños de Doña María de Padilla**. De cet endroit, vous pourrez admirer les voûtes sous le Patio del Crucero et une grotte qui remplaça le bassin du patio dans lequel, à juger de par son nom, María de Padilla devait aimer à se baigner.

Plus loin dans les anciens jardins, vous trouverez un **labyrinthe**. Les jardins à l'est, de l'autre côté d'un long mur almohade, sont des créations du XXe siècle. Depuis les nouveaux jardins, revenez vers l'angle des Salones de Carlos V, d'où un passage menant vers le nord vous conduira à l'**Apeadero**, l'entrée du palais au XVIIe siècle. Aujourd'hui, il accueille une collection de voitures à cheval. Vous pouvez ensuite vous acheminer vers la sortie *via* le **Patio de las Banderas**.

ARCHIVO DE INDIAS

Cet édifice, à l'ouest de la Plaza del Triunfo, renferme depuis 1875 les principales archives de l'empire américain d'Espagne. Ses huit kilomètres de rayons contiennent quatre-vingts millions de pages de documents, de 1492 à la fin de l'empire au XIXe siècle. La plupart des archives ne peuvent être consultées que sur autorisation spéciale mais des présentoirs tournants exposent des cartes et des documents intéressants, dont des manuscrits de la main de Colomb, Cervantes ou de conquistadores comme Cortés ou Pizarro. Construit au XVIe siècle, le bâtiment abritait à l'origine la Lonja (bourse) de Sevilla qui gérait le commerce avec les Amériques. L'accès à l'Archivo de Indias (☎ 95 421 12 34) est libre. L'édifice est ouvert du lundi au vendredi de 10h à 13h.

BARRIO DE SANTA CRUZ

La zone commençant immédiatement à l'est de la cathédrale et de l'Alcázar formait la Judería (quartier juif) médiévale de Sevilla. Aujourd'hui, Santa Cruz est un pittoresque enchevêtrement de venelles sinueuses et de gracieuses petites places agrémentées de fleurs et d'orangers. Si vous ne séjournez pas dans le quartier, flânez dans ses ruelles : il recèle d'agréables établissements où vous pourrez faire une pause le temps d'un verre ou d'un repas.

La Judería, qui s'étend jusqu'à l'est de la Calle Santa María La Blanca, fut créée après la Reconquista (Reconquête) et vidée après le pogrom de 1391. Autre endroit enchanteur, la **Plaza Doña Elvira** est une halte agréable, avec ses bancs en azulejos, à l'ombre de ses orangers. L'**Hospital de los Venerables Sacerdotes**, Plaza de los Venerables, fit office, depuis sa construction au XVIIe siècle jusqu'aux années 60, de résidence pour les prêtres âgés. Il est maintenant ouvert aux visites guidées (600 ptas) tous les jours de 10h à 14h et de 16h à 20h (vous risquez de trouver porte close en août). Promenez-vous dans la ravissante cour centrale ainsi que dans les anciens réfectoires et les salles exposant des œuvres artistiques (dont une précieuse collection de gravures de Sevilla). L'église renferme des peintures murales de Juan de Valdés Leal et de jolies sculptures de Pedro Roldán. La place la plus typique du quartier est la **Plaza de Santa Cruz**, au milieu de laquelle se dresse une croix datant de 1692. C'est l'un des modèles les plus élaborés de ferronnerie réalisés à Sevilla. A quelques mètres de là, Calle Santa Teresa 8, vous attend la **Casa de Murillo**, où vécut le célèbre peintre. Elle ouvre ses portes de 10h30 à 13h30 et de 17h à 21h tous les jours sauf le lundi. L'entrée est gratuite. Les objets exposés de façon permanente sont en nombre assez réduit mais vous trouverez peut-être une exposition temporaire intéressante. Il en est de même de la **Casa de la Memoria de Al-Andalus**, Calle Ximénez de Enciso 28, qui se consacre à la période musulmane andalouse. Le musée vous accueille de 10h à 14h et de 17h à 21h tous les jours, au tarif de 400 ptas (250 ptas pour les étudiants et les personnes âgées).

EL CENTRO

Le véritable centre de Sevilla s'étend au nord de la cathédrale. C'est un quartier den-

cours de conversion de l'euro 1 000 ptas = 6,01 €

146 Sevilla – El Centro

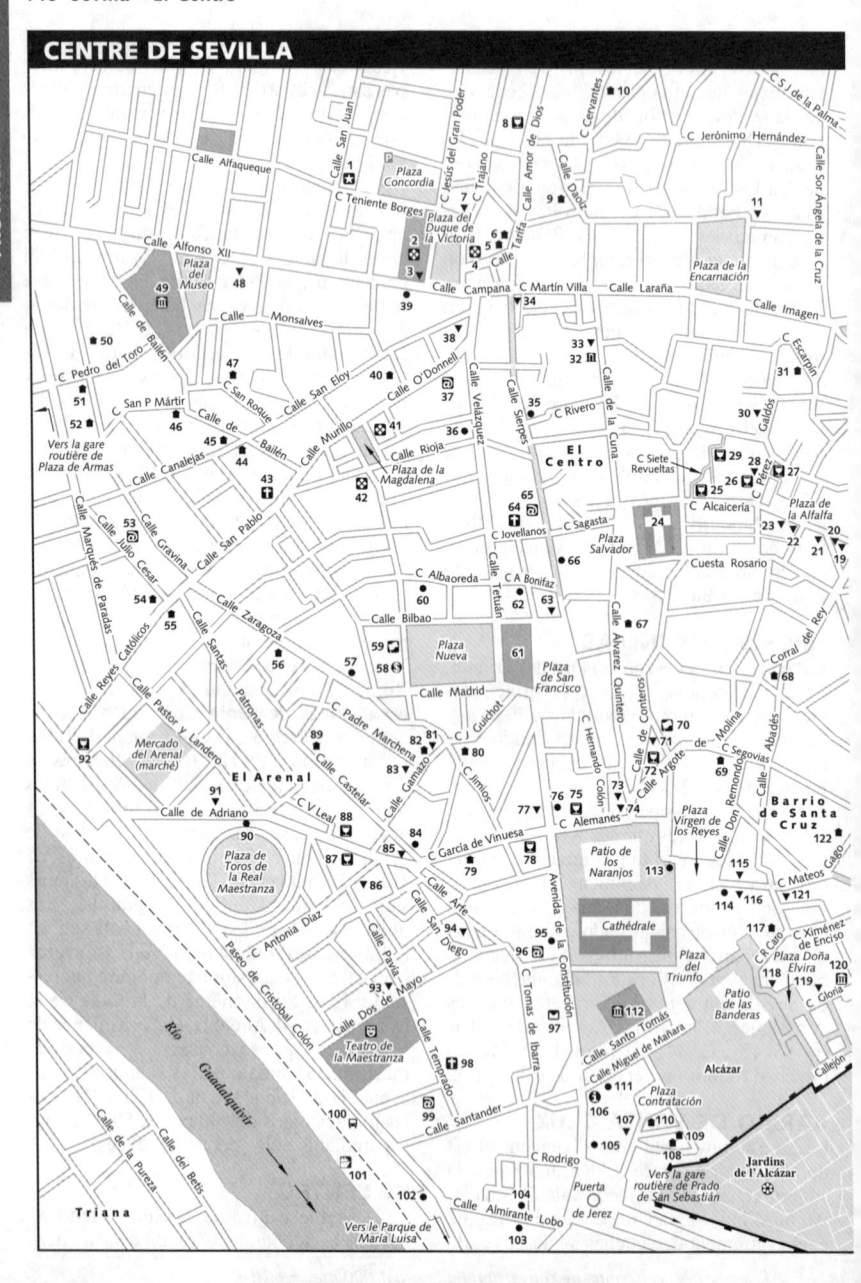

CENTRE DE SEVILLA

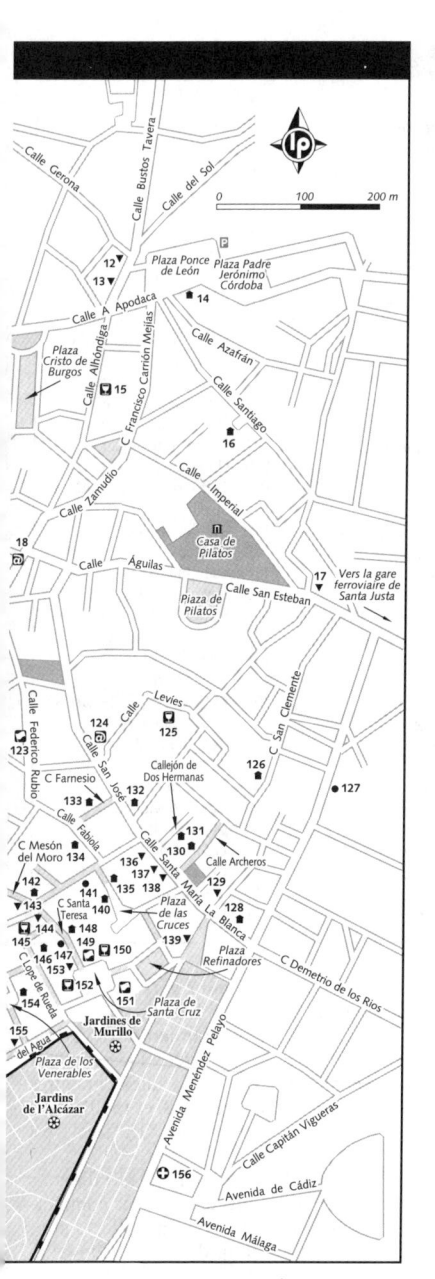

CENTRE DE SEVILLA

OÙ SE LOGER

- 5 Hostal Pino
- 6 Hostal Unión
- 9 Hotel Sevilla
- 10 Hotel Cervantes
- 14 Hotel Baco et Restaurante El Bacalao
- 16 Las Casas del Rey de Baeza
- 31 Hostal Lis
- 40 Hostal Lis II
- 44 Hotel Colón
- 45 Hotel Plaza Sevilla
- 46 Hostal Londres
- 47 Hotel Zaida
- 50 Hostal Romero
- 51 Hostal Gravina
- 52 Hostal Gala
- 54 Hotel Becquer
- 55 Hotel Puerta de Triana
- 56 Hostal Central
- 67 Las Casas de los Mercaderes
- 68 Hostal Sánchez Sabariego
- 69 Hotel Los Seises
- 79 Hotel Simón
- 80 Hotel Europa
- 82 Hotel Maestranza
- 89 Hotel La Rábida
- 108 Hostal Arias
- 109 Pensión Alcázar
- 110 Hostal Picasso
- 117 Hostal Monreal
- 122 Hostal Goya
- 126 Hostal La Montoreña
- 128 Huéspedes Dulces Sueños/Sweet Dreams
- 130 Hostal Bienvenido
- 131 Las Casas de la Judería
- 132 Hotel Fernando III
- 133 Hostal Córdoba
- 134 Pensión Fabiola
- 135 Pensión San Pancracio
- 140 Pensión Cruces
- 142 Pensión Vergara
- 146 Hotel Murillo
- 148 Hostal Toledo
- 154 Hostería del Laurel

OÙ SE RESTAURER

- 3 Café Bar Duque
- 7 Horno del Duque
- 11 Mercado de la Encarnación (marché)
- 12 El Rinconcillo
- 13 La Giganta
- 17 Bodega Extremeña
- 19 La Trastienda

cours de conversion de l'euro 1 000 ptas = 6,01 €

CENTRE DE SEVILLA

20	La Bodega Extremeña		**DIVERS**	84	Tintorería Roma
21	La Bodega	1	Poste de police	87	A3
22	Horno de San Buenaventura	2	El Corte Inglés	88	Arena
23	Alfalfa 10	4	El Corte Inglés	90	Billetterie pour les corridas
28	Habanita	8	Itaca	92	Café Isbiliyya
30	Sopa de Ganso	15	Café Lisboa	95	Usit Unlimited
33	Restaurante San Marco	18	Inter/lfalfa	96	Sevilla Internet Center
34	Confitería La Campana	24	Parroquia del Salvador	97	Poste
38	Patio San Eloy	25	Bar Europa	98	Hospital de la Caridad
48	Bodegón Alfonso XII	26	Bare Nostrum, Cabo Loco	99	Cibercafé Torredeoro.net
63	Bar Laredo		et Nao	100	Arrêt des bus et des trams
71	Robles Placentines	27	La Rebótica	101	Jetty, Cruceros Turísticos
73	Casa Robles	29	El Mundo		Torre del Oro
74	Las Escobas	32	Palacio de Lebrija	102	Torre del Oro et musée
77	Café de Indias	35	Z Zulategui		maritime
81	Restaurante Enrique	36	La Teatral (billetterie)	103	Sevilla Car
	Becerra	37	Undernet Ciber Café	104	Triana Rent A Car
83	Bodega Paco Góngora	39	Sevilla Rock	105	Librería Beta
85	Mesón Cinco Jotas	41	El Corte Inglés	106	Office du tourisme principal
86	Mesón Serranito	42	El Corte Inglés	111	Sevilla Mágica
91	Casa Pepe-Hillo	43	Iglesia de la Magdalena	112	Archivo de Indias
93	Mesón de la Infanta	49	Museo de Bellas Artes	113	Giralda
94	La Infanta	53	Cibercenter	114	usit Unlimited
107	Cafetería Las Lapas	57	Bureau de la RENFE	120	Hospital de los
115	Cervecería Giralda	58	American Express		Venerables Sacerdotes
116	Café-Bar Campanario	59	Consulat britannique	123	Consulat australien
118	Restaurant La Cueva	60	CLIC	124	Puerta Centro
119	El Rincón de Pepe	61	Ayuntamiento	125	La Carbonería
121	Bodega Santa Cruz		(hôtel de ville)	127	LTC (boutique de cartes
129	Restaurante La Judería	62	Halcón Viajes		géographiques)
136	Altamira Bar-Café,	64	Capilla de San José	141	Casa de la Memoria
	Carmela	65	The E-m@il Place		de Al-Andalus
137	Bar Casa Fernando	66	Sport Zone	145	Bar Entrecalles
138	Restaurant El Cordobés	70	Consulat néerlandais	147	Casa de Murillo
139	Restaurante Modesto	72	La Subasta	149	Consulat français
143	Pizzeria San Marco		et Antigüedades	150	El Tamboril
144	Café Bar Las Teresas	75	P Flaherty Irish Pub	151	Consulat irlandais
153	Restaurante La Albahaca	76	Librería Beta	152	Los Gallos
155	Corral del Agua	78	Hijos de E Morales	156	Poste médical d'urgence

sément peuplé, où les rues tortueuses donnent sur des places autour desquelles s'anime depuis toujours la vie sévillane.

Plaza de San Francisco et Calle Sierpes

Correspondant à l'emplacement du marché de l'époque musulmane, la Plaza de San Francisco est la principale place de Sevilla depuis le XVIe siècle. Autrefois théâtre des bûchers de l'Inquisition, elle fait maintenant office de tribune où s'installent les notables de la ville pour regarder les processions de la Semana Santa.

A l'ouest, l'**Ayuntamiento** (hôtel de ville) présente deux caractéristiques. Sa face sud comporte de ravissantes gravures Renaissance des années 1520 et 1530, tandis que sa face nord, rajoutée au XIXe siècle, est plutôt dépouillée.

Piétonne, la Calle Sierpes, qui file vers le nord depuis la place, est la rue commerçante la plus chic de la ville. Faites quelques pas le long de ia Calle Jovellanos, donnant sur la Calle de Sierpes, en direction de la **Capilla de San José**. Lourdement décorée dans le style baroque, cette petite chapelle du XVIIIe siècle a été construite par la corporation des charpentiers. Le retable principal, flanqué de deux autres, est une véritable débauche de dorures et de chérubins. La chapelle est ouverte de 8h à 12h30 et de 18h30 à 20h30 tous les jours.

Le **Palacio de Lebrija**, à une rue à l'est de la Calle Sierpes, au niveau de Calle de la Cuna 8, est une demeure de la noblesse du XVIe siècle abritant une somptueuse collection d'art, de statues, de meubles et d'artisanat, ainsi qu'une magnifique cour Renaissance/Mudéjar. Les portes s'ouvrent de 11h à 13h et de 17h à 19h du lundi au vendredi, de 10h à 13h le samedi. L'entrée revient à 500 ptas.

Plaza Salvador

A quelques rues au nord-est de la Plaza de San Francisco, se trouvait le principal forum de l'Hispalis romaine (voir plus haut la partie *Histoire* pour plus de détails). La **Parroquia del Salvador**, qui se dresse sur la place, est une imposante église baroque rouge construite en 1674-1712, à l'emplacement de la première grande mosquée d'Ishbiliya. A l'intérieur, apparaissent trois énormes retables baroques. Au nord, le petit patio de la mosquée, sa fontaine, ses orangers et quelques colonnes romaines à moitié enterrées ont été conservés. L'église est ouverte tous les jours de 6h30 à 21h.

Plaza de la Alfalfa

Quelque 200 m à l'est de la Plaza de Salvador, se trouvait à l'époque musulmane le marché de la soie. Aujourd'hui, cette place animée compte nombre de bars sympathiques.

Casa de Pilatos

A 300 m à l'est de la Plaza de la Alfalfa, dans la Calle Aguilas, découvrez la plus raffinée des demeures aristocratiques de Sevilla. Elle est toujours occupée par les ducs de Medinaceli. L'édifice mêle l'architecture mudéjare, gothique et Renaissance. Le tout est agrémenté de magnifiques azulejos et de plafonds artesonados, qui rappellent la décoration de l'Alcázar.

Deux hypothèses s'affrontent sur l'origine du nom de la demeure (maison de Pilate) : son premier propriétaire, Don Fadrique Enríquez de Ribera, qui vécut au XVIe siècle, aurait voulu copier le palais de Ponce Pilate à Jérusalem, où il s'était rendu en pèlerinage. A moins que cette maison n'ait été la première halte (Jésus devant Pilate) des pénitents de la Semaine Sainte dans leur représentation du Chemin de Croix.

La Casa de Pilatos (☎ 95 422 52 98) est ouverte tous les jours de 9h à 19h. L'entrée coûte 500 ptas pour chacun des deux étages.

Le plan imprimé sur votre billet vous permettra de vous repérer. Depuis l'**Apeadero**, une cour à attelage, vous atteindrez le **Patio Principal**, couvert de ravissants azulejos colorés datant du XVIe siècle et de stuc mudéjar, où coule une fontaine Renaissance. A chaque coin, trône une statue classique. Une Athéna grecque du IVe siècle av. J.-C. se dresse face à l'entrée. Les autres sculptures sont romaines.

Les noms des salles donnant sur le Patio Principal rappellent le palais de Ponce Pilate. Le **Descanso de los Jueces** (salle de repos des juges), le **Salón Pretorio** (salon du palais) et le **Gabinete de Pilatos** (cabinet de Pilate) sont surmontés de plafonds artesonados. En sortant du Salón Pretorio, prenez le **Zaquizami**, un corridor doté de sculptures romaines et d'inscriptions, puis rendez-vous au **Jardín Chico** (petit jardin). Le Gabinete de Pilatos conduit au luxuriant **Jardín Grande** (grand jardin) qui possède trois loggias de style italien.

La **cage d'escalier** reliant le Patio Principal à l'étage possède les plus beaux azulejos de l'édifice. Elle est surmontée en outre d'un splendide dôme artesonado doré. La visite de l'**étage**, en partie habité par les Medinaceli, est assurée par un guide assez pressé. Ne manquez pas dans le salon Oviedo les portraits de la famille et un petit Goya représentant une corrida.

EL ARENAL

Une courte marche en partant à l'ouest de l'Avenida de la Constitución vous amè-

cours de conversion de l'euro 1 000 ptas = 6,01 €

nera aux rives du Río Guadalquivir, un endroit qui se prête aux promenades.

La Torre del Oro

Cette "Tour d'or" est une tour de guet almohade datant du XIIIe siècle, construite sur la rive, au nord du Puente de San Telmo, couronnait autrefois un angle des remparts de la ville qui s'étendait jusqu'ici depuis l'Alcázar. Elle doit son nom aux azulejos dorés dont elle était probablement recouverte à l'origine. A l'intérieur, découvrez son petit mais riche musée maritime, ouvert du mardi au vendredi de 10h à 14h, le samedi et le dimanche de 11h à 14h (fermé en août). L'entrée coûte 100 ptas.

L'Hospital de la Caridad

L'hospice pour personnes âgées, Calle Temprado 3, fut construit au XVIIe siècle par Miguel de Mañara. Selon la légende, ce libertin notoire aurait changé de mœurs après avoir eu une vision de sa propre mort. L'église fut enrichie dans les années 1670, à la demande de Mañara, des plus belles créations artistiques sévillanes, autour du thème de la mort et de la rédemption. Les œuvres sont signées Valdés Leal, Murillo et Pedro Roldán. L'Hospital de la Caridad (☎ 95 422 32 32) est ouvert du lundi au samedi de 9h à 13h30 et de 15h30 à 18h30, ainsi que le dimanche et les jours fériés de 9h à 13h. L'entrée vaut 400 ptas.

Les deux chefs-d'œuvre de Valdés Leal, illustrent la vanité de la puissance face à la mort, sont exposés du côté ouest de l'église. *Finis Gloriae Mundi* (la fin de la gloire terrestre), accroché au-dessus de la porte d'entrée, représente un évêque, un roi et un chevalier de Calatrava étendus dans des cercueils et dévorés par les vers et les cafards, tandis que la main du Christ soupèse leurs vertus et leurs péchés (figurés par des animaux). *In Ictu Oculi* (en un clin d'œil), sur le mur d'en face, met en scène la figure squelettique de la mort soufflant sur la bougie de la vie tout en piétinant les symboles du pouvoir, de la gloire, de la richesse et du savoir. Admirez aussi le *San Juan de Dios* (saint Jean de Dieu veillant sur un invalide) et le *Moises Haciendo Brotar el Agua de la Roca* (Moïse faisant jaillir l'eau du rocher), deux des huit grandes toiles commandées à Murillo, sur le thème de la compassion et de la miséricorde, deux moyens par lesquels transcender la mort. Il ne reste que quatre de ces tableaux, les autres ont été pillés par les troupes napoléoniennes. A gauche du retable supérieur, quelques marches descendent vers la crypte où est enterré Miguel de Mañara.

La sculpture du retable supérieur illustre l'ultime acte de compassion, l'enterrement du mort (en l'occurrence le Christ). Pedro Roldán, qui avait le sens du mouvement, signa ce chef-d'œuvre qui fut polychromé (coloré) par Valdés Leal.

Du côté sud de l'église, figurent les deux autres tableaux restants de Murillo, *La Multiplicación de Panes y Peces* (la multiplication des pains et des poissons) et *Santa Isabel de Húngria* (sainte Isabelle de Hongrie veillant sur les pauvres et les malades), ainsi qu'une sculpture signée Roldán représentant le Christ priant avant sa crucifixion.

Plaza de Toros de la Real Maestranza

L'arène de Sevilla (☎ 95 422 45 77), Paseo de Cristóbal Colón, est l'une des plus prestigieuses du pays et probablement la plus ancienne (sa construction commença en 1758). C'est dans cette arène et celle de Ronda, dans la province de Málaga, que la tauromachie à pied fut instaurée au XVIIIe siècle. Ce site était à l'origine le terrain d'entraînement de la Real Maestranza de Caballería de Sevilla (maîtrise royale de cavalerie) d'où lui vient son nom.

Vous pouvez visiter l'arène et le musée, puis jeter un coup d'œil sur l'infirmerie des toreros blessés, de 9h30 à 14h et de 15h à 18h ou 19h tous les jours (de 10h à 15h les jours de corrida).Très intéressantes, les visites commentées en anglais et en espagnol ont lieu toutes les 20 minutes environ (400 ptas). Pour plus de détails sur la tauromachie à Sevilla, consultez la rubrique *Manifestations sportives* un peu plus loin dans ce chapitre et, sur un plan plus général, la rubrique du même nom dans le chapitre *Renseignements pratiques*.

Iglesia de la Magdalena

Parmi les nombreuses églises baroques de Sevilla, une petite merveille se dresse au nord, Calle San Pablo. Construite en 1691-1709, l'Iglesia de la Magdalena possède une belle Crucifixion, *El Cristo del Calvario* (le Christ de la cavalerie), sculptée en 1612 par Francisco de Ocampo, qui se trouve dans la chapelle à droite du retable principal. Deux tableaux de Zurbarán sont exposés dans la Capilla Sacramental.

L'église abrite la confrérie de la Quinta Angustia, dont le tableau du XVIIe siècle, le *Descendimiento*, illustrant la Descente de Croix de Jésus, est porté à travers les rues de Sevilla lors de la Semana Santa. Vous pouvez l'admirer dans la chapelle, à gauche en franchissant le seuil de l'église. Ce Christ est attribué à Pedro Roldán. L'église est ouverte tous les jours, au moment de la messe, généralement de 8h à 11h et 18h30 à 21h.

Museo de Bellas Artes

Sevilla joua un rôle important pendant l'âge d'Or espagnol (de la fin du XVIe siècle à la fin du XVIIe siècle). Le musée des Beaux-Arts (☎ 95 422 07 90), aménagé dans l'ancien Convento de la Merced, Plaza del Museo 9, illustre parfaitement cette période et permet de mieux saisir l'ensemble du contexte artistique à Sevilla et en Andalousie.

Les maîtres sévillans du XVIIe siècle, Murillo, Zurbarán et Valdés Leal, sont particulièrement bien représentés. Le musée expose des œuvres intéressantes, antérieures à l'âge d'Or. D'autres artistes, ayant vécu ailleurs, comme El Greco et José de Ribera, figurent aussi dans le musée.

La salle I illustre les débuts de l'école sévillane au XVe siècle. Les remarquables sculptures en terre cuite de Pedro Millán sont d'un réalisme rare dans l'art espagnol de l'époque.

Dans la salle II, qui faisait office de réfectoire du couvent, sont exposées des pièces Renaissance en provenance de Sevilla et d'ailleurs. Mentionnons notamment le saisissant portrait qu'a réalisé El Greco de son fils Jorge Manuel, ainsi que des sculptures de Pedro Torrigiano. Cet artiste italien s'installa à Sevilla en 1522 et devint une figure majeure de l'art sévillan du début de la Renaissance. Par l'expression du visage et la parfaite anatomie du personnage, son *San Jerónimo Penitente*, grandeur nature, eut une influence déterminante sur l'art.

La salle III est consacrée aux retables sévillans de la Renaissance et aux tableaux baroques sévillans du début du XVIIe siècle, notamment le portrait de Don Cristóbal Suárez de Ribera par Velázquez et le *San Francisco de Borja* d'Alonso Cano. L'étonnant *Las Ánimas del Purgatorio* (les âmes du purgatoire) d'Alonso Cano est exposé dans l'angle, entre les salles III et IV.

Principalement dédiée au maniérisme, une transition plutôt guindée et idéalisée entre le style Renaissance et l'art baroque, la salle IV présente la grande *Sagrada Cena* (le dernier souper), d'Alonso Vázquez. Depuis cette salle, il est possible d'accéder, *via* le joli cloître principal, à la salle V, le couvent où sont exposés des tableaux des maîtres du baroque sévillan. Vous pourrez admirer le chef-d'œuvre de Zurbarán, l'*Apoteosis de Santo Tomás de Aquinas* (l'apothéose de saint Thomas d'Aquin) et *L'Inmaculada Concepción Grande* de Murillo, représentant la Vierge portée par des chérubins. Ce tableau constitue une partie du retable principal placé en haut de l'église. De nombreuses œuvres de Murillo, commandées par d'autres églises, sont exposées ici.

A l'étage, parmi les tableaux les plus remarquables de la salle VI figurent : le typique espagnol *Santiago Apóstol* (saint Jacques l'apôtre) de Ribera et le petit *Cristo Crucificado Expirante* (Christ crucifié expirant) de Zurbarán, probablement l'une des œuvres les plus émouvantes du musée. La salle VII est réservée à Murillo et à ses disciples, tandis que la salle VIII est consacrée à Valdés Leal. La salle IX est réservée à l'art baroque européen.

Entièrement vouée à Zurbarán, la salle X renferme le *Cristo Crucificado*, l'une de ses plus remarquables réalisations. Dans l'une des scènes monastiques, *Visita de San Bruno à Urbano II*, le

cours de conversion de l'euro 1 000 ptas = 6,01 €

contraste entre le pape Urban II, attaché aux plaisirs de la terre, et l'ascétique St Bruno est magistralement mis en évidence.

Dans la salle XI, sont exposés des tableaux espagnols et sévillans du XVIIIe siècle, période sans grande envergure. La peinture des XIXe et XXe siècles occupent les salles XII à XIV. Les principaux artistes représentés sont originaires de Sevilla, dont le romantique Antonio María Esquivel et le peintre de scènes historiques Eddo Cano.

Le musée est ouvert le mardi de 15h à 20h, du mercredi au samedi de 9h à 20h et le dimanche de 9h à 14h. L'entrée est gratuite pour les ressortissants de l'Union européenne munis d'un passeport ou d'une pièce d'identité et coûte 250 ptas pour les autres.

SUD DU CENTRE
Antigua Fábrica de Tabacos

L'ancienne manufacture des tabacs de Sevilla est l'endroit où travaillait Carmen, héroïne de l'opéra de Bizet. Cet imposant édifice de la Calle San Fernando fut érigé au XVIIIe siècle et fit office de manufacture jusqu'à la moitié du XXe siècle. La fabrique constitua longtemps la pierre angulaire de l'économie de la ville. Elle disposait de sa propre prison, d'étables pour 400 mules, 21 fontaines, de 24 patios et même d'une crèche à la disposition des employés, qui étaient surtout des femmes. Avec ses 250 m sur 180 m, c'est l'édifice qui couvre la plus grande superficie en Espagne après El Escorial, le grand palais-monastère près de Madrid.

De style néoclassique, l'impressionnant bâtiment est plutôt lugubre. Le portail principal arbore des sculptures évoquant la découverte des Amériques, d'où provient le tabac. On reconnaît Christophe Colomb (Cristóbal Colón), Hernán Cortés (conquérant de l'empire aztèque) et deux Amérindiens, dont l'un fume une pipe. Au sommet du portail, la Renommée souffle dans une trompette.

L'ancienne manufacture des tabacs fait à présent partie de l'Universidad de Sevilla (université de Sevilla). Vous pouvez la visiter entre 8h et 21h30 du lundi au vendredi, et de 8h à 14h le samedi.

Parque de María Luisa et Plaza de España

Une immense zone au sud de l'Antigua Fábrica de Tabacos fut aménagée pour l'Exposición Iberoamericana de 1929. Les architectes s'adonnèrent à une débauche de constructions bizarres et originales, rappelant pour la plupart le passé glorieux de Sevilla. Parmi cet ensemble, le Parque de María Luisa constitue, avec son labyrinthe de chemins, ses fleurs, ses fontaines, ses pelouses ombragées et ses trois mille cinq cents arbres, un havre de paix à l'abri de l'agitation de la ville. Il est ouvert tous les jours de 8h à 10h.

Face au côté nord-est du parc, en traversant l'Avenida de Isabel la Católica, la Plaza de España est l'endroit favori des Sévillans en quête de repos. Dotée de fontaines et de mini-canaux, elle est entourée du plus grandiose édifice de 1929 : le bâtiment en brique forme un arc de cercle qui est recouvert d'azulejos représentant chaque province espagnole au moyen d'une carte et d'une scène historique.

La Plaza de América, à l'extrémité sud du parc, est occupée par une volée de pigeons blancs et deux musées qui valent le détour. Parmi les richesses du grand **Museo Arqueológico** (☎ 95 423 24 01), citons une salle réservée aux bijoux en or des mystérieux Tartessos, ainsi que la remarquable collection ibérique de sculptures animalières et de mosaïques romaines. Parmi le grand nombre de sculptures romaines, vous attendent en salle XX des sculptures de deux empereurs d'Itálica, à proximité de Sevilla, Hadrien (Adriano) et Trajan (Trajano, auquel il manque le haut de la tête). Le Museo Arqueológico est ouvert le mardi de 15h à 20h, du mercredi au samedi de 9h à 20h et le dimanche et jours fériés de 9h à 14h30. L'accès est libre pour les ressortissants de l'Union européenne munis d'un passeport ou d'une carte d'identité. Pour les autres, c'est 250 ptas.

Face au Museo Arqueológico, se trouve le **Museo de Artes y Costumbres Populares** (☎ 95 423 25 76). Ce pavillon mudéjar, érigé lors de l'Exposition de 1929, fit office de palais arabe pour les besoins du film *Lawrence d'Arabie*. Le musée possède une collection de maquettes d'ateliers de divers métiers locaux (dont les fabricants de guitares, de céramiques et de fer forgé) et des costumes somptueux revêtus autrefois lors des corridas et des fêtes. Les prix et les horaires d'accès sont les mêmes que pour le Museo Arqueológico.

NORD DU CENTRE

La zone ouvrière au nord de la Calle Alfonso XII et de la Plaza Ponce de León contraste avec le centre de la ville. Vous y trouverez les marchés de rue les plus intéressants de Sevilla (voir la rubrique *Achats*).

Alameda de Hércules

Ce poussiéreux *paseo* (sorte de parc tout en longueur) de 350 m fut créé en 1570 sur un marais asséché. Deux colonnes, vestiges d'un temple romain découvert dans une autre partie de la ville, furent érigées à son extrémité sud. Des statues d'Hercule et de Jules César les surmontent, sculptées par Diego de Pesquera.

Planté d'*álamos* (peupliers), d'où lui vient son nom, l'Alameda devint un lieu de rencontre à la mode au XVIIe siècle. Dans les années 80, l'Alameda devint un lieu de prostitution. Toutefois, si ce n'est plus un quartier chaud, la vie nocturne est néanmoins particulièrement animée et la scène alternative et bohème bien présente.

La Basílica de Jesús del Gran Poder

Cachée derrière un imposant portail baroque, cette église fut érigée à l'angle de la Plaza de San Lorenzo dans les années 60. Elle abrite une célèbre sculpture, placée au-dessus de son autel principal, beaucoup plus ancienne : un Christ portant la croix (auquel l'église doit son nom). Cette statue, réalisée en 1620 par Juan de Mesa, inspire une grande dévotion aux Sévillans, qui lui réservent une place d'honneur lors de la Semana Santa.

De chaque côté de l'autel, se tiennent une sculpture de saint Jean l'évangéliste, également de Juan de Mesa, et une autre, anonyme, la *Virgen del Mayor Dolor* (la Vierge de la grande douleur) datant du XVIIIe siècle. L'église est ouverte tous les jours de 8h à 13h45 et de 18h à 21h.

La Basílica de la Macarena et ses environs

Si vous n'êtes pas à Sevilla pendant la Semana Santa, vous pouvez vous faire une idée de l'ambiance qui règne alors en visitant la Basílica de la Macarena (☎ 95 437 01 95), Calle Bécquer 1, donnant sur Calle San Luis.

Elle est ouverte tous les jours de 9h à 13h et de 17h à 21h. Datant des années 40, l'église garde l'image sacrée la plus vénérée à Sevilla, la *Virgen de la Esperanza* (la Vierge de l'espérance), qui aurait été sculptée au milieu du XVIIe siècle. L'identité du sculpteur reste incertaine, mais selon la tradition il s'agirait de María Luisa Roldán, dite "La Roldana". Représentation suprême de la mère du Christ, affligée mais espérant encore, La Macarena, comme on l'appelle également, est la patronne des toréadors. Coiffée d'une couronne en or, vêtue de luxueux habits, parée de cinq diamants et de broches en émeraude, offerts par Joselito El Gallo, célèbre matador du début du siècle, elle est placée derrière le retable principal.

En face de la Macarena se dresse une belle statue, *El Cristo de la Sentencia* (le Christ de la sentence) réalisée en 1654 par Felipe Morales. Ces deux statues franchissent la porte de l'église chaque Vendredi saint à minuit pour traverser la ville. La Semana Santa atteint alors son paroxysme. Des foules entières attendent leur retour à l'église vers 13h30.

Au musée de l'église, ouvert tous les jours de 9h30 à 13h et de 17h à 20h (300 ptas), sont exposés les somptueux habits de la Macarena et les deux *pasos* (plates-formes) sur lesquels sont portées les deux statues lors des processions de la Semana Santa. Le paso d'El Cristo de la Sentencia est en fait un tableau qui représente Ponce Pilate se lavant les mains. Le paso de la Macarena est décoré de 90 chandeliers en argent. Le musée est ouvert tous les jours de 9h30 à 13h et de 15h à 20h. L'entrée s'élève à 400 ptas.

Les bus C1, C2, C3 et C4 (voir la rubrique *Comment circuler* plus loin dans ce chapitre) s'arrêtent à proximité de la Basílica de la Macarena, Calle Andueza.

cours de conversion de l'euro 1 000 ptas = 6,01 €

A l'est de l'église, apparaît le plus long vestige des **remparts almohades** du XIIe siècle.

De l'autre côté d'un petit square, se trouve le **Parlamento de Andalucía**, parlement régional d'Andalousie (il est généralement fermé aux visiteurs).

TRIANA

De l'autre côté du Guadalquivir par rapport à la Torre de Oro et la Plaza de Toros de la Real Maestranza, l'on accède à Triana, autrefois quartier *gitano* (rom) de Sevilla et l'un des berceaux du flamenco. Dans les années 60 et 70, les gitanos furent déplacés vers de nouvelles zones de banlieue et Triana s'est plutôt embourgeoisé.

Il est agréable de se promener Calle del Betis et Paseo de Nuestra Señora de la O, donnant sur les quais. Vous découvrirez de jolies vues, quelques bons restaurants, de même que des bars et des cafés très populaires.

ISLA DE LA CARTUJA

Au nord de Triana, dans la partie nord de l'île enserrée par les bras du Guadalquivir, se trouve le site de l'Expo'92. Les années, les luttes politiques, le manque d'argent et de projet ont eu raison du site. Il vaut cependant toujours le coup d'oeil. Les bus C1 et C2 (pour plus de détails, voir *Comment circuler* plus loin dans ce chapitre) desservent l'Isla Mágica et le Conjunto Monumental de La Cartuja.

Conjunto Monumental de La Cartuja

Juste au nord de la Puerta de Triana, vous découvrirez un ancien monastère, construit au XVe siècle, où Christophe Colomb avait l'habitude de séjourner. Les restes de l'explorateur y furent déposés entre 1509 et 1536. En 1836, au moment de la Disamortisation (vente aux enchères des biens de l'Église par l'État), les moines furent expulsés et les trésors artistiques du monastère transportés ailleurs. Trois ans plus tard, l'édifice fut acquis par Charles Pickman, originaire de Liverpool, qui le transforma en fabrique de céramique. Pickman construisit cinq immenses fours en forme de bouteille, qui se dressent de manière incongrue devant le monastère. La fabrique fonctionna jusqu'en 1982.

Le site (☎ 95 448 06 11) fut restauré pour l'Expo'92. Aujourd'hui, vous pouvez visiter les principaux édifices monastiques qui abritent le **Centro Andaluz de Arte Contemporáneo** (Centre d'art contemporain andalou), qui regroupe plusieurs salles d'expositions. L'entrée s'effectue par la façade ouest du monastère, Calle Américo Vespucio, à 1 km à pied du côté est faisant face à la passerelle du Puente de la Cartuja. Du monastère subsiste à présent une **église** du XVe siècle plutôt dépouillée, un joli cloître mudéjar de la même époque et une salle pleine de statues funéraires d'un réalisme désarmant, représentant les membres de la famille Ribera et datant du XVIe siècle. Non loin, la **Capilla de Santa Ana** fait office de mausolée de la famille Colomb.

Le site se visite de 10h à 20h du mardi au samedi, et de 10h à 15h le dimanche. L'entrée coûte 300 ptas ; elle est gratuite pour les ressortissants de l'Union européenne le mardi.

Pavillons de l'Exposition

Certains pavillons exotiques de l'Exposition au nord et au sud du monastère sont progressivement transformés en site technologique et en parc commercial. D'autres ont été annexés par l'Universidad de Sevilla, d'autres encore périclitent. Nombre d'entre eux ne sont accessibles que par l'ouest (Calle Américo Vespucio), du lundi au vendredi.

Isla Mágica

L'Isla Mágica (☎ 902 16 17 16) est un parc à thème qui a ouvert ses portes en 1997. C'est la seconde tentative d'installer après l'Expo un parc d'attractions à thème autour d'un lac, du côté est de l'île, à proximité du Puente de la Barqueta. Comme le précédent projet, l'Isla Mágica a dû faire face à certains problèmes financiers et en dépit du nombre des visiteurs (1,2 million en 1999). La Junta de Andalucía a dû voler au secours des entrepreneurs privés engagés dans cette réalisation afin que le parc puisse ouvrir pour la saison 2000.

Le thème se résume à l'aventure coloniale espagnole au XVIe siècle. Citons parmi les attractions les plus saisissantes, les montagnes russes avec virages à 360° à grande vitesse et l'Iguazú, sur lequel vous descendez les chutes de la jungle amazonienne. Il faut parfois attendre 45 minutes aux heures les plus chargées pour les attractions les plus courues. Vous pourrez également assister à des spectacles de pirates, des projections, des démonstrations d'oiseaux de proie et à de nombreuses prestations relevant du théâtre de rue.

L'Isla Mágica ouvre ses portes de 11h à 23h tous les jours, normalement d'avril à septembre et, certaines années, également le week-end et pendant les vacances durant les périodes précédant ou suivant ces mois. L'entrée coûte aux alentours de 3 400 ptas (les moins de 13 ans et les plus de 60 ans ne paient que 2 300 ptas) ou 2 300 ptas (1 700 ptas) après 18h. Le parc est truffé d'endroits où se restaurer et boire un verre.

COURS ET LEÇONS
Langue
Pour obtenir des informations sur les cours d'espagnol organisés par l'université, contactez l'Instituto de Idiomas, Universidad de Sevilla (☎ 95 455 11 56, fax 95 455 14 50, idijsec@cica.es), Avenida Reina Mercedes s/n, 41012 Sevilla. Le principal office du tourisme vous fournira la liste des écoles privées, une douzaine environ. Citons-en deux dont nous avons entendu beaucoup de bien : CLIC (☎ 95 450 21 31) au niveau de Calle Albareda 19, juste au nord de la Plaza Nueva, et Lengua Viva (☎ 95 490 51 31), Calle Viriato 22, près de l'Alameda de Hércules. Pour des renseignements plus complets sur les cours de langue en Andalousie, consultez la section appropriée dans le chapitre *Renseignements pratiques*.

Danse et guitare
Le principal office du tourisme vous fournira une liste de plusieurs académies de danse (*academias de baile*), que vous pouvez contacter si vous recherchez un cours de flamenco ou d'une autre danse espagnole, ou bien de guitare. Vous pouvez aussi vous aider des publicités paraissant dans les magazine *El Giraldillo* et *Alma 100* (voir la rubrique *Distractions* de *Renseignements pratiques*).

CIRCUITS ORGANISÉS
Les bus à impériale découverte et les trams de Sevilla Tour (☎ 95 450 20 99) assurent quotidiennement plusieurs visites de la ville qui durent environ une heure, avec écouteurs individuels disponibles en sept langues pour les commentaires. Vous monterez soit à Paseo de Cristóbal Colón (100 m au nord de la Torre de Oro) ou dans l'Avenida de Portugal, derrière la Plaza de España. La fréquence des services dépend de la demande mais, généralement, les bus partent toutes les 30 minutes de 10h à 20h. Pour les adultes, comptez 1 500 ptas et votre ticket reste valable 24 heures. Vous pouvez aussi monter ou descendre à l'Isla de la Cartuja. L'itinéraire passe par la Puerta de Jerez, l'Antigua Fábrica de Tabacos, le Parque de María Luisa, la Plaza de España, la Basílica de la Macarena et la Plaza de Toros de la Real Maestranza.

Sevirama/Guide Friday (☎ 94 456 06 93) organise des circuits du même genre à des prix équivalents, aux mêmes points de départ et à bord de bus similaires à impériale découverte.

Cruceros Turísticos Torre del Or, au niveau de la jetée (*embarcadero*) près de Torre del Oro, organise des croisières d'une heure, au moins toutes les heures de 11h à 19h, voire même plus tard, pour 1 700 ptas.

De mai à septembre environ, des croisières aller-retour d'une journée vous emmènent à Sanlúcar de Barameda, à 100 km en aval du fleuve jusqu'à l'embouchure. Les horaires varient d'une année sur l'autre : en début et en fin de saison, les croisières n'ont parfois lieu que le week-end. Plusieurs compagnies, dont Cruceros Turísticos Torre del Oro (☎ 95 456 16 92) assurent ce service, au départ de la jetée près de Torre del Oro, pour environ 3 500 ptas. Comptez 4 heures 30 de croisière dans chaque sens, et en général autant de temps à Sanlúcar.

cours de conversion de l'euro 1 000 ptas = 6,01 €

Les fiacres qui stationnent aux alentours de la cathédrale et de la Plaza de España demandent 4 000 ptas pour une promenade d'une heure autour du Barrio de Santa Cruz et du Parque de María Luisa (quatre personnes maximum).

MANIFESTATIONS ANNUELLES

Les processions de la Semaine Sainte à Sevilla (voir l'encadré "Semana Santa à Sevilla") et la Feria de Abril, la foire qui se tient une ou deux semaines plus tard, figurent parmi les fêtes espagnoles les plus célèbres.

Feria de Abril

La Foire d'Avril de Sevilla, dans la deuxième moitié du mois, est un moment de décontraction après la solennelle Semana Santa. Elle se déroule dans un *recinto* (site) spécial, El Real de la Feria, dans Los Remedios, à l'ouest du Guadalquivir. Le rituel éclairage du site de la Feria le lundi soir donne le coup d'envoi à six nuits de festins, de bavardages, de musique et de danses auxquelles les Sévillans, et les Sévillannes vêtues de leurs plus belles robes à volant, prennent part jusqu'à l'aube.

La plus grande partie du recinto est occupée par des *casetas* privées, des tentes appartenant à des clubs, associations, familles et groupes d'amis. Il existe aussi des casetas publiques où l'on s'amuse aussi bien. Vous trouverez également un gigantesque champ de foire.

L'après-midi, à partir de 13h, les propriétaires de chevaux et de chariots (*enganches*) paradent sur le champ de foire et dans la ville dans leurs plus beaux atours (les chevaux sont aussi apprêtés). Les plus beaux combats tauromachiques se déroulent pendant la Feria.

Autres festivals

Parmi les autres manifestations, mentionnons :

Cabalgata de los Reyes Magos
Au cours de cette grande soirée de défilé de chars, le 5 janvier, les Reyes Magos (les rois mages) et leur suite jettent quelque 60 000 kg de bonbons à la foule.

Fête-Dieu
Cette importante procession, à l'aube, de la Custodia de Juan de Arfe portant des images de la cathédrale se tient fin mai ou en juin.

Bienal de Flamenco
Ce festival de flamenco compte parmi les premiers d'Espagne. Des représentations ont lieu presque tous les soirs dans divers endroits de Sevilla. Il se tient en septembre les années paires.

OÙ SE LOGER

Tous les hébergements, ou presque, à Sevilla coûtent plus cher pendant la Semana Santa et la Feria de Abril : certains établissements doublent, voire triplent leurs prix. Cette *temporada extra* (saison supplémentaire) peut durer jusqu'à deux mois dans certains hôtels. Réservez si vous souhaitez séjourner à Sevilla durant cette période. Même en temps normal la demande est importante et mieux vaut là aussi réserver.

Les prix pratiqués l'été, indiqués ci-dessous, baissent nettement à partir d'octobre et jusqu'à mars. Certains établissements de catégorie moyenne et supérieure réduisent leurs tarifs en juillet et en août. Pour des informations d'ordre plus général, reportez-vous à la partie *Hébergement* du chapitre *Renseignements pratiques*.

OÙ SE LOGER – PETITS BUDGETS
Camping

Ouvert toute l'année, le *Camping Sevilla* (☎ 95 451 43 79) est installé à environ 6 km sur la N-IV en direction de Córdoba – sur la droite juste avant l'aéroport en allant vers Sevilla. Il pratique un tarif de 475 ptas par personne et par voiture et de 400 ou 450 ptas par tente, plus IVA. Il supervise une navette qui circule plusieurs fois par jour depuis/vers l'Avenida de Portugal près de la Plaza de España, en ville (200 ptas l'aller simple). Un peu plus cher et difficile d'accès sans véhicule, le *Camping Club de Campo* (☎ 95 472 02 50) et le *Camping Villsom* (☎ 95 472 08 28), sont tous deux situés à Dos Hermanas, à 15 km au sud de Sevilla sur la N-IV en direction de Cádiz.

Auberges de jeunesse

Récemment rénovée, l'*Inturjoven Albergue Juvenil Sevilla* (☎ 95 461 31 50, Calle

Isaac Peral 2) se trouve au sud du centre, non loin de l'Avenida de la Palmera. Elle peut héberger jusqu'à 277 personnes en chambres doubles ou triples, dont la moitié sont équipées de s.d.b. L'auberge est accessible en 10 minutes par le bus n°34 que vous prenez face au principal office du tourisme (demandez l'Albergue juvenil).

Hostales et Pensiones

Le pittoresque quartier de Santa Cruz, à proximité de la cathédrale et accessible à pied de la gare routière de Prado de San Sebastián, possède de nombreux établissements dont certains d'un bon rapport qualité/prix. Vous en trouverez bien d'autres au nord de la Plaza Nueva, pratiques par rapport à la gare routière de Plaza de Armas et en même temps assez centraux. Même si les adresses que nous citons ici sont saturées, il en existe de nombreux autres dans le même périmètre.

Certains établissements dans cette catégorie de prix accordent une remise si vous séjournez quelques jours.

Bario de Santa Cruz et alentours.
Le sympathique ***Huéspedes Dulces Sueños/ Sweet Dreams*** *(☎ 95 441 93 93, Calle Santa María La Blanca 21)*, offre 8 belles chambres propres et climatisées. Les simples/doubles reviennent à 2 000/4 000 ptas, et les simples avec s.d.b. à 3 500 ptas.

La Calle Archeros, une étroite ruelle donnant sur la Calle Santa María La Blanca, compte quatre hostales. Tout d'abord, l'avenant ***Hostal Bienvenido*** *(☎ 95 441 36 65, Calle Archeros 14)*, avec ses 13 chambres – les simples allant de 1 900 ptas à 2 200 ptas et les doubles valant entre 3 700 ptas et 4 200 ptas, avec s.d.b. commune. Un peu plus loin au nord-est, l'***Hostal La Montoreña*** *(☎ 95 441 24 07, Calle San Clemente 12)*, vous reçoit dans l'une de ses 10 chambres simples avec s.d.b. commune à 2 000/3 000 ptas.

Sur une petite place juste à l'ouest de la Calle Santa María La Blanca, la ***Pensión San Pancracio*** *(☎ 95 441 31 04, Plaza de las Cruces 9)*, propose des simples exiguës à 2 000 ptas et des doubles un plus grandes à 3 400 ptas ou 4 000 ptas avec s.d.b. La ***Pensión Cruces*** *(☎ 95 422 60 41, Plaza de las Cruces 10)*, dispose d'un dortoir avec des lits au prix de 1 500 ptas, des simples de 2 000 ptas à 2 500 ptas et des doubles de 4 000 ptas à 6 000 ptas. Certaines chambres disposent d'une douche et de toilettes.

La ***Pensión Fabiola*** *(☎ 95 421 83 46, Calle Fabiola 16)*, vous accueille dans une cour remplie de plantes. Les simples/doubles bien tenues sont à 3 000/5 000 ptas et les doubles avec s.d.b. à 7 000 ptas. Notez cependant que les simples sont très petites.

La ***Pensión Vergara*** *(☎ 95 421 56 68, Calle Ximénez de Enciso 11)*, se compose de six chambres gaiement décorées à l'étage, au-dessus d'un patio datant du XVe siècle. Lucarnes et plantes ajoutent à son atmosphère douillette. Les chambres avec s.d.b. commune valent 2 000/4 000 ptas.

Convivial et propret, l'***Hostal Toledo*** *(☎ 95 421 53 35, Calle Santa Teresa 15)*, vous loge dans l'une de ses 10 chambres avec baignoire ou douche, pour 3 500/6 000 ptas plus IVA. Quant à L'***Hostal Monreal***, *(☎ 95 421 41 66, Calle Rodrigo Caro 7)*, plus vaste, il dispose de 20 chambres très différentes (quelques-unes avec vue sur la Giralda) pour 2 500/5 000 ptas plus IVA avec s.d.b. commune, ou 7 000 ptas plus IVA pour des doubles avec s.d.b.

Avec 20 chambres également, propres et équipées de s.d.b., pour le prix de 4 300/6 800 ptas, et de 6 000 ptas pour les doubles avec douches, l'***Hostal Goya*** *(☎ 95 421 11 70, Calle Mateos Gago 31)*, propose aussi au rez-de-chaussée un agréable coin détente. Un peu plus au nord, à l'***Hostal Sánchez Sabariego*** *(☎ 95 421 44 70, Corral del Rey 23)*, l'ambiance est plaisante et vous bénéficierez là aussi d'une cour agréable et de chambres avec s.d.b. pour la plupart, au décor personnalisé, pour environ 3 000/6 000 ptas.

La ***Pensión Alcázar*** *(☎ 95 422 84 57, Calle Deán Miranda 12)*, située sur une petite place tranquille juste à l'ouest de l'Alcázar, possède de bonnes chambres doubles avec s.d.b. de 5 900 ptas à 7 000 ptas plus IVA. Une petite terrasse en hauteur offre une vue sur la Giralda. Au coin de la rue, l'***Hostal Arias*** *(☎ 95 422 68 40, fax 95 421 83 89, reina@arrakis.es, Calle Mariana*

cours de conversion de l'euro 1 000 ptas = 6,01 €

La Semana Santa

Chaque jour de la semaine, du dimanche des Rameaux au dimanche de Pâques, des sculptures richement décorées et des tableaux représentant des scènes de l'histoire pascale sont portés à travers les rues depuis les églises de Sevilla jusqu'à la cathédrale. Ils sont accompagnés par de longues processions. Des foules immenses les regardent passer. Ces rites, remontant au XIVe siècle, prirent leur forme actuelle au XVIIe siècle, époque à laquelle de nombreuses images saintes, parfois de véritables chefs-d'œuvre, furent créées.

La Semana Santa (Semaine Sainte) à Sevilla, mélange de splendeur et de souffrance, de spectacle et de solennité, baignant dans une adoration sans borne pour la Vierge, donne un aperçu particulier de la nature profonde du catholicisme espagnol.

Les processions sont organisées par plus de cinquante hermandades ou cofradías (confréries, dont certaines sont ouvertes aux femmes). Chaque confrérie transporte en général deux pasos, plates-formes généreusement décorées sur lesquelles sont placées les images sacrées. Le premier paso soutient une sculpture du Christ, crucifié ou portant la croix, ou un tableau illustrant une scène de la Passion. Le second paso porte une représentation de la Vierge. Les pasos sont portés par des équipes de quarante personnes appelées costaleros, qui se relaient. Les plates-formes sont lourdes ; chaque costalero supporte environ 50 kg. Les porteurs avancent en se balançant au rythme de leur orchestre et selon les indications du capataz (chef), qui sonne une cloche pour annoncer le départ ou l'arrêt du paso.

Chaque paire de pasos est suivie par une foule pouvant aller jusqu'à deux mille cinq cents personnes costumées, appelées nazarenos. La plupart arborent de longues capes, qui recouvrent la tête et ne comportent qu'une fente au niveau des yeux. Les plus pénitents marchent pieds nus et portent des croix. Être membre d'une hermandad constitue un honneur vivement recherché, même par des personnes qui, par ailleurs, n'imagineraient jamais aller à la messe.

Chaque jour, du dimanche des Rameaux au Vendredi saint, sept ou huit hermandades quittent leur église dans l'après-midi ou en début de soirée pour arriver entre 17h et 23h Calle Campana, à l'extrémité nord de la Calle Sierpes, dans le centre-ville. C'est le début de la carrera oficial qui longe la Calle Sierpes en passant par la Plaza San Francisco, puis emprunte l'Avenida de la Constitución pour se rendre à la cathédrale. Les processions entrent dans la cathédrale du côté ouest et repartent par l'est pour émerger Plaza Virgen de los Reyes et rentrer dans leur église entre 22h et 3h du matin.

---

de Pineda 9), dispose de 13 chambres correctes avec douche pour 5 250/6 900 ptas.

Au nord et à l'ouest de la Plaza Nueva. A cinq minutes à pied à l'ouest de la Plaza Nueva, l'***Hostal Central*** (☎ *95 421 76 60, Calle Zaragoza 18)*, propose de belles chambres bien tenues avec s.d.b., pour 4 500/6 500 ptas.

A l'***Hostal Lis*** (☎ *95 456 02 28, lisII@sol.com, Calle Olavide 5)*, un joli bâtiment dans une ruelle étroite donnant dans la Calle San Eloy, vous débourserez 2 300/4 500 ptas pour une chambre simple plutôt petite – avec s.d.b. commune ou 5 000 ptas pour une double avec s.d.b. Moyennant 300 ptas par demi-heure ou 500 ptas de l'heure, vous disposez ici d'un accès Internet.

Le bon ***Hotel Zaida*** (☎ *95 421 11 38, fax 95 490 36 24, Calle San Roque 926)* occupe un bâtiment du XVIIIe siècle doté d'un ravissant patio à arcades de style mudéjar. Les 27 chambres climatisées, avec TV et s.d.b., à 4 250/6 300 ptas plus IVA, sont simples mais correctes. Celles du rez-de-chaussée donnent directement dans le hall avec TV et sont donc parfois bruyantes.

Avec 23 chambres, l'***Hostal Londres*** (☎ *95 421 28 96, Calle San Pedro Már-*

La Semana Santa

La semaine atteint son point culminant lors de la madrugada (aux premières heures) du Vendredi saint, lorsque les hermandades les plus respectées et/ou populaires défilent par les rues de la ville. La première à atteindre la carrera oficial, vers 1h30 du matin, est la confrérie la plus ancienne, El Silencio, qui observe le silence le plus complet. Ensuite, vers 2h du matin, c'est le tour de Jesús del Gran Poder, dont le Christ datant du XVIIe siècle figure parmi les chefs-d'œuvre de la sculpture sévillane. Elle est suivie, vers 3h du matin, par la Macarena, qui possède la Vierge la plus vénérée. Viennent ensuite El Calvario de la Iglesia de la Magdalena, Esperanza de Triana et enfin, vers 6h du matin, Los Gitanos, l'hermandad gitano (rom).

Samedi soir, seules quatre confréries se dirigent vers la cathédrale. Le dimanche de Pâques intervient l'Hermandad de la Resurrección, qui fascine moins les Sévillans, plus sensibles aux épisodes de la Passion.

Chaque confrérie possède son propre style. Les hermandades du centre-ville, à l'instar de El Silencio, sont traditionnellement liées à la bourgeoisie. Sérieux et austères, ses membres recourent peu ou pas du tout à la musique. Ils portent des tuniques noires ceinturées d'une grossière corde mais pas de capes. Les hermandades des classes ouvrières, originaires des quartiers excentrés, comme La Macarena, sont accompagnées d'orchestres de cuivres et de percussion. Leurs pasos sont plus richement parés et leurs nazarenos portent des tuniques colorées, avec des capuchons en soie, en velours ou en laine. Venant de plus loin, ils restent parfois dans la rue pendant plus de douze heures.

Les programmes indiquant l'horaire et l'itinéraire de chaque confrérie sont disponibles un peu partout pendant la Semana Santa. Le journal ABC publie des cartes indiquant l'emplacement des églises et les points de passage recommandés (lugar recomendado). Les itinéraires des confréries ne sont pas compliqués à comprendre. Vous pouvez en suivre une quand elle traverse son barrio ou lorsqu'elle quitte ou revient dans son église, moment d'intense émotion.

Les foules amassées le long de la carrera oficial barrent la vue. Mais vous pouvez espérer trouver une place assise. Les prix s'échelonnent de 900 ptas pour la Plaza Virgen de los Reyes, derrière la cathédrale, à 3 000 ptas le matin du Vendredi saint en haut de la Calle Sierpes. En revanche, si vous arrivez tôt en soirée, vous pourrez vous approcher de la cathédrale : vous serez aux premières loges et cela ne vous coûtera rien.

---

tir 1), abrite un agréable hall carrelé et des chambres basiques mais confortables avec clim. et s.d.b. mais aussi TV, parfois agrémentées de petits balcons, pour le prix de 4 500/6 500 ptas.

Le chaleureux petit ***Hostal Romero*** *(☎ 95 421 13 53, Calle Gravina 21)*, propose des chambres rudimentaires mais nettes avec s.d.b. commune pour 2 000/ 3 500 ptas. L'***Hostal Gravina*** *(☎ 95 421 64 14, Calle Gravina 46)*, vous reçoit très correctement dans des chambres simples à 2 000/3 500 ptas et doubles à 2 500/4 000 ptas. Un peu plus grand, l'***Hostal Gala*** *(☎ 95 421 45 03, Calle Gravina 52)*, dispose de simples à 2 500 ptas et de doubles avec s.d.b. à 5 000 ptas.

Près de la Plaza del Duque de la Victoria, une place animée entourée de boutiques élégantes, le convivial ***Hostal Unión*** *(☎ 95 422 92 94 ou 95 421 17 90, Calle Tarifa 4)*, vous héberge dans l'une de ses 9 chambres, agréables et propres, pour 2 000/3 500 ptas ou 3 000/4 500 ptas avec s.d.b. A l'***Hostal Pino*** *(☎ 95 421 28 10, Calle Tarifa 6)*, la porte à côté, dans une vieille bâtisse avec un petit patio, comptez 2 000/3 500 ptas (et 2 500/5 000 ptas avec douche).

L'***Hotel Sevilla*** *(☎ 95 438 41 61, fax 95 490 21 60, Calle Daoíz 5)*, n'est plus ce qu'il

cours de conversion de l'euro 1 000 ptas = 6,01 €

était mais dispose de 30 chambres de taille moyenne, simples et proprettes avec s.d.b., pour 4 280/6 420 ptas. Son grand hall donne sur un patio agrémenté de verdure.

OÙ SE LOGER – CATÉGORIE MOYENNE
Barrio de Santa Cruz et alentours

Juste à l'ouest de l'Alcázar, l'*Hostal Picasso* (☎/fax *95 421 08 64, hpicasso@arrakis.es, Calle San Gregorio 1*) propose des chambres petites mais jolies et dotées de lits confortables. Le prix est de 7 000 ptas avec s.d.b. commune ou de 8 500 ptas avec s.d.b., pour une simple ou une double. A l'*Hostal Córdoba* (☎ *95 422 74 98, Calle Farnesio 12*), où l'atrium est orné de plantes suspendues, les 13 simples/doubles climatisées avec s.d.b. coûtent 5 000/8 000 ptas (7 000/9 500 ptas avec une petite cabine de douche). L'*Hostería del Laurel* (☎ *95 422 02 95, host-laurel@eintec.es, Plaza de los Venerables 5*), située au-dessus d'un vieux bar plein de caractère au cœur de Santa Cruz, offre 21 chambres simples mais agréables, avec clim., TV, douche ou baignoire. Elles coûtent 7 000/9 500 ptas plus IVA (mais sont d'un excellent rapport qualité/prix en juillet et en août, à 5 000/7 500 ptas plus IVA. Tout près, l'*Hotel Murillo* (☎ *95 421 60 95, fax 95 421 96 16, Calle Lope de Rueda 7*), possède une entrée qui ressemble à un hall d'antiquités mais ses 57 chambres, quoique propres, sont un peu fatiguées. Pour y séjourner, il vous en coûtera 4 800/8 300 ptas (3 900/6 800 ptas de mi-juin à début août) plus IVA.

El Arenal

C'est un quartier agréable et pratique. L'*Hotel Simón* (☎ *95 422 66 60, fax 95 456 22 41, Calle García de Vinuesa 19*), belle bâtisse du XVIIIe siècle, abrite 29 agréables chambres avec s.d.b., pour 6 500/9 500 ptas plus IVA. Cette adresse étant extrêmement courue, il est conseillé de réserver. Vous pouvez prendre le petit déjeuner sur place. L'*Hotel Europa* (☎ *95 421 43 05, fax 95 421 00 16, Calle Jimios 19*), propose 16 vastes chambres très convenables avec TV de 7 000/10 000 ptas à 7 000/12 900 ptas plus IVA. Plus grand, l'*Hotel La Rábida* (☎ *95 422 09 60, fax 95 422 43 75, Calle Castellar 24*), possède un très beau salon doté d'une fontaine, un restaurant et de bonnes chambres avec s.d.b. pour 6 100/9 300 ptas plus IVA. Les 18 chambres de l'*Hotel Maestranza* (☎ *95 456 10 70, fax 95 421 44 04, Calle Gamazo 12*), équipées de TV, clim. et de coffres, sont louées 6 000/9 300 ptas plus IVA.

Nord et ouest de la Plaza Nueva

L'agréable *Hotel Plaza Sevilla* (☎ *95 421 71 49, Calle Canalajas 2*), propose des chambres pas immenses, mais bien tenues avec s.d.b. et TV pour 5 000/8 000 ptas plus IVA. Vaste établissement de 65 chambres dans une bâtisse de style traditionnel rénovée, l'*Hotel Puerta de Triana* (☎ *95 421 54 04, fax 95 421 54 01, Calle Reyes Católicos 5*) vous accueille en chambre double pour 11 600 ptas plus IVA et vous offre la possibilité d'un petit déjeuner sur place.

Plus loin à l'est, l'*Hostal Lis* (☎ *95 421 30 88, Calle Escarpín 10*), récemment modernisé, dispose d'un joli hall carrelé ; ses 7 simples/doubles avec s.d.b. clim. et TV valent 4 500/8 500 ptas.

En allant vers le nord et l'Alameda de Hércules, dans une petite rue paisible, l'*Hotel Corregidor* (☎ *95 438 51 11, fax 95 438 42 38, Calle Morgado 17*), abrite des chambres confortables de taille moyenne, avec clim. et TV au prix de 9 000/12 000 ptas plus IVA. Au rez-de-chaussée, vous apprécierez le vaste salon, le bar et le petit patio ouvert. Vous disposerez d'un parking 200 m plus loin.

Le *Patio de la Cartuja* (☎ *95 490 02 00, fax 95 490 20 56, patios@bbv.net, Calle Lumbreras 8-10*), juste au nord de l'Alameda de Hércules, occupe l'emplacement d'un ancien *corral*, immeuble de trois étages construits autour d'un patio, habitat autrefois typique de la classe moyenne sévillane. Aménagé en 30 petits appartements très agréables avec chambre double, cuisine, s.d.b. et salon équipé d'un convertible à deux places, c'est un bon choix d'hébergement si vous ne craignez pas d'être excentré. Les simples/doubles valent 8 800/ 11 000 ptas plus IVA (moins en juillet et août). Le parking revient à 1 200 ptas et vous profitez même d'un café à proximité.

Au ***Patio de la Alameda*** (☎ *95 490 49 99, fax 95 490 02 26, patios@bbv.net, Alameda de Hércules 56)*, tout près, tenu par les mêmes propriétaires, les prix pratiqués sont similaires.

OÙ SE LOGER – CATÉGORIE SUPÉRIEURE

Dans le Barrio de Santa Cruz, l'***Hotel Fernando III*** (☎ *95 421 73 07, Calle San José 21)*, offre 156 chambres sans originalité mais confortables, avec s.d.b. et TV, pour 13 600/17 000 ptas plus IVA. Salon spacieux, piscine sur le toit et parking sont les autres avantages dont vous disposez, ainsi qu'un bar et un restaurant.

Tout près, ***Las Casas de la Judería*** (☎ *95 441 51 50, fax 95 442 21 70, Callejon de dos Hermanas 7)*, se composent de plusieurs anciennes demeures restaurées autour de patios et de fontaines agrémentés de plantes et d'azulejos. Une cinquantaine de chambres ravissantes sont disponibles pour 12 500/18 000 ptas plus IVA (moins durant juillet et août). Il y a également un bar et vous avez la possibilité de prendre le petit déjeuner sur place. Deux autres établissements similaires en taille, situés dans le même groupe d'hôtels très attrayant, se trouvent dans El Centro : ***Las Casas de los Mercaderes*** (☎ *95 422 58 58, fax 95 422 98 84, Calle Álvarez Quintero 9-13)*, conçues autour d'un patio du XVIIIe siècle, pratiquent des prix remarquablement peu élevés ; ***Las Casas del Rey de Baeza*** (☎ *95 456 14 96, fax 95 456 14 41, Plaza Cristo de la Redención 2)*, sont légèrement plus chères.

Le luxueux ***Hotel Los Seises*** (☎ *95 422 94 95, fax 95 422 43 34, Calle Segovias 6)*, est construit autour du patio du XVIe siècle du palais de l'archevêque, près de la cathédrale. Ses 43 chambres valent 20 000/27 000 ptas plus IVA (moins durant juillet et août). Un bon restaurant vous y attend.

Vers le nord-ouest, apparaît l'***Hotel Becquer*** (☎ *95 422 89 00, fax 95 421 44 00, hbecquer@arrakis.es, Calle Reyes Católicos 4)* qui vous accueille dans ses 118 chambres modernes et confortables valant 13 000/15 000 ptas plus IVA. L'un des établissements les plus luxueux de la ville, l'***Hotel Colón*** (☎ *95 422 29 00, fax 95 422 09 38, dtoracol@tripnet.com, Calle Canalejas 1)*, possède 200 chambres alliant confort moderne et décoration à l'ancienne. Elles coutent 24 450/30 565 ptas plus IVA. A l'est d'El Centro, l'***Hotel Baco*** (☎ *95 456 50 50, fax 95 456 36 54, Plaza Ponce de León 15)* offre 25 chambres de style ancien pour 10 000/14 000 ptas plus IVA. Mieux vaut en choisir une ne donnant pas sur la rue, l'arrêt de bus se trouvant juste en face.

En allant vers le nord et l'Alameda de Hércules, vous découvrirez l'***Hotel Cervantes*** (☎ *95 490 02 80, fax 95 490 05 36, Calle Cervantes 10)*, charmant édifice de taille moyenne dans une rue calme d'un quartier pittoresque. Il dispose de 48 chambres à 11 000/15 750 ptas plus IVA (moins durant juillet et août). Il est possible de prendre le petit déjeuner.

L'***Hotel Alfonso XIII*** (☎ *95 422 28 50, fax 95 421 60 33, Calle San Fernando 2)*, juste au sud du centre, vous permettra d'apprécier luxe et beauté. Superbe réalisation des années 20, il marie plusieurs styles sévillans, le marbre et l'acajou, avec des décors d'azulejos. Pour une double, comptez 51 000 ptas plus IVA.

OÙ SE RESTAURER

Sevilla est l'une des capitales espagnoles des tapas, avec quantités de bars qui vous en concocteront de toutes sortes et où il faut absolument prendre ses repas si l'on veut s'imprégner de l'atmosphère de la ville.

Petit déjeuner, déjeuner et dîner

Pour le premier, vous pouvez généralement être servi jusqu'à 11h ; pour le second, la plupart des restaurants assurent un service entre 13h et 15h30 environ ; quant au dîner, songez-y entre 20h30 et 23h. Si vous souhaitez vous restaurer dans un bar à tapas mais que les quantités ne vous suffisent pas, vous pouvez opter pour les *raciones*, portions de tapas équivalentes d'un repas entier, ou les *mediaraciones* (demi-ración) dans l'un des restaurants recommandés dans la section *Tapas*.

Barrio de Santa Cruz et alentours

Les rues étroites et les places à l'est de

cours de conversion de l'euro 1 000 ptas = 6,01 €

l'Alcázar regorgent de restaurants visant une clientèle essentiellement touristique. Le **Restaurant La Cueva** (*Calle Rodrigo Caro 18*), agrémenté d'une cour agréable, sert au déjeuner un *menú* (l'équivalent de notre menu) avec *gazpacho*, paella, salade et dessert moyennant 1 350 ptas plus IVA (minimum deux personnes). **El Rincón de Pepe** (*Calle Gloria 6*), tout à côté, propose en gros le même menu au même prix. Aucun des deux ne comprend la boisson. Un cran au-dessus, rendez-vous au **Corral de Agua** (☎ 95 422 07 14, *Callejón del Agua 6*), qui propose une cuisine inventive servie dans une cour fraîche et verdoyante très appréciable en été, sous réserve de trouver une place. Les plats principaux (de 1 900 à 2 500 ptas) se composent de poissons savoureux et de plats du jour variés. En entrée, choisissez le pudding à l'avocat sur un coulis de fromage frais (1 000 ptas). Le **Restaurante La Albahaca** (☎ 95 422 07 14, *Plaza de Santa Cruz 12*), est peut-être le plus savoureux restaurant dans cette partie de la ville, avec, entre autres spécialités, du marcassin rôti à la confiture de figue et purée de pomme. Pour deux plats à la carte, vous débourserez au moins 4 500 ptas, mais il existe aussi un menu à trois plats, boisson comprise, pour 3 500 ptas plus IVA.

A l'**Hostería del Laurel** (*Plaza de los Venerables 5*), autour du bar ancien au-dessus duquel pendent fines herbes et jambons, l'ambiance est chaleureuse. De sympathiques serveurs vous proposeront une large variété de media-raciones (de 550 ptas à 1 500 ptas) et de raciones (de 950 ptas à 2 450 ptas).

Il est agréable de prendre son petit déjeuner à la **Cervecería Giralda** (*Calle Mateos Gago 1*), un ancien hammam, non loin de la cathédrale et de l'Alcázar. Pour des *tostadas* (toasts roulés), comptez de 100 ptas à 400 ptas selon la garniture ; vous pouvez prendre des œufs au jambon à 525 ptas – le tout majoré de 20% si vous vous installez à table. Vous dégusterez aussi de bonnes tapas (voir la section *Tapas* plus loin dans ce chapitre). Si vous entrez au **Café de Indias** (*Avenida de la Constitución 10*), face à la cathédrale, vous choisirez, dans une ambiance animée, parmi l'immense variété de cafés à partir de 150 ptas, à accompagner ou non de pâtisseries ou de gâteaux. La **Cafetería Las Lapas** (*Calle San Gregorio 6*), juste à l'ouest de l'Alcázar, s'affaire elle aussi à l'heure du café du matin pour servir aux nombreux employés des bureaux avoisinants et étudiants de bons *molletes* (petits pains briochés). L'établissement est fermé le dimanche.

La **Pizzeria San Marco** (*Calle Mesón del Moro 6*), aménagée avec goût dans un autre ancien hammam, est très réputée pour ses pizzas et ses pâtes valant environ 850 ptas. Elle ouvre de 13h15 à 16h30 et de 20h15 à 0h30 tous les jours sauf le lundi (jusqu'à 1h du matin les vendredi et samedi soirs).

Dans la Calle Santa María La Blanca, vous pouvez vous restaurer à la terrasse de nombreux établissements comme **La Carmela** (*Calle Santa María La Blanca 6*), où une media-ración de *tortilla Alta-Mira* (omelette aux pommes de terre et autres légumes) constitue pratiquement un repas pour 700 ptas. La porte à côté, au n°4, l'**Altamira Bar-Café**, où le prix des media-raciónes est à peu près le même, vous pourrez déguster les *platos combinados* (assiettes mixtes) pour environ 1 000 ptas. Toujours en effervescence, le petit **Bar Casa Fernando**, à l'angle, sert des *platos del día* (plats du jour) d'un bon rapport qualité/prix, à 500 ptas, et un menu de midi très correct à 1 000 ptas ; au n°20, le **Restaurant El Cordobés** propose un petit déjeuner avec omelette, bacon, café et tartines pour 325 ptas. Deux autres établissements plus chics, non loin, sont spécialisés dans le poisson et les fruits de mer : le **Restaurante Modesto** (*Calle Cano y Cueto 5*) et le **Restaurante La Judería** (*Calle Cano y Cueto 13A*). Les plats principaux commencent à 1 200 ptas pour le premier et à 1 900 ptas pour le deuxième.

Parmi les nombreux restaurants quelque peu touristiques donnant au nord de la cathédrale, **Las Escobas** (*Calle Álvarez Quintero 62*) propose un menu raisonnable comprenant deux plats et des fruits, pain et vin compris, pour 975 ptas. Plus élégante, la **Casa Robles** (*Calle Álvarez Quintero 58*), sert des raciones (de 1 200 ptas à 1 600 ptas) et des media-raciones, ainsi que des plats plus inhabituels au bar, comme les *revuelto* (oeufs brouillés), *algas, erizos y gambas* (algues, oursins et crevettes). Dans la partie restaurant, l'on peut commander de l'agneau, du bœuf, des venaisons et du poisson à profusion pour une addition de 1 800 à 2 500 ptas.

El Arenal. La *Mesón Serranito (Calle Antonia Díaz 9)* concocte une bonne sélection de platos combinados (à partir de 800 ptas) et expose d'intéressantes photos de tauromachie et d'impressionnantes têtes de taureaux. A la **Bodega Paco Góngora** *(Calle Padre Marchena 1)*, toujours très animée, vous apprécierez le vaste choix d'excellents fruits de mer à des prix très accessibles : des media-raciones de poisson *a la plancha* (grillé) coûtent au plus 675 ptas. Non loin, le **Restaurante Enrique Becerra** *(Calle Gamazo 2)*, spécialisé dans la cuisine andalouse, dégage une atmosphère plus raffinée. Comptez au moins 4 000 ptas pour deux plats, boisson comprise. La maison est fermée le dimanche.

El Centro. Calle Sierpes, le **Bar Laredo**, côté sud, est une adresse très prisée pour son petit déjeuner. Établie depuis 1885, la **Confitería La Campana**, au nord de la même rue, est la boulangerie la plus célèbre de la ville. Elle confectionne toujours de sublimes gâteaux et de succulentes pâtisseries, à déguster dans le petit café attenant.

Le **Restaurante San Marco**, aménagé dans une demeure du XVIIIe siècle au n°6 de la Calle de la Cuna, un rue à l'est de Sierpes, est une réplique plus raffinée de la Pizzeria San Marco, dans le Barrio de Santa Cruz. Dans un décor de style classique, vous dégusterez pizzas et pâtes pour environ 1 000 ptas.

Pour savourer un bon café, faites halte à l'*Alfalfa 10* et au **Horno de San Buenaventura**, Plaza de l'Alfalfa 10, toujours très animés – le **San Buenaventura** sert également de bons gâteaux. **Habanita** *(Calle Golfo 3)*, donne dans la Calle Pérez Galdos, tout près. Vous y découvrirez une grande variété de plats cubains, andalous aussi bien que végétariens en raciones, (de 700 ptas à 1 500 ptas), media-raciones (de 350 ptas à 800 ptas) et de tapas (voir cette rubrique un peu plus loin dans ce chapitre). Des spécialités cubaines comme le *yuca con mojito* (manioc avec une sauce à l'orange, à l'huile et à l'ail), seront également appréciées des végétariens. Crêpes et pommes de terre au four coûtent de 250 ptas à 300 ptas. Habanita ouvre de 12h30 à 16h30 et de 20h30 à 0h30, tous les jours sauf les dimanche après-midi d'hiver.

L'élégant **Restaurante El Bacalao** *(Plaza Ponce de León 15)*, paré d'azulejos bleus, sert des *bacalaos* (morue salée), une autre spécialité sévillane. Vous pouvez goûter aux différentes façons d'accommoder le bacalao pour 1 200 ptas à 2 150 ptas, ou en media-ración, pour 700 ptas à 950 ptas.

Bodegón Alfonso XII *(Calle Alfonso XII 33)*, près du Museo de Bellas Artes, est d'un excellent rapport qualité/prix, avec des media-raciónes d'oeufs brouillés, fromage, jambon et épinards à 550 ptas, ou un petit déjeuner d'œufs, bacon et café, à 400 ptas.

Café animé, le **Horno del Duque**, sur la Plaza del Duque de la Vicoria, propose petits déjeuners, en-cas et repas légers durant la journée ; il est très fréquenté par les gens qui font leurs courses à El Corte Inglés, tout à côté. Les platos combinados vous reviennent de 975 ptas à 1 450 ptas environ (un peu plus cher en terrasse). En face, à l'angle de la place, le **Café Bar Duque** est réputé pour ses *chocolate-y-churros* (beignets frits à tremper dans du chocolat chaud), mais sert aussi un choix de platos combinados pour 800 ptas.

Le **Mercado del Arenal**, Calle Pastor y Landero, et le **Mercado de la Encarnación**, Plaza de la Encarnación, sont les deux magasins alimentaires du centre de Sevilla. L'Encarnación attend la construction de nouveaux locaux définitifs depuis 1973...

Au sud du centre. Nombre de cafés bon marché ont ouvert en face de l'université, Calle San Fernando. La **Baguettería La Merienda**, au n°27, sert divers en-cas et repas ainsi que des baguettes chaudes avec différentes garnitures, de 275 ptas à 425 ptas.

cours de conversion de l'euro 1 000 ptas = 6,01 €

La Raza (Avenida de Isabel la Católica 2), constitue une bonne halte dans le quartier du Parque de María Luisa. Pour le petit déjeuner, un *cafe con leche* (café avec du lait chaud) accompagné d'un *mollete* (petit pain brioché), de beurre et de confiture est recommandé à 300 ptas. Dans la journée, vous pouvez profiter des tables installées sous les arbres et commander le menu à 2 000 ptas.

Basque et andalou, le **Restaurante Egaña Oriza** (☎ 95 422 72 11, *Calle San Fernando 41*) affirme être le meilleur restaurant de Sevilla. C'est certainement l'un des plus élégants et des plus chers. Pour deux et sans boisson, l'addition s'élève à 4 000 ptas minimum. Parmi les spécialités en plats principaux, citons le merlu du pêcheur à l'ail nouveau dans une sauce au persil et le cuissot d'agneau braisé aux aubergines et aux courgettes.

Triana. Les Sévillans adorent leur *pescaíto frito* (poisson frit) et leur établissement préféré en la matière, le **Kiosco de las Flores**, était il a y peu sur le point de déménager de ses locaux vieux de 70 ans, Plaza del Altozano, pour s'installer sur les berges, dans la Calle de Betis, en direction du centre-ville. Les raciones coûtent autour de 1 200 ptas. Magnifiquement situé à l'extrémité sud de la Calle de Betis, regardant vers la Torre de Oro, le **Restaurante Río Grande** sert une bonne cuisine – comptez de 1 800 ptas à 2 500 ptas pour la plupart des plats de viande et de poisson. Juste à côté, le **Restaurante El Puerto**, tout aussi bien situé, s'aligne sur la même qualité culinaire, environ un tiers moins cher. La Calle de Betis s'enorgueillit aussi d'une foule de pizzerias très fréquentées : au n°68, en face du Río Grande, se trouve une autre **Pizzeria San Marco** (voir *Barrio de Santa Cruz et alentours* un peu plus haut). Légèrement plus au nord, vous découvrirez les bons **Ristorante Cosa Nostra** (pizzas de 650 ptas à 1 000 ptas, pâtes de 650 ptas à 1 200 ptas) et **Pizzeria O Mamma Mia**, un peu moins chère, au n°33. Entre les deux, **Mex-Rock**, au n° 40-41, un autre établissement prisé, sert des tacos, des *quesadillas* (tortillas roulées fourrées au fromage) entre autres, de 400 ptas à 900 ptas et le plus substantiel *solomillo azteca* (steak aztèque) à 1 650 ptas.

Tapas

Faire la tournée des bars à tapas en compagnie de quelques amis est l'une des meilleures façons de passer une agréable soirée à Sevilla. Rien ne vous empêche de fréquenter ces endroits à l'heure du déjeuner, mais sachez qu'entre 16h et 20h, vous n'aurez droit le plus souvent qu'à des tapas froides. Dans la plupart des bars sévillans, le serveur inscrit vos commandes à la craie sur un tableau au fur et à mesure et n'additionne le tout que lorsque vous partez.

De nombreux bars détaillent leur menu de tapas ou les inscrivent sur un tableau noir, ce qui facilite les choses, mais vous constaterez certainement qu'il vous en reste beaucoup à apprendre sur la question. L'encadré de la page précédente fait la liste de quelques spécialités de tapas sévillanes.

Barrio de Santa Cruz. Appréciée des touristes et des Espagnols eux-mêmes, *La Bodega Santa Cruz*, Calle Mateos Gago, offre un grand choix de tapas de taille correcte, la plupart valant de 175 ptas à 200 ptas. La **Cervecería Giralda** (*Calle Mateos Gago 1*), propose une formidable variété de tapas excellentes, certaines plutôt exotiques, de 250 ptas à 300 ptas ; quelques-unes sont plutôt minuscules, mais la *pechuga bechamel* (poitrine de poulet sauce bechamel), la *brocheta de mero* (brochette de flétan) et la *brocheta de solomillo* (brochette de viande rouge) sont des valeurs assez sûres. Au **Café-Bar Campanario**, en face, incluez-y la *tortilla de patatas* (omelette aux pommes de terre) et le *revuelto de espárragos* (œufs brouillés aux asperges).

Au **Café Bar Las Teresas** (*Calle Santa Teresa 2*), un bar à l'atmosphère vieux style avec quantité de jambons suspendus au plafond, de bonnes tapas coûtent de 150 ptas à 275 ptas et les media-raciones, de 600 ptas à 1 100 ptas. L'**Hostería del Laurel** (*Plaza de los Venerables 5*) sert des tapas de qualité au bar, à 250 ptas environ. Pour plus de détails, reportez-vous à *Barrio de Santa*

Cruz et alentours dans la section *Petit déjeuner, déjeuner et dîner*, un peu plus haut.

El Arenal. L'ambiance est tranquille à la **Casa de Pepe-Hillo** *(Calle de Adriano 24)* où l'on vous concocte de succulentes tapas de 275 ptas à 350 ptas – goûtez les cœurs d'artichauts farcis aux champignons –, tandis que la **Mesón Cinco Jotas** *(Calle Castelar 1)* se spécialise dans le savoureux jambon Jabugo – 400 ptas pour des tapas de premier choix, *cinco jotas*, et de 250 ptas à 300 ptas pour les autres, dont celles au saumon fumé, à l'aloyau et au fromage.

La Infanta *(Calle Arfe 36)*, où les tonneaux de xérès font office de tables, est plus raffinée. On vous préparera des tapas délicieusement exotiques à partir de 250 ptas. Toute proche, la **Mesón de la Infanta** *(Calle Dos de Mayo 26)*, tenue par les mêmes propriétaires, vous propose ses tapas haute cuisine tout aussi savoureuses, certaines composées de 4 ou 5 éléments distincts mais complémentaires (de 250 ptas à 400 ptas). La **Bodega Paco Góngora** et le **Restaurante Enrique Becerra** (voir *Petit déjeuner, déjeuner et dîner*, un peu plus haut) sont également de bonnes adresses de tapas.

El Centro. Au sud d'El Centro, en allant vers le Barrio de Santa Cruz, l'excellent **Robles Placentines** *(Calle Placentines 2)* est un bar à tapas moderne avec des touches traditionnelles comme ces grands tonneaux de xérès. Laissez-vous tenter par les tranches de canard marinées à l'huile d'olive et par trois espèces de champignons sauvages venus de la Sierra de Aracena. Comptez aux alentours de 250/700/1 300 ptas pour des tapas/media-ración/ración.

La Plaza de la Alfalfa constitue un lieu réputé en matière de tapas. Tout près, la **Sopa de Ganso** *(Calle Pérez Galdós 8)*, propose des mélanges inventifs, tels les brochettes de poulet et dattes, ou viande rouge, fromage et noix ; les options végétariennes sont également présentes parmi les spécialités du jour, ainsi que les gâteaux, fortement recommandés – qu'accompagne une bonne musique à l'attention de la clientèle jeune de l'établissement. **Habanita** *(Calle Golfo 3)*, qui donne dans la Calle Pérez Galdós, sert des tapas végétariennes et cubaines (de 200 ptas à 350 ptas). A **La Trastienda**, juste à l'angle est de la Plaza de la Alfalfa, dans la Calle Alfalfa, une clientèle distinguée déguste du crabe, tandis qu'à **La Bodega**, on sert jambon et xérès. Entre ces deux dernières, au coin de la Calle Candilejo, la minuscule **Bodega Extremeña** propose d'excellentes tapas à la viande et au fromage ainsi que des *montaditos* (petits sandwiches ouverts souvent grillés) de 175 ptas à 275 ptas. Le *solomillo beicon*, par exemple, consiste en médaillons de porc enveloppés dans du bacon, servis avec des tranches de pommes de terre et des poivrons marinés. Vous serez peut-être tentés aussi par les *huevos codorniz jamón* – deux petits œufs de caille au plat avec du jambon, servis sur du pain. Pour faire un repas de tapas de qualité, *a la brasa* (grillées), prenez la direction de l'est par la Calle Águilas jusqu'à une autre **Bodega Extremeña** *(Calle de San Esteban 17)* et goûtez le *solomillo ibérico* (aloyau de porc espagnol) ou les *chuletas de cordero* (côtes d'agneau) pour 275 ptas.

Vers le nord, **El Rinconcillo** *(Calle Gerona 40)*, le plus ancien bar de Sevilla, ouvert en 1670, voit toujours sa popularité au beau fixe. Les tapas sont assez simples mais bonnes, les prix allant de 200 ptas pour les *espinacas con garbanzos* (épinards aux pois chiches) à 650 ptas pour la *tortilla de jamón serrano* (omelette au jambon serrano). Ayant ouvert plus récemment, **La Giganta** *(Calle Alhóndiga 6)* à l'angle, propose des tapas de qualité au poisson, à la viande ou aux pommes de terre pour environ 250 ptas.

En allant vers l'ouest, le **Patio San Eloy** *(Calle San Eloy 9)* est un bar animé où l'on déguste de bonnes tapas au fromage, au saumon fumé ou au porc et bien d'autres encore, de 175 ptas à 215 ptas. Pour 200 ptas, les *burguillos* (petits pains fourrés faits maison) vous tenteront peut-être aussi. Pour un groupe, la *turrada* est appréciable ; elle consiste en une assiette de saumon fumé, d'anchois et de délicieux jambon *pata negra* (patte noire). Le vin est servi à partir de 100 ptas le verre.

cours de conversion de l'euro 1 000 ptas = 6,01 €

Au nord du centre. Aux abords de l'Alameda de Hércules, vous trouverez quelques établissements où déguster des tapas. Le *Bulebar Café (Alameda de Hércules 83)* sert d'originales tartes maison et des tapas sucrées, dont le délicieux *pastel de verduras*, genre de flan aux légumes. Il ouvre tous les jours de 16h jusque tard dans la nuit. Simple d'allure, le *Bar-Restaurante Las Columnas*, du côté ouest de l'Alameda, propose une grande variété de tapas (entre 225 ptas et 300 ptas) et des raciones.

A deux minutes à pied en allant vers l'est de l'Alameda, *La Illustre Víctima (Calle Doctor Letamendi 35)*, sert des *pinchos a la brasa* savoureux (petits kebabs de viande grillée, pour 500 ptas) et des tapas végétariennes comme les *calabacines al roque* (courgettes au roquefort pour 300 ptas).

Triana. L'on doit le resplendissant *Las Columnas, (Calle San Jacinto 29)* aux créateurs du Patio San Eloy (voir *El Centro* un peu plus haut) et l'on y retrouve la même qualité. *Mariscos Emilio (Calle San Jacinto 39)* est connu pour ses tapas aux fruits de mer à 225 ptas environ.

OÙ SORTIR

Sevilla est l'une des villes espagnoles où la vie nocturne est la plus intense. Les bars se remplissent à partir de 22h pratiquement tous les soirs mais c'est vers minuit ou 1h du matin que la soirée commence vraiment, le vendredi et le samedi. Vous pourrez écouter des groupes de musique tous les jours sauf le lundi. La nuit à la belle saison, les gens se pressent dans les rues devant les bars les plus courus et affluent sur les berges du Guadalquivir. Les adolescents apportent leurs propres *litronas* ou *botellonas* (bouteilles en plastique remplies de liqueur ou de cocktail) pour se réunir en plein air, comme devant le Mercado del Arenal. Sevilla possède aussi de bons bars musicaux, souvent dotés d'un espace pour danser.

Pour vous informer sur ce qui se passe dans le domaine musical et artistique, consultez le bimensuel *Casco Antiguo*, distribué gratuitement dans les quartiers du centre ; *El Giraldillo* également, un magazine mensuel parfois disponible gratuitement dans les offices du tourisme, les hôtels et les musées ; consultez aussi les magazines touristiques *Welcome & Olé* et *The Tourist*, gratuits eux aussi et, sur Internet, les sites de *Sevilla Online* (www.sol.com) et de *Sevilla Cultural* (www.sevillacultural.com). Aucune de ces sources n'est totalement exhaustive, mais vous pourrez déjà vous faire une idée. La presse, par exemple *El Correo*, *ABC* ou *El País,* vous renseignera utilement.

Bars

Vous pouvez bien entendu vous restaurer dans les bars en même temps que vous consommez. En ce qui concerne les établissements renommés pour leur tapas, consultez la rubrique précédente.

Barrio de Santa Cruz et alentours. Les bars situés au nord de la cathédrale sont très populaires : le *P Flaherty Irish Pub (Calle Alemanes 7)* est bourré à craquer d'Espagnols et de touristes ; vous paierez 600 ptas le demi de Guinness ou de bière anglaise. La *Subasta* et *Antigüedades*, Calle Argote de Molina, attirent une clientèle un peu plus âgée et conventionnelle.

Au cœur du Barrio de Santa Cruz, de petits bars comme le *Bodega Santa Cruz*, Calla Mateos Gago, le *Bar Entrecalles*, Calle Ximénez de Enciso et le *Café Bar Las Teresas (Calle Santa Teresa 2)* où se côtoient Sévillans et touristes, sont souvent très animés.

El Arenal. Calle García de Vinuesa, vous découvrirez quelques bodegas (bars à vins traditionnels) simples et populaires. On y boit vin et/ou xérès au tonneau, sans oublier la bière. L'un des meilleurs, *Hijos de E Morales (Calle García de Vinuesa 11)*, possède une vaste arrière-salle où de vieux tonneaux font office de tables. Un peu plus à l'ouest, Calle de Adriano, l'ambiance change complètement. Il faut voir la clientèle, surtout des jeunes, pour y croire.

Parmi les autres bars très bon marché et animés de la rue où se joue de la musique, citons le *A3* et l'*Arena*. Vous en trouverez quantité d'autres Calle Arfe ou dans ses alentours. Juste au sud, la Calle Dos de Mayo aligne quelques bars et bodegas plus tranquilles, prisés des clients plus âgés.

Le *Café Isbiliyya (Paseo de Cristóbal Colón 2)*, près du Puente de Triana, un café-concert très animé, est fréquenté par la communauté homosexuelle, surtout masculine, qui se déverse parfois jusque dans la rue.

El Centro. Du milieu de la soirée à 1h du matin, la Plaza Salvador devient un endroit populaire où les étudiants, une fois leurs boissons achetées auprès des deux ou trois petits bars de la place, les emportent pour se rafraîchir en plein air. Ils restent debout tout autour de la place ou s'installent sur les marches de la Parroquia del Salvador, où l'odeur du haschisch se mêle bizarrement à celle de l'encens de l'église. A proximité de la place, à l'angle de la Calle Alcaicería et la Calle Siete Revueltas, vous trouverez un bar décoré de carreaux multicolores : le *Bar Europa*, où il est agréable de s'asseoir pour déguster un verre.

Calle Pérez Galdós, non loin de la Plaza de Alfalfa, compte au moins cinq bars musicaux animés, le *Bare Nostrum*, le *Cabo Loco*, *Nao*, *La Rebótica*, et *Sopa de Ganso*. Si vous êtes d'humeur à faire la fête, vous en dénicherez bien un où l'on donne un concert.

Alameda de Hércules. Cet ancien quartier chaud compte plusieurs excellents bars et certains concerts attirent une foule estudiantine et excentrique.

Le *Bulebar Café (Alameda de Hércules 83)* est un endroit relax, parfait si l'on cherche des tapas originales. Confortable et un peu vieillot, il possède une agréable cour. Plus loin de ce côté est de l'Alameda, *El Corto Maltés*, le *Café Central* et le *Habanilla Café*, particulièrement bohème, sont tous des pubs dont la clientèle abondante déborde dans la rue.

Deux rues à l'est de l'Alameda, une clientèle internationale se presse à *La Ilustre Víctima (Calle Doctor Letamendi 35)* dans un brouhaha permanent. On se délecte de musique et de tapas (comptez 150 ptas pour une bière) jusqu'à 2h du matin (4h le vendredi et le samedi soir).

Un peu au sud de l'Alameda, *Itaca (Calle Amor de Dios 25)* est un grand dance bar gay, surtout masculin.

Triana. La Calle del Betis, sur la rive ouest du Guadalquivir, regorge de bars où vous pouvez acheter des boissons et les emporter sur le petit mur donnant sur la rivière. En chemin vers la Calle del Betis, arrêtez-vous au *Madigan's (Plaza de Cuba 2)*, autre pub irlandais populaire de Sevilla. Il ouvre tous les jours à partir de midi. Côte à côte, Calle del Betis 54, l'*Alambique*, le *Mui d'Aqui*, le *Big Ben* et le *Café La Pavana (Calle del Betis 54)*, passent tous de la bonne musique et attirent un mélange intéressant d'étudiants et de touristes. Ils ouvrent aux alentours de 21h et certains programment parfois des concerts live. A la limite nord de la rue, des bars comme le *Café de la Prensa (Calle del Betis 8)* choisissent une musique plus douce.

Au nord de la Calle del Betis, la Calle de Castilla compte également de bons bars fréquentés par des jeunes d'une vingtaine d'années les soirs de week-end. Citons le *Casa Cuesta*, au n°2, le *Café-Bar Guadalquivir*, au n°17 et l'*Anibal Café*, au n°98. Par la même occasion, jetez un coup d'œil à la profusion de plantes qui ornent la cour de la Calle de Castilla 22. Un ou deux passages conduisent vers le Paseo de Nuestra Señora de la O, sur la rive, où vous attend *La Otra Orilla*, un bar musical très animé agrémenté d'une magnifique terrasse.

Nuits d'été au bord du fleuve

En été, des douzaines de bars temporaires en plein air ouvrant jusque tard dans la nuit *(terrazas de verano)* occupent les deux rives du Guadalquivir. Accueillant la plupart des groupes musicaux, ils sont pourvus d'une grande piste de danse. Ils changent de noms et d'ambiance d'un été à l'autre.

Musique live

Pour les concerts les plus importants, les billets sont en vente au magasin musical Sevilla Rock, Calle alfonso XII 1. Pour en savoir plus sur le flamenco à Sevilla, voir l'encadré *Repaires du flamenco à Sevilla*.

cours de conversion de l'euro 1 000 ptas = 6,01 €

La Imperdible (☎ 95 438 82 19, *Plaza San Antonio de Padua 9*), quelques rues à l'ouest de l'Alameda de Hércules, constitue l'épicentre des arts expérimentaux à Sevilla. Ses petites scènes accueillent de nombreuses compagnies de danse contemporaine, un peu de théâtre et de musique, généralement à partir de 21h et pour un billet valant de 800 à 1 000 ptas. Son bar, l'*Almacén* (☎ 95 490 04 34), accueille diverses manifestations musicales gratuites - soul, blues, punk psychédélique ou DJs programmant de la techno ou de la musique ambiante.

Un peu plus loin à l'ouest, juste en face du Guadalquivir, la *Salamandra* (☎ 95 490 28 38, *Calle del Torneo 43*) est l'un des

Repaires du Flamenco à Sevilla

Sevilla est l'une des capitales espagnoles du flamenco. Le barrio (quartier) de Triana, sur la rive occidentale du Guadalquivir, ancien quartier gitano (rom), en est le berceau. Des représentations impromptues de flamenco dans les petits bars enfumés de Triana ou des alentours de l'Alameda de Hércules appartiennent plutôt au passé mais il est possible d'assister à des spectacles de flamenco (avec chants, danses et guitares), ou de sevillana, dans plusieurs établissements de la ville. Les hôtels et les offices du tourisme vous indiqueront les tablaos (manifestations) touristiques les plus chers comprenant des représentations nocturnes et parfois le dîner. Ils peuvent s'avérer surfaits et très décevants. Cependant, **Los Gallos** (☎ 95 421 69 81, *Plaza de Santa Cruz 11*), dans le Barrio de Santa Cruz, constitue l'exception. Certains danseurs de première ordre y ont fait leurs débuts. Deux représentations de deux heures sont programmées chaque soir, la première à 21h et la seconde à 23h30. Comptez 3 500 ptas (une boisson incluse).

En général, vous trouverez une atmosphère plus authentique dans l'un des nombreux bars organisant régulièrement des soirées de flamenco ou sevillanas, généralement sans droits d'entrée. Cependant, la qualité n'est pas garantie. Au moment de la rédaction de ce guide, nous avons notamment apprécié les prestations des bars suivants (voir la rubrique *Bars* pour plus d'informations) :

El Mundo (*Calle Siete Revueltas*), dans El Centro – flamenco les mardi à partir de 23h (entrée libre).
El Tamboril (*Plaza de Santa Cruz*), Barrio de Santa Cruz – où se rassemble un public joyeux venu écouter sevillanas et rumba tous les soirs à partir de 22h.
El Tejar (☎ 95 434 33 40, *Calle San Jacinto 68*) – bar de Triana où l'on joue du flamenco tous les vendredi soir.
La Carbonería (☎ 95 421 44 60, *Calle Levíes 18*) un ancien dépôt de charbon dans le Barrio de Santa Cruz, avec deux grandes salles pourvues chacune d'un bar qui ne désemplit pas : tous les soirs, Sévillans et touristes s'y retrouvent pour le plaisir mais aussi pour les concerts live - du flamenco presque toujours – de 23h environ à 4h (entrée libre). Si vous prenez un verre de vin, comptez dans les 250 ptas.
La Sonanta (*Calle San Jacinto 31*) – flamenco à 22h le jeudi dans cet autre bar de Triana.
Salamandra (☎ 95 490 28 38, *Calle del Torneo 43*), à l'ouest de l'Alameda de Hércules – flamenco le jeudi soir à partir de 23h (entrée pour 1 500 ptas, une consommation comprise).

Les grands noms du flamenco montent régulièrement sur les planches des théâtres sévillans, notamment au Teatro Central qui organise des saisons flamenco baptisées Flamenco Viene del Sur. Sevilla abrite également l'un des plus grands festivals de flamenco (voir plus haut la rubrique *Manifestations annuelles*). Si vous vous trouvez dans la capitale andalouse au moment de la Feria de Abril, vous ne manquerez pas de spectacles de flamenco.

hauts lieux de Sevilla pour les concerts live, aux différents styles – latino, ethnique, pop-rock, rap, blues ; les concerts prennent place le plus souvent le vendredi et le samedi à partir de 21h (l'entrée vaut généralement de 800 ptas à 1 200 ptas).

Le *Fun Club* *(Alameda de Hércules 86)*, est aménagé dans une petite salle de danse dotée d'un bar tout en longueur et d'une modeste scène. Il est ouvert du jeudi au dimanche à partir de 23h30 (21h30 les soirs de concerts) jusqu'à point d'heure. Le vendredi et/ou samedi est consacré aux groupes de rock (entrée 500 à 1 000 ptas). Les autres nuits, l'accès est gratuit et le Fun Club s'emplit assez vite (boissons à 250 ptas ou plus). Juste au sud de l'Alameda, l'agréable *Café Jazz Naima* *(☎ 95 438 24 85, Calle Trajano 47)* accueille occasionnellement des groupes de jazz ou de blues à partir de 22h. L'entrée est libre.

Dans El Centro, le *Café Lisboa* *(Calle Alhóndiga 43)* propose des DJ dance nights avec de la musique électronique variée à partir de 22h du jeudi au samedi.

Discothèques (Clubs)

Elles apparaissent et disparaissent à une vitesse étonnante. Ce sont des lieux où les gens se rendent vers 2, 3 ou 4h du matin le week-end. Le plus en vogue au moment de la rédaction de ce guide était le *Luna Park* *(Avenida de María Luisa s/n)*, avec 3 salles séparées, dont une pour la salsa et le *bacalao* (techno espagnole). Le *Boss* *(Calle del Betis 67)*, l'image même du lieu qui a revêtu plusieurs identités au cours de sa carrière, attire apparemment une clientèle moins jeune qu'auparavant. Autre possibilité, avec un public extrêmement mélangé, l'*Aduana* *(☎ 95 423 85 82, Avenida de la Raza s/n)*, à 1km au sud de Parque de María Luisa.

Théâtres

Le *Teatro de la Maestranza* *(☎ 95 422 65 73, Paseo de Cristóbal Colón 22)*, le *Teatro Lope de Vega* *(☎ 95 459 08 53, Avenida de María Luisa s/n)*, de même que le *Teatro Central* *(☎ 95 446 07 80)* et l'*Auditorio de la Cartuja* *(☎ 95 450 56 56)*, tous deux sur la Isla de La Cartuja, programment divers spectacles de danse, de musique et de théâtre. La Maestranza privilégie l'opéra et la musique classique.

Manifestations sportives

Le succès des Championnats du monde d'athlétisme de 1999, qui se tinrent dans le nouvel Estadio Olímpico de Sevilla (d'une capacité de 60 000 places), à l'extrémité nord de l'Isla de la Cartuja, a encouragé la ville à poser sa candidature pour les Jeux Olympiques de 2008. La réponse sera probablement donnée en 2002.

La billetterie (☎ 95 422 82 29), Calle Velázquez 12, El Centro, vend des billets pour les corridas, les matchs de football et certains concerts moyennant une somme de quelques centaines de pesetas.

Corridas. Les combats se déroulant à la Plaza de Toros de la Real Maestranza, Paseo de Cristóbal Colón, figurent parmi les meilleurs de toute l'Espagne. Fréquentée par des aficionados, l'arène, qui peut recevoir jusqu'à 14 000 spectateurs, est l'une des plus anciennes et des plus élégantes du pays. La saison commence le dimanche de Pâques pour finir début octobre. Les combats ont lieu tous le dimanche, généralement vers 18h30 et quasiment tous les jours pendant la Feria de Abril et la semaine précédente.

Dès le début de la saison jusqu'à juin, début juillet, des matadors confirmés interviennent dans la plupart des combats (tous les grands noms de la tauromachie apparaissent au moins une fois par an à la Maestranza). Il s'agit des combats *abono* (abonnement) pour lesquels les sévillans achètent les meilleures places au moment des réservations. Souvent, seuls les sièges *sol* (au soleil au début du combat) restent disponibles pour les autres. Le prix commencent à 3 000 ptas et les places les plus chères atteignent 13 000 ptas. Le reste de la saison, vous pouvez assister à des *novilleras* (débutants) auxquelles prennent part de jeunes taureaux et des toreros juniors. Les tickets coûtent alors entre 1 500 ptas et 7 000 ptas. Vous pouvez les acheter à l'avance Calle de Adriano 37 et dès 16h30

cours de conversion de l'euro 1 000 ptas = 6,01 €

les jours de corridas aux guichets (taquillas) de l'arène.

Pour en savoir plus sur la Plaza de Toros de la Real Maestranza, voir *El Arenal* un peu plus haut.

Football. Sevilla possède deux clubs professionnels, le Real Betis et Sevilla. Le premier tient la première position depuis les dix dernières années, occupant habituellement une modeste place de 1re division, alors que Sevilla allait et venait entre la 1re et la 2e division. La saison 1999-2000 fut cependant très mauvaise, avec la relégation des deux clubs en 2e division et ce, malgré l'"achat" en 1997 par le Betis du milieu de terrain brésilien Denilson pour la somme record de 35 millions de $US et la présence du buteur de très haut niveau Alfonso au sein du club.

Le Betis joue à l'Estadio Manuel Ruiz de Lopera, à côté de L'Avenida de Jerez (la route de Cádiz), à 1,5 km au sud du Parque María Luisa (bus n°34 en direction du sud à prendre en face de l'office du tourisme principal). Le Sevilla occupe l'Estadio Sánchez Pizjuán, Calle de Luis Morales, à l'est du centre.

A l'exception des grands matchs, contre le Real Madrid ou Barcelone, ou lorsque les deux équipes sévillanes s'affrontent, vous pouvez acheter votre billet à l'entrée, à partir de 2 500 ptas environ. Pour les rencontres plus importantes, comptez autour de 6 000 ptas (au minimum) et pensez à vous les procurer à l'avance.

ACHATS

Le Barrio de Santa Cruz, juste à l'est de l'Alcázar, regorge de boutiques artisanales s'adressant aux touristes. Beaucoup vendent de très jolis azulejos et céramiques de la région aux motifs colorés inspirés de l'art musulman, des peintures de la vie rurale et d'autres articles, dont un grand nombre de T-shirts manquant d'originalité.

La piétonne Calle Sierpes, qui file vers le nord depuis la Plaza de San Francisco dans le centre-ville, est la rue commerçante la plus chic de Sevilla. Elle est bordée de boutiques vendant aussi bien des articles usuels que des produits de luxe : matériel photos, vêtements à la mode, objets anciens, *trajes de flamenca* (robes de flamenco à pois). Z Zulategui, au n°41, et Sport Zone, au n°81, possèdent un stock valable de sacs et de matériel pour randonnées. Les rues proches de la Calle Sierpes, comme la Calle de Velázquez, de Tetuán, et de Cuna, regorgent aussi de boutiques.

Un peu plus à l'ouest, le grand magasin El Corte Inglés occupe quatre immeubles séparés : deux se trouvent Plaza de la Magdelena et deux Plaza del Duque de la Victoria. Non loin de cette dernière place, Sevilla Rock, Calle Alfonso XII 1, est un excellent magasin de musique.

En allant vers le nord, flâner dans la Calle Amor de Dios et la Calle Doctor Letamendi, non loin du centre stratégique de la scène alternative sévillane, l'Alameda de Hércules, ne manque pas d'intérêt. Ces deux rues abritent des boutiques spécialisées dans les tissus, les bijoux et l'artisanat originaires d'Afrique ou d'Asie, les enregistrements musicaux rares, les vêtements d'occasion, etc.

Marchés de rue. Le marché aux puces du dimanche matin à l'Alameda de Hércules étale ses vêtements, ses antiquités, sa musique, ses bijoux et autres trouvailles aux yeux du chaland, qui peut également se laisser tenter par les bars et les cafés du coin. Plaza de la Alfalfa, un marché aux animaux domestiques se tient également le dimanche matin. Le grand marché du jeudi de Calle de la Feria, à l'est de l'Alameda de Hércules, haut en couleur, mérite bien le détour. Les Plaza del Duque de la Victoria et Plaza de la Magdalena abritent des marchés. Du jeudi au samedi, vous y trouverez des sacs et des ceintures en cuir, des colliers et des bijoux hippy ainsi que des vêtements.

COMMENT S'Y RENDRE
Avion

L'aéroport San Pablo de Sevilla (☎ 95 444 90 00) assure un bon nombre de liaisons nationales et internationales. Iberia relie presque tous les jours directement Sevilla et Valencia/Bilbao/Madrid/Barcelona, à partir de

25 000/27 000/15 000/24 000 ptas aller simple ou aller/retour. Spanair affrète presque tous les jours des vols directs vers/depuis Barcelona et Madrid ; de même Air Europa, vers/depuis Barcelona (à partir de 16 500 ptas l'aller simple et 18 500 l'aller/retour) et Palma de Mallorca. Ces trois compagnies proposent des connections depuis Madrid et/ou Barcelona à destination d'autres villes espagnoles et internationales. La compagnie Air France assure des vols directs (vers/depuis Paris), plusieurs fois par semaine.

L'agence Iberia (☎ 95 498 82 08) se situe à l'est du centre-ville, Edificio Cecofar, Avenida de la Buhaira. A l'aéroport, vous les joindrez au ☎ 95 467 29 81. Pour acheter les billets d'Air Europa, adressez-vous à Halcón Viajes (☎ 95 421 44 56), Calle Almirante Bonifaz 3, qui donne dans Calle Sierpes. Spanair est présent à l'aéroport, au ☎ 95 444 90 33.

Bus

Sevilla possède deux gares routières. Les bus vers/depuis le nord de la province de Sevilla, la province de Huelva, l'Extremadura, Madrid et le Portugal utilisent la gare routière de la Plaza de Armas (☎ 95 490 80 40 ou 95 490 77 37) juste à l'est du Puente del Cachorro. Ceux qui desservent la plupart des autres destinations d'Andalousie ou la côte méditerranéenne partent de la gare du Prado de San Sebastián (☎ 95 441 71 11) sur la Plaza San Sebastián, juste au sud-est du Barrio de Santa Cruz.

De la Plaza de Armas, des bus partent fréquemment pour Huelva (900 ptas, 1 heure 15); plusieurs par jour vers d'autres villes de la province de Huelva comme La Antilla, Isla Cristina et Ayamonte, Aracena, Minas de Riotinto, El Rocío et Matalascañas; et 11 vers Madrid (2 745 ptas, 6 heures). Pour l'Extremadura et au-delà, environ 12 desservent quotidiennement Mérida (1 700 ptas, 3 heures 45), 5 minimum Cáceres (2 200 ptas, 4 heures) et Salamanca (3 800 ptas), et quelques-uns se rendent en Galicia. Pour plus d'informations sur les bus vers/depuis le Portugal, voir *Comment s'y rendre* dans le chapitre d'introduction.

La Plaza de Armas est aussi le point de départ de bus fréquents à destination de Santiponce (pour Itálica), et du Parque Natural Sierra Norte.

Depuis le Prado de San Sebastián au moins 9 bus quotidiens rallient Cádiz (1 385 ptas, 1 heure 45), Córdoba (1 225 ptas, 1 heure 45), Granada (2 400 ptas, 3 heures), Málaga (1 900 ptas, 2 heures 30), Jerez de la Frontera et Sanlúcar de Barrameda ; quelques uns rejoignent Arcos de la Frontera et Ronda (1 335 ptas, 2 heures 30). De cette gare partent aussi les bus desservant quotidiennement Carmona ; d'autres, moins nombreux, se rendent à Osuna, Estepa et Écija dans la province de Sevilla; Tarifa, Algeciras et La Línea dans celle de Cádiz; Antequera et la Costa del Sol dans celle de Málaga ; et enfin Jaén, Almería, Valencia et Barcelona.

Train

La gare ferroviaire de Santa Justa de Sevilla (☎ 95 454 02 02) se trouve à environ 1,5 km au nord-est du centre, Avenida Kansas City. Vous pouvez aussi vous rendre au centre d'information de la RENFE, dans le centre-ville, ou à la billetterie située Calle Zaragoza 31. Tous deux sont ouverts du lundi au vendredi de 9h à 13h15 et de 16h à 19h. La consigne à bagages, à la gare, vous reviendra entre 300 et 600 ptas pour 24 heures.

Quatre types de train assurent la liaison Sevilla-Madrid et retour. Le meilleur et le moins cher est l'AVE à grande vitesse, qui effectue le trajet en 2 heures 15 (quatorze liaisons quotidiennes). (Voir *Depuis/vers le reste de l'Espagne* et l'encadré *Cartes de réductions ferroviaires* dans la partie *Voie terrestre* de *Comment s'y rendre*.)

Parmi les autres trains au départ de Sevilla, une vingtaine desservent Córdoba (de 1 090 à 2 800 ptas, de 45 minutes à 1 heure 15) et une quinzaine vont à Jerez de la Frontera et Cádiz (de 1 125 à 2 100 ptas, de 1 heure 30 à 2 heures 15) ; 3 ou 4 se rendent à Granada (de 2 415 à 2 665 ptas, 3 heures) ; 5 à Málaga (2 130 ptas, de 2 heures 15 à 2 heures 30) ; 3 à Huelva (995 ptas, 1 heure 30) ; 3 ou 4 vont vers le nord en direction de Cazalla-Constantina (660 ptas, 1 heure 45) ; 1 à Mérida

cours de conversion de l'euro 1 000 ptas = 6,01 €

(1 685 ptas, 4 heures 30) et Cáceres pp; et 1 à Jaén (2 255 ptas, 3 heures). Pour Ronda ou Algeciras, il faut prendre le train jusqu'à Málaga et changer à Bobadilla. Parmi les autres destinations, citons Osuna, Antequera, El Chorro, Valencia et Barcelona. Pour Lisbonne (7 000 ptas en 2e classe, 16 heures), vous devez changer à Cáceres.

Voiture et moto

Pour louer une voiture, les bonnes affaires sont rares. Les agences les moins chères sont installées dans la Calle Almirante Lobo, non loin de la Puerta de Jerez. Citons Sevilla Car (☎ 95 422 25 87), Calle Almirante Lobo 1, à 6 960 ptas par jour, IVA et assurance incluses, pour une petite Renault Twingo. L'on peut venir vous chercher à la gare ou vous y déposer gratuitement. Triana Rent A Car (☎ 95 456 44 39), Calle Almirante Lobo 7, vaut aussi que l'on s'y renseigne. Buizauto (☎ 95 421 18 58), Paseo de las Delicias 1, et Avis (☎ 95 421 65 49), Avenida de la Constitución 15, sont aussi centraux. Parmi les agences situées dans les gares, voyez Avis (☎ 95 453 78 61), National/Atesa (☎ 95 441 26 40) et Europcar (☎ 95 453 39 14). Plusieurs d'entre elles sont aussi installées à l'aéroport, comme Hertz (☎ 95 451 47 20).

Covoiturage. Compartecoche (☎ 95 490 75 82), Calle González Cuadrado 49, est un service de transport en voiture inter-urbain. Les conducteurs ne versent aucun droit, tandis que les passagers payent une somme donnée. Téléphonez ou allez directement à l'agence entre 10h et 13h30 ou 17h à 20h pour de plus amples informations.

COMMENT CIRCULER
Depuis/vers l'aéroport

L'aéroport de Sevilla se trouve à 7 km du centre en empruntant la N-IV en direction de Córdoba. Les bus Amarillos (☎ 902-21 03 17) effectuent le trajet séparant l'aéroport de la Puerta de Jerez, face à l'Hotel Alfonso XIII, en 30 minutes (350 ptas l'aller simple). Ce service est assuré au moins neuf fois par jour. Le voyage en taxi revient à environ 2 000 ptas.

Bus

Les bus C1, C2, C3 et C4 suivent un itinéraire circulaire pratique reliant les principales gares au centre-ville. Le C1 qui se dirige vers l'est, au départ de la gare ferroviaire de Santa Justa, circule dans le sens des aiguilles d'une montre *via* Avenida de Carlos V (près de la gare routière Prado de San Sebastián), Avenida de María Luisa, Triana, Isla Mágica et Calle de Resolana. Le C2, en direction de l'ouest au départ de la gare ferroviaire de Santa Justa, suit le même itinéraire mais en sens inverse. Le bus n°32, même arrêt que le C2, circule vers/depuis la Plaza de la Encarnación au nord du centre-ville.

Le C3, qui roule dans le sens des aiguilles d'une montre, vous conduira de l'Avenida Menéndez Pelayo (à proximité de la gare routière de Prado de San Sebastián et du Barrio de Santa Cruz) à la Puerta de Jerez, Triana, la gare routière de la Plaza de Armas, Calle del Torneo, Calle de Resolana et Calle de Recaredo. Le C4 effectue le même itinéraire mais en sens inverse. Cependant, une fois à la gare routière de la Plaza de Armas, il file vers le sud, *via* la Calle de Arjona et Paseo de Cristóbal Colón, vers la Puerta de Jerez au lieu de traverser le fleuve pour atteindre Triana.

Un seul transport en bus revient à 125 ptas. Vous pouvez vous procurer une carte des trajets, la *Guía del Transporte Urbano de Sevilla*, auprès des offices du tourisme ou guichets d'information des principaux arrêts dont la Plaza Nueva, la Plaza de la Encarnación, et à l'angle de l'Avenida de Carlos V et de l'Avenida Menéndez Pelayo.

Voiture

Les parkings automobiles souterrains ne sont pas situés dans des lieux très pratiques (l'un des meilleurs est celui de la Plaza Concordia) et les hôtels avec parking vous font généralement payer ce service aussi cher qu'en ville, environ 1 500 ptas/jour. Si vous stationnez illégalement dans la rue, vous risquez de vous faire enlever votre véhicule, ce qui vous coûtera au minimum 10 000 ptas. Si vous séjournez dans le Barrio de Santa Cruz, vous trouverez généralement une place à cinq minutes à pied, à l'est de l'Avenida Menéndez Pelayo, dans l'Avenida de Cádiz, par exemple.

Bicyclette
Pédaler à travers les rues sévillanes constitue une manière agréable de découvrir la ville. Sevilla Mágica (☎ 95 456 38 38), Calle Miguel de Mañara 11B, à proximité du principal office du tourisme, loue des vélos corrects moyennant 2 000 ptas la journée, du lundi au samedi.

Taxi
Une course en taxi de 3 km maximum devrait vous revenir entre 350 et 400 ptas. Au-delà, ajoutez à peu près 10 ptas par km et 25% de 22h à 6h et les jours fériés.

LES ENVIRONS DE SEVILLA
Itálica
Itálica, à 8 km environ au nord-ouest de Sevilla, fut la première ville romaine d'Espagne fondée en 206 av. J.-C. pour les soldats blessés lors de la bataille d'Ilipa, qui vit la victoire de Rome sur les ambitions carthaginoises dans la péninsule Ibérique. Itálica est aussi la ville natale de l'empereur romain Trajan, qui vécut au IIe siècle. Son fils adoptif et successeur, Hadrien (qui donna son nom au mur dans le Nord de l'Angleterre), reçut une partie de son éducation dans cette ville.

La plus grande partie de la *vetus urbs* (ancienne cité) romaine originale est située sous la petite ville de Santiponce.

Les ruines partiellement reconstruites que vous visiterez appartiennent surtout à la *nova urbs* (nouvelle cité), construite par Hadrien. Elles comprennent l'un des plus imposants amphithéâtres romains, contenant jusqu'à 25 000 spectateurs, un grand bain public, les Termas Mayores, ainsi que de magnifiques mosaïques. A l'ouest, dans l'ancienne cité, vous pourrez admirer un théâtre romain restauré.

Le site (☎ 95 599 73 76) est ouvert d'avril à septembre : de 9h à 20h du mardi au samedi, de 10h à 15h le dimanche et pendant les vacances. D'octobre à mars, il ouvre de 9h à 17h30 du mardi au samedi, de 10h à 16h le dimanche et pendant les vacances, d'octobre à mars. L'entrée est gratuite pour les ressortissants de l'Union européenne sur présentation du passeport ou de la carte d'identité, sinon, il faut compter 250 ptas. A côté du théâtre romain, un office du tourisme (☎ 95 599 80 28) vous accueille de 9h à 16h tous les jours sauf le lundi et le samedi.

La liaison par bus est fréquente vers Santiponce au départ de la gare routière de Plaza de Armas à Sevilla.

La Campiña

Cette région vallonnée, à l'est de Sevilla et au sud du Río Guadalquivir, est traversée par la N-IV qui va vers Córdoba et la A-92 qui file en direction de Granada et Málaga. La Campiña consiste encore aujourd'hui en vastes domaines fonciers aux mains d'une minorité. Aux paysans révolutionnaires du passé ont succédé les communistes des villages de Marinaleda, entre Écija et Estepa, qui occupent régulièrement les propriétés pour attirer l'attention sur la nécessité de réformes terriennes.

Si vous avez le temps, quatre villes (deux sur la N-IV et deux sur la A-92) présentent une architecture grandiose qui mérite bien un détour.

CARMONA
Code postal 41410 • 24 000 hab.
• altitude 250 m

Carmona se situe sur une petite colline juste à la sortie de la N-IV, à 38 km à l'est de Sevilla. Fortifiée dès le VIIIe siècle av. J.C., la ville jouit d'une position stratégique qui profita tant aux Carthaginois qu'aux Romains, lesquels établirent un plan des rues, qui est toujours le même aujourd'hui. La Via Augusta, qui va de Rome à Cádiz, débouche à Carmona *via* la Puerta de Córdoba à l'est et repart *via* la Puerta de Sevilla à l'ouest.

Les musulmans érigèrent un rempart tout autour de la ville mais Carmona tomba aux mains de Fernando III (El Santo, le Saint) en 1247. Au XIVe siècle, Pedro I (El Cruel)

cours de conversion de l'euro 1 000 ptas = 6,01 €

174 La Campiña – Carmona

CARMONA

OÙ SE LOGER
- 3 Hotel Alcázar de la Reina
- 4 Casa de Carmona
- 9 Parador Alcázar del Rey Don Pedro
- 17 Pensión Comercio
- 19 Casa Carmelo
- 21 Hostal San Pedro

OÙ SE RESTAURER
- 10 Molino de la Romera
- 12 Mercado
- 14 Restaurante San Fernando
- 15 Café Bar El Tapeo

DIVERS
- 1 Puerta de Córdoba
- 2 Iglesia de Santiago
- 5 Palacio de los Ruedas
- 6 Iglesia Prioral de Santa María
- 7 Museo de la Ciudad
- 8 Alcázar
- 11 Iglesia de San Felipe
- 13 Hôtel de ville
- 16 Iglesia de San Bartolomé
- 18 Puerta de Sevilla et Office du tourisme
- 20 Iglesia de San Pedro
- 22 Bus vers Sevilla
- 23 Amphithéâtre romain
- 24 Nécropole romaine

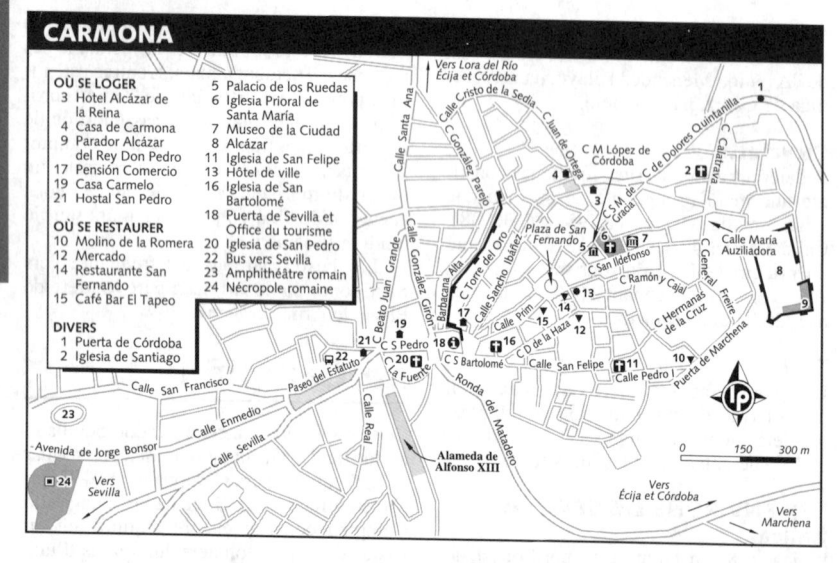

transforma le principal *alcázar* (forteresse) en une splendide résidence. Plus tard, Carmona s'agrémenta de nombreuses églises, couvents et demeures conçus par des artisans mudéjars et chrétiens.

Orientation et renseignements

L'ancienne partie de Carmona s'étend sur la colline du côté est de la ville : la Puerta de Sevilla marque sa limite occidentale. Les bus au départ de Sevilla s'arrêtent au Paseo del Estatuto, à 300 m à l'ouest de la Puerta de Sevilla.

Le très efficace office du tourisme (☎ 95 419 09 55), Puerta de Sevilla accueille le public du lundi au samedi de 10h à 18h ainsi que le dimanche et les jours fériés de 10h à 15h. Des banques, pourvues de distributeurs automatiques, sont situées Paseo del Estutato et Calle San Pedro, à l'ouest de la Puerta de Sevilla, et Plaza de San Fernando, la principale place du vieux Carmona.

Necrópolis Romana

Dans cette impressionnante nécropole romaine (☎ 95 414 08 11), située dans la partie nouvelle de la ville, Avenida de Jorge Bonsor 9, à environ 1 km au sud-ouest de la Puerta de Sevilla, vous pourrez visiter une douzaine de sépultures familiales taillées dans le roc au Ier ou IIe siècle, assez élaborées pour la plupart et dotées de plusieurs chambres (une torche s'avérera utile). La majorité des morts furent incinérés et l'on peut voir les fosses d'incinération, également creusées dans la pierre. Les parois des tombes sont pourvues de niches en pierre qui reçoivent les urnes contenant les cendres.

Ne ratez pas la Tumba de Servilia, tombe d'une grande famille hispano-romaine aussi grande qu'un temple. Ne manquez pas non plus la Tumba del Elefante, dotée d'une petite statue d'éléphant. La nécropole accueille les visiteurs de 10h à 14h du mardi au samedi du 15 juin au 15 septembre ; le reste de l'année, de 9h à 17h du mardi au vendredi, de 10h à 14h le samedi et le dimanche (elle est fermée les jours fériés). Pour les ressortissants de l'Union européenne, l'entrée est gratuite sur présentation du passeport ; pour les autres, comptez 250 ptas.

Puerta de Sevilla et ses environs

L'impressionnant portail principal de l'ancienne ville a été fortifié voilà des millénaires. Aujourd'hui, il abrite l'office du tourisme où l'on peut acheter des tickets (200 ptas) pour visiter les niveaux supérieurs du portail, l'Alcázar de la Puerta de Sevilla (mêmes horaires d'ouverture que l'office du tourisme ; voir plus haut *Orientation et renseignements* pour plus détails). Comportant à l'étage un patio almohade avec des vestiges d'un temple romain, l'Alcázar offre en outre une vue magnifique. Une brochure d'information vous permettra de distinguer les différentes étapes carthaginoise, romaine, musulmane et chrétienne de la construction de l'Alcázar.

Depuis la Puerta s'étendent les **remparts** de Carmona datant principalement de l'époque musulmane. Si la tour de l'**Iglesia de San Pedro**, Calle San Pedro, à l'ouest de la Puerta de Sevilla, vous semble familière, c'est qu'il s'agit d'une réplique de la Giralda de Sevilla.

Promenade à pied dans le vieux Carmona

Depuis la **Puerta de Sevilla**, Calle Prim monte vers la **Plaza de San Fernando** (ou Plaza Mayor) dont les édifices du XVIe siècle sont peints d'une pittoresque variété de couleurs. Non loin de cette place, dans Calle El Salvador, le patio de l'**Hôtel de ville**, datant du XVIIIe siècle, est ouvert du lundi au vendredi de 8h à 15h. Il recèle une grande et belle mosaïque romaine figurant la Méduse entourée de quatre autres têtes.

Au nord-est de la Plaza de San Fernando, la Calle Martín López de Córdoba mène du **Palacio de los Ruedas**, à l'allure seigneuriale, jusqu'à l'**Iglesia Prioral de Santa María**, la plus somptueuse église de la ville, édifiée à l'emplacement de la principale mosquée de l'époque musulmane. Santa María fut construite, essentiellement aux XVe et XVIe siècles, en brique et en pierre, matériaux typiques de Carmona. A l'intérieur, vous pourrez admirer les magnifiques colonnes gothiques dont l'une est gravée d'un calendrier wisigothique du VIe siècle, les dentelles de son plafond, son retable plateresque et enfin son Patio de los Naranjos (ancienne cour des ablutions de la mosquée). L'église est ouverte aux touristes de 10h à 14h et de 17h à 19h30 du mardi au samedi,

de 16h30 à 19h30 le dimanche et 30 minutes plus tôt en hiver. L'entrée vaut 400 ptas.

Derrière Santa María, au niveau de la Calle San Ildefonso 1, se tient le **Museo de la Ciudad** (musée de la ville) qui présente des expositions archéologiques et ethnologiques, et que vous pouvez visiter de 10h30 à 14h et de 18h30 à 21h30 tous les jours sauf le mardi après-midi, du 1er juin au 1er septembre ; de 11h à 19h du mercredi au lundi et de 11h à 14h le mardi en dehors de la période mentionnée ci-dessus. Pour entrer, vous débourserez 300 ptas (gratuit le mardi).

Depuis l'Iglesia de Santa María, la Calle Santa María de Gracia et la Calle de Dolores Quintanilla s'étendent jusqu'à la **Puerta de Córdoba**, une porte romaine originale d'où vous admirerez de beaux panoramas vers l'est.

En revenant vers le haut de la colline et en prenant au sud-ouest jusqu'à la Calle Calatrava, vous arriverez à l'**Iglesia de Santiago**, dont la jolie tour mudéjare est ornée de briques et d'azulejos bleus. Au sud, vous découvrirez l'**Alcázar**, la forteresse almohade que Pedro El Cruel transforma en résidence de style mudéjar ressemblant à ses quartiers dans l'Alcázar de Sevilla. Endommagée lors du tremblement de terre de 1504, une partie de l'alcázar fut convertie en parador dans les années 70. De belles vues et un magnifique patio font de ce lieu une agréable escale pour prendre un verre et (si vous pouvez vous le permettre) un repas.

D'ici, vous pouvez prendre l'artère Puerta de Marchena, du côté sud de la ville, d'où la vue sur les alentours de Carmona est agréable. Dirigez-vous vers le labyrinthe de ruelles pour jeter un coup d'œil sur l'**Iglesia de San Felipe** du XIVe siècle, ornée d'une élégante tour mudéjare en brique et d'une façade Renaissance. Ne manquez pas non plus l'**Iglesia de San Bartolomé**, Calle San Bartolomé.

Où se loger

Vieil édifice ravissant, couvert de carreaux de céramique, accessible par une arche de style mudéjar donnant sur un patio orné de colonnes, la ***Pensión Comercio*** (☎ *95 414 00 18, Calle Torre del Oro 56*), est dotée de

cours de conversion de l'euro 1 000 ptas = 6,01 €

14 chambres nettes et climatisées. Elles coûtent 2 500/5 000 ptas la simple/double, ou 6 000 ptas la double avec s.d.b. (et jusqu'à 3 000/6 000 ptas et 8 000 ptas respectivement, de mars à mai). Le restaurant pratique des prix très raisonnables (400 à 550 ptas pour la plupart des plats principaux), sauf le dimanche, jour de fermeture. Plus petite, la *Casa Carmelo* (☎ 95 414 05 72, *Calle San Pedro 17*) propose ses doubles à partir de 4 000 ptas. A l'*Hostal San Pedro* (☎ 95 414 16 06, *Calle San Pedro 3*), vous serez logé sobrement mais confortablement dans des doubles avec s.d.b., TV et clim. pour 6 000 ptas (9 000 ptas au printemps).

A l'historique *Parador Alcázar del Rey Don Pedro* (☎ 95 414 10 10, fax 95 414 17 12, carmona@parador.es), qualité et prix s'envolent. L'établissement dispose de 63 chambres louées 14 800/18 500 ptas plus IVA. L'*Hotel Alcázar de la Reina* (☎ 95 419 62 00, fax 95 414 01 13, Plaza de Lasso 2), autre établissement de la vieille ville, propose 60 chambres au tarif de 14 000/17 800 ptas plus IVA. L'un de ses deux patios est agrémenté d'une piscine. Plus luxueuse encore, la *Casa de Carmona* (☎ 95 419 10 00, fax 95 419 01 89, Plaza de Lasso 1) est installée dans une demeure du XVIIe siècle. Il vous en coûtera, pour l'une des 30 chambres, 23 000/25 000 ptas (34 000/39 000 ptas au printemps) plus IVA. Sur Internet son site est disponible sur www.casadecarmona.com.

Où se restaurer

Les bars et cafés autour de la Plaza de San Fernando servent raciones et tapas ; le *Café Bar El Tapeo* affiche un menu à 1 100 ptas. Beaucoup plus chic, le *Restaurante San Fernando*, auquel on accède par la Calle Sacramento, propose un bon menu composé de plusieurs plats à 3 500 ptas. Le San Fernando ouvre pour le déjeuner et à partir de 21h pour le dîner (fermé le dimanche soir et entièrement le lundi). Les trois hôtels haut de gamme possèdent tous de très bons restaurants (voir plus haut la rubrique *Où se loger*). La *Casa de Carmona* propose un choix de menus de 1 800 ptas à 4 800 ptas plus IVA. Le *Ristorante Ferrara* de l'Alcázar de la Reina, spécialisé en cuisine italienne, propose des plats de pâtes aux alentours de 1 000 ptas.

Au *Molino de la Romera*, aménagé dans un ancien moulin du XVe siècle, Puerta de Marchena, vous avez le choix entre un restaurant, un café et un bar ; le menu, composé de trois plats revient à 1 250 ptas, une boisson incluse.

Comment s'y rendre

Des bus fréquents desservent Carmona au départ de Sevilla (Prado de San Sebastián) pour 270 ptas. Plusieurs bus Linesur (☎ 95 441 14 19) et Alsina Graells (☎ 95 441 88 11) relient quotidiennement Écija et Córdoba, aller-retour, et s'arrêtent à Alameda de Alfonso XIII.

ÉCIJA
Code postal 41401 • 37 000 hab.
• **altitude 110 m**

Écija (**ess**-i-ha) est située sur le Río Genil, à 53 km à l'est de Carmona en suivant la N-IV. Elle est surnommée la *ciudad de las torres*, en raison de ses nombreuses tours d'églises ornées de carreaux colorés. On l'appelle aussi la *sartén de Andalucía* (la poêle à frire de l'Andalousie) à cause de ses températures estivales atteignant parfois les 50°C. La ville, à la vetusté pittoresque, doit sa splendeur au XVIIIe siècle, époque à laquelle la noblesse locale fit ériger de majestueuses demeures ; les clochers des églises, endommagés par le tremblement de terre de 1757 furent alors reconstruits.

L'**hôtel de ville**, sur la place centrale, la Plaza de España, s'enorgueillit d'une mosaïque romaine représentant le châtiment de la reine Dircé, attachée aux cornes d'un taureau. Le bâtiment est ouvert de 8h à 15h du lundi au vendredi. A une rue au sud en longeant la Calle Cintería, le **Palacio de Benamejí**, Calle Cánovas del Castillo 4, impressionnant édifice du XVIIIe siècle, abrite l'office du tourisme (☎ 95 590 29 33), le musée archéologique de la ville (contenant une autre mosaïque romaine) et un musée équestre (Écija est un centre d'élevage de chevaux). Tous ces lieux ouvrent tous les jours de 9h à 14h excepté le lundi, de juin à septembre ; les autres mois, de 9h30 à 13h30 et de 16h30 à 18h30 du mardi au vendredi, et de 9h à 14h les samedi, dimanche et jours fériés. L'entrée est libre. L'office du tourisme dispose de documents qui vous guideront à travers la ville.

Deux des plus spectaculaires tours d'églises sont celle de l'**Iglesia de Santa María**, non loin de la Plaza de España, et celle de l'**Iglesia de San Juan Bautista** à l'est, sur la Plaza San Juan. Autre point fort, l'imposant **Palacio de Peñaflor**, dans la Calle Caballeros 26, au sud-est de la place principale, dont la façade incurvée comporte des fresques. Vous pouvez entrer et admirer le majestueux escalier et le joli patio sur deux niveaux, qui abrite la bibliothèque de la ville ainsi que deux salles d'exposition, de 10h à 13h du lundi au vendredi, de 11h à 13h le samedi.

Où se loger et se restaurer

Vous avez le choix entre deux établissements seulement dans le centre, tous deux de bonne qualité : la *Pensión Santa Cruz* (☎ 95 483 02 22, *Calle Practicante Romero Gordillo 8*), où les doubles avec s.d.b. commune valent de 3 000 à 3 500 ptas, et l'*Hotel Platería* (☎ 95 483 50 10, *Calle Garcilópez 1A*), où de bonnes doubles avec s.d.b. coûtent de 6 500 à 7 500 ptas. Ces deux hôtels se trouvent à deux rues à l'est de la Plaza de España. A la *Casa Herrera* (*Plaza de España 41*), vous dégusterez de bon fruits de mer frits à des prix modérés.

Comment s'y rendre

Tous les jours, cinq bus Sevibús quittent Sevilla (Prado de San Sebastián) pour Écija et trois au minimum partent de Córdoba (500 ptas).

OSUNA
Code postal 41640 • 17 000 hab.
• altitude 330 m

Osuna, à 91km au sud-est de Sevilla, n'a rien d'exceptionnel vue de l'autoroute A-92, mais en entrant dans la ville, vous découvrirez une cité agréable aux nombreux édifices en pierre des XVIe, XVIIe et XVIIIe siècles. Les plus impressionnants furent bâtis par les ducs d'Osuna, l'une des plus riches familles d'Espagne depuis le XVIe siècle.

L'office du tourisme (☎ 95 582 14 00), près de l'hôtel de ville sur la Plaza Mayor (dans le centre), fournit de petits guides en plusieurs langues détaillant les monuments de la ville. Il est ouvert de 10h à 14h et de 16h à 19h du lundi au samedi (en hiver, il se peut qu'il ouvre moins longtemps).

Plaza Mayor

La jolie et verdoyante place centrale abrite d'un côté l'hôtel de ville du XVIe siècle et de l'autre, un supermarché. On y trouve aussi une église datant du XVIe siècle et le Convento de la Concepción.

Demeures baroques

On ne peut pas les visiter mais quatre d'entre elles présentent de magnifiques façades. Le **Palacio de los Cepeda**, Calle de la Huerta, derrière l'hôtel de ville, aligne des rangées de colonnes churrigueresques, surmontées d'hallebardes en pierre portant le blason de la famille Cepeda. Le portail, datant de 1737, du **Palacio de Puente Hermoso**, Calle Sevilla 44, quelques rues à l'ouest de la Plaza Mayor, présente des colonnes torsadées, incrustées de grappes et de feuilles de raisin.

En allant au nord de la Plaza Mayor, par la Calle Caballos, puis la Calle Carrera, vous passerez devant l'**Iglesia de Santo Domingo** (1531) avant d'atteindre l'angle de la Calle San Pedro (repérable grâce à l'enseigne de la banque El Monte). Calle San Pedro 16, sur le **Palacio del Cabildo Colegial** est gravée une représentation de la Giralda de Sevilla et des martyres sévillanes Santa Justa et Santa Rufina. En descendant la rue, à l'angle de la Calle Jesús, le **Palacio de los Marqueses de La Gomera** possède des piliers ornementés ; le blason de la famille est apposé au sommet de la façade.

Museo Arqueológico

Plaza de la Duquesa, à l'est de la Plaza Mayor, la Torre del Agua, une tour almohade du XIIe siècle, abrite le musée archéologique d'Osuna. Les collections, principalement ibériques et romaines, comprennent des

cours de conversion de l'euro 1 000 ptas = 6,01 €

copies de bronzes et de reliefs ibériques dont les originaux sont exposés au Louvre à Paris et au musée national d'archéologie de Madrid. Le musée (300 ptas) est ouvert tous le jours, sauf le lundi, de 11h30 à 13h30 et de 16h à 18h (de mai à septembre, de 17h à 19h).

Colegiata de Santa María et les environs

Les monuments les plus impressionnants d'Osuna surplombent le centre depuis la colline au-dessus du Museo Arqueológico. La Colegiata de Santa María de la Asunción (☎ 95 481 04 44), une église du XVIe siècle, recèle une précieuse collection rassemblée par les ducs d'Osuna. Elle est ouverte aux visites guidées (300 ptas) tous les jours, sauf le lundi, de 10h à 13h30 et de 16h à 19h.

Au cœur de l'église, est exposé le *Cristo de la Expiración*, œuvre de José de Ribera, qui illustre merveilleusement l'utilisation du clair-obscur au XVIIe siècle. On y admire aussi un retable baroque élaboré et un autre retable très différent datant du XIVe siècle, dans la Capilla de la Virgen de los Reyes. Dans la Capilla de la Inmaculada, une Crucifixion est attribuée au sculpteur sévillan du XVIIe siècle, Juan de Mesa. La sacristie de l'église contient, entre autres pièces d'art sacré, quatre autres œuvres de Ribera. La tour abrite également le lugubre Sepulcro Ducal souterrain, créé en 1548 pour faire office de caveau familial des Osuna, dont les membres sont inhumés dans les niches murales. Sont également exposées des œuvres du sculpteur sévillan Pedro Torrigiano et du peintre Luis "El Divino" Morales, originaire de l'Extremadura, deux grandes figures de la Renaissance espagnole.

En descendant les marches devant la Colegiata, vous vous retrouverez face au **Convento de la Encarnación**, aujourd'hui converti en musée. Il possède un joli cloître à carreaux anciens. Il ouvre tous les jours sauf le lundi aux mêmes heures que la Colegiata (250 ptas). Derrière la Colegiata, l'**Antigua Universidad** (ancienne université), édifice carré aux tours pointues, fut fondée en 1549.

Où se loger et se restaurer

La *Pensión-Residencia Esmeralda* (☎ 95 582 10 73, Calle Tesorero 7), à deux minutes à pied de la Plaza Mayor, propose des simples/doubles très convenables avec toilettes de 1 500/3 000 ptas à 2 000/4 000 ptas.

L'*Hostal 5 Puertas* (☎ 95 481 12 43, Calle Carrera 79), à quelques minutes à pied au nord de la Plaza Mayor, possède des chambres plus petites mais convenables également, avec s.d.b. et toilettes pour 2 500/5 000 ptas (plus chères en avril et en mai). L'*Hostal Caballo Blanco* (☎ 95 481 01 84, Calle Granada 1), ancienne auberge de l'autre côté de la rue, est un petit peu plus chère : 3 500/6 000 ptas avec s.d.b., TV et parking. Le Caballo Blanco possède également un restaurant.

Restaurante Doña Guadalupe (*Plaza Guadalupe 6*), est situé sur une petite place entre la Calle Quijada et la Calle Gordillo non loin de la Calle Carrera. Vous pouvez prendre place dans les chaises en osier du bar ou opter pour le restaurant derrière, qui propose un menu à 4 plats pour 1 700 ptas.

Comment s'y rendre

La gare routière (☎ 95 481 01 46) se trouve Plaza de San Agustín, à quelques minutes de marche au sud-est de la Plaza Mayor. Six bus quotidiens circulent depuis/vers Sevilla (Prado de San Sebastián), quatre depuis/vers Estepa et Antequera. Un service de bus est également assuré depuis/vers Málaga.

Trois trains circulent tous les jours depuis/vers Sevilla, Antequera, Granada et Málaga. La gare (☎ 95 481 03 08), Avenida de la Estación, au sud-ouest de la ville, se trouve à environ 15 minutes de marche du centre.

ESTEPA
Code postal 41560 • 11 000 hab.
• altitude 600 m

La pittoresque Estepa s'étale sur le flanc d'une colline surplombant la route, à 24 km à l'est d'Osuna. Elle fut le théâtre d'un suicide collectif en 207 av. J.-C., les habitants, qui avaient pris le (mauvais) parti des Carthaginois lors de la deuxième guerre punique, ne voulant pas tomber entre les mains des conquérants romains. La ville dispose d'un office du tourisme (☎ 95 591 27 71), Calle Saladillo 12.

Les édifices les plus impressionnants, dans la partie inférieure de la ville, appartiennent au style baroque. Ne manquez pas l'**Iglesia del Carmen**, à proximité de la Plaza del Carmen, ni le **Palacio de los Cerverales** du XVIIIe siècle.

Dans la partie supérieure de la ville, toujours ceinte d'une muraille et de clochers érigés par les Chevaliers de Santiago au Moyen Age, se dresse la **Torre del Homenaje**, donjon d'un château du XIVe siècle. Ressemblant à un fort, l'**Iglesia de Santa María de la Asunción**, de style gothique, fut construite au XVe siècle à l'emplacement d'une mosquée. Juste à côté, le **Convento de Santa Clara**, du XVIe siècle, est agrémenté d'un ravissant patio. Depuis le mirador du **Balcón de Andalucía**, s'offrent de belles vues sur la campagne et sur la ville, notamment sur la **Torre de la Victoria**, datant du XVIIIe siècle, d'une hauteur de 50 m, qui surplombait un couvent.

L'*Hostal Balcón de Andalucía* (☎ *95 591 26 80, Avenida de Andalucía 11*) propose des doubles à 5 000 ptas.

Les bus desservant Osuna s'arrêtent aussi à Estepa.

Parque Natural Sierra Norte

Ce parc naturel de 1 648 km^2 s'étend sur presque tout le nord de la province de Sevilla. Il englobe la Sierra Morena, isolée, souvent sauvage et couverte de *dehesas*, forêts éparses de chênes verts. Les vallées possèdent une végétation plus abondante.

Beaucoup de villages et de petites villes ont conservé une empreinte musulmane, avec leurs forts ou leurs châteaux qui remontent à l'époque des taifas. Les églises sont partiellement de style mudéjar et les étroites venelles sont encore chaulées. La région se découvre également par de multiples randonnées pédestres, notamment dans les environs de la Cazalla de la Sierra et dans la ravissante vallée du Río Huéznar. La plupart des visiteurs sont des Sévillans en quête d'air frais et de quiétude champêtre.

Le centre du parc se trouve entre les deux principales villes, Cazalla de la Sierra et Constantina, à 20 km l'une de l'autre.

Comment s'y rendre

Il n'y a aucun moyen de transport public entre le parc et Carmona, ou en direction de l'est ou de l'ouest à destination des provinces de Córdoba ou de Huelva.

Bus. Les bus Linesur circulent entre Sevilla (Plaza de Armas) et Cazalla de la Sierra, Constantina (1 heure 45 tous les jours, 785 ptas), El Pedroso, San Nicolás del Puerto, Alanís et Guadalcanal au moins deux fois par jour dans les deux sens (au moment de la rédaction de ce guide, seul un bus (18h30) assurait la liaison depuis Cazalla le dimanche et les jours fériés). Depuis/vers Las Navas de la Concepción, un bus circule tous les jours sauf le dimanche.

Train. La gare de Cazalla-Constantina se trouve sur la A-455 reliant Cazalla à Constantina, à 7 km de la première, 12 km de la seconde et 7 km du Camping de la Fundición (voir *Où se loger* dans *Villages de la Sierra Norte*, plus loin dans ce chapitre). Trois ou quatre trains par jour circulent depuis/vers Sevilla (660 ptas, 1 heure 45), et s'arrêtent tous à El Pedroso. Deux trains quotidiens partent depuis/vers Guadalcanal et un seul depuis/vers Mérida et Cáceres en Extremadura.

Actuellement, aucun service de bus n'est assuré depuis la gare jusqu'à Cazalla ou Constantina.

Comment circuler

Les bus reliant les petites villes et les villages suivent un planning compliqué, sujet aux changements. Pour obtenir des informations actualisées, contactez Linesur à Sevilla (☎ 95 490 23 68) ou le Bar Gregorio (devant lequel s'arrêtent les bus à Constantina) ou encore, essayez l'un des offices du tourisme. Les bus circulent du lundi au vendredi entre Constantina et San Nicolás del Puerto, Alanís, Guadalcanal et

cours de conversion de l'euro 1 000 ptas = 6,01 €

Las Navas de la Concepción. La plupart des bus entre Sevilla et Cazalla de la Sierra ou Constantina s'arrêtent à El Pedroso. Il n'existe pas de service direct entre Cazalla et Constantina.

CAZALLA DE LA SIERRA
Code postal 41370 • 5 000 hab.
• altitude 600 m

Cette jolie petite ville toute blanche, à 85 km au nord-est de Sevilla, offre les meilleures opportunités aux visiteurs de la région. Elle possède un office du tourisme (☎ 95 488 35 62), ouvert de 10h30 à 14h30 tous les jours sauf le dimanche, Paseo del Moro 2, sur la route venant du sud.

A voir
Parmi les monuments les plus impressionnants des anciennes rues labyrinthiques de Cazalla, citons l'imposante **Iglesia de Nuestra Señora de la Consolación**, Plaza Mayor. De style mudéjar et gothique, cet édifice ressemblant à une forteresse fut érigé au XIVe siècle dans des matériaux (brique et pierre) typiques de la région. Il fut très endommagé pendant la guerre civile mais fut restauré. L'entrée principale donnant sur la Plaza Mayor est fermée, essayez plutôt la porte latérale.

La Cartuja de Cazalla, grand monastère du XVe siècle, se dresse dans un coin retiré de la Sierra Morena, à 4 km de Cazalla (prenez la route de Constantina, la A-455, sur 2,5 km puis tournez après le panneau indicateur au bord de la route). Construit sur l'ancien emplacement d'un moulin et d'une mosquée, le monastère est en ruine depuis le XIXe siècle. En 1997, il fut racheté par une dynamique amatrice d'art, du nom de Carmen Ladrón de Guevara, qui se consacre depuis à sa restauration en tant que centre culturel et artistique – le monastère abrite un musée et un atelier de céramique, une exposition des œuvres d'anciens artistes-résidents et une salle de concert – et comme maison d'hôtes, afin d'aider au financement de son projet (pour plus de détails, voir plus loin *Où se loger*). La Cartuja ouvre tous les jours de 10h à 14h et de 17h à 21h (entrée : 500 ptas).

Promenades
Deux chemins mènent de Cazalla vers la vallée de Huéznar. En les combinant, vous effectuerez un tour complet de 9 km. Les sentiers traversent des forêts de chênes verts, des oliveraies, des petits lopins de terre cultivés, quelques châtaigneraies et des vignobles, autant de paysages typiques de la Sierra Norte. Des aigles, des griffons, des vautours et des moines (ces deux espèces évoluent parfois ensemble) survolent les lieux majestueusement.

L'un des chemins, le Camino (ou Sendero), commence à la fontaine appelée El Chorrillo, du côté est de la Cazalla au pied de la Calle Parras. Le chemin descend au Puente (pont) de los Tres Ojos sur le Huéznar, d'où vous remontez un peu par la rive ouest pour passer sous le Puente del Castillejo, le pont de chemin de fer ; vous revenez ensuite à Cazalla par le Camino Viejo de la Estación (ancien chemin de la gare).

Vous pouvez aussi effectuer cette promenade depuis la gare Cazalla-Constantina en suivant le chemin "Molino del Corcho" descendant de Huéznar (1 km) vers le Puente del Castillejo.

Où se loger
Sur la route principale en provenance du centre, l'*Hospedaje La Milagrosa* (☎ 95 488 42 60, *Calle Llana 29*) vous accueille dans six petites chambres simples/doubles à 2 400/4 200 ptas. A la *Posada del Moro*, plus jolie, (☎ 95 488 43 26, fax 95 488 48 58, *Paseo El Moro s/n*), à proximité de l'entrée sud de la ville, de confortables chambres avec carrelages et meubles en liège vous attendent pour 5 000/8 000 ptas. Elles s'ouvrent sur un patio et un jardin avec piscine.

A 2 km au sud de Cazalla sur la route de Sevilla, puis à 1 km à l'est en descendant par une route poussiéreuse (signalisée), *Las Navezuelas* (☎/*fax 95 488 47 64*) un pressoir à huile restauré du XVIIe siècle, vous accueille dans des chambres doubles facturées 7 500 à 8 500 ptas, petit déjeuner compris. Vous pourrez aussi nager dans la piscine et profiter du bon restaurant sur place.

L'*Hospedería La Cartuja* (☎ 95 488 45 16, fax 95 488 47 07), la maison d'hôtes de

La Cartuja de Cazalla (reportez-vous plus haut à la rubrique *A voir*), dispose de 8 chambres simples et modernes avec s.d.b. valant de 8 500 à 12 000 ptas, petit déjeuner compris. Vous admirerez aux murs les œuvres d'artistes qui ont résidé dans cet hôtel. Notez que le prix du séjour baisse si vous restez un peu plus longtemps. L'établissement dispose également de suites pour 4 personnes maximum. Le dîner à 3 500 ptas est composé en grande partie de produits de la maison ; il vous sera servi dans l'ancien monastère. Les équipements comptent aussi une piscine. Vous pouvez contacter l'hôtel par son site Internet, sur www.skill.es/cartuja.

Où se restaurer
Si vous avez envie de tapas et de raciones, rendez-vous aux bars proches de la rue piétonne centrale La Plazuela. La *Cafetería-Bar Gonzalo* (*Calle Caridad 3*), à quelques pas de La Plazuela, sert des plats bon marché. Si vous appréciez la cuisine italienne, poussez la porte de la *Pizzería Mediterránea* (*Calle Daoíz 30*). La *Posada del Moro* (voir *Où se loger*) possède un bon restaurant où les repas tournent autour de 2 500 ptas.

Achats
Cazalla est célèbre pour ses *anisados*, liqueurs à base d'anis. Vous pouvez les goûter et en acheter chez Anís Miura, Calle Virgen del Monte 54, et Anís del Clavel, Calle San Benito 8. L'anisado *guinda* de Miura (xérès sauvage) est une concoction riche, savoureuse et réconfortante.

CONSTANTINA
Code postal 41450 • 7 500 hab.
• altitude 555 m

Agréablement située dans la vallée, Constantina est la capitale de la Sierra Norte. Vous y trouverez un office du tourisme (☎ 95 588 12 97), Paseo de Alameda 7, et le centre d'information touristique du Parque Natural, le Centro de Interpretación El Robledo (☎ 95 588 15 97), à 1 km à l'ouest en longeant l'A 452, la route d'El Pederoso, depuis la station-service au sud de Constantina. Ces deux offices pratiquent des horaires restreints ; selon nos dernières informations, El Robledo ouvre de 10h à 14h et de 16h à 18h les jeudi, samedi dimanche et jours fériés, et de 16h à 18h le vendredi.

Les bus s'arrêtent devant le Bar Gregorio, Calle El Peso, dans le centre. Plusieurs banques de la rue piétonne, Calle Mesones, artère principale juste au nord de l'arrêt du bus, disposent de distributeurs automatiques de billets.

A voir et à faire
La partie ouest de Constantina est dominée par un **fort** musulman entouré de jardins ombrageux (toujours ouverts). Des rues médiévales abritent les demeures, datant du XVIIIe siècle, du **Barrio de la Morería**. L'**Iglesia de Santa María de la Encarnación**, donnant sur la Calle El Peso, est flanquée d'une tour mudéjar coiffée d'un beffroi ajouté en 1568 par Hernán Ruiz, qui réalisa également celui de la Giralda à Sevilla.

La promenade indiquée en direction de **Los Castañares**, au nord-ouest de l'arène (à proximité de la route de Cazalla au nord de la ville), vous emmène à travers des forêts de châtaigniers, en deux heures environ, au sommet d'une colline avec vue panoramique.

Où se loger
L'*Albergue Juvenil Constantina* (☎ 95 588 15 89, Cuesta Blanca s/n) peut héberger jusqu'à 93 personnes, en chambres simples ou doubles. Cuesta Blanca monte derrière la station-service du côté sud de la ville. La *Casa Mari Pepa* (☎ 95 588 01 58, Calle José de la Bastida 25) offre 7 bonnes chambres dans une vieille maison rénovée, à 6 000 ptas la double avec s.d.b. commune, ou à 7 000 ptas avec s.d.b, petit déjeuner compris.

Où se restaurer
La plupart des adresses se concentrent sur la principale artère piétonne, la Calle Mesones. Le ***Restaurant Las Farolas*** (*Calle Mesones 14*) sert la meilleure cuisine, comme cette *tortilla espárragos silvestre* (omelette aux asperges sauvages, 700 ptas) suivie du *solomillo de cerdo ibérico al*

roquefort (porc espagnol à la sauce roquefort, 1 500 ptas) qui composent un savoureux repas ; si vous préférez des plats moins chers, les pizzas vous coûteront environ 700 ptas. Pour le petit déjeuner, pourquoi ne pas vous installer à la *Cafetería Mesones 39* (*Calle Mesones 39*). Le *mosto*, vin rouge sucré de la région, est à la fois bon et peu cher.

VILLAGES DE LA SIERRA NORTE

Citons parmi les principaux villages du parc, **El Pedroso** à 16 km au sud de Cazalla de la Sierra ; **Las Navas de la Concepción**, à 22 km à l'est de Constantina ; **San Nicolás del Puerto**, à 17 km au nord de Constantina ; **Alanís**, à 8 km au nord-ouest de San Nicolás, et son château musulman ; **Guadalcanal**, à 11 km plus loin, en direction du nord-ouest, un ancien centre minier doté d'un château, d'une muraille médiévale et d'églises mudéjares.

Promenades

Quatorze promenades de quelques heures chacune sont indiquées à différents endroits du parc. Vous les trouverez détaillées sur la carte au 1: 100 000 éditée par l'IGN/Junta de Andalucía et intitulée *Parque Natural Sierra Norte* ; elles vous sont également décrites en espagnol dans la brochure *Cuaderno de Itinerarios del Parque Natural Sierra Norte de Sevilla*. Les offices du tourisme et d'information à l'intérieur du parc ont normalement ces documents en vente mais si vous les trouvez ailleurs, n'hésitez pas car ils sont souvent épuisés.

Vallée de Huéznar. Le chemin part de la gare de Cazalla-Constantina, à 1 km de la vallée en direction de l'aire de pique-nique de l'Isla Margarita, une île sur le Río Huéznar. Depuis l'Isla Margarita, un chemin (qui n'est pas indiqué dans le *Cuaderno de Itinerarios*) monte vers la rive est de la rivière et continue jusqu'à San Nicolás del Puerto. Après environ 4 km, il rejoint une ligne de chemin de fer désaffectée menant à San Nicolás et aux anciennes mines de Cerro del Hierro. Les impressionnantes chutes Cascada Martinete surgissent 2 km avant San Nicolás.

Cerro del Hierro. Ce nom, qui signifie colline de fer, est celui d'un village minier, à l'est de la SE-163, la route qui relie Constantina à San Nicolás del Puerto. A 1 km au sud du village, une aire de parking marque le début du Sendero d'El Cerro del Hierro (indiqué), une boucle de 6,5 km traversant des formations rocheuses karstiques inhabituelles et d'anciens tunnels miniers.

Sendero del Aroyo de las Cañas. Cet itinéraire triangulaire de 10 km, parcourant la contrée à l'ouest d'El Pedroso, est l'un des plus pittoresques du parc. Le paysage présente d'imposantes roches de granite de forme étrange.

La Capitana. Le sommet de la plus haute colline du parc (959 m) offre de magnifiques panoramas sur une bonne partie de la Sierra Norte et sur l'Extremadura. La promenade de 5 km, au nord-ouest de ce point depuis Guadalcanal (690 m), vous fera longer la Sierra del Viento, l'une des montagnes les plus abruptes du parc.

Où se loger

Au *Camping La Fundición* (☎ 95 595 41 17), à proximité du Río Huéznar, à 2 km de la route de San Nicolás del Puerto en venant de la gare de Cazalla-Constantina, comptez 300 ptas par personne et par voiture et 350 ptas par tente. Un peu plus cher, le *Camping Cortijo* (☎ 95 595 41 63), également appelé le Camping Batán de las Monjas, 5 km plus loin environ sur la même route, ne possède que 20 places.

A El Pedroso, l'*Hotel Casa Montehuéznar* (☎ 95 488 90 00, *Avenida de la Estación 15*), propose d'agréables chambres simples/doubles avec s.d.b. pour 4 000/7 500 ptas, et un bon restaurant avec des spécialités de viande et de gibier.

A Las Navas de la Concepción, l'*Hostal Los Monteros* (☎ 95 588 50 62) vous accueille dans des chambres à 5 000 ptas la double. San Nicolás del Puerto possède un hostal, la *Venta La Salud* (☎ 95 488 52 53), sur la route de Constantina, à la limite sud-est de la ville.

cours de conversion de l'euro 1 000 ptas = 6,01 €

Provincia de Huelva

La plupart des voyageurs ne traversent la province la plus occidentale de l'Andalousie que pour se rendre ou rentrer du Portugal. En réalité, Huelva (**wel**-va) offre plus d'un attrait. Cette région accueille la plus grande partie du Parque Nacional de Doñana, dont les célèbres marécages constituent un habitat unique pour les oiseaux venus de partout.

Les *lugares colombinos* (sites colombins), d'où partit Christophe Colomb en 1492 fascineront les amateurs d'histoire. Le long des côtes atlantiques de Huelva vous attendent les magnifiques plages de la Costa de la Luz (côte de la lumière). Le Parque Natural Sierra d'Aracena y Picos de Aroche, situé au nord, s'étend sur de verdoyantes et pittoresques collines sillonnées de bons chemins de randonnées (et propose le meilleur *jamón serrano* – jambon de montagne – de toute l'Espagne). En allant vers le nord, l'antique centre minier de Minas de Riotinto constitue une halte fascinante et inhabituelle.

A ne pas manquer

- Explorez le Parque Nacional de Doñana – havre marécageux abritant quantité d'oiseaux et d'animaux
- Revivez le passé dans les *Lugares Colombinos*, lieux chargés d'histoire où Christophe Colomb organisa son expédition et embarqua
- Randonnez dans les collines et villages anciens du nord
- Détendez-vous sur les longues plages de sable de la Costa de la Luz

Huelva et ses environs

HUELVA
Code postal 21080 • 140 000 hab.

Ville portuaire installée au confluent de l'Odiel et du Tinto, la capitale de la province est agréable et animée. Si les abords sont occupés par l'industrie, le centre-ville présente une intéressante juxtaposition d'architecture ancienne et moderne. Elle fut probablement fondée par les Phéniciens, qui en firent un comptoir commercial il y a 3 000 ans, mais le tremblement de terre qui secoua Lisbonne en 1755 eut raison de la majeure partie de la ville.

Orientation
Le centre-ville s'étend sur 1 km². La gare routière se trouve du côté ouest, Calle Doctor Rubio, et la gare ferroviaire dans la partie sud, Avenida de Italia. Depuis la Plaza de las Monjas – place centrale sans charme – la principale rue, Avenida Martín Alonso Pinzón (également appelée Gran Vía), mène vers l'est et devient l'Alameda Sundheim. Parallèlement à l'Avenida Pinzón, une rue plus bas, s'étire une étroite rue marchande et piétonne portant différents noms, de Calle Concepción à Calle Berdigón.

Renseignements
Offices du tourisme. L'office du tourisme (☎ 959 25 74 03) est situé Avenida de Alemania 12, juste à côté de la gare routière. Il est ouvert de 9h à 19h du lundi au vendredi et de 10h à 14h le samedi.

Argent. Vous trouverez des banques et des distributeurs automatiques partout en centre-

PROVINCIA DE HUELVA

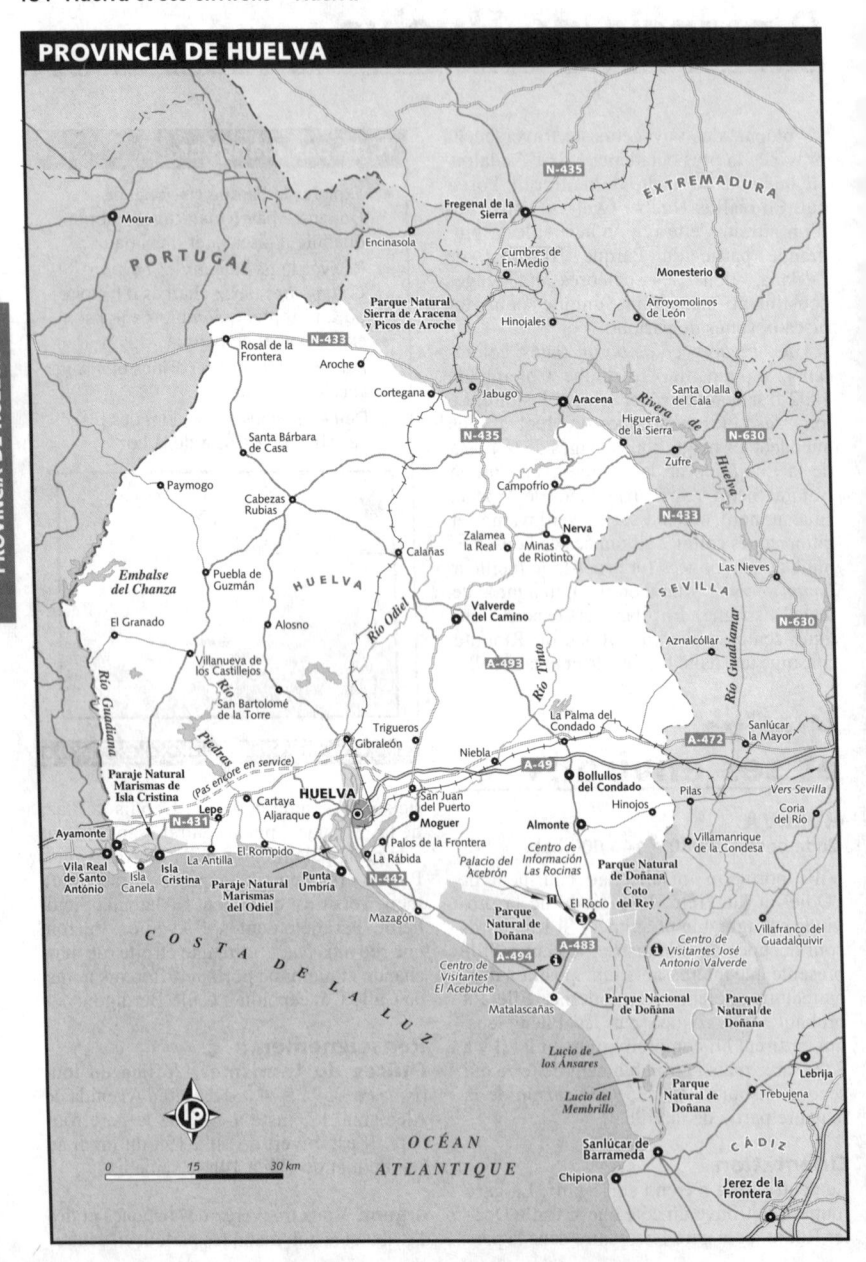

Huelva et ses environs – Huelva

ville. La gare routière dispose également d'un distributeur, ainsi que d'un comptoir de change ouvert tous les jours sauf le dimanche.

Poste. La poste principale, installée Avenida Tomás Domínguez, ouvre de 8h30 à 20h30 du lundi au vendredi et de 9h30 à 14h le samedi.

Services médicaux et urgences. L'hôpital principal, Hospital General Juan Ramón Jiménez (☎ 959 20 10 88), se trouve sur la Ronda Exterior Norte, route circulaire à 4 km au nord du centre-ville.

La Policía Local (☎ 959 21 02 21) a établi ses quartiers Avenida Tomás Domínguez, en face de la poste principale. La Policía Nacional se situe Paseo Santa Fé (☎ 959 24 05 92) et Avenida de Italia (☎ 959 24 84 22).

A voir

Le **Museo de Huelva** (☎ 959 25 93 00), Alameda Sundheim 13, a entrepris une réorganisation qui ne s'achèvera probablement pas avant plusieurs années. Toutefois, la section principale, relative à la période préhistorique et à la civilisation de Tartes-

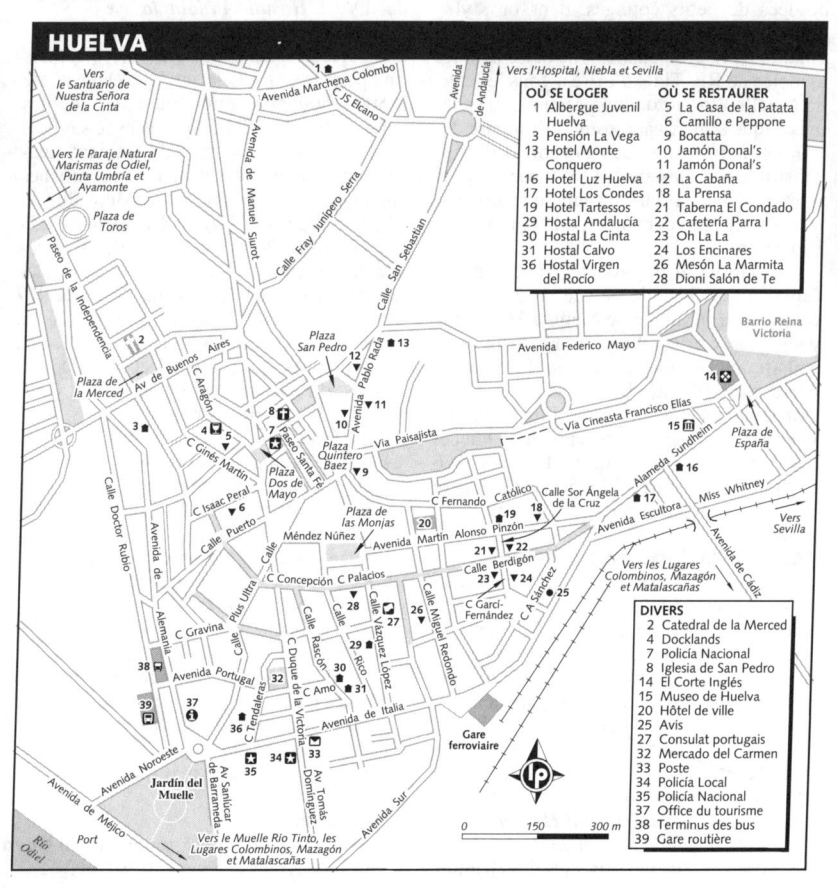

HUELVA

OÙ SE LOGER
1. Albergue Juvenil Huelva
3. Pensión La Vega
13. Hotel Monte Conquero
16. Hotel Luz Huelva
17. Hotel Los Condes
19. Hotel Tartessos
29. Hostal Andalucía
30. Hostal La Cinta
31. Hostal Calvo
36. Hostal Virgen del Rocío

OÙ SE RESTAURER
5. La Casa de la Patata
6. Camillo e Peppone
9. Bocatta
10. Jamón Donal's
11. Jamón Donal's
12. La Cabaña
18. La Prensa
21. Taberna El Condado
22. Cafetería Parra I
23. Oh La La
24. Los Encinares
26. Mesón La Marmita
28. Dioni Salón de Te

DIVERS
2. Catedral de la Merced
4. Docklands
7. Policía Nacional
8. Iglesia de San Pedro
14. El Corte Inglés
15. Museo de Huelva
20. Hôtel de ville
25. Avis
27. Consulat portugais
32. Mercado del Carmen
33. Poste
34. Policía Local
35. Policía Nacional
37. Office du tourisme
38. Terminus des bus
39. Gare routière

cours de conversion de l'euro 1 000 ptas = 6,01 €

sos, est d'ores et déjà ouverte. L'exposition s'efforce de montrer que Tartessos aurait été un port de commerce situé à l'emplacement de l'actuelle Huelva (reportez-vous à la rubrique *Histoire* du chapitre *Présentation de l'Andalousie* pour plus d'informations sur la culture tartessienne). Le musée est ouvert de 9h à 20h du mardi au samedi et de 9h à 15h le dimanche (entrée libre).

Le **Barrio Reina Victoria** (quartier de la reine Victoria), à l'extrémité est de l'Alameda Sundheim, fut érigé en 1917 par la compagnie minière britannique Río Tinto pour loger ses ouvriers. Ses rues rectilignes bordées de petits cottages, dans un style hybride anglo-espagnol, contribuent à l'originalité de la promenade. Une autre balade associée au Río Tinto s'offre à vous le long du **Muelle Río Tinto**, impressionnante jetée métallique s'incurvant jusqu'à l'estuaire de l'Odiel, à 500 m au sud du port. Elle fut construite dans les années 1870 par George Barclay Bruce, disciple britannique de Gustave Eiffel, à la demande de la compagnie Rio Tinto.

Le **Santuario de Nuestra Señora de la Cinta**, une chapelle située à 2 km du centre-ville, Avenida de Manuel Siurot, fut visité par Christophe Colomb avant son embarquement. Cet événement fut immortalisé par l'artiste Daniel Zuloaga. Son emplacement en haut de la colline offre une vue panoramique sur l'estuaire de l'Odiel et les marécages à l'ouest. Le bus n°6 (100 ptas), qui part à l'extérieur de la gare routière principale, vous y emmènera.

Manifestations annuelles

Christophe Colomb mit le cap sur l'Amérique le 3 août 1492. Chaque année, Huelva célèbre cet anniversaire dans le cadre des Fiestas Colombinas, une semaine où musique, danse, sport, culture et tauromachie sont à l'honneur (habituellement aux alentours du 3 au 9 août).

Où se loger

A 2 km au nord de la gare routière, la moderne *Albergue Juvenil Huelva* (☎ *959 25 37 93, Avenida Marchena Colombo 14*) propose 128 lits répartis dans des chambres doubles ou quadruples, toutes avec s.d.b. Le bus n° 6 (100 ptas), qui part du terminus situé à l'extérieur de la principale gare routière, s'arrête non loin de l'auberge, Calle JS Elcano.

Près de la Catedral de la Merced, la sympathique ***Pensión La Vega*** (☎ *959 24 15 63, Paseo de la Independencia 15*) loue 15 chambres assez confortables, bien que certaines soient privées d'air et que l'endroit soit bruyant la nuit pendant le week-end. Les simples/doubles sans s.d.b. coûtent 1 750/3 500 ptas, les doubles avec s.d.b. 4 000 ptas. Certaines chambres sont dotées de TV. L'*Hostal Andalucía* (☎ *959 24 56 67, Calle Vázquez López 22*) dispose de chambres propres et de taille correcte, mais un peu tristes. Les tarifs s'élèvent de 2 500/3 500 ptas pour des simples/doubles sans s.d.b. à 3 000/4 500 ptas avec s.d.b.

La plupart des autres établissements économiques sont situés dans les rues proches du marché aux poissons, le Mercado del Carmen. L'*Hostal Virgen del Rocío* (☎ *959 28 17 16, Calle Tendaleras 14*), offre des chambres sobres à 2 500/4 500 ptas (les doubles avec s.d.b.). L'*Hostal Calvo* (☎ *959 24 90 16, Calle Rascón 35*) est doté de chambres au confort sommaire, sans s.d.b., mais propres, qui coûtent 1 200/2 400 ptas. L'*Hostal La Cinta* (☎ *959 24 85 82, Calle Rascón 31*) est très similaire.

L'*Hotel Los Condes* (☎ *959 28 24 00, Alameda Sundheim 14*) compte 54 simples/doubles avec s.d.b., clim. et TV au prix de 4 500/7 500 ptas plus IVA, et dispose d'un restaurant bon marché.

Dans la catégorie supérieure, on trouve trois établissements modernes, de plus de 100 chambres. L'*Hotel Tartessos* (☎ *959 28 27 11, Avenida Martín Alonso Pinzón 13*), où les doubles coûtent 12 500 ptas plus IVA ; l'*Hotel Monte Conquero* (☎ *959 28 55 00, Avenida Pablo Rada 10*), aux tarifs similaires et l'*Hotel Luz Huelva* (☎ *959 25 00 11, Alameda Sundheim 26*), un peu moins cher (11 500/17 000 ptas plus IVA).

Où se restaurer

En soirée, de nombreux restaurants et bars à tapas n'ouvrent que vers 20h30 ou 21h.

La *Taberna El Condado* (Calle Sor Ángela de la Cruz 3), juste au sud de l'Avenida Martín Alonso Pinzón, est un sympathique bar à tapas (250 ptas). Située en face, la *Cafetería Parra I* (Calle Sor Ángela de la Cruz 2) est célèbre pour ses *platos combinados* (assiettes mixtes), entre 600 et 800 ptas, son menu du midi (trois plats pour 900 ptas), ainsi que pour ses *raciones* (portions de tapas équivalant à un plat) et ses tapas de viande ou de poisson. Quelques mètres plus loin, *Oh La La* (Calle Berdigón 26) attire les foules grâce à ses sandwiches de baguette et ses croissants (de 300 à 475 ptas) ainsi que ses pizzas et ses pâtes (de 500 à 850 ptas). C'est l'un des rares endroits où l'on sert des petits déjeuners le dimanche matin. *Los Encinares* (Calle Garcí-Fernández 5), à proximité, propose d'excellentes grillades comme la *brocheta de solomillo ibérico con patatas* (brochette de filet de porc ibérique avec frites, 1 700 ptas).

Chic, mais pas guindé, avec ses tables recouvertes de nappes à carreaux, le *Mesón La Marmita* (Calle Miguel Redondo 12) sert des grillades et du poisson à des prix allant de 1 200 à 1 600 ptas. Le menu du midi coûte 900 ptas plus IVA. Dans un style plutôt britannique, le rutilant *Dioni Salón de Te* (Calle Palacios 3) est parfait pour prendre un thé ou un café accompagné de l'une des nombreuses et appétissantes pâtisseries proposées.

A l'extrémité est de l'Avenida Martín Alonso Pinzón, *La Prensa* est un agréable café tapissé de vieux journaux.

Bocatta (Plaza Quintero Baez) sert d'excellents sandwiches de baguette chauds et froids entre 350 et 680 ptas. Plus au nord, l'Avenida Pablo Rada est bordée de petits restaurants populaires, dotés pour la plupart de terrasses, où vous pouvez grignoter ou vous substenter plus copieusement. Établissement très fréquenté, *Jamón Donal's* possède une enseigne de chaque côté de la rue, où l'on sert des *montaditos* (petits sandwiches ouverts, souvent toastés) à 100 ptas. Un peu plus chic, *La Cabaña* propose des montaditos à 350 ptas, des *revueltos* entre 900 et 1 200 ptas et des grillades à partir de 1 400 ptas.

Ouvert de 13h à 16h30 et de 21h30 à 1h tous les jours sauf le mercredi, *Camillo e Peppone* (Calle Isaac Peral) sert des pâtes et des pizzas excellentes. Comptez entre 550 et 1 000 ptas et attendez-vous à faire la queue pour avoir une table les soirs de week-end. Non loin de là, *La Casa de la Patata* (Calle Ginés Martín) propose ses spécialités de pommes de terre au four avec différentes farces entre 150 et 500 ptas. Fermé le lundi.

Où sortir

Entre 21h et 23h, certains bars à tapas de l'Avenida Martín Alonso Pinzón, comme *Los Encinares,* la *Taberna El Condado* et la *Cafetería Parra I* (voir la rubrique *Où se restaurer*), sont assez animés. Plus tard, les foules affluent aux bars et aux terrasses de l'Avenida Pablo Rada et, dans une moindre mesure, aux bars qui bordent la Plaza de la Merced et les rues au sud de la place, notamment la Calle Aragón où se trouve, entre autres, le pub irlandais *Docklands*.

Achats

Le grand magasin El Corte Inglés se trouve Plaza de España. La rue piétonne qui relie la Calle Concepción à la Calle Berdigón abrite une multitude de petits commerces.

Comment s'y rendre

Bus. Des bus de la compagnie Damas (☎ 959 25 69 00) desservent fréquemment Sevilla (900 ptas). Pour les localités de la province de Huelva, reportez-vous aux rubriques correspondantes. Trois ou quatre bus se rendent quotidiennement à Madrid, mais pour les autres destinations en dehors de la province, il vous faudra en principe changer à Sevilla. Pour gagner le Portugal, consultez le chapitre *Comment s'y rendre* en début d'ouvrage.

Train. De la gare ferroviaire (☎ 959 24 56 14), partent chaque jour trois trains vers Sevilla (995 ptas, 1 heure 30), un Talgo 200 vers Córdoba (2 400 ptas, 2 heures) et Madrid (8 300 ptas, 4 heures 15) et deux trains vers l'Extremadura (voir *L'ouest d'Aracena*, plus loin dans ce chapitre).

cours de conversion de l'euro 1 000 ptas = 6,01 €

Les quatre traversées de Christophe Colomb

Né à Gênes en Italie, en 1451, Christophe Colomb (Cristóbal Colón en espagnol) s'initie précocement à la navigation lors de traversées en Méditerranée et d'expéditions vers le Portugal, l'Angleterre, l'Islande et Madère. En 1484, Colomb présente au roi du Portugal João II son projet de gagner l'Orient, riche en épices, en partant par l'ouest. L'idée que la terre est ronde était répandue mais le navigateur génois fut le premier à expérimenter cette théorie. Le roi du Portugal ayant refusé sa proposition, Colomb rejoint en 1485 le monastère franciscain de La Rábida, non loin de Huelva.

L'un des moines, Antonio de Marchena, soutint ses projets et le prieur Juan Pérez, qui fut le confesseur de la reine Isabel la Católica, soutint la cause de Colomb. En avril 1492, enfin fort du soutien de la royauté, le navigateur obtint une *cédula real* (document royal) ordonnant au port de Palos de la Frontera, non loin de La Rábida, de mettre deux caravelles armées à sa disposition. La couronne paya également les frais de son vaisseau amiral, la *Santa María*.

Colomb partit de Palos le 3 août 1492 avec un équipage de cent hommes. Sa flottille se composait de trois caravelles et aucune ne dépassait les 30 m de long : la *Santa María*, un nao (vaisseau transportant des marchandises), gouvernée par son propriétaire, Juan de la Cosa, originaire d'El Puerto de Santa María près de Cádiz. Propriété de Juan Niño de Moguer, la *Niña* était pilotée par Vicente Yañez Pinzón de Palos. La *Pinta* était commandée par le cousin de Pinzón, Martín Alonso Pinzón.

Après un séjour d'un mois dans les îles Canaries, Colomb et ses hommes mirent le cap sur l'ouest au début du mois de septembre. Pendant trente et un jours, ils ne virent pas la terre et

MICK WELDON

La Santa Maria

Voiture et moto. Pour louer un véhicule, contactez Avis (☎ 959 28 38 36), Avenida de Italia 107, ou bien Europcar (☎ 959 28 53 35) ou Hertz (☎ 959 26 04 60), ces deux agences se trouvant à la gare ferroviaire. Vous pouvez aussi essayer une compagnie locale, par exemple Auto Alquiler Huelva (☎ 959 28 31 38), installée dans la gare routière.

PARAJE NATURAL MARISMAS DEL ODIEL

Cette réserve marécageuse de 72 km² s'étend de part et d'autre de l'estuaire de l'Odiel de Huelva. Les zones humides de l'Odiel, étonnamment sauvages et paisibles, abritent une importante population d'oiseaux comptant de nombreuses espèces. Certains se laissent apercevoir depuis une route située à 20 km et qui longe les marécages. En hiver, jusqu'à 1 000 flamants roses et 400 couples de spatules, soit le tiers de la population européenne, élisent domicile dans ce parc. Vous pourrez notamment observer des balbuzards, des hérons cendrés et des hérons pourpres.

Les personnes motorisées visiteront aisément le marais de l'Odiel, plus accessible que le célèbre parc national de Doñana. Prenez la route Punta Umbría A-497, à l'ouest de Huelva puis à l'extrémité du pont de l'Odiel, bifurquez à droite en direction de "Ayamonte, Corrales, Dique Juan Carlos I" puis tournez immédiatement à gauche et vers Espigón, ce qui vous ramène en direction de Huelva. Cependant, avant de traverser de nouveau l'estuaire, prenez à droite et suivez l'indication "Dique Juan Carlos I". Cette route mène au Centro de Visitantes Calatilla (☎ 959 50 09 11),

Les quatre traversées de Christophe Colomb

l'équipage rebelle accorda à son amiral seulement deux jours de plus. Le 12 octobre, Colomb accosta sur l'île de Guanahaní, aux Bahamas, qu'il baptisa San Salvador. Poursuivant l'expédition il découvrit Cuba et Hispaniola, où coula la *Santa María* dont le bois servit à bâtir un fort, le Fuerte Navidad.

En janvier 1493, les deux vaisseaux rescapés rentrèrent au bercail, laissant trente-trois Espagnols à Fuerte Navidad. Le 15 mars, Colomb revint à Palos en compagnie de six Indiens des Caraïbes, avec des animaux, des plantes et des ornements en or. Le mois d'après, à Barcelona, les monarques catholiques lui réservèrent un accueil triomphal. Tout le monde pensait qu'il avait atteint les Indes orientales.

Vers la fin de l'année 1493, l'infatigable navigateur entreprit sa deuxième traversée. Il leva l'ancre à Sevilla et Cádiz, en compagnie cette fois de mille deux cents marins répartis dans dix-sept navires. Il voyageait alors à bord de la *Niña*. Toujours en quête de Cathay et du Grand Khan, il tomba sur la Jamaïque et d'autres îles caraïbes. Il trouva Fuerte Navidad en ruine et les trente-trois Espagnols, massacrés. Il retourna à Cádiz en juin 1495.

Lors de la troisième expédition, en mai 1498, Colomb partit de Sanlúcar de Barrameda avec six vaisseaux. Cette fois, il atteignit Trinidad et l'embouchure du Orinoco mais son incapacité à s'imposer en tant qu'administrateur colonial mena à la révolte des colons de Hispaniola. Avant qu'il n'ait pu mettre fin à ce soulèvement, il fut arrêté par un émissaire royal en provenance d'Espagne en 1500. Colomb fut fait prisonnier et renvoyé sur la péninsule ibérique où on le libéra. Enfin, son quatrième et dernier voyage le conduisit de Sevilla et Cádiz jusqu'à Honduras et Panama puis de retour à Sanlúcar de Barrameda en novembre 1503.

Pauvre, il mourut à Valladolid, au nord de l'Espagne, en 1506, en pensant avoir atteint l'Asie. Ses restes reposèrent à la Chartreuse de Sevilla pendant vingt ans, avant d'être transférés à Hispaniola en 1536 d'où ils furent emmenés à Cuba puis de nouveau rapportés en 1899 à la cathédrale de Sevilla où ils se trouvent encore aujourd'hui.

---

ouvert de 8h à 14h30 du lundi au vendredi (sauf jours fériés). Nous vous conseillons de demander quels chemins sont ouverts vers le sud. Longs de 1 km à 4,5 km, ils mènent à des postes d'observation des oiseaux et au site des fouilles de la ville almohade de Shalthis, uniquement accessible aux visites guidées au moment de la rédaction de ce guide (voir ci-dessous). En voiture, vous pouvez longer sur plusieurs kilomètres la digue aménagée au bout de l'île la plus au sud, l'Isla de Saltés. Des panneaux vous avertiront d'un risque éventuel de marée montante.

Erebea SL (☎ 959 50 05 12), au Centro de Visitantes Calatilla, organise des visites guidées de la réserve en bateau (1 800 ptas par personne pour quatre heures), en 4x4 (2 500 ptas) ou à pied (900 ptas). Si vous n'êtes pas motorisé, on peut vous prendre à Huelva.

LUGARES COLOMBINOS

La Rábida, Palos de la Frontera et Moguer, trois lieux importants dans l'histoire de Christophe Colomb, bordent la rive est de l'estuaire du Río Tinto. Ils constituent une fascinante escapade de 40 km aller-retour depuis Huelva. On peut également se loger sur place.

Comment s'y rendre

De la gare routière de Huelva, au moins 10 bus Damas desservent quotidiennement La Rábida et Palos de la Frontera. Certains d'entre eux poursuivent vers Mazagón, mais la plupart s'arrêtent à Moguer. La dernière liaison vers Huelva part de Moguer à 20h15.

La Rábida

La Rábida se trouve à 9 km du centre de Huelva. Juste à côté de la route principale,

cours de conversion de l'euro 1 000 ptas = 6,01 €

un office du tourisme, le Centro de Recepción (☎ 959 53 11 37) accueille les visiteurs tous les jours sauf le lundi de 10h à 20h (de 10h à 19h de mi-septembre à mi-avril).

Monasterio de La Rábida.

A quelques minutes de marche de l'office du tourisme, ce monastère du XIVe siècle (☎ 959 35 04 11), niché au milieu d'agréables jardins, a accueilli à plusieurs reprises Christophe Colomb, qui recherchait le soutien royal pour son projet d'expédition. Dans un espagnol accessible, les moines assurent de passionnantes visites guidées du mardi au dimanche à 10h, 10h45, 11h30, 12h15, 13h, 16h, 16h45, 17h30, 18h15 et plus tard au mois d'août si la demande est suffisante. L'entrée est libre, mais il faut laisser une contribution à la sortie.

La visite commence par une salle ornée de fresques murales peintes en 1930 par l'artiste de Huelva Daniel Vázquez Díaz, qui illustrent le périple de Colomb. Puis on pénètre dans l'église où est enterré Martín Alonso Pinzón, ornée d'un magnifique plafond *artesanado* (voir la rubrique sur l'architecture mudejar et mozarabe dans le chapitre *Présentation de l'Andalousie*) et dans une chapelle qui abrite une Vierge en albâtre datant du XIIIe siècle, devant laquelle Colomb s'est recueilli. A proximité du paisible cloître mudejar du XVe siècle, se trouve la pièce où le père Marchena et le grand voyageur s'entretenaient au sujet de l'expédition, ainsi que le réfectoire où celui-ci avait coutume de se restaurer. A l'étage, dans la Sala Capitular (salle capitulaire), Colomb et les cousins Pinzón réglaient, en compagnie du prieur Pérez, les derniers détails de l'expédition.

Muelle de la Carabelas.

Au bas du monastère, le Quai des Caravelles (☎ 959 53 05 97) abrite les répliques exactes des trois vaisseaux de Colomb où vous embarquerez pour un voyage immobile, ainsi qu'une exposition consacrée à la vie du navigateur. Du 20 avril au 20 septembre, les visites (430 ptas) ont lieu de 10h à 14h et de 17h à 21h du mardi au vendredi, de 11h à 20h les samedi, dimanche et jours fériés. Le reste de l'année, le site est ouvert de 10h à 19h tous les jours sauf le lundi.

Où se loger. L'*Hostería de La Rábida* (☎ 959 35 03 12), à côté du monastère, propose cinq chambres avec s.d.b. à 7 500 ptas simple ou double. Cet agréable établissement affiche souvent complet. A 1 km au nord sur la route de Palos, l'*Hotel Santamaría* (☎ 959 53 00 01) compte 18 chambres à 6 500 ptas plus IVA la double.

Palos de la Frontera

La petite ville de Palos, à 4 km au nord de La Rábida, fournit à Colomb deux vaisseaux ainsi que la moitié des hommes qui constituèrent son équipage. C'est aussi de ce port qu'il leva l'ancre. Palos n'accède plus à l'embouchure du Tinto mais la ville reste fière du rôle qu'elle joua dans la découverte des Amériques, grâce aux cousins Pinzón.

A voir. Au milieu de la place centrale, où s'arrêtent les bus, se dresse la statue de Martín Alonso Pinzón. En remontant la Calle Cristóbal Colón vers le nord-est, vous atteindrez rapidement la **Casa Museo Martín Alonso Pinzón**, au n°24 (entre les numéros 32 et 36 !). Ouverte du lundi au vendredi de 10h30 à 13h30 et de 17h à 19h30 (accès gratuit), la maison du capitaine de la *Pinta* comporte une inscription, dont les habitants de la ville ne sont pas peu fiers, précisant que c'est dans ces murs que fut organisée la découverte de l'Amérique. L'entrée est libre.

Plus loin dans la Calle Cristóbal Colón (à présent en descendant), se trouve l'**Iglesia de San Jorge**, datant du XIVe siècle, ouverte du lundi au vendredi de 10h30 à 13h et de 19h à 20h. Avant leur embarquement, le 3 août 1492, Colomb et ses hommes y reçurent la communion puis franchirent le portail mudéjar face à la petite place. Dix semaines auparavant, l'édit royal ordonnant aux habitants d'aider Colomb fut lu à haute voix sur la place où, aujourd'hui, un mémorial indique le nom des 35 hommes originaires de Palos qui accompagnèrent le navigateur dans son expédition.

Un peu plus loin, en descendant la rue, vous découvrirez dans un petit parc, **La Fontanilla**, un puits en brique où l'équipage de Colomb puisa l'eau en prévision de la traversée. Il est surmonté d'une plaque indiquant l'emplacement du quai d'où partirent les trois vaisseaux.

Où se loger et se restaurer. Non loin de la place centrale, la ***Pensión Rábida*** (☎ *959 35 01 63, Calle Rábida 9*) loue des chambres sans s.d.b. à 1 500/3 000 ptas la simple/double. Elle possède aussi une cafétéria qui propose des platos combinados entre 700 et 750 ptas. Un peu plus loin dans la même rue, au n°79, vous attend un meilleur établissement, l'***Hotel La Pinta*** (☎ *959 35 05 11, fax 959 53 01 64*), avec des chambres à 6 000/10 000 ptas. Encore plus bas, le ***Mesón Frenazo*** sert de bons plats de viande et de poisson entre 1 000 et 1 500 ptas, ainsi que des montaditos et autres tapas.

A 1 km au sud du centre-ville, sur la route de Mazagón, vous trouverez l'***Hostal La Niña*** (☎ *959 53 03 60, Calle Juan de la Cosa 37*) et l'***Hostal Los Príncipes*** (☎ *959 35 04 22, Calle Brasil 4*), derrière. Ces deux établissements disposent de doubles avec s.d.b. à environ 4 000 ptas plus IVA.

Comment s'y rendre. Un horaire de la compagnie de bus Damas est affiché sur le panneau de l'hôtel de ville, installé sur la place centrale.

Trois embranchements conduisent au centre de Palos, au niveau de la route La Rábida-Moguer ; le plus au nord se trouve juste à côté de La Fontanilla.

Moguer

A 7 km au nord-est de Palos, Moguer fournit le gros de l'équipage de Colomb. C'est dans cette agréable ville que vit le jour et vécut longtemps Juan Ramón Jiménez (1881-1958), prix Nobel de littérature en 1956. Les rues portent des plaques comportant des citations de *Platero y Yo*, œuvre du romancier. Reportez-vous à la rubrique *Littérature* du chapitre *Présentation de l'Andalousie*. Son ancienne demeure a été transformée en musée.

Orientation et renseignements. A cause du manque de panneaux de signalisation, il n'est guère aisé de trouver son chemin : une fois que vous aurez repéré la Plaza del Cabildo, au centre de laquelle se dresse la statue de Juan Ramón Jiménez, les choses se simplifient.

Le personnel compétent de l'office du tourisme (☎ 959 37 23 77) situé dans la Casa de la Cultura, Calle de Andalucía 5, à quelques mètres de la place, vous attend du lundi au vendredi de 10h à 15h. Si vous vous intéressez à la vie de Juan Ramón Jiménez, demandez la brochure détaillée à son sujet.

A voir. L'élégant hôtel de ville à arcades de ton crème et brun, Plaza del Cabildo, est un édifice typique de l'Andalousie occidentale.

C'est dans le **Monasterio de Santa Clara** (☎ 959 37 01 07), Plaza de las Monjas, en haut de la rue transversale en face de l'office du tourisme de la Calle Andalucía, que Colomb passa sa première nuit à son retour de la première expédition. Il s'était promis de prier toute la nuit s'il sortait vivant de la grosse tempête qui s'était abattue sur les Açores. Cet édifice du XIVe siècle fait l'objet de visites guidées (300 ptas) du mardi au samedi (sauf les jours fériés) à 11h, 12h, 13h, 17h, 18h et 19h. Vous découvrirez un joli cloître mudéjar, d'anciennes cellules et une précieuse collection d'art sacré.

La **Casa Museo Zenobia y Juan Ramón** (☎ 959 37 21 48), Calle Juan Ramón Jiménez 10, se situe à cinq minutes à pied de la Plaza del Cabildo (longez jusqu'au bout la Calle Burgos y Mazo). Ce musée regorge de souvenirs intéressants liés à la vie et à l'époque du prix Nobel et de sa femme, Zenobia Camprubí. Les visites guidées (300 ptas) durent 45 minutes et ont lieu tous les jours à 10h15, 11h15, 12h15, 13h15, 17h15, 18h15 et 19h15, sauf le dimanche après-midi et les jours fériés.

L'imposante et baroque **Iglesia de Nuestra Señora de la Granada**, une rue au sud-est de la Plaza del Marqués (elle-même à mi-chemin entre la Plaza del Cabildo et la Casa Museo) possède une tour, réplique de la Giralda de Sevilla.

cours de conversion de l'euro 1 000 ptas = 6,01 €

Où se loger et se restaurer. Moguer possède trois hostales tout à fait convenables. Aménagé dans une vieille demeure agrémentée d'un patio située en face de l'office du tourisme, l'*Hostal Lis* (☎ *959 37 03 78, Calle Andalucía 6*) propose des chambres doubles avec s.d.b. à 2 500 ptas plus IVA. Un bloc et demi depuis l'extrémité nord-est de la Plaza de las Monjas, l'*Hostal Pedro Alonso Niño* (☎ *959 37 23 92, Calle Pedro Alonso Niño 13*), demande 2 600 ptas pour une double avec douche. Si vous tournez à gauche juste avant l'Hostal Pedro Alonso Niño en venant de la Plaza de las Monjas, vous trouverez l'*Hostal Platero* (☎ *959 37 21 59, Calle Aceña 4*), qui loue de petites simples/doubles confortables avec s.d.b. et TV à 2 400/3 000 ptas plus IVA.

Le *Mesón La Parrala*, Calle Fray Andrés de Moguer, juste à côté de la Plaza de las Monjas, sert d'excellentes grillades et spécialités de poisson, la plupart à moins de 1 000 ptas.

NIEBLA

A 29 km de Huelva, cette petite ville, située sur l'A-472 et sur la ligne de chemin de fer reliant la capitale de province à Sevilla, constitue une étape intéressante. En parfait état, ses 2 km de remparts de l'époque musulmane protègent le Castillo de los Guzmanes, du XVe siècle, l'un des plus grands châteaux d'Espagne. La Mezquita-Iglesia Santa María de la Granada associe les caractéristiques d'une mosquée et d'une église gothico-mudéjare. Sur la Plaza Santa María, dans le centre de la ville fortifiée, l'office du tourisme municipal (☎ *959 36 22 70*) vous fournira toute information relative aux monuments de la ville. La *Pensión Hidalgo* (☎ *959 36 20 80, Calle Moro 3*) offre des doubles avec s.d.b. à 2 500 ptas.

Le sud-est de Huelva

Une vaste plage de dunes bordée de pins s'étire sur 60 km au sud-est des faubourgs de Huelva jusqu'à l'embouchure du Río Guadalquivir. Mises à part les stations balnéaires de Mazagón et Matalascañas, la région est quasiment inhabitée. Les vingt-cinq derniers kilomètres longent le Parque Nacional de Doñana.

MAZAGÓN
Code postal 21130 - 130 hab.

Des deux stations balnéaires, la discrète Mazagón est la plus agréable. L'office du tourisme se trouve Carretera de la Playa, la rue principale qui va de la route principale, la N-442, à la plage, à 1 km. Une grande marina a été aménagée au bas de la Carretera de la Playa. Mazagón s'étire sur presque 3 km vers l'est, le long de l'Avenida de los Conquistadores, mais ne comporte pas plus de deux ou trois rues au-delà de la plage.

A l'est de Mazagón, vous pouvez aisément accéder à la **plage** à côté du Parador de Mazagón, à 3 km de la ville, et à Cuesta de Maneli, 9 km plus loin, où une passerelle de 1,2 km de long permet de franchir les dunes de 100 m de hauteur. Une partie de la plage de Cuesta de Maneli est réservée aux nudistes.

Où se loger et se restaurer

Le *Camping Playa Mazagón* (☎ *959 37 62 08, Cuesta de la Barca s/n*) se trouve à deux minutes de marche de la plage, à l'extrémité est de Mazagón. Il peut accueillir 3 000 personnes, mais il est malgré tout parfois surchargé. Juste au-dessus de la plage, à 700 m du Camping Playa Mazagón, le *Camping La Fontanilla* (☎ *959 53 62 37*) est accessible par la nationale. A 7 km de là, l'immense *Camping Doñana Playa* (☎ *959 53 62 81*) a une capacité de 6 000 places. Ces campings sont ouverts toute l'année et facturent de 500 à 600 ptas plus IVA par adulte, par voiture et par tente.

Mazagón ne dispose que de quelques hostales. Nous vous recommandons en priorité l'*Hostal Álvarez Quintero* (☎ *959 37 61 69, Calle Hernández de Soto 174*), juste à côté de la Carretera de la Playa, à deux minutes de marche de la plage. Simples, mais correctes, les doubles sans s.d.b. valent 2 900 ptas (4 500 ptas avec s.d.b.). Un peu plus haut, l'*Hostal Hilaria* (☎ *959 37 62 06, Calle Buenos Aires 20*) propose des doubles à 5 370 ptas plus IVA. Il dispose d'un restaurant. Plus loin vers le nord, dans une rue piétonne située à l'est de la Carretera de la Playa, l'*Hostal Acuario* (☎ *959 37 72 86, Avenida Fuentepiña 17)*, constitue une option simple et bon marché. Comptez 2 500/5 000 ptas pour une simple/double.

Installé sur la route principale à environ 600 m à l'est du centre-ville, l'agréable *Hotel Albaida* (☎ *959 37 60 29)* possède un restaurant et 24 chambres avec clim. et s.d.b. Les doubles coûtent 9 500 ptas plus IVA. En haut de la Carretera de la Playa, près de la route principale, le rutilant *Hotel Carabela Santa María* (☎ *959 53 60 18, fax 959 37 72 58)* est un établissement moderne de 70 chambres avec des doubles climatisées à 12 100 ptas plus IVA. A 3 km à l'est de la ville, le luxueux *Parador de Mazagón* (☎ *959 53 63 00, fax 959 53 62 28, mazagon@parador.es)* est installé au milieu de jardins en haut d'une falaise d'où l'on accède facilement à la plage. Il est doté de 43 simples/doubles à 15 200/19 000 ptas plus IVA.

Les restaurants se trouvent principalement sur la Carretera de la Playa et l'Avenida Fuentepiña.

Comment s'y rendre
Du lundi au vendredi, six bus relient chaque jour Huelva à Mazagón *via* La Rábida et Palos, et retour. Seules trois liaisons sont assurées dans chaque sens les week-ends et jours fériés.

MATALASCAÑAS
Code postal 21760 - 420 hab.
Cette station balnéaire moderne hérissée de grands hôtels pourrait difficilement contraster davantage avec les étendues sauvages du parc national de Doñana qui la jouxte. Elle possède toutefois une plage fabuleuse.

Orientation et renseignements
Matalascañas s'étend sur 4 km au sud-est de la jonction de la A-494 avec la A-483 qui vient d'El Rocío. De là, l'Avenida de las Adelfas descend vers la plage et passe devant l'office du tourisme (☎ 959 43 00 86), ouvert du lundi au samedi de 9h à 14h30. L'arrêt de bus se trouve à Torre Higuera, au rond-point situé au bout de l'Avenida de las Adelfas, du côté de la plage.

Où se loger et se restaurer
Juste au-dessus de la plage, à 1 km à l'ouest de l'Avenida de las Adelfas, l'immense *Camping Rocío Playa* (☎ *959 43 02 40)* est ouvert toute l'année et peut accueillir 4 000 vacanciers. Les tarifs s'élèvent à 600 ptas plus IVA par adulte, par voiture et par tente. A une minute de marche au nord de l'office du tourisme, l'*Hostal Rocío* (☎ *959 43 01 41, Avenida El Greco 60)* propose des doubles avec s.d.b. à 3 500 ptas plus IVA. L'*Hostal Los Tamarindos* (☎ *959 43 01 19, Avenida de las Adelfas 31)* et l'*Hostal El Duque* (☎ *959 43 00 58, Avenida de las Adelfas 34)*, disposent de doubles avec s.d.b. respectivement à 7 000 et 8 000 ptas. Dans la catégorie supérieure, le plus tentant est l'*Hotel Flamero* (☎ *959 44 80 20)*, sur la Ronda Maestro Alonso, à 1 km en longeant la plage vers l'est, avec ses doubles à 12 100 ptas.

Vous trouverez plusieurs restaurants juste derrière la plage, près de l'extrémité de l'Avenida de las Adelfas. Citons notamment le *Restaurante El Pichi*, qui sert un menu comprenant entrée, plat et dessert à 1 250 ptas, des platos combinados à 800 ptas et de copieuses raciones.

Comment s'y rendre
En temps normal, il existe une liaison quotidienne par bus de/vers Huelva (470 ptas), *via* Mazagón, du lundi au vendredi. Le bus part de Matalascañas à 7h10 et de Huelva à 14h45. Des bus supplémentaires sont parfois affrétés en été. El Rocío et Sevilla sont également desservis (reportez-vous au paragraphe *Comment s'y rendre* de la section *Parque Nacional de Doñana)*.

PARQUE NACIONAL DE DOÑANA
Le parc national de Doñana, l'un des marais les plus vastes d'Europe, s'étend sur 507 km² dans le sud-est de la provincia de

cours de conversion de l'euro 1 000 ptas = 6,01 €

Huelva, non loin de celle de Sevilla. Le parc est un endroit vital, non seulement en sa qualité de dernier refuge d'espèces en voie de disparition comme le lynx d'Espagne et l'aigle impérial ibérique (dont respectivement 50 et 15 individus vivent dans le parc), mais aussi en tant qu'habitat essentiel pour des millions d'oiseaux.

Le parc national jouxte en majeure partie le Parque Natural de Doñana, qui se divise en quatre zones différentes d'une superficie totale de 540 km^2 et joue le rôle d'espace tampon.

Autrefois site des légendaires Tartessos, puis plus tard zone de chasse favorite de la famille royale espagnole, Doñana devint parc national en 1969. Il s'agissait de protéger les marais de la riziculture, de l'aménagement de routes et des projets touristiques. Le World Wildlife Fund (Fonds mondial pour la protection de la nature) collecta la plus grande part de la somme nécessaire à l'achat du parc. Dans *Iberia*, James Michener raconte comment les membres d'un club de chasse danois furent amenés à délier les cordons de leurs bourses : "Messieurs, si les lacs de Doñana disparaissent, dans cinq ans il n'y aura plus de canards au Danemark."

L'accès au parc national lui-même est restreint. On a le droit de se promener le long des 28 km de plage atlantique entre Matalascañas et l'embouchure du Guadalquivir (que l'on peut traverser en bac à Sanlúcar de Barrameda), mais pas de pénétrer dans les terres. Pour visiter l'intérieur du parc, il faut réserver et prendre part à une visite guidée (payante) qui part du Centro de Visitantes El Acebuche, du côté ouest du parc (voir le paragraphe correspondant ci-dessous) ou de Sanlúcar de Barrameda (voir le chapitre *Provincia de Cádiz*). Vous trouverez cependant des zones intéressantes en bordure du parc, que vous pourrez visiter par vous-même, gratuitement et sans réservation.

Au nord-ouest du parc, le village d'El Rocío constitue une bonne base de départ. Vous pouvez aussi choisir la station balnéaire de Matalascañas, à 16 km au sud d'El Rocío (voir plus haut *Matalascañas*).

Éditée par la Junta de Andalucía (1998), la carte *Doñana*, au 1/75 000, est suffisamment détaillée et couvre l'ensemble des parcs et les environs. Lors de notre dernière visite, on la trouvait au Centro de Visitantes El Acebuche. Plus précise, la carte IGN *Parque Nacional de Doñana* (1992), au 1/50 000, concerne un territoire plus réduit.

Flore et faune

Le parc national compte 125 espèces avicoles résidentes et autant d'espèces migratoires. Six millions d'oiseaux y passent au moins une partie de l'année.

La moitié du parc est constituée de zones humides : les marais du delta du Río Guadalquivir qui se jette dans l'Atlantique au niveau de la partie sud-est de la réserve. Seul un dixième des *marismas* (marais) du Guadalquivir fait partie de Doñana, le reste a été drainé et/ou canalisé pour les besoins de l'agriculture.

Les marais du parc sont quasiment secs entre juillet et octobre. En automne, ils commencent à se remplir, ne laissant apparaître que quelques îlots de terre sèche. Près de 500 000 oiseaux aquatiques en provenance du nord hibernent dans ce parc, dont environ 80% de canards sauvages d'Europe occidentale. Lorsque le niveau d'eau baisse au printemps, d'autres oiseaux – flamants roses, spatules, cigognes, hérons, avocettes, huppes, guêpiers, échasses – arrivent pour nicher pendant la saison estivale. Les oisillons affluent autour des *lucios*, petits étangs qui rétrécissent. Quand les *lucios* s'assèchent en juillet, les hérons, cigognes et milans s'y installent afin de se gaver de perches.

Une bande de sable mouvant de 5 km de large sépare les 28 km de plage bordant le parc et les marais. Le vent aidant, cette zone avance de 6 m par an vers l'intérieur : des pins et d'autres arbres que les rapaces utilisent pour nicher poussent dans les *corrales*, ces légères dépressions creusées entre les dunes. Lorsque les dunes atteignent les marais, les rivières ramènent le sable vers la mer, qui le nettoie, et le vent contribue à la reprise du cycle. La plage et les dunes mouvantes occupent jusqu'à 102 km^2 de la surface du parc.

Les conséquences du désastre d'Aznalcóllar

Depuis la création du parc national de Doñana, les responsables ont dû lutter contre les projets agricoles et touristiques réalisés à proximité, qui menacent l'apport d'eau dans les *marismas* (marais). La plus grosse menace qui pesa sur son fragile équilibre intervint en 1998, lorsqu'un barrage se rompit dans une mine d'Aznalcóllar, à 50 km au nord du parc. Près de 7 millions de mètres cubes d'eau et de boue chargées d'acides et de métaux lourds – résidus des processus de séparation des métaux effectués dans la mine – affluèrent dans le Río Guadiamar, l'un des principaux fleuves alimentant les marais de Doñana. Malgré les digues rapidement érigées afin d'empêcher le flux toxique de pénétrer dans le parc national, 100 km^2 de marais dans le nord-est furent contaminés et 70 km de cultures dévastés le long de la rivière.

La plus grande partie de la boue toxique déposée dans la vallée du Guadiamar a été enlevée par une noria de camions en l'espace de six mois, mais les biologistes et les écologistes ont craint que les effets de la catastrophe ne se fassent sentir pendant des décennies, les éléments toxiques pouvant contaminer l'eau de la région de Doñana et donc la chaîne alimentaire de la faune. On n'a pas constaté d'accroissement spectaculaire de la mortalité, mais certains redoutent des effets chroniques à long terme, comme une baisse de la fertilité.

La catastrophe a donné lieu à un conflit typique entre le gouvernement national de centre-droit et le gouvernement régional de centre-gauche quant à la responsabilité du désastre, aux moyens à déployer et à la désignation d'une autorité de tutelle pour le parc. En 1999, le parlement régional a approuvé une loi octroyant la gestion du parc à la Junta, mais le gouvernement national a déposé un recours devant le tribunal constitutionnel.

Elle a aussi servi de catalyseur à d'ambitieux projets en matière d'environnement émanant des deux gouvernements. Le projet Corredor Verde del Guadiamar (Couloir vert du Guadiamar) de la Junta vise à décontaminer et repeupler les 115 km du fleuve depuis sa source dans la Sierra Morena jusqu'à son embouchure. La décontamination serait menée à bien en grande partie grâce à la plantation d'espèces crucifères, comme le chou, qui ont la propriété d'absorber les métaux (tels que le plomb, le zinc, le cuivre et le cadmium) contenus dans le sol. Les volumineux dépôts d'arsenic posent un problème plus délicat, aucun organisme n'étant en mesure de l'extraire. Le Plan Doñana 2005 du gouvernement central prévoit, quant à lui, d'isoler le parc national du Guadiamar pendant plusieurs années, mais de restaurer à terme le réseau hydrographique d'origine afin d'assurer la survie des marais. Le coût de ces projets, ajouté à celui des opérations de nettoyage, s'élève à environ 300 millions de $US.

Dans un concert de critiques émanant des écologistes, la mine Los Frailes a rouvert en 1999. Ses déchets toxiques sont désormais stockés avec la boue retirée de la vallée du Guadiamar dans une ancienne exploitation de la mine à ciel ouvert, dans des conditions de sécurité loin d'être fiables, estiment les écologistes. Propriété de Boliden-Apirsa, la filiale espagnole de Boliden Ltd, société suédo-canadienne présente dans plusieurs pays, la mine emploie 500 personnes et revendique 1 800 emplois connexes. Elle reçoit d'importantes subventions des gouvernements espagnol et andalou.

Dans d'autres endroits du parc, le sable stable supporte 144 km^2 de *coto*, l'habitat préféré d'une abondante population de mammifères dont des cerfs, des daims, des marcassins, des mangoustes et quelques *homo sapiens*. La végétation variée du *coto* se compose de bruyères, de broussailles, de denses fourrés boisés, de massifs de pins parasols et de chênes-lièges.

Centro de Visitantes El Acebuche

El Acebuche (☎ 959 44 87 11) constitue le principal centre d'accueil des visiteurs, d'où partent les circuits dans le parc national. A

cours de conversion de l'euro 1 000 ptas = 6,01 €

El Rocío, prenez la A-483 sur 12 km vers le sud, puis empruntez à l'ouest une voie de raccordement sur 1,6 km. Le centre est ouvert tous les jours de 8h à 19h, 20h ou 21h, en fonction de la saison. Vous y trouverez un café, une boutique, une présentation du parc, et vous pourrez vous procurer des cartes. Des sentiers mènent à des sites d'observation surplombant un lagon prisé des oiseaux.

Circuits dans le parc national. Les circuits au départ d'El Acebuche à destination du parc national se font en véhicules tout terrain pouvant transporter environ 20 personnes chacun, appartenant à la Cooperativa Marismas del Rocío (☎ 959 43 04 32). A l'exception des visites organisées depuis Sanlúcar de Barrameda, il n'y a pas d'autres moyens d'accéder au parc (voir *Sanlúcar de Barrameda* dans le chapitre *Provincia de Cádiz*). Il faut réserver par téléphone : au printemps, en été et pendant les périodes de vacances, les organisateurs affichent souvent complet un mois à l'avance. Le reste de l'année, vous pouvez les contacter sept jours, ou moins, avant le départ. Munissez-vous si possible de jumelles et, hormis en hiver, de produits anti-moustiques. Les visites ont lieu deux fois par jour tous les jours sauf le lundi, à 8h30 et à 15h l'hiver et 17h l'été. Elles durent environ 4 heures et coûtent 2 750 ptas par personne. Les guides ne parlent que l'espagnol pour la plupart. Ils se concentrent en général sur la partie sud du parc, au niveau de l'embouchure du Guadalquivir, puis longent lentement la plage avant de s'approcher des sables mouvants, des marismas, et des bois où vous avez des chances d'apercevoir des daims et des marcassins. Les ornithologues avertis seront peut-être déçus par les possibilités limitées d'observer les oiseaux.

Du lundi au samedi, le premier bus au départ d'El Rocío et à destination de Matalascañas vous déposera à El Acebuche, juste à temps pour la visite guidée du matin.

Centro de Visitantes José Antonio Valverde

Surplombant un *lucio* (étang) qui ne s'assèche pas en été, à la lisière nord du parc, ce centre est l'endroit idéal pour observer les oiseaux. Également appelé Centro Cerrado Garrido, il se trouve à 30 km au sud de la ville de Villamanrique de la Condesa. Il est accessible par des petites routes et des pistes (à 60 km d'El Rocío). Le Centro de Visitantes El Acebuche fournit des cartes et des indications.

El Rocío
Code postal 21750 - 690 hab.

Surplombant les marais, à l'angle de la zone clôturée du parc national, El Rocío a des allures de Far West. Les rues ensablées portent autant de traces de sabots que de pneus. Les rangées de maisons à véranda, vides pour la plupart, sont beaucoup trop nombreuses pour sa population actuelle de 700 habitants. Il ne s'agit pas d'une ville fantôme : ces maisons, en excellent état, appartiennent essentiellement aux pèlerins des quelque 90 *hermandades* qui affluent à Romería del Rocío à la Pentecôte (voir l'encadré). Une ambiance de fête règne au village presque tous les week-ends, lorsque les hermandades viennent accomplir leurs rituels.

Renseignements. L'office du tourisme (☎ 959 44 26 84) se trouve Avenida de la Canaliega s/n, à l'extrémité ouest de la ville, juste au sud de l'Hotel Puente del Rey. Il est ouvert tous les jours de 10h à 14h, plus de 16h30 à 18h30 le mercredi. Lorsqu'il est fermé, l'hôtel de ville, en face de l'hôtel, à même de fournir tout renseignement. Le Centro de Información Las Rocinas distribue de la documentation sur le parc national (voir plus loin la rubrique *A voir et à faire*).

Un distributeur automatique El Monte, sur le côté nord de l'Ermita del Rocío, accepte la plupart des cartes de crédit.

A voir et à faire. L'Ermita del Rocío constitue le cœur du village. Reconstruite en 1964, cette église abrite la célèbre Nuestra Señora del Rocío, une minuscule statuette en bois parée d'une longue robe incrustée de joyaux. Vous pouvez la visiter, en compagnie de fidèles venus témoigner leur respect à la Vierge, tous les jours de l'année de 8h à 21h.

La Romería del Rocío

A l'instar de la plupart des emblèmes sacrés de l'Espagne, Nuestra Señora del Rocío, également appelée la Blanca Paloma (la colombe blanche), tire son origine d'une légende selon laquelle, au XIIIe siècle, un chasseur originaire du village d'Almonte l'aurait trouvée dans un arbre dans les *marismas* (marais) et aurait décidé de l'emmener chez lui. Lorsqu'il s'arrêta pour se reposer, la Vierge serait retournée à son arbre.

Plus tard, une chapelle, qui devint un lieu de pèlerinage, fut érigée à l'emplacement de l'arbre (El Rocío). Vers le XVIIe siècle, les *hermandades* (confréries) des villes voisines décidèrent d'accomplir un pèlerinage annuel à El Rocío à la Pentecôte, qui survient le septième week-end après Pâques (2-4 juin en 2001, 18-20 mai en 2002, 7-9 juin en 2003). Aujourd'hui, la Romería del Rocío (Pèlerinage à El Rocío) donnent lieu à des festivités qui attirent les fidèles des quatre coins de l'Espagne. Il existe plus de quatre-vingt-dix hermandades, comptant pour certaines plusieurs milliers de membres, hommes et femmes. Empruntant les chemins de campagne, ils gagnent toujours El Rocío à pied, à cheval ou à bord de chariots tirés par des bœufs ou des chevaux.

Solennel est le dernier terme dont on pourrait qualifier cet événement typiquement andalou. Dans une atmosphère semblable à celle de la Feria de Abril sévillanne, les pèlerins arborant des costumes andalous traditionnels, chantent, dansent, boivent et rient pour rendre agréable leur voyage vers El Rocío. Le nombre total de visiteurs peut atteindre jusqu'à un million.

Le point culminant du week-end se situe aux premières heures du lundi. Les membres de la confrérie d'Almonte, réclamant la Vierge pour elle seule, fait irruption dans l'église et s'empare de la statue, autour de laquelle des mains bataillent violemment pour avoir l'honneur de porter la Blanca Paloma. Malgré le chaos et la cohue, l'ambiance reste bon enfant. La statue fait le tour des confréries puis retrouve l'après-midi sa place dans l'Ermita.

El Rocío surplombe une partie des **marais**, qui ne sèchent jamais grâce au Río Madre de las Marismas qui passe par là. Le village constitue donc un bon endroit pour observer quelques oiseaux et animaux. Vous verrez les cerfs et les chevaux paître ou, si vous avez de la chance, un nuage de flamants roses voler dans le ciel. L'observatoire de la société espagnole d'ornithologie, l'**Observatorio Madre del Rocío** (☎ 959 50 60 93), se trouve à 150 m à l'est en longeant la rive depuis l'Hotel Toruño (voir plus loin *Où se loger et se restaurer*). Équipé de téléscopes, il est ouvert au public du mardi au dimanche de 10h à 14h et de 16h à 19h (entrée libre).

Le pont enjambant la rivière sur la A-483, à 1 km au sud du village, constitue également un bon poste pour observer la faune du parc. Juste après le pont, le **Centro de Información Las Rocinas** (☎ 959 44 23 40) vous accueille tous les jours de 9h à 15h et de 16h à 19h, 20h ou 21h selon la saison. On vous remettra de la documentation sur le parc national et les petits chemins menant aux cachettes des ornithologues amateurs, près d'un cours d'eau qui coule toute l'année. Bien qu'en dehors du parc proprement dit, cette *zona de protección* regorge d'oiseaux.

Toujours dans la même zona de protección, 6 km plus loin, à l'ouest, sur la route de Las Rocinas, a été érigé le **Palacio del Acebrón** (une ancienne demeure de campagne qui sert aux expositions sur Doñana, actuellement fermé pour cause de rénovation) accessible par un chemin pédestre de 1,5 km traversant les rives boisées.

Pour une promenade plus longue depuis El Rocío, traversez le Puente del Ajolí, à la limite nord-est du village, puis longez le chemin qui s'enfonce dans les bois. C'est là que commence le **Coto del Rey**, une large étendue boisée où l'on peut se promener librement pendant des heures. Il est sillonné par de nombreux sentiers que les véhicules peu-

cours de conversion de l'euro 1 000 ptas = 6,01 €

vent emprunter en saison sèche. Tôt le matin ou tard le soir, il se peut que vous repériez des cerfs ou des marcassins.

Discovering Doñana (☎ 959 44 24 66) organise tous les jours des **circuits d'observation des oiseaux** dans le Parque Natural de Doñana, au prix de 3 000 ptas par personne. Les jumelles, les télescopes et les manuels de terrain sont fournis. Renseignez-vous auprès de la Pensión Cristina.

Il est possible de louer des chevaux en divers endroits d'El Rocío, notamment à Calle Sanlúcar 75 (☎ 959 45 01 68), une rue derrière les quais, à l'extrémité est de la ville, et chez Doñana Ecuestre (☎ 959 44 24 74), à l'Hotel Puente del Rey. Chez ce dernier, comptez 3 000/4 000 ptas pour deux/trois heures et 12 000 ptas pour la journée.

Où se loger et se restaurer. Ne songez pas à trouver une chambre libre au moment de la Romería.

Non loin de l'église, vers l'est, la *Pensión Cristina (☎ 959 44 24 13, Calle el Real 58)*, offre des simples/doubles raisonnables avec s.d.b. à 3 000/4 000 ptas. L'établissement dispose d'un restaurant correct, où la paella ainsi que des plats de veau/agneau/gibier garnis de frites coûtent 700 ptas. Également dotée d'un restaurant, la *Pensión Isidro (☎ 959 44 22 42, Avenida de los Ánsares 59)*, à 400 m au nord de l'église, est plutôt une meilleure adresse. Comptez 3 000/6 000 ptas.

Un peu plus à l'est de la Pensión Cristina, le moderne et agréable *Hotel Toruño (☎ 959 44 23 23, fax 959 44 23 38, Plaza Acebuchal 22)*, dispose de 30 chambres avec clim. à 5 850/8 000 ptas plus IVA. Elles sont toutes équipées d'une s.d.b. et certaines donnent sur les marais. Près de la route principale, l'*Hotel Puente del Rey (☎ 959 44 25 75, Avenida de la Canaliega s/n)* est un établissement plus grand où les chambres valent 6 800/8 600 ptas plus IVA (9 000/11 300 ptas en août).

De nombreux bars et cafés servent à manger. Le *Café Bar El Pocito*, Calle Ermita, juste à l'est de l'église, prépare de bonnes tapas à 250 ptas, des platos combinados et des media-raciones à environ 600 ptas et des raciones à environ 1 000 ptas. Face au côté nord de l'église, le *Bar Cafetería El Real* est légèrement plus cher, mais propose un choix très large. Plaza Acebuchal, le *Bar-Restaurante Toruño* s'enorgueillit d'une belle salle aux poutres apparentes, décorée de céramique, donnant sur les marais. La carte comporte toutes sortes de plats de viande ou de poisson entre 1 300 et 2 200 ptas.

Comment s'y rendre

Bus. La compagnie Damas assure au moins trois navettes quotidiennes entre Sevilla, El Rocío (660 ptas, 1h30) Matalascañas et retour. Entre trois et six bus Damas circulent tous les jours dans chaque sens sur la A-483 entre Almonte et Matalascañas, avec un arrêt à El Rocío. Tous ces bus s'arrêtent (parfois seulement à la demande) devant les centres d'accueil pour visiteurs Las Rocinas et El Acebuche. De Huelva, empruntez l'un des six bus Damas reliant quotidiennement en semaine la ville à Almonte (450 ptas), puis un autre entre Almonte et El Rocío.

Voiture et moto. Ceux qui souhaitent traverser le parc national d'est en ouest en voiture doivent savoir que le dernier point de passage en ferry du Guadalquivir pour les véhicules est situé à Coria del Río (que l'on distingue presque depuis les ponts de Sevilla).

A l'est de Villafranco del Guadalquivir, le ferry de Barca de la Mínima, mentionné sur certaines cartes, n'est plus en service depuis plusieurs années, nous a-t-on expliqué lorsque nous avons voulu l'emprunter. Sur la rive est du fleuve, l'Isla Menor n'en est pas moins un très bon site pour observer les oiseaux. En décembre, nous avons vu d'innombrables cigognes blanches et des aigles peu farouches.

L'ouest de Huelva

La côte séparant Huelva de la frontière portugaise, à 53 km en partant vers l'ouest, longe des estuaires, des marécages, des plages sablonneuses, des stations balnéaires et des ports de pêche.

PUNTA UMBRÍA
Code postal 21100 - 10 800 hab.

Entre l'Atlantique et les Marismas del Odiel, Punta Umbría est le rendez-vous estival de Huelva, distante de 21 km. Station moderne et agréable, elle est très fréquentée en juillet et en août.

Vous pouvez vous établir dans l'un des deux *campings* à quelques kilomètres de la ville, à l'écart de la route de Huelva, ou opter pour l'*Albergue Juvenil Punta Umbría* (☎ *959 31 16 50, Avenida Océano 13*), près de la plage océane. L'*Hostal Playa* (☎ *959 31 01 12, Avenida Océano 95*), l'*Hostal Emilio* (☎ *959 31 18 00, Calle Ancha 21*) et l'*Hotel Ayamontino Ría* (☎ *959 31 14 58, Paseo de la Ría 1*) proposent des chambres doubles entre 7 000 et 9 000 ptas. Les deux derniers sont proches de l'estuaire, du côté est de la ville.

Depuis Huelva, des bus desservent Punta Umbría toutes les heures entre 8h et 21h. En été, des ferries *(canoas)* partent également toutes les heures du Muelle de Levante au port de Huelva (255 ptas).

EL ROMPIDO

Quelque 16 km au nord-ouest de Punta Umbría, sur l'estuaire du Río Piedras, vous découvrirez un village de pêcheurs et un port de plaisance peu fréquenté des vacanciers. El Rompido regorge de restaurants de poisson. L'estuaire est divisé par une longue bande de terre agrémentée de plages de sable sur les deux rives.

Le *Camping Catapum* (☎ *959 39 91 65*), parfois comble, est aménagé à la limite orientale du village.

Dans la semaine, plusieurs bus relient quotidiennement Huelva à El Rompido, mais il n'en existe que deux le week-end et les jours fériés. Les conducteurs qui souhaitent longer la côte en direction de l'ouest doivent rattraper la N-431 à l'intérieur des terres, puis repartir vers le sud à Lepe.

LA ANTILLA
Code postal 21449 • 520 hab.

Les villas et les appartements de vacances de La Antilla s'étendent désormais sur 9 km le long de la belle et grande plage de sable qui va du Río Piedras à l'Isla Cristina, mais la ville ne compte que quelques rues vers l'intérieur. La station est discrète, agréable et quasiment déserte hors saison. A la limite occidentale, Islantilla, avec ses constructions plus récentes et son golf de 27 trous, est moins attirante.

Le *Camping Luz* (☎ *959 34 11 42*), à l'extrémité occidentale de la ville, facture 2 400 ptas plus IVA pour deux adultes avec une voiture et une tente. Vous pouvez aussi opter pour l'un des deux autres **campings** (chacun à un bout de la ville) ou l'un des six **hostales** regroupés près de la plage, Plaza La Parada. Ceux-ci proposent des doubles entre 5 600 et 7 500 ptas plus IVA en été, mais vous aurez de la chance si vous trouvez une chambre au mois d'août. Si vous souhaitez louer un appartement, vous pouvez toujours demander à l'office du tourisme d'Islantilla (☎ *959 64 60 13*), à un 1 km à l'ouest du centre de La Antilla.

En semaine, plusieurs bus Damas desservent chaque jour La Antilla depuis Huelva et Isla Cristina. Il existe également deux liaisons avec Sevilla. Le week-end et les jours fériés, tout au plus un bus par jour circule depuis chaque destination.

ISLA CRISTINA
Code postal 21410 - 17 000 hab.

l'Isla Cristina est une station balnéaire (bondée en août), mais aussi un important port de pêche animé.

Orientation et renseignements

La principale route longeant La Antilla à l'est et la N-431 au nord, traverse le nord de l'Isla Cristina. La gare de bus, un grand garage portant la mention "Damas SA" est juste à côté, au sud du pont où sont amarrées les embarcations des pêcheurs. Le centre-ville, autour de la Plaza de las Flores, est à quelques minutes de marche. La Grán Vía Román Pérez se dirige vers le sud sur 1 km depuis la place, en direction de la limite occidentale de la plage de Cristina. L'Oficina Municipal de Turismo (☎ 959 33 26 94) est située sur l'Avenida Madrid, à 150 m de la Gran Vía Román Pérez depuis le côté sud de l'Hotel Pato Azul.

cours de conversion de l'euro 1 000 ptas = 6,01 €

A voir et à faire

A quelques rues à l'ouest de la Plaza de las Flores, le **Puerto Pesquero** (port de pêche) s'anime le matin et le soir au moment où les barques rentrent chargées de poissons.

Au nord de la ville, la route se dirigeant vers la N-431 traverse le **Paraje Natural Marismas de Isla Cristina**, doté d'une riche avifaune comprenant des flamants roses et des spatules. A 2 km de l'île, une pancarte mentionne le **Sendero de Molino Mareal de Pozo del Camino**, un sentier de randonnée d'1 km à travers les marais.

Où se loger et se restaurer

Au milieu des pins, le *Camping Giralda* (☎ 959 34 33 18), près de la route principale du côté est de la ville, peut accueillir 2 200 personnes au tarif d'environ 650 ptas plus IVA par adulte, par tente et par voiture. La Playa Central est à un jet de pierre.

A environ 1,5 km de la Playa Central, juste au sud de la Plaza de las Flores, l'*Hostal Gran Vía* (☎ 959 33 07 94, *Gran Vía Román Pérez 10*) offre des simples/doubles avec s.d.b. à 3 800/6 000 ptas plus IVA. Les meilleurs hôtels, dont les prix s'élèvent de 9 000 à 10 000 ptas pour une double avec s.d.b., sont regroupés sur ou autour du Camino de la Playa, à proximité de la Playa Central.

Citons l'*Hotel Paraíso Playa* (☎ 959 33 18 73), l'*Hotel Los Geranios* (☎ 959 33 18 00) et, sur le front de mer, l'*Hotel Sol y Mar* (☎ 959 33 20 50).

L'*Acosta Bar-Restaurante*, Plaza de las Flores, sert de bons fruits de mer (entre 900 et 1 800 ptas). Vous pouvez également en déguster dans les bars et les restaurants de la place située devant le Puerto Pesquero, comme le *Bar-Restaurante Hermanos Moreno*. Vous trouverez également de petits restaurants à la Playa Central.

Comment s'y rendre

Bus. La compagnie Damas (☎ 959 33 16 52) assure au minimum six des dessertes quotidiennes : depuis/vers Huelva (450 ptas), trois ou plus depuis/vers Ayamonte (165 ptas) et entre une et trois depuis/vers Sevilla (1 275 ptas).

Voiture et moto. Quittez la route principale à l'ouest du Camping Giralda, du côté est de la ville. Pour vous rendre à la Playa Central (la meilleure plage), tournez à gauche presque immédiatement, à un rond-point. Si vous allez au-delà du rond-point, vous entrerez en centre-ville par l'Avenida de España.

AYAMONTE
- code postal 21400 • 16 000 hab.

Ayamonte jouxte le Río Guadiana, large d'1 km, qui sépare l'Espagne du Portugal. Un pont sans péage franchit le fleuve à 2 km au nord d'Ayamonte mais, si vous ressentez un brin de nostalgie, empruntez le ferry qui relie Ayamonte à la ville portugaise de Vila Real de Santo António.

Il n'y a pas de contrôle de douane ou d'immigration au passage de frontière, que l'on soit en voiture ou en ferry.

Orientation et renseignements

L'arrêt de bus se trouve Avenida de Andalucía, à 700 m à l'est de la place centrale, Paseo de la Ribera. Le quai du ferry *(muelle transbordador)* est situé dans l'Avenida Muelle de Portugal, à 300 m au nord-ouest du Paseo de la Ribera.

L'office du tourisme (☎ 959 47 09 88) se trouve à 300 m au sud de l'Avenida de Andalucía, dans l'Avenida Alcalde Narciso Martín Navarro. Il est ouvert du lundi au vendredi de 10h30 à 13h30 et de 17h à 20h.

Plusieurs banques dotées de distributeurs automatiques sont installées dans les rues piétonnes situées derrière le Paseo de la Ribera. Vous pouvez changer de l'argent aux heures d'ouverture, du lundi au vendredi, ou effectuer l'opération à la boutique de souvenirs Calle Hermana Amparo 2, à 30 m derrière le Paseo de la Ribera.

Plage

A 6 km d'Ayamonte, vous attend la plage de l'**Isla Canela**. Vaste, sablonneuse et s'étalant sur plusieurs kilomètres, elle est bordée de jolies petites constructions et d'un immense et luxueux hôtel. De juin à septembre, des bus partent d'Ayamonte toutes les demi-heures.

Où se loger
Juste à l'ouest de la gare routière, l'*Hostal Los Robles* (☎ *959 47 09 59, Avenida de Andalucía 121*) offre des doubles à 3 700 ptas, ou à 4 800 ptas avec s.d.b.

L'*Hotel Marqués de Ayamonte* (☎ *959 32 01 25, Calle Trajano 14*), à l'ouest du Paseo de la Ribera, propose des simples/doubles avec s.d.b., correctes, à 2 500/5 000 ptas plus IVA. Perché sur la colline à El Castillito, distant d'1,5 km du centre-ville, le *Parador de Ayamonte* (☎ *959 32 07 00, ayamonte@parador.es*) est un établissement moderne proposant des chambres à 12 000/15 000 ptas plus IVA.

Où se restaurer
Ce sont surtout les touristes qui fréquentent les restaurants du Paseo de la Ribera. Essayez plutôt le menu (900 ptas) ou les plats (800 ptas) du *Mesón La Casona (Calle Lusitania 2)*, à une rue au nord du paseo. Vous pouvez aussi vous restaurer dans la plupart des bars et des cafés des rues piétonnes derrière la place.

Comment s'y rendre
Bus. Il existe plusieurs dessertes quotidiennes depuis/vers Isla Cristina, Huelva (525 ptas), Sevilla et Madrid, et une vers Málaga (départ à 6h45). Quelques bus se rendent également en Algarve et à Lisbonne. Renseignez-vous auprès de la gare routière (☎ 959 32 11 71).

Bateau. Le service de ferry entre Ayamonte et Vila Real de Santo António est assuré dans les deux sens de 8h à 20h toutes les heures et plus fréquemment en cas d'affluence. L'aller simple vaut 525 ptas pour une voiture et un chauffeur, 250 ptas pour une moto et son conducteur et 135 ptas pour les autres passagers adultes. De nombreux trains et bus desservent l'Algarve au départ de Vila Real.

Le nord

Les verdoyantes vallées et pittoresques collines composant la partie de la Sierra Morena qui s'étend sur la provincia de Huelva se prêtent à de belles randonnées parmi les villages anciens. Cette région, relativement pluvieuse et moins torride que le reste de l'Andalousie, constitue les 1 840 km^2 du Parque Natural Sierra de Aracena y Picos de Aroche, la deuxième plus grande réserve de l'Andalousie.

MINAS DE RIOTINTO
Code postal 21660 - 5 000 hab.
A 68 km au nord-est de Huelva, Minas de Riotinto est située au cœur d'un des plus anciens sites miniers du monde : c'est une halte agréable sur la route du nord. Vous aurez l'occasion de monter dans un train du début du XXe siècle, de visiter une énorme mine à ciel ouvert ainsi qu'un excellent musée minier.

Le Río Tinto (rivière rouge), qui passe à proximité, tire son nom de la teinte du cuivre et des oxydes de fer rejetés par les minerais de la zone minière.

L'extraction du cuivre dans la région remonte à l'an 3000 av. J.-C. ; celle de l'argent précède l'arrivée des Phéniciens et celle du fer date au moins de l'époque romaine. Les Romains creusèrent énormément pendant trois siècles ; puis, les filons furent négligés jusqu'en 1725. En 1872, les mines furent rachetées par la société britannique Río Tinto, qui transforma la région en l'un des plus grands centres miniers du monde. Ses ouvriers détournèrent des rivières, creusèrent toute une colline riche en minerais, Cerro Colorado, et fondèrent la ville de Minas de Riotinto pour remplacer un village qu'ils avaient détruit. En 1954, les mines passèrent sous contrôle espagnol.

Orientation
Minas de Riotinto est située sur l'A-46, à 5 km à l'est de la route N-435 reliant Huelva à Jabugo. Le Barrio de Bella Vista (voir cette rubrique plus bas) est à gauche de la A-461, en direction contraire du centre-ville. En arrivant dans la ville, tournez à droite au premier rond-point pour vous rendre au Museo Minero juché au sommet d'une colline de 400 m. Les bus s'arrêtent Plaza d'El Minero, un peu plus loin que le premier rond-point.

cours de conversion de l'euro 1 000 ptas = 6,01 €

Museo Minero et centre d'accueil

Le musée, Plaza del Museo s/n, abrite également le centre d'accueil et le guichet principal vendant des billets pour visiter la Corta Atalaya et monter à bord du Ferrocarril Turístico-Minero. Ces trois activités sont gérées par Aventura Minaparque (☎ 959 59 00 25). Vous bénéficierez d'une petite réduction si vous prenez part à plusieurs visites. Assurez-vous des horaires par téléphone au préalable, surtout si vous avez l'intention d'effectuer la visite en train.

Les expositions du musée portent sur la géologie, l'archéologie et l'histoire de la mine. Des outils anciens, des bijoux et des statues des premières populations locales sont également présentés. Deux salles sont consacrées aux chemins de fer que la compagnie aménagea pour desservir les mines. A une certaine époque, 143 locomotives à vapeur, la plupart de fabrication britannique, fumaient le long des voies. Le musée s'enorgueillit de posséder le Vagón del Maharajah, luxueux wagon construit en 1892 pour la reine Victoria en prévision d'une royale visite en Inde. Ce voyage n'eut jamais lieu mais le wagon servit au roi Alfonso XIII d'Espagne lorsqu'il visita les mines. Le musée est ouvert tous les jours de 10h à 19h (de 10h à 16h en juillet, août et septembre). L'entrée coûte 300 ptas.

Barrio de Bella Vista

Bella Vista fut érigée à la fin du XIXe siècle pour héberger la direction, essentiellement britannique, de la compagnie Rio Tinto. Avec ses demeures, ses cottages et son église protestante, elle ressemblait en tout point à Hampstead Garden. Promenez-vous dans ce *barrio* (quartier), aujourd'hui habité par des Espagnols.

Corta Atalaya

Mesurant 1,2 km de long et d'une profondeur de 335 m, ce bassin ovale terrassé serait la plus grande mine ouverte du monde. Il s'étend à environ 1 km à l'ouest de la ville. Autrefois, Corta Atalaya produisait de grosses quantités de cuivre mêlé de sulfures de fer mais, aujourd'hui, l'activité est bien réduite. Les visites guidées (600 ptas) partent du Museo Minero quotidiennement et à chaque heure de 11h à 15h en juillet, août et septembre, et de 11h à 18h (sauf 15h) les autres mois.

Ferrocarril Turístico-Minero

Le train emmène sur 24 km les visiteurs installés dans des wagons du début du siècle refaits à neuf et tirés par une locomotive de la même époque, à travers les paysages escarpés de la vallée du Río Tinto. Le voyage commence à 2,5 km à l'est de Minas de Riotinto depuis les Talleres Mina, anciens ateliers ferroviaires, à proximité de la route de Nerva. En juillet, août et septembre, les visites ont lieu tous les jours, sauf le lundi, à 13h. Entre le 16 avril et le 30 juin, elles se tiennent le week-end et les jours fériés à 17h. Du 1er octobre au 15 avril, venez le week-end ou les jours fériés à 16h. Prenez votre billet (1 200 ptas) au Museo Minero.

Corta Cerro Colorado

A environ 1 km au nord de Minas de Riotinto, la route qui mène à Aracena traverse la Corta Cerro Colorado, une immense mine à ciel ouvert autour de laquelle tournait toute l'activité minière. Ne ratez pas la plate-forme (le Mirador Cerro Colorado) qui surplombe la route. Il y a un siècle, Cerro Colorado était une colline.

Où se loger et se restaurer

L'*Hostal Galán* (☎ *959 59 18 52, Avenida La Esquila 10)*, dans la rue qui part du Museo Minero, dispose de doubles avec s.d.b. à 4 250 ptas plus IVA, ainsi que d'un bar-restaurant qui sert des tapas (de 200 à 250 ptas) et des raciones (de 750 à 1 800 ptas) correctes. Juché sur une colline à l'extrémité est de la ville, l'*Hotel Santa Bárbara* (☎ *959 59 11 88, Cerro de los Embusteros s/n)*, avec piscine, propose des doubles avec clim. et s.d.b. à 6 875 ptas plus IVA, petit déjeuner compris.

A Nerva, à 4 km à l'est, vous avez le choix entre les doubles de l'*Hostal El Goro* (☎ *959 58 04 37, Calle Reina Victoria 2)*, entre 3 000 et 3 500 ptas plus IVA, et celles de l'*Hostal Vázquez Díaz (☎ 959 58 09 27, Calle Cañadilla 51)*, à 5 000 ptas plus IVA.

Comment s'y rendre

Au moins trois bus Damas relient tous les jours Huelva à Minas de Riotinto (680 ptas) et Nerva. Dans le sens du retour, le dernier bus part de Nerva à 16h et passe à Riotinto quelques minutes après. Casal assure des liaisons entre Aracena et Minas de Riotinto (300 ptas, 40 minutes) et Nerva à 9h55 du lundi au vendredi et à 17h15 du lundi au samedi. Dans le sens inverse, les bus partent de Nerva respectivement à 6h du lundi au samedi et à 12h15 du lundi au vendredi. Ils s'arrêtent à Minas de Riotinto quelques minutes après le départ.

Depuis Sevilla (gare routière de la Plaza de Armas), au moins deux bus Casal desservent quotidiennement Nerva et Minas de Riotinto.

ARACENA
Code postal 21200 • 6 700 hab.
• altitude 730 m

Aracena s'étend au pied d'une colline que surplombent une église médiévale et un château en ruine. Ville blanchie à la chaux, elle constitue une agréable base pour découvrir cette région vallonnée, même si les hébergements petit budget sont rares.

Orientation et renseignements

La ville s'étend essentiellement entre la colline du château, Cerro del Castillo, au sud, et la N-433 qui relie Sevilla au Portugal, à l'est et au nord. La Plaza del Marqués de Aracena est la principale place, d'où file vers l'ouest l'artère principale, l'Avenida de los Infantes Don Carlos y Doña Luisa (plus connue sous l'appellation Gran Vía). A quelques minutes à pied, au sud-est de la Plaza del Marqués de Aracena, vous trouverez l'arrêt et les guichets des bus Damas et Casal, dans l'Avenida de Andalucía.

Le Centro de Visitantes Cabildo Viejo (☎ 959 12 88 25), Plaza Alta, constitue le principal centre d'information du Parque Natural Sierra de Aracena y Picos de Aroche. Il est aménagé dans l'ancien hôtel de ville d'Aracena, bel édifice à voûtes en brique datant du XVe siècle. Il ouvre les vendredi, samedi, dimanche et jours fériés de 10h à 14h et de 18h à 20 h (de 16h à 18h en hiver), ainsi que le mercredi et le jeudi assez souvent dans l'année.

Il existe aussi un autre office du tourisme, le Centro de Turismo Rural y Reservas (☎ 959 12 82 06), Calle Pozo de la Nieve, en face de l'entrée de la Gruta de las Maravillas. Il est ouvert tous les jours de 9h à 14h et de 16h à 19h.

Gruta de las Maravillas

La "Grotte des Merveilles" (☎ 959 12 83 55) d'Aracena a été creusée dans le calcaire, sous le Cerro del Castillo, par l'action de l'eau voici plusieurs millénaires. C'est l'une des grottes les plus spectaculaires d'Espagne et elle attire 150 000 visiteurs chaque année. L'itinéraire de 1,2 km ouvert aux visiteurs compte douze salles et six lacs. Cette galerie comporte toutes sortes d'étranges et belles stalactites, stalagmites et de formations en pierre culminant dans la Sala de los Culos (Salle des fonds). La lumière colorée et la musique diffusée contribuent à accentuer l'ambiance romantico-kitsch.

L'entrée de la caverne donne sur la rue piétonne Calle Pozo de la Nieve, à proximité de la Plaza San Pedro, au sud-ouest de la ville. Elle est ouverte tous les jours de 10h30 à 13h30 et de 14h30 à 18h. Les visites guidées en espagnol (900 ptas, 60 minutes) ont lieu toutes les demi-heures le samedi, le dimanche et les jours fériés et toutes les heures le reste de la semaine. La visite ne commence que lorsque le nombre de participants atteint vingt-cinq : s'il n'y a pas de problème en été, vous risquez d'attendre toute la journée par un pluvieux lundi de novembre.

Plaza Alta

Cette pittoresque place pavée, sur les pentes du Cerro del Castillo, correspondait autrefois au centre-ville. D'un côté se dresse le **Cabildo Viejo** (ancien hôtel de ville) datant du XVe siècle, aujourd'hui transformé en centre d'information du parc naturel (voir plus haut *Orientation et renseignements*).

cours de conversion de l'euro 1 000 ptas = 6,01 €

L'imposant édifice de style Renaissance, la **Parroquia de la Asunción**, au pied de la place, fut bâti en pierre avec des rangées de brique typiques des églises alentour. La construction de l'église débuta en 1528 et les travaux se poursuivirent jusqu'au XVIIe siècle mais ne furent jamais achevés. Elle n'ouvre que pour la messe, à midi le dimanche et à 20h30 du lundi au vendredi (19h30 en hiver).

Cerro del Castillo

Un petit fort musulman, juché en haut de la colline, fut conquis par les Portugais au XIIIe siècle, qui le transformèrent en château, avant d'être chassés par Fernando III de Castille. C'est vers 1300 que fut érigée tout en haut l'**Iglesia Prioral de Nuestra Señora del Mayor Dolor** et que le château fut reconstruit, probablement par les Chevaliers de Santiago.

De la Plaza Alta, une route qui monte mène à la magnifique église gothico-mudéjar en pierre et en brique, agrémentée d'un clocher paré de briques, et de trois nefs voûtées. Elle est normalement ouverte de 10h à 19h. Le **château**, aujourd'hui en ruine, est érigé au sommet de la colline, face à l'église.

Promenade à Linares de la Sierra et à Alájar

De nombreux itinéraires de randonnées partent d'Aracena. Vous pouvez faire une belle boucle d'environ 12 km en quittant la ville en direction de l'ouest par le chemin situé entre la Piscina Municipal et la route A-470. Le sentier traverse une vallée verdoyante et aboutit à Linares de la Sierra (voir plus loin *L'ouest d'Aracena*).

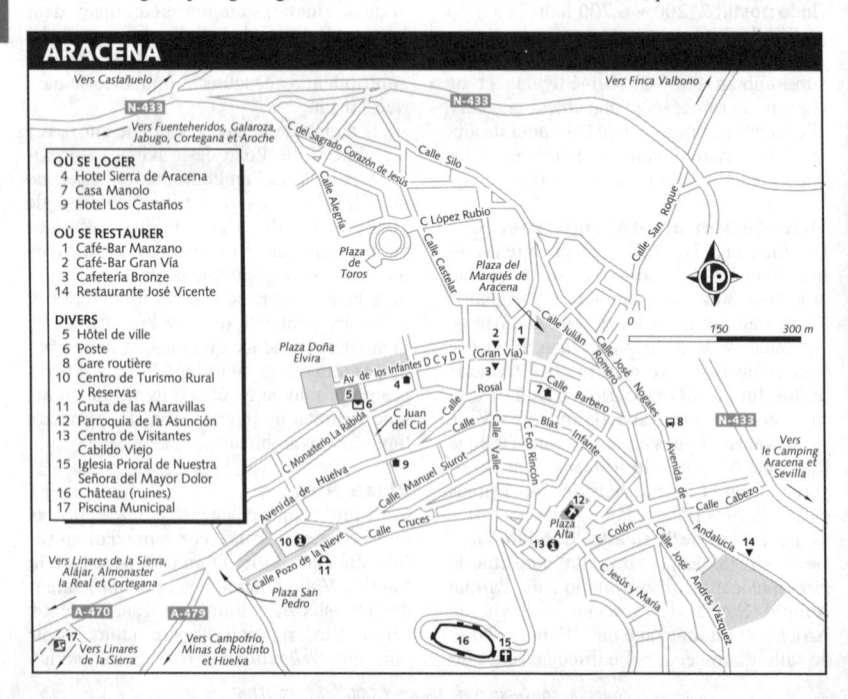

Pour rentrer, prenez la route PRA 39 en direction du sud, traversez le petit pont en pierre au-dessus de la rivière qui coule au pied de Linares. Après ce pont, le chemin contourne Cerro de la Molinilla, les anciennes mines de fer, puis croise un ruisseau. Poursuivez ensuite en direction d'Aracena par un chemin caillouteux qui vous ramènera sur la route de Minas de Riotinto, dans le sud-ouest de la ville.

Vous pouvez prolonger votre promenade de 4 km en direction de l'ouest en longeant le chemin PRA 38 de Linares à Alájar, *via* le hameau de Los Madroñeros. De beaux panoramas vous attendent sur ce tronçon. Depuis Alájar, vous pouvez faire demi-tour et rentrer à pied ou emprunter le bus de l'après-midi (tous les jours sauf le dimanche) en direction d'Aracena. (Pour plus de détails sur les bus, voir *Comment s'y rendre* dans *L'ouest d'Aracena*)

Manifestations annuelles
La principale fête estivale d'Aracena se déroule la troisième semaine d'août. Feux d'artifices, musique, danse, fêtes foraines et corridas figurent au programme.

Où se loger
Installé dans une vallée à 500 m au nord de la N-433, à 2 km à l'est d'Aracena (suivez la direction de Corteconcepción), le ***Camping Aracena*** (☎ *959 50 10 05*) est ouvert toute l'année et peut accueillir 270 vacanciers. Comptez 525 ptas plus IVA par personne, par tente et par voiture.

En catégorie petit budget, la seule autre option, la ***Casa Manolo*** (☎ *959 12 80 14, Calle Barbero 6)*, se situe juste au sud de la Plaza del Marqués de Aracena. Ses 7 chambres rudimentaires mais correctes coûtent 2 000/3 400 ptas les simples/doubles.

L'***Hotel Sierra de Aracena*** (☎ *959 12 61 75, Gran Vía 21)* est doté de 43 chambres un peu défraîchies, mais confortables, avec TV et s.d.b., à 4 400/ 6 500 ptas plus IVA. L'établissement possède un agréable salon, mais pas de restaurant.

A l'***Hotel Los Castaños*** *(☎ 959 12 63 00, Avenida de Huelva 5)*, comptez 5 000/ 8 000 ptas pour l'une des 33 chambres.

L'adresse de charme de la région est sans conteste la ***Finca Valbono*** (☎ *959 12 77 11, fax 959 12 75 76, Carretera de Carboneras Km 1)*. Cette ancienne ferme située à 1 km au nord d'Aracena propose six belles chambres confortables, avec TV et s.d.b., à 6 000/8 750 ptas, ainsi que 14 casitas (appartements pour 4 personnes) dotées d'une cheminée et d'une cuisine à 10 000 ptas plus IVA. Vous trouverez aussi un bar, une piscine, des activités équestres et un bon restaurant à des prix raisonnables.

Où se restaurer
Le ***Café-Bar Manzano***, Plaza del Marqués de Aracena, est une bonne adresse pour les amateurs de tapas (entre 150 et 300 ptas), de raciones et de platos combinados (entre 900 et 1 200 ptas). Un hamburger avec un œuf à cheval et des frites vous reviendra à 1 000 ptas. Un supplément de 20% est facturé pour le service en salle.

Très animé, le ***Café-Bar Gran Vía***, sur la Gran Vía, propose un large choix de tapas et de raciones. Comptez 600 ptas pour une salade de crevettes. En face, la ***Cafetería Bronze***, plus branchée, sert des pizzas à 800 ptas.

Plusieurs restaurants, servant pour la plupart des platos combinados entre 800 et 1 000 ptas, bordent la Plaza San Pedro et la Calle Pozo de la Nieve, à proximité de la Gruta de las Maravillas.

Pour déguster le célèbre jambon de la région, installez-vous par exemple au ***Restaurante José Vicente*** *(Avenida de Andalucía 53)*. L'excellent menu avec entrée, plat, dessert et boisson revient à 2 500 ptas. Vous pouvez aussi commander une ración de *jamón Jabugo* (2 100 ptas) ou un plat à la carte (entre 1 600 et 2 000 ptas).

Comment s'y rendre
Casal (☎ *959 12 81 96*) assure trois liaisons quotidiennes depuis/vers Sevilla, Plaza de Armas, (770 ptas, 1 heure 15). Minas de Riotinto (voir la rubrique correspondante) et les villages du nord de la province de Huelva (voir *L'ouest d'Aracena*) sont également desservis par la compagnie, de même que Rosal de la Frontera (tous les jours à 10h30). De cette localité frontalière, on peut poursuivre vers le Portugal en changeant de bus. Du même arrêt, sur l'Avenida de Andalucía, partent tous les jours des bus Damas en direction de Huelva (1 070 ptas).

cours de conversion de l'euro 1 000 ptas = 6,01 €

L'OUEST D'ARACENA

L'ouest d'Aracena occupe l'une des régions andalouses les plus surprenantes par sa beauté. Tantôt luxuriante, tantôt austère et parsemée d'anciens villages en pierre, cette contrée semble échapper au temps. La plupart des vallées sont très boisées, tandis qu'ailleurs prospère la *dehesa* – forêt de chênes toujours verts – où les célèbres porcs ibériques *(cerdos ibéricos)* noirs (ou bruns foncés) cherchent les glands, l'essentiel de leur nourriture. C'est avec ces bêtes que l'on fait le meilleur *jamón* espagnol.

Certains villages remontent à des temps lointains, d'autres ont vu le jour lors de la réinstallation des Castillans après le départ des Portugais (qui chassèrent les musulmans) au XIIIe siècle. La majorité des villages se sont développés autour d'églises fortifiées ou de châteaux juchés au sommet des collines pour dissuader les Portugais.

Un réseau dense de sentiers de randonnée sillonne le Parque Natural Sierra de Aracena y Picos de Aroche et notamment la zone séparant Aracena d'Aroche. La plupart des villages sont desservis par des bus et disposent d'hébergement, ce qui rend possible d'effectuer des randonnées de plusieurs jours. Nous vous conseillons de réserver une chambre par téléphone au préalable.

La N-433, principale route entre Aracena et Aroche, traverse Galaroza, en passant à proximité de Cortegana, Fuenteheridos et Jabugo. Pour un itinéraire plus pittoresque jusqu'à Cortegana, prenez la A-470 *via* Santa Ana la Real et Almonaster la Real (non loin de Linares de la Sierra et Alájar). Plusieurs routes et chemins relient entre elles ces deux routes.

Randonnées pédestres

Renseignements. On ne trouve pas partout des cartes et des brochures sur les itinéraires de randonnée. Essayez de vous en procurer dans les offices du tourisme et les hôtels de ville.

Sur la carte schématique des *Senderos de la Sierra de Aracena y Picos de Aroche* figurent de nombreux chemins balisés dans la région, leur numéro et leurs points de départ et d'arrivée. Vous découvrirez les meilleures cartes dans la brochure *Senderismo* (qui détaille 13 itinéraires dans un rayon de 15 km autour d'Aracena), distribuée par le Centro de Turismo Rural y de Reservas à Aracena, et dans la plaquette *Senderos de Pequeño Recorrido en el Entorno de Cortegana*, diffusée par l'hôtel de ville de Cortegana (qui décrit des randonnées au départ de la ville jusqu'à Almonaster la Real, Jabugo et Aroche). Bien qu'elles datent de 1980, il n'est pas non plus inutile de disposer des fiches du SGE au 1/50 000 sur *Aracena*, *Aroche* et *Santa Olalla del Cala*, tout comme de la carte au 1/75 000, *Parque Natural Sierra de Aracena y Picos de Aroche*, publiée en 1998 par la Junta de Andalucía. Contrairement aux cartes du SGE, vous trouverez celle-ci sur place.

Itinéraires. Les combinaisons entre les différents sentiers pédestres sont infinies. En quatre ou cinq jours, vous pouvez aisément effectuer un circuit d'environ 100 km de Aracena jusqu'à Aroche, aller-retour. Un itinéraire presque entièrement à l'écart de la : Aracena, Linares de la Sierra, Alájar, Castaño del Robledo, Santa Ana la Real, Almonaster la Real, Cortegana Aroche, Jabugo, Galaroza, Fuenteheridos, Los Marines, Aracena. Reportez-vous à *Aracena* pour plus de détails sur le tronçon Aracena-Linares-Alájar. L'une des parties les plus belles, avec bois, ruisseaux et vues panoramiques, s'étend entre Aracena et Castaño del Robledo. La région de Cortegana et Aroche, moins accidentée, contraste avec la précédente. Parmi les bons itinéraires nord-sud, signalons Alájar-Fuenteheridos et Castaño del Robledo-Jabugo.

Linares de la Sierra

Sept kilomètres à l'ouest d'Aracena, sur la A-470, une route transversale de 1 km descend vers un pauvre mais pittoresque village, entouré de champs fermés par des murailles en pierres au milieu d'une vallée verdoyante où coule une rivière. Les pavés déposés à l'entrée des maisons font office de paillasson. Il est possible de se restaurer dans le **bar** de la place, à proximité de l'église.

Alájar

Bourg plus important, à 5 km à l'ouest de Linares et donnant sur la A-470, Alájar est blotti dans une vallée. Typique, ce village pavé s'est développé autour d'une église construite sur une vaste sierra.

Presqu'à l'opposé de la direction d'Alájar indiquée sur la A-470, une autre route transversale monte vers Fuenteheridos. Vous atteindrez 1 km plus loin, la **Peña de Arias Montano**, éperon où s'élève une **chapelle**, l'Ermita de Nuestra Señora Reina de los Ángeles, datant du XVIe siècle. Elle abrite une gravure de la Vierge du XIIIe siècle. Très vénérée, cette chapelle fait l'objet d'un trépidant pèlerinage les 7 et 8 septembre, lorsque les villageois d'Alájar organisent une course de chevaux jusqu'ici.

Le rocher escarpé doit son nom à Benito Arias Montano, un remarquable humaniste du XVIe siècle qui, après avoir réalisé l'une des premières cartes du monde, apprit onze langues, occupa les fonctions de confesseur, conseiller et bibliothécaire de Felipe II et à la fin de sa vie, devint prêtre de la paroisse voisine, Castaño del Robledo. Il se retirait souvent à la Peña pour méditer. D'en haut, la vue est magnifique. Les marches à l'extrémité du parking conduisent à une grotte où Felipe II se serait livré à la contemplation lorsqu'il rendait visite à Arias Montano.

L'accueillante *La Posada (☎ 959 12 57 12, Calle Médico Emilio González 2)*, près de l'église d'Alájar, propose 8 simples/doubles avec s.d.b. à 4 000/5 000 ptas plus IVA. Le restaurant sert un menu à 1 500 ptas et des plats à 700 ptas.

On peut louer des chevaux (1 000 ptas la journée) et des vélos (500/1 500 ptas l'heure/la journée) à La Posada.

Santa Ana la Real

A 7 km à l'ouest d'Alájar, Santa Ana ne présente pas d'intérêt particulier mais 1,5 km encore plus à l'ouest, à la jonction de la A-470 et de la N-435, l'*Hostal El Cruce (☎ 959 12 23 33)*, dispose de simples/doubles à 2 500/5 000 ptas et d'un restaurant.

Almonaster la Real

A 7 km à l'ouest de Santa Ana, ce pittoresque village abrite l'un des joyaux de l'architecture musulmane d'Espagne. La **mezquita** (mosquée) trône au sommet d'une colline, à 5 minutes à pied de la place centrale. Elle est normalement ouverte tous les jours de 9h30 à 20h (18h ou 19h en hiver). Si vous trouvez porte close, demandez la clé à l'hôtel de ville, sur la place (s'il est fermé, frappez à la fenêtre à droite de la porte).

La mosquée fut construite au Xe siècle. Trois siècles plus tard, les Castillans la transformèrent en église mais laissèrent sa structure islamique presque intacte. L'édifice garde aussi quelques éléments wisigoths, vestiges d'une église antérieurement érigée à cet emplacement, et même l'empreinte d'un ouvrage en pierre datant des Romains.

Sur un côté se dresse le minaret originel, une tour carrée à trois niveaux. Il est possible de le gravir pour admirer l'arène du XIXe siècle d'Almonaster, qui jouxte la mosquée. En entrant dans l'édifice, vous franchissez un authentique arc musulman en fer à cheval, ainsi qu'un linteau wisigoth gravé d'une croix et de deux fleurs de lis. L'intérieur ressemble à une réplique miniature de la grande Mezquita de Córdoba, avec ses rangées d'arcs en brique soutenues par des piliers. Les chapiteaux des deux colonnes à l'extrémité de la première rangée, à gauche en entrant, et celui de la seconde datent de l'époque romaine. Du côté est, le *mihrab* (renfoncement réservé à la prière) semi-circulaire indique la direction de La Mecque. Les chrétiens ajoutèrent une abside romantique au nord, là où les éléments brisés d'un autel wisigoth, gravé d'une colombe et d'ailes d'anges, ont été rassemblés.

Dans le village, ne manquez pas l'église mudéjare en brique et en pierre. Située sur la Placeta de San Critóbal, l'**Iglesia de San Martín** possède un portail du XVIe siècle de style portugais manuelin, absolument unique dans la région.

La ***Casa García*** *(☎ 959 14 31 09, Avenida San Martín 4)*, à l'entrée du village en arrivant par la A-470, propose des doubles sans/avec s.d.b. à 3 000/5 000 ptas plus IVA. L'*Hostal La Cruz (☎ 959 14 31 35,*

cours de conversion de l'euro 1 000 ptas = 6,01 €

OUEST D'ARACENA

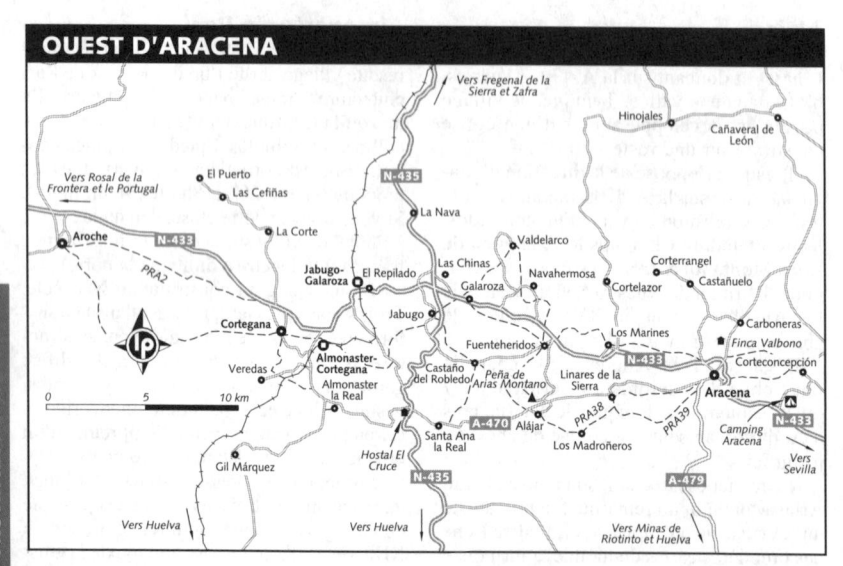

Plaza El Llano 8) dispose de quelques doubles avec douche/s.d.b à 3 000/3 700 ptas plus IVA. Les deux établissements possèdent un restaurant.

Cortegana
Comptant 5 000 habitants, Cortegana, à 6 km au nord-ouest d'Almonaster La Real, figure parmi les localités les plus importantes de la région.

Ouvert du lundi au vendredi de 10h à 13h30, l'hôtel de ville (Plaza de la Constitución) distribue une brochure très utile sur les itinéraires de randonnée depuis la ville.

On peut accéder en voiture au **château** du XIIIe siècle juché sur la colline. A côté du château, la **Capilla de Nuestra Señora de la Piedad**, datant du XVIe siècle, comporte d'étonnantes fresques modernes représentant des anges souriant avec douceur. Le château est normalement ouvert de 10h à 14h et de 17h à 19h, tous les jours sauf le lundi. Il présente une exposition sur les fortifications médiévales du nord de la province de Huelva, qui constituait une zone frontalière importante entre Sevilla et le Portugal. La chapelle est ouverte de 9h à 13h et de 15h30 à 18h30 en semaine ; de 9h30 à 13h et de 16h à 18h30 le week-end.

Dans le village, l'**Iglesia del Divino Salvador**, Plaza del Divino Salvador, édifice de pierre et de brique au clocher pointu, mérite le détour.

Les possibilités d'hébergement se limitent à la ***Pensión Cervantes*** *(☎ 959 13 15 92, Calle Cervantes 27B)*, près de la Plaza de la Constitución, où les doubles sans s.d.b. coûtent 2 700 ptas, plus IVA.

Aroche
Depuis Cortega, la N-433 et le chemin PRA2 longent vers l'ouest sur 12 km une large vallée qui abrite le sympathique petit bourg d'Aroche, à 10 km de la frontière portugaise.

Le **castillo** d'Aroche, au sommet du village, fut initialement construit par les Almoravides au XIIe siècle. Plus tard, il fut transformé en arène. Il ouvre habituellement le samedi, le dimanche et les jours fériés de 10h à 14h et de 17h à 19h. Les autres jours, vous pouvez demander un guide pour vous accompagner à la Casa Consistorial (hôtel de ville), Plaza de Juan

Carlos I (la place centrale) ou bien à la Cafetería Lalo, en montant les marches à côté de la Casa Consistorial.

Juste en dessous du château, la grande **Iglesia de Nuestra Señora de la Asunción**, de style gothico-mudéjar, est agrémentée d'un portail Renaissance. Le **Museo del Santo Rosario**, juste avant le parking en arrivant de la N-433, possède une riche collection comptant plus de mille chapelets venant des quatre coins du monde, dont des donations de célébrités.

A l'*Hostal Picos de Aroche (☎ 959 14 04 75, Carretera de Aracena 12)*, sur la route qui monte en ville depuis la N-433, les doubles avec s.d.b. valent 5 000 ptas. Installée Calle Ordóñez Váldez, un peu plus haut et près de la même route, la *Pensión Romero (☎ 959 14 00 22)*, loue des simples/doubles avec s.d.b. pour seulement 1 000/2 000 ptas. Vous dégusterez d'excellentes tapas (entre 125 et 200 ptas) au *Centro Cultural Las Peñas*, Calle Real.

Jabugo

Tout au sud de la N-433, 10 km à l'est de Cortegana, Jabugo (2 600 habitants) est célèbre dans tout le pays pour son *jamón ibérico* (voir l'encadré *Suspends un jambon* dans le chapitre spécial *L'Andalousie à table*).

Ce village est le principal centre de traitement des jambons des sierras de Huelva. Toute une rangée de bars et de restaurants le long de la Carretera San Juan del Puerto, du côté est du village, vous fera goûter ce qui est considéré comme le meilleur jambon du pays. A la **Mesón Cinco Jotas,** appartenant au plus grand producteur, Sánchez Romero Carvajal, une media-ración du meilleur jambon, le *cinco jotas* (5Js), vous reviendra à 1 100 ptas. Vous pouvez aussi commander un cinco jotas et des œufs aux plats (1 500 ptas). Dans les bars, le *bocadillo* (sandwich) de jamón de qualité coûte 700 à 800 ptas. Dans les magasins, le kilo de jamón (à emporter) revient entre 3 000 et 5 000 ptas. Demandez le *jamón ibérico de bellota* (jambon de porc ibérique exclusivement nourri de glands), objet de tant de convoitise. Un jambon entier pèse généralement entre 7 et 8 kg.

Mis à part sa spécialité charcutière, Jabugo présente peu d'intérêt. La *Pensión Aurora (☎ 959 12 11 46, Calle Barca 9)* dispose de 6 chambres doubles avec s.d.b. à 4 000 ptas, plus IVA. Elle se situe entre la Carretera San Juan del Puerto et la place centrale qui s'appelle, forcément, la Plaza del Jamón.

Galaroza

Un peu plus de 1 km au nord-est de Jabugo, Galaroza est un joli bourg sans être vraiment passionnant, sauf le 6 septembre, jour où les villageois se lancent des seaux d'eau les uns sur les autres à l'occasion de la Fiesta del Jarrito. Voici trois adresses où dormir : l'*Hostal Toribio (☎ 959 12 30 73, Calle Iglesia 1)*, au centre, qui propose des chambres doubles avec s.d.b. à 3 600 ptas, plus IVA. Légèrement moins cher, l'*Hostal Venecia (☎ 959 12 30 98)* longe la N-433 et, enfin, l'*Hotel Galaroza Sierra (☎ 959 12 32 37)*, sur la N-433, à la limite occidentale du village, dispose de piscine, jardin et chambres doubles à 8 000 ptas, plus IVA.

Fuenteheridos

Juste au sud de la N-433, Fuenteheridos (700 habitants) est l'un des villages les plus pittoresques de la région. Les alentours de la vaste Plaza del Coso, où trône la Fuente de los Doce Caños (Fontaine aux douze jets), sont assez animés. En revanche, lorsque l'on se promène dans les venelles, où pousse l'herbe, qui entourent l'église du XVIIIe siècle, on est transporté dans un autre âge.

Le *Camping-Cortijo El Madroñal (☎ 959 50 12 01)*, à 1 km à l'ouest sur la route de Castaño del Robledo, est aménagé dans une ancienne forêt de châtaigniers. Il ne peut héberger que 60 personnes, au tarif de 500 ptas plus IVA par adulte, par tente et par voiture. La *Pensión Carballos (☎ 959 12 51 08, Calle Fuente 16)*, entre la Plaza del Coso et l'église, propose des doubles sans s.d.b. à 2 800 ptas. A proximité de la N-433, la *Villa Turística Fuenteheridos (☎ 959 12 52 02)* rassemble des bungalows que l'on peut louer pour

cours de conversion de l'euro 1 000 ptas = 6,01 €

11 000/15 000 ptas plus IVA (2/4 personnes). Cette agréable résidence s'agrémente d'une piscine, d'un restaurant et d'un café.

Plusieurs restaurants et bars sont installés autour de la Plaza del Coso.

Castaño del Robledo
De ce petit village modeste, sur une route reliant Fuenteheridos et la N-435, se dégage une atmosphère médiévale. Ses deux grandes églises sont très délabrées et les tuiles des toits portent le poids du temps.

Vous trouverez quelques bars sur la Plaza del Álamo, derrière l'Iglesia de Santiago el Mayor, l'église au clocher le plus pointu.

Comment s'y rendre
Bus. Casal (☎ 959 12 81 96) assure des départs depuis Sevilla (Plaza de Armas) et Aracena vers de nombreux villages. Au moment de la rédaction de ce guide, deux bus quotidiens (sauf dimanche) faisaient la navette entre Aracena et Cortegana (340 ptas) *via* Linares de la Sierra, Alájar, Santa Ana la Real et Almonaster la Real. L'un des bus continuait jusqu'à Aroche et l'autre desservait Sevilla, aller-retour. Chaque jour, quatre autres bus assurent la liaison Aracena-Cortegana dans les deux sens, *via* Fuenteheridos, Galaroza et Jabugo. Deux, ou trois, poursuivent jusqu'à Aroche et Rosal de la Frontera et deux autres gagnent Sevilla, et retour.

Du lundi au vendredi, Damas assure deux liaisons quotidiennes dans chaque sens entre Huelva et Almonaster La Real, Cortegana et Aroche (1 000 ptas). Il n'y a qu'une desserte le samedi.

Train. Deux trains quotidiens circulent depuis Huelva jusqu'aux gares d'Almonaster-Cortegana (760 ptas) et Jabugo-Galaroza (835 ptas) et retour (environ deux heures de trajet). Ils ont leur terminus en Extremadura, respectivement à Fregenal de la Sierra et à Zafra. La gare Almonaster-Cortegana est à 1 km de la route Almonaster-Cortegana, à mi-chemin entre les deux villages.

La gare de Jabugo-Galaroza se trouve à El Repilado, sur la N-433, à 4 km à l'ouest de Jabugo.

Provincia de Cádiz

La province de Cádiz (**cad**-i, ou même juste **ca**-i) s'étend de l'embouchure du Río Guadalquivir au détroit de Gibraltar et aux montagnes pluviales de la Sierra de Grazalema à l'intérieur des terres. Ses principaux attraits sont l'ancien port de Cádiz, le triangle des villes productrices de xérès (Jerez de la Frontera, Sanlúcar de Barrameda et El Puerto de Santa María), les longues plages de sable de l'Atlantique encore peu développées, le long de la Costa de la Luz (côte de Lumière), et la magnifique et verdoyante Sierra de Grazalema parsemée de villes et de villages isolés, d'une éclatante blancheur.

La prolifération des lieux appelés "de la Frontera" remonte à l'époque de la Reconquista (Reconquête). Si la Castilla prit la plus grande partie de l'actuelle province de Cádiz aux musulmans au XIIIe siècle, le Sud continua d'être attaqué par les Mérénides du Maroc, tandis que s'étendait à l'est l'Émirat de Granada. Pendant plus de deux siècles, cette région resta l'une des *fronteras* (frontières) marquant la limite avec la terre chrétienne. Au milieu du XIVe siècle, le roi Alfonso XI proposa de gracier les meurtriers et les criminels qui viendraient dans le Sud servir un an et un jour dans son armée. Aujourd'hui encore, la région est demeurée sauvage, avec des côtes balayées par le vent, de grande étendues de massifs montagneux à peine peuplés et d'immenses ranchs dans les plaines où sont élevés des taureaux de combat réputés.

CÁDIZ
Code postal 11080 • 155 000 hab.

Peu de gens pensent à Cádiz lorsqu'ils citent les grandes villes d'Andalousie, bien que ce port soit aussi célèbre et ancien que la plupart d'entre elles. La raison en est qu'elle se situe à l'extrémité d'une péninsule, aussi proche des océans et des continents lointains que de son propre pays, sans empreinte des Maures ou de la Reconquista.

Une fois traversés les tristes marécages de la côte, puis l'agglomération industrielle

A ne pas manquer

- Visitez Tarifa, ancienne ville maure à l'extrême sud de l'Espagne, l'un des meilleurs spots de planche à voile d'Europe
- Explorez Cádiz, ville portuaire historique, dans une ambiance de fête
- Découvrez Jerez de la Frontera, haut lieu du xérès, des chevaux et du flamenco
- Dégustez un succulent dîner de fruits de mer au coucher du soleil sur el Río Guadalquivir à Sanlúcar de Barrameda
- Arpentez les paisibles forêts de chênes-lièges du Parque Natural Los Alcornocales
- Parcourez la côte atlantique, ses longues plages de sable fin et ses villages à l'atmosphère décontractée

tentaculaire et sinistre des alentours de Cádiz, vous déboucherez dans une ville à la grandeur déchue, qui date en majeure partie du XVIIIe siècle, coincée au bout d'une longue péninsule, telle un gigantesque navire de haute mer où s'entasseraient les passagers. Les habitants de Cádiz, que l'on appelle les *gaditanos*, constituent dans leur ensemble une foule modeste et tolérante, dont le principal souci est de prendre la vie du bon côté – que ce soit en restant très tard dehors pour profiter de la fraîcheur nocturne

Provincia de Cádiz – Cádiz

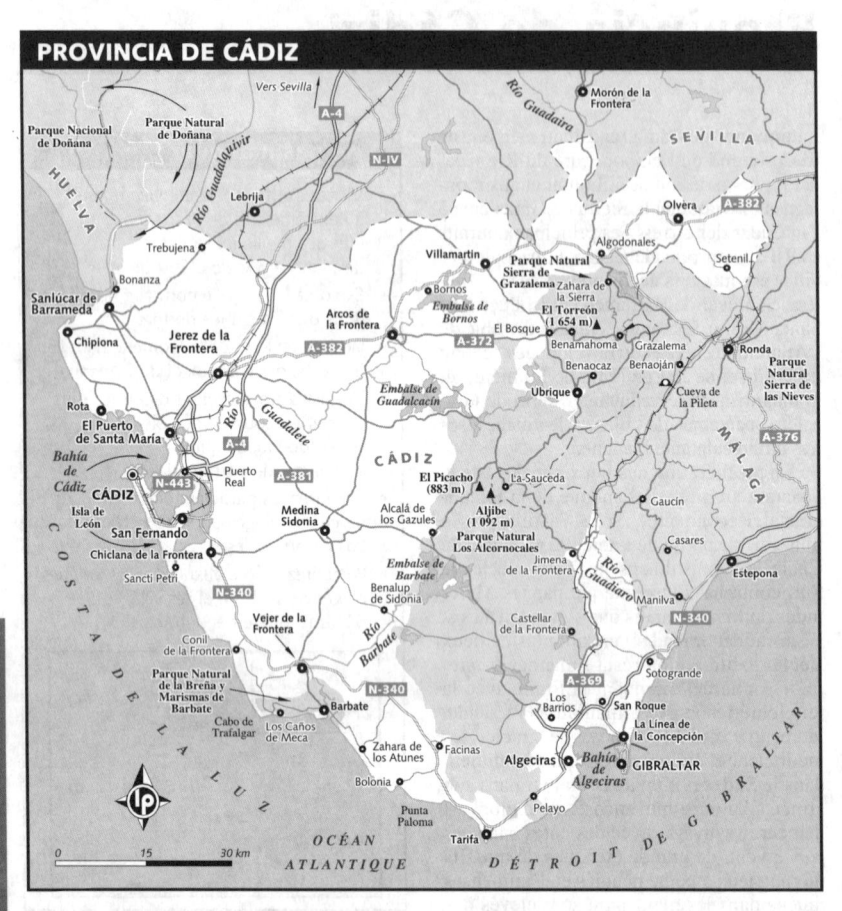

PROVINCIA DE CÁDIZ

pendant les mois d'été étouffants ou en s'offrant le *carnaval* le plus exubérant d'Espagne au printemps (pour plus de détails, reportez-vous au chapitre *Renseignements pratiques*). Cádiz déplore le taux de chômage le plus élevé du pays (entre 36 et 40%), en partie en raison du déclin des chantiers navals et de l'industrie de la pêche.

Histoire

Cádiz pourrait être la plus ancienne ville d'Europe. La tradition veut qu'elle ait été fondée en 1100 av. J.C. par les Phéniciens, qui l'appelaient Gadir et faisaient le commerce de l'ambre de la Baltique et de l'étain britannique aussi bien que de l'argent des mines de la région. Elle servit ensuite de base navale aux Romains, qui ne tarissaient pas d'éloges sur les délices culinaires, musicales et sensuelles de la ville, puis retomba dans l'oubli jusqu'en 1262, date à laquelle elle fut prise aux Maures par Alfonso X.

Cádiz commença à prospérer au moment de la découverte de l'Amérique. C'est en effet de ce port que Christophe Colomb s'embarqua lorsqu'il entreprit ses deuxième et quatrième voyages. La ville attira également les ennemis du royaume espagnol. En 1587, l'Anglais Sir Francis Drake "roussit la barbe du roi d'Espagne" en lançant une attaque du port, qui entraîna la dispersion de la fameuse Armada. Un peu plus tard, en 1596, les assaillants anglo-hollandais incendièrent presque entièrement la ville.

Cádiz connut son âge d'Or au cours du XVIIIe siècle, pendant lequel elle profita de 75% du commerce espagnol avec les Amériques. Devenue la ville la plus riche et la plus cosmopolite d'Espagne, elle donna naissance à la première bourgeoisie progressiste et libérale du pays. La plupart des beaux monuments de la ville datent de cette époque.

Les guerres napoléoniennes ramenèrent les navires de guerre britanniques, qui firent le blocus de la ville et la bombardèrent, puis anéantirent la flotte espagnole à la bataille de Trafalgar, tout proche, en 1805. Après le retournement de l'Espagne contre Napoléon en 1808, Cádiz fut une des rares villes à ne pas tomber aux mains des Français en résistant à deux années de siège à partir de 1810.

Pendant ce temps, un Parlement national fut organisé. Cette assemblée, plus ou moins libérale, adopta la Constitution espagnole de 1812, proclamant la souveraineté du peuple et plantant le décor pour un siècle de luttes entre libéraux et conservateurs.

La perte des colonies d'Amérique précipita Cádiz vers un déclin dont elle ne s'est pas encore tout à fait relevée.

Orientation

Les nombreuses plazas procurent d'agréables espaces de fraîcheur entre les rues enchevêtrées de la vieille ville. De la Plaza de San Juan de Dios, à l'est de la vieille ville, la Calle Nueva, qui devient la Calle San Francisco, mène au nord-ouest vers une autre grande place, la Plaza de Mina. La gare ferroviaire est située à l'est de la vieille ville, tout près de la Plaza de Sevilla, tandis que la principale gare routière de la ligne Comes se trouve à 800 m au nord sur la Plaza de la Hispanidad. Le port principal s'étend entre les deux.

Les Puertas de Tierra (Portes de la terre) du XVIIIe siècle marquent la limite est de la vieille ville. La Cádiz moderne s'étale dans la seule direction possible, à savoir vers l'intérieur de la péninsule.

Renseignements

L'office du tourisme municipal (☎ 956 24 10 01), Plaza San Juan de Dios 11, est ouvert du lundi au vendredi de 9h à 14h et de 17h à 20h. Le week-end, un kiosque est à votre disposition sur la place de 10h à 13h30 et de 16h à 18h30 (de 17h à 19h30 en été). Bien documenté, l'office du tourisme régional (☎ 956 21 13 13), Calle Calderón de la Barca 1, ouvre du mardi au vendredi de 9h à 19h et du samedi au lundi de 9h à 14h.

Des banques équipées de distributeurs automatiques sont regroupées dans l'Avenida Ramón de Carranza et la Calle San Francisco, au nord-ouest de la Plaza San Juan de Dios. La poste principale est située sur la Plaza de Topete. La Policía Local (☎ 092 en cas d'urgence) possède un commissariat dans le Campo del Sur s/n. Le principal hôpital est la Residencia Sanitaria (☎ 956 27 90 11), à 2,25 km au sud-est des Puertas de Tierra, Avenida Ana de Viya 21.

Torre Tavira

La plus haute et la plus importante des anciennes tours de guet de la ville, Calle Marqués del Real Tesoro 10, offre un point de vue idéal pour se repérer et admirer le panorama. Une camera obscura projette des images animées de la ville sur un écran (toutes les demi-heures). Au XVIIIe siècle, Cádiz ne comptait pas moins de 160 tours chargées de surveiller les ports. La Torre Tavira (☎ 956 21 29 10) est ouverte tous les jours de 10h à 20h de la mi-juin à la mi-septembre (jusqu'à 18h le reste de l'année). L'entrée coûte 500 ptas.

Plaza de Topete

A quelques rues au sud-est de la Torre Tavira, cette place est l'une des plus animées de Cádiz. Remplie de stands de fleurs, elle se situe juste à côté du grand Mercado Central (marché central) couvert. La place est encore communément appelée par son ancien nom, Plaza de las Flores (place des Fleurs).

cours de conversion de l'euro 1 000 ptas = 6,01 €

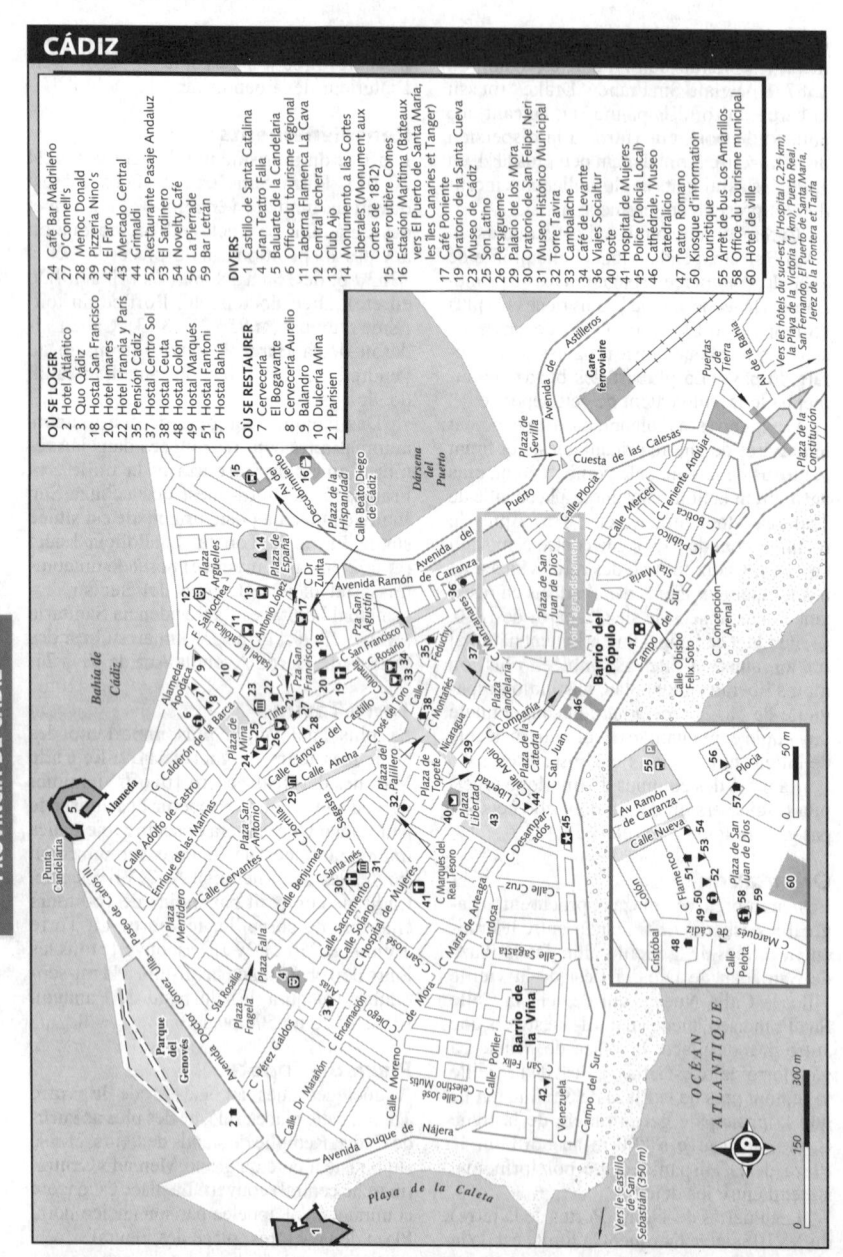

CÁDIZ

OÙ SE LOGER
2 Hotel Atlántico
3 Quo Qádiz
18 Hostal San Francisco
20 Hotel Imares
22 Hotel Francia y París
35 Pensión Cádiz
37 Hostal Centro Sol
38 Hostal Ceuta
48 Hostal Colón
49 Hostal Marqués
51 Hostal Fantoni
57 Hostal Bahía

OÙ SE RESTAURER
7 Cervecería
8 El Bogavante
    Cervecería Aurelio
9 Balandro
10 Dulcería Mina
21 Parisien
24 Café Bar Madrileño
27 O'Connell's
28 Menoc Donald
39 Pizzeria Nino's
42 El Faro
43 Mercado Central
44 Grimaldi
52 Restaurante Pasaje Andaluz
53 El Sardinero
54 Novelty Café
56 La Pierrade
59 Bar Letrán

DIVERS
1 Castillo de Santa Catalina
4 Gran Teatro Falla
5 Baluarte de la Candelaria
6 Office du tourisme régional
11 Taberna Flamenca La Cava
12 Central Lechera
13 Club Ajo
14 Monumento a las Cortes Liberales (Monument aux Cortes de 1812)
15 Gare routière Comes
16 Estación Marítima (Bateaux vers El Puerto de Santa María, les Iles Canaries et Tanger)
17 Café Poniente
19 Oratorio de la Santa Cueva
23 Museo de Cádiz
25 Son Latino
26 Persigueme
29 Palacio de los Mora
30 Oratorio de San Felipe Neri
31 Museo Histórico Municipal
32 Torre Tavira
33 Cambalache
34 Café de Levante
36 Viajes Socialtur
    Catedralico
40 Poste
41 Hospital de Mujeres
45 Police (Policía Local)
46 Cathédrale, Museo Catedralico
47 Teatro Romano
50 Kiosque d'information touristique
55 Arrêt de bus Los Amarillos
58 Office du tourisme municipal
60 Hôtel de ville

Vers les hôtels du sud-est, l'Hospital (2,25 km), la Playa de la Victoria (1 km), Puerto Real, San Fernando, Chiclana, El Puerto de Santa María, Jerez de la Frontera et Tarifa

Hospital de Mujeres

Le véritable intérêt de l'ancien hôpital pour femmes, datant du XVIIIe siècle, de la Calle Hospital de Mujeres, est sa chapelle (capilla), ouverte du lundi au vendredi de 10h à 13h. Richement décorée, comme nombre d'églises de Cádiz datant du siècle d'Or, elle abrite le tableau *Extasis de San Francisco* (Extase de saint François) du peintre El Greco, qui montre le saint à la robe grise faisant l'expérience d'une vision mystique. L'entrée revient à 100 ptas.

Museo Histórico Municipal

Le musée municipal d'Histoire (☎ 956 22 17 88), Calle Santa Inés 9, renferme une grande maquette très détaillée de la ville, réalisée en acajou et en marbre pour Carlos III, qui date du XVIIIe siècle et mérite à elle seule une visite. Le musée ouvre du mardi au vendredi de 9h à 13h et de 16h à 19h (de juin à septembre de 17h à 20h), et le samedi et le dimanche de 9h à 13h. Entrée libre.

Oratorio de San Felipe Neri

Un peu plus loin dans la Calle Santa Inés, c'est l'une des plus belles églises baroques de Cádiz, qui fut aussi le lieu de réunion du Parlement de 1812. L'intérieur, d'une forme ovale inhabituelle, abrite un superbe dôme. Un des chefs-d'œuvre de Murillo, une Inmaculada Concepción de 1680, occupe la place d'honneur dans le retable principal. L'oratoire est ouvert du lundi au samedi de 10h à 13h30 (150 ptas).

Calle Ancha

Environ deux rues à l'est de l'Oratorio de San Felipe Neri se trouve la Calle Ancha, qui était l'artère principale de Cádiz à la fin du XVIIIe siècle et au début du XIXe siècle. Ses cafés et ses bars accueillirent nombre de réunions et de débats officieux des membres du Parlement de 1812. Le **Palacio de los Mora**, au n°28-30, l'une des demeures les plus somptueuses de la ville, est construit dans le style éclectique isabélin du milieu du XIXe siècle. Il était fermé pour reconstruction lors de la rédaction de cet ouvrage.

Oratorio de la Santa Cueva

Cette église néoclassique de 1780, attenante à l'Iglesia del Rosario dans la Calle Rosario, est un édifice en deux parties : l'austère Capilla Baja en sous-sol offre un contraste saisissant avec la Capilla Alta supérieure, de forme ovale et richement décorée. Trois des huit arches de la Capilla Alta encadrent des peintures de Goya – la Multiplication des pains, l'Invité au mariage et la Cène. L'église se visite du lundi au vendredi de 10h à 13h. Entrée libre.

Museo de Cádiz

Le plus grand musée de Cádiz (☎ 956 21 22 81) est situé sur l'une des places les plus attrayantes, la Plaza de Mina. Le département archéologique du rez-de-chaussée s'enorgueillit de posséder deux sarcophages phéniciens en pierre blanche sculptés de forme humaine. Il renferme également de beaux bijoux phéniciens, de la vaisselle romaine et de nombreuses statues romaines sans tête – ainsi que celle de l'empereur Trajan, avec sa tête, de Baelo Claudia (voyez la rubrique *Bolonia* plus loin dans ce chapitre).

Un des trésors de la collection de peintures du 2e étage est le superbe ensemble composé de 21 tableaux de saints, d'anges et de moines de Zurbarán. Le musée contient aussi une salle de magnifiques figurines anciennes, qui étaient utilisées lors des représentations de théâtre de marionnettes satirique à Cádiz. Il ouvre de 14h30 à 20h le mardi, de 9h à 20h du mercredi au samedi et de 9h30 à 14h30 le dimanche. Entrée libre pour les citoyens européens, 250 ptas pour les autres visiteurs.

Promenade côtière

Une rue au nord de la Plaza de Mina aboutit sur le front de mer au nord de la ville, qui donne sur la Bahía de Cádiz et El Puerto de Santa María. De là, vous pouvez partir vers l'ouest en longeant le jardin de l'**Alameda** jusqu'au rempart **Baluarte de la Candelaria**, puis continuer vers le sud-ouest en suivant la digue jusqu'au **Parque del Genovés**, conçu, comme l'Alameda, au XIXe siècle. Du parc, l'Avenida Duque de Nájera mène au sud à la **Playa de la Caleta** (bondée en été), qui

cours de conversion de l'euro 1 000 ptas = 6,01 €

s'étend le long d'une baie entre deux forts. A l'extrémité nord de la plage, le **Castillo de Santa Catalina** en forme d'étoile, construit en 1598, fut pendant longtemps la principale citadelle de Cádiz. Des visites gratuites sont proposées du lundi au vendredi de 10h à 18h, le week-end de 10h à 13h. Tout au sud de la baie, le **Castillo de San Sebastián** est occupé par des militaires et fermé au public. De la Playa de la Caleta, vous pouvez suivre la côte vers l'est jusqu'à la cathédrale.

Cathédrale et alentours

L'histoire de la cathédrale au dôme jaune de Cádiz, Plaza de la Catedral, reflète celle de la ville entière pendant les XVIIIe et XIXe siècles. Sa construction fut décidée en 1716, en raison du transfert imminent de la Casa de la Contratación, chargée de contrôler le commerce espagnol avec les Amériques, de Sevilla à Cádiz. Cependant, la cathédrale ne fut achevée qu'en 1838, date à laquelle des éléments néoclassiques vinrent contrarier la conception baroque originale de Vicente Arturo. De plus, les fonds s'étaient taris, entraînant des réductions en termes de dimension aussi bien que de qualité. C'est néanmoins un édifice immense et impressionnant, avec peu d'ornements susceptibles de troubler la majesté de l'intérieur en marbre et en pierre, qu'illumine le dôme principal haut de 50 mètres. Le compositeur Manuel de Falla, né à Cádiz, est enterré dans la crypte. La cathédrale est ouverte aux visiteurs du lundi au samedi de 10h à 13h et de 17h30 à 19h. Juste à côté, le **Museo Catedralicio** possède plusieurs très grands et somptueux ostensoirs. Il est ouvert du mardi au samedi de 10h à 13h (500 ptas).

Un peu plus à l'est, le long du Campo del Sur, se trouvent les vestiges exhumés d'un théâtre romain, le **Teatro Romano**, qui se visite du mardi au dimanche de 11h à 13h30 (accès gratuit).

Plaza de San Juan de Dios et alentours

Le quartier délabré du **Barrio del Pópulo**, entre le Teatro Romano et la Plaza de San Juan de Dios, était le centre de Cádiz au Moyen Age, une enceinte fortifiée qui fut détruite en 1596. Ses trois portes du XIIIe siècle, l'Arco de los Blancos, l'Arco de la Rosa et l'Arco del Pópulo, ont néanmoins subsisté. La Plaza de San Juan de Dios est dominée par l'imposant hôtel de ville de style néoclassique édifié vers 1800.

Si vous recherchez un endroit frais, tranquille et luxuriant où vous reposer, vous apprécierez les bancs à l'ombre des bougainvillées de la **Plaza Candelaria** à 250 m au nord-ouest de la Plaza San Juan de Dios.

Playa de la Victoria

Cette vaste plage s'étend sur de nombreux kilomètres le long de la péninsule, face à l'océan, et commence environ à 1 km au-delà des Puertas de Tierra. Les week-ends étouffants d'été, pratiquement toute la ville semble s'y donner rendez-vous. Le bus N°1 "Plaza España-Cortadura", qui part de la Plaza de España, longe la péninsule en empruntant une rue parallèle à la plage.

La Ruta de Camarón

Dans sa ville natale de San Fernando, à 13 km au sud-est de Cádiz, suivez les traces d'El Camarón de la Isla, le légendaire chanteur de flamenco mort en 1992. Une brochure décrivant l'itinéraire est disponible à l'office régional du tourisme de Cádiz.

Cours de langues

La plus connue des écoles de langues de Cádiz est la Gadir Escuela Internacional de Español (☎/fax 956 26 05 57, gadir@arrakis.es), Calle Pérgolas 5. Deux semaines de cours intensifs (5 heures par jour) en petit groupe reviennent à 46 250 ptas en été. L'adresse postale est Apartado de Correos 31, Cádiz 11007.

Manifestations annuelles

Aucune ville d'Espagne ne célèbre le Carnaval avec autant d'exubérance que Cádiz, où il prend la forme d'une fête costumée de 10 jours (pendant lesquels on chante, on danse et on boit) qui se prolonge jusqu'au week-end suivant la fin du Mardi gras. Tout le monde – habitants de la ville et visiteurs – se déguise et l'ambiance, entretenue par la consommation d'énormes quantités d'alcool, est communicative. Des groupes costumés, les *murgas,* envahissent la ville à pied ou sur des chars pour interpréter des chansonnettes drôles et satiriques, danser et jouer des sketches. Outre les quelque 300 murgas reconnues officiellement et récompensées par un jury dans le Gran Teatro Falla, des *ilegales* se joignent à la fête – groupes anonymes de personnes ayant envie de descendre dans les rues et de s'essayer à jouer de la musique ou à chanter.

Quelques-uns des spectacles les plus animés se déroulent dans le quartier ouvrier du Bario de la Viña, entre le Mercado Central et la Playa de la Caleta, ainsi que dans la Calle Ancha et la Calle Columela, où les ilegales aiment à se rassembler.

Pendant le Carnaval, les chambres de Cádiz sont réservées des mois à l'avance. Sinon, vous pourrez passer la nuit à vous amuser, avant de vous en retourner à Sevilla ou tout autre lieu de séjour. Beaucoup de gens le font – la plupart dans des tenues des plus extravagantes.

Où se loger – petits budgets
Auberges de jeunesse. L'excellente auberge de jeunesse indépendante de Cádiz ***Quo Qádiz*** *(☎/fax 956 22 19 39, Calle Diego Arias 1)* est installée dans une maison ancienne restaurée, une rue au sud du Gran Teatro Falla (voyez la rubrique *Où sortir* plus loin dans ce chapitre). D'agréables dortoirs et chambres particulières occupent plusieurs étages surmontés d'une vaste terrasse sur le toit. Un lit en dortoir coûte 1 000 ptas, une simple/double 2 100/3 200 ptas. En période d'affluence, les tarifs s'élèvent à 2 000 ptas par personne. Tous ces prix comprennent un petit déjeuner correct. Des plats végétariens sont servis au dîner (550 ptas). Les dynamiques propriétaires organisent des excursions sur les plages de la côte, dans les montagnes de la province de Cádiz et même au Maroc.

Hostales et pensiones. Les établissements les moins chers sont regroupés au nord-ouest de la Plaza de San Juan de Dios. Une des bonnes adresses est l'accueillant ***Hostal Fantoni*** *(☎ 956 28 27 04, Calle Flamenco 5).* Tenue par une famille, cette maison ancienne est pourvue d'une terrasse sur le toit où il fait bon prendre l'air en été. Elle propose des simples/doubles très propres et rénovées à 2 000/3 700 ptas et des doubles avec s.d.b. à 5 500 ptas. L'***Hostal Marqués*** *(☎ 956 28 58 54, Calle Marqués de Cádiz 1)* offre des chambres un peu défraîchies, mais propres, toutes avec balcon, à 2 000/3 500 ptas, et des doubles avec s.d.b. à 4 500 ptas. Plus moderne, l'***Hostal Colón*** *(☎ 956 28 53 51, Calle Marqués de Cádiz 6)* loue des doubles à 4 000 ptas.

Un peu plus loin au nord-ouest, la ***Pensión Cádiz*** *(☎ 956 28 58 01, Calle Feduchy 20)* est un établissement très apprécié où les chambres avec s.d.b. commune coûtent 2 000/4 000 ptas. Tout proche, l'***Hostal Ceuta*** *(☎ 956 22 16 54, Calle Montañés 7)* dispose de doubles correctes avec s.d.b. à 3 500 ptas.

Propre, mais sommaire, l'***Hostal San Francisco*** *(☎/fax 956 22 18 42, Calle San Francisco 12),* un peu plus loin dans la vieille ville, constitue également un bon choix. Les chambres valent 2 500/4 250 ptas, les doubles avec douche 5 850 ptas. De l'autre côté de la rue, le sympathique ***Hotel Imares*** *(☎ 956 21 22 57, Calle San Francisco 9)* possède des chambres étouffantes, et quelque peu nauséabondes, donnant sur l'intérieur et d'autres claires et bien aérées ouvrant sur la rue. Celles avec s.d.b. sont facturées 3 600/5 800 ptas.

Où se loger – catégorie moyenne
Tout près de la Plaza de San Juan de Dios, l'***Hostal Bahía*** *(☎ 956 25 90 61, fax 956 25 42 08, Calle Plocia 5)* possède des simples/doubles confortables avec clim. et TV à 6 400/8 300 ptas. Propre, accueillant et bien géré, l'***Hostal Centro Sol*** *(☎ 956 28 62 41, fax 956 28 31 03, Calle Manzanares 7),* installé trois rues au nord, offre des petites chambres avec s.d.b. à 4 500/6 500 ptas. Le propriétaire parle français. Plus grand (57 chambres) et plus luxueux, l'***Hotel Francia y París*** *(☎ 956 21 23 18, fax 956 22 23 48, Plaza San Francisco 2)* facture ses chambres à 8 080/10 100 ptas, plus IVA.

cours de conversion de l'euro 1 000 ptas = 6,01 €

Les autres établissements de cette catégorie sont implantés en dehors de la vieille ville. L'*Hotel Regio II* (☎ *956 25 30 08, fax 956 25 30 09, Avenida de Andalucía 79*) et l'*Hotel Regio* (☎ *956 27 93 31, fax 956 27 91 13, Avenida Ana de Viya 11*) sont tous deux sur la route principale qui longe la péninsule, respectivement à 1,5 km et 2 km des Puertas de Tierra. Comptez 9 500 ptas plus IVA pour une double.

Où se loger – catégorie supérieure

Le parador moderne *Hotel Atlántico* (☎ *956 22 69 05, fax 956 21 45 82, Avenida Duque de Nájera 9*) est situé sur le front de mer près du Parque del Genovés. Les chambres coûtent 12 500/15 000 ptas plus IVA.

A l'extérieur de la vieille ville, à 750 m au sud-est des Puertas de Tierra, le vaste et élégant *Hotel Puertatierra* (☎ *956 27 21 11, fax 956 25 03 11, Avenida de Andalucía 34*) dispose de doubles à 17 500 ptas plus IVA. Sur le front de mer, à 1,5 km au sud-est, l'*Hotel Meliá Caleta* (☎ *956 27 94 11, fax 956 25 93 22, Avenida Amilcar Barca s/n*) loue des doubles à 17 000 ptas plus IVA. Le meilleur établissement et le plus grand avec ses 188 chambres, l'*Hotel Playa Victoria* (☎ *956 27 54 11, fax 956 26 33 00, Glorieta Ingeniero La Cierva 4*), se trouve 400 m plus loin sur le front de mer. Les doubles valent 19 000 ptas plus IVA.

Où se restaurer

Barrio de la Viña. C'est dans cet ancien quartier de pêcheurs, à 600 m environ à l'ouest de la cathédrale, qu'est installé *El Faro (Calle San Felix 15)*, le restaurant de fruits de mer le plus réputé de Cádiz en raison de sa carte extraordinaire – et de ses prix en conséquence. Cependant, le bar attenant sert d'excellentes tapas de fruits de mer entre 190 et 225 ptas. Nous avons apprécié les *frituritas de bechamel con espinacas y gambas* (beignets de crevettes et d'épinards à la sauce béchamel). Pour environ 1 100 ptas, vous y dégusterez une *ración* (portion de tapas équivalant à un plat) de poisson frit, tous les jours de 12h à 16h30 et de 20h à 24h.

Entre le marché et le front de mer, avec une salle décorée de vieilles photos de Cádiz, le *Grimaldi (Calle Libertad 9)* est une autre bonne adresse de fruits de mer. La plupart des plats avoisinent 1 000 ptas.

Plaza de San Juan de Dios. Cette place centrale offre un immense choix. Le *Bar Letrán* propose des *platos combinados* (assortiments de plats) entre 550 et 1 000 ptas et des *menús* (repas à prix fixe semblables à nos menus) à partir de 1 000 ptas. Le *Restaurante Pasaje Andaluz* affiche des menus et plats de résistance à partir de 950 et 550 ptas. Très courue, la table d'*El Sardinero* est meilleure, mais l'addition presque deux fois plus élevée (les plats débutent à 1 000 ptas, le menu coûte 1 450 ptas).

A quelques pas vers l'est, le *Novelty Café* est un endroit agréable pour prendre un petit déjeuner léger, un gâteau ou un encas. *La Pierrade (Calle Plocia 2)*, une rue derrière la place, sert un menu à 1 200 ptas, pain et vin compris, qui peut comporter des *mejillones* (moules) *al roquefort* ou une *brocheta de cordero* (agneau rôti). On y parle français.

Plaza de Mina. Le *Café Bar Madrileño* a composé une carte extrêmement variée à des prix raisonnables : tapas à environ 200 ptas, salades à partir de 350 ptas, raciones de légumes ou de fruits de mer à partir de 600 ou 800 ptas, menu à 900 ptas. La *Dulcería Mina (Calle Antonio López 2)*, qui confectionne de bonnes pâtisseries et d'excellents sandwiches de baguette, est une bonne adresse pour le petit déjeuner (thé/café, jus de fruit et *tostada* – pain grillé) à 300 ptas et les œufs au bacon à 450 ptas.

Du côté nord de la place, il est difficile de résister aux alléchantes tapas de fruits de mer de la *Cervecería Aurelio (Calle Zorrilla 1)*. Goûtez au *cazón en adobo* (roussette marinée et frite, 175 ptas). Au bout de la rue, profitez de la vue sur la baie depuis la *Cervecería El Bogavante* en dégustant de délicieux œufs brouillés aux crevettes et aux asperges (900 ptas), une grosse salade (600 ptas) ou un plat de poisson ou de viande (entre 900 et 1 200 ptas).

Un peu plus à l'est, le ***Balandro** (Alameda Apodaca 22)* surplombe la mer depuis sa terrasse et sa salle en étage. Il est très apprécié tout au long de l'année pour sa bonne cuisine, ses prix modérés et sa vaisselle ancienne. Essayez le *pan horneado*, sorte de pizza garnie de saumon fumé, d'anchois et de fromage (900 ptas). Le plat est suffisamment copieux pour deux si vous prenez une salade. Les raciones de poisson et de viande débutent à 975 ptas. Les desserts ont l'air délicieux. L'établissement est fermé le dimanche soir et le lundi.

Plaza de Topete. Calle Columela, tout près de la place, la *Pizzeria Nino's* prépare de savoureuses pizzas et des pâtes à partir de 740 et 625 ptas, ou des plats tex-mex et des hamburgers dans les mêmes prix. A proximité, le *Mercado Central* vend, entre autres, des *churros* (beignets de forme allongée), que vous pouvez déguster au petit déjeuner avec un chocolat chaud dans l'un des cafés voisins.

Plaza San Francisco. Le *Parisien*, dont les tables sont installées sur la place en face de l'église, parfait pour prendre un verre à n'importe quel moment de la journée, sert des petits déjeuners à partir de 250 ptas. A côté, dans la Calle Tinte, le pub irlandais ***O'Connell's*** propose bières et plats irlandais, notamment des pommes de terre au four garnies. A l'angle de la Calle Sagasta, le ***Menoc Donald*** est le *must* du quartier en matière de pizzas et hamburgers.

Où sortir

Pendant les chaudes nuits d'été, il règne une excellente ambiance sur plusieurs plazas de la vieille ville. Les bars et les cafés ne désemplissent pas jusqu'après minuit, les enfants jouent au football, font du vélo ou du skate-board, tout le monde profitant de la relative fraîcheur nocturne.

A partir de minuit, la véritable animation se concentre, l'été, sur le Paseo Marítimo, le long de la Playa de la Victoria – approximativement à 3 km des Puertas de Tierra en bas de la péninsule. Là, 300 m après le grand Hotel Playa Victoria, vous trouverez des bars avec de la musique. Quelque 350 m plus loin, la Calle Villa de Paradas rassemble une foule de joyeux fêtards qui restent debout dans la rue avec leurs *macetas* (grands gobelets en plastique) de bière vendues dans les bars alentour. La plupart d'entre eux se contentent de flâner sur la plage jusqu'à l'aube. Prendre un taxi depuis la vieille ville revient à environ 600 ptas. Jusqu'à 1h30, vous pouvez emprunter le bus N°1 (voyez plus haut le paragraphe *Playa de la Victoria*).

En hiver, les bars des rues à l'ouest de la Plaza de España (par exemple la Calle Dr Zurita) sont parmi les plus animés, et c'est sur la place elle-même que l'on se rassemble le samedi soir. Très fréquenté, le ***Club Ajo** (Plaza de España 5)* reste ouvert jusqu'à une heure tardive du jeudi (lorsqu'il programme un concert) au dimanche. Le ***Café Poniente** (Calle Beato Diego de Cádiz 18)* est une bonne adresse gay.

Dans le centre-ville, à l'angle de la Calle Tinte et de la Calle Sagasta, le ***Persígueme*** organise des concerts le jeudi soir. A côté, sur la Plaza de la Mina, le ***Son Latino*** accueille également d'excellents groupes à partir de 23h. Pour écouter du jazz, ne manquez pas le bar branché ***Cambalache** (Calle José del Toro 20)*, ou essayez l'ambiance décontractée du ***Café de Levante** (Calle Rosario 35)*.

La ***Taberna Flamenca La Cava** (☎ 956 21 18 66, Calle Antonio López 16)*, entre la Plaza de la Mina et la Plaza de España, programme un spectacle de flamenco à 22h30 le jeudi et 13h30 le dimanche.

Au nord-ouest de la vieille ville, le ***Gran Teatro Falla*** constitue la principale scène culturelle et accueille musique, danse (parfois du flamenco), cinéma et théâtre. Plus ancienne, la salle ***Central Lechera** (Plaza de Argüelles s/n)* met également à l'affiche théâtre et concerts.

Comment s'y rendre

Bus. La plupart des bus, affrétés par Comes (☎ 956 21 17 63), partent de la Plaza de la Hispanidad. Ils assurent au moins 10 liaisons quotidiennes jusqu'à Sevilla (1 385 ptas, 1 heure 45), El Puerto de Santa María, Jerez de la Frontera, Tarifa et Algeciras

cours de conversion de l'euro 1 000 ptas = 6,01 €

(1 270 ptas, 2 heures) ; 3 services quotidiens ou plus jusqu'à Arcos de la Frontera, Ronda et Málaga et une desserte quotidienne au moins en direction de Zahara de los Atunes, Córdoba et Granada.

Los Amarillos (renseignez-vous auprès de Viajes Socialtur, ☎ 956 28 58 52) font circuler chaque jour 10 bus à destination d'El Puerto de Santa María (180 ptas) et Sanlúcar de Barrameda (390 ptas), mais aussi 2 ou 3 pour Arcos de la Frontera (380 ptas), El Bosque (915 ptas) et Ubrique (1 080 ptas) depuis l'arrêt situé à l'extrémité sud de l'Avenida Ramón de Carranza. Les billets peuvent s'acheter à Viajes Socialtur, Avenida Ramón de Carranza 31.

Des bus partent pour Madrid (3 105 ptas, 6 heures) jusqu'à 6 fois par jour avec Secorbus (☎ 956 25 74 15) de la Plaza Elios, près du terrain de football de l'Estadio Ramón de Carranza, à environ 2 km au sud-est de la vieille ville.

Train. La gare (☎ 956 25 43 01) est proche de la Plaza de Sevilla et du port. Jusqu'à 20 trains de banlieue (*cercanías*) desservent chaque jour El Puerto de Santa María et Jerez de la Frontera (380 et 475 ptas, 40 minutes), et jusqu'à 12 trains régionaux (*regionales*) relient Sevilla (1 290 ptas, 2 heures), *via* les mêmes villes.

Une liaison quotidienne est assurée par 4 trains depuis/vers Córdoba (2 415 à 3 900 ptas, 3 heures), tandis que 2 trains rejoignent Madrid (8 000 ptas) et 2 autres Barcelona.

Voiture et moto. L'autoroute A-4 de Sevilla à Puerto Real, à l'est de la Bahía de Cádiz, comporte un péage de 900 ptas. Seule alternative, la N-IV, gratuite, est beaucoup plus encombrée et plus lente. Depuis Puerto Real, la N-443 traverse un pont qui enjambe la partie la plus étroite de la baie et rejoint la route du sud pour Cádiz à environ 4 km de la vieille ville.

Bateau. Reportez-vous à la rubrique *El Puerto de Santa María* plus loin dans ce chapitre pour les informations sur les dessertes de cette ville en bateau depuis Cádiz.

Deux ferries de la compagnie Vapores Suardiaz (☎ 956 28 21 11) assurent chaque jour une traversée vers Tanger. Le voyage dure 3 heures et coûte 3 900 ptas par adulte, 3 000 ptas par moto ou bicyclette et 9 900 ptas par voiture. Le billet aller-retour passager revient à 5 440 ptas.

Un ferry de la Trasmediterránea (☎ 902 45 46 45) transporte des passagers et des véhicules à destination des îles Canaries au départ de l'Estación Marítima. Il quitte Cádiz le samedi et arrive à Santa Cruz de Tenerife, Las Palmas (Gran Canaria) et Santa Cruz de la Palma (La Palma) respectivement $1^{1}/_{2}$, 2 et 3 jours plus tard. Le tarif passager aller simple se situe entre 30 515 et 55 430 ptas. La traversée est le plus souvent agitée.

Le triangle du xérès

Au nord de Cádiz, les villes de Jerez de la Frontera, Sanlúcar de Barrameda et El Puerto de Santa María sont connues dans le monde entier pour être le berceau du xérès. D'autres bonnes raisons incitent à les visiter – les plages, la musique, les chevaux, l'histoire et le tout proche Parque Nacional de Doñana.

EL PUERTO DE SANTA MARÍA
Code postal 11500 • 69 000 hab.

Une manière simple et agréable de se rendre à El Puerto (à 10 km au nord-ouest de Cádiz en traversant la Bahía de Cádiz, à 22 km par la route) consiste à prendre le ferry *Motonave Adriano III*, que l'on appelle ici *El Vapor*. Dans les années 1480, Christophe Colomb se rendit à El Puerto où le Duc de Medinaceli l'encouragea dans ses projets d'expédition. C'est ici également qu'il rencontra le propriétaire de la *Santa María*, Juan de la Cosa, qui fut son capitaine lors du voyage de 1492 et établit la première carte du monde mentionnant l'Amérique en 1500. Plus tard, El Puerto s'impliqua activement dans les échanges commerciaux avec les Amériques. Du XVIe au XVIIIe siècle, le port servit aussi de base à la flotte royale espagnole.

Orientation et renseignements

La majeure partie de la ville se trouve sur la rive nord-ouest du Río Guadalete, un peu en amont de son embouchure, bien que l'urbanisation s'étende peu à peu le long des plages vers l'est et vers l'ouest. *El Vapor* arrive en plein centre sur la jetée Muelle del Vapor, à côté de la Plaza de las Galeras Reales. La Calle Luna, l'une des artères principales, part juste en face de la jetée. L'excellent office du tourisme (☎ 956 54 24 13), Calle Luna 22, est ouvert tous les jours de 10h à 14h et de 18h à 20h (de 17h30 à 19h30 d'octobre à mai). Une autre grande rue croise la Calle Luna au niveau de l'office du tourisme, la Calle Larga, ou Calle Virgen de los Milagros. Parallèle à la Calle Luna, mais un peu plus au sud-ouest, la Calle Palacios monte jusqu'à la Plaza de España.

La gare ferroviaire est à 10 minutes à pied au nord-est du centre-ville, à côté de la route Cádiz-Jerez. Certains bus s'y arrêtent, d'autres vont jusqu'à la Plaza de Toros (les arènes), trois rues au sud-ouest de la Plaza de España.

Promenade à pied

La plupart des sites sont rassemblés entre le fleuve et la Plaza de España. Sur le Muelle del Vapor, la fontaine à quatre becs **Fuente de las Galeras Reales** approvisionnait en eau les navires qui appareillaient pour l'Amérique. En empruntant vers le sud-ouest l'Avenida Aramburu de Mora depuis la Plaza de las Galeras Reales, vous rejoindrez, vers l'intérieur, le **Castillo San Marcos**, construit par Alfonso X, après qu'il eut pris possession de la ville en 1260. Des visites guidées gratuites ont lieu le samedi entre 11h et 13h. Un peu plus loin vers l'intérieur, Calle Santo Domingo 25, la **Fundación Rafael Alberti** est dédiée au peintre, poète et homme politique Rafael Alberti (1902-1999), figure de la Génération de 27 et natif d'El Puerto (voyez *Présentation de l'Andalousie* pour plus de détails sur la Génération de 27). Le musée est ouvert de 10h30 à 14h30 du lundi au vendredi de mi-juin à mi-septembre, et de 11h à 14h30 du mardi au dimanche le reste de l'année. L'entrée coûte 300 ptas.

Taureaux sacrés

En parcourant les grandes routes d'Espagne, vous apercevrez de temps à autre la silhouette d'un gigantesque taureau noir se détacher sur l'horizon. Lorsque vous vous rapprocherez, vous réaliserez qu'il s'agit d'un simple panneau en métal, monté sur un échafaudage. Mais pour quoi faire ?

Non, ce n'est nullement un hommage silencieux rendu par les habitants de la région à la corrida, ni un panneau signalant que vous entrez dans une zone d'élevage réputée, mais une publicité pour le xérès et le cognac des établissements Osborne d'El Puerto de Santa María. Or, depuis quelques années, ces 93 *toros de Osborne*, qui pèsent chacun 50 tonnes, ont déclenché presque autant de passions que les corridas.

Pourquoi, demanderez-vous, la maison Osborne ne met-elle pas son nom sur les taureaux si son but est de faire de la publicité ? Ce fut bel et bien le cas de 1957, date à laquelle apparut le premier taureau sur la route Madrid-Burgos, à 1988. C'est alors qu'une nouvelle loi interdit les panneaux publicitaires le long des routes principales pour éviter aux conducteurs d'être distraits. Osborne laissa ses taureaux mais retira son nom, ce qui sembla satisfaire les autorités, du moins jusqu'en 1994, lorsqu'il fut question de renforcer la loi – et donc de supprimer les taureaux. Il s'ensuivit un immense tollé : les intellectuels évoquèrent la défense du patrimoine national dans les journaux, la Junta de Andalucía classa les 21 taureaux andalous monuments historiques et Osborne porta l'affaire devant les tribunaux. En 1997, la Cour suprême espagnole rendit une décision estimant que les taureaux avaient dépassé leur fonction première d'objet publicitaire et qu'ils faisaient désormais partie du paysage. Ils sont donc toujours là.

---

cours de conversion de l'euro 1 000 ptas = 6,01 €

Le xérès est fabriqué en grosse quantité dans des fûts

Entre la Fundación et la Plaza de España, le petit **Museo Municipal**, Calle Pagador 1, possède des salles d'archéologie et de peinture intéressantes. Il est ouvert du lundi au samedi de 10h à 14h (entrée libre). Construite entre le XVe et le XVIIIe siècle, l'impressionnante **Iglesia Mayor Prioral** domine la Plaza de España. Elle se visite tous les jours de 10h à 12h et de 19h à 20h30. Continuez vers l'ouest jusqu'à la **Plaza de Toros**, achevée en 1880 et d'une capacité de 15 000 personnes. On peut la visiter de 11h à 13h30 et de 18h à 19h30 du mardi au dimanche, sauf les veilles et les lendemains de corridas. L'entrée est gratuite.

Bodegas de xérès
Téléphonez au préalable si vous voulez visiter l'une ou l'autre des plus célèbres *bodegas* (caves). **Osborne** (☎ 956 85 52 11), Calle Fernán Caballero 3, propose du lundi au vendredi des visites en anglais à 10h30 et en espagnol à 11h et 12h. Chez **Terry** (☎ 956 54 36 90, 956 85 77 00), Calle Toneleros s/n, les visites se déroulent du lundi au vendredi à 9h30, 11h et 12h30. **Gutiérrez Colosía**, Avenida de la Bajamar 40, organise une visite le samedi à 13h30 pour laquelle il n'est pas nécessaire de réserver. Les tarifs sont, respectivement, de 300, 325 et 350 ptas.

Plages
La **Playa de la Puntilla**, bordée de pins, est située à une demi-heure de marche au sud-ouest du centre-ville. Elle est desservie par le bus N°26 (90 ptas) qui emprunte l'Avenida Aramburu de Mora en direction du sud-ouest. Partant du même arrêt, le bus N°35 (90 ptas) vous emmène à la **Playa Fuentebravía**, plus à l'ouest. Entre les deux plages, une marina très chic a été aménagée et baptisée, comme il se doit, **Puerto Sherry**.

Promenades en bateau
Réplique de l'un des navires de Christophe Colomb, *La Niña* (☎ 956 85 57 28), amarré au Muelle Pesquero (quai des pêcheurs), effectue des croisières tous les jours (1 000 ptas par personne).

De mi-juin, environ, jusqu'au début de septembre, *El Vapor* (☎ 956 87 02 70, ☎ 956 85 59 06) propose des excursions en soirée de 1 heure 30 dans la baie. Le départ a lieu à 21h45 du mardi au samedi (600 ptas).

Circuits organisés
Des visites guidées gratuites de la ville partent le mardi et le samedi à 11h de l'office du tourisme, Calle de Luna.

Manifestations annuelles
La Feria de la Primavera (foire de printemps) se déroule début mai. Elle est presque entièrement consacrée au xérès, dont environ 180 000 demi-bouteilles sont bues en une semaine.

Où se loger
Le *Camping Las Dunas* (☎ 956 87 22 10), juste derrière la Playa de la Puntilla, est ombragé et reste ouvert toute l'année. Comptez 565 ptas par tente et par adulte, et 485 ptas par voiture, plus IVA.

L'*Hostal Santamaría* (☎ 956 85 36 31, Calle Pedro Muñoz Seca 38), situé à cinq rues de la Calle Palacios, propose des simples/doubles propres et correctes à 1 750/3 500 ptas ou 2 000/4 000 ptas avec s.d.b. L'enseigne n'indique pas le nom de l'hôtel, mais simplement "CH" et "Camas". L'accueillant ***Hostal Manolo*** (☎ *956 85 75 25, Calle Jesús de los Milagros 18)*, à une rue derrière la Plaza de las Galeras Reales, offre des chambres un peu meilleures à des prix compris entre 2 500/4 000 ptas et 2 900/ 4 800 ptas avec douche. Installé autour d'une cour arborée, l'***Hostal Loreto*** (☎/*fax 956 54 24 10, Calle Ganado 17)*, près de la Calle Larga, à une rue au nord-est de la Calle Luna, loue des chambres à 3 000/6 000 ptas ou à 2 500/5 000 ptas avec s.d.b. commune.

Dans une catégorie bien supérieure, l'***Hotel Los Cántaros*** (☎ *956 54 02 40, los_cantaros@raini-computer.net, Calle Curva 6)*, installé deux rues derrière les restaurants Romerijo (voyez *Où se restaurer)*, dispose de 39 chambres, dont des doubles à 12 840 ptas pendant la première quinzaine de mai et de mi-juillet à mi-septembre et à 8 560 ptas le reste de l'année. Un pâté de maison derrière l'Hotel Los Cántaros, l'***Hostal Chaikana*** (☎ *956 54 29 01, fax 956 54 29 22, Calle Javier de Burgos 17)* propose des chambres confortables à 6 500/9 500 ptas plus IVA. Il est doté d'un café.

A l'***Hotel Monasterio San Miguel*** (☎ *956 54 04 40, fax 956 54 26 04, Calle Larga 27)*, un monastère du XVIIIe siècle aménagé, les simples/doubles débutent à 15 550/19 425 ptas plus IVA.

Où se restaurer

El Puerto ravira les amateurs de fruits de mer. La foule se presse au ***Romerijo***, qui possède deux enseignes dans Ribera del Marisco, à une rue au nord-est du Muelle del Vapor. On y achète des portions de fruits de mer dans des cornets de papier, à emporter ou à déguster aux tables installées dehors. L'un des Romerijo est spécialisé dans les produits cuits à l'eau, l'autre dans la friture. Tous les fruits de mer sont exposés, il n'y a qu'à faire son choix et acheter par portions de 250 grammes. Selon la quantité, comptez entre 800 et 1 200 ptas pour des crevettes ou des *puntillitas* (petits calmars) frites. Juste derrière, sur la Plaza de la Herrería, ***La Herrería*** sert de bon plats à prix corrects, dont une belle petite salade à 300 ptas et des *pinchitos morunos* (sortes de brochettes) à 500 ptas la *media-ración*.

Près du château, dans le beau bâtiment de l'ancienne halle aux poissons de l'Avenida Aramburu de Mora, le ***Restaurante El Resbaladero*** offre une salle climatisée confortable et un grand choix de poissons et de fruits de mer (prix moyens à élevés).

La ***Cafetería las Capuchinas*** *(Calle Larga 27)*, dans l'Hotel Monasterio San Miguel, dispose elle aussi d'une salle climatisée, appréciée les jours de grande chaleur. Vous pouvez prendre une boisson, un sandwich (de 400 à 900 ptas) ou un plato combinado (de 750 à 1 400 ptas).

Où sortir

Ville animée, surtout en période estivale, El Puerto fourmille de bars et autres lieux de distraction. ***El Rengue Mesón Rociero*** *(Calle Jesús de los Milagros 27)* programme des spectacles de flamenco gratuits du jeudi au samedi à 22h30. Renseignez-vous auprès de l'office du tourisme pour les autres concerts. L'animation (bars et discothèques) se concentre surtout à l'est de la ville, autour de la Playa Valdelagrana.

Comment s'y rendre

Bus. Du lundi au vendredi, des bus pour Cádiz (380 ptas) partent pratiquement toutes les demi-heures de 6h30 à 21h30 de la Plaza de Toros, et toutes les heures de 8h30 à 21h30 de la gare ferroviaire. Le week-end, les dessertes sont moins fréquentes. Il y a entre 7 et 14 liaisons quotidiennes vers Jerez de la Frontera (185 ptas) depuis la gare ferroviaire, et entre 4 et 6 depuis la Plaza de Toros. Entre 4 et 10 bus se rendent tous les jours à Sanlúcar de Barrameda (210 ptas, départ Plaza de Toros), et 2 autres à Algeciras et La Línea de la Concepción (1 400 ptas, départ de la gare ferroviaire).

Train. Depuis la gare d'El Puerto (☎ 956 54 25 85), on compte jusqu'à 35 trains chaque jour vers/depuis Jerez (à partir de 175 ptas, 10 minutes) et Cádiz (à partir de

cours de conversion de l'euro 1 000 ptas = 6,01 €

330 ptas, 30 minutes), et jusqu'à 15 trains vers/depuis Sevilla (à partir de 925 ptas).

Bateau. *El Vapor* (☎ 956 87 02 70, ☎ 956 85 59 06) part de l'Estación Marítima de Cádiz tous les jours, sauf lundi, de février à novembre à 10h, 12h, 14h, 18h30, et à 16h30 le dimanche, mais aussi tous les jours à 20h30 l'été. Les retours depuis El Puerto ont lieu à 9h, 11h, 13h, 15h30, et à 17h30 le dimanche, mais aussi tous les jours à 19h30 l'été. La traversée dure 45 minutes et l'aller simple coûte 275 ptas.

SANLÚCAR DE BARRAMEDA
code postal 11540 • 60 000 hab.

A la pointe nord du triangle du xérès et à 23 km au nord-ouest d'El Puerto de Santa María, Sanlúcar est une station de villégiature estivale prospère. Outre une atmosphère agréable, elle jouit d'une excellente situation sur l'estuaire du Río Guadalquivir, face au Parque Nacional de Doñana.

Des inquiétudes pour Doñana ont récemment entraîné la forte opposition des écologistes et des politiques au projet d'Alfonso von Hohenlohe – l'homme qui a fait venir la jet set à Marbella – de construire un country club de 2 km² avec des hôtels de luxe et des centaines d'appartements de vacances, près de Sanlúcar.

Orientation et renseignements
Sanlúcar s'étire le long de la rive sud-est de l'estuaire du Guadalquivir. L'artère principale, la Calzada del Ejército, part du Paseo Marítimo en bordure de mer et se prolonge sur 600 m vers l'intérieur des terres. A un pâté de maisons derrière l'extrémité de la Calzada se trouve la place centrale, la Plaza del Cabildo. La gare routière Los Amarillos est située sur la Plaza La Salle, à 500 m au sud-ouest de la Plaza del Cabildo, le long de la Calle San Juan.

L'ancien quartier des pêcheurs, le Bajo de Guía, qui rassemble les meilleurs restaurant de Sanlúcar et d'où partent les bateaux vers Doñana, se trouve à 750 m au nord-est le long de la rivière en partant de la Calzada del Ejército.

L'office du tourisme (☎ 956 36 61 10), vers la fin de la Calzada del Ejército, est ouvert du lundi au vendredi de 10h à 14h et de 18h à 20h (de 17h à 19h en hiver), ainsi que le samedi et les dimanche d'été de 10h à 13h.

Le Centro de Visitantes Fábrica de Hielo (☎ 956 38 16 35) à Bajo de Guía présente le Parque Nacional de Doñana sous forme d'exposition et communique toute information utile. Il est ouvert tous les jours de 9h à 19h.

Promenade à pied
Faire le tour des monuments ne prend pas longtemps dans la mesure où la plupart d'entre eux sont fermés au public. Depuis la Plaza del Cabildo, traversez la Calle Ancha vers la Plaza San Roque, puis remontez la Calle Bretones vers **Las Covachas**, un ensemble de caves à vin du XVe siècle. La

---

De Sanlúcar à Sanlúcar *via* la Terre de Feu

Lorsqu'il entreprit son troisième voyage aux Antilles en 1498, Christophe Colomb s'embarqua de Sanlúcar. Tout comme le fit, le 20 septembre 1519, un autre étranger qui naviguait sous pavillon castillan – le Portugais Ferdinand Magellan – qui partit avec cinq navires et 265 membres d'équipage pour découvrir, comme avait tenté de le faire Colomb, une route par l'ouest vers les îles et les épices d'Indonésie.

Magellan réussit la première traversée jamais réalisée *via* ce qui s'appelle désormais le détroit de Magellan, entre la Terre de Feu et le continent sud-américain, mais fut tué aux Philippines au cours d'une bataille. Lorsque son capitaine, le Basque Juan Sebastián Elcano, eut complété le premier périple autour du globe en 1522 et regagné Sanlúcar *via* le cap de Bonne-Espérance, il ne restait de l'expédition que 17 membres d'équipage et un seul navire, le *Victoria*.

Un gigantesque Toro de Osborne surgit aux abords de la route Cádiz-Tarifa

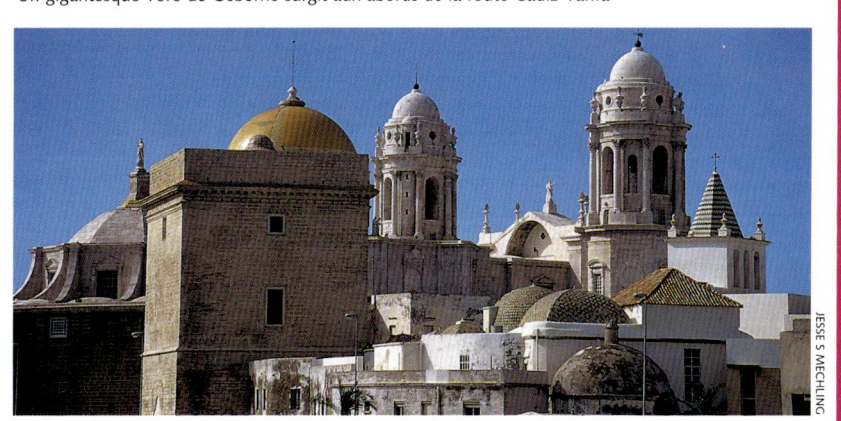

Il a fallu 100 ans pour construire la cathédrale de Cádiz, curieux mélange de styles

Haut perchée, la vieille ville d'Arcos de la Frontera domine le Río Guadalete, provincia de Cádiz

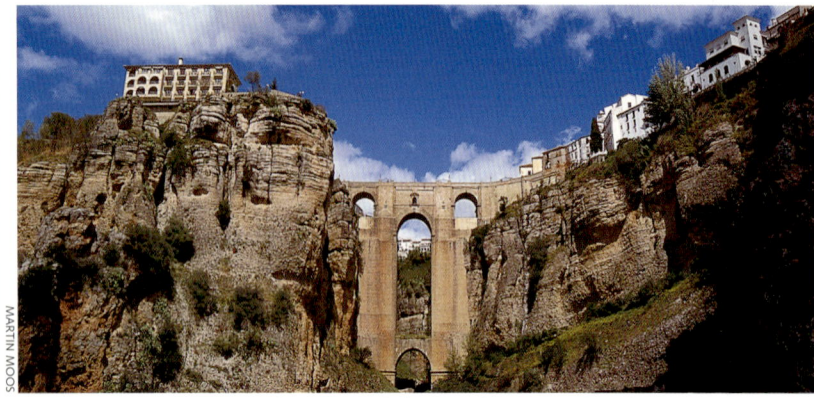

Le Puente Nuevo, témoin muet d'un passé turbulent, Ronda, provincia de Málaga

El Torcal, sculpté pendant des millions d'années par l'eau et le vent, provincia de Málaga

A Ronda, il devient difficile de croire que la provincia de Málaga est la plus peuplée d'Andalousie

rue bifurque alors à droite et devient la Calle Cuesta de Belén, où vous pourrez probablement visiter le **Palacio de Orleans y Borbon**, l'actuel hôtel de ville. La création au XIXe siècle de cette fantaisie néo-mudéjare, construite pour servir de résidence d'été à l'aristocratique famille Montpensier, fut ce qui encouragea le développement de Sanlúcar en tant que station balnéaire.

Du haut de la Calle Cuesta de Belén, prenez une rue à gauche le long de la Calle Caballeros pour découvrir l'**Iglesia de Nuestra Señora de la O** du XVe siècle qui possède une façade et un plafond de style mudéjar (pour plus de renseignements sur l'architecture mudéjar, reportez-vous au chapitre *Présentation de l'Andalousie*). Juste à côté, le **Palacio de los Duques de Medina Sidonia** est la résidence de la famille d'aristocrates qui possédait autrefois une grande partie de l'Espagne. Quelque 200 m plus loin, toujours dans la même rue, se dresse le **Castillo de Santiago**, datant du XVe siècle, au milieu de bâtiments appartenant à la plus importante société productrice de xérès de Sanlúcar, Barbadillo. Du château, vous pouvez redescendre directement jusqu'au centre-ville.

Plage
La plage de sable de Sanlúcar s'étire le long de la rivière et sur plusieurs kilomètres au-delà vers le sud-ouest.

Xérès
Sanlúcar produit un vin de xérès particulier, la manzanilla. Trois bodegas organisent des visites pour lesquelles vous n'avez pas besoin de réserver. Toutes commencent à 12h30 et coûtent 300 ptas :

Lundi, mardi
   La Cigarrera, Plaza Madre de Dios
Mercredi, jeudi
   Bodegas Barbadillo, Calle Luis de Eguilaz 11, près du château
Vendredi, samedi
   Pedro Romero, Calle Trasbolsa 60

Parque Nacional de Doñana
Viajes Doñana (☎ 956 36 25 40), Calle San Juan 20, organise des circuits de 3 heures 30 dans le parc (4 700 ptas par personne). Les départs ont lieu de Bajo de Guía le mardi et le vendredi à 8h30 et 16h30. Après la traversée du fleuve, l'excursion s'effectue dans un véhicule 4x4 de 20 places et se révèle très similaire à celle proposée au départ d'El Acebuche (voyez *Parque Nacional de Doñana* dans le chapitre *Provincia de Huelva*). Réservez aussitôt que possible.

Vous pouvez aussi monter à bord du *Real Fernando*, qui effectue 1 à 2 fois par jour, sauf le lundi, des croisières de 3 heures 30 sur le Guadalquivir à partir de Bajo de Guía. Malgré les brèves escales dans le parc national et le Parque Natural de Doñana, ces excursions ne sont pas destinées aux véritables amateurs de nature. Les billets sont en vente au Centro de Visitantes Fábrica de Hielo au prix de 2 200 ptas (1 100 ptas pour les enfants de 5 à 12 ans). En été et pendant les vacances, réservez une semaine à l'avance (☎ 956 36 38 13, fax 956 36 21 96).

Pour toutes ces excursions, munissez-vous d'un antimoustique ou portez des vêtements couvrants.

Manifestations annuelles
A Sanlúcar, l'été commence par la Feria de la Manzanilla, fin mai ou début juin, et bat son plein en juillet et en août avec toutes sortes de manifestations : du flamenco, lors des Noches de Bajo de Guía (fin juillet), des festivals de jazz et de musique classique, des concerts uniques donnés par d'excellents groupes de passage, sans oublier les courses de chevaux très originales de Sanlúcar (voyez l'encadré *A cheval sur les marées*).

Où se loger
Pensez à réserver longtemps à l'avance pour les périodes de vacances. Les établissements bon marché sont rares. L'*Hostal La Blanca Paloma* (☎ 956 36 36 44, Plaza San Roque 9) loue 8 simples/doubles convenables à 3 000/4 500 ptas. L'*Hostal La Bohemia* (☎ 956 36 95 99, Calle Don Claudio 1), près de la Calle Ancha, à 300 m au nord-est de la Plaza del Cabildo possède de meilleures chambres avec s.d.b. à 5 500 ptas la double.

cours de conversion de l'euro 1 000 ptas = 6,01 €

A cheval sur les marées

Les *carreras de caballos* de Sanlúcar, qui ont lieu chaque année depuis 1845 (avec seulement deux interruptions en temps de guerre), sont sans doute le seul événement sportif au monde durant lequel la police tente de persuader gentiment les spectateurs de retirer leurs chaussures et d'avancer dans la mer. C'est un spectacle fascinant que de voir d'authentiques chevaux de course, dont de nombreux pur-sang irlandais, français ou anglais, galoper sur le sable au bord de l'eau devant cette foule de spectateurs.

Deux rencontres de trois ou quatre jours se déroulent tous les ans au mois d'août, l'une pendant la première quinzaine ou au milieu du mois, l'autre pendant la deuxième quinzaine, chacune comportant en général quatre courses par jour. Les heures de départ dépendent des marées mais la première course démarre habituellement vers 18h. La plupart prennent le départ à Bajo de Guía et la ligne d'arrivée se trouve à environ 1 km au sud-ouest de la Calzada de Ejército. La somme des prix remis lors des deux rencontres s'élève à un total de 15 millions de pesetas.

Les turfistes les plus passionnés voudront être placés dans la zone qui comprend les tribunes de spectateurs, les bookmakers, le paddock et l'enceinte du vainqueur, près de la ligne d'arrivée. Le reste de la foule se répartit comme bon lui semble le long du parcours. Ici, les seuls parieurs semblent être les enfants, qui installent des guichets de fortune à l'aide de boîtes en carton, tracent une ligne devant eux sur la piste, puis prennent les paris sur le cheval qui franchira le premier leur "ligne d'arrivée" !

Près de la Calle San Juan, à 200 m de la Plaza del Cabildo, l'*Hotel Los Helechos* (☎ 956 36 13 49, *Plaza Madre de Dios 9*) est agrémenté de deux jolies cours intérieures et d'un bar confortable. Les simples/doubles avec s.d.b. coûtent 6 000/8 000 ptas plus IVA. Attention, les chambres sur cour sont parfois bruyantes. En haut de la ville, l'*Hotel Posada de Palacio* (☎ 956 36 48 40, *fax 956 36 50 60, Calle Caballeros 11*) est installé dans une charmante demeure du XVIIIe siècle. Ses 10 belles chambres ne valent que 6 000/8 000 ptas, quelle que soit la période, et il dispose d'un bon restaurant. L'établissement est fermé deux mois en hiver. Aménagé dans une maison de la fin du XIXe siècle ayant appartenu à un industriel, l'*Hotel Tartaneros* (☎ 956 36 20 44, *Calle Tartaneros 8*), au bout de la Calzada del Ejército, côté intérieur, dispose de belles simples/doubles confortables à 6 500/10 000 ptas plus IVA. Non loin de là, l'*Hotel Guadalquivir* (☎ 956 36 07 42, *Calzada del Ejército 10*), établissement beaucoup plus grand et moderne, facture ses doubles 12 000 ptas plus IVA.

Où se restaurer

Les restaurants de fruits de mer qui jalonnent la rivière à Bajo de Guía valent à eux seuls une visite à Sanlúcar. Peu d'endroits d'Andalousie permettent de faire une expérience aussi idyllique que celle qui consiste à regarder le soleil se coucher sur le Guadalquivir en dégustant du poisson frais, arrosé d'un verre ou deux de manzanilla. Il suffit de se promener et de choisir un restaurant adapté à sa bourse. Parmi les plus réputés figurent la *Casa Bigote*, le *Restaurante Poma*, le *Restaurante Virgen del Carmen*, la *Casa Juan* et le *Bar Joselito Huerta*. Au Virgen del Carmen, la plupart des plats de poisson, *plancha* (grillé) ou *frito* (frit) coûtent entre 1 000 et 1 400 ptas. Ne négligez pas les entrées : les *langostinos* (grosses crevettes) et les fameuses *coquines al ajillo* (coques cuites à l'ail), toutes deux à 1 000 ptas, sont des spécialités maison. Une demi-bouteille de manzanilla vaut 600 ptas.

Il existe également de nombreux bars et cafés, dont plusieurs servent la manzanilla directement au tonneau, autour de la Plaza del Cabildo. La *Casa Balbino* (*Plaza del Cabildo 14*), prépare de merveilleux tapas aux fruits de mer – goûtez les *patatas rellenas*, pommes de terre fourrées de viande ou de poisson baignant dans une délicieuse *salsa* (sauce tomate). A deux rues au sud-ouest de la plaza, le *Da Francesco* (*Calle Bolsa 22*), n'est pas très engageant mais sert de bonnes pizzas et pâtes pour moins de 800 ptas. Le

Bar El Cura *(Calle Amargura 2)*, dans une ruelle entre la Calle San Juan et la Plaza San Roque, propose des platos combinados très bon marché. Le **Café Tartaneros** *(Calle Tartaneros 8)*, dans l'hôtel du même nom (voyez plus haut la rubrique *Où se loger*), est un endroit agréable pour s'enfoncer dans un fauteuil confortable et savourer un thé accompagné d'un gâteau au chocolat (500 ptas).

Où sortir
Des bars avec musique et des discothèques vous accueilleront dans la Calzada del Ejército ou la Plaza del Cabildo, et alentour.

Comment s'y rendre
Bus. Los Amarillos (☎ 956 36 04 66) fait circuler jusqu'à 6 bus par jour depuis/vers El Puerto de Santa María et Cádiz, et jusqu'à 9 depuis/vers Sevilla (920 ptas). Linesur (☎ 956 34 10 63), dont l'arrêt se trouve devant le Bar La Jaula derrière l'office du tourisme, effectue au moins 7 liaisons quotidiennes depuis/vers Jerez de la Frontera.

Bateau. Bien qu'on puisse se rendre à Sanlúcar en faisant une excursion en bateau depuis Sevilla (voyez le chapitre *Provincia de Sevilla*), il n'est pas possible de prendre un aller simple pour remonter la rivière de Sanlúcar à Sevilla.

CHIPIONA
code postal 11550 • 15 000 hab.

Située à 9 km à l'ouest de Sanlúcar, Chipiona s'enorgueillit de belles plages de sable et du plus haut phare d'Espagne (69 mètres). Elle compte une trentaine d'hostales et d'hôtels. L'office du tourisme (☎ 956 37 28 28) est situé Plaza de Andalucía, dans la partie ancienne de la ville. L'*Hotel La Española* (☎ *956 37 37 71, Calle Isaac Peral 4*), à quelques mètres du front de mer septentrional, propose de belles simples/doubles à partir de 4 000/7 000 ptas plus IVA en haute saison, ainsi qu'un restaurant abordable.

JEREZ DE LA FRONTERA
code postal 11480 • 182 000 hab.
altitude 55 m

La grande ville de Jerez de la Frontera, à 36 km au nord-est de Cádiz, est connue dans le monde entier pour son vin – le xérès – fait à partir des grappes cultivées sur le sol crayeux des environs. Nombre de touristes viennent ici pour visiter les bodegas, mais Jerez (hè-**rès** ou, en andalou, juste hè-**rèh**) est aussi la capitale andalouse du cheval et, parallèlement à une classe bourgeoise fortunée, abrite une communauté *gitano* (rome) qui constitue l'un des hauts lieux du flamenco.

Les Britanniques ont fait preuve depuis des siècles d'un goût particulier pour le xérès, et les capitaux anglais ont été en grande partie à l'origine du développement des vignobles à partir des années 1830. Aujourd'hui, la grande bourgeoisie de Jerez se compose d'un mélange d'Andalous et de Britanniques, suite aux nombreux mariages entre les familles de négociants en vin depuis plus de 150 ans. A partir des années 80, la plupart des vignobles, détenus auparavant par une quinzaine de familles, ont été rachetés par des compagnies multinationales. Jerez respire l'argent. Outre des résidents aisés, la ville possède de multiples boutiques de luxe, de larges rues spacieuses, de vieilles demeures ainsi que de belles églises dans le vieux quartier, fort intéressant. Par ailleurs, elle organise de fantastiques fiestas au cours desquelles d'élégants Andalous donnent libre cours à leur passion des beaux chevaux et du flamenco, tandis que la vie normale continue dans les rues populaires et les faubourgs. La ville espère recevoir un million de visiteurs en 2002, lorsqu'elle accueillera le championnat du monde d'équitation.

Histoire
Les Maures appelaient la ville "Scheris", dont "Jerez" et "sherry" sont dérivés. La boisson était déjà célèbre en Angleterre du temps de Shakespeare. Jerez connut sa part de conflits vers la fin du XIXe siècle, lorsque l'anarchisme gagna du terrain en Andalousie – un jour de 1891, des milliers de paysans armés de faux et de bâtons marchèrent sur la ville, qu'ils occupèrent pendant quelques heures, ce qui eut pour seul effet de renforcer la répression. Plus récemment, l'industrie du xérès a apporté une

cours de conversion de l'euro 1 000 ptas = 6,01 €

réelle prospérité, le cognac de Jerez, produit largement consommé en Espagne, représentant une part non négligeable de ces profits.

Orientation et renseignements

Le centre de Jerez se trouve entre l'Alameda Cristina et la Plaza del Arenal, reliées par la Calle Larga orientée nord-sud, puis par la Calle Lancería qui la prolonge (ces deux rues sont piétonnes). Les établissements pour petits budgets sont regroupés dans deux rues à l'est de la Calle Larga – Avenida de Arcos et Calle Medina. A l'ouest de la Calle Larga se trouve le vieux quartier. Au nord-est de l'Alameda Cristina part la Calle Sevilla, qui devient l'Avenida Álvaro Domecq, où sont concentrés quelques hôtels élégants. Plusieurs bodegas de xérès sont installées au nord-est et au sud-ouest du centre-ville.

L'office du tourisme (☎ 956 33 11 50), Calle Larga 39, est tenu par une équipe dynamique et polyglotte qui communique bon nombre de renseignements. Il est ouvert normalement du lundi au vendredi de 9h à 15h et de 16h à 19h, et le samedi de 10h à 14h et de 17h à 19h.

Vous trouverez de nombreuses banques et distributeurs automatiques dans et autour de la Calle Larga. La poste est située à l'angle de la Calle Cerrón et de la Calle Medina, à l'est de la Calle Larga.

Dans la Calle Santa María, près de l'angle avec la Calle Doña Blanca, Jerez Undernet propose un accès Internet à 5 ptas la minute. Il est ouvert tous les jours de 11h à 14h et de 17h à 21h.

Le vieux quartier

Pour faire le tour du vieux quartier, dont une partie des murailles subsiste, le mieux est de partir de l'**Alcázar**, la forteresse almohade du XIIe siècle, au sud-ouest de la Plaza del Arenal. A l'intérieur, vous verrez la **Capilla Santa María la Real**, ancienne mosquée reconvertie en chapelle par Alfonso X en 1264, les **Baños Arabes** (bains arabes) et le **Palacio Villavicencio** datant du XVIIIe siècle (tous deux récemment restaurés). La chapelle a conservé la plupart des caractéristiques de la mosquée, notamment le mihrab.

De taille impressionnante, le Palacio Villavicencio offre une vue merveilleuse sur la ville depuis sa tour. Celle-ci possède une *camera obscura* (pour plus de précisions, reportez-vous à *Torre Tavira* dans *Cádiz*) qui projette des images animées de Jerez accompagnées d'un commentaire intéressant, en anglais et en espagnol, d'une durée de 15 minutes. Les séances de *camera obscura* (500 ptas) ont lieu chaque jour, toutes les demi-heures de 11h à 20h de mai à mi-septembre, et de 10h à 17h30 le reste de l'année. L'Alcázar est ouvert tous les jours de 10h à 20h (18h entre octobre et avril). L'accès est payant (200 ptas).

A l'entrée de l'Alcázar, la plaza bordée d'orangers offre de splendides vues vers l'ouest avec, au premier plan, la **Catedral** datant essentiellement du XVIIIe siècle, de styles gothique, baroque et néoclassique, construite sur le site de la principale mosquée de la ville maure. Vous remarquerez le beffroi mudéjar du XVe siècle, légèrement à l'écart. Derrière la cathédrale est érigée une grande statue de Manuel María González Ángel (1812-1887), fondateur des Bodegas González Byass.

A deux rues au nord-est de la cathédrale, la Plaza de la Asunción abrite le splendide **hôtel de ville** du XVIe siècle et la ravissante **Iglesia de San Dionisio** du XVe siècle, de style mudéjar, qui doit son nom au saint patron de la ville.

Au nord et à l'ouest s'étend le **Barrio de Santiago**, quartier qui accueille une population de gitans (*gitano*) assez importante et l'un des plus grands centres de flamenco. Le barrio possède des églises dédiées aux quatre apôtres, dont l'**Iglesia de San Mateo**, de style gothique avec des chapelles mudéjares, sur la Plaza del Mercado, où vous verrez également le remarquable **Museo Arqueológico** (☎ 956 34 13 50). La fierté de la collection est un casque grec du VIIe siècle av. J.-C. trouvé dans le Río Guadalete. Du 15 juin au 31 août, le musée (250 ptas) est ouvert tous les jours sauf le lundi de 10h à 14h30. Le reste de l'année, il se visite du mardi au vendredi de 10h à 14h et de 16h à 19h, et le week-end de 10h à 14h30.

Le triangle du xérès – Jerez de la Frontera 229

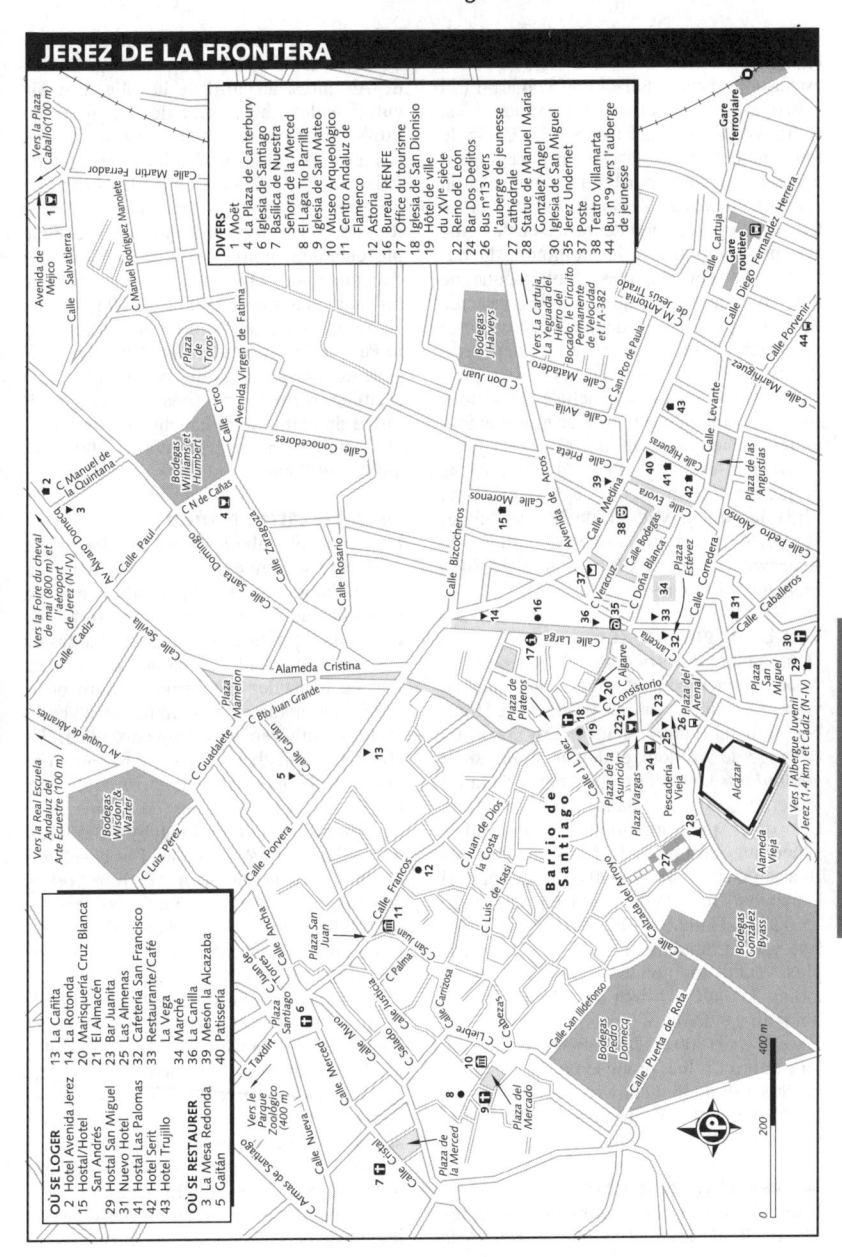

JEREZ DE LA FRONTERA

OÙ SE LOGER
- 2 Hotel Avenida Jerez
- 15 Hostal/Hotel San Andrés
- 29 Hostal San Miguel
- 31 Nuevo Hotel
- 41 Hostal Las Palomas
- 42 Hotel Serit
- 43 Hotel Trujillo

OÙ SE RESTAURER
- 3 La Mesa Redonda
- 5 Gaitán
- 13 La Cañita
- 14 La Rotonda
- 20 Marisquería Cruz Blanca
- 21 El Almacén
- 23 Bar Juanita
- 25 Las Almenas
- 32 Cafetería San Francisco
- 33 Restaurante/Café La Vega
- 34 Marché
- 36 La Canilla
- 39 Mesón la Alcazaba
- 40 Patisserie

DIVERS
- 1 Moët
- 4 La Plaza de Canterbury
- 6 Iglesia de Santiago
- 7 Basílica de Nuestra Señora de la Merced
- 8 El Laga Tío Parrilla
- 9 Iglesia de San Mateo
- 10 Museo Arqueológico
- 11 Centro Andaluz de Flamenco
- 12 Astoria
- 16 Bureau RENFE
- 17 Office du tourisme
- 18 Iglesia de San Dionisio
- 19 Hôtel de ville du XVIe siècle
- 22 Reino de León
- 24 Bar Dos Deditos
- 26 Bus n°13 vers l'auberge de jeunesse
- 27 Cathédrale
- 28 Statue de Manuel María González Ángel
- 30 Iglesia de San Miguel
- 35 Jerez Undernet
- 37 Poste
- 38 Teatro Villamarta
- 44 Bus n°9 vers l'auberge de jeunesse

PROVINCIA DE CÁDIZ

cours de conversion de l'euro 1 000 ptas = 6,01 €

Dans ce quartier, le **Centro Andaluz de Flamenco** (☎ 956 34 92 65, fax 956 32 11 27) est installé dans le Palacio de Pemartín (du XVIIIe siècle) sur la Plaza de San Juan. Jerez se trouve au cœur de l'axe Sevilla-Cádiz, le long duquel est né le flamenco et dont il demeure le fief aujourd'hui (voir la section spéciale *Flamenco : la complainte du Gitan*). Ce centre est une sorte de musée-école dédié à la préservation et à la promotion du flamenco. Il renferme une bibliothèque de 4 000 ouvrages, ainsi qu'une salle consacrée à la musique et une vidéothèque. Le centre est ouvert de 9h à 14h du lundi au vendredi. Pendant les principales saisons touristiques, une introduction audiovisuelle à l'Andalousie et au flamenco est projetée gratuitement toutes les heures de 9h30 à 13h30.

Au sud-est de la Plaza del Arenal se dresse l'une des plus jolies églises de Jerez, l'**Iglesia de San Miguel**, du XVIe siècle et de style gothique isabélin, ornée de superbes vitraux et d'un retable de Juan Martínez Montañés.

Les bodegas de xérès

Dans la plupart des bodegas, il est nécessaire de téléphoner pour réserver une heure de visite. Certaines, comme Williams & Humbert (qui fabrique le célèbre Dry Sack, un mélange de vin doux et de xérès *oloroso* et *amontillado*), sont fermées à partir de la fin juillet et la majeure partie du mois d'août. Les deux plus importantes compagnies, situées à l'ouest de l'Alcázar, sont González Byass (☎ 956 35 70 00), Calle Manuel González s/n, et Pedro Domecq (☎ 956 15 15 00/16), Calle San Ildefonso 3. González Byass, qui produit le Tio Pepe, le xérès sec le plus vendu au monde, peut se visiter au moins de 9h30 à 14h et de 16h30 à 18h du lundi au vendredi (500 ptas) et de 10h à 14h le week-end (600 ptas). Domecq, le fabricant du célèbre La Ina, propose plusieurs visites de 9h à 13h du lundi au vendredi (400 ptas). L'office du tourisme dispose de la liste complète des caves recevant des visiteurs.

Autres choses à voir

L'une des plus grandes attractions de Jerez est la **Real Escuela Andaluz del Arte Ecuestre** (École royale andalouse d'art équestre, ☎ 956 31 80 08), Avenida Duque de Abrantes, au nord de la ville. L'école entraîne des chevaux et des cavaliers au dressage et vous pouvez assister à ces séances les lundi, mercredi et vendredi de 11h à 13h (1 000 ptas). Le jeudi à 12h toute l'année, le mardi à 12h de mars à octobre et le jeudi à 10h d'avril à juin, un spectacle présente de magnifique chevaux blancs qui exécutent des figures sur des airs de musique classique (2 000 à 3 000 ptas).

A environ 2 km à l'ouest du centre-ville, le **Parque Zoológico** ou Zoo Jerez se compose de ravissants jardins et d'un centre de rétablissement pour animaux sauvages. Il ouvre du mardi au dimanche de 10h à 18h, et jusqu'à 20h en été (adultes 600 ptas, enfants 400 ptas).

Manifestations annuelles

La Feria del Caballo (foire du cheval) de Jerez, qui se tient en mai, est l'un des festivals andalous les plus importants, avec de la musique, de la danse et toutes sortes de concours hippiques. Des parades hautes en couleur traversent le champ de foire du Parque González Hontoria, au nord de la ville. Les cavaliers, au maintien très aristocratique, arborent des chapeaux plats, des chemises blanches à jabot, des pantalons noirs et des jambières de cuir, tandis que leurs compagnes, assises en *crupera* (en amazone), revêtent de longues robes traditionnelles à volants et à pois. Les cavalières menant elles-mêmes leur monture portent des chapeaux plats, des corsages blancs et des vestes courtes en laine avec de longues jupes amples – et ont aussi fière allure que leurs homologues masculins.

Juste avant la Feria del Caballo a lieu le Festival de Jerez durant deux semaines consacrées à la musique et à la danse, d'inspiration notamment flamenco. C'est une très bonne occasion de voir sur scène les grands noms du flamenco, principalement les danseurs. Nombre de spectacles se tiennent au Teatro Villamarta (☎ 956 34 47 50), Calle Medina, près de la Calle Bodegas.

Au début ou au milieu du mois de septembre se déroule la Fiesta de la Bulería, un

Le système Solera

Une fois les grappes de xérès récoltées, elles sont pressées, puis le moût qui en résulte est laissé à fermenter. Au bout de quelques mois, un voile mousseux de levure appelé *flor* apparaît à la surface. Le vin est fortifié et entreposé ensuite en cave dans de gros fûts en chêne américain.

Le vin est soumis au système solera lorsqu'il atteint un an d'âge. Les fûts, remplis environ aux cinq sixièmes, sont alignés sur au moins trois niveaux : ceux de l'étage inférieur, appelé *solera* (de *suelo*, sol), contiennent le vin le plus vieux. Environ trois fois par an, 10% du vin est tiré de ces fûts. Il est alors remplacé par une quantité équivalente prélevée dans les fûts de l'étage supérieur, laquelle est remplacée à son tour par du vin des fûts de la couche suivante. On laisse ainsi vieillir les vins de trois à sept ans. Avant de mettre le vin en bouteille, on y ajoute une petite quantité de brandy afin de le stabiliser. Le degré d'alcool est ainsi porté à 16-18%, ce qui arrête la fermentation. C'est le processus de "fortification" du vin.

Les caves de xérès sont souvent installées dans de très beaux bâtiments. Effectuer une visite vous permettra de découvrir les caves où le vin est entreposé pour vieillir, de vous renseigner sur le processus de vinification et l'histoire des producteurs de xérès, et de faire une dégustation. On vous montrera également comment se servir d'une *venencia*, une tasse au bout d'un long manche avec laquelle on prélève du vin dans le fût. La venencia est manipulée expertement, de façon à ce que le xérès versé à hauteur des yeux coule dans un verre tenu au niveau de la taille.

Pour plus de précisions, reportez-vous à la section spéciale *L'Andalousie à table*.

---

festival de chant et de danse flamenco d'une journée. Les Fiestas de Otoño (festivals d'automne), de la mi-septembre à la mi-octobre, célèbrent les vendanges au rythme du flamenco – lors du foulage traditionnel des premières grappes de raisin devant la cathédrale –, des courses de chevaux sur la Plaza del Arenal et des concours de dressage. La fête se termine par une gigantesque parade réunissant tous les cavaliers sur leurs montures et les carrosses tirés par des chevaux.

En Avril, Jerez accueille pendant un week-end l'un des festivals de musique alternative les plus importants d'Espagne, Espárrago Rock. Les concerts ont lieu en plein air au Circuito Permanente de Velocidad (voir *Manifestations sportives* plus loin dans *Jerez*).

Où se loger

Les prix montent en flèche pendant la Feria del Caballo. Réservez longtemps à l'avance. Vous pouvez aussi vous attendre à payer plus cher pendant les compétitions au Circuito Permanente de Velocidad (reportez-vous à *Manifestation sportives*).

Où se loger – petits budgets

La moderne ***Albergue Juvenil Jerez*** *(☎ 956 26 97 88, fax 950 27 17 44, Avenida Carrero Blanco 30)*, à 1,5 km au sud du centre-ville, possède 16 simples, 12 doubles et 16 triples/quadruples, avec s.d.b. communes. Le bus N°13, qui part de la Plaza Arenal, ou le bus N°9, qui s'arrête Calle Porvenir (à une rue au sud de la gare routière), vous y conduiront. Descendez à l'arrêt Campo Juventud (les bus locaux sont peints en lilas fluorescent et faciles à repérer).

D'autres établissements pour petits budgets sont plus commodément situés autour de la Calle Medina et de l'Avenida de Arcos, ainsi que dans la Calle Caballeros qui part en direction du sud-est de la Plaza del Arenal. L'accueillant ***Hostal/Hotel San Andres*** *(☎ 956 34 09 83, fax 956 34 31 96, Calle Morenos 12)*, avec ses deux jolis patios décorés de plantes vertes et sa terrasse ensoleillée, est une bonne adresse. Les simples/doubles avec s.d.b., TV, chauffage en hiver coûtent 2 500/4 500 ptas, ou 2 000/3 000 ptas avec s.d.b. commune. L'***Hostal Las Palomas*** *(☎ 956 34 37 73,*

cours de conversion de l'euro 1 000 ptas = 6,01 €

Calle Higueras 17) offre un bon choix de chambres spacieuses et joliment meublées avec s.d.b. commune à 2 000/3 500 ptas et de doubles avec s.d.b. à 4 000 ptas.

Au **Nuevo Hotel** *(☎ 956 33 16 00, fax 956 33 16 04, nuevohotel1927@teleline.es, Calle Caballeros 23)*, installé dans une demeure ancienne, les grandes simples/doubles avec s.d.b., TV et chauffage en hiver débutent à 2 500/4 000 ptas. L'*Hostal San Miguel (☎ 956 34 85 62, Plaza San Miguel 4)* dispose de chambres avec s.d.b. commune à 1 800/3 800 ptas, ou avec s.d.b. à 2 500/5 000 ptas. Le propriétaire est aimable, l'hébergement, agréable, et vous pouvez vous détendre sur la terrasse du toit.

Où se loger – catégories moyenne et supérieure

Ajoutez l'IVA aux tarifs indiqués ci-dessous. L'*Hotel Trujillo (☎/fax 956 34 24 38, Calle Medina 3)*, aux simples/doubles équipées de tout le confort moderne, demande 5 900/ 9 800 ptas en haute saison, mais seulement 3 500/5 500 ptas de novembre à Pâques. Non loin de là, l'*Hotel Serit (☎ 956 34 07 00, Calle Higueras 7)* est doté de chambres similaires à 7 000/10 000 ptas. Deux chambres sont spécialement adaptées pour les personnes en fauteuil roulant. A l'*Hotel Avenida Jerez (☎ 956 34 74 11, Avenida Álvaro Domecq 10)*, les doubles valent 14 000 ptas (28 000 ptas en avril, mai et octobre). Il existe plusieurs autres établissements de catégorie supérieure dans cette même rue.

Où se restaurer

Tout naturellement, le xérès entre dans la composition de nombreuses spécialités locales telles que les *riñones al jerez* (rognons au xérès) et le *rabo de toro* (ragoût de queue de taureau). La cuisine de Jerez mêle les caractéristiques andalouses habituelles – l'héritage maure et la proximité de la mer – à quelques touches britanniques et françaises. Si vous voulez goûter aux spécialités locales et que votre budget n'est pas trop serré, allez au petit restaurant *La Mesa Redonda (Calle Manuel de la Quintana 3)*, au nord-est du centre-ville. De nombreux restaurant de Jerez sont fermés le dimanche soir.

Les restaurants de la Pescadería Vieja, une petite rue à l'ouest de la Plaza del Arenal, où souffle une brise rafraîchissante les jours de chaleur, affichent des prix modérés à élevés. *Las Almenas* propose des menus à 950 et 1 550 ptas (deux plats, pain et dessert), des tapas à partir de 250 ptas et des raciones de poisson à partir de 950 ptas. Le *Bar Juanita* et *El Almacén (Calle Ferros 8)* sont réputés pour leur tapas (en particulier de crustacés), que vous dégusterez avec un verre de xérès sec.

Un peu plus loin au nord-ouest, la *Marisquería Cruz Blanca (Calle Consistorio 16)* installe des tables en terrasse sous les grands jaracandas de la jolie Plaza de la Yerba. Goûtez les tapas de fruits de mer (de 175 à 300 ptas) et les raciones – le *bacalao* façon sushi est sensationnel !

La Canilla (Calle Larga 8) sert un simple petit déjeuner sous les grandes toiles qui protègent du soleil. Vous pouvez aussi déguster un café et une tostada (150 ptas) après 10h à *La Rotonda*, à l'extrémité nord de la Calle Larga. Un peu plus tard on y sert des tapas, des raciones, des glaces et des gâteaux.

Le *marché* (mercado) se trouve Calle Doña Blanca, à deux pas de la Plaza Estévez. Celle-ci rassemble quelques endroits agréables pour prendre un thé, un café une pâtisserie, un petit déjeuner, un plat à un prix raisonnable ou un menu bon marché, notamment la *Cafetería San Francisco*, au n°2, et le *Restaurante/Café La Vega*, juste à côté du marché, qui prépare des churros.

Le *Mesón la Alcazaba (Calle Medina 19)* bénéficie d'un patio couvert et sert une cuisine nourrissante et bon marché. Les menus, très variés, comprennent deux plats, un fruit et une boisson pour 800 et 1 000 ptas. Un petit déjeuner avec café, *mollete* (délicieux petit pain) et jus de fruit frais coûte 200 ptas. A la *Patissería*, à l'angle des Calles Medina et Higueras, vous vous régalerez de gâteaux, pâtisseries, sandwiches de baguette et glaces.

Si vous voulez vous offrir une folie, allez au *Gaitán (Calle Gaitán 3)*, deux rues à l'ouest de l'Alameda Cristina, mais attendez-vous à débourser 675 ptas pour une soupe, 1 500 ptas pour un cocktail de fruits

Le triangle du xérès – Jerez de la Frontera

de mer en entrée, et de 1 875 à 2 475 ptas pour des plats principaux plus élaborés. Non loin, *La Cañita*, Calle Porvera, est une autre bonne adresse pour les tapas.

Où sortir

L'office du tourisme affiche les annonces des spectacles à venir. Le journal *Diario de Jerez* contient des informations sur tout ce qui se passe et le Teatro Villamarta édite un programme mensuel. L'*Astoria*, dans la Calle Francos, est un lieu en plein air où sont donnés des concerts, aussi bien de blues que de flamenco. D'autres concerts sont parfois organisés dans les arènes. Des groupes, notamment de blues, se produisent certains soirs au *Bar Dos Deditos (Plaza Vargas 1)*, derrière la Pescadería Vieja – si tel est le cas, vous verrez un attroupement à l'entrée, sur le trottoir.

Au nord-est du centre-ville, juste avant les arènes, *La Plaza de Canterbury* se compose de nombreux bars autour d'une cour intérieure fréquentée par une clientèle jeune. Entre les arènes et la Plaza Caballo, la Calle Salvatierra rassemblent plusieurs bars et quelques discothèques où l'on danse jusque tard dans la nuit pendant les weekends et les fiestas, comme le *Moët*, Avenida de Méjico. Autre quartier incitant à flâner le soir, la Calle Cádiz, près de la Real Escuela Andaluz de Arte Ecuestre, compte également des bars et restaurants.

Pour les amateurs de flamenco, il existe plusieurs clubs dans le Barrio de Santiago. L'office du tourisme en possède la liste complète. *El Laga Tío Parrilla (☎ 956 33 83 34)*, Plaza del Mercado, programme des spectacles de flamenco pour les touristes du lundi au samedi à 22h30 et 24h30, mais peut réserver d'agréables improvisations en dehors des grandes saisons touristiques. Le *Reino de León*, Calle Ferros, près du Bar Almacén, programme des spectacles de flamenco de 22h à 3h le jeudi.

Manifestations sportives

Jerez possède un circuit de courses automobiles et de motos, le Circuito Permanente de Velocidad (☎ 956 15 11 00), sur la A-382, 10 km à l'est de la ville. Des courses de motos s'y déroule toute l'année, en avril ou en mai, dont l'un des Grands Prix du championnat du monde – l'une des plus grandes manifestations sportives en Espagne –, qui attire environ 150 000 spectateurs. Trois ou quatre courses automobiles ont également lieu chaque année, l'une d'elle pouvant être un Grand Prix de Formule 1.

Comment s'y rendre

Voie aérienne. L'aéroport (☎ 956 15 00 00), le seul desservant la province de Cádiz, se trouve à 7 km au nord-est de Jerez sur la N-IV. Iberia (☎ 956 18 43 94/5) assure tous les jours un vol direct depuis/vers Barcelona et plusieurs autres depuis/vers Madrid. Air Europa dessert Madrid quotidiennement, aller-retour.

Bus. La gare routière (☎ 956 34 52 07) est située dans la Calle Cartuja, prolongation de la Calle Medina, à environ 1 km au sud-est du centre-ville. Des bus Comes (☎ 956 34 21 74) relient Cádiz (370 ptas, jusqu'à 19 par jour), El Puerto de Santa María (jusqu'à 5 par jour), Vejer de la Frontera et Barbate (810 et 950 ptas, 1 par jour), Ronda (1 320 ptas, 4 par jour) avec continuation sur Málaga (2 540 ptas, 1 par jour), et Córdoba (1 950 ptas, 1 par jour). Sevilla (890 ptas) est desservie par de nombreux bus Linesur-Valenciana (☎ 956 34 78 44) et Comes. Linesur-Valenciana propose également un service toutes les heures pour Sanlúcar de Barrameda entre 7h et 21h. Los Amarillos (☎ 956 34 78 44) fait partir des bus vers plusieurs villes de l'intérieur, ainsi que de nombreux autres pour Arcos de la Frontera et jusqu'à 7 par jour pour El Bosque et Ubrique.

Train. La gare ferroviaire (☎ 956 34 23 19) est située deux rues au sud-est de la gare routière, au bout de la Calle Cartuja. Comptez entre 400 et 500 ptas pour vous rendre en taxi jusqu'au centre-ville. Jerez est sur la ligne Cádiz-Sevilla, sur laquelle circulent de nombreux trains dans les deux sens. Le bureau RENFE central (☎ 956 33 48 13), Calle Larga 9, est ouvert du lundi au vendredi de 9h à 14h et de 17h à 20h30, et le samedi de 9h30 à 13h30.

cours de conversion de l'euro 1 000 ptas = 6,01 €

LES ENVIRONS DE JEREZ
La Cartuja

Le monastère de La Cartuja (☎ 956 15 64 65), fondé au XVe siècle et doté d'une impressionnante façade baroque du XVIIe siècle, s'élève au milieu d'un ravissant jardin sur la route de Medina Sidonia, à 4 km de Jerez. C'est aux tout premiers moines chartreux qu'on attribue l'élevage du célèbre pur-sang espagnol, appelé aussi Andaluz ou Cartujano. Vers 1950, l'ancien monastère fut rendu aux chartreux. Les jardins sont ouverts à tous (tous les jours de 9h30 à 18h), mais seuls les hommes sont autorisés à visiter l'intérieur du monastère (les mercredi et samedi, de 17h à 18h, sur rendez-vous). L'autorisation devrait être donnée aux femmes prochainement.

La Yeguada del Hierro del Bocado

Si l'on trouve la plupart des races chevalines du monde en Andalousie, les plus répandues sont ici le cheval arabe et le pur-sang espagnol (Cartujano), réputé pour sa grâce et son caractère paisible. Il est possible de visiter la ferme de reproduction La Yeguada del Hierro del Bocado (☎ 956 16 28 09) à Finca Fuente del Suero, près de la A-381 vers Medina Sidonia, à 6,5 km de Jerez. Cette ferme consacrée à la promotion du Cartujano organise une visite de 2 heures chaque samedi à 11h (1 500 ptas pour les adultes, 800 ptas pour les enfants de moins de 12 ans).

Arcos et la Sierra

Le montagneux Parque Natural Sierra de Grazalema, au nord-est de la province de Cádiz, est parsemé de villes et de villages d'une parfaite blancheur. Cette région est l'une des plus belles et des plus vertes d'Andalousie. Entre le parque natural et Jerez se trouve la vieille ville pittoresque d'Arcos de la Frontera.

ARCOS DE LA FRONTERA
code postal 11630 • 28 000 hab.
altitude 185 m

Arcos est située à 30 km à l'est de Jerez de la Frontera sur la A-382, qui traverse de magnifiques champs de blés et de tournesols, des vignes et des vergers. Perchés sur une corniche, le château et la vieille ville dominent le Río Guadalete et offrent une vue saisissante. Arcos possède, dit-on, un côté sombre et sinistre, entretenu par maints récits de folies, de mariages consanguins, de malédictions et de sorcières. Quel que soit votre sentiment à cet égard, la cité vaut le détour pour sa vieille ville, dont l'agencement des rues a peu changé depuis l'époque du Moyen Age, ses palais Renaissance et ses deux églises splendides.

Histoire

Arcos a toujours été très appréciée pour sa situation stratégique. Elle fut prise aux Wisigoths par les Maures en 711. Au XIe siècle, elle fut pendant un temps un royaume indépendant jusqu'à son rattachement à Sevilla. En 1255, Alfonso X s'empara de la ville qu'il repeupla de Castillans et de Leoneses. Les quelques musulmans qui restèrent dans la ville se rebellèrent en 1261 et furent expulsés en 1264. En 1440, Arcos passa aux membres de la famille Ponce de León, connus sous le nom de Duques de Arcos, qui participèrent activement à la conquête de Granada. Lorsque le dernier Duque de Arcos mourut sans héritier en 1780, ses terres revinrent à sa cousine, la Duquesa de Benavente. Celle-ci participa activement au remplacement des pâturages de moutons par la culture des céréales et des olives, l'implantation de vignes et l'élevage de chevaux, qui devinrent les activités économiques dominantes dans la région. Pendant la période de gouvernement libéral, de 1820 à 1823, le système dit *señorio*, selon lequel les familles nobles s'appropriaient les terres, fut aboli, mais la misère rurale, qui faisait partie intégrante de ce système, persista durant une grande partie du XXe siècle.

Orientation et renseignements

Depuis la gare routière, située Calle Corregidores dans la nouvelle ville, (voyez l'encadré sur la carte d'Arcos de la Frontera) la vieille ville est à 1 km à pied en haut de la colline. Environ à mi-hauteur se trouve le luxuriant Paseo de Andalucía. De la Plaza España (occupée par un rond-point), au-dessus du Paseo de Andalucía, le Paseo de los Boliches et la Calle Debajo del Corral (qui devient la Calle Corredera) montent tous deux vers l'est jusqu'à la place principale de la vieille ville, la Plaza del Cabildo. On peut se garer aux alentours du Paseo de Andalucía et sur la Plaza del Cabildo.

Le personnel dynamique de l'office du tourisme (☎ 956 70 22 64), Plaza del Cabildo, vous renseignera du lundi au vendredi de 10h à 14h et de 17h à 19h, le samedi de jusqu'à 18h30 et le dimanche de 10h30 à 12h30. Vous pouvez aussi obtenir des informations au kiosque du Paseo de Andalucía, du lundi au samedi de 10h30 à 13h30.

Vous trouverez des banques et des distributeurs automatiques dans la Calle Debajo del Corral et la Calle Corredera. La poste est située dans le Paseo de los Boliches, à côté de l'Hotel Los Olivos, à l'ouest de la vieille ville. Des cabines de téléphone sont installées près de l'église sur la Plaza del Cabildo.

A voir et à faire

A Arcos, la chose la plus agréable à faire consiste tout simplement à flâner dans la vieille ville, aux étroites rues pavées, en admirant les bâtiments Renaissance et les maisons blanchies à la chaux. La **Plaza del Cabildo** est entourée de beaux édifices anciens et dominée par un **mirador** offrant une vue panoramique sur la rivière et la campagne environnante. A l'ouest de la plaza se dresse la fierté d'Arcos, le **Castillo de los Duques** du XIe siècle, une propriété privée et fermée au public. Du côté nord, allez voir la **Basílica-Parroquia de Santa María**, érigée à l'emplacement d'une mosquée au XIIIe siècle mais qui ne fut achevée qu'au XVIIIe siècle. A l'est, le parador, où la vue est saisissante du restaurant et de la terrasse, est une reconstruction des années 60 de la maison d'un magistrat du XVIe siècle, la **Casa del Corregidor**. L'**hôtel de ville**, à l'angle sud-ouest de la plaza, possède un plafond à caissons mudéjars et un portrait de Carlos IV attribué à Goya. Demandez la clé à l'office du tourisme.

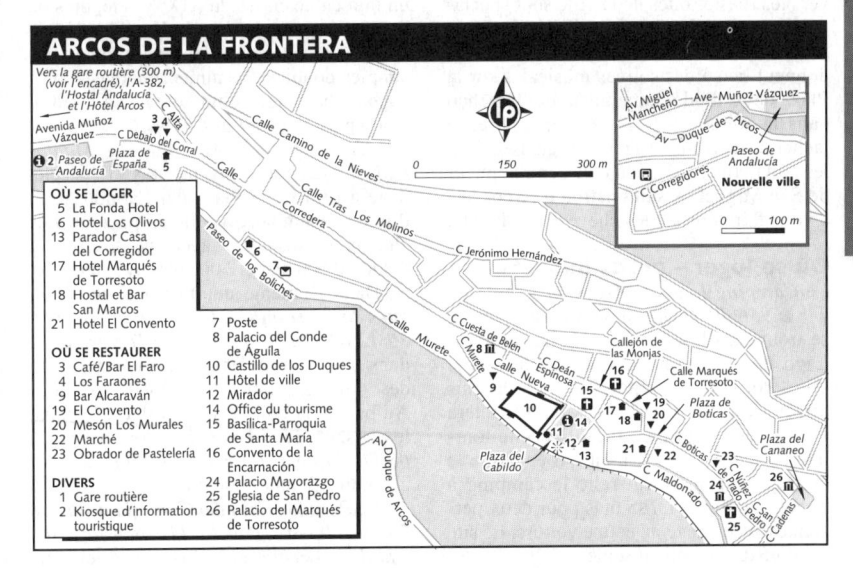

ARCOS DE LA FRONTERA

OÙ SE LOGER
5 La Fonda Hotel
6 Hotel Los Olivos
13 Parador Casa del Corregidor
17 Hotel Marqués de Torresoto
18 Hostal et Bar San Marcos
21 Hotel El Convento

OÙ SE RESTAURER
3 Café/Bar El Faro
4 Los Faraones
19 Bar Alcaraván
19 El Convento
20 Mesón Los Murales
22 Marché
23 Obrador de Pastelería

DIVERS
1 Gare routière
2 Kiosque d'information touristique
7 Poste
8 Palacio del Conde de Águila
10 Castillo de los Duques
11 Hôtel de ville
12 Mirador
14 Office du tourisme
15 Basílica-Parroquia de Santa María
16 Convento de la Encarnación
24 Palacio Mayorazgo
25 Iglesia de San Pedro
26 Palacio del Marqués de Torresoto

cours de conversion de l'euro 1 000 ptas = 6,01 €

En explorant les rues qui partent vers l'est, vous passerez devant quelques remarquables bâtiments tels que le **Convento de la Encarnación** du XVIe siècle, Calle Marqués de Torresoto, orné d'une façade gothique. Dans la Calle Núñez de Prado, l'**Iglesia de San Pedro** est construite dans le style gothique du XVe siècle, mais dotée d'une façade et d'un clocher baroques impressionnants (ce dernier est actuellement fermé). L'église renferme une belle collection de peintures religieuses. A proximité, le **Palacio Mayorazgo**, à la façade Renaissance, est maintenant un foyer pour personnes âgées.

La façade du **Palacio del Conde de Águila** de style gothique-mudéjar du XVe siècle, Calle Cuesta de Belén, est la plus ancienne de la ville.

Circuits organisés

L'office du tourisme propose des visites guidées (400 ptas) de la vieille ville et de ses patios. Les horaires sont affichés au kiosque d'information du Paseo de Andalucía.

Manifestations annuelles

Les processions de la Semana Santa à travers les rues étroites de la ville sont spectaculaires. Au début du mois d'août, les trois jours de la Fiesta de la Virgen de las Nieves donnent lieu à des soirées musicales sur la Plaza del Cabildo, notamment de flamenco dans la soirée du 5. Le 29 septembre, le lâcher de taureaux de la feria organisée dans les tout derniers jours du mois, en l'honneur de San Miguel, le saint patron d'Arcos, est à vous faire dresser les cheveux sur la tête.

Où se loger – petits budgets

Le *Camping Lago de Arcos* (☎ 956 70 05 14, ☎ 956 70 83 33), ouvert toute l'année, se trouve à El Santiscal, près du réservoir Lago de Arcos, au nord-est de la vieille ville. Pour vous y rendre, la route la plus directe est la A-382, puis la Carretera El Bosque y Ubrique. Il faut ensuite tourner à gauche après le pont qui enjambe le barrage. Un bus local relie le camping à Arcos. Comptez 1 785 ptas pour deux personnes avec une tente et une voiture. Le site est doté d'une belle piscine.

La vieille ville comporte quelques établissements bon marché. A une courte distance à pied à l'est de la Plaza del Cabildo, l'*Hostal San Marcos* (☎ 956 70 07 21, *Calle Marqués de Torresoto 6*), au-dessus du bar/restaurant du même nom, dispose de quelques simples/doubles agréables, avec s.d.b. et meubles peints à la main, à 2 500/4 500 ptas et d'une terrasse sur le toit.

L'*Hostel Andalucía* (☎ 956 70 07 14, *Polígono Industrial El Retiro*), sur la A-382, environ 300 m au sud-ouest de la gare routière, représente la meilleure solution en ville mais donne sur un parking et des ateliers. Les grandes chambres avec s.d.b., ventil. et TV coûtent 1 605/3 210 ptas, ce qui est un excellent prix pour une simple.

A 2 km d'Arcos en direction de Jerez, l'*Hotel Arcos* (☎ 956 70 16 05, *A-382 Km 24*) loue 20 chambres confortables à partir de 4 500/6 500 ptas.

Où se loger – catégories moyenne et supérieure

Arcos compte plusieurs établissements de charme dans cette catégorie. Ajoutez l'IVA aux prix indiqués ci-dessous. Installé dans un immeuble classé du XIXe siècle, près de la Plaza España, *La Fonda Hotel* (☎ 956 70 00 57, *Calle Debajo del Corral*) propose des simples/doubles récemment rénovées avec s.d.b., chauffage, clim. et TV à 5 000/7 500 ptas. L'*Hotel El Convento* (☎ 956 70 23 33, fax 956 70 41 28, *Calle Maldonado 2*), dans un couvent du XVIIe siècle, juste à l'est de la Plaza del Cabildo, jouit d'une vue similaire à celle du parador. Les chambres, décorées avec goût, coûtent 8 000/10 000 ptas, 12 000 ptas avec terrasse.

Dans le même quartier, l'*Hotel Marqués de Torresoto* (☎ 956 70 07 17, fax 956 70 42 03, *Calle Marqués de Torresoto 4*), dans une belle demeure reconvertie, offre des simples/doubles à 7 820/10 465 ptas. Au bas de la colline vers la Plaza España, le plaisant *Hotel Los Olivos* (☎/fax 956 70 08 11, *Paseo de los Boliches 30*) facture les chambres 5 000/9 000 ptas.

Le *Parador Casa del Corregidor* (☎ 956 70 05 00, fax 956 70 11 16, *Plaza del Cabildo*) bénéficie du luxe habituel d'un parador pour des chambres coûtant 14 000/ 17 500 ptas.

Au Lago de Arcos (voir plus haut le camping du même nom), l'élégante *Hacienda El Santiscal* (☎ *956 70 83 13, fax 956 70 82 68, santiscal@estancias.es, Avenida El Santiscal 129*) propose des chambres à 7 000/12 000 ptas. Vous pourrez profiter de la piscine ou faire une balade à cheval.

Où se restaurer

Dans la vieille ville, le sympathique *Bar San Marcos (Calle Marqués de Torresoto 6)* sert des platos combinados de 500 à 900 ptas, des tapas autour de 200 ptas et un menu à 900 ptas. En face, *El Convento*, dans un palais du XVIe siècle, est un restaurant chic (certains disent surévalué), dont le menu de 3 plats s'avère intéressant à 3 000 ptas plus IVA. Le *Mesón Los Murales (Plaza de Boticas 1)*, près de l'Hotel El Convento, propose un menu à 1 000 ptas et des plats principaux entre 600 et 1 400 ptas. Le *marché* est juste en face. Un peu plus à l'est, la Calle Núñez de Prado abrite une bonne boulangerie, l'*Obrador de Pastelería*. Le *Bar Alcaraván (Calle Nueva 1)*, qui dispose des tables dehors sous les murailles du château, est parfait pour savourer des tapas.

Dans la nouvelle ville, plusieurs possibilités s'offriront à vous dans la Calle Debajo del Corral, près de la Plaza España. Le *Café-Bar El Faro*, au n°14, sert des petits déjeuners à 225 ptas, des plats entre 500 et 1 500 ptas et un menu à 900 ptas. *Los Faraones*, au n°8, sert des petits déjeuners bon marché (150 ptas), des platos combinados (600 ptas) et un menu (800 ptas), ainsi qu'une cuisine arabe plus onéreuse, dont plusieurs plats végétariens délicieux.

D'autres petits restaurants sont installés au bord de la rivière, en contrebas du château.

Où sortir

En juillet et en août, du flamenco est présenté dans la vieille ville sur la petite mais ravissante Plaza del Cananeo, au-dessous de la Calle Cadenas, face au Palacio del Marqués de Torresoto, le jeudi soir à partir de 22h30. En été, l'esplanade proche de la rivière au pied du château est très animée (bars, restaurants et musique).

Comment s'y rendre

En semaine, des bus Los Amarillos partent tous les jours de la Calle Corregidores (dans la nouvelle ville) vers Jerez (19 par jour), El Bosque (6) et quelques-uns en direction de Cádiz, Sevilla et Ronda. La compagnie Comes dessert également certaines villes. Les liaisons sont moins fréquentes le week-end.

PARQUE NATURAL SIERRA DE GRAZALEMA

La Cordillera Bética, ce chapelet de chaînes montagneuses déchiquetées qui s'étend à travers presque toute l'Andalousie, commence dans la Sierra de Grazalema – qui regroupe en fait plusieurs petites sierras –, dans le nord-est de la province de Cádiz. Cette belle région, ponctuée de villages de montagne aux maisons blanches, présente une grande variété de paysages merveilleux, allant des vertes vallées aux gorges abruptes et sommets rocheux. Elle s'avère l'une des plus verdoyantes d'Andalousie, en raison des précipitations abondantes dont la ville de Grazalema détient le record en Espagne, avec une moyenne de 2 153 mm de pluie par an. Il neige fréquemment fin janvier et en février.

C'est un site propice à la randonnée, notamment en mai, juin, septembre et octobre, mais vous pourrez vous livrer à de nombreuses autres activités comme l'escalade, la spéléologie, le parapente ou la pêche à la truite.

L'IGN et la Junta de Andalucía ont édité conjointement une assez bonne carte au 1:50 000, intitulée *Sierra de Grazalema*, des 517 km² du Parque Natural Sierra de Grazalema. Avec un peu de chance, vous la trouverez dans les magasins ou les offices du tourisme sur place. Le parc s'étend jusqu'au nord-ouest de la province de Málaga, englobant la Cueva de la Pileta près de Ronda.

Flore et faune

Une grande partie de la région est recouverte de forêts de type méditerranéen se composant, notamment, de chênes verts,

cours de conversion de l'euro 1 000 ptas = 6,01 €

d'oliviers sauvages (*acebuche*) et de caroubiers (*algarrobo*). A l'automne, les genêts en fleur ajoutent une touche de jaune. Entre Grazalema et Benamahoma, le versant nord

Randonnées dans l'Área de Reserva de Grazalema

Établie entre Grazalema, Benamahoma et Zahara de la Sierra, cette zone de 30 km² concentre la plupart des paysages les plus spectaculaires du parc naturel de Grazalema, qui composent le décor de trois randonnées superbes.

Les conditions d'accès à l'área de reserva ont changé à plusieurs reprises. Au moment de la rédaction de ce guide, vous devez obtenir une autorisation (gratuite) auprès du bureau du parc à El Bosque (voir plus loin la rubrique homonyme). Les permis sont délivrés aux heures d'ouverture normales du bureau ainsi que le lundi et le mardi de 10h à 14h. Vous pouvez téléphoner à l'avance et demander que l'on prépare votre autorisation pour un jour précis. Il est également possible de la retirer à Zahara ou à Grazalema. Nous vous conseillons de réserver à l'avance, car l'accès aux principaux itinéraires est limité (60 personnes par jour pour la randonnée du Pinsapar, 30 personnes pour celles du Torreón et de la Garganta Verde). Par ailleurs, pendant la période de reproduction des vautours, entre janvier et juin, on ne peut se rendre à la Garganta Verde qu'accompagné d'un guide agréé par Horizon ou Pinzapo (voyez la rubrique *Grazalema*).

Ascension d'El Torreón
La voie classique vers El Torreón (1 654 m), le plus haut sommet de la province, se fait par le versant sud. Le point de départ se situe à 850 m d'altitude environ, à 8 km de Grazalema et à 100 m à l'est de la borne marquant le kilomètre 40 sur la route Grazalema-Benamahoma. De là, comptez 2 heures 30 de marche pour atteindre le sommet et 1 heure 30 pour resdescendre. Par temps très clair, vous apercevrez Gibraltar, la Sierra Nevada et la chaîne du Rif au Maroc.

Grazalema-Benamahoma via le Pinsapar
Cette randonnée de 14 km dure 6 heures. Dans le sens est-ouest, le premier tiers comporte quelques montées raides. Les deux autres tiers sont essentiellement dévolus à la descente.

Depuis Grazalema, prenez la A-372 puis la route de Zahara sur environ 700 m (40 minutes de marche). De là, empruntez le sentier qui traverse les versants nord de la Sierra del Pinar. Après 300 m d'ascension, vous parvenez à proximité d'une courbe à 1 300 m d'altitude, au pied du Pico San Cristóbal dont le sommet est depuis longtemps le premier aperçu de l'Espagne, que les marins avaient après une traversée de l'Atlantique.

Dans le deuxième tiers de la randonnée, au-dessous des flancs les plus abrupts de la chaîne, vous traverserez la partie la plus dense du Pinsapar. On ne rencontre le *pinsapo* (sapin espagnol, vert foncé) en nombre significatif que dans des poches isolées au Sud-Ouest de l'Andalousie et au Nord du Maroc. Pouvant atteindre 30 m de haut, l'arbre est une survivance des vastes forêts méditerranéennes de sapins de l'ère tertiaire (qui s'acheva il y a environ 2,5 millions d'années).

Garganta Verde
Le chemin qui mène à la "gorge verte", un ravin d'au moins 100 m de profondeur à la végétation luxuriante, commence à 3,5 km de Zahara de la Sierra, sur la route de Grazalema. Après le point de vue d'où l'on peut observer une colonie de vautours communs (une centaine de couples de ces oiseaux immenses nichent là et dans la Garganta Seca, 2 km à l'ouest), il serpente vers le fond de la gorge (300 m de dénivelé). Pour cette belle randonnée, comptez 3 à 4 heures si vous allez en voiture au point de départ, 5 ou 6 heures si vous marchez depuis Zahara.

de la Sierra del Pinar abrite 3 km² d'une essence rare en Espagne, le *pinsapo*, en une célèbre sapinière appelée *pinsapar*. Plus de 500 bouquetins vivent dans le parc. Vous en apercevrez peut-être quelques-uns si vous faites l'ascension d'El Torreón. Vous verrez sûrement de nombreux animaux domestiques en train de paître en semi-liberté, notamment des cochons ibériques. Une centaine de couples de vautours communs vivent dans les gorges Garganta Verde et Garganta Seca.

Comment s'y rendre

Les horaires des bus peuvent changer. Renseignez-vous par téléphone auprès des bureaux de la compagnie Los Amarillos à Cádiz ou Jerez (voyez les rubriques de ces villes), ou bien à Ubrique (☎ 956 46 80 11), Málaga (☎. 95 235 00 61), Ronda (☎ 95 218 70 61) ou Sevilla (☎ 95 441 71 11).

Los Amarillos dessert El Bosque et Ubrique jusqu'à 7 fois par jour depuis Jerez et Arcos de la Frontera, 2 ou 3 fois depuis Cádiz et Sevilla (gare routière de Prado de San Sebastián). Pour vous rendre à El Bosque, vous paierez 915 ptas depuis Cádiz, 800 ptas depuis Jerez, 370 ptas depuis Arcos et 960 ptas depuis Sevilla. Un bus Los Amarillos relie tous les jours, sauf le dimanche, El Bosque à Grazalema (départ à 15h15, 275 ptas). Dans l'autre sens, le bus part de Grazalema à 5h30 du lundi au vendredi, avec un bus supplémentaire le vendredi à 19h.

Il existe également une liaison Málaga-Ubrique *via* Ronda, Grazalema et Benaocaz. Au moment de la rédaction de ce guide, les horaires des bus Los Amarillos étaient établis comme suit. A l'aller, le bus part de Málaga à 10h30 et 16h du lundi au vendredi, à 10h30 et 15h les week-ends et jours fériés ; puis de Ronda 2 heures à 2 heures 30 plus tard. Au retour, il quitte Ubrique à 7h30 et 15h30 du lundi au vendredi et à 8h30 et 15h30 les week-ends et jours fériés, avec un arrêt à Benaocaz 5 minutes après le départ et à Grazalema 30 minutes après. Le trajet jusqu'à Grazalema revient à 310/1 380 ptas depuis Ronda/Málaga.

Comes (☎ 95 287 19 92) dessert 2 fois par jour du lundi au vendredi Ronda et Zahara de la Sierra (475 ptas) *via* Algodonales. Les bus partent de Ronda à 7h et 13h ou de Zahara à 8h15 et 14h. Pour vous rendre de Zahara à Sevilla, Arcos, Jerez ou Cádiz, vous devez changer à Algodonales. Il n'existe pas de bus entre Zahara et Grazalema.

El Bosque
code postal 11670 • 1 800 hab.
altitude 385 m

A 33 km à l'est d'Arcos de la Frontera, après avoir traversé un paysage vallonné, vous arriverez à El Bosque, remarquablement situé au pied des forêts boisées de la Sierra de Albarracín, côté sud-est. Vous pourrez pratiquer le deltaplane et le parapente, ou pêcher la truite dans les torrents. A côté de l'auberge de jeunesse part un agréable sentier de 5 km qui remonte jusqu'à Benamahoma le long du Río El Bosque.

Le principal centre d'information des visiteurs du parc naturel (☎ 956 72 70 29) est situé Avenida de la Diputación s/n, au pied d'une petite route qui part de la A-372, à l'extrémité ouest du village, en face de l'Hotel Las Truchas. Il est ouvert du mercredi au dimanche de 10h à 14h et de 16h à 18h. Juste à côté, la grande piscine publique occupe un lieu ombragé. L'entrée coûte 350 ptas.

A 1 km au sud du village, sur l'ancienne route d'Ubrique, le *Camping La Torrecilla* (☎/*fax 956 71 60 95*) ouvre du 1er février au 15 décembre. Comptez 1 750 ptas pour deux adultes avec une tente et une voiture. L'auberge de jeunesse *Albergue Campamento Juvenil El Bosque* (☎ *956 71 62 12, Molino de Enmedio s/n*), dotée d'une piscine et agréablement située à 800 m de l'Hotel Las Truchas (prenez la route qui monte sur le côté de l'hôtel), dispose de bungalows, d'une aire de camping ombragée ou de doubles/triples, la plupart avec s.d.b. Il vous en coûtera 900 ptas par personne, petit déjeuner compris.

Près du centre d'information du parc, l'*Hostal Enrique Calvillo* (☎ *956 71 61 05, Avenida Diputación 5*) loue des doubles

cours de conversion de l'euro 1 000 ptas = 6,01 €

avec s.d.b. à 4 500 ptas. L'*Hotel Las Truchas* (☎ *956 71 60 61, Avenida Diputación 1)* possède des simples/doubles confortables avec s.d.b. à 4 600/7 500 ptas plus IVA. La terrasse du restaurant surplombe le village et la campagne environnante. Goûtez la truite, spécialité locale.

Benamahoma
code postal 11679 • altitude 450 m

Le petit village de Benamahoma, 4 km à l'est d'El Bosque sur la A-372 en direction de Grazalema, est réputé pour ses jardins maraîchers, ses élevages de truites et son industrie artisanale de sièges à fond canné de jonc. Vous pouvez aller à pied jusqu'à Zahara de la Sierra en empruntant des chemins de terre qui passent par Puerto de Albarranes, Laguna del Perezoso et Puerto de Breña. Comptez 5 heures, plus les pauses, pour cette belle balade de 16 km. Benamahoma se souvient de son passé lors des Fiestas de Moros y Cristianos (fête des Maures et des chrétiens), le premier dimanche d'août.

A l'arrière du village, le Camino del Nacimiento mène, 600 m plus loin, au *Camping Los Linares* (☎ *956 71 62 75),* qui propose des petits bungalows à environ 4 500/7 000 ptas pour 2/4 personnes. Pour camper, comptez 475 ptas plus IVA par tente et par adulte et 375 ptas plus IVA par voiture. En hiver, il n'est en principe ouvert que les week-ends et jours fériés.

Grazalema
code postal 11610 • 2 300 hab.
altitude 825 m

Depuis Benamahoma, la A-372 serpente en remontant à l'est jusqu'au Puerto del Boyar (1 103 m) avant de redescendre sur Grazalema. Par temps de brume, la route devient vite dangereuse.

Très prisé des amoureux de la nature et des artistes, et abritant un centre de réinsertion pour toxicomanes, Grazalema est un joli village pittoresque, surtout lorsqu'il est recouvert de neige. Les rues pavées étroites et pentues, les maisons blanchies à la chaux et les fenêtres fleuries se nichent au creux d'un beau paysage montagneux, au pied du rocher Peñon Grande. Depuis plusieurs siècles, l'artisanat local produit des couvertures et des tapis en pure laine.

Le centre du village est la Plaza de España, où l'office du tourisme (☎ 956 13 22 25) expose et vend de l'artisanat local. Il est ouvert du mardi au dimanche de 10h à 14h et de 16h à 18h (l'été de 18h à 20h). La banque Unicaja, sur la plaza, dispose d'un distributeur automatique.

A voir et à faire. Le village compte deux belles églises du XVIIe siècle, l'**Iglesia de la Aurora**, Plaza de España, et l'**Iglesia de la Encarnación**, toute proche.

Horizon (☎ 956 13 23 63), Calle Agua 5, organise toutes sortes d'**activités guidées** (escalade, saut à l'élastique, observation des oiseaux, randonnées pédestres) pour des groupes d'au moins 4 à 6 personnes. Les prix par personne s'étendent de 1 700 ptas pour une demi-journée de randonnée à 4 000 ptas pour une excursion de spéléologie ou une découverte des canyons (*cañones*). Le bureau ouvre de 11h à 13h (jusqu'à 14h le week-end) tous les jours sauf le mardi. Pinzapo (☎ 956 13 21 66), Calle Las Piedras 11, propose le même type d'activités.

La grande piscine publique de Grazalema, d'où le panorama est splendide, est située à l'extrémité est du village, à côté de la route d'El Bosque.

Vous pouvez louer des VTT au Camping Tajo Rodillo (voyez *Où se loger et se restaurer*) au prix de 1 400 ptas la journée (1 200 ptas si vous séjournez au camping).

Manifestations annuelles. Pendant une semaine à la mi-juillet, Grazalema célèbre les Fiestas del Carmen, qui sont l'occasion de multiples spectacles de musique et de danse jusque tard dans la nuit. Les festivités se terminent un lundi par un lâcher de taureaux à travers les rues.

Où se loger et se restaurer. En haut du village, à côté de la A-372 vers El Bosque, le *Camping Tajo Rodillo* (☎ *956 13 20 63)* facture 1 575 ptas pour deux adultes avec une tente et une voiture. En hiver, il n'est en principe ouvert que les week-ends et jours fériés. Au centre du village, l'hostal *Casa de las Piedras* (☎ *956 13 20 14, Calle Las Piedras 32)*, d'un bon rapport qualité/prix, loue des simples/doubles 1 500/3 000 ptas ou 3 600/4 800 ptas avec s.d.b. Vous pourrez profiter des deux patios, du salon avec cheminée et du restaurant, parfois fermé, qui sert des solides petits déjeuner et repas à prix modérés.

Au-dessus du village vers le nord, la confortable *Villa Turística* (☎ *956 13 21 62, fax 956 13 22 13, El Olivar s/n)* bénéficie d'une piscine, de pelouses impeccables, d'un restaurant et d'une vue splendide. Ses 24 chambres modernes toutes équipées reviennent à 4 600/7 500 ptas plus IVA, et ses 38 appartements de 6 400 à 16 900 ptas plus IVA pour 1 à 4 personnes.

La Calle Agua, près de la Plaza de España, rassemble quantité d'endroits pour se restaurer et se désaltérer, en particulier le *Bar La Posadilla*, qui propose des platos combinados tout à fait acceptables pour seulement 300 à 500 ptas.

Dans la catégorie supérieure, le *Restaurante Cádiz El Chico (Plaza de España 8)* offre du gibier, de l'agneau ou du porc pour 1 200 à 1 600 ptas, des *carnes a la plancha* (viandes grillées), ou du poisson et des fruits de mer à partir de 600 ou 800 ptas. Surplombant la piscine à l'extrémité est du village, le *Restaurante El Tajo*, avec une vue panoramique, est plutôt chic. Au déjeuner, la formule buffet (seulement en été) coûte environ 1 200 ptas, les salades de 250 à 500 ptas et la truite farcie au jambon 1 350 ptas.

Zahara de la Sierra
code postal 11688 • 1 550 hab.
altitude 550 m

Village plein au nord du parc naturel, dominé par un château en ruine au sommet d'un rocher escarpé, Zahara de la Sierra est installé dans un site spectaculaire. Il donne l'impression d'être en dehors du monde, en particulier lorsque l'on vient de parcourir les 18 km depuis Grazalema dans le brouillard épais en passant par le Puerto de las Palomas (le col des Colombes, à 1 331 m, où l'on voit plus de vautours que de colombes). Un réservoir est situé en dessous du village, vers le nord et l'est.

Fondé par les Maures au VIIIe siècle, Zahara fut pris en 1407 par le prince castillan Fernando de Antequera. Sa reconquête par Abu al-Hasan de Granada, au cours d'une audacieuse attaque nocturne en 1481, déclencha la dernière phase de la Reconquista, qui se termina par la chute de Granada. A la fin du XIXe siècle, Zahara fut un célèbre foyer d'anarchisme.

Le village se concentre autour de la Calle San Juan, une rue pavée et dotée d'une église à chaque extrémité. Plaza del Rey 3, est installé un bureau d'information du parc naturel (☎ 956 12 31 14), ouvert tous les jours de 9h à 14h au moins.

A voir et à faire. Devant l'**Iglesia de Santa María de la Mesa**, église baroque du XVIIIe siècle, un **mirador** surplombe la Calle San Juan. En empruntant une route derrière cette église, ou bien un sentier avec des marches qui part de la route principale en bas du village, vous pouvez monter au **château** du XIIe siècle, dont une tour subsiste. Les rues étroites de Zahara invitent à la flânerie. Vous aurez de jolies vues sur le village et les environs, parfois rehaussées de hauts palmiers ou de bougainvilliers rose vif en été ou d'orangers en hiver.

Où se loger et se restaurer. A 3 km au sud-est de Zahara, près du réservoir, le *Camping Arroyomolinos* (☎ *956 23 40 79)* demande 1 000 ptas pour deux adultes avec une tente et une voiture. La *Pensión Los Tadeos* (☎ *956 12 30 86, Paseo de la Fuente s/n)* dispose de quelques doubles sommaires à 3 000 ptas. Aménagé dans une belle demeure, l'*Hostal Marqués de Zahara* (☎ *956 12 30 61, Calle San Juan 3)* loue 10 simples/doubles confortables avec s.d.b. et chauffage en hiver pour 3 750/ 5 650 ptas. Son restaurant, qui propose un menu à 1 500 ptas, est réservé aux clients, mais la rue compte d'autres établissements, comme le *Bar Nuevo*, qui sert une cuisine familiale et bon marché. Le récent *Hotel Arco de la Villa* (☎ *956 12 32 30, fax 956 12*

cours de conversion de l'euro 1 000 ptas = 6,01 €

32 44, Camino Nazarí s/n) est doté de 17 chambres avec vue, clim. et TV à 4 600/ 7 500 ptas plus IVA, ainsi qu'un restaurant.

Benaocaz
code postal 11612 • 575 hab.
altitude 790 m

Au sud du parc, dans une région calcaire, le joli village de Benaocaz, situé sur la A-374 entre Ubrique et Grazalema, dispose de quelques hébergements à prix modérés et constitue le point de départ ou d'arrivée de plusieurs belles randonnées. Vous pourrez visiter le Musée historique et le Barrio Nazarí, ruines d'un village nasride (pour plus de précisions sur les Nasrides, reportez-vous à la rubrique *Histoire* du chapitre *Présentation de l'Andalousie*).

Randonnées. A 1 heure 15 de marche en direction du nord, vous rencontrerez le **Salto del Cabrero**, faille spectaculaire de 500 m de long, 100 m de large et 100 m de profondeur. A 1 heure 30 vers le nord-est, la **Casa del Dornajo**, une ferme en ruine, surplombe une belle vallée. De l'un ou l'autre de ces points, vous pouvez rejoindre Grazalema en 2 heures environ en empruntant le col de Puerto del Boyar sur la A-372. En aval, une ancienne **voie romaine** de 6 km rejoint Ubrique vers le sud-ouest.

Où se loger et se restaurer. En amont du village, le *Refugio de Montaña El Parral* (☎/fax 956 12 55 65, ☎ 608 32 25 73) dispose d'une salle à manger, d'un bar et de dortoirs de 6 lits propres à 900 ptas par personne plus IVA (n'oubliez pas votre sac de couchage). Juste en dessous, l'*Hostal San Antón* (☎ 956 12 55 77, *Plaza de San Antón s/n*) loue des simples/doubles avec s.d.b. à 5 000/9 000 ptas plus IVA. Dans le centre, installez-vous pour déjeuner à l'agréable terrasse de *La Palmera*.

Costa de la Luz

Les 90 km de côtes qui s'étendent entre Cádiz et Tarifa peuvent être venteuses et les eaux de l'Atlantique, légèrement plus fraîches que celles de la Méditerranée. En revanche, le rivage préservé, souvent sauvage, est parsemé de longues plages de sable blanc magnifiques et de rares petites villes et villages. Conscients de ces avantages, les Andalous viennent ici par milliers en juillet et en août, apportant une joyeuse atmosphère de fiesta dans ces lieux habituellement paisibles. Pendant cette période, il est recommandé de réserver des chambres à l'avance.

Bien avant l'époque romaine, et jusqu'à l'apparition du tourisme au XXe siècle, la principale activité sur cette côte a toujours été la pêche au thon. De nos jours encore, des bancs de thons énormes, certains pesant 300 kg, sont capturés par des murs de filets longs de plusieurs kilomètres – quand les poissons quittent les eaux de l'Atlantique au printemps pour rejoindre leurs frayères en Méditerranée, puis à nouveau quand ils reviennent en juillet et en août. Barbate possède aujourd'hui la plus grosse flottille de pêche au thon.

VEJER DE LA FRONTERA
code postal 11150 • 12 900 hab.
altitude 190 m

Perchée au sommet d'une colline rocheuse, cette ville blanche isolée au charme désuet surplombe la N-340 très fréquentée, à 50 km de Cádiz et à 10 km à l'intérieur des terres. Elle mérite largement un détour.

Orientation et renseignements

Le quartier le plus ancien de la ville, où se dressent partiellement des fortifications, et dont les rues sinueuses et étroites rappellent clairement ses origines maures, s'étend sur la plus haute partie de la colline. Juste en dessous se trouve une petite Plazuela, qui est plus ou moins le cœur de la ville., où se dresse l'Hotel Convento de San Francisco. Tout à côté, l'office du tourisme (☎ 956 45 01 91), Calle Marqués de Tamarón 10, ouvre de 8h à 14h et de 16h à 19h du lundi au vendredi, de 11h à 14h le week-end. S'il est fermé, vous pourrez vous procurer un plan de la ville à l'Hotel Convento de San Francisco. Des bus s'arrêtent dans l'Avenida Remedios, la route qui part de la N 340, à 500 m environ de la Plazuela.

A voir

Dans le quartier fortifié de la ville, découvrez l'**Iglesia del Divino Salvador** dont l'intérieur est mudéjar du côté de l'autel et gothique à l'autre extrémité, et le **château**, restauré en grande partie, ouvert seulement à Pâques et en été. Du haut de ses remparts, les vues sont splendides et il renferme un petit musée où est conservée l'une des robes noires couvrant tout le corps (sauf les yeux) que portaient les femmes de Vejer il y a encore une vingtaine d'années.

Où se loger et se restaurer

En face du vieux quartier fortifié, l'*Hostal La Janda* (☎ 956 45 01 42, Calle Machado 16) loue des doubles avec s.d.b. 6 000 ptas. Au bas d'une rue transversale toute proche, l'*Hostal Buena Vista* (☎ 956 45 09 69, Calle Manuel Machado 20), d'un bon rapport qualité/prix, offre des doubles impeccables avec s.d.b. à 5 000 ptas plus IVA, certaines s'ouvrant sur un point de vue de la vieille ville. L'*Hotel Convento de San Francisco* (☎ 956 45 10 01, Plazuela s/n), aménagé dans un couvent du XVIIe siècle, dispose de simples/doubles à 6 800/9 100 ptas plus IVA. Près de l'office du tourisme, *La Bodeguita* (Calle Marqués de Tamarón 9) sert d'excellents tapas et repas. En face, le *Bar Joplin* est parfait pour prendre un verre tard le soir en fin de semaine.

Comment s'y rendre

Vous trouverez tous les renseignements au petit bureau de la compagnie Comes (☎ 956 44 71 46), sur la Plazuela. Des bus desservent Cádiz (550 ptas) et Barbate (140 ptas) jusqu'à 9 fois par jour. D'autres bus relient ces mêmes villes, ainsi que Tarifa et Algeciras (environ 10 par jour), La Línea, Málaga et Sevilla (3 par jour), avec un arrêt à La Barca de Vejer, sur la N-340, au pied de la colline. De là, la ville est à 4 km par la route qui monte. Si vous allez à pied, suivez les habitués qui vous indiqueront le raccourci !

BARBATE
code postal 11160 • 18 000 hab.

Ville de pêche vouée à la conserverie, dotée d'une longue plage de sable et d'un port important, Barbate devient une station balnéaire assez animée en été, quoique plutôt terne. Vous devrez peut-être vous arrêter à Barbate si vous voyagez en bus. La gare routière des bus Comes (☎ 956 43 05 94) est à plus d'1 km de la plage à l'extrémité nord de la longue artère principale, l'Avenida del Generalísimo. Le seul office du tourisme (☎ 956 43 39 62) pour la région incluant Los Caños de Meca-Zahara de los Atunes-Barbate est situé Plaza de Onésimo Redondo s/n. En venant de la gare routière, prenez l'Avenida del Generalísimo, tournez à gauche dans la Calle Agustín Varo (en face de l'Avenida de Andalucía et du marché) et suivez cette rue jusqu'à la Plaza Onésimo Redondo. En temps normal, l'office du tourisme est ouvert du lundi au vendredi de 8h à 20h.

Près du marché, l'*Hotel Mediterráneo* (☎ 956 43 02 43, Calle Albufera 1) propose des doubles avec s.d.b. à 4 800 ptas, mais n'ouvre qu'à Pâques et de juillet à mi-septembre. De meilleure qualité, l'*Hotel Galia* (☎ 956 43 04 82, Calle Doctor Valencia 5), à quelques rues de la gare routière en direction de la mer, loue des simples/doubles entre 3 500/5 000 ptas et 5 000/8 000 ptas. De nombreux restaurants de fruits de mer proposent des spécialités locales le long du Paseo Marítimo.

Des bus desservent chaque jour La Barca de la Vejer (voyez plus haut la rubrique *Vejer de la Frontera*), Cádiz (jusqu'à 12), Vejer de la Frontera (jusqu'à 9), Sevilla (2 en semaine, 1 le week-end), Tarifa et Algeciras (1). Du lundi au vendredi, 3 bus (2 le week-end) relient quotidiennement Zahara de los Atunes dans les deux sens.

LOS CAÑOS DE LA MECA
code postal 11159

Los Caños, ancienne destination hippie, s'étire de manière un peu anarchique entre des criques de sable au pied d'une colline de pins, 12 km à l'ouest de Barbate. L'endroit garde son aspect décontracté et hors des sentiers battus, même en plein été.

Entre Barbate et Los Caños, la côte se compose en grande partie de falaises attei-

cours de conversion de l'euro 1 000 ptas = 6,01 €

gnant parfois jusqu'à 100 m. La route qui les relie par l'intérieur des terres traverse la forêt de pins parasols de Breña. Ces falaises et cette forêt, ainsi que les terres marécageuses à l'est et au nord de Barbate, forment le **Parque Natural de la Breña y Marismas de Barbate**. Deux sentiers de randonnée partent de la route. L'un mène à la Playa de la Hierbabuena, à l'ouest de Barbate, l'autre à la Torre del Tajo, une tour du XVIe siècle au sommet d'une falaise. De cette route, ont peut rejoindre une autre tour, la Torre de Meca, sur la colline située derrière Los Caños.

La route débouche à l'extrémité est de l'unique rue de Los Caños, appelée le plus souvent Avenida de Trafalgar. La plage principale se trouve juste en face. Les amateurs de naturisme se rendront de l'autre côté de la petite pointe rocheuse à l'est de la plage. A l'ouest du village, une route perpendiculaire conduit vers un phare qui se dresse sur un cap au nom célèbre – le Cabo de Trafalgar. En 1805, c'est au large de ce cap que les forces navales espagnoles furent défaites en quelques heures par la flotte britannique commandée par l'amiral Nelson. Plusieurs plages correctes s'étirent de part et d'autre du Cabo de Trafalgar.

Où se loger

Il existe 3 terrains de camping de taille moyenne, ouverts d'avril à septembre et assez fréquentés en plein été. Le plus central, le *Camping Camaleón* (☎ 956 43 71 54, *Avenida Trafalgar s/n)*, environ 1 km à l'ouest du carrefour de Barbate, est ombragé et demande 2 385 ptas pour 2 personnes avec une tente et une voiture. Le *Camping Faro de Trafalgar* (☎ 956 43 70 17), 700 m plus à l'ouest, et le *Camping Caños de Meca* (☎ 956 43 71 20), 1 km plus loin dans le village à l'écart de Zahora, sont légèrement moins chers.

Environ 10 hostales sont disséminés le long de l'Avenida Trafalgar à Los Caños, et d' autres à Zahora. Assez similaires dans l'ensemble, ces établissements comportent tous des chambres convenables avec s.d.b.

La partie la plus calme du village se trouve à l'est du carrefour de Barbate.

L'*Hostal Fortuna* (☎ *956 43 70 75)* dispose d'excellentes simples/doubles à 4 000/6 000 ptas (6 000/8 000 ptas en août). Un peu plus loin, le très décontracté *Hostal Los Castillejos* (☎ *956 43 70 19)* est une petite maison biscornue à tourelles où flotte une atmosphère hippie. Il est ouvert en été et les doubles avec s.d.b. valent entre 5 500 et 7 500 ptas.

Juste à l'ouest du carrefour de Barbate, l'*Hostal Villa de Guadalupe* (☎ *956 43 72 29, Avenida Trafalgar 56)*, un peu plus chic, doté de doubles à 10 000 ptas, n'ouvre qu'en été. Plus loin dans la même direction, l'*Hostal Mar y Sol* (☎ *956 43 72 55, Avenida Trafalgar 102)*, ouvert de juin à septembre, propose des doubles de 5 500 à 6 500 ptas plus IVA. A quelques pas, l'*Hostal Miramar* (☎ *956 43 70 24)*, agrémenté d'une piscine et d'un restaurant, ouvre de la Semana Santa à la fin septembre. En période d'affluence, les doubles avec s.d.b. reviennent à 6 000 ptas. Passé la bifurcation vers le Camping Camaleón, l'*Hostal El Ancla* (☎ *956 43 71 00)*, fermé en hiver, loue des doubles/triples avec s.d.b., réfrigérateur et TV entre 5 000 et 7 000 ptas.

Juste après El Ancla, un panneau "Apartamentos y Bungalows" signale les *Casas Karen*, également appelées *Fuente del Madroño* (☎ *956 43 70 67, fax 956 43 72 33, karen@jet.es, Fuente del Madroño 6)*. Suivez le panneau et prenez la deuxième à droite. Vous arriverez 500 m plus loin sur un vaste terrain joliment planté d'acacias. Une jeune Anglaise, accueillante et dynamique, gère ces hébergements variés, qui vont de la ferme aménagée à la hutte au toit de chaume (*choza*, habitat traditionnel construit avec des matériaux de la région). Simplement décorés dans un style espagnol ou marocain, tous possèdent cuisine, s.d.b., salon et terrasse. Les locations sont en principe à la semaine, mais il est également possible de séjourner une seule nuit. Les prix pour une double débutent entre 6 000 et 9 000 ptas, selon la saison. Une semaine dans une hutte pour 2 personnes coûte de 36 000 à 54 000 ptas.

A Zahora, l'*Hostal Alhambra* (☎ *956 43 72 16)*, en face du Camping Caños de

Meca, décoré dans le style de l'Alhambra, dispose de belles doubles agrémentées de petites vérandas à 6 000 ptas plus IVA, ainsi que d'un restaurant.

Où se restaurer

Le *Bar-Restaurante El Caña*, tout près du carrefour de Barbate à l'est, est merveilleusement situé au sommet d'une petite falaise qui surplombe la plage. Il n'est ouvert qu'en saison et sert des fruits de mer aux alentours de 1 300 ptas, mais aussi des plats moins chers – poulet, boulettes de viande, etc. Le seul inconvénient est la lenteur du service.

Environ 200 m à l'ouest, lui aussi dominant la plage, *El Pirata*, une autre bonne adresse pour se restaurer en saison, propose des salades à partir de 300 ptas et des media raciones de fruits de mer à partir de 600 ptas. Les *revueltos de gambas y ortigas* (œufs brouillés aux crevettes et aux anémones de mer), à 1 000 ptas environ, sont un régal. Les soirs de week-end, l'hiver, cet endroit est un petit bar branché où l'on peut écouter de la bonne musique au coin du feu.

En hiver, quand les restaurants du village sont fermés, essayez *Las Acacias* sur la route de Zahara, près de la bifurcation vers Trafalgar, ou le *Restaurante El Capi*, qui dépend de l'hostal du même nom sur la route principale à Zahora. Vous y goûterez des tapas correctes et de bons plats de poisson au coin du feu.

Où sortir

Lorsque la saison bat son plein, vous aurez le choix entre plusieurs bars, comme le *Bonano*, établissement décontracté situé à côté de l'Hostal Los Castillejos (voir *Où se loger*), le *Café-Bar Ketama*, en face d'El Pirata, et quelques lieux plus animés où écouter de la musique sur la route de Cabo de Trafalgar, comme *Las Dunas*, ouvert toute l'année. *La Jaima*, une tente marocaine (*carpa*) garnie de beaux sièges rouges qui donne sur la plage à l'est du carrefour de Barbate présente des spectacles de danse du ventre.

Les soirs d'été, le bar-restaurant *Sajorami*, sur la Playa Zahora, programme souvent des concerts de rock, de blues ou de flamenco. Tournez à gauche au Camping Caños de la Meca, puis prenez la première à droite. Suivez la route sablonneuse sur 600 m.

Comment s'y rendre

Du lundi au vendredi, des bus desservent, dans les deux sens, 2 fois par jour Barbate et Cádiz, et 1 fois par jour Sevilla (Prado de San Sebastián) et Zahara de los Atunes. De mi-juin à début septembre, un bus part normalement de Sevilla à 9h pour Los Caños (1 900 ptas), Barbate et Zahara. Le bus du retour quitte Los Caños à 19h.

ZAHARA DE LOS ATUNES
code postal 11393

Posée au milieu de nulle part, mais dotée d'une large plage de sable sur 12 km orientée vers l'ouest, Zahara est une sorte d'authentique station balnéaire. Au cœur du village se dressent les murs en ruine de l'ancienne Almadraba, autrefois dépôt et refuge des pêcheurs de thon (*atún*) locaux, qui étaient des gens d'une extrême rudesse. Dans *La Ilustre Fregona*, Cervantes a écrit que personne ne méritait le nom de *pícaro* (canaille), à moins d'avoir passé deux saisons à pêcher le thon à Zahara. Les pícaros devaient néanmoins exceller dans leur métier, puisque les registres ne mentionnent pas moins de 140 000 thons rapportés en 1541 à l'Almadraba. L'industrie du thon a aujourd'hui disparu, mais le village a trouvé un second souffle en devenant une station balnéaire de plus en plus fréquentée, pour ne pas dire à la mode. Avec son petit noyau de rues étroites à l'ancienne, c'est en fait un endroit merveilleux pour profiter du soleil, de la mer et du vent – et de la vie nocturne en été.

La banque Unicaja, Calle María Luisa, dispose d'un distributeur automatique.

Où se loger

L'agréable *Camping Bahía de la Plata* (☎ 956 43 90 40, Carretera de Atlanterra), près de la plage au sud de Zahara et ouvert toute l'année, demande 2 490 ptas pour 2 personnes avec une tente et une voiture. Sinon, l'établissement le meilleur marché et

cours de conversion de l'euro 1 000 ptas = 6,01 €

le plus susceptible d'être vacant lorsque tous les autres affichent complets en juillet et en août, l'*Hostal Monte Mar (☎ 956 43 90 47, Calle Peñón 12)*, à l'extrémité nord du village, loue de belles doubles avec s.d.b. à 6 500 ptas. Le petit *Hotel Nicolás (☎ 956 43 92 74, Calle María Luisa 13)*, dispose d'un restaurant et de simples/doubles avec s.d.b. et TV, ordinaires mais plaisantes, à 5 000/7 000 ptas plus IVA. A côté, l'*Hotel Almadraba (☎ 956 43 93 32, Calle María Luisa 15)*, propose des doubles à 8 500 ptas plus IVA.

Le mieux placé sur la plage, l'*Hotel Gran Sol (☎ 956 43 93 01, Calle Sánchez Rodríguez s/n)*, face à l'ancienne Almadraba, donne directement sur le sable. Les doubles spacieuses et confortables sont à 12 500 ptas plus IVA. L'*Hotel Doña Lola (☎ 956 43 90 09, Plaza Thompson 1)*, près de l'entrée du village, établissement moderne au style ancien attrayant, offre de belles doubles à 10 000 ptas plus IVA.

Où se restaurer

La plupart des restaurants sont rassemblés sur la Plaza de Tamarón, près de l'Hotel Doña Lola, ou alentour. Les cartes, similaires, comportent du poisson, des fruits de mer, des salades, de la viande et parfois des pizzas. Le *Patio la Plazoleta*, sur la Plaza Tamarón, endroit agréable et en plein air, propose une media-ración de *pez limón a la plancha* (thon grillé aux légumes et au citron) à 800 ptas, mais vous pourrez aussi choisir de bonnes pizzas autour de 1 000 ptas. Le *Café-Bar Casa Juanita*, derrière la plaza, dans la Calle Sagasta, est une autre bonne adresse où la nourriture est comparable et les prix, un peu plus bas. C'est le bon endroit pour y prendre un café et une tostada au petit déjeuner.

Où sortir

En juillet et en août, une succession d'auvents et de cabanes de fortune installés le long de la plage au sud de l'Almadraba font office de bars, de discothèques et de *teterías*. L'animation commence aux alentours de minuit. Certains proposent du flamenco ou d'autres musiques.

Comment s'y rendre

Du lundi au vendredi, Comes dessert tous les jours Cádiz (850 ptas, 3 bus quotidiens, 2 bus par jour le week-end) via Barbate, Sevilla via Los Caños de Meca (1 950 ptas, 1 bus) et Tarifa (410 ptas, 1 bus). Les bus sont plus nombreux de mi-juin à septembre.

BOLONIA
code postal 11391

Ce minuscule village, à 10 km sur la côte au sud de Zahara et à 20 km environ de Tarifa, abrite une belle plage de sable blanc où faire de la planche à voile, quelques restaurants et petits hostales, de nombreux coquelets, ainsi que les restes de la ville romaine de **Baelo Claudia**. Au milieu des ruines subsistent les vestiges substantiels d'un théâtre, d'un forum pavé entouré de parties de temples ou d'autres édifices, ainsi que des ateliers où se fabriquait ce qui rendit Baelo Claudia célèbre dans tout le monde romain, le poisson salé et la pâte *garum* (une sauce épicée à base de poisson). Le site (☎ 956 68 85 30) ouvre de 10h à 18h du mardi au samedi (jusqu'à 19h au printemps, 20h en été) et de 10h à 14h le dimanche. L'entrée est gratuite pour les ressortissants d'un pays de l'Union européenne (250 ptas pour les autres visiteurs).

Bolonia doit être la sortie du tunnel sous le détroit de Gibraltar reliant Tanger, au Maroc. Le projet des gouvernements espagnol et marocain, qui prévoit un ouvrage de 38 km destiné aux trains transportant des véhicules, ne sera mis en œuvre que lorsque les fonds suffisants auront été réunis. Le tunnel commencera à 2 km à l'intérieur des terres et franchira la côte entre Bolonia et Punta Paloma.

Où se loger

Au centre du village, l'*Hostal Bellavista (☎ 956 68 85 53)* loue une simple/double avec s.d.b. au prix de 4 000/6 500 ptas (2 000/4 000 ptas en hiver). De Pâques à septembre, l'*Hostal Miramar (☎ 956 68 85 61)* propose des doubles avec s.d.b. pour 4 000 à 5 500 ptas, ainsi que des appartements. L'*Hostal Lola (☎ 956 68 85 36)* bénéficie d'un joli jardin et dispose de chambres sommaires avec s.d.b. entre 4 000 et 6 000 ptas. Suivez la signalisation apposée sur des planches de surf géantes jusqu'à l'Hostal Miramar et au-delà.

Où se restaurer

A l'extrémité est du village, 3 ou 4 *restaurants de plein air* sont installés sur la plage, près de l'endroit où stationnent les camping-cars des véliplanchistes. Dans le village, le restaurant de l'*Hostal Bellavista* cuisine de bons plats espagnols simples. Proche de l'Hostal Lola, l'accueillant et décontracté *El Rincón de Loli* sert de savoureuses *entrecot al roquefort* à 1 400 ptas et *croquetas* (croquettes) à 1 000 ptas. Non loin de là, goûtez les fruits de mer du *Restaurante Marisma*, qui dispose de tables à l'extérieur.

Comment s'y rendre

La seule route qui mène à Bolonia bifurque à l'ouest de la N-340, à 15 km de Tarifa. Dans la mesure où il n'existe aucun service de bus, si vous n'avez pas de véhicule, vous devrez parcourir 7 km à pied à travers les collines depuis la route principale. Vous pouvez aussi marcher 8 km en longeant la côte à partir d'Ensenada de Valdevaqueros *via* Punta Paloma (voyez *Planche à voile* dans la rubrique *Tarifa*).

TARIFA
code postal 11380 • 14 000 hab.

Même au plus fort de la saison, Tarifa reste une ville attrayante et décontractée. Relativement peu connue il y a encore une quinzaine d'années, elle est devenue l'un des hauts lieux des amateurs de planche à voile de renommée internationale. Les plages de sable blanc offrent d'excellentes vagues et l'arrière-pays est verdoyant, bien que l'hiver soit humide et plutôt frisquet. La vieille ville, aux ravissantes rues étroites, aux maisons blanchies à la chaux et aux balcons fleuris, est particulièrement attrayante. Le château de Tarifa est aussi très intéressant à voir. Le seul point négatif – mais pas pour les véliplanchistes, ni pour les centaines d'éoliennes sur les collines à l'intérieur des terres – est le vent, auquel Tarifa doit cependant sa nouvelle prospérité. Pendant la majeure partie de l'année, soit le *levante* (vent de l'est) soit le *poniente* (de l'ouest) soufflent, ce qui est désastreux pour se reposer tranquillement sur la plage et fatigant si l'on se promène simplement dans la région. Le mois d'août est quelquefois plus calme – chaud, sans l'être trop, et assez fréquenté, mais sans excès. A propos d'éoliennes, sachez qu'il s'agit d'une expérience financée en grande partie par l'Union européenne dans le but de fournir de l'énergie au réseau national espagnol.

Histoire

Tarifa, sans doute aussi ancienne que la ville phénicienne de Cádiz, fut en tout cas un village romain, mais doit son nom à Tarik ibn Malik qui conduisit une attaque maure en 710, un an avant la grande invasion islamique de la péninsule. Les Maures érigèrent la forteresse au Xe siècle pour se protéger des assaillants scandinaves et africains (à cette époque, les pirates de la région soutiraient apparemment une taxe aux bateaux qui empruntaient le détroit de Gibraltar pour passer en toute sécurité de l'Atlantique à la Méditerranée : ce serait là l'origine du mot "tarifa", qui signifie tarif). Les chrétiens prirent Tarifa en 1292, mais la paix ne fut vraiment rétablie que lorsqu'ils s'emparèrent d'Algeciras en 1344. Par la suite, Tarifa participa activement à la colonisation des Amériques et une grande partie de sa population émigra au Pérou au cours des XVIe et XVIIe siècles.

Orientation et renseignements

Depuis la N-340, deux routes mènent à Tarifa. La première arrive du nord-ouest, devient la Calle Batalla del Salado et aboutit dans l'Avenida de Andalucía (orientée est-ouest), d'où la Puerta de Jerez conduit à travers les fortifications dans la vieille ville. La seconde arrive de l'est et devient la Calle Amador de los Rios, qui croise également l'Avenida de Andalucía au niveau de la Puerta de Jerez.

La rue principale de la vieille ville est la Calle Sancho IV El Bravo, à l'extrémité est de laquelle apparaît l'Iglesia de San Mateo. Le château domine le port du côté sud de la

cours de conversion de l'euro 1 000 ptas = 6,01 €

vieille ville. Au sud-ouest se dresse la Punta de Tarifa, un promontoire occupé par les militaires, qui est le point le plus méridional de l'Europe continentale, tandis que le détroit de Gibraltar s'étend au sud et à l'est, et l'océan Atlantique, à l'ouest.

L'office du tourisme (☎ 956 68 09 93) est situé pratiquement en haut du Paseo de la Alameda bordé de palmiers, qui s'étend à l'ouest de la vieille ville. Il ouvre de 10h30 à 14h et de 17h à 19h (ou 18h à 20h en été) du lundi au vendredi, et le samedi en été.

La Calle Sancho IV El Bravo et la Calle Batalla del Salado concentrent plusieurs banques et distributeurs automatiques. La poste se situe Calle Coronel Moscardó 9, au sud de l'Iglesia de San Mateo. La Policía Local (☎ 956 61 41 86) a installé son commissariat dans l'hôtel de ville. La Cruz Roja (Croix-Rouge, ☎ 956 64 48 96) se trouve dans la Calle Alcade Juan Núnez 5, un peu à l'ouest du bas du Paseo de la Alameda. L'hôpital de Tarifa (☎ 956 68 15 15/35) est situé dans la Calle Amador de los Rios.

La presse internationale est vendue au kiosque à journaux de la Calle Batalla del Salado, en face de la Puerta de Jerez. La Pandora's Papelería, en face du Café Central dans la Calle Sancho IV El Bravo, propose un accès Internet de 9h à 13h30 et de 17h à 20h30.

A voir

Pour découvrir Tarifa, le mieux est de se promener dans les rues enchevêtrées de la vieille ville, jusqu'aux fortifications du château, et de faire une halte sur le port animé et les plages.

La **Puerta de Jerez** de style mudéjar a été érigée après la Reconquista. Ne manquez pas le marché animé néo-mudéjar de la Calle Colón, avant de vous diriger au cœur de la vieille ville et l'**Iglesia de San Mateo** du XVe siècle.

Les rues au sud de l'église ont peu changé depuis l'époque musulmane. Montez les marches au bout de la Calle Coronel Moscardó, puis tournez à gauche dans la Calle Aljaranda pour rejoindre le **Mirador El Estrecho**, qui domine une partie des fortifications du château et d'où la vue, grandiose, s'étend jusqu'à l'Afrique. Rejoignez la Plaza de Santa María, toute proche, où le petit **Museo Municipal** ouvre en général de 10h à 14h du lundi au vendredi (entrée libre).

Le **Castillo de Guzmán**, qui se dresse à l'ouest, et auquel on accède de l'autre côté, Calle Guzmán, doit son nom au héros de la Reconquista Guzmán El Bueno. Lorsque les musulmans menacèrent de tuer le fils qu'ils lui avaient enlevé, à moins qu'il ne leur cède la forteresse, Guzmán jeta son poignard, acceptant la mort de son fils. L'incident se déroula en 1294, alors que les chrétiens défendaient Tarifa contre les Mérénides du Maroc (la Calle Batalla del Salado commémore la bataille qui se déroula en 1340 au nord de Vejer de la Frontera, au cours de laquelle Alfonso XI infligea une défaite définitive aux Mérénides).

Les descendants de Guzmán, les Duques de Medina Sidonia, gouvernèrent pendant longtemps la majeure partie de la province de Cádiz, comme s'il s'agissait de leur propre fief, et demeurèrent les plus gros propriétaires terriens d'Espagne jusque très avant dans le XXe siècle. L'imposante forteresse fut bâtie à l'origine en 960 sur ordre du calife de Córdoba, Abd al-Rahman III. Vous pourrez vous promener le long des parapets et monter sur la Torre de Guzmán El Bueno du XIIIe siècle, d'où l'on jouit d'une vue à 360° sur la mer, l'Afrique, ainsi que sur la ville et les éoliennes des collines s'élevant à l'arrière-plan. Le château est ouvert tous les jours de 10h à 14h et de 16h à 20h. Les billets sont en vente à la papeterie en face de l'entrée du château (200 ptas).

Plages. La plage la plus fréquentée est la **Playa Chica**, bien abritée, mais très petite, sur l'isthme qui mène à la Punta de Tarifa. De là, la **Playa de los Lances** s'étend sur 10 km au nord-ouest, jusqu'à l'immense dune de sable de Punta Paloma.

Activités de plein air

Aky Oaky (☎ 956 68 53 56), Calle Batalla del Salado 37, organise des activités variées, à des prix compris entre 2 500 et 7 000 ptas : plongée, randonnée pédestre et

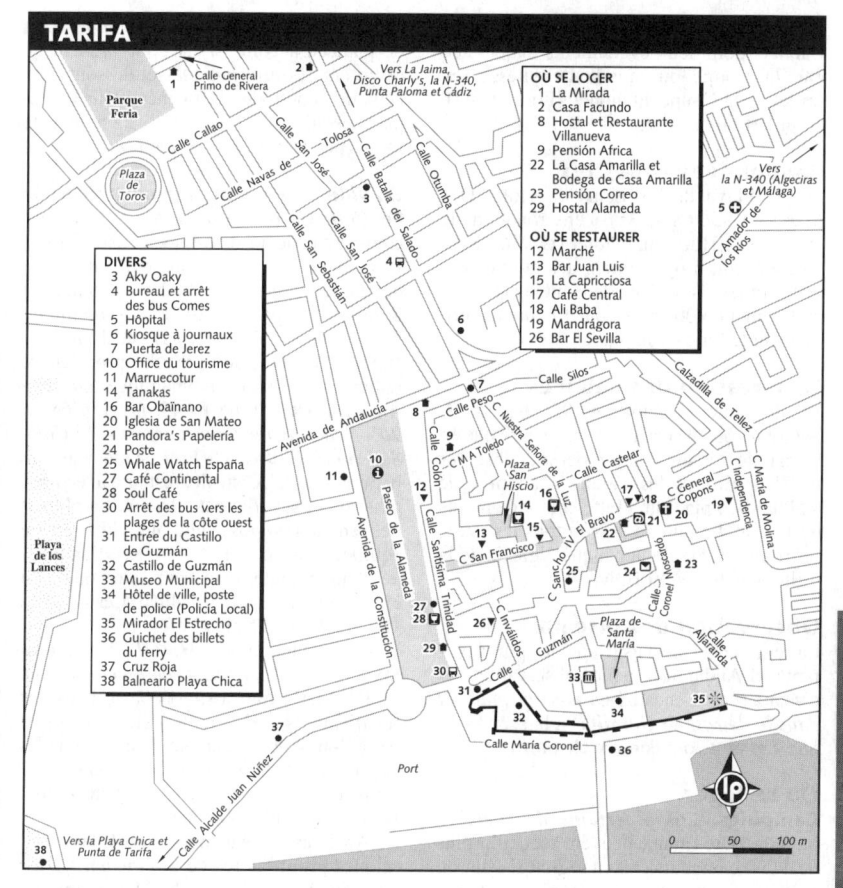

TARIFA

OÙ SE LOGER
1. La Mirada
2. Casa Facundo
8. Hostal et Restaurante Villanueva
9. Pensión Africa
22. La Casa Amarilla et Bodega de Casa Amarilla
23. Pensión Correo
29. Hostal Alameda

OÙ SE RESTAURER
12. Marché
13. Bar Juan Luis
15. La Capricciosa
17. Café Central
18. Ali Baba
19. Mandrágora
26. Bar El Sevilla

DIVERS
3. Aky Oaky
4. Bureau et arrêt des bus Comes
5. Hôpital
6. Kiosque à journaux
7. Puerta de Jerez
10. Office du tourisme
11. Marruecotur
14. Tanakas
16. Bar Obaïnano
20. Iglesia de San Mateo
21. Pandora's Papelería
24. Poste
25. Whale Watch España
27. Café Continental
28. Soul Café
30. Arrêt des bus vers les plages de la côte ouest
31. Entrée du Castillo de Guzmán
32. Castillo de Guzmán
33. Museo Municipal
34. Hôtel de ville, poste de police (Policía Local)
35. Mirador El Estrecho
36. Guichet des billets du ferry
37. Cruz Roja
38. Balneario Playa Chica

à VTT dans un parc naturel, spéléologie, équitation, visite d'élevages de taureaux.

Planche à voile

Si les conditions qu'offrent les plages de la ville sont souvent satisfaisantes, l'action se concentre surtout sur la côte entre Tarifa et Punta Paloma, à 10 km au nord-ouest. Les meilleurs spots varient bien entendu selon les vents et les marées. El Porro, dans l'Ensenada de Valdequeros, la baie de Punta Paloma, est l'un des plus recherchés en raison des facilités à se garer et de l'espace assez vaste pour s'installer. Le Río Jara, à 3 km de Tarifa, est un autre point de départ très apprécié.

En ville, vous pourrez acheter du matériel neuf et d'occasion dans les boutiques de planches à voile de la Calle Batalla del Salado. Pour louer des planches et prendre des cours, adressez-vous le long de la côte à des endroits tels que le Club Mistral, l'Hurricane Hotel (voyez *Où se loger*) ou Spin Out, sur la plage face au Camping Torre de la Peña II, près d'El Porro. Au Club Mistral, la location d'une planche revient à 2 800 ptas l'heure ou 7 500 ptas la journée, et un cours de 6 heures pour débutant coûte 19 500 ptas.

cours de conversion de l'euro 1 000 ptas = 6,01 €

Des compétitions se déroulent toute l'année, dont deux événements majeurs en été, la Coupe du monde de vitesse, en juillet, et la Coupe du monde (Formula 42), en juillet ou en août.

Randonnées équestres

Sur la Playa de los Lances, l'Hotel Dos Mares (☎ 956 68 40 35), à environ 4 km de Tarifa, et l'Hurricane Hotel (☎ 956 68 49 19), à 6 km, programment des randonnées avec guides. Tous deux demandent approximativement 3 000 ptas pour 1 heure de promenade le long de la plage.

Observation des baleines

Whale Watch España (☎. 956 62 70 13, ☎ 639 47 65 44) organise des excursions en bateau de 3 heures pour repérer et observer les dauphins et les baleines, au prix de 4 500/3 000 ptas par adulte/enfant de moins de 12 ans. Le bureau, ouvert tous les jours, se trouve à côté de la banque Unicaja de la Calle Sancho IV El Bravo.

Observation des oiseaux

La région de Tarifa est l'une des plus favorables d'Andalousie pour l'observation des oiseaux (voir l'encadré *Oiseaux de haut vol dans le détroit de Gibraltar* à la section *Le Sud-Est* plus loin dans ce chapitre).

Où se loger

Campings. Les 6 *terrains de camping* ouverts toute l'année peuvent accueillir plus de 4 000 campeurs et sont regroupés sur, ou près de la plage, entre Tarifa et Punta Paloma, sur 10 km au nord-ouest le long de la N-340. Comptez en moyenne 2 200 ptas pour 2 personnes avec une tente et une voiture. Les 2 sites de la Torre de la Peña figurent parmi les plus modernes et disposent de bons restaurants et bars.

Hostales et hotels. Il en existe quelques-uns dans la vieille ville et un plus large choix dans la Calle Batalla del Salado ou alentour. Au moins 9 autres établissements sont disséminés le long de la plage et de la N-340 sur 10 km au nord-ouest de Tarifa, mais aucun n'est bon marché. Les chambres se font rares en été, ainsi qu'au moment des compétitions de planche à voile. Il est donc prudent de réserver. Les prix indiqués ci-dessous sont ceux de la période d'affluence. Pour la plupart des adresses, comptez de 25 à 40% de moins pendant le reste de l'année.

En ville. La *Pensión Correo* (☎ *956 68 02 06, Calle Coronel Moscardó 9)*, dans l'ancien bureau de poste, est une bonne adresse. Les chambres peintes de couleurs éclatantes, certaines avec s.d.b., débutent à 2 000 ptas par personne. La meilleure double, dotée d'une terrasse et d'une vue superbe, coûte 7 000 ptas. Le propriétaire italien est serviable et dynamique. *La Casa Amarilla* (☎ *956 65 19 93, fax 956 68 05 90, lacasaamarilla@via.goya.es, Calle Sancho IV El Bravo 9)* est installée dans un bâtiment du XIXe siècle, restauré avec imagination et superbement décoré. La plupart des chambres possèdent une kitchenette équipée d'une petite cuisinière et d'un réfrigérateur, et toutes disposent d'une s.d.b., du chauffage et de la TV câblée. Les doubles valent 8 000 ptas plus IVA.

Le sympathique *Hostal Villanueva* (☎ *956 68 41 49, Avenida de Andalucía 11)*, où l'on parle français, est construit sur les fortifications de la vieille ville, à quelques pas à l'ouest de la Puerta de Jerez. Agréables et propres, les simples/doubles, toutes avec s.d.b., certaines avec vue sur le château, sont facturées 4 000/8 000 ptas.

Après avoir beaucoup voyagé, les dynamiques propriétaires de la *Pensión África* (☎ *956 68 02 20, Calle María Antonia Toledo 12)*, à côté du marché, ont aménagé une maison ancienne pour y louer de belles chambres confortables à 2 500/4 000 ptas avec s.d.b. commune ou 3 500/5 000 ptas avec s.d.b. Une vaste terrasse sur le toit complète l'ensemble.

A la limite de la vieille ville, l'*Hostal Alameda* (☎ *956 68 11 81, Paseo de la Alameda 4)* propose des doubles avec s.d.b. et clim. à 9 000 ptas.

La populaire *Casa Facundo* (☎ *956 68 42 98, Calle Batalla del Salado 47)*, équipée pour recevoir des véliplanchistes, dispose d'un endroit pour ranger leurs planches. Les doubles avec s.d.b. et TV se montent à 6 000 ptas. Les simples/doubles valent 3 000/4 000 ptas. Si vous rêvez d'une vue sur la mer, *La Mirada (☎ 956 68 06 26, Calle San Sebastián 48)* loue des chambres à 6 000/8 000 ptas plus IVA.

Sur la côte. Toutes les chambres des établissements mentionnés sont équipées d'une s.d.b.

L'*Hostal Millón (☎ 956 68 52 46)*, à 5 km du centre-ville, est doté d'une joli jardin qui donne sur la plage, d'un petit restaurant et de doubles au prix raisonnable de 12 000 ptas.

Si votre budget vous le permet, rendez-vous au **Hurricane Hotel** *(☎ 956 68 49 19, fax 956 68 03 29)*, à 6 km de la ville. Installé en bordure de plage dans un jardin semi-tropical, il bénéficie de 33 grandes chambres confortables, deux piscines dont une chauffée, un club de remise en forme, une école de planche à voile et une boutique de location de matériel. Les doubles avec vue sur la mer coûtent 18 000 ptas plus IVA, les autres 16 000 ptas plus IVA. Ces prix comprennent un excellent petit déjeuner-buffet.

A 8 km environ, l'*Hostal Oasis (☎ 956 68 50 65)* et l'*Hotel La Ensenada (☎ 956 68 06 37)* figurent parmi les établissements les moins chers de la côte, avec des doubles à 10 000 ptas au maximum (les prix varient selon la saison). L'Hostal Oasis loue également 11 appartements avec cuisine équipée (12 500 ptas pour 2 personnes). L'Hotel La Ensenada est fermé en hiver. A 10 km, le *Cortijo Las Piñas (☎ 956 68 51 36)*, l'hôtel le plus proche de Punta Paloma, dispose de doubles à 9 800 ptas. De l'autre côté de la N-340, pratiquement sur la plage, l'agréable *Cortijo Valdevaqueros* (les propriétaires sont les mêmes que ceux du Hurricane Hotel), ouvert de Pâques à mi-septembre, propose des doubles à 10 000 ptas. Il est annoncé par un panneau métallique à l'entrée d'une longue allée cahoteuse.

Où se restaurer

En raison du très grand nombre de visiteurs, vous trouverez à Tarifa quantité de spécialités autres que typiquement espagnoles.

En ville. La Calle Sancho IV El Bravo compte toutes sortes d'échoppes de plats à emporter. Avec de bons produits frais, le populaire *Ali Baba* prépare de délicieuses spécialités arabes, nourrissantes et bon marché, que l'on peut déguster assis sur les bancs ou debout aux tables installées dehors. Les végétariens apprécieront les excellents falafels à 375 ptas, les amateurs de viande prendront des kebabs à 450 ptas. Quelques portes plus loin, le *Café Central* sert de fameux *churros y chocolate* (beignets que l'on trempe dans un chocolat chaud) et un vaste choix de petits déjeuners entre 300 et 650 ptas. Les nombreux plats à la carte valent 975 ptas.

Dans une atmosphère intime, vous vous régalerez à coup sûr à la *Mandrágora (Calle Independencia 3)*, derrière l'Iglesia San Mateo, en prenant par exemple des poivrons farcis de bacalao (1 300 ptas) ou des blancs de poulet fourrés au fromage (1 000 ptas). Les *boquerones* (anchois, 1 100 ptas) sont succulents !

Le meilleur rapport qualité/prix revient, en ville, au spécialiste de fruits de mer (*marisquería*), le *Bar El Sevilla*, dans la Calle Inválidos, à l'ouest du centre-ville. Il n'est indiqué par aucune enseigne – certains habitants de la ville l'appellent El Gallego. Une généreuse tapa de poêlée de poissons et de fruits de mer coûte 200 ptas, ou 950 ptas en ración (pour 2 personnes).

Le *Bar Juan Luis (Calle San Francisco)* prépare de fantastiques sandwiches au *lomo* (échine de porc) à 300 ptas et *La Capricciosa*, plus centrale dans la même rue, confectionne de très bonnes pizzas entre 500 et 1 000 ptas.

Le *Restaurante Villanueva (Avenida de Andalucía 11)*, rattaché à l'hostal du même nom, attire une importante clientèle avec ses menus à 850 ptas au déjeuner.

Sur la côte. La plupart des hotels et hostales possèdent leur propre restaurant. Le restaurant de l'Hostal Millón prépare de la bonne cuisine classique et bénéficie d'une belle vue sur l'océan et sur le Maroc. Avec le même panorama, le *Terrace Restaurant* du Hurricane Hotel est très correct dans une

cours de conversion de l'euro 1 000 ptas = 6,01 €

gamme de prix moyens (salades variées, poulet, poissons et fruits de mer de la région) et agréable également pour prendre un verre. Le soir, le restaurant intérieur de l'hôtel sert un fabuleux filet de bœuf et un très bon agneau rôti (chacun à environ 2 000 ptas). Vous trouverez les mêmes plats au *Cortijo Valdevaqueros*, près de Punta Paloma (voyez *Où se loger*). Un bon morceau de poulet avec une salade variée, du pain et des condiments coûte environ 1 200 ptas. Goûtez aux gâteaux !

Où sortir

Dans la Calle Sancho IV El Bravo, la ***Bodega de Casa Amarilla***, à l'ambiance conviviale, est ouverte tous les jours à partir de 19h30, ainsi que le week-end de 13h à 16h30 pour le déjeuner agrémenté de musique flamenco. Juste à côté, le *Bar Obaïnano* sert des jus de fruit frais et des cocktails exotiques sur fond de musique joyeuse. Sur le Paseo de la Alameda, le *Café Continental*, qui programme des groupes de musique le soir pendant les week-ends d'été, est aussi un bon endroit où prendre un verre, un café ou des tapas à toute heure de la journée. A proximité, le *Soul Café*, dans la Calle Santísima Trinidad, près de l'entrée de service du Café Continental, se transforme en bar/discothèque pendant la saison touristique. Plaza San Hiscio, le *Tanakas*, la plus grande discothèque de la ville, ouvre les vendredi et samedi jusqu'à 5h.

En juillet et août, vous pouvez essayer les deux pistes de danse de la discothèque en plein air du Balneario Playa Chica. Toujours en été, dressée sur la Playa de los Lances, près de la ville, la grande tente marocaine *La Jaima* fait salon de thé – à la mode nord-africaine – de 19h à 22h (essayez le thé à la menthe devant le soleil couchant !), et se transforme en discothèque animée au premier coup de minuit. A la sortie de la ville, sur la N-340, le *Disco Charly's* est une énorme bâtisse comprenant deux bars, un billard, une piscine intérieure et deux pistes de danse. Le complexe est ouvert l'été et les soirs de week-end. Le reste du temps, seule la discothèque est accessible.

Comment s'y rendre

Bus. L'arrêt de bus et le bureau de la compagnie Comes (☎ 956 68 40 38) sont situés Calle Batalla del Salado, au nord de l'Avenida de Andalucía. Comes assure au minimum 7 liaisons quotidiennes vers Cádiz et Algeciras, quelques-unes vers La Línea, Jerez de la Frontera, Sevilla et Málaga, 2 vers Facinas (sauf le dimanche) et 2 vers Barbate et Zahara de los Atunes (sauf le week-end).

Voiture et moto. Arrêtez-vous au Mirador del Estrecho, à environ 7 km de Tarifa sur la N-340 en direction d'Algeciras, pour admirer le somptueux panorama qui englobe le détroit de Gibraltar, la Méditerranée, l'Atlantique et deux continents. Prenez garde aux fréquents contrôles de police dans la zone de Pelayo (vitesse limitée à 50 km/h), quelques kilomètres plus à l'est.

Bateau. Un nouveau service de ferry entre Tarifa et Tanger (1 heure) vient de se mettre en place. Les départs ont lieu de Tarifa à 9h et de Tanger à 17h (15h, heure marocaine). D'autres traversées sont prévues. Renseignez-vous sur le port ou chez Marruecotur (☎ 956 68 47 51), Avenida de la Constitución 5/6, en face du Paseo de la Alameda. Le trajet coûte 3 200 ptas pour un passager, 9 900 ptas pour une voiture et son conducteur, 3 000 ptas pour une moto.

Comment circuler

Des bus locaux remontent la côte de Tarifa jusqu'à Punta Paloma. En ville, l'arrêt de bus est situé en bas du Paseo de la Alameda. Des taxis stationnent dans l'Avenida de Andalucía, près de la Puerta de Jerez. Vous pouvez louer des vélos au Hurricane Hotel pour 3 000 ptas la journée.

Le sud-est

PARQUE NATURAL LOS ALCORNOCALES

Cet immense parc naturel (1 700 km^2) s'étend du détroit de Gibraltar vers le nord sur 75 km jusqu'à la limite sud du Parque Natural Sierra de Grazalema. La succession de ses chaînes de montagnes de moyenne altitude, tantôt vallonnées, tantôt plus escarpées, se couvrent en majeure partie de forêts de chênes-lièges (*alcornocales*), les plus étendues de toute l'Espagne.

Outre les randonnées, le parc offre toutes sortes d'activités, mais vous aurez besoin d'un véhicule pour l'explorer dans sa totalité, la région étant très faiblement peuplée et les transports publics ne desservant pratiquement que les abords du parc. Le bureau d'information (☎ 956 42 02 77), est installé Plaza San Jorge 1, dans la ville blanche assoupie d'Alcalá de los Gazules, à la limite occidentale du parc. Un autre bureau de renseignements, le Centro de Visitantes Huerta Grande (☎ 956 67 91 61), doté d'une centrale de réservation (☎ 956 67 97 00), se trouve à côté de la N-340 Tarifa-Algeciras à Pelayo, à environ 12 km de Tarifa et 750 m à l'est de la moderne *Albergue Juvenil Algeciras (*☎ *956 67 90 60).* Située en retrait d'un arrêt de bus sur la N-340, celle-ci dispose de quelques simples, de 17 doubles et de 15 triples/quadruples, avec une s.d.b. pour 2 chambres, ainsi que d'une piscine.

Une route en direction du sud du parc traverse le village de Facinas, près de la N-340, à 20 km au nord de Tarifa. Facinas Natural (☎/fax 956 68 74 29), Calle Divina Pastora 6, organise une large gamme d'activités, notamment 15 randonnées guidées ou excursions en VTT (2 500 ptas chacune) et des promenades à dos d'âne ou à cheval (5 000 ptas chacune). Louer un vélo revient à 1 300 ptas la journée.

La petite ville de **Jimena de la Frontera**, sur la A-369 à la limite est du parc, représente un bon point de départ pour découvrir les parties généralement plus élevées et plus sauvages du nord du parc. Jimena, que surplombe un beau **château de l'époque maure** et qui compte quelques *hostales*, est reliée par le train et le bus à Algeciras et Ronda, et par le bus à La Línea. La CA-3331, une route pavée mais rudimentaire qui part de là en direction du nord-ouest, vous conduira à La Sauceda, un village abandonné où sont désormais implantés un terrain de camping et des bungalows (☎ 902 23 73 30).

La région de La Sauceda, qui est en fait une avancée de la province de Málaga dans celle de Cádiz, forme une contrée magnifique où abondent les chênes-lièges et les chênes-galles, les lauriers, les oliviers sauvages, les rhododendrons et les fougères. Assez isolée, elle fut autrefois un repaire de bandits, de contrebandiers et même de guerilleros durant la Guerre civile espagnole (pendant laquelle le village fut bombardé par les avions de Franco). Les randonnées possibles comprennent l'ascension de l'Aljibe (1 092 m), le plus haut sommet du parc, et du tout proche El Picacho (883 m).

ALGECIRAS
code postal 11280 • 102 000 habitants

Ce principal port qui relie l'Espagne et l'Afrique est une ville polluée et sans attrait, qui ne présente d'autre intérêt que de permettre la traversée vers Tanger ou Ceuta, bien que le centre-ville ait reçu quelques embellissements. Pendant tout l'été, le port voit arriver des centaines de milliers de Marocains qui travaillent en Europe et retournent passer les vacances dans leur pays. Algeciras est par ailleurs une ville industrielle, un gros port de pêche et un grand centre de trafic de drogue.

Histoire
Port important à l'époque des Romains, Algeciras tomba aux mains des envahisseurs musulmans en 711. Alfonso XI de Castilla le reprit aux Mérénides du Maroc en 1344, mais la ville fut entièrement rasée par la suite par Mohamed V de Granada. En 1704, Algeciras attira une grande partie de la population qui avait fui Gibraltar après l'arrivée des Britanniques. L'industrie s'est développée pendant le règne de Franco.

Orientation
Algeciras est située à l'ouest de la Bahía de Algeciras, en face de Gibraltar. L'Avenida Virgen del Carmen, orientée nord-sud et parallèle à la mer, devient l'Avenida de la Marina vers l'entrée du port. C'est de là que la Calle Juan de la Cierva (qui devient la Calle San Bernardo) part vers l'intérieur des terres, le long d'une voie ferrée désaffectée,

cours de conversion de l'euro 1 000 ptas = 6,01 €

Oiseaux de haut vol dans le détroit de Gibraltar

A un moment ou à un autre, ceux que les oiseaux passionnent voudront se rendre au détroit de Gibraltar, point de passage privilégié des rapaces, cigognes et autres oiseaux migrant entre l'Afrique et l'Europe. Dans l'ensemble, les migrations en direction du nord s'effectuent entre mi-février et début juin, celles en direction du sud ayant lieu entre fin juillet et début novembre. Lorsque le vent souffle de l'ouest, l'idéal est généralement d'observer les oiseaux de Gibraltar même mais, quand le vent est calme ou vient de l'est, c'est souvent dans les environs de Tarifa (notamment le Mirador del Estrecho, 7 km à l'est de la ville) qu'il faut aller.

Les oiseaux de grande envergure tels que les rapaces et les cigognes traversent le détroit de Gibraltar parce qu'ils dépendent des courants thermiques ascendants, inexistants sur de plus grandes étendues d'eau. Les cigognes blanches se rassemblent parfois jusqu'en nuées de 3 000 pour franchir le détroit (vers le nord en janvier et février, vers le sud en juillet et en août).

Chaque année, de la mi-juillet à la mi-septembre, la Sociedad Española de Ornitología (SEO) organise une surveillance des grands oiseaux migrateurs au-dessus du détroit. Si vous désirez vous porter volontaire, envoyez vos nom, adresse, numéro de passeport et un bref résumé de votre expérience ornithologique, ainsi que vos dates de préférence, au Programa Migres (☎/fax 956 67 91 58), Centro Ornitológico del Estrecho de Gibraltar, Parque Natural Los Alcornocales, Carretera Nacional N-340 Km 96, 11390 Algeciras, Cádiz, Espagne. Ce centre est situé dans le bâtiment du Centro de Visitantes Huerta Grande du Parque Natural de Los Alcornocales.

---

jusqu'à la gare routière Comes (à 350 m) et la gare ferroviaire (à 400 m). La place centrale, Plaza Alta, se trouve deux rues derrière l'Avenida Virgen del Carmen. La Plaza Palma, où se tient chaque jour (sauf le dimanche) un marché très animé, est à une rue à l'ouest de l'Avenida de la Marina.

Renseignements

Offices du tourisme. Le principal office du tourisme (☎ 956 57 26 36), Calle Juan de la Cierva s/n, une rue derrière l'Avenida de la Marina, est ouvert du lundi au vendredi de 9h à 14h (l'équipe parle anglais). Il dispose d'un tableau d'affichage fort utile si vous prévoyez de retrouver quelqu'un pour embarquer sur le ferry.

Argent. Ignorez toutes les propositions de change que l'on ne manquera pas de vous faire aux alentours du port – le taux de change des pesetas est une véritable arnaque, et vous achèterez des dirhams à bien meilleur prix en arrivant au Maroc. Cependant, si vous devez arriver au Maroc tard dans la soirée, il est prudent d'avoir quelques dirhams sur vous. Sachez que les taux de change des banques sont plus intéressants que ceux des agences de voyages. Plusieurs banques et distributeurs automatiques sont regroupés dans l'Avenida Virgen del Carmen et autour de la Plaza Alta. Deux distributeurs automatiques sont installés sur le port.

Poste et communications. Vous trouverez un bureau de poste dans la Calle José Antonio, au sud de la Plaza Alta, et des téléphones dans l'Avenida de la Marina, près du marché et à la gare ferroviaire.

Consigne. Vous pouvez laisser vos bagages à la consigne du port, ouverte entre 7h30 et 21h30, moyennant 150 ptas pour un petit sac et 200 ptas pour un gros sac. Fermez-les bien. Si vous avez des objets de valeur, utilisez plutôt les casiers à proximité qui ferment à clé (400 ptas).

Services médicaux et urgences. L'Hospital Cruz Roja (☎ 956 60 31 44) est situé dans le centre-ville, Paseo de la Conferencia s/n, en prolongement, vers le sud, de l'Avenida de la Marina. La Policía Nacio-

Le sud-est – Algeciras

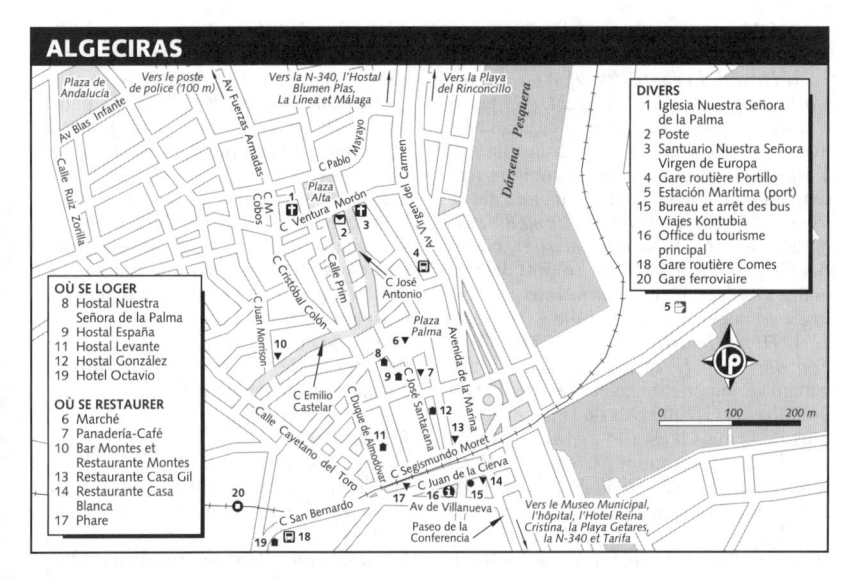

ALGECIRAS

OÙ SE LOGER
- 8 Hostal Nuestra Señora de la Palma
- 9 Hostal España
- 11 Hostal Levante
- 12 Hostal González
- 19 Hotel Octavio

OÙ SE RESTAURER
- 6 Marché
- 7 Panadería-Café
- 10 Bar Montes et Restaurante Montes
- 13 Restaurante Casa Gil
- 14 Restaurante Casa Blanca
- 17 Phare

DIVERS
- 1 Iglesia Nuestra Señora de la Palma
- 2 Poste
- 3 Santuario Nuestra Señora Virgen de Europa
- 4 Gare routière Portillo
- 5 Estación Marítima (port)
- 15 Bureau et arrêt des bus Viajes Kontubia
- 16 Office du tourisme principal
- 18 Gare routière Comes
- 20 Gare ferroviaire

---

nal (☎ 956 66 04 00), Avenida de las Fuerzas Armadas 6, jouxte le Parque de María Cristina. Pour appeler une ambulance, composez le ☎ 956 65 15 55.

Désagréments et dangers. Soyez extrêmement vigilant sur le port, à la gare routière ou au marché, et ignorez les propositions des innombrables changeurs d'argent, dealers de drogue et revendeurs de billets qui vous accosteront. La situation n'est toutefois pas aussi dramatique qu'à Tanger. Le soir, marchez d'un pas résolu si vous vous déplacez entre les gares routières de Comes et de Portillo.

A voir et à faire

Si vous devez passer un moment à Algeciras, allez flâner sur la ravissante **Plaza Alta** bordée de palmiers et agrémentée d'une jolie fontaine en céramique. A l'ouest se dresse l'**Iglesia Nuestra Señora de la Palma** du XVIIIe siècle, et à l'est le **Santuario Nuestra Señora Virgen de Europa** du XVIIe siècle, qui valent tous deux le détour. Certaines maisons des rues des alentours sont délicieusement délabrées.

Le luxuriant **Parque de María Cristina**, quelques rues plus au nord, offre un refuge bienvenu, loin du bruit et des fumées du port. Le nouveau **Museo Municipal**, dans la Calle Nicaragua au sud de l'office du tourisme principal, est d'un intérêt assez relatif. Si vous disposez d'un véhicule, allez faire un tour sur les deux plages de la ville, la **Playa Getares** (au sud) et la **Playa del Rinconcillo** (au nord).

Manifestations annuelles

La feria a lieu la dernière semaine de juin. Le 15 août, la ville rend hommage à sa sainte patronne lors de la Fiesta del Virgen de la Palma.

Où se loger

Les rues derrière l'Avenida de la Marina comptent de multiples établissements pour petits budgets, mais la circulation dès les premières heures de l'aube autour du marché rend une bonne nuit de sommeil quasi impossible. S'il ne fait pas trop chaud, demandez une chambre sur cour.

L'accueillant **Hostal González** (☎ 956 65 28 43, Calle José Santacana 7), propre

cours de conversion de l'euro 1 000 ptas = 6,01 €

et agréable, loue des simples/doubles avec s.d.b. à 2 000/4 000 ptas plus IVA en été.

L'*Hostal Levante* (☎ *956 65 15 05, Calle Duque de Almodóvar 21)*, un peu à l'écart de l'animation, offre des chambres avec douche au prix raisonnable de 1 500/3 000 ptas, quoique les couloirs sentent légèrement le moisi. Au nord de la ville, l'agréable *Hostal Blumen Plas* (*☎ 956 63 16 75, N-340 Km 108)*, où les doubles valent 5 500 ptas (6 500 ptas en août), s'avère un bon choix si vous préférez loger en dehors du centre-ville.

L'*Hotel Octavio* (☎ *956 65 27 00, Calle San Bernardo 1)*, affiche des tarifs d'une catégorie supérieure avec des doubles à 20 000 ptas (15 000 ptas de janvier à avril) plus IVA, mais il est fort mal situé au-dessus de la gare routière Comes. L'*Hotel Reina Cristina* (☎ *956 60 26 22, Paseo de la Conferencia s/n)*, à peine à 5 minutes de marche au sud du port, un établissement de style colonial au milieu d'un jardin tropical, loue des doubles pour 22 000 ptas (16 000 ptas en hiver) plus IVA. Idéal pour observer les bateaux dans le détroit de Gibraltar, cet hotel était un nid d'espions durant la Seconde Guerre mondiale.

Où se restaurer

Le *marché* de la ville présente un extraordinaire assortiment de fruits, légumes frais, jambons ou fromages – parfaits pour préparer un pique-nique au déjeuner. L'excellente *Panedería-Café*, au bout de la Calle José Santacana vers le marché, est agréable pour prendre un petit déjeuner. La Plaza Alta rassemble de nombreuses terrasses. L'accueillant petit *Lighthouse*, 200 m à l'est de la gare ferroviaire dans la Calle Juan de la Cierva, propose des petits déjeuners corrects et des conseils généralement utiles aux touristes.

Le *Restaurante Casa Blanca (Calle Juan de la Cierva 1)*, près de l'office du tourisme, est apprécié pour son menu à 900 ptas comprenant deux plats, un dessert, du pain et une boisson sans alcool, ainsi que pour ses autres plats, notamment les spécialités arabes, à prix modérés. Calle Segismundo Moret (la rue au nord de la voie ferrée face à l'office du tourisme), le *Restaurante Casa Gil*, propre et net, sert des menus entre 900 et 1 200 ptas.

Le soir à partir de 19h, vous pouvez vous installer en terrasse pour goûter les savoureuses tapas du *Bar Montes (Calle Emilio Castelar 36)*, à quelques rues au nord-ouest de l'office du tourisme. A côté, le *Restaurante Montes* affiche un menu à 1 100 ptas (deux plats, un dessert, pain et vin) et des fruits de mer à la carte à partir de 1 500 ptas, tout comme son *homonyme*, d'aspect un peu plus clinquant, installé à l'angle de la Calle Juan Morrison, au n°27. La terrasse de l'*Hotel Reina Cristina* est agréable pour prendre le thé.

Où sortir

En été, des concerts de flamenco, de rock ou d'autres types de musique ont lieu dans quelques-uns des endroits les plus agréables de la ville – Plaza de Toros, Parque de María Cristina, Plaza de Andalucía et Playa Rinconcillo. L'office du tourisme possède une liste des manifestations.

Comment s'y rendre

Le quotidien *Europa Sur* donne des renseignements précis sur les heures d'arrivée et de départ des transports.

Bus. La gare routière Comes (☎ 956 65 34 56) se situe Calle San Bernardo. Au minimum 7 bus quotidiens relient Tarifa. De 7h à 21h15, les bus partent toutes les 45 minutes en direction de La Línea. Il existe 10 dessertes quotidiennes vers Cádiz (1 260 ptas), 5 vers Sevilla (2 100 ptas), 3 vers Jimena de la Frontera (2 le samedi, aucune le dimanche) et 3 vers Madrid (3 375 ptas). Tous les jours, sauf le dimanche, un bus assure une liaison avec Zahara de los Atunes et Barbate (615 ptas). Du lundi au vendredi, un bus part en direction de Ronda à 8h30.

Portillo (☎ 956 65 10 55), Avenida Virgen del Carmen 15, assure 6 liaisons quotidiennes directes vers Málaga (1 995 ptas, 1 heure 45), 4 vers Granada (2 595 ptas, 3 heures 45) et 2 vers Jaén (3 460 ptas). Plusieurs autres bus rallient aussi Málaga

Le long des golfs clairs : l'un des 40 terrains de la Costa del Sol, Marbella, provincia de Málaga

Provincia de Málaga

La route du roc de Los Cotos, El Chorro

Puerto Banús, souvent appelé "Golden Mile", est la marina à voir et où être vu, provincia de Málaga

L'architecture originale de la Mezquita de Córdoba

Sous les palmiers, le patio, Córdoba

Le frappant heurtoir de la Mezquita

Sur les pas des rois dans le Patio de los Naranjos, Mezquita de Córdoba

(1 390 ptas, 3 heures) *via* Estepona, Marbella, Fuengirola et Torremolinos.

Sur le port, Bacoma (☎ 956 66 50 67) propose 4 services quotidiens vers Alicante, Valencia et Barcelona, ainsi que des bus vers la France, l'Allemagne et les Pays-Bas. Viajes Kontubia dessert également ces 3 pays.

Train. La gare (☎ 956 63 02 02) est adjacente à la Calle San Bernardo. Il existe 2 liaisons quotidiennes directes depuis/vers Madrid (9 300/5 200 ptas, 6/11 heures) et une autre depuis/vers Granada (2 665 ptas, 4 heures). Tous les trains passent à Ronda et Bobadilla (1 395 ptas, 2 heures 30), traversant de somptueux paysages. A Bobadilla, il est possible d'emprunter une correspondance pour Málaga, Córdoba et Sevilla, et prendre d'autres trains en direction de Granada ou de Madrid. Des trains pour Granada partent d'Antequera dans la province de Málaga.

Bateau. Trasmediterránea (☎ 956 65 17 55, ☎ 902 45 46 45), EuroFerrys (☎ 956 65 11 78) et d'autres compagnies proposent chaque jour de fréquentes traversées en ferry (passager et véhicule) depuis/vers Tanger et Ceuta, l'enclave espagnole sur la côte marocaine (en général au moins 20 passages vers Tanger et 40 vers Ceuta). De fin juin à septembre, les ferries tournent pratiquement 24h/24 pour absorber le flot de passages vers le Maroc – il faut parfois prendre la file d'attente pendant 3 heures. Achetez votre billet au port ou dans les agences de l'Avenida de la Marina – les tarifs sont les mêmes partout.

Pour Tanger, un passager adulte paie 3 500 ptas (enfant 1 750 ptas) l'aller simple en ferry (2 heures 30), ou 4 440 ptas en hydroglisseur (1 heure). Le passage d'une voiture coûte 10 750 ptas, celui d'une moto de plus de 500 cm^3 3 000 ptas.

Pour Ceuta, comptez 1 945 ptas (enfant 975 ptas) en ferry normal (1 heure 30) et 3 095 ptas (enfant 1 548 ptas) en "ferry rapide" (*rapido*, 40 minutes). Avec une voiture, ajoutez 8 930 ptas, et une moto 3 000 ptas. La compagnie Buquebus (☎ 902 41 42 42) relie Algeciras à Ceuta (30 à 35 minutes) au moins 9 fois par jour. Le billet passager coûte 2 945 ptas, le passage d'une voiture 8 223 ptas.

LA LÍNEA DE LA CONCEPCIÓN
code postal 11300 • 61 000 hab.
A 20 km à l'est d'Algeciras, de l'autre côté de la baie, se dresse La Línea, incontournable pierre de gué de Gibraltar. En tournant à gauche en sortant de la gare routière de La Línea, vous déboucherez sur l'Avenida 20 de Abril qui, sur 300 m environ, relie la place principale, la Plaza de la Constitución, à la frontière de Gibraltar. L'office du tourisme régional (☎ 956 76 99 50) est installé à l'angle de la place. A l'autre extrémité de l'Avenida 20 de Abril, en face de la frontière, se trouve l'office du tourisme municipal (☎ 956 17 19 98), flambant neuf.

Où se loger et se restaurer
La *Pensión La Perla* (☎ 956 76 95 13, *Calle Clavel 10*), deux rues au nord de la Plaza de la Constitución, loue des simples/doubles propres et spacieuses, avec s.d.b. commune, 1 500/3 000 ptas. L'*Hostal La Campana* (☎ 956 17 30 59, *Calle Carboneros 3*), juste à l'ouest de la Plaza, propose des doubles correctes avec s.d.b. et TV à 5 200 ptas. Son restaurant sert un menu de 3 plats à 850 ptas. L'*Hostal La Estaponera* (☎ 956 17 66 68, *Calle Carteya 10*), quelques rues à l'ouest de La Perla, dispose de doubles avec s.d.b. commune à 2 200 ptas, ou avec s.d.b. à 3 200 ptas.

La Crema, dans la Calle Real, à l'angle nord-ouest de la Plaza de la Constitución, est une bonne adresse pour le petit déjeuner.

Comment s'y rendre
Bus. Il existe un départ toutes les demi-heures environ depuis/vers Algeciras (235 ptas, 40 minutes). Chaque jour 4 bus s'élancent vers Málaga (1 270 ptas, 2 heures 30) *via* Estepona, Marbella, Fuengirola et Torremolinos ; 5 vers Tarifa (455 ptas) et Cádiz (1 500 ptas, 2 heures 30) ; 3 vers Sevilla (2 640 ptas, 4 heures) et 2 vers Gra-

cours de conversion de l'euro 1 000 ptas = 6,01 €

nada (2 475 ptas). Du lundi au vendredi, un bus assure une liaison avec Jimena de la Frontera à 15h30 (515 ptas).

Voiture et moto. Les files d'attente à la frontière de Gibraltar étant généralement très longues, de nombreux visiteurs préfèrent garer leur véhicule à La Línea et traverser la frontière à pied. A La Línea, les parcmètres reviennent à 165 ptas l'heure ou à 710 ptas les 10 heures, mais sont gratuits de 22h30 à 9h30. Le Parking Fo Cona, en sous-sol, à l'angle de l'Avenida 20 de Abril, demande 150 ptas l'heure ou 1 000 ptas la journée. L'autre parking souterrain de la Plaza de la Constitución coûte un peu moins cher.

Gibraltar

A la pointe méridionale de l'Espagne, tel un navire prêt à s'élancer, Gibraltar, colonie britannique, concentre les curiosités.

La vision même du site est impressionnante. Étiré sur 5 km de long et seulement 1,6 km dans sa plus grande largeur, Gibraltar présente sur pratiquement toute sa longueur une gigantesque bosse de calcaire haute de 426 m, qui tombe à pic du côté est et vers son extrémité nord. Les Grecs et les Romains de l'Antiquité voyaient dans Gibraltar l'une des colonnes d'Hercule, que le héros mythique aurait plantée pour marquer les limites du monde connu (l'autre colonne est le djabal Musa, une montagne du littoral marocain, à 25 km au sud du détroit de Gibraltar, souvent balayé par la tempête).

A ne pas manquer

- Les excursions en bateau dans la Bahía de Algeciras pour observer les dauphins
- L'exploration des grottes, des sentiers et des anciennes installations militaires de l'Upper Rock Nature Reserve
- Les macaques de Gibraltar, seuls primates sauvages d'Europe
- La découverte du Gibraltar Museum

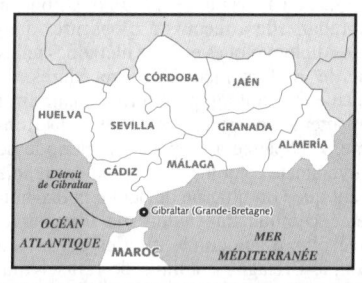

Histoire

Il y a environ 50 000 ans, Gibraltar abritait des hommes de Neandertal, comme l'attestent les crânes découverts sur place en 1848 et en 1928. Le premier fut en réalité mis au jour huit ans avant la découverte d'un crâne dans la vallée de Neander en Allemagne, d'où vient le nom de ces hommes.

Phéniciens et Grecs ont laissé des traces, mais Gibraltar n'entra vraiment dans l'histoire qu'en 711, quand Tariq ibn Ziyad, le gouverneur musulman de Tanger, en fit la première tête de pont pour l'invasion islamique de la péninsule Ibérique, débarquant avec une armée de quelque 10 000 hommes. Le nom de Gibraltar vient d'ailleurs de djabal al-Tariq, la montagne de Tariq.

Les Almohades fondèrent ici une ville demeurée aux mains des musulmans jusqu'à sa conquête par la Castille en 1462. Puis en 1704, durant la guerre de Succession d'Espagne, une flotte anglo-hollandaise s'empara de Gibraltar. L'Espagne céda le Rocher à l'Angleterre par le traité d'Utrecht en 1713, sans renoncer pourtant le récupérer. L'échec du grand Siège (1779-1783) mit un terme à ses tentatives. La Grande-Bretagne a fait de Gibraltar une importante base navale. Au cours de la Seconde Guerre mondiale, quand la population locale fut évacuée vers l'Angleterre, Madère et la Jamaïque, elle servit de base pour les débarquements alliés en Afrique du Nord. Les Britanniques ont retiré leur garnison au début des années 90, mais la flotte anglaise se sert encore de Gibraltar.

Aujourd'hui, l'Espagne revendique toujours Gibraltar. Pendant la période franquiste, le territoire fut un point de conflit extrêmement douloureux entre l'Espagne et le Royaume-Uni. En 1967, Franco ferma la frontière entre l'Espagne et Gibraltar, et elle ne fut rouverte qu'en 1985, dix ans après sa mort. Lors d'un référendum, en 1969, les habitants de Gibraltar ont exprimé par 12 138 voix contre 44 leur préférence pour la souveraineté britannique. Une nouvelle Constitution (qui a donné à Gibraltar une autonomie sur le plan intérieur et son propre

Parlement, la House of Assembly) a engagé l'Angleterre à respecter les souhaits de la population de Gibraltar en matière de souveraineté.

Gibraltar aujourd'hui. Les deux dernières élections (1996 et 2000) ont été remportées par le parti de centre droit de Peter Caruana, le Gibraltar Social Democrat Party. L'opposition est incarnée par le Gibraltar Socialist Labour Party et son dirigeant, Joe Bossano. Caruana s'est déclaré prêt à entamer des discussions avec l'Espagne sur l'avenir de Gibraltar, mais s'oppose toujours résolument à toute concession en matière de souveraineté.

Quand l'Espagne veut faire pression sur Gibraltar, elle a recours à d'obscures querelles diplomatiques et à des méthodes telles que le renforcement des procédures de douane et d'immigration, provoquant ainsi des attentes de plusieurs heures à la frontière. L'Espagne a proposé une période de souveraineté conjointe britannico-espagnole avant que Gibraltar ne devienne la dix-huitième communauté autonome d'Espagne, avec plus d'autonomie que les autres. La Grande-Bretagne continue de refuser tout compromis en matière de souveraineté.

Le tourisme, les activités portuaires et la finance constituent les piliers de l'économie de Gibraltar. La police espagnole déplore le fait que le territoire, où sont domiciliées 70 000 sociétés, soit un paradis pour le blanchiment de l'argent du crime organisé ou pour l'évasion fiscale d'autres pays européens. Une bonne partie de cet argent serait investi dans l'immobilier dans le sud de l'Espagne. Caruana ne nie pas que Gibraltar soit un paradis fiscal, mais affirme que celui-ci est sous contrôle. La contrebande de cigarettes de Gibraltar vers l'Espagne, autre problème entre les deux pays, semble avoir décru sous le gouvernement de Caruana.

Population et ethnies. Gibraltar abrite une population d'environ 29 000 habitants, répartis comme suit : 75% de Gibraltariens, 14% de Britanniques et 7% de Marocains. Les Gibraltariens ont une ascendance mêlée de Britanniques, d'Espagnols, de juifs et de Génois, ces derniers ayant été amenés par les Britanniques au XVIIIe siècle pour réparer les bateaux. Les Marocains sont surtout des travailleurs temporaires.

Langue. Les habitants de Gibraltar parlent à la fois anglais, espagnol et un curieux mélange chantant des deux, en passant sans cesse de l'un à l'autre, souvent même au milieu d'une phrase. Les panneaux sont en anglais.

Orientation et renseignements

Pour gagner Gibraltar par voie terrestre, il faut passer par la ville-frontière espagnole de La Línea de la Concepción (voir le chapitre *Provincia de Cádiz*). Juste au sud de la frontière, la route croise la piste de l'aéroport de Gibraltar, orientée est-ouest, qui coupe la péninsule. La ville et le port de Gibraltar s'étendent au pied de la face ouest du Rocher, moins abrupte, en face de la Bahía de Algeciras (que les habitants de Gibraltar appellent "Bay of Gibraltar").

Offices du tourisme. Le Gibraltar Tourist Board (Office du tourisme de Gibraltar) possède plusieurs antennes très efficaces, qui fourniront beaucoup de bons documents gratuits. L'une d'elles (☎ 50762) se situe à la frontière, dans le bâtiment des douanes et de l'immigration, et ouvre du lundi au vendredi de 9h à 16h30. L'antenne principale (☎ 45000), située dans la Duke of Kent House, Cathedral Square, est ouverte du lundi au vendredi de 9h à 17h30. Il en existe d'autres à The Piazza, Main St (☎ 74982), ouverte du lundi au vendredi de 9h à 17h30 et les samedi, dimanche et jours fériés de 10h à 16h. Il en est de même des antennes situées à l'aéroport (☎ 47227) et au terminal des croisières maritimes (☎ 47671), ouvertes à l'arrivée des avions et des bateaux.

Consulats étrangers. Douze pays, pour la plupart européens, possèdent des consulats à Gibraltar. Les offices du tourisme en détiennent la liste.

Visas et formalité. Les membres de l'Union européenne n'ont besoin que d'une carte d'identité pour entrer à Gibraltar. Les ressortissants de certains pays doivent présenter un passeport (c'est le cas des Canadiens), d'autres devant se munir d'un visa. Pour plus de renseignements, téléphonez à l'Immigration Department de Gibraltar (☎ 46411).

Argent. En usage à Gibraltar, la livre de Gibraltar et la livre sterling sont interchangeables. Vous pouvez utiliser des pesetas pour effectuer des achats (à l'exception des téléphones à pièces et dans les bureaux de poste), en sachant que le taux de change est plus favorable après conversion en livres. Si vous voulez acheter des pesetas, sachez toutefois que le taux de change est un peu plus intéressant qu'en Espagne. Comme il est impossible d'utiliser la monnaie de Gibraltar en dehors du Rocher, dépensez vos dernières livres de Gibraltar avant de partir.

Les banques ouvrent généralement du lundi au vendredi de 9h à 15h30. Vous en verrez plusieurs dans Main St. Il existe aussi des bureaux de change, ouverts plus longtemps. American Express est représenté par Bland Travel (☎ 77012), 81 Irish Town.

Poste et communications. La poste principale (☎ 75714), 104 Main St, ouvre du lundi au vendredi de 9h à 16h30 (14h15 en été) et le samedi de 10h à 13h.

Pour téléphoner à Gibraltar depuis l'Espagne, faites le code ☎ 9567 avant de composer le numéro local à cinq chiffres. Depuis les autres pays, composez le code d'accès international, puis le ☎ 350 (le code de Gibraltar) et le numéro local.

A Gibraltar, on peut passer des appels internationaux aussi bien que locaux depuis les téléphones payants dans la rue. Pour téléphoner en Espagne, il suffit de composer le numéro à neuf chiffres. Pour téléphoner dans d'autres pays, composez le code d'accès international (☎ 00), puis l'indicatif du pays, de la région et le numéro.

Librairies. Bell Books, 11 Bell Lane, et Gibraltar Bookshop, 300 Main St, sont deux bonnes librairies où faire provision de livres en anglais.

Services médicaux et urgences. St Bernard's Hospital (☎ 79700), Hospital Hill, dispose d'un service d'urgence ouvert 24h/24. Il existe également un Health Centre ou centre de soins (☎ 72355/77003), Grand Casemates Square. Le commissariat de police (☎ 72500) est situé au sud de la ville, New Mole House, Rosia Rd, mais il existe un poste plus central 120 Irish Town. Les fonctionnaires de police portent l'uniforme britannique. En cas d'urgence, composez le ☎ 199 pour obtenir la police ou une ambulance.

Électricité. Le courant électrique est le même qu'en Angleterre, sous 220V ou 240V, avec des prises à trois fiches plates.

Jours fériés. Gibraltar observe les jours fériés suivants : 1er janvier, Commonwealth Day (deuxième lundi de mai), Good Friday (Vendredi saint), Easter Monday (lundi de Pâques), 1er mai, Spring Bank Holiday (dernier lundi de mai), Queen's Birthday (anniversaire de la Reine, le lundi suivant le deuxième samedi de juin), Late Summer Bank Holiday (dernier lundi d'août), Gibraltar National Day (fête nationale de Gibraltar, le 10 septembre) et les 25 et 26 décembre.

Travailler à Gibraltar. Gibraltar n'est plus un lieu où il est facile de dénicher un travail rémunéré. En revanche, c'est l'endroit le plus favorable de toute l'Espagne, Palma de Mallorca excepté, pour trouver une place non payée dans l'équipage d'un yacht. Pendant l'été, vous pourrez peut-être vous embarquer sur un bateau effectuant une croisière en Méditerranée. De novembre à janvier, vous avez une chance de trouver une place dans un équipage pour payer votre traversée vers les Caraïbes. Renseignez-vous au port de Marina Bay.

The Town

Le centre-ville de Gibraltar, avec ses magasins, ses pubs et ses chalands britanniques, n'a rien de très exotique, mais on a récemment essayé de le rendre plus séduisant. La plupart des édifices espagnols et musul-

cours de conversion de l'euro 1 000 ptas = 6,01 €

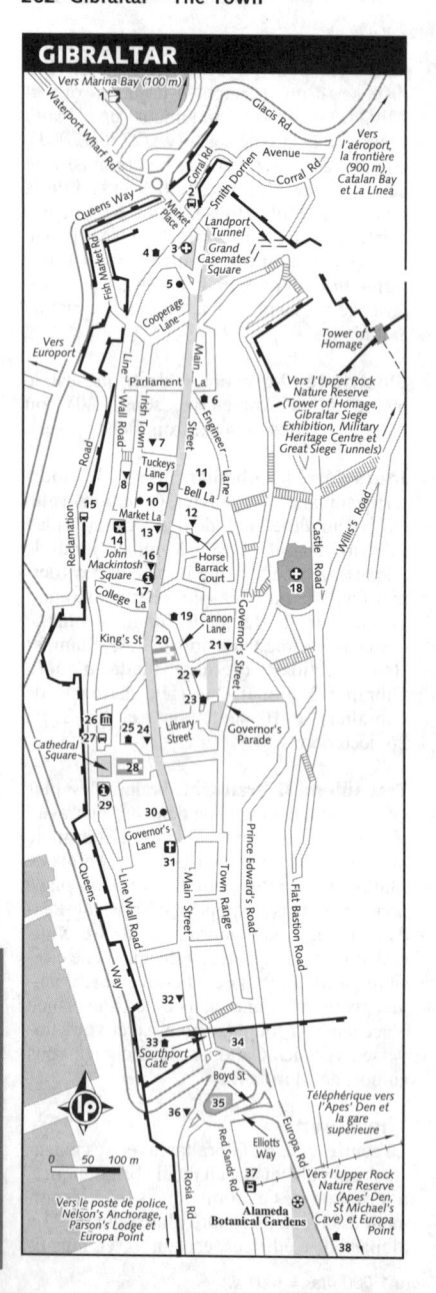

GIBRALTAR

OÙ SE LOGER
- 4 Emile Youth Hostel
- 6 Continental Hotel
- 19 Cannon Hotel
- 23 Eliott Hotel
- 25 Bristol Hotel
- 33 Toc H Hostel
- 35 Queen's Hotel
- 38 Rock Hotel

OÙ SE RESTAURER
- 7 House of Sacarello
- 8 The Clipper
- 12 Viceroy of India
- 13 The English Tea Room
- 16 The Piazza
- 21 Three Roses Bar
- 22 Cannon Bar
- 24 Maxi Manger
- 32 Minister's Restaurant
- 36 Piccadilly Gardens

DIVERS
- 1 Watergardens Quay
- 2 Bus n°9
- 3 Centre de soins
- 5 Tourafrica
- 9 Poste principale
- 10 Bland Travel
- 11 Bell Books
- 14 Commissariat de police
- 15 Bus n°10
- 17 Office du tourisme
- 18 St Bernard's Hospital
- 20 Cathedral of St Mary the Crowned
- 26 Gibraltar Museum
- 27 Bus n°3
- 28 Cathedral of the Holy Trinity
- 29 Office du tourisme principal
- 30 Gibraltar Bookshop
- 31 King's Chapel
- 34 Trafalgar Cemetery
- 37 Gare inférieure du téléphérique

mans ont été détruits lors des sièges du XVIIIe siècle. Vous verrez encore, autour de la citadelle, les canons, les fortifications et les portes britanniques. La plaquette intitulée *Guided Tour of Gibraltar*, de T.J. Finlayson, vous permettra de connaître plus en détail le patrimoine britannique.

Le **Gibraltar Museum**, Bomb House Lane, abrite des expositions très intéressantes sur l'histoire, l'architecture et l'armée, et remonte même jusqu'à l'époque préhistorique. Parmi les fleurons de ce musée, signalons des bains musulmans et un maquette très précise du Rocher réalisée dans les années 1860 par des officiers britanniques. Le musée est ouvert du lundi au vendredi de 10h à 18h et le samedi de 10h à 14h. L'entrée coûte 2 £.

Tout près, la **Cathedral of the Holy Trinity** est une cathédrale anglicane édifiée dans les années 1820-1830. Catholique, la **Cathedral of St Mary the Crowned** se dresse dans Main St, à l'emplacement de la grande mosquée de Gibraltar. La **King's Chapel**, également dans Main St, est le reste d'un ancien couvent franciscain du XVIe siècle, transformé aujourd'hui en résidence du gouverneur. A l'intérieur sont enterrés la femme du gouverneur espagnol de 1648 et deux gouverneurs britanniques du XIXe siècle.

Le **Trafalgar Cemetery**, le cimetière situé juste au sud de Southport Gate, abrite de nombreuses tombes de marins britanniques morts lors de la bataille de Trafalgar (1805). Non loin de là vers le sud, les **Alameda Botanical Gardens** (jardins botaniques), auxquels on accède par Europa Rd, restent ouverts tous les jours de 8h au coucher du soleil (entrée gratuite). Juste 1 km plus au sud, dans Rosia Rd, le **Nelson's Anchorage**, qui abrite un énorme canon de l'époque victorienne pesant 100 tonnes, domine Rosia Bay. C'est là qu'après la bataille de Trafalgar, le corps de l'amiral britannique Nelson, conservé, d'après l'histoire, dans un tonneau de rhum, fut ramené sur le rivage par le *HMS Victory*. Le Nelson's Anchorage est ouvert tous les jours, sauf le dimanche, de 9h30 à 17h (entrée gratuite). Un peu plus au sud dans Rosia Rd, la batterie de canons de **Parson's Lodge**, perchée sur une falaise haute de 40 m, se visite du lundi au vendredi de 10h à 18h (1 £). Sous l'emplacement des canons se cache un dédale de galeries avec d'anciens magasins de munitions et des quartiers d'habitation.

En bas à **Europa Point**, la pointe méridionale de Gibraltar, se dressent un phare, le Christian Shrine of Our Lady of Europe (sanctuaire chrétien de Notre-Dame-d'Europe) et la Mosque of the Custodian of the Two Holy Mosques (mosquée du Gardien-des-deux-Saintes-Mosquées). Cette dernière, avec son haut minaret, passe pour être la plus grande mosquée en terre non-musulmane. Elle a coûté 5 millions de livres, payés par le roi Fahd d'Arabie Saoudite, et a été inaugurée en 1997. Elle est censée constituer un point de convergence pour les Arabes qui voyagent dans le sud de l'Europe. Appelez le ☎ 47693 pour connaître les heures d'ouverture.

Upper Rock Nature Reserve

Les parties supérieures du Rocher, qui commencent juste au-dessus de la ville, sont classées réserve naturelle. Elles offrent des vues superbes, un réseau de routes tranquilles et de sentiers, ainsi que différents sites intéressants à visiter. Jadis couvert d'arbres, le Rocher fut presque totalement dépouillé de sa végétation par la garnison britannique et par le pâturage des chèvres aux XVIIIe et XIXe siècles. La végétation a relativement bien repoussé depuis lors, et on y recense 600 espèces de plantes. C'est souvent un bon endroit pour observer les migrations d'oiseaux entre l'Europe et l'Afrique (voir l'encadré *Oiseaux de haut vol dans le détroit de Gibraltar* dans le chapitre *Provincia de Cádiz*).

Les habitants les plus célèbres du haut du rocher sont la colonie de **magots** (ou **macaques de Barbarie**) de Gibraltar, les seuls primates sauvages d'Europe (outre l'*Homo sapiens*). Certains fréquentent les abords du **Apes' Den** (le ravin des singes) à la hauteur de la gare intermédiaire du téléphérique, mais on en rencontre aussi au niveau de la gare supérieure et des Great Siege Tunnels. La légende dit que lorsque les singes (qui auraient été introduits au XVIIIe siècle depuis l'Afrique du Nord) disparaîtront de Gibraltar, il en sera de même des Britanniques. Lorsque la population simienne a diminué durant la Seconde Guerre mondiale, les Britanniques ont fait venir d'Afrique un certain nombre de singes en renfort. Dernièrement, l'espèce s'est accrue rapidement, au point qu'une série de mesures a été envisagée, depuis des implants contraceptifs jusqu'au "rapatriement" en Afrique du Nord.

cours de conversion de l'euro 1 000 ptas = 6,01 €

De la **gare supérieure du téléphérique**, la vue s'étend jusqu'au Maroc quand le temps le permet. De là, on peut aussi contempler le versant est du Rocher surplombant les anciens **capteurs d'eau** qui canalisaient la pluie vers les réservoirs souterrains. Aujourd'hui, ils ont été remplacés par des usines de dessalage d'eau de mer. En 1704, quelque 500 soldats espagnols escaladèrent la face est du Rocher pour tenter de surprendre les occupants britanniques. Ils passèrent la nuit dans la St Michael's Cave, mais furent vaincus dès qu'ils sortirent de leur cachette.

A environ 15 minutes à pied vers le sud, en descendant St Michael's Rd depuis la gare supérieure du téléphérique et en prenant O'Hara's Rd qui monte sur la gauche, on rejoint l'**O'Hara's Battery**, un emplacement de gros canons situé au sommet du Rocher.

La **St Michael's Cave**, que l'on atteint en descendant encore quelques minutes dans St Michael Rd (ou en montant 20 minutes depuis l'Apes' Den), est une grande grotte naturelle qu'agrémentent des stalactites et des stalagmites. Elle abrita les habitants du Rocher à l'époque néolithique. De nos jours, elle attire des foules de touristes et accueille des concerts, des représentations et des défilés de mode. Un café est installé à l'extérieur.

En descendant environ 30 minutes à pied vers le nord depuis la gare supérieure du téléphérique, on arrive à la Princess Caroline's Battery qui abrite un **Military Heritage Centre** (Musée militaire). De là, une route descend jusqu'à la Princess Royal Battery, autre emplacement de canons, tandis qu'une autre monte vers les **Great Siege Tunnels** (ou Upper Galeries, galeries supérieures). Ces impressionnantes galeries ont été taillées dans le roc par les Britanniques durant le siège de 1779-1783 pour abriter les canons. Elles ne représentent qu'une infime partie des plus de 70 km de tunnels creusés dans le Rocher, dont l'essentiel n'est pas accessible au public. Le général Eisenhower avait son bureau dans l'une de ces galeries durant la Seconde Guerre mondiale.

Dans Willis's Rd, qui descend de la Princess Caroline's Battery jusqu'à la ville, ne manquez pas de vous arrêter à l'exposition **Gibraltar, A City under Siege** (Gibraltar, une ville assiégée), dans le premier bâtiment britannique sur le Rocher (un ancien magasin de munitions) et à la **Tower of Homage**, vestige d'un château musulman construit en 1333.

L'Upper Rock Nature Reserve est officiellement ouverte tous les jours de 9h30 à 19h. En fin d'après-midi, vous risquez de trouver les portes d'entrée de la réserve ouvertes, sans qu'il y ait de gardien, ce qui veut dire que vous pouvez entrer gratuitement, mais qu'il vous faudra payer individuellement pour visiter chacun des sites encore ouverts. La plupart le sont jusqu'à 18h15 ou 18h30. L'entrée par la route coûte 5 £ par adulte ou 2,5 £ par enfant et 1,5 £ par véhicule, ce qui donne accès à tous les sites mentionnés dans cette rubrique. Les billets de téléphérique (voir *Comment circuler*) incluent l'accès à la réserve, au Apes' Den et à la St Michael's Cave.

Dauphins

La Bahía de Algeciras abrite à longueur d'année une population relativement importante de dauphins. Au moins six bateaux proposent des excursions pour les découvrir. D'avril à septembre, la plupart effectuent deux à trois excursions journalières et habituellement le reste de l'année, au moins une par jour. La plupart des bateaux partent de Watergardens Quay ou, tout près, de Marina Bay, au nord-ouest du centre-ville. La promenade dure environ 2 heures 30 et coûte entre 12 et 15 £ pour un adulte (moitié prix pour les enfants). Sauf malchance, vous verrez de près quantité de dauphins et rencontrerez même peut-être des baleines. Les offices du tourisme vous fourniront toutes précisions sur ces bateaux.

Excursions organisées

Les chauffeurs de taxi proposent une visite des principaux sites de Gibraltar, – "Official Rock Tour" (visite officielle du Rocher) –, qui dure 1 heure 30 et revient à 7 £ par personne (avec un minimum de 4 personnes) plus le prix de l'accès à l'Upper Rock Nature Reserve. La plupart des chauffeurs sont suffisamment informés pour être de bons guides. Nombre d'agences de voyages organisent les mêmes excursions pour 11,50 £. Bland Travel (voyez plus haut *Argent* dans la rubrique *Orientation et renseignements*) programme des excursions d'une journée (sauf le lundi) à Tanger pour 45 £, repas compris.

Où se loger

Auberge de jeunesse indépendante, l'*Emile Youth Hostel* (☎ 51106/75020, Montagu Bastion, Line Wall Rd) dispose de 43 places dans des chambres de 2 à 8 personnes (12 £, petit déjeuner continental compris). Elle est dotée de douches, d'un salon/TV et d'un patio extérieur. La *Toc H Hostel* (☎ 73431), vieil établissement délabré, niché dans les remparts de la ville, à l'extrémité sud de Line Wall Rd, bat tous les records de prix (6 £ la nuit ou 25 £ la semaine, avec douche froide).

Le *Queen's Hotel* (☎ 74000, fax 40030, 1 Boyd St) possède un restaurant, un bar, une salle de jeu et des simples/doubles (20/30 £, ou 36/40 £ avec s.d.b. ou douche). Des tarifs réduits (14/20 £ et 16/24 £) sont consentis aux étudiants et jeunes voyageurs. Tous les tarifs incluent le petit déjeuner anglais. Le *Cannon Hotel* (☎/fax 51711, 9 Cannon Lane) propose également des chambres convenables, avec s.d.b. commune pour 2 chambres (22,50/34,50 £, petit déjeuner anglais compris).

Les chambres du *Bristol Hotel* (☎ 76800, fax 77613, 10 Cathedral Square) sont assez agréables et d'une taille correcte, avec TV et s.d.b., mais leur prix n'a rien d'attractif (47/61 £ sur l'intérieur, 51/66 £ sur l'extérieur). Le *Continental Hotel* (☎ 76900, fax 41702, 1 Engineer Lane), plus confortable, dispose de chambres avec clim. (42/55 £, petit déjeuner continental inclus).

Gibraltar possède deux hôtels de luxe de plus de 100 chambres chacun. L'*Eliott Hotel* (☎ 70500, fax 70243, 2 Governor's Parade) facture 165 à 220 £ par chambre. Le *Rock Hotel* (☎ 73000, fax 73513, 3 Europa Rd), situé un peu en hauteur et au passé un plus colonial (Winston Churchill y a séjourné) loue des simples/doubles, toutes avec vue sur la mer (160 £, ou 165 £ avec balcon, petit déjeuner anglais compris). Les deux hôtels sont dotés de bons restaurants et de piscines.

Si les prix de Gibraltar ne sont pas dans vos moyens, vous trouverez quelques possibilités plus économiques à La Línea, la ville-frontière espagnole (pour plus de détails, voyez le chapitre *Provincia de Cádiz*).

Où se restaurer

La plupart des pubs de la ville servent des plats typiquement britanniques. L'un des meilleurs, *The Clipper* (78B Irish Town), propose un menu éclectique, comprenant notamment une généreuse portion de fish and chips (5,25 £) et d'excellentes lasagnes (4,50 £). Des concerts sont programmés le week-end en soirée. Au *Three Roses Bar* (60 Governor's St) vous pourrez déguster à toute heure de la journée un petit déjeuner comprenant deux œufs, saucisse, bacon, pain, haricots, tomates et champignons (3,50 £). Le *Cannon Bar* (27 Cannon Lane) sert l'un des meilleurs fish and chips de la ville, en grosses portions (4,75 £). Au *Piccadilly Gardens*, un pub très couru de Rosia Rd, on peut s'asseoir dans le jardin pour savourer un dîner composé de 3 plats (9,95 £). Pour le déjeuner, il faut commander les plats à la carte (environ 8 £), ou bien des tapas.

Le *Maxi Manger*, dans Main St, prépare de bons sandwiches de baguettes (1,25 à 2,20 £) et des pommes de terres au four garnies. Pour un repas dans un restaurant chic, la *House of Sacarello* (57 Irish Town) a toutes les chances de vous plaire avec de bonnes soupes (autour de 2 £) et quelques excellentes formules du jour (entre 5,50 et 6,10 £). Vous pouvez aussi flâner en quête d'un "tea for two" (thé pour deux, 7,65 £) entre 15h et 19h30. La cuisine indienne du *Viceroy of India* (9/11 Horse Barrack Court), généralement exquise, se retrouve au menu du déjeuner comportant 3 plats (6,75 £). Des plats à la carte (6 à 11 £) et des plats végétariens (2 à 3,25 £) sont également proposés. *The Piazza* (156 Main St) prépare des burgers et des pizzas convenables (3,95 à 6 £) et des plats de viande ou de poisson (entre 5,50 et 8 £). Le vendredi et le samedi

cours de conversion de l'euro 1 000 ptas = 6,01 €

soir, des musiciens se produisent (blues et country lors de notre dernier passage). Le *Minister's Restaurant (310 Main St)* sert de copieuses portions de poisson et de fruits de mer (7,50 à 9 £), ainsi que du poisson, de la viande ou des pâtes avec des frites ou de la salade (à partir de 7,50 £).

The English Tea Room (9 Market Lane), ouvert de 9h à 19h, ne paie pas de mine, mais ses petits pains au lait, sa confiture et sa crème servis avec le thé sont fabuleux. Ses déjeuners consistent en plats du jour.

Un peu à l'écart du centre-ville, à Marina Bay, des cafés et des restaurants agréables se succèdent au bord de l'eau.

Achats

Les Britanniques expatriés sur la Costa del Sol viennent se ravitailler en produits anglo-saxons à Gibraltar, où les prix sont plus avantageux qu'en Espagne et où sont installées nombre de succursales de grandes chaînes britanniques, telles Marks & Spencer, Mothercare, The Body Shop (toutes dans Main St) et Safeway (dans le centre Europort à l'extrémité nord du port principal). Quelques petits magasins de quartier indiens longent les rues, comme Irish Town. Les boutiques sont habituellement ouvertes du lundi au vendredi de 9h à 19h30 et le samedi matin jusqu'à 13h.

Comment s'y rendre

La frontière reste ouverte tous les jours 24h/24.

Avion. GB Airways (☎ 79300) relie quotidiennement Londres à Gibraltar. L'aller-retour depuis Londres varie entre 175 et 275 £ selon les offres et la saison. La compagnie régionale marocaine assure des vols aller-retour entre Gibraltar et Casablanca plusieurs fois par semaine moyennant environ 100 £.

Monarch Airlines (☎ 47477) dessert Luton tous les jours. Le tarif se situe entre 100 et 250 £.

A Gibraltar, les bureaux des compagnies d'aviation se trouvent dans l'aéroport. Sinon, il faut réserver auprès d'une agence de voyages.

Bus. Il n'existe pas de bus réguliers pour Gibraltar même. Cependant, la gare routière de La Línea (voyez le chapitre *Provincia de Cádiz*) n'est qu'à 5 minutes à pied de la frontière, d'où partent quantité de bus pour le centre-ville (voir *Comment circuler*).

Voiture et moto. Compte tenu des files de véhicules qui attendent à la frontière, on va souvent plus vite en se garant à La Línea et en passant la frontière à pied. Pour entrer en voiture à Gibraltar, il faut un certificat d'assurance, une carte grise, une plaque de nationalité et un permis de conduire. Vous n'avez pas à acquitter une quelconque taxe. Certaines personnes entrant en voiture à Gibraltar se sont vu extorquer quelques milliers de pesetas par des escrocs affirmant qu'il faut payer pour faire pénétrer un véhicule sur le territoire. La conduite se fait à droite comme en Espagne. Au moment de la rédaction de ce guide, l'essence coûtait environ 10% moins cher qu'en Espagne.

Ferry. Le ferry qui relie Gibraltar à Tanger met environ 2 heures et circule normalement 2 fois par semaine dans chaque sens. Le tarif est de 18/30 £ aller simple/aller-retour par personne et de 40/80 £ pour une voiture. Tous les jours, sauf lundi et samedi, le catamaran *Mons Calpe II* (passagers uniquement) dessert Tanger (75 minutes). Comptez 18/33 £ pour un aller simple/aller-retour. A Gibraltar, vous pouvez acheter les billets du catamaran chez Bland Travel (☎ 77012, 81 Irish Town) et ceux du ferry chez Tourafrica (☎ 77666, ICC Building, Main St). Les ferries en provenance d'Algeciras sont plus fréquents.

Comment circuler

La marche de 1,5 km pour aller de la frontière jusqu'au centre-ville constitue une promenade insolite car il faut traverser la piste d'aéroport. En tournant à gauche (au sud) dans Corral Rd, vous passerez sous le Landport Tunnel (jadis seul accès terrestre pour franchir les remparts de Gibraltar), uniquement piétonnier, pour déboucher dans Grand Casemates Square. Sinon, les bus n°3 et 9 partent de la frontière environ toutes les 15 minutes pour aller en ville. Le n°9 va à

Market Place et circule entre 8h30 et 20h30. Le n°3 circule entre 7h30 et 23h30, s'arrête à Cathedral Square et à la gare inférieure du téléphérique, puis monte le long d'Europa Rd et continue jusqu'à Europa Point à l'extrémité sud du Rocher. Le bus n°10 va de la frontière à Europort (avec un arrêt au supermarché Safeway), puis emprunte Queens Way jusqu'à Reclamation Rd près du centre-ville. Les bus sont moins nombreux le samedi après 14h et inexistants le dimanche, à l'exception du n°4 qui relie Catalan Bay, sur le côté oriental du Rocher, au centre-ville et à Europort. Quel que soit le bus, tous les trajets coûtent 40 ou 100 ptas.

On peut découvrir tout Gibraltar à pied et une grande partie (y compris le haut du Rocher) en voiture ou en moto, mais il existe d'autres possibilités agréables. La meilleure est d'emprunter le téléphérique qui, sauf si le temps ne le permet pas, part de la gare inférieure dans Red Sands Rd toutes les 5 minutes du lundi au samedi entre 9h30 et 17h15. Le billet aller simple/aller-retour vaut 3,65/4,90 £ (1,80/2,45 £ pour les enfants de moins de 10 ans) et inclut le droit d'entrée à l'Upper Rock Nature Reserve, à l'Apes' Den et à la St Michael's Cave. Au retour, on peut reprendre le téléphérique pour monter jusqu'à la gare supérieure.

Provincia de Málaga

Cette province du sud – par laquelle beaucoup de voyageurs arrivent en Andalousie – ne se résume pas à la Costa del Sol, la côte d'Espagne la plus peuplée pendant les vacances. Málaga est la seconde plus grande ville andalouse et l'une des plus animées, avec une joyeuse et spectaculaire feria au mois d'août. L'arrière-pays est jalonné de villes anciennes, passionnantes à découvrir, comme Ronda et Antequera. La campagne aux collines escarpées et aux vieux villages blancs offre de belles randonnées dans des régions comme la Serranía de Ronda.

Málaga

Code postal 29080 • 528 000 hab.

Málaga n'a rien à voir avec la Costa del Sol toute proche. C'est une cité historique vivante et très espagnole, où règne une atmosphère d'authentique port méridional. Le centre-ville, sur fond bleu étincelant de Méditerranée, déroule de larges boulevards foisonnants de verdure, des jardins magnifiques et des rues aux bâtiments joliment délabrés. Málaga vit tard le soir et inspire un attachement plein de ferveur à ses habitants ; si elle a tardé à se mettre en avant d'un point de vue touristique, les choses sont en train de changer avec l'ouverture prévue fin 2002 d'un musée de toute première importance, consacré à Pablo Picasso – natif de la ville.

A ne pas manquer

- Suivez l'exubérante feria de Málaga en août et les splendides processions de la Semana Santa
- Flânez dans la superbe ville de Ronda, au cœur des montagnes
- Explorez la région de la gorge d'El Chorro, spectaculaire et chargée d'histoire
- Découvrez les villages éclatants de blancheur de La Axarquía
- Randonnez dans la Sierra de las Nieves ou La Axarquía
- Prélassez-vous sur les plages au pied des falaises, à l'est de Nerja

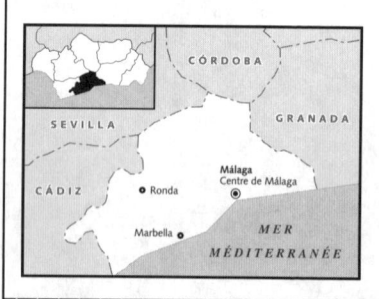

HISTOIRE

C'est aux commerçants phéniciens qu'est attribuée la plantation des premiers vignobles dans la région. La ville se développa à l'époque musulmane, sous l'autorité du royaume de Granada au XIe siècle et, plus tard, de l'émirat de Granada. Sa reconquête par les chrétiens en 1487 porta un coup fatal à la puissance de l'émirat.

L'expulsion des Maures *(Moriscos)*, très actifs dans le domaine de l'agriculture, contribua à la famine qui sévit au XVIIe siècle. La prospérité revint au XIXe siècle. Une classe moyenne dynamique, sous l'impulsion des familles Larios et Heredia, créa des industries de textiles, des fabriques sucrières, des chantiers navals et des aciéries. La popularité du vin doux de Málaga dans l'Angleterre victorienne s'avéra également très profitable, jusqu'à ce qu'un parasite dévaste les vignobles. L'apparition du tourisme aida Málaga à se redresser : déjà célébrée par le Romantisme, la ville devint le lieu de villégiature hivernal favori des riches Madrilènes dans les années 20.

Pendant la guerre civile, Málaga fut au départ un bastion républicain. Des centaines

Málaga – Histoire 269

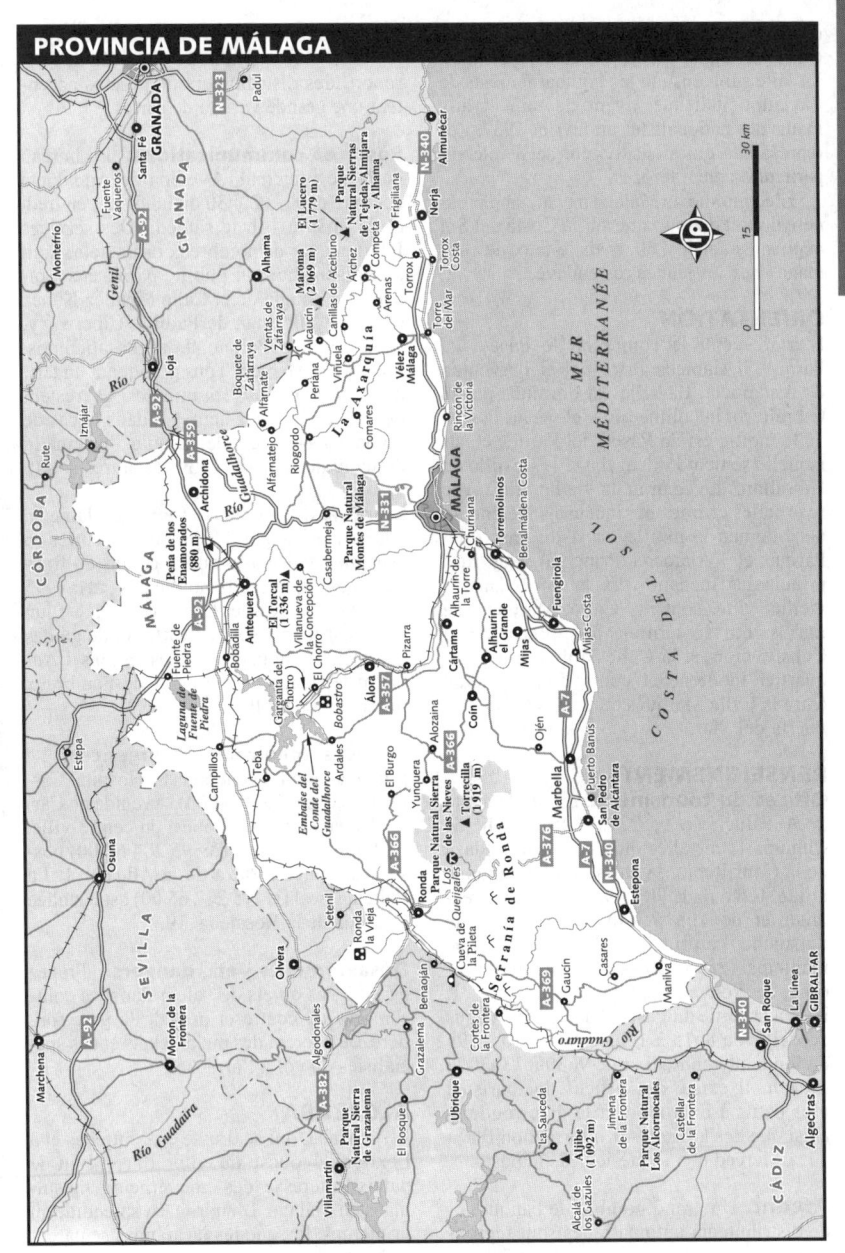

cours de conversion de l'euro 1 000 ptas = 6,01 €

de sympathisants nationalistes furent massacrés et des églises et des couvents, incendiés. La ville subit ensuite les bombardements de l'aviation italienne, avant de tomber aux mains des nationalistes en février 1937. Les représailles qui s'ensuivirent se révélèrent particulièrement féroces.

L'économie de Málaga a beaucoup prospéré du fait du tourisme sur la Costa del Sol depuis les années 60, mais le taux de chômage chez les jeunes reste élevé.

ORIENTATION

L'artère centrale comprend le Paseo del Parque, l'Alameda Principal et l'Avenida de Andalucía. La ville est dominée par le Gibralfaro, la colline qui s'élève au-dessus de la moitié est du Paseo del Parque et sur laquelle se tient l'Alcazaba et le Castillo de Gibralfaro. Le cœur de la vieille ville, avec ses ruelles étroites et sinueuses, s'étend au nord depuis la moitié ouest du Paseo del Parque et l'Alameda Principal. Les rues principales menant vers le nord dans la vieille ville sont la Calle Marqués de Larios, qui se termine à la Plaza de la Constitución, et la Calle Molina Lario. Le quartier moderne et commercial se situe entre la Calle Marqués de Larios et la Calle Puerta del Mar.

RENSEIGNEMENTS

Offices du tourisme. Celui de la Junta de Andalucía (☎ 95 221 34 45), Pasaje de Chinitas 4, une allée qui donne sur la Plaza de la Constitución, vous sera d'une grande utilité. Il ouvre de 9h à 19h du lundi au vendredi et de 10h à 14h le samedi et le dimanche. Le principal office du tourisme municipal (☎ 95 260 44 10), tout aussi efficace, se trouve Avenida de Cervantes 1, juste à la sortie du Paseo del Parque, et vous accueille de 8h15 à 14h et de 16h30 à 19h du lundi au vendredi et de 9h30 à 13h30 le samedi. Il existe des offices du tourisme plus petits à l'aéroport et la gare routière, ainsi que des kiosques d'information Plaza de la Merced et à l'extérieur de la poste.

Argent. Un grand nombre de banques et de distributeurs automatiques sont regroupés Calle Puerta del Mar et Calle Marqués de Larios. Aux terminaux d'arrivée de l'aéroport, des distributeurs de pesetas acceptent une grande variété de cartes.

Poste et communications. Le bureau de poste principal, Avenida de Andalucía 1, ouvre de 8h à 20h30 du lundi au vendredi et de 9h30 à 14h le samedi. Des services Internet avec de nombreux ordinateurs sont à la disposition du public, parmi eux Spider.es, à l'angle de la Calle Méndez Núnez et de la Calle Juan de Padilla, Ciberw@y, Calle Gómez Pallete 9, et Pasatiempos, Plaza de la Merced. Tous pratiquent un tarif de 100 ptas les 15 minutes et restent ouverts de longues heures – dans le cas de Spider.es, par exemple, jusqu'à 5h du matin du jeudi au samedi (1h30 les autres soirs).

Librairies. L'immense Librería Alameda, Alameda Principal 16, propose des titres en espagnol mais aussi quelques-uns en français et en anglais. Atlante Mapas (☎/fax 95 260 27 65), Calle Echegaray 7, est un excellent fournisseur de cartes et de guides en espagnol sur la plupart des régions d'Andalousie ; elle compte aussi de nombreux titres de Lonely Planet.

Services médicaux et urgences. Le principal hôpital général est l'Hospital Carlos Haya (☎ 95 239 04 00), Avenida de Carlos Haya, à 2 km à l'ouest du centre-ville. La Policía Nacional (☎ 95 204 62 00) possède un bureau Plaza de la Aduana 1. La Policía Local (☎ 95 212 65 00) est installée Avenida de la Rosaleda 19.

Désagréments et dangers. Prenez garde à vos objets de valeur dans les coins sombres du centre et près de la gare routière, où opèrent des pickpockets et des spécialistes du vol à l'arraché.

ALCAZABA

L'Alcazaba, qui se dresse en contrebas et à l'extrémité ouest du Gibralfaro, était le palais-forteresse des gouverneurs musulmans de Málaga. L'endroit est splendide au printemps, lorsque les jacarandas se parent

Málaga – Alcazaba

MÁLAGA

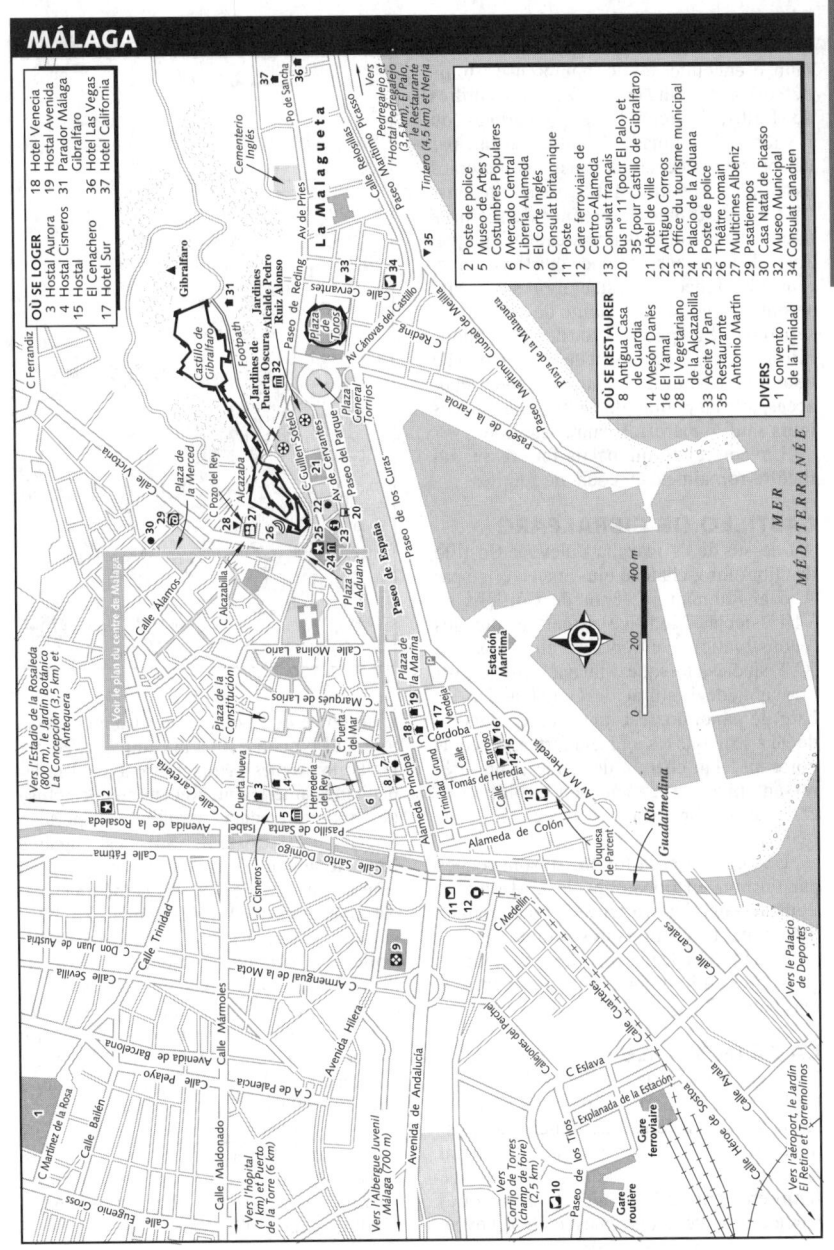

OÙ SE LOGER
- 3 Hostal Aurora
- 4 Hostal Cisneros
- 15 Hostal El Cenachero
- 17 Hotel Sur
- 18 Hotel Venecia
- 19 Hostal Avenida
- 31 Parador Málaga Gibralfaro
- 36 Hotel Las Vegas
- 37 Hotel California

OÙ SE RESTAURER
- 8 Antigua Casa de Guardia
- 14 Mesón Danés
- 16 El Yamal
- 28 El Vegetariano de la Alcazabilla
- 33 Aceite y Pan
- 35 Restaurante Antonio Martín

DIVERS
- 1 Convento de la Trinidad
- 2 Poste de police
- 5 Museo de Artes y Costumbres Populares
- 6 Mercado Central
- 7 Librería Alameda
- 9 El Corte Inglés
- 10 Consulat britannique
- 11 Poste
- 12 Gare ferroviaire de Centro-Alameda
- 13 Consulat français
- 20 Bus n° 11 (pour El Palo) et 35 (pour Castillo de Gibralfaro)
- 21 Hôtel de ville
- 22 Antiguo Correos
- 23 Office du tourisme municipal
- 24 Palacio de la Aduana
- 25 Poste de police
- 26 Théâtre romain
- 27 Multicines Albéniz
- 29 Pasatiempos
- 30 Casa Natal de Picasso
- 32 Museo Municipal
- 34 Consulat canadien

cours de conversion de l'euro 1 000 ptas = 6,01 €

de fleurs d'un violet éclatant. La construction de l'Alcazaba, protégé par un double mur d'enceinte et de nombreuses tours défensives, débuta en 1057 sous les ordres de Badis, le redoutable gouverneur du royaume de Granada. L'entrée se fait par des passages décalés, destinés à dérouter les assaillants. L'édifice fut largement reconstruit en 1930 mais le premier de ses trois patios abrite toujours une arcade d'époque. Avec de la chance, lorsque vous le visiterez, plusieurs années de restauration sur ce site seront achevées et la totalité de l'Alcazaba sera ouverte au public, avec des expositions informatives. Au moment de la rédaction de ce guide, la moitié du site seulement était accessible au public (de 9h30 à 19h tous les jours sauf le mardi). L'entrée est libre.

En contrebas du palais-forteresse, un **théâtre romain** est en cours de fouilles.

CASTILLO DE GIBRALFARO

Au-dessus de l'Alcazaba s'élève le Castillo de Gibralfaro, château plus ancien érigé par Abd al-Rahman Ier, émir de Córdoba au VIIIe siècle. L'édifice actuel résulte des reconstructions entreprises aux XIVe et XVe siècles, lorsque Málaga était le port principal de l'émirat de Granada. De là-haut, le panorama est fantastique. Ouverte de 9h à 18h tous les jours, la forteresse comporte un beau chemin de ronde et un intéressant musée retraçant son évolution et celle de la ville à travers les siècles. L'entrée est libre.

L'Alcazaba et la forteresse sont reliées par un mur en rideau appelé La Coracha. Pour accéder à la forteresse, vous pouvez monter par un chemin qui se trouve à proximité ou prendre le bus n°35 de l'Avenida de Cervantes (45 minutes de trajet approximativement).

LA CATHÉDRALE

La construction de la cathédrale de Málaga, Calle Molina Lario, fut entreprise au XVIe siècle sur le site de l'ancienne mosquée principale et se poursuivit pendant deux siècles. La cathédrale est appelée familièrement La Manquita (la manchotte) parce que seule la tour ouest a été achevée.

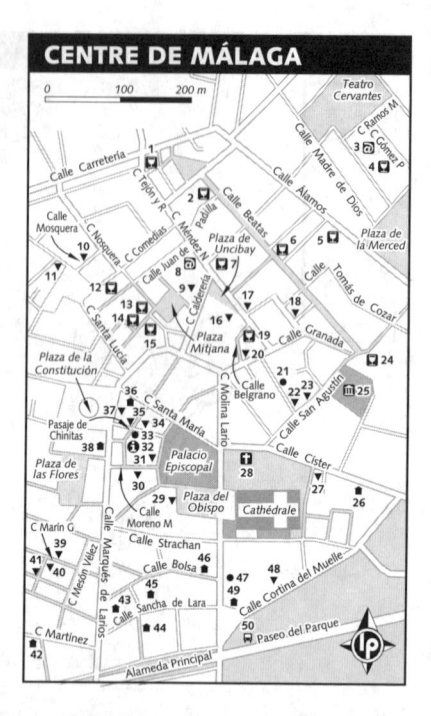

L'argent prévu pour la construction de la tour sud fut consacré à la campagne contre les Britanniques pendant la guerre d'Indépendance américaine. Récemment, en guise de remerciements tardifs, l'American Society de la Costa del Sol s'est engagée financièrement dans les réparations en cours. La façade de la cathédrale est baroque, alors que l'intérieur mêle les styles gothique et Renaissance. Dans le chœur, les stalles en bois, superbement sculptées par Pedro de Mena au XVIIe siècle (voir la rubrique *Peinture, sculpture et travail du métal* dans *Arts* du chapitre *Présentation de l'Andalousie*) sont du plus grand intérêt. La cathédrale et le musée qui s'y rattache ouvrent de 9h à 18h45 tous les jours sauf le dimanche et les jours fériés. L'entrée s'effectue par la Calle Císter. Des panneaux explicatifs en français, en anglais et en espagnol vous guident dans votre visite. L'entrée coûte 300 ptas.

CENTRE DE MÁLAGA

OÙ SE LOGER
26 Hotel Carlos V
36 Hostal Lampérez
38 Hotel Larios
42 Pensión Rosa
    et Pensión Ramos
43 Hostal Victoria
44 Hostal Derby
45 Hotel Don Curro
46 Pensión Córdoba
49 Hotel AC Málaga Palacio

OÙ SE RESTAURER
9   Bocatta
10 Mesón Las Bigas
11 Tetería El Harén
16 Mesón Ajoblanco
17 Cervecería Uncibay
18 El Vegetariano
    de San Bernardo
20 La Posada
22 Café de l'Abuela
23 La Tetería
27 El Jardín
29 Cafés
30 Mesón El Chinitas
31 Bar Orellana
34 Rincón Chinitas
35 Málaga Siempre
37 Café Central
39 Bar Lo Güeno
40 La Alegría
41 Mesón La Aldea
48 La Fragata Bar

DIVERS
1   ZZ Pub
2   Sodoma
3   Ciberw@y
4   Onda Pasadena
5   La Botellita
6   Café Liceo
7   Discoteca Anden
8   Spider.es
12 Siempre Asi
13 O'Neill's
14 Saloma
15 La Cervecería
19 Salsa
21 Atlante Mapas
24 Bodegas El Pimpi
25 Museo Picasso
    (ouverture prévue en 2001)
28 Iglesia del Sagrario
32 Office du tourisme
    de la Junta de Andalucía
33 Romero de la Cruz
    (ancien Café de Chinitas)
47 Iberia et Binter Mediterráneo
50 Bus n°19 vers l'aéroport

Du côté nord de la cathédrale s'élève **l'Iglesia del Sagrario** de style gothique tardif, qui possède un splendide portail et un retable Renaissance doré.

PALACIO EPISCOPAL

Sur la Plaza del Obispo, en face de la cathédrale, se dresse le palais épiscopal du XVIIIe siècle, qui abrite désormais des expositions, dont la façade est l'une des plus imposantes de la ville. A l'intérieur, apparaissent un magnifique patio et un escalier de type impérial. L'entrée est libre.

MUSEO PICASSO ET MUSEO DE MÁLAGA

Datant du XVIe siècle, le Palacio de los Condes de Buenavista, Calle San Augustín, à l'emplacement de l'ancienne Judería (quartier juif à l'époque musulmane) de Málaga, est actuellement reconverti en un très important musée Picasso. La collection comportera 186 œuvres offertes ou prêtées par la belle-fille et le petit-fils du peintre, Christine Ruiz-Picasso et Bernard Ruiz-Picasso. Le musée doit ouvrir fin 2002.

La donation Picasso signifie que le Museo de Málaga, musée des Beaux-Arts et d'archéologie, qui occupait le Buenavista Palace depuis 1961, ait dû déménager. Les débats à propos de sa relocalisation ont fait rage dans la ville : le Palacio de la Aduana (voir *Alameda Principal et Paseo del Parque* plus bas), près du Buenavista Palace, serait plébiscité, mais au moment où nous rédigeons ce guide, il semblerait que seule la section archéologie puisse y être déplacée, tandis que la collection d'art rejoindrait le Convento de la Trinidad, à l'ouest du Río Guadalmedina, qui n'ouvrira que fin 2002. En attendant, une partie de cette collection est temporairement exposée au Palacio de la Aduana (entrée libre), qui vaut bien le détour, ne serait-ce que pour y admirer les œuvres de Zurbarán, Murillo, Ribera, Pedro de Mena et de nombreux autres artistes originaires de Málaga (y compris Picasso !)

CASA NATAL DE PICASSO

La maison qui vit naître Picasso en 1881, Plaza de la Merced 15, est devenue un centre d'expositions et de recherches sur le peintre et sur l'art contemporain en général. S'y tiennent régulièrement des manifestations intéressantes aux heures d'ouverture suivantes : de 11h à 14h et de 17h à 20h du lundi au samedi et de 11h à 14h le dimanche. L'entrée est gratuite.

cours de conversion de l'euro 1 000 ptas = 6,01 €

ALAMEDA PRINCIPAL ET PASEO DEL PARQUE

L'Alameda Principal, artère aujourd'hui très fréquentée, fut tracée à la fin du XVIIIe siècle le long des sables de l'estuaire du Guadalmedina. Plantée de très vieux arbres originaires des Amériques, l'Alameda aligne des bâtiments datant des XVIIIe et XIXe siècles.

Dans les années 1890, le Paseo del Parque, bordé de palmiers, fut ouvert en prolongement de l'Alameda sur un terrain conquis sur la mer. Le jardin qui le longe au sud, le Paseo de España, planté d'essences tropicales rares et exotiques, est un refuge agréable, loin du bruit de la ville. Du côté nord du Paseo, vous verrez plusieurs bâtiments remarquables : l'élégant **Palacio de la Aduana** (maison des douanes) du XVIIIe siècle, dont les portes donnaient à l'origine sur la mer (ce sont aujourd'hui des bureaux du gouvernement, mais reportez-vous un peu plus haut au paragraphe *Museo Picasso et Museo de Málaga*) ; l'ancienne **Casita del Jardinero**, le cottage du jardinier (aujourd'hui office du tourisme) ; l'**Antiguo Correos** (l'ancienne poste), datant du début du XXe siècle, devenu une succursale de la banque nationale, et le surprenant **Hôtel de ville** de style néo-baroque, flanqué d'agréables jardins à l'arrière et sur les côtés.

PASAJE DE CHINITAS

A la fin du XIXe siècle, les bars de ce passage situé à l'est de la Plaza de la Constitución étaient très fréquentés par les hommes d'affaires à la sortie des bureaux : ils avaient notamment jeté leur dévolu sur le Café de Chinitas, l'un des plus célèbres *cafés cantante* de flamenco (voir le chapitre spécial *Flamenco : la complainte du Gitan*). Dans les années 20 et 30, le toujours très prisé Café de Chinitas attira des toreros, des comédiens, des artistes et des écrivains, parmi lesquels Federico García Lorca, dont l'ami Juan Breva, fameux interprète de *malagueñas* (chant flamenco local) chantait ici fréquemment. Aujourd'hui, le Café de Chinitas est devenu un magasin de tissus, Romero de la Cruz. Une simple plaque sur la porte témoigne de son glorieux passé.

MUSEO DE ARTES Y COSTUMBRES POPULARES

Le musée des Arts et Traditions populaires, aménagé dans une auberge du XVIIe siècle, Pasillo de Santa Isabel 10, est amusant à visiter. La collection tourne principalement autour de la vie quotidienne et comprend des objets illustrant l'élevage et la pêche. Dans les vitrines, vous remarquerez les figurines (*barros*) en argile du bandit de grand chemin, du couple de danseurs, du cavalier de Ronda et d'autres personnages appartenant au folklore local. Les figurines de ce type, notamment le vendeur de jasmin (*biznagero*) et le poissonnier (*cenachero*) fascinaient au XIXe siècle les voyageurs influencés par le Romantisme. Le musée ouvre de 10h à 13h (13h30 du 1er octobre au 15 juin) et de 17h à 20h (16h à 19h, du 1er octobre au 15 juin), du lundi au samedi, sauf les samedi après-midi. L'entrée est fixée à 200 ptas (gratuite pour les moins de 16 ans).

MUSEO MUNICIPAL

Cet espace moderne, ouvert en 1999 à Paseo de Reding 1, accueille diverses expositions et pourrait éventuellement présenter sa propre collection d'art permanente. Il ouvre de 10h à 20h tous les jours et l'entrée est libre.

PLAZA DE TOROS ET CEMENTERIO INGLÉS

Vous pouvez visiter l'arène, Paseo de Reding, de 8h à 15h (9h à 14h en hiver) du lundi au vendredi. Un peu au-delà, de l'autre côté de la rue, s'étend le verdoyant cimetière anglais créé en 1829. Avant cette date, les défunts non-catholiques étaient enterrés dans le sable en position verticale, au bout de la plage, pendant la nuit. Les cadavres étaient à la merci des chiens errants ou emportés par la mer avant d'être rejetés sur le rivage. Certains tombeaux et monuments comportent des inscriptions étonnantes. Toutes sortes de gens de diverses nationalités – des poètes, des consuls mais aussi des enfants – sont inhumés ici. Le cimetière originel entouré d'un mur, dans le coin reculé, abrite de nombreuses tombes recouvertes de coquilles de coques. L'église anglicane de St George tout à côté, célèbre régulièrement les offices du dimanche. Le cimetière est ouvert de 9h à 13h et de 15h à 17h du lundi au vendredi, et de 9h à 12h le samedi.

JARDÍN EL RETIRO

A quelques kilomètres au sud-ouest de la ville, à Churriana, sur la C-344 à destination d'Alhaurín de la Torre, s'étendent les ravissants jardin et parc ornithologiques El Retiro (☎ 95 262 16 00). Les jardins furent conçus par les Condes de Buenavista et d'autres propriétaires au XVIIIe siècle. Ils ont gardé en grande partie leur caractère original, qui mêlait les styles anglais, baroque italien et français. Vous verrez là des statues en marbre de style classique, des fontaines et de jolis bâtiments, ainsi qu'une impressionnante collection d'oiseaux exotiques, certains dans des volières, d'autres s'égayant en toute liberté. Le site ouvre tous les jours de 9h à 18h. L'entrée n'est pas donnée à 1 250 ptas (600 ptas pour les enfants, 750 ptas pour les seniors). Pour vous y rendre, prenez un des bus qui desservent toutes les heures Alhaurín de la Torre, au départ de la gare routière de Málaga (Paseo de los Tilos).

JARDÍN BOTÁNICO LA CONCEPCIÓN

A 4 km au nord de la ville, le merveilleux, et en grande partie tropical, jardin La Concepción (☎ 95 225 21 48) demande une somme beaucoup plus modique à l'entrée (435 ptas, 215 ptas pour les enfants). Dans les années 1850, l'Anglaise Amalia Livermore et son époux espagnol, Jorge Loring Oyarzábal, rassemblèrent des plantes du monde entier pour créer leur jardin, également orné d'immenses arbres (et des centaines de palmiers). Il ouvre ses portes tous les jours à 10h, sauf les lundi, le 25 décembre et le 1er janvier. Comptez 1 heure 15 de visite guidée, la dernière commençant à 19h30 du 21 juin au 10 septembre, à 16h du 11 décembre au 31 mars et à des horaires intermédiaires changeants entre ces deux périodes.

En voiture, il faut prendre la route d'Antequera (N-331) au nord du périphérique de Málaga (N-340) jusqu'au Km 166, puis suivre les panneaux. Le samedi, le dimanche et les jours fériés, des bus pour La Concepción partent de Málaga, depuis l'Alameda Principal, toutes les heures à partir de 11h.

PLAGES

Des plages de sable longent la jetée depuis le port sur plusieurs kilomètres dans les deux sens. Pour des plages de ville, elles s'avèrent correctes. La Playa de la Malagueta, pratique par rapport au centre, s'agrémente de plusieurs établissements pour déjeuner ou prendre un verre.

COURS DE LANGUES

Les cours d'espagnol assurés par l'Universidad de Málaga (☎ 95 227 82 11, fax 95 227 97 12) sont très appréciés. Des stages de quatre semaines d'espagnol intensif reviennent à 83 000 ptas. L'hébergement dans une famille, en appartement ou dans une résidence de l'université, s'organisent assez facilement. Pour plus d'informations, vous pouvez écrire à l'Universidad de Málaga, Cursos de Español para Extranjeros, Inés Carrasco Cantos (Directora), Avenida de Andalucía 24, 29007 Málaga.

Par ailleurs, il existe une vingtaine d'écoles de langues privées à Málaga ; les principaux offices du tourisme vous en donneront les coordonnées.

MANIFESTATIONS ANNUELLES

Les grandes fêtes annuelles à Málaga sont les suivantes :

Semana Santa

La Semaine Sainte (la semaine qui précède Pâques) de Málaga est presque aussi splendide et solennelle que celle de Sevilla. Chaque soir, entre le dimanche des Rameaux et le Vendredi saint, six ou sept confréries (*cofradías*) transportent leurs statues durant plusieurs heures à travers la ville, regardées et suivies par d'immenses foules. Les trônes (*tronos*) de Málaga, très grands et très lourds, sont posés sur de longues barres, que soutiennent jusqu'à cent cinquante porteurs. Le lundi, la procession qui suit l'image de Jesús Cautivo (le Christ fait

cours de conversion de l'euro 1 000 ptas = 6,01 €

prisonnier) rassemble jusqu'à vingt-cinq mille personnes, certaines pieds nus, cagoulées, ou encore les chevilles enchaînées. Les manifestations atteignent leur apothéose le soir du Vendredi saint. Un bon endroit pour suivre les processions est l'Alameda Principal où elles passent de 19h à minuit.

World Dance Costa del Sol
Le temps d'un samedi soir, le quartier du port se transforme en une gigantesque piste de danse réunissant plus de 200 000 amateurs sous la houlette de DJs de renommée internationale et de nombreux groupes live.

Feria de Málaga
La fête de Málaga, qui dure neuf jours à la mi-août, débute par un immense feu d'artifices à minuit, le vendredi de l'ouverture ; c'est la plus importante et la plus bouillonnante des ferias andalouses de l'été. Pendant la journée, particulièrement les deux samedi, les célébrations envahissent le centre-ville ; des spectacles de musique et de danse se tiennent dans les rues et les bars encombrés ; des cavaliers revêtus de leurs plus beaux atours paradent sur leurs montures et effectuent un circuit à travers la ville. L'animation se concentre principalement autour de la Plaza de Uncibay, la Plaza de la Constitución, la Plaza Mitjana et dans la Calle Marqués de Larios. La nuit, l'action se déplace sur un grand champ de foire à Cortijo de Torres, à 4 km au sud-ouest du centre, où sont installés des manèges. Vous y trouverez aussi de la musique et de la danse, notamment des concerts donnés chaque soir par des artistes de pop, de rock, de flamenco. Des bus spéciaux partent de partout dans la ville à destination du champ de foire. Málaga organise sa grande saison de corridas pendant la feria. Les offices du tourisme disposent du programme des manifestations.

Fiesta Mayor de Verdiales
Le 28 décembre, des milliers de personnes convergent vers Puerto de la Torre sur la route d'Almogía, dans les faubourgs nord-ouest de la ville, à l'occasion d'un grand rassemblement de groupes de *verdiales*, qui interprètent une musique euphorique accompagnée de danses enivrantes, propres à la région de Málaga. La musique évoque un mélange celto-gitano avec beaucoup de violon haut perché et de percussions qui rappellent le tambourin. Au cours de danses complexes, les participants coiffés de chapeaux fleuris multicolores agitent des drapeaux. Le bus n°21 qui part de l'Alameda Principal dessert Puerto de la Torre.

OÙ SE LOGER

En dehors de la période de haute saison, de juillet à septembre, de nombreux établissements de catégories moyenne et supérieure surtout réduisent leurs prix de façon significative ; d'autres, qui ne pratiquent pas de prix en chambre simple pendant la saison estivale, les proposent en dehors de cette période.

OÙ SE LOGER – PETITS BUDGETS
Hostales
A 1,5 km à l'ouest du centre et à deux rues au nord de l'Avenida de Andalucía, l'*Albergue Juvenil Málaga*, (☎ 95 230 85 00, *Plaza Pío XII 6*) dispose de 110 places, la plupart en chambres doubles, souvent équipées de s.d.b. Le bus n°18 qui suit l'Avenida de Andalucía depuis l'Alameda Principal vous dépose pratiquement à la porte.

Hostales et Pensiones
Les chambres véritablement économiques ne sont, dans l'ensemble, pas particulièrement agréables.

Nord de l'Alameda. L'intime *Pensión Córdoba* (☎ 95 221 44 69, *Calle Bolsa 9*) possède des simples/doubles avec s.d.b. commune au prix de 1 500/3 000 ptas. L'*Hostal Lampérez* (☎ 95 221 94 84, *Calle Santa María 6*), aussi appelé Hostal Santa María, donnant sur la Plaza de la Constitución, pratique des tarifs de 2 000/ 3 000 ptas. La s.d.b. est un peu sinistre.

Convivial, l'*Hostal Derby* (☎ 95 222 13 01, *Calle San Juan de Dios 1*) offre des chambres éclairées par de grandes fenêtres et avec s.d.b. à 4 500/6 000 ptas. Vous trouverez la sonnette à côté de la grosse porte en bois cloutée.

Au sud-ouest de la Plaza de la Constitución, ses voisines, la *Pensión Rosa* (☎ 95 221 27 16, *Calle Martínez 10*) et la *Pensión Ramos* (☎ 95 222 72 68, *Calle Martínez 8*) proposent un hébergement correct avec s.d.b. commune au prix de 5 000 ptas la double. Impossible de manquer leurs balcons fleuris. L'*Hostal Aurora* (☎ 95 222 40 04, *Calle Muro de Puerta Nueva 1*), donnant dans la Calle Puerta Nueva, possède six chambres propres et agréables louées 2 600/5 000 ptas, en dépit d'une entrée ne payant pas de mine. A l'*Hostal Cisneros* (☎ 95 221 26 33, *Calle Cisneros 7*), impeccable et sympathique, les chambres coûtent 2 800/4 800 ptas, ou 5 800 ptas pour une double avec s.d.b., plus IVA pour l'ensemble.

Sud de l'Alameda. Les chambres simples et bien tenues avec s.d.b. commune coûtent 1 820/3 100 ptas, les doubles avec s.d.b 4 100 ptas à l'*Hostal Avenida* (☎ 95 221 77 28, *Alameda Principal 5*). L'*Hostal El Cenachero* (☎ 95 222 40 88, *Calle Barroso 5*) est un bon choix : 3 900/5 900 ptas la chambre simple avec s.d.b. ou 5 100 ptas la double avec s.d.b. commune.

OÙ SE LOGER – CATÉGORIE MOYENNE

Dans cette catégorie, s.d.b., TV (câblée le plus souvent) et clim. sont disponibles d'emblée.

Juste à l'est de la cathédrale, l'*Hotel Carlos V* (☎ 95 221 51 20, fax 95 221 51 29, *Calle Císter 10*) propose de confortables chambres doubles à 8 300 ptas. Récemment réaménagé et assez prisé, l'*Hostal Victoria* (☎ 95 222 42 24, fax 95 222 42 23, *Calle Sancha de Lara 3*) dispose de 16 chambres coûtant 8 500 ptas. Au sud de l'Alameda, l'*Hotel Venecia* (☎ 95 221 36 36, *Alameda Principal 9*), également modernisé depuis peu, présente 40 chambres très plaisantes au prix de 10 500 ptas. Quant à l'*Hotel Sur* (☎ 95 222 48 03, fax 95 221 24 16, *Calle Trinidad Grund 13*), il pratique un tarif de 9 100 ptas.

A 1 km à l'est du centre-ville et près de la plage, l'*Hotel California* (☎ 95 221 51 65, hcalifornia@spa.es, *Paseo de Sancha 17*) vous accueille dans l'une de ses 28 belles chambres louées 9 645 ptas la double. Vous avez la possibilité de prendre le petit déjeuner sur place.

Plus grand, l'*Hotel Las Vegas* (☎ 95 221 77 12, fax 95 222 48 89, *Paseo de Sancha 22*) abrite des simples/doubles aux alentours de 7 500/10 700 ptas toute l'année, et vous disposez également de la piscine. A environ 4 km à l'est du centre-ville et toujours à proximité de la plage, l'*Hostal Pedregalejo* (☎ 95 229 32 18, hosped@spa.es, *Calle Conde de las Navas 9*) offre un hébergement très agréable au tarif de 4 600/6 740 ptas.

OÙ SE LOGER – CATÉGORIE SUPÉRIEURE

Bénéficiant d'une situation exceptionnelle sur le Gibralfaro, le *Parador Málaga Gibralfaro* (☎ 95 222 19 02, gibralfaro@parador.es), rénové il y a peu, vous fait aussi profiter de sa piscine et d'un bon restaurant. Les simples/doubles coûtent 14 000/17 500 ptas plus IVA.

Dans le centre-ville, l'*Hotel Don Curro* (☎ 95 222 72 00, fax 95 221 59 46, *Calle Sancha de Lara 7*) vous accueille en simple/double à 9 800/13 850 ptas (un peu plus chères en août). Également central, l'*Hotel Larios* (☎ 95 222 22 00, info@hotel-larios.com, *Calle Marqués de Larios 2*) met à votre disposition ses 40 chambres doubles, au mobilier bien ciré, au prix de 22 470 ptas (la hausse peut aller jusqu'à 47 080 ptas durant la Semana Santa). Plus vaste, l'*Hotel AC Málaga Palacio* (☎ 95 221 51 85, malaga@achoteles.com, *Calle Cortina del Muelle 1*) a fixé son prix à 26 750 ptas la chambre.

OÙ SE RESTAURER

La spécialité de Málaga est le poisson rapidement frit dans l'huile d'olive. La *fritura malagueña* se compose de poissons frits, d'anchois et de calmars. Les soupes froides sont très courantes. En dehors du *gazpacho*, pendant la saison des tomates, et de la *sopa de ajo* (soupe à l'ail), pensez à goûter la *sopa de almendra con uvas* (soupe d'amandes aux raisins).

Poissons et fruits de mer

Au *Rincón Chinitas* (*Pasaje de Chinitas*), les *raciones* (portions de tapas équivalentes à un repas complet) de poisson frit valent environ 750 ptas et un plat de *tortillitas* (friture de crevettes) 350 ptas. Dans le quartier plus huppé de La Malagueta, *Aceite y Pan* (*Calle*

cours de conversion de l'euro 1 000 ptas = 6,01 €

Cervantes 5), plus élégant, et le ***Restaurante Antonio Martín*** (*Plaza de la Malagueta*), face à la plage, servent une grande variété de poissons et de fruits de mer.

A Pedregalejo, 4,5 km à l'est du centre-ville, les petits restaurants du front de mer proposent de bons poissons. Vous pourrez aussi aller 1 km plus loin à l'est au ***Restaurante Tintero***, en bord de mer à El Palo : les poissons et les fruits de mer (la plupart à 600 ptas) sont apportés par des serveurs auxquels vous devrez crier votre commande. La nourriture n'a rien d'extraordinaire (elle est meilleure si elle est épicée), mais l'endroit est animé et amusant.

Autour de la Plaza de la Constitución

Le ***Café Central***, du côté est, le plus affairé de la place, est un lieu bruyant très apprécié des Malageños ; son café comblera les amateurs de caféine les plus blasés. Les plats sont à des prix raisonnables, avec un très large choix. Il ferme en milieu de soirée. A l'angle, le bar ***Málaga Siempre*** (*Pasaje de Chinitas 7*), très populaire, propose un bon choix de tapas (150 ptas avec un verre de bière) et de café. A côté, ***Mesón El Chinitas*** (*Calle de Moreno Monroy 4*) est un établissement chic pratiquant des prix en conséquence, où l'on déguste quantité de plats typiquement andalous, entre 1 400 et 2 500 ptas, ainsi qu'un menu à 2 200 ptas. Le tout petit ***Bar Orellana*** (*Calle de Moreno Monroy 5*) concocte d'excellentes tapas, variées – encore faut-il pouvoir approcher du bar pour commander.

Pour vous restaurer à des prix très raisonnables à une table sur le trottoir, dirigez-vous vers les piétonnes Calle Marín García et la Calle Esparteros, juste à l'ouest de la Calle Marqués de Larios. ***La Alegría***, le ***Bar Lo Güeno*** et ***Mesón La Aldea*** servent une variété de poisson et bien d'autres plats à moins de 1 000 ptas.

Au terme d'une petite promenade en direction du nord-est depuis la Plaza de la Constitución, ***La Posada*** (*Calle Granada 33*), aux allures de hangar, est recommandée pour ses *carnes a la brasa* (viandes grillées), et ses tapas, telles le *montadito de lomo* (pain chaud roulé avec une tranche de porc ; 200 ptas) et les *chuletillas de cordero* (côtes d'agneau ; 1 600 ptas). Juste au nord, le ***Mesón Ajoblanco*** (*Plaza de Uncibay 2*), avec des tables également à l'extérieur, propose un vaste choix, des baguettes (425 à 500 ptas) aux mini-brochettes de viande et de pommes de terre (650 ptas), en passant par les plateaux de fromages, de viandes ou d'*ahumados* (poissons fumés) à des prix compris entre 1 200 et 1 800 ptas.

La ***Cervecería Uncibay*** (*Plaza de Uncibay 5*) est spécialiste des *embutidos* (saucisses), des fromages, des pâtés et du *pulpo a la gallega* (poulpe à la galicienne). ***Bocatta*** (*Calle Calderería 11*) sert des baguettes chaudes ou froides (de 365 à 565 ptas) à payer au comptoir avant de les emporter à sa table.

Vers le nord-ouest, le ***Mesón las Bigas*** (*Calle Mosquera 7*), un restaurant-bar de style traditionnel, cuisine des *carnes a la brasa* (viandes grillées) à partir de 1 200 ptas, des *revueltos* (plats à base d'œufs brouillés) de 800 à 900 ptas, des champignons très tentants ainsi que des artichauts *a la plancha* (grillés) à 500 ptas la *media-ración* (tapas, équivalente d'un repas complet). L'établissement est fermé le lundi.

La ***Tetería El Harén*** (*Calle Andrés Pérez 3*) est un salon de thé où règne une réelle atmosphère de caravansérail – poutres et balcons en bois, petit patio ouvert, tables éclairées à la bougie dans de petites salles et recoins. Une grande variété de thés aromatiques et classiques, d'infusions, de cafés, de jus de fruits, de liqueurs, ainsi que des crêpes sont proposés entre 250 et 350 ptas. Vous y croiserez une clientèle jeune, de 17h jusque très tard. Certains soirs, vous pourrez y écouter de la musique live, faire lire votre avenir dans les cartes ou les feuilles de thé ou bien écouter des contes.

Près de la cathédrale

Les *cafés* sur la Plaza del Obispo offrent une vue superbe sur la façade de la cathédrale. ***El Jardín*** (*Calle Cañón*), avec ses

Málaga – Où sortir 279

tables dehors, à proximité du jardin derrière l'édifice, et son ravissant intérieur, prépare de savoureux *platos combinados* (assiettes mixtes) de 700 à 1 250 ptas. Vous pouvez aussi y prendre votre café du matin accompagné d'une *tostada* (petit pain grillé). Quant au *La Fragata Bar* (*Calle Cortina del Muelle*) d'allure modeste, il ouvre de 7h à 16h tous les jours ; on y sert de succulents *pitufos* (petits pains fourrés) à l'omelette et aux épinards ou au *jamón serrano* (jambon fumé) et à la tomate, entre 150 et 200 ptas. Le *Café de l'Abuela* (*Calle San Agustín*) propose un petit déjeuner avec café-jus de fruit-croissant/pain grillé à 350/400 ptas ; dans la journée, il sert des crêpes (de 275 à 500 ptas) et une myriade de thés et de cafés. Deux portes plus loin dans cette agréable rue piétonne (menant au futur Museo Picasso), un endroit paisible, *La Tetería* (*Calle San Agustín 9*) vous attend avec un choix de thés encore plus fourni (de 200 à 300 ptas), dont un "*antidepresivo*", sans oublier les crêpes, les pâtisseries et les sorbets (250 à 400 ptas).

Près du marché
Au nord de l'Alameda Principal, le très vivant *Mercado Central*, construit dans un style d'influence mudéjar au XIXe siècle et doté d'une arche du XIVe siècle, vend des produits d'une extraordinaire fraîcheur. Tout à côté, d'innombrables *cafés* sont installés dans la piétonne Calle Herrederia del Rey. Ils ouvrent de bonne heure et se remplissent très vite dès 13h. A l'*Antigua Casa de Guardia* (*Alameda Central 18*), un bar qui existe depuis 1840, l'atmosphère est vraiment particulière. Le vin de Málaga coule des tonneaux à 110 ptas le verre et vous pouvez l'accompagner de bonnes tapas de fruits de mer, jusqu'à 22h environ, heure de la fermeture.

Sud de l'Alameda
L'ambiance détendue d'*El Yamal* (*Calle Blasco de Garay 3*) s'harmonise avec son excellente cuisine marocaine : traditionnels *tajines* (plats en terre cuite) de poisson ou de poulet, couscous aux légumes (entre 1 225 à 1 500 ptas) ou savoureuse salade accompagnée d'houmous et de pain plat (675 ptas). Le restaurant est fermé le dimanche soir. Le *Mesón Danés* (*Calle Barroso 5*) propose des plats danois et espagnols, avec un menu à 1 995 ptas (fermé le dimanche).

Cuisine végétarienne
Une cuisine de qualité vous attend à *El Vegetariano de la Alcazabilla* (*Calle Pozo del Rey 5*), en bordure est du quartier central, avec une belle sélection de plats dont une succulente salade grecque pour deux, des pâtes complètes et des *empanadillas de espinacas* (tourtes aux épinards), tous compris entre 950 et 1 100 ptas. L'établissement ouvre de 13h30 à 16h et de 21h à 23h du lundi au samedi. Son équivalent en plus central, *El Vegetariano de San Bernardo* (*Calle Niño de Guevara*) propose un menu similaire et observe les mêmes heures d'ouverture.

OÙ SORTIR
Pour vous tenir au fait des différentes manifestations, consultez l'hebdomadaire gratuit *Informaciones de Málaga*, disponible dans les offices du tourisme, ou les dernières pages du journal *Sur* et sa rubrique *Evasión* du vendredi.

Bars à musique et concerts
Les vieilles rues étroites au nord de la Plaza de la Constitución débordent de noctambules le week-end à la belle saison – pratiquement tous les jours de la semaine, un événement anime le quartier et ce, jusqu'à la Plaza de la Merced, au nord-est, et aux limites de la Calle Carretería, au nord-ouest. Les bars qui passent de la bonne musique pour une clientèle d'une vingtaine d'années se rencontrent pour ainsi dire à tous les coins de rues, surtout près de la Plaza Mitjana (officiellement Plaza del Marqués Vado Maestre) et de la Plaza de Uncibay.

Le *Salsa*, à l'angle de la Calle Belgrano, près de la Plaza de Uncibay, possède une piste de danse (pour la salsa bien entendu) ; il est ouvert à partir de 23h et des groupes live y passent de temps à autre. A la *Discoteca Anden* (*Plaza de Uncibay*), les nuits font rage jusqu'à l'aube, du jeudi au samedi.

cours de conversion de l'euro 1 000 ptas = 6,01 €

Les **Bodegas El Pimpi** (*Calle Granada 62*), un dédale plus petit de salles et de mini-patios, arborent un décor plus traditionnel – tonneaux, affiches de tauromachie – et attirent une clientèle jeune avec son vin doux et le martèlement de sa musique. Au **Café Liceo** (*Calle Beatas 21*), une vieille demeure transformée en bar à musique, l'ambiance bat son plein jusqu'après minuit avec, en deuxième partie de semaine, la fréquentation de jeunes de moins de 30 ans. Le même type de clientèle se rencontre à **La Botellita** (*Calle Álamos 36*), donnant sur la Plaza de la Merced, qui passe de la musique espagnole.

L'**Onda Pasadena** (*Calle Gomez Pallete 9*) est une bonne adresse pour la musique live – du jazz le samedi à partir de 23h30, du flamenco et/ou d'autres musiques en milieu de semaine. Au **ZZ Pub** (*Calle Tejón y Rodríguez 6*) passent habituellement des groupes de rock et de blues à partir de minuit les lundi et mardi. **La Cervecería**, un grand bar à bière, le pub irlandais **O'Neill's** et le **Saloma**, avec sa piste de danse (mais aussi ses consommations trop chères), se situent tous Calle Luis de Velázquez, juste au sud, à deux pas de la Plaza Mitjana. Les allées à l'ouest abritent encore plus d'une vingtaine de bars animés, comme le **Siempre Asi** (*Calle Convalecientes 5*), qui fait vibrer les 25 à 40 ans sur des rythmes de flamenco et de rumba à partir de 21h30 du jeudi au samedi, ou le **Sodoma** (*Calle Juan de Padilla 15*), où l'on écoute de la house music à partir de 23h les mêmes soirs.

Pedregalejo, une banlieue en bordure de plage à 4,5 km à l'est du centre-ville, reste animée tard dans la nuit en été.

Divers

Le **Teatro Cervantes** (*Calle Ramos Marín s/n*) présente un bon programme de musique classique, de danse et de théâtre.

Sur les affiches dans la rue mais aussi dans le journal *Sur*, vous trouverez la liste des films passant dans les cinémas de Málaga. **Multicines Albéniz** (*Calle Alcazabilla 4*) abrite la Cinemateca Municipal et présente des films étrangers sous-titrés en espagnol à 22h pratiquement tous les soirs.

MANIFESTATIONS SPORTIVES

Le football club de Málaga a fait faillite et a disparu aux alentours de 1990 mais reconstitué en 1999, il a réussi à se reclasser en 1re Division espagnole. Le club joue à l'Estadio de la Rosaleda, non loin du Río Guadalmedina, à 2 km au nord du centre-ville. Quant à l'équipe de basket-ball de Málaga, l'Unicaja, elle se débrouille plutôt bien en ligue nationale. Elle a emménagé en automne 2000 dans un stade flambant neuf, le Palacio de los Deportes, à l'ouest de la ville en direction de l'aéroport.

COMMENT S'Y RENDRE

Avion

Le très actif aéroport de Málaga (☎ 95 204 88 04), principal point d'accès en Andalousie, est situé à 9 km au sud-ouest du centre-ville. Voyez le chapitre *Comment s'y rendre* pour toute information sur les vols intérieurs et internationaux. Les bureaux d'Iberia et de Binter Mediterráneo à Málaga (☎ 902 40 05 00) sont installés Calle Molina Lario 13. La plupart des compagnies aériennes possèdent un comptoir à l'aéroport.

Bus

La gare routière (☎ 95 235 00 61) est située dans le Paseo de los Tilos, à 1 km à l'ouest du centre. Les bus sillonnent régulièrement la côte et plusieurs rallient quotidiennement les villes de l'intérieur, comme Antequera (475 ptas) et Ronda (environ 1 100 ptas). Parmi les autres destinations, citons Sevilla (1 900 ptas, 2 heures 30, 10 bus par jour), Córdoba (1 570 ptas, 2 heures 30, 5 par jour), Granada (1 185 ptas, 1 heure 30 à 2 heures, 16 par jour), Cádiz, Jaén, Valencia, Barcelona (8 495 ptas, 15 heures) et Madrid (2 650 ptas, 6 heures, 7 minimum par jour). Il existe aussi un service de bus à destination de l'Allemagne, de l'Angleterre, de la France, de la Belgique, des Pays Bas, du Portugal et du Maroc.

Train

La gare ferroviaire (☎ 95 236 02 02) se situe sur l'Explanada de la Estación, au coin de la rue en sortant de la gare routière.

Neuf ou dix trains partent tous les jours depuis/vers Córdoba (2 100 à 2 800 ptas, 2 heures à 2 heures 30) ; depuis/vers Sevilla (2 130 ptas, 2 heures 30), 5 trains régionaux comme le Tren Regional Diésel (TRD) circulent par jour. Pour Granada, il n'existe pas de train direct, mais vous pouvez y être en 2 heures 15 moyennant 1 800 ptas en changeant à Bobadilla. Pour Ronda, avec en général également un changement à Bobadilla : avec les meilleures correspondances, le voyage dure 1 heure 45 (1 250 ptas).

Au moins quatre Talgo 200 font quotidiennement l'aller-retour Madrid-Málaga (de 7 000 à 8 200 ptas, de 4 heures à 4 heures 30). Il existe encore 3 autres trains pour Madrid, au tarif de 4 700 à 5 500 ptas, pour un trajet de 13 heures environ. Pour Valencia et Barcelona (de 6 400 à 8 400 ptas, 13 à 14 heures), vous avez le choix entre 3 trains par jour, dont 2 de nuit.

Voiture
De nombreuses agences internationales et locales possèdent des comptoirs à l'aéroport. Vous les trouverez au bas de la rampe dans le hall de récupération des bagages, ou à l'extérieur du hall des arrivées.

Bateau
Les ferries de Trasmediterránea (☎ 95 206 12 18, 902 45 46 45), Estación Marítima, Local E1, desservent tous les jours Melilla (sauf le dimanche de mi-septembre à mi-juin). Le voyage dure environ 7 heures 30, avec un tarif passager commençant à 4 020 ptas l'aller simple et un tarif voiture à partir de 16 125 ptas. Également d'Estación Marítima (port), le Buquebus (☎ 5 222 79 05, 902 41 42 43), bateau à grande vitesse, rallie Ceuta (en 1 heure 30) au moins deux fois par jour (4 995 ptas par passager, 8 995 ptas par voiture).

COMMENT CIRCULER
Desserte de l'aéroport
Un taxi de l'aéroport jusqu'au centre-ville coûte environ 1 300 ptas.

Le bus n°19 vers le centre-ville (135 ptas) part de l'arrêt City Bus devant le hall des arrivées, toutes les demi-heures environ, de 7h à minuit, et fait halte aux principales gares ferroviaires et routières de Málaga. Pour vous rendre à l'aéroport, vous pouvez prendre ce bus à l'extrémité ouest du Paseo del Parque et devant les gares, à peu près toutes les demi-heures à partir de 6h30 jusqu'à 23h30. Le trajet dure approximativement 20 minutes.

L'arrêt Aeropuerto sur la ligne de train Málaga-Fuengirola est à cinq minutes de marche du terminal de l'aéroport ; suivez les panneaux depuis le hall des départs *(salidas)*. Des trains circulent toutes les demi-heures de 7h à 23h45 et s'arrêtent à la gare principale de Málaga (11 minutes, 135 ptas) ainsi qu'à la gare Centro-Alameda, sur la rive du Río Guadalmedina. Les départs de la ville vers l'aéroport et au-delà ont lieu toutes les demi-heures de 5h45 à 22h30. Les tarifs sont légèrement plus élevés le week-end et les jours fériés.

Bus
Des bus pratiques desservent les environs de la ville (120 ptas), notamment le n°11 pour Pedregalejo et El Palo, qui part de l'Avenida de Cervantes.

Taxi
Une course dans le centre, gares ferroviaire et routière comprises, revient à environ 550 ptas. Attendez-vous à payer 750 ptas jusqu'au Castillo de Gibralfaro.

Parking
Des aires de stationnement pratiques, comme celle de la Plaza de la Marina, sont en général plutôt chères (260 ptas de l'heure). Les terrains vacants sont bien plus intéressants (il faut simplement donner 100 ptas à l'employé) – il y en a de grands derrière El Corte Inglés et le Museo de Artes y Costumbres Populares depuis plusieurs années.

La Costa del Sol

La Costa del Sol, une succession de stations balnéaires tout le long de la côte de Málaga à Gibraltar, pourrait se décrire comme une bande de terre internationale rajoutée à l'ex-

cours de conversion de l'euro 1 000 ptas = 6,01 €

282 La Costa del Sol – Torremolinos et Benalmádena

trême pointe de l'Espagne. Sa recette tient en quelques mots : soleil, plages (avec leur sable gris-brun, ce ne sont pourtant pas les plus belles d'Andalousie), une mer Méditerranée à la température agréable et des forfaits touristiques bon marché, sans oublier une vie nocturne trépidante et des distractions en abondance.

Ces stations étaient à l'origine, et jusque dans les années 50 à 60, des villages de pêcheurs, mais il n'en reste pas grand-chose aujourd'hui. Projet franquiste lancé dans le but de développer économiquement une Andalousie trop pauvre, la Costa del Sol se résume de nos jours à une série de villes se succédant les unes aux autres de façon ininterrompue, exemple typique du gâchis programmé d'un paysage somptueux.

Activités
La Costa del Sol séduit les amateurs de sport : elle possède près de quarante terrains de golf, plusieurs marinas animées, des courts de tennis et de squash, des écoles d'équitation, des piscines et des gymnases. De nombreuses plages permettent de pratiquer la planche à voile, le ski nautique et le parachute ascensionnel.

Où se loger
La Costa del Sol regorge littéralement de chambres à tous les prix. Malgré tout, pour éviter des recherches fastidieuses d'un panneau *completo* (complet) à un autre, il est recommandé de réserver longtemps à l'avance en saison (juillet, août et, dans certains endroits, septembre). En dehors de cette période, le prix des chambres baisse considérablement un peu partout.

La Costa del Sol compte une quinzaine de campings.

Comment circuler
Un service de trains très pratique relie Málaga et son aéroport à Torremolinos, Arroyo de la Miel (Benalmádena) et Fuengirola ; de nombreux bus desservent aussi les villes du littoral.

L'Autopista del Sol A-7, récemment ouverte, qui passe par Fuengirola, Marbella, San Pedro de Alcántara et Estepona, facilite énormément les déplacements le long de la Costa del Sol à ceux qui sont prêts à en payer le prix (470 ptas Marbella-Estepona, 600 ptas Mijas-Marbella ; prix réduits respectivement à 290 ptas et 495 ptas d'octobre à mai). Si d'horribles bouchons continuent sur la N-340 au sud-ouest d'Estepona, après la fin de la nouvelle autoroute, cette N-340, qui était auparavant la route nationale de la Costa, est maintenant considérablement moins chargée. Elle reste importante pour se repérer. Nombreux sont en effet ceux qui se réfèrent à ses points kilométriques pour donner leur localisation. Ces chiffres augmentent d'ouest en est : ainsi, Estepona se trouve au km 155 et le centre de Marbella, au km 181. En dehors des marqueurs kilométriques, le plus utile signalement de la N-340 est incontestablement le panneau "Cambio de sentido", indiquant que vous pouvez changer de direction pour retourner à une bifurcation que vous avez manquée.

Pour louer une voiture, des prix intéressants (de 14 000 à 20 000 ptas par semaine, tout compris) sont pratiqués par des agences locales dans toutes les stations balnéaires.

TORREMOLINOS ET BENALMÁDENA
(Torremolinos) Code postal 29620
• **32 000 hab.**

Une ville nouvelle des années 60 sur un site ensoleillé, voilà à peu près à quoi ressemble Torremolinos. Cette jungle de hauts immeubles en béton, commençant à 5 km au sud-ouest de l'aéroport de Málaga, a été conçue pour entasser le maximum de vacanciers dans le plus petit espace possible. Même en hiver, les encombrements de piétons bloquent les rues étroites derrière la plage. Dans *Fabled Shore*, le récit de ses voyages le long de la côte espagnole méditerranéenne à la fin des années 40, Rose Macaulay décrivait Torremolinos comme "une jolie ville de campagne" d'une "incroyable beauté", où elle avait vu trois jeunes voyageurs, "les premiers touristes anglais que je rencontre depuis que je suis en Espagne." Rare témoignage du passé, la tour de guet musulmane au bout de la Calle San

Miguel était connue autrefois sous le nom de Torre de los Molinos (Tour des moulins).

A la base de l'explosion du tourisme de masse des années 50 et 60 sur la Costa del Sol, "Torrie" perdit du terrain au profit d'autres stations, mais connut une seconde jeunesse dans les années 90. L'agréable promenade sur le front de mer, le Paseo Marítimo, s'étire aujourd'hui sur 7 km.

A l'exception des plages, les distractions de Torremolinos se trouvent davantage à Benalmádena, sa voisine en allant vers le sud-ouest.

Orientation

La route principale qui traverse Torremolinos depuis le nord-est (c'est-à-dire depuis l'aéroport et Málaga) s'appelle d'abord la Calle Hoyo, puis devient l'Avenida Palma de Mallorca après avoir traversé la Plaza Costa del Sol. La Calle San Miguel, principale voie piétonne, s'étend quasiment sur les 500 m qui séparent la Plaza Costa del Sol de la plage centrale, Playa del Bajondillo. La gare routière est située dans la Calle Hoyo et la gare ferroviaire, dans l'Avenida Jesús Santos Rein, une rue piétonne croisant la Calle San Miguel, à 200 m de la Plaza Costa del Sol. Au sud-ouest de la Playa del Bajondillo, autour d'un petit rond-point, se trouve la Playa de la Carihuela, l'ancien quartier des pêcheurs, délimité à l'arrière par des immeubles généralement plus bas.

L'extrémité sud-ouest de Torremolinos rejoint la Benalmádena Costa, la portion côtière de Benalmádena. De là, en montant sur environ 2 km, l'on arrive à la partie de Benalmádena appelée Arroyo de la Miel, un village original et curieusement épargné, Benalmádena Pueblo, à l'ouest.

Information

Torremolinos possède des offices du tourisme Playa del Bajondillo (☎ 95 237 19 09), Calle Borbollón Bajo (☎ 95 237 29 56), La Carihuela ; Plaza de la Independencia (☎ 95 237 42 31), une rue derrière la Plaza Costa del Sol, et dans l'hôtel de ville (☎ 95 237 95 11), vers l'intérieur, Plaza de Blas Infante. Les deux premiers ouvrent de 10h à 14h du lundi au vendredi, d'octobre à mai ; de 10h à 14h et de 17h à 20h tous les jours de juin à septembre. Les autres ouvrent de 9h30 à 13h30 du lundi au vendredi.

Le principal office du tourisme de Benalmádena (☎ 95 244 24 94) est installé Avenida Antonio Machado 10, sur la route principale venant de Torremolinos. Benalmádena compte 25 000 habitants ; le code postal de Benalmádena Costa est le 29 630, celui de Benalmádena Pueblo, le 29 639.

Plages

A Torremolinos, elles sont plus larges, plus longues et d'un gris-brun légèrement plus pâle que la plupart des plages de la Costa del Sol. C'est la raison pour laquelle elles attirent autant de vacanciers.

Aquapark

L'Aquapark (☎ 95 238 88 88), Calle Cuba 10, possède divers toboggans aquatiques, une piscine à vagues et tous les équipements habituels des parcs aquatiques. Il ouvre de 10h à 18h ou 19h tous les jours, approximativement de fin mai à fin septembre. Un billet pour la journée coûte 1 995 ptas (enfants 1 295 ptas).

Sea Life

Dans le très chic Puerto Deportivo (marina) de Benalmádena Costa, Sea Life (☎ 95 256 01 50) est un bel aquarium des plus modernes renfermant des espèces marines, pour la plupart originaires de la Méditerranée. Outre une reconstitution de l'Atlantide, l'une des attractions majeures consiste à passer dans un tunnel au milieu de requins et de pastenagues. L'aquarium est ouvert tous les jours de 10h à 18h ou plus tard (995 ptas, 695 ptas pour les enfants de 4 à 12 ans).

Tivoli World

Le plus grand parc d'attractions de la côte, à Arroyo de la Miel, reçoit en moyenne un million de visiteurs par an. Outre les innombrables manèges et autres divertissements, Tivoli World (☎ 95 257 70 16) propose chaque jour de la musique, de la danse et des spectacles pour enfants. Le parc est à cinq minutes à pied de la gare ferroviaire

cours de conversion de l'euro 1 000 ptas = 6,01 €

Benalmádena-Arroyo de la Miel. Les horaires varient mais comptez environ de 16 ou 17h à 1h du matin en avril, mai, juin, octobre et pendant la deuxième quinzaine de septembre ; de 18h à 3h du matin tous les jours de juillet à la mi-septembre ; et de 12h à 21h les samedi et dimanche de novembre à mars. L'entrée coûte 600 ptas, puis vous payez pour chaque attraction ; pour les enfants, il existe un billet appelé "Supertivolino".

Museo Arqueológico

Le musée Archéologique (☎ 95 244 85 93), Plaza de Thomson à Benalmádena Pueblo, présente une intéressante collection de sculptures et de céramiques de la période pré-colombienne, originaires du Mexique et d'Amérique centrale. Il ouvre ses portes de 10h à 14h et de 16h à 19h (de 17h à 19h en juillet et août), du lundi au vendredi. L'entrée est gratuite.

Où se loger

Torremolinos possède plus de 50 000 lits en hôtels et appartements. Avec 17 chambres, l'agréable *Hostal Micaela* (☎ 95 238 33 10, fax 95 237 68 42, Calle Bajondillo 4), situé près de la Playa del Bajondillo, loue ses doubles avec s.d.b. 4 650 ptas plus IVA. L'*Hostal Guillot* (☎ 95 238 01 44, Pasaje Río Mundo 4), donnant dans le Pasaje de Pizarro non loin de la Plaza Costa del Sol, est loin d'être aussi agréable, mais ses chambres doubles coûtent 4 000 ptas. Juste en face du Paseo Marítimo en venant de la Playa del Bajondillo, le petit *Hostal Guadalupe* (☎ 95 238 19 37, Calle del Peligro 15) vous loge pour 5 000/6 000 ptas en simple/double avec s.d.b. Avec 28 chambres, l'*Hotel El Pozo* (☎ 95 238 06 22, Calle Casablanca 2) dans le centre de Torremolinos vante lui-même sa bonne "atmosphère familiale" ; les doubles sont à 7 500 ptas plus IVA.

Dans La Carihuela, à environ 1,5 km au sud-ouest du centre de Torremolinos, l'*Hostal Flor Blanco* (☎ 95 238 20 71, Pasaje de la Carihuela 4), pratiquement sur la plage, propose notamment 12 chambres avec s.d.b. et vue sur la mer. Les doubles valent 5 900 ptas plus IVA. L'*Hotel Miami* (☎ 95 238 52 55, Calle Aladino 14), quelques rues derrière, est une villa désuète des années 40 transformée en petit hôtel, avec de jolis jardins et une piscine. Elle dispose de chambres doubles au prix de 7 500 ptas.

Le charmant *La Fonda* (☎/fax 95 256 82 73, Calle Santo Domingo 7), à Benalmádena Pueblo, vous accueille dans de vastes chambres et dans ses patios avec fontaines, sans oublier le restaurant qui appartient à une école de traiteurs et sert une excellente cuisine à des prix sympathiques. Simples et doubles coûtent 8 000 et 10 800 ptas.

Où se restaurer

L'un des meilleurs atouts de Torremolinos est l'abondance de poissons et de fruits de mer. Sur la Playa del Bajondillo, le *Restaurante Los Pescadores Playa* prépare des poissons ou des viandes grillés à partir de 750 ptas. La *Bodega Quitapeñas*, sur la Cuesta del Tajo, près de la tour, et le *Bar La Bodega* (Calle San Miguel 40), sont tous deux très prisés des Espagnols pour leurs raciones de fruits de mer de 550 à 950 ptas. Le *Restaurante Miramar,* au bout de la Calle San Miguel, sert un menu chinois à 695 ptas (795 ptas le soir).

Plusieurs petits restaurants de fruits de mer, se succèdent le long du Paseo Marítimo à La Carihuela. A l'extrémité nord-est, le *Restaurante La Marina* est recherché pour son menu à 950 ptas. Le *Restaurante Juan*, le *Restaurante El Roqueo* et le *Restaurante Gauquín* sont particulièrement recommandés pour leurs plats de poissons et de fruits de mer entre 750 et 2 500 ptas.

Où sortir

La vie nocturne du week-end au Puerto Deportivo de Benalmádena Costa attire les Espagnols de Málaga et de toute la côte aussi bien que les vacanciers. Les bars commencent vraiment à se déchaîner après minuit le vendredi et le samedi. Les bus y circulent toute la nuit du samedi jusqu'au dimanche matin. Torremolinos elle-même abrite une importante communauté homosexuelle et travestie – la plupart des bars gay se situent dans la Calle Nogalera, non loin de l'Avenida Jesús Santos Rein.

Comment s'y rendre

De l'arrêt situé Avenida Palma de Mallorca à l'angle de la Calle Antonio Girón, 200 m au sud-ouest de la Plaza Costa del Sol, des bus partent depuis/vers Benalmádena Costa et Málaga (140 ptas, 30 minutes, environ toutes les 15 minutes de 7h jusqu'à 1h30) ; Benalmádena Pueblo et Fuengirola (toutes les 20 ou 30 minutes de 7h à 22h) et Mijas (toutes les heures de 7h à 22h).

De la gare routière (☎ 95 238 24 19) dans la Calle Hoyo, les bus partent pour Marbella (455 ptas, 1 heure, au moins 14 par jour) et pour Ronda, Estepona, La Línea, Algeciras, Tarifa, Cádiz et Granada plusieurs fois par jour.

Des trains desservent Torremolinos à peu près toutes les 30 minutes, de 5h30 à 22h30, au départ de Málaga (160 ptas, 20 minutes) et l'aéroport (140 ptas, 10 minutes), puis continuent vers Benalmádena-Arroyo de la Miel et Fuengirola (160 ptas, 20 minutes).

FUENGIROLA
Code postal 29640 • 43 000 hab.

A 18 km au sud de Torremolinos, la station balnéaire de Fuengirola offre une ambiance plus familiale, malgré une concentration d'immeubles plus importante.

Orientation et renseignements

Les rues étroites des quelques pâtés de maisons situés entre la plage et l'Avenida Matías Sáenz de Tejada (la rue de la gare routière) constituent ce qui reste de la vieille ville, dont la Plaza de la Constitución occupe le centre. La gare ferroviaire se trouve une rue plus loin vers l'intérieur dans l'Avenida Jesús Santos Rein.

L'office du tourisme (☎ 95 246 74 57), Avenida Jesús Santos Rein 6, un peu après la gare ferroviaire, est ouvert du lundi au vendredi de 9h30 à 14h et de 16h30 à 19h et le samedi de 10h à 13h.

A voir et à faire

Le **Parque Acuático Mijas** (☎ 95 246 04 09), sur la rocade N-340 de Fuengirola, ressemble à l'Aquapark de Torremolinos, en un peu moins cher ; il ouvre habituellement de mai à octobre. L'entrée coûte 1 800 ptas (enfants de 4 à 12 ans, 1 150 ptas). Le **Castillo de Sohail**, à l'extrémité sud-ouest de la plage de Fuengirola, date du Xe siècle. Récemment restauré et désormais doté d'un auditorium dans sa cour centrale, il reçoit les visiteurs de 10h à 14h30 et de 16h à 18h du mardi au dimanche moyennant 200 ptas.

L'**Hipódromo Costa del Sol** (☎ 95 259 27 00), le seul champ de courses d'Andalousie, a ouvert en 2000 à Urbanización El Chaparral, en bordure de la N-340, à l'extrémité sud-ouest de Fuengirola. En été, les courses avaient lieu entre 11h et 14h tous les samedi soirs. Il était question qu'elles se déroulent le dimanche matin en hiver. Un vaste **marché de rue** se tient tous les mardi dans l'Avenida Jesús Santos Rein.

Manifestations annuelles

Les célébrations de la Virgen del Carmen sont fort réputées : elles se déroulent le 16 juillet à Los Boliches, un ancien village de pêcheurs à l'est de Fuengirola, devenu un faubourg de la ville. Au cours d'une procession de deux heures, cent vingt volontaires transportent un lourd *paso* (plate-forme), surmonté de la statue de la Vierge, depuis Los Boliches jusqu'à la mer.

Où se loger

Le convivial ***Hostal Italia*** (☎ *95 247 41 93, Calle de la Cruz 1*) est bien situé, à deux rues de la plage ; ses 35 simples/doubles avec s.d.b., clim. et TV coûtent environ 6 400/8 000 ptas. L'***Hostal Cuevas*** (☎ *95 246 06 06, Calle Capitán 7*), non loin, est un petit établissement agréable où les doubles se louent 4 950 ptas. Tenu par des Suédois, l'***Hostal Marbella*** (☎*/fax 95 266 45 03, Calle Marbella 34*), juste au sud-ouest de la Plaza de la Constitución, propre et sympathique, propose des chambres à 6 500/8 000 ptas.

Où se restaurer

Dans la Calle Moncayo – un pâté de maisons derrière le Paseo Marítimo – et dans la Calle de la Cruz (qui croise Moncayo), vous avez le choix entre des bars anglais et des restaurants italiens, belges, chypriotes, chinois,

cours de conversion de l'euro 1 000 ptas = 6,01 €

indonésiens et même espagnols, bon nombre affichant des menus à 800 ou 900 ptas.

Sur le Paseo Marítimo et dans le Puerto Deportivo (Marina) non loin, d'autres petits restaurants bon marché se succèdent, certains proposant des menús à moins de 700 ptas. Dans la catégorie au-dessus, le *Restaurante Portofino* (*Paseo Marítimo 29*), presqu'au bout de la Calle de la Cruz, sert des plats à partir de 1 275 ptas (1 725 ptas pour ceux de poisson) ; la *Pastelería Costa del Sol* (*Calle Marbella*) qui donne dans la Plaza de la Constitución, est un excellent choix pour le petit déjeuner, avec ses cakes et ses sandwiches toastés.

Où sortir

L'ambiance est au rendez-vous au *Pub Route 66* (☎ *95 246 32 05, Calle Medina 16*), à deux rues au sud-ouest de la Plaza de la Constitución, où passent des groupes de blues ou de jazz de 21h30 à 0h30 (il vous en coûte 700 ptas du jeudi au samedi ; gratuit le dimanche). Les bars à musique et les discothèques sont regroupés en face du Puerto Deportivo. L'*Irish Times* et la *Cafetería La Plaza* sont d'autres bars aux extrémités opposées de la Plaza de la Constitución, assidûment fréquentés par des Espagnols. Le patio de l'Irish Times se révèle grandiose par une chaude nuit d'été.

Comment s'y rendre

De la gare routière (☎ 95 247 50 66), des bus partent fréquemment pour Torremolinos (155 ptas), Málaga (310 ptas) et Marbella (310 ptas) et quelques-uns relient chaque jour Ronda, Sevilla, Granada et d'autres villes.

Fuengirola est desservie par les mêmes trains que Torremolinos (325 ptas depuis Málaga, 240 ptas depuis l'aéroport).

MIJAS
Code postal 29650 • environ 12 000 hab.
• Altitude 428 m

Artistes et écrivains étrangers vinrent s'installer à Mijas dans les années 50 et 60 : ce village d'origine musulmane est situé à 8 km au nord de Fuengirola. Pendant ce temps, des vacanciers en voyage organisé partaient à l'assaut des stations balnéaires de la côte. Les villas et les constructions urbaines se sont multipliées, couvrant toutes les collines environnantes. Mijas reste un très joli lieu, saturé toutefois de boutiques d'artisanat et de souvenirs destinés aux passagers de bus en provenance de la côte. Vous y trouverez quelques *hostales* et *hotels* et quantité de *restaurants* et *cafés*, si le cœur vous en dit. Des bus effectuent régulièrement la liaison avec Fuengirola (110 ptas).

MARBELLA
Code postal 29600 • 86 000 hab.

Marbella, à 28 km à l'ouest de Fuengirola, surmontée par l'imposante Sierra Blanca, est la ville la plus intéressante de la Costa del Sol.

La construction dans les années 50 du très luxueux Marbella Club Hotel, à l'ouest de la ville, par Alfonso von Hohenlohe, moitié Mexicain, moitié Autrichien, a transformé Marbella en chasse gardée de la jet-set internationale. Pendant trente ans, les rois du pétrole et autres célébrités affluèrent pour se faire construire de luxueux pied-à-terre et paraître. Dans les années 80, la récession économique et la prolifération rapide de faubourgs, avec leurs propres bars et restaurants, précipitèrent le déclin de Marbella. En 1991, Jesús Gil y Gil, homme d'affaires de droite, flamboyant et controversé, remporta une victoire écrasante aux élections municipales. Estimant que l'Espagne "se portait mieux sous Franco", le maire a entrepris de rétablir l'image de Marbella en faisant recouvrir les trottoirs de marbre, planter des palmiers, construire des parkings souterrains et, avec l'aide d'une police aux méthodes notoirement musclées, de débarrasser les rues des petits délinquants, des prostituées et des drogués.

Gil a également encouragé le développement de l'immobilier et courtisé les milliardaires les plus en vue, y compris les nouveaux riches russes, qui déferlent depuis peu sur la Costa. Réélu maire en 1995 et 1999, il a dû faire face à une avalanche de poursuites judiciaires pour une série de malversations – allant d'irrégularités dans le programme d'urbanisme au détournement illégal de 450 millions de pesetas appartenant à la ville de Marbella au profit de l'équipe de football de l'Atlético Madrid (dont il était président). Dans le cadre de cette dernière affaire, Gil a fait un séjour en prison en 1999. Ses détracteurs affirment également que des activités relevant du crime organisé, trafic de drogue et blanchiment d'argent sale, se poursuivent à grande échelle en toute impunité à Marbella.

Orientation

La N-340 qui traverse la ville prend le nom d'Avenida Ramón y Cajal, puis devient l'Avenida Ricardo Soriano, plus loin à l'ouest. La plupart des boutiques élégantes de Marbella sont regroupées entre ces avenues et la plage. La vieille ville se concentre autour de la Plaza de los Naranjos, au nord de l'Avenida Ramón y Cajal. La gare routière se trouve du côté nord de la rocade de Marbella, à 1,2 km environ au nord de la Plaza de los Naranjos.

Renseignements

Les offices du tourisme de Glorieta de la Fontanilla (☎ 95 277 14 42) et de Plaza de los Naranjos 1 (☎ 95 282 35 50) vous seront d'une grande utilité. Ils ouvrent leurs portes de 9h à 20h ou 21h tous les jours sauf les jours fériés. Un autre office (☎ 95 282 28 18), dans l'arcade de "Marbella" sur la N-340 à l'entrée de la ville, ouvre de 10h à 24h tous les jours excepté le 1er janvier.

La poste principale se situe Calle de Jacinto Benavente. Deux établissements répondant au nom de Cibercafé, l'un Avenida Miguel Cano 6 et l'autre dans l'Edificio Alameda, Calle Carlos Mackintosh toute proche, mettent des accès Internet à votre disposition.

Le soins de première urgence s'obtiennent au Centro de Salud Leganitos (☎ 95 277 21 84), Plaza Leganitos, de 8h à 17h du lundi au vendredi, de 9h à 17h le samedi. L'Hospital Europa (☎ 95 277 42 00) se trouve à 1 km à l'est du centre dans l'Avenida de Severo Ochoa. Le poste de la Policía Nacional (☎ 091) est installé Avenida Doctor Viñals au nord de la ville.

A voir et à faire

La **Playa de Venus**, immédiatement à l'est du Puerto Deportivo, est un petite plage correcte dans le centre, mais si vous recherchez de l'espace et moins de monde, continuez jusqu'à la **Playa de la Fontanilla** qui s'étend sur 800 m à l'ouest de Glorieta de la Fontanilla, ou mieux encore, jusqu'à la **Playa de Casablanca**, d'une longueur de 2 km, en prolongement de la Playa de la Fontanilla.

La vieille ville pittoresque de Marbella, aménagée en grande partie pour les piétons, a des origines musulmanes. Au centre, vous trouvez la jolie **Plaza de los Naranjos**, avec l'hôtel de ville du XVIe siècle côté nord et une fontaine du XVIIe siècle côté sud. Non loin, Plaza de la Iglesia, se tient l'**Iglesia de la Encarnación**, dont la construction débuta au XVIe siècle mais qui fut refaite par la suite dans le style baroque.

Un peu plus à l'est, le **Museo del Grabado Español Contemporáneo** (musée de la gravure contemporaine espagnole), établi dans un ancien hôpital du XVIe siècle, Calle Hospital Bazán, expose des œuvres de Picasso, Miró et Dalí, entre autres. Il ouvre de 10h à 14h et de 17h30 à 20h30 du lundi au vendredi et de 10h à 14h le dimanche. L'entrée coûte 300 ptas. Juste au nord, dans des rues comme la Calle Arte et la Calle Portada, vous verrez des vestiges des anciens **remparts musulmans** de Marbella.

Au nord-est de la vieille ville, dans le verdoyant Parque de la Represa, vous arrivez au charmant **Museo Bonsai** (☎ 95 286 29 26), consacré à cet art japonais des arbres miniatures ; les portes s'ouvrent de 10h à 13h30 et de 16h30 à 20h tous les jours, moyennant 500 ptas.

Les bonnes promenades sont légion dans la **Sierra Blanca** au départ du Refugio de Juanar, à 17 km en voiture de Marbella.

Manifestations annuelles

La grande feria d'une semaine à Marbella se tient aux alentours du 11 juin. Le festival de chant flamenco Castillo de Cante, qui a lieu le premier ou le second samedi d'août (à partir de 23h) dans le village d'Ojén, à 10 km au nord de Marbella, accueille toujours de grands noms du genre.

cours de conversion de l'euro 1 000 ptas = 6,01 €

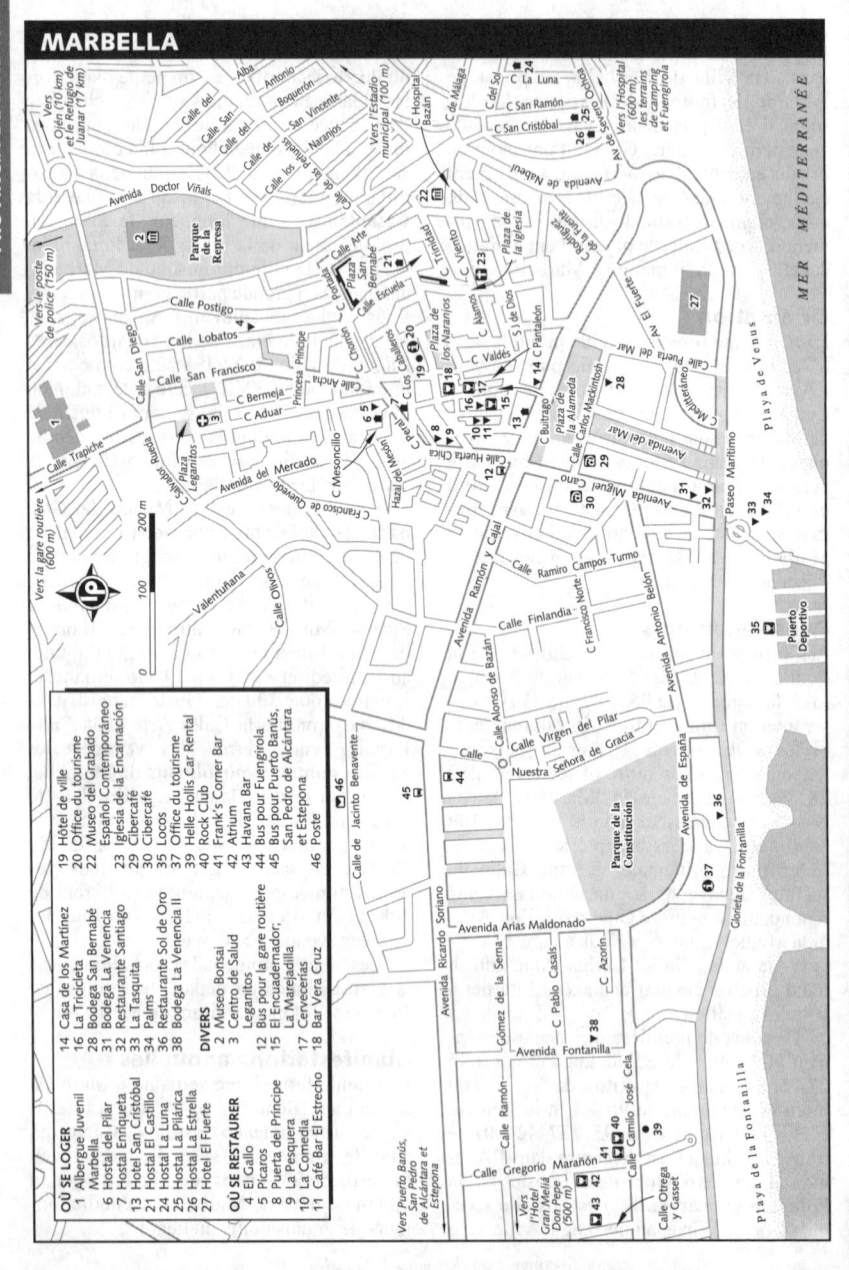

MARBELLA

OÙ SE LOGER
1. Albergue Juvenil Marbella
6. Hostal del Pilar
7. Hostal Enriqueta
13. Hostal San Cristóbal
21. Hostal El Castillo
24. Hostal La Luna
25. Hostal La Pilárica
26. Hostal La Estrella
27. Hotel El Fuerte
14. Casa de los Martinez
16. La Tricicleta
28. Bodega San Bernabé
31. Bodega La Venencia
32. Restaurante Santiago
33. La Tasquita
34. Palms
36. Restaurante Sol de Oro
38. Bodega La Venencia II

OÙ SE RESTAURER
4. El Gallo
5. Picaros
8. Puerta del Príncipe
9. La Pesquera
10. La Comedia
11. Café Bar El Estrecho

DIVERS
19. Hôtel de ville
20. Office du tourisme
22. Museo del Grabado Español Contemporáneo
23. Iglesia de la Encarnación
29. Cibercafé
30. Cibercafé
35. Locos
37. Office du tourisme
39. Helle Hollis Car Rental
40. Rock Club
41. Frank's Corner Bar
42. Atrium
43. Havana Bar
44. Bus pour Fuengirola
45. Bus pour Puerto Banús, San Pedro de Alcántara et Estepona
46. Poste
2. Museo Bonsai
3. Centro de Salud Leganitos
15. Bus pour la gare routière; El Encuadernador; La Marejadilla
17. Cervecerías
18. Bar Vera Cruz

Où se loger – Petits budgets

Sur la plage, à 3 km à l'est, le *Camping Marbella 191* (☎ 95 277 83 91, *N-340 Km 184.5*) n'ouvre que pendant une période limitée. L'emplacement vous coûtera environ 3 000 ptas en saison. Si vous continuez sur la N-340 durant 10 km en direction de l'est, vous aurez le choix entre trois autres terrains plus grands mais aussi plus chers, ouverts toute l'année, tous à quelques minutes à pied de la plage.

La moderne *Albergue Juvenil Marbella* (☎ *95 277 14 91, fax 95 286 32 27, Calle Trapiche 2*) se compose d'environ 140 chambres d'1 à 4 personnes (dont la moitié avec s.d.b.). Vous pouvez aussi profiter de la piscine.

La vieille ville compte de nombreux hostales comme l'*Hostal El Castillo* (☎ *95 277 17 39, Plaza San Bernabé 2*), près des remparts musulmans, qui propose des simples/doubles vieillotes mais confortables, avec s.d.b., à 3 200/5 600 ptas. Jetez un coup d'œil dans l'escalier à la photo aérienne de Marbella, qui date des années 50. L'*Hostal Enriqueta* (☎ *95 282 75 52, Calle Los Caballeros 18*) possède de belles doubles/triples avec s.d.b. et ventil. au prix de 7 000/9 000 ptas.

Tenu par des Britanniques, l'*Hostal del Pilar* (☎ *95 282 99 36, hostal@marbella-scene.com, Calle Mesoncillo 4*), donnant dans la Calle Peral, mérite sa bonne réputation. Simples, doubles et triples avec s.d.b. commune reviennent entre 1 500 et 2 000 ptas par personne, selon la saison. Vous apprécierez sans doute aussi le bar avec son billard et le feu de cheminée en période plus fraîche. Le matin, vous vous rassasierez de bons petits déjeuners à l'anglaise pour 700 ptas.

Juste au sud-est de la vieille ville, de petits hostales sont regroupés dans l'étroite Calle San Cristóbal et les rues adjacentes. Parmi les meilleurs, dont les tarifs sont compris entre 5 000 et 6 000 ptas pour des doubles avec s.d.b., citons l'*Hostal La Luna* (☎ *95 282 57 78, Calle La Luna 7*), l'*Hostal La Estrella* (☎ *95 277 94 72, Calle San Cristóbal 36*) et l'*Hostal La Pilárica* (☎ *95 277 42 52, Calle San Cristóbal 31*).

Où se loger – Catégories moyenne et supérieure

Dans la catégorie au-dessus des hostales, vous paierez généralement au moins 10 000 ptas en été pour une chambre double. L'un des hôtels les moins chers, l'*Hotel San Cristóbal* (☎ *95 277 12 50, fax 95 286 20 44, Avenida Ramón y Cajal 3*), propose des doubles au prix de 11 600 ptas plus IVA ; vous serez sûrement mieux dans une chambre donnant à l'arrière ou sur le côté, pour éviter l'avenue bruyante. Avec ses 263 chambres, l'*Hotel El Fuerte* (☎ *95 286 15 00, fax 95 282 44 11, Avenida El Fuerte s/n*), à proximité de la Playa de Venus, vous accueille en chambre double pour 16 400 ptas plus IVA.

Les hôtels les plus chic se concentrent sur la côte, à l'est et à l'ouest, mais l'*Hotel Gran Meliá Don Pepe* (☎ *95 277 03 00, fax 95 277 99 54, Calle José Meliá s/n*), cinq-étoiles, n'est éloigné du centre-ville que d'environ 1 km, à l'ouest ; les doubles reviennent à 48 000 ptas plus IVA.

Où se restaurer

Vieille ville. Les restaurants autour de la Plaza de los Naranjos sont recherchés par les touristes, mais assez chers. Tentez l'aventure au bar *El Gallo* (*Calle Lobatos 44*) – où des œufs accompagnés de frites coûtent 300 ptas ; essayez aussi les *langostinos pil pil* (crevettes à la sauce aillée et relevée au chili) les moins coûteuses de la ville, à 550 ptas (fermé le mardi). Les habitants de Marbella apprécient la *Casa de los Martínez* (*Avenida Ramón y Cajal 7*) pour ses tapas (comptez 150 ptas environ) et son menu d'un bon rapport qualité/prix (1 000 ptas). Le *Café Bar El Estrecho* (*Calle San Lázaro 12*) constitue un autre bon choix pour des tapas variées (de 175 à 200 ptas), en raciones et media-raciones.

Pour un décor plus élégant, réservez une table dans le patio chez *Pícaros* (☎ *95 282 86 50, Calle Aduar 1*). Vous commencerez peut-être par la salade au fromage et aux noix (750 ptas), avant de choisir, parmi une carte éclectique, un plat entre 1 200 et 1 975 ptas (plus IVA). Pícaros ouvre à partir de 19h30 ; il ferme parfois en hiver du dimanche au mardi.

cours de conversion de l'euro 1 000 ptas = 6,01 €

La Comedia, dans l'étroite Calle San Lázaro, propose une cuisine internationale attrayante, comme le poulet à l'éthiopienne avec des galettes d'orge. Les plats principaux valent entre 1 300 ptas et 2 400 ptas. *La Tricicleta*, également Calle San Lázaro, jouit d'un cadre agréable ; elle n'ouvre qu'à l'heure du dîner, du lundi au samedi, et sert des plats de viande et de poisson de 1 900 à 2 400 ptas. Dans la Calle Huerta Chica, la **Puerta del Príncipe** fait griller viandes et poissons pour environ 950 à 2 000 ptas. Sa voisine, *La Pesquera*, est spécialisée dans les fruits de mer ; elle pratique des prix similaires.

Ailleurs. Dans la Calle Carlos Mackintosh, face à la verdoyante Plaza de l'Alameda, la **Bodega San Bernabé** est merveilleusement traditionnelle et sert uniquement des tapas de jambon et de fromage. Sur la Playa de Venus à côté du Puerto Deportivo, *Palms* a pour spécialité des salades originales à partir de 950 ptas et *La Tasquita* prépare de bons poissons grillés ou frits, ainsi que des fruits de mer valant entre 600 et 1 200 ptas.

En bord de mer, le Paseo Marítimo est jalonné de restaurants depuis l'Hotel El Fuerte jusqu'à la Glorieta de la Fontanilla. L'un des meilleurs, le *Restaurante Santiago* (☎ *95 277 00 78, Paseo Marítimo 5*), spécialisé dans les fruits de mer, arbore de grandes baies vitrées donnant sur la Playa de Venus. Pour deux plats, comptez aux alentours de 4 000 ptas. Le *Restaurante Sol de Oro*, près de la Glorieta de la Fontanilla, propose au déjeuner un menu à 1 200 ptas, le verre de vin compris.

A la **Bodega La Venencia**, (*Avenida Miguel Cano 15*), juste derrière la Playa de Venus, et à la **Bodega La Venencia II** (*Avenida Fontanilla 4*) vous dégusterez d'excellentes tapas au jambon, des *montaditos* (petits sandwiches, souvent grillés) à partir de 175 ptas, ainsi que des raciones et des media-raciones.

Où sortir

Dans la petite Calle San Lázaro, l'ambiance reste festive jusque tard dans la nuit aux bars *El Encuadernador* et *La Marejadilla* – et ce, même en basse saison, quand le reste de la vieille ville a fermé ses portes. Tenu par des Canadiens, le **Bar Vera Cruz** (*Calle Buitrago 7*), une rue à l'est, ouvre de 19h30 à 3h (excepté le dimanche) et vous réchauffe d'un douillet feu de bois en hiver. La Calle Pantaleón, la rue suivante toujours en allant vers l'est, rassemble plusieurs bars à bière à l'atmosphère électrique ; ils attirent une clientèle jeune le week-end. Sur la marina, une succession de bars à musique et de discothèques font retentir leurs rythmes jusqu'à l'aube durant l'été. Faites aussi un tour au *Locos*, tenu par le chanteur du groupe de rock/latin/reggae le plus en vogue de Marbella, Hyperbórea.

Les noctambules un peu plus âgés gravitent dans les parages de la Calle Camilo José Cela, où le *Frank's Corner Bar*, le *Rock Club*, l'*Atrium* et le *Havana Bar* figurent parmi les favoris.

Publication bimensuelle et gratuite, *Marbella Día y Noche* contient des informations intéressantes sur les concerts et les expositions. Vous pouvez également la consulter sur Internet (en espagnol), sur www.guiamarbella.com.

Achats

La vieille ville abonde en boutiques de vêtements, de bijoux, d'antiquités et d'artisanat, toutes plus alléchantes les unes que les autres. Un marché de rue très animé a lieu le lundi matin aux alentours du terrain de football de l'Estadio Municipal, à l'est de la vieille ville.

Comment s'y rendre

Bus. Des bus pour Fuengirola, Puerto Banús (130 ptas), San Pedro de Alcántara et Estepona partent environ toutes les 30 minutes de l'Avenida Ricardo Soriano. Des services sont également assurés depuis la gare routière (☎ 95 276 44 00), au nord de la ville : des bus fréquents desservent Benalmádena Costa, Torremolinos et Málaga (635 ptas), tandis que quelques-uns relient chaque jour Ronda (610 ptas), Sevilla (1 895 ptas), Granada (1 785 ptas), La Línea, Algeciras et Cádiz.

Comment circuler

Au départ de la gare routière, le bus n°7 (135 ptas) va jusqu'à l'arrêt de bus Fuengirola/Estepona dans l'Avenida Ricardo Soriano, non loin du centre-ville. Dans le sens inverse, prenez le n°2 dans l'Avenida Ramón y Cajal (au coin de la Calle Huerta Chica).

PUERTO BANÚS

La partie du littoral qui s'étend entre Marbella et Puerto Banús, 5 km à l'ouest, est souvent appelée *La Milla de Oro* (le mille d'or) en raison du nombre de propriétés super-luxueuses qu'elle abrite – dont le Marbella Club Hotel et Mar Mar, le domaine du roi Fahd d'Arabie saoudite. Puerto Banús, la marina la plus clinquante de la Costa del Sol, sert souvent de port d'escale aux palais flottants ancrés à Monte-Carlo le reste de l'année. Quelques voyageurs trouvent parfois du travail sur les yachts. Puerto Banús est un centre de vie nocturne animé, mais il faut y mettre le prix.

L'entrée principale de la marina est dotée d'un portail de sécurité interdisant l'accès aux voitures non autorisées. Près de la tour de contrôle à l'extrémité ouest du port – où sont amarrés les bateaux les plus luxueux – l'**Aquarium de Puerto Banús** (☎ 95 281 87 67), comparable au Sea Life de Benalmádena Costa (pour plus de détails, voir plus haut *Torremolinos et Benalmádena*), est ouvert de 11h à 18h tous les jours une grande partie de l'année (il arrive qu'il ferme du lundi au vendredi en hiver). L'entrée vaut 750 ptas (550 ptas pour les enfants). Petit extra, vous pouvez plonger dans les réservoirs de l'aquarium et nager avec les raies, les homards et les petits requins.

Où se restaurer et prendre un verre

La marina est entourée de boutiques tape-à-l'œil et de restaurants dont les prix baissent au fur et à mesure que l'on se dirige vers l'est. A l'est, *The Red Pepper*, propose de bonnes spécialités grecques, des fruits de mer et des viandes grillées, à partir de 1 900 ptas. Plus à l'est, le ***Don Leone*** est un bon restaurant italien où vous choisirez salades ou pâtes maison (de 1 000 à 2000 ptas). En continuant toujours vers l'est, la *Pizzeria Picasso* fait grand commerce de ses pizzas, généreuses en taille mais plutôt fades (entre 900 et 1 000 ptas).

En allant vers l'extrémité ouest, vous trouverez le ***Salduba Pub*** et le ***Sinatra Bar***, deux des établissements les plus courus.

Le soir, l'***Old Joy's Pub***, à l'est de la Pizzeria Picasso, et le ***Navy***, juste derrière, sont des lieux très fréquentés. Ils proposent tous deux de la musique live. Si vous entrez à ***La Comedia***, dans la Calle de Ribera, derrière The Red Pepper, vous avez choisi la discothèque la plus trépidante. ***El Boss/Moskito Disco***, en retrait de la N-340, accueille certains des meilleurs groupes locaux.

Comment s'y rendre

Plusieurs bateaux partent quotidiennement du Puerto Deportivo de Marbella (guettez les panneaux avertissant des départs) pour environ 700 ptas l'aller simple ou 1 100 ptas l'aller-retour. Pour ce qui concerne les bus, consultez la rubrique *Comment s'y rendre* de Marbella.

ESTEPONA
Code postal 29680 • 36 000 hab.

Estepona a su maîtriser son développement avec prudence et reste une ville balnéaire agréable. Le vieux centre-ville qui entoure la Plaza Las Flores, arborée et libérée de la circulation automobile, est très plaisant. Une flotte de pêche relativement importante se partage le port avec une vaste marina au-delà du phare, tout à fait à l'ouest de la ville.

L'office du tourisme (☎ 95 280 09 13), Avenida San Lorenzo 1, dans le centre-ville, vous accueille de 9h à 18h du lundi au vendredi et de 9h à 14h le samedi. La gare routière (☎ 95 280 02 49) se situe à 400 m à l'ouest, dans l'Avenida de España, en bordure de mer.

Selwo Costa del Sol (☎ 95 279 21 50), ouvert en 1999 à Las Lomas del Monte, à 2 km de la N-340 et 6 km à l'est d'Estepona, est un parc safari d'une superficie de 1 km^2 abritant 200 espèces d'animaux exotiques originaires de toutes les parties du globe.

cours de conversion de l'euro 1 000 ptas = 6,01 €

Vous pouvez en observer certains à pied, d'autres à bord de véhicules 4x4. L'un des points forts de cette sortie est la promenade dans le Cañon de las Aves, un canyon naturel de 300 m de long, peuplé d'oiseaux. Selwo ouvre ses portes de 10h à 18h30 tous les jours excepté les lundi d'hiver. L'entrée coûte 2 500 ptas (1 750 ptas pour les enfants). Pour y accéder depuis Estepona, la meilleure solution est le taxi. Un bus direct part tous les jours de Málaga et dessert Torremolinos, Fuengirola et Marbella (téléphonez à Selwo pour plus de renseignements).

Les hébergements dans le centre d'Estepona sont en nombre limité. L'*Hostal Pilar* (☎ 95 280 00 18, Plaza Las Flores 22), vieillot, loue des doubles avec s.d.b. commune/privée au prix de 4 700/5 300 ptas. A la *Pensión Malagueña* (☎ 95 280 00 11, Calle Castillo 1), à côté de la Plaza Las Flores, vous logez en doubles avec s.d.b. pour 6 000 ptas. La sympathique *Pensión San Antonio* (☎ 95 280 14 76, Calle Adolfo Suárez 9), une rue à l'est de la place, offre des simples/doubles basiques à 2 200/3 900 ptas. En bordure de mer, l'*Hotel Buenavista* (☎ 95 280 01 37, fax 95 280 55 93, Paseo Marítimo 180) possède des doubles avec s.d.b. à 6 500 ptas.

La Plaza Las Flores regroupe quelques bars et restaurants à tapas – vous en rencontrerez une ou deux douzaines sur deux rues. La vie nocturne a élu domicile sur la marina.

CASARES
Code postal 29690 • 3 200 hab.
• Altitude 435 m

Casares, posé au bord d'une falaise et surplombé par les vestiges d'un château musulman, à 18 km d'Estepona (10 km vers l'intérieur des terres), s'ouvre sur des panoramas magnifiques et mérite le déplacement. Au nord-ouest, la Sierra Crestellina recèle de belles possibilités de randonnée.

La *Pensión Plaza* (☎ 95 289 40 88, Plaza de España 6), sur la place principale, propose des chambres correctes avec s.d.b. pour environ 2 800 ptas la double.

Les bus quittent Estepona pour Casares à 11h, 13h30 et 19h tous les jours excepté le dimanche. Le dernier départ de Casares a lieu à 16h.

L'arrière-pays

La région montagneuse qui s'étend à l'intérieur de la province de Málaga est sans comparaison avec l'effervescence touristique de la côte. Vous y découvrirez des gorges spectaculaires et des coins de montagne isolés, propices à de magnifiques randonnées ; des villes et des villages d'origine musulmane aux rues sinueuses et pentues que dominent d'anciens châteaux et des traces d'humanité encore plus anciennes, sous la forme de peintures rupestres et de tombes mégalithiques.

EL CHORRO, ARDALES ET LES ENVIRONS

A 50 km au nord-ouest de Málaga, le Río Guadalhorce se faufile à travers l'impressionnante Garganta del Chorro (la gorge d'El Chorro, appelée aussi le Desfiladero de los Gaitanes), descend jusqu'à une profondeur de 400 m et atteint une largeur de 10 m seulement par endroits. Ses parois abruptes et ses faces rocheuses en font le site favori des amateurs d'escalade en Andalousie.

La gorge est traversée par la principale voie ferrée qui relie Málaga (en empruntant 12 tunnels et 6 ponts), mais aussi par un sentier, le Camino (ou Caminito) del Rey qui, sur de longues portions, laisse place à une passerelle en béton suspendue à flanc de paroi, jusqu'à 100 m au-dessus de la rivière. Le Camino del Rey étant dangereusement détérioré, tant que les travaux de réfection dont il est question depuis longtemps n'auront pas été effectués, il est formellement déconseillé de l'emprunter. Vous pouvez admirer en grande partie la gorge et le chemin en marchant le long de la voie ferrée.

Cette région escarpée du nord-est de la province est riche en sites intéressants sur le plan historique ou naturel. L'agréable petite ville d'Ardales en constitue le pôle principal.

El Chorro
Code postal 29552 • environ 100 hab.
• Altitude 200 m

Le minuscule village d'El Chorro est situé au-dessus d'un barrage sur le Guadalhorce, au sud de la gorge.

La Finca La Campana (voir plus loin *Où se loger et se restaurer*), tenue par des Suisses, propose des leçons d'escalade, organise des excursions spéléologiques, des randonnées et des sorties en VTT (loués 1 500 ptas la journée). Aventur El Chorro (☎ 649 24 94 44), près de la gare, loue des VTT pour 250 ptas l'heure ou 2 500 ptas la journée et propose toute une gamme d'activités sous la houlette d'un guide. Le Camping El Chorro (Voir *Où se loger et se restaurer*) loue également des vélos 300 ptas l'heure.

Camino del Rey. Alfonso XIII aurait emprunté ce "chemin du roi" en 1921, lorsqu'il inaugura les réservoirs aménagés en amont de la gorge, qui fournissent en eau la majeure partie de la province de Málaga. Le camino est officiellement fermé depuis 1992 ; en 2000, de grands trous béants s'étaient ouverts sur certains tronçons, le rendant impraticable sauf pour les grimpeurs.

Pour admirer la gorge et le camino, suivez la route qui longe le réservoir à l'est à partir du village d'El Chorro sur 900 m, jusque sous le viaduc du chemin de fer (où l'on peut garer son véhicule). Montez jusqu'à la voie ferrée et suivez-la vers le nord sur environ 2,25 km en traversant les tunnels n°10, 9, 8 et 7 – le n°9 est constitué de 3 sections distinctes). La largeur des tunnels est telle qu'il est facile de se ranger sur le côté si un train arrive. Le Camino del Rey grimpe le long de la falaise sur la gauche, entre les tunnels n°10 et 9 et, au bout d'un moment, rejoint la paroi ouest de la gorge. Après le tunnel n°7, une petite passerelle étroite traverse la gorge et relie la voie ferrée au camino mais, non loin, quelle que soit la direction, le camino est creusé de fossés infranchissables.

Où se loger et se restaurer

Parmi les eucalyptus, à 350 m du village en allant vers la gorge, le *Camping El Chorro* (☎ *95 211 26 96*) a une capacité d'accueil de 150 personnes. Le tarif est de 500 ptas par adulte, 275 à 475 ptas par tente et 125 ptas par voiture. A la gare d'El Chorro, la *Pensión Estación* (☎ *95 249 50 04*) dispose de 4 petites simples/doubles proprettes, au prix de 2 000/3 500 ptas. Le *Restaurante Estación*, également appelé *Bar Isabel*, est le point de ralliement réputé des grimpeurs ; ses platos combinados valent de 375 à 550 ptas.

Les *Apartamentos La Garganta* (☎ *95 249 51 19, fax 95 249 52 98, elchorro@ vnet.es*), ancien moulin situé au sud de la gare, propose de petits appartements pour 5 personnes maximum (de 6 000 à 10 000 ptas), avec piscine et restaurant. La direction est la même pour le *Refugio de Escalada La Garganta*, en contrebas de la gare, qui loue des lits 600 ptas (il faut apporter son sac de couchage) ; il est équipé d'une cuisine.

La *Finca La Campana* (☎/*fax 95 211 20 19*), à 2 km de la gare (suivre les panneaux), loue un lit 1 500 ptas, une double 3 000 ptas et un appartement pour 4 personnes maximum de 4 000 à 8 000 ptas. Vous disposerez d'une piscine et d'une cuisine ; si vous le souhaitez, l'hôtel peut vous préparer un petit déjeuner. Le site Internet de l'établissement se trouve sur www.el-chorro.com.

Bobastro

Au IXe siècle, la région escarpée d'El Chorro servit de refuge à une sorte de Robin des Bois andalou, Omar ibn Hafsun, qui défia l'autorité – et les armées – des émirs de Córdoba pendant près de quarante ans depuis la forteresse de Bobastro, bâtie au sommet d'une colline. Ibn Hafsun était issu d'une famille de propriétaires terriens *muwallads* (chrétiens convertis à l'islam). Il se réfugia dans le banditisme après avoir tué un voisin. Trouvant rapidement des partisans et un large soutien populaire – en partie parce qu'il défendait les paysans écrasés par les impôts et contraints aux travaux forcés –, il contrôla un temps un territoire qui s'étendait de Cartagena au détroit de Gibraltar.

Pour rejoindre Bobastro du village d'El Chorro, suivez la route qui remonte la vallée à l'ouest du barrage. Tournez au bout de 3 km à l'embranchement vers Bobastro signalé par un panneau. A 3 km de là, un

cours de conversion de l'euro 1 000 ptas = 6,01 €

écriteau "Iglesia Mozárabe" indique un sentier (d'environ 500 m) qui conduit aux vestiges d'une remarquable petite église mozarabe taillée dans le rocher. La légende, entretenue par certaines sources historiques, veut qu'Ibn Hafsun se soit converti au christianisme avant sa mort en 917 (devenant ainsi un mozarabe) et qu'il ait été enterré dans cette église. Les mozarabes jouèrent en tout cas un rôle important dans son ascension. Lorsque Bobastro fut conquis en 927, la dépouille d'Ibn Hafsun fut exhumée et crucifiée, comme châtiment posthume, devant la Mezquita de Córdoba.

En continuant 2,5 km plus haut sur la route, vous atteindrez le sommet de la colline où subsistent de vagues traces de l'*alcázar* (forteresse) d'Ibn Hafsun. Le panorama est splendide et si vous avez envie d'un rafraîchissement, le ***Bar La Mesa*** vous attend juste à côté.

Ardales
Code postal 29550 • 3 200 hab.
• Altitude 450 m

Si vous continuez vers l'ouest, après la bifurcation pour Bobastro sur la MA-444 en venant d'El Chorro, vous arriverez, au bout de 2,5 km, à un carrefour en T. La route de gauche mène au sud vers Ardales (6 km) ; celle de droite conduit au camping Parque Ardales (600 m), au Restaurante El Mirador (2 km) et à d'autres restaurants à proximité du pittoresque Embalse del Conde del Guadalhorce.

A voir et à faire. Le Museo de la Historia y las Tradiciones (☎ 95 245 80 46), à l'entrée d'Ardales en venant de l'A-357, fournit des renseignements touristiques. The **Museo Municipal Cueva de Ardales**, sur la Plaza Ayuntamiento qui jouxte la Plaza de San Isidro, dans le centre d'Ardales, se consacre à la Cueva de Ardales et présente des reproductions de peintures et de sculptures rupestres préhistoriques découvertes dans cette grotte (à 3,5 km au sud-est du bourg). Le musée est ouvert tous les jours sauf le lundi de 10h30 à 14h et de 17h à 19h (de 16h à 18h en hiver). L'entrée coûte 100 ptas.

Vers le haut du bourg, l'**Iglesia de la Nuestra Señora de los Remedios**, qui était à l'origine une mosquée, possède un beau plafond mudéjar *artesonado* (plafond en bois aux poutres entrecroisées). Si l'église est fermée, demandez la clé en face, Plaza de la Iglesia 1. Au-dessus de l'église se dresse **La Peña**, un rocher escarpé sur lequel vous découvrirez les vestiges d'un fort du Xe siècle, probablement construit par Omar ibn Hafsun. Pour les visites guidées de 2 heures (700 ptas) à la **Cueva de Ardales**, possibles entre mai et octobre, contactez l'hôtel de ville d'Ardales (☎ 95 245 80 87) une semaine ou deux à l'avance. La grotte renferme soixante peintures et sculptures paléolithiques d'animaux, réalisées il y a 18 000 à 14 000 ans av. J.-C. Vous verrez des traces d'occupation et de tombes ultérieures (vers 8 000-3 000 av. J.-C.)

En prenant le chemin qui quitte la route face à l'escalier menant au Restaurante El Mirador, vous arrivez au bout de 600 m au début d'un chemin de randonnée, qui part sur la droite et aboutit après 1,5 km à l'extrémité nord de la gorge d'**El Chorro**.

Il est possible de louer des VTT ou des canoës au terrain de camping du Parque Ardales (voir ci-dessous).

Où se loger. A 7 km au nord d'Ardales, sur les rives de l'Embalse del Conde del Guadalhorce, le ***Parque Ardales*** (☎ *95 211 24 01*) dispose d'un vaste terrain de camping ombragé. Il demande 1 275 ptas plus IVA pour deux personnes avec une voiture et une petite tente ; des appartements pour 4 personnes sont également disponibles pour 8 500 ptas plus IVA en saison.

L'ambiance est chaleureuse à la ***Pensión Bobastro*** (☎ *95 245 91 50, Plaza de San Isidro 13*), dans le centre d'Ardales, où les simples/doubles coûtent 2 000/4 000 ptas. Des prix similaires se pratiquent à la ***Pensión El Cruce*** (☎ *95 245 90 12*), près de l'A-357, à 500 m du centre.

Où se restaurer. La meilleure cuisine à Ardales – tapas et raciones – vous sera servie au *Bar El Casino*, Plaza de San Isidro. Goûtez aux délicieux *huevos con bechamel* (œufs durs à la béchamel) ou les *pimientos* *rellenos de ternera* (poivrons farcis à la viande de veau) – deux spécialités qui sont roulées dans la chapelure, puis frites.

Tout le long de la route après le Parque Ardales, plusieurs restaurants sont très fréquentés le week-end et durant les vacances. Le ***Restaurante El Mirador***, en surplomb du réservoir, sert des salades et des omelettes bon marché mais aussi des plats de viande un peu plus chers. Un kilomètre plus loin, de l'autre côté du barrage, le ***Mesón El Oasis*** propose un assortiment de viandes grillées (de 650 à 1 450 ptas). La palme d'or revient cependant à la *paletillas de cordero en miel* (épaule d'agneau au miel) pour laquelle il faut compter 2 500 ptas.

Comment s'y rendre. Les bus Los Amarillos relient Málaga et Ronda (dans les deux sens), *via* Ardales, 4 fois par jour ; en revanche, aucun ne dessert El Chorro.

De nombreux trains passent par la gare d'El Chorro mais peu s'y arrêtent. Au moment de la rédaction de ces pages, l'on accédait à El Chorro depuis Málaga (475 ptas, 45 minutes), Ronda (760 ptas, 80 minutes) ou Sevilla par un train direct (un par jour pour chaque destination, excepté les dimanche et fêtes pour celui en provenance de Málaga et de Ronda). Les horaires ne permettent un aller-retour dans la journée que depuis Ronda (excepté les vendredi, dimanche et fêtes). Vérifiez toutefois ces horaires qui sont susceptibles de changer.

En voiture, lorsque vous venez de Málaga, quittez l'A-357 près de Pizarra pour rejoindre El Chorro, en passant par Álora. En provenance d'Ardales, une route en partie non pavée suit sur 20 km, en direction du sud-ouest, la vallée reculée de Turón jusqu'à El Burgo (voir *Les environs de Ronda*, plus loin dans ce chapitre).

RONDA
Code postal 29400 • 34 500 hab.
• **Altitude 725 m**

A une heure de la Costa del Sol, Ronda est à mille lieues de l'agitation de la côte. Jolie ville historique, entourée de falaises spectaculaires, elle domine la gorge El Tajo (profonde de 100 m), au cœur des somptueuses montagnes de la Serranía de Ronda. Elle attire un grand nombre de visiteurs, qui ne quittent souvent la côte que pour venir y passer la journée.

Capitale d'un petit royaume berbère après l'effondrement du califat de Córdoba, Ronda passa sous la tutelle de Sevilla au milieu du XIe siècle. Après la chute de Sevilla en 1248, Ronda retrouva en grande partie son indépendance. Sa position quasi imprenable lui évita de tomber aux mains des chrétiens jusqu'en 1485. Elle fut alors conquise par Fernando El Católico, le gouverneur et son armée ayant quitté la ville pour aller protéger Málaga.

Orientation et renseignements
La vieille ville musulmane, dénommée La Ciudad, se dresse du côté sud de la gorge d'El Tajo ; la ville nouvelle, El Mercadillo, se trouve au nord. Trois ponts enjambent la gorge, le principal étant le Puente Nuevo qui relie la Plaza de España à la Calle de Armiñán. A l'ouest, les deux parties de la ville sont interrompues brusquement par les falaises plongeant dans la vallée du Río Guadalevín qui coule en contrebas. Les lieux intéressants se concentrent pour la plupart dans La Ciudad ; les hôtels, les restaurants et les gares routière et ferroviaire sont regroupés dans la ville nouvelle.

L'office du tourisme de la Junta de Andalucía (☎ 95 287 12 72), Plaza de España 1, vous reçoit de 9h à 19h du lundi au vendredi et de 10h à 14h le samedi. Un nouvel office du tourisme municipal doit par ailleurs ouvrir très prochainement Plaza Teniente Arce.

Banques et distributeurs se regroupent principalement Calle Virgen de la Paz (face aux arènes) et Plaza Carmen Abela. Le bureau de poste principal se situe Calle Virgen de la Paz 18-20. Dans la Calle Madrid, le magasin Comansur vend des cartes IGN de la région, au 1:50 000e. Le poste de la Policía Local (☎ 95 287 13 69) est installé dans l'hôtel de ville, Plaza Duquesa de Parcent.

Plaza de España et Puente Nuevo
Dans le chapitre X de son livre *Pour qui sonne le glas*, Ernest Hemingway raconte

cours de conversion de l'euro 1 000 ptas = 6,01 €

comment, au début de la guerre civile, les "fascistes" d'une petite ville furent rassemblés dans l'hôtel de ville. Frappés avec des fléaux et livrés à la vindicte populaire, ils durent passer entre deux rangées de villageois "sur la place au sommet de la falaise qui domine la rivière". Les victimes, mortes ou encore vivantes, furent précipitées du haut de la dite falaise. Cet épisode a été inspiré par des événements qui se déroulèrent à Ronda. Le Parador de Ronda, Plaza de España, était l'hôtel de ville avant de devenir un hôtel.

Le majestueux Puente Nuevo (pont neuf), qui traverse El Tajo depuis la Plaza de España, a été construit par l'architecte Martín de Aldehua à la fin du XVIIIe siècle.

Plaza de Toros et ses alentours

Les élégantes arènes de Ronda, Calle Virgen de la Paz, sont un des hauts lieux des aficionados. Ouvertes en 1785, elles figurent parmi les arènes les plus anciennes d'Espagne ; elles comportent l'un des espaces de combat les plus vastes et ont accueilli quelques-unes des plus grandes manifestations de l'histoire de la corrida (voir l'encadré *Les Romero, combattants de Ronda*). Des visites sont organisées tous les jours de 10h à 18h. Elles abritent également un petit **Museo Taurino** où sont exposés toutes sortes de souvenirs – des affiches de corridas, les habits de lumière portés par Pedro Romero et la vedette contemporaine Jesulín de Ubrique, ainsi que des photos de visiteurs célèbres, comme Ernest Hemingway et Orson Welles. L'entrée s'élève à 400 ptas.

Du **Paseo de Blas Infante**, derrière la Plaza de Toros, une vue vertigineuse s'ouvre sur le haut des falaises et sur le parc ombragé **Alameda del Tajo**, tout à côté.

La Ciudad

Bien que la plupart de ses édifices musulmans aient été profondément transformés au fil des siècles, La Ciudad conserve un aspect de médina typique.

Casa del Rey Moro et la Mina. Depuis le Puente Nuevo, suivez la rue principale de La Ciudad, la Calle de Armiñán, puis prenez la première rue à gauche, la Calle Santo Domingo, jusqu'à la Casa del Rey Moro (la maison du roi maure), au n° 17. Si la maison – construite au XVIIIe siècle, sur les vestiges, dit-on, d'un palais musulman – est fermée, vous pourrez visiter les jardins en terrasse qui s'étendent jusqu'à la gorge et descendre La Mina, un ancien escalier souterrain creusé dans le rocher par des esclaves, jusqu'à la rivière (600 ptas, de 10h à 19h tous les jours). Ces 200 marches permirent à Ronda de conserver des réserves d'eau lorsqu'elle fut attaquée et constituèrent une entrée/sortie cachée vers la vieille ville. C'est aussi par là que les soldats chrétiens forcèrent le passage pour pénétrer dans la Ronda, qu'ils investirent en 1485.

Museo Lara. Ouvert depuis peu, ce musée d'art et d'antiquités installé dans une vieille demeure, Calle de Armiñán 29, expose plus de 2 000 pièces diverses. Les portes s'ouvrent de 10h à 20h tous les jours et l'entrée coûte 400 ptas.

Palacio de Mondragón. Le palais de Mondragón, Plaza Mondragón, aurait été érigé en 1314 pour Abomelic, le gouverneur de Ronda. Il fut modifié peu de temps après la conquête des chrétiens ; Fernando et Isabel y demeurèrent à l'époque. Des trois cours intérieures situées au rez-de-chaussée, la seule à avoir conservé un authentique caractère musulman est le Patio Mudéjar, qui mène par une arche en forme de fer à cheval vers un petit jardin en haut de la falaise. Certaines pièces abritent un musée concernant la période préhistorique dans la région de Ronda. Le palais ouvre ses portes de 10h à 18h (jusqu'à 15h le week-end et pendant les vacances), moyennant une entrée de 250 ptas. Vous apprécierez certainement aussi la vue depuis la **Plaza María Auxiliadora**, toute proche.

Iglesia de Santa María La Mayor. A une minute de marche du Palacio de Mondragón, en direction du sud-est, se trouve la Plaza Duquesa de Parcent, où se tient cette belle église, à l'emplacement de l'ancienne mosquée de Ronda. Sa tour est d'origine

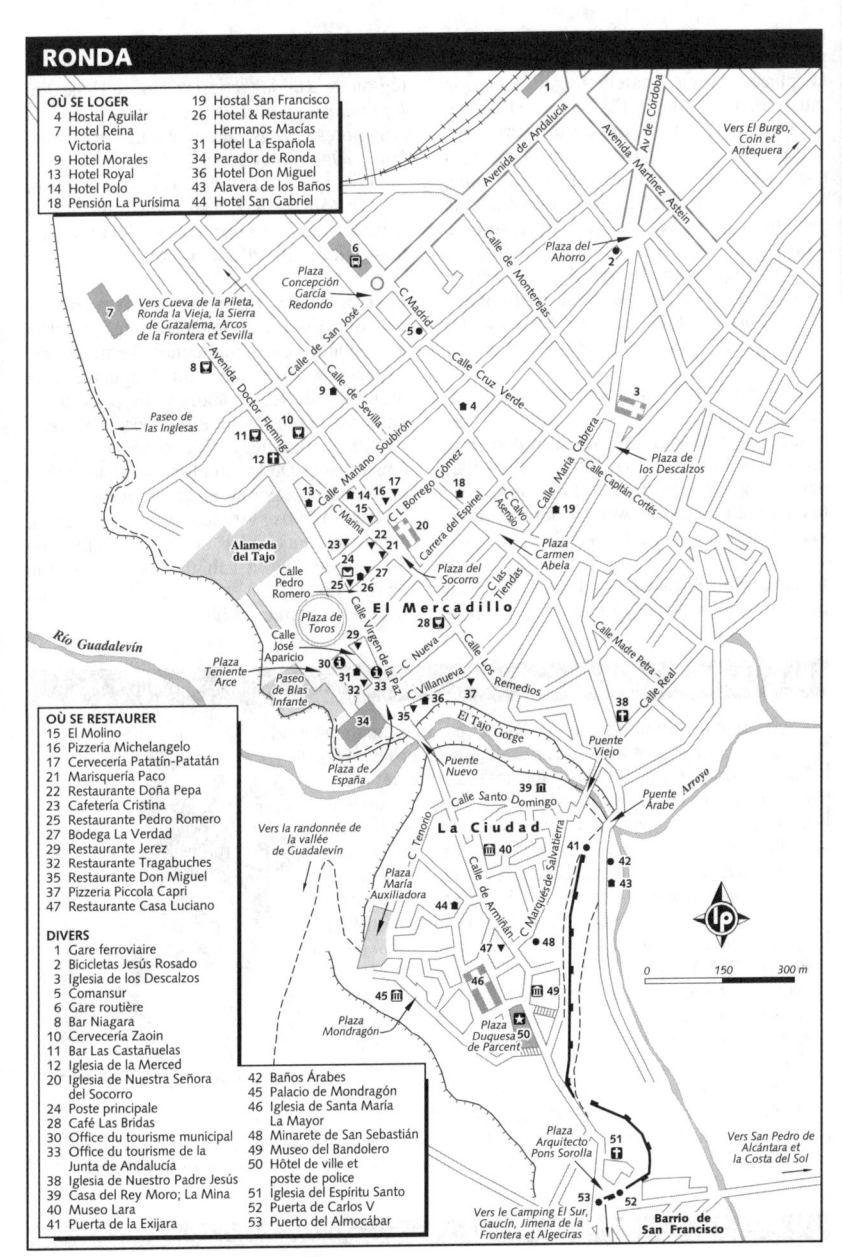

RONDA

OÙ SE LOGER
- 4 Hostal Aguilar
- 7 Hotel Reina Victoria
- 9 Hotel Morales
- 13 Hotel Royal
- 14 Hotel Polo
- 18 Pensión La Purísima
- 19 Hostal San Francisco
- 26 Hotel & Restaurante Hermanos Macías
- 31 Hotel La Española
- 34 Parador de Ronda
- 36 Hotel Don Miguel
- 43 Alavera de los Baños
- 44 Hotel San Gabriel

OÙ SE RESTAURER
- 15 El Molino
- 16 Pizzeria Michelangelo
- 17 Cervecería Patatín-Patatán
- 21 Marisquería Paco
- 22 Restaurante Doña Pepa
- 23 Cafetería Cristina
- 25 Restaurante Pedro Romero
- 27 Bodega La Verdad
- 29 Restaurante Jerez
- 32 Restaurante Tragabuches
- 35 Restaurante Don Miguel
- 37 Pizzeria Piccola Capri
- 47 Restaurante Casa Luciano

DIVERS
- 1 Gare ferroviaire
- 2 Bicicletas Jesús Rosado
- 3 Iglesia de los Descalzos
- 5 Comansur
- 6 Gare routière
- 8 Bar Niagara
- 10 Cervecería Zaoin
- 11 Bar Las Castañuelas
- 12 Iglesia de la Merced
- 20 Iglesia de Nuestra Señora del Socorro
- 24 Poste principale
- 28 Café Las Bridas
- 30 Office du tourisme municipal
- 33 Office du tourisme de la Junta de Andalucía
- 38 Iglesia de Nuestro Padre Jesús
- 39 Casa del Rey Moro; La Mina
- 40 Museo Lara
- 41 Puerta de la Exijara
- 42 Baños Árabes
- 45 Palacio de Mondragón
- 46 Iglesia de Santa María La Mayor
- 48 Minarete de San Sebastián
- 49 Museo del Bandolero
- 50 Hôtel de ville et poste de police
- 51 Iglesia del Espíritu Santo
- 52 Puerta de Carlos V
- 53 Puerto del Almocábar

cours de conversion de l'euro 1 000 ptas = 6,01 €

islamique et les galeries latérales, construites pour assister aux festivités se déroulant sur la place, datent également de l'époque musulmane. Juste à l'entrée de l'église, vous verrez un arc recouvert d'inscriptions arabes, qui faisait partie du *mihrab* de la mosquée (recoin orienté vers La Mecque, réservé à la prière). Les goûts ayant évolué au cours des siècles que nécessita sa construction, l'église épousa d'abord le style gothique, puis le style Renaissance et enfin le style baroque dans sa partie nord. Elle est ouverte tous les jours de 10h à 20h en été (jusqu'à 18h en hiver ; 200 ptas).

Barrio de San Francisco. Dans ce quartier du sud de La Ciudad, vous verrez l'imposante **Iglesia del Espíritu Santo** et une partie des fortifications de la vieille ville, percées de deux portes : la **Puerta de Carlos V** et la **Puerta del Almocabar**, respectivement des XVIe et XIIIe siècles.

Museo del Bandolero. Ce musée d'un genre insolite, Calle Armiñán 65, est consacré au banditisme, qui fit autrefois la renommée du Centre de l'Andalousie et de la région de Ronda (reportez-vous à l'encadré *Bandoleros, guerilleros et autres canailles des hautes sierras*). Il ouvre tous les jours de 10h à 20h (18h en hiver ; 350 ptas).

Tout près de la même rue, vers le nord, le petit **Minarete de San Sebastián** fut bâti dans le style de Granada, au XIVe siècle, pour faire partie d'une mosquée.

Fortifications, bains et autres ponts. A côté du Museo del Bandolero, des marches descendent vers d'anciennes fortifications, impressionnantes par leur longueur, à la limite est de La Ciudad. Vous pouvez les longer et traverser la **Puerta de la Exijara**, l'entrée du quartier juif de Ronda à l'époque musulmane. De là, un chemin mène en bas de la colline aux magnifiques, et quasiment intacts, **Baños Árabes** (bains maures), construits aux XIIIe et XIVe siècles. Ils ouvrent de 9h30 à 13h30 et de 16 à 18h le mardi, de 9h30 à 15h30 du mercredi au samedi. L'entrée est libre.

Les Romero, combattants de Ronda

Ronda peut à juste titre s'enorgueillir d'être le berceau de la corrida. Au cours des XVIIIe et XIXe siècles, trois générations de la famille Romero, originaire de Ronda, établirent l'essentiel des bases de la corrida à pied moderne (auparavant, les combats se déroulaient à cheval et constituaient une sorte de sport équestre et d'entraînement pour la noblesse). C'est Francisco Romero, né en 1698, qui inventa l'utilisation de la cape pour attirer le taureau, ainsi que la *muleta*, le pan de tissu qui la remplace au moment de la mise à mort. Son fils Juan introduisit l'équipe venant soutenir le matador, la *cuadrilla* ; quant à son petit-fils Pedro (1754-1839), il perfectionna le style élégant, sérieux et classique, célèbre encore aujourd'hui, de l'Escuela Rondena (École de Ronda), qui fait travailler le matador dans une grande proximité avec le taureau. A l'âge de 77 ans, il devint directeur de la première université de corrida du pays, à Sevilla. Pedro tua 5 500 taureaux dans sa carrière, sans se faire encorner une seule fois. Son talent était tel, dit-on, que les hors-la-loi n'hésitaient pas à descendre des collines environnantes pour le seul plaisir de le voir officier... au risque de se faire capturer.

MICHAEL WELDON

Le *picador*, l'un des participants du *cuadrilla* de Romero

Au nord des bains, le **Puente Árabe** surplombe le Río Guadalevín. Immédiatement en aval, au début de la gorge, se trouve le **Puente Viejo** (ou Puente Romano), reconstruit en 1616.

Du côté nord du Puente Viejo tout proche, vous pouvez repartir vers la Plaza de España *via* un petit parc longeant la gorge.

Randonnée dans la vallée de Guadalevín

Cette randonnée de 1 heure 30 à 2 heures permet d'admirer de beaux panoramas de Ronda depuis la vallée au pied de la gorge. Un sentier descend de la Plaza María Auxiliadora dans La Ciudad et passe à proximité de deux arcs musulmans, avant de rejoindre une route pavée venant du Barrio de San Francisco. Prenez cette route pavée. Au bout de 400 m environ, vous admirerez la vue sur le Puente Nuevo à votre droite. Descendez encore à peu près 300 m, passez un vieux moulin et bifurquez à gauche sur un sentier qui serpente jusqu'au Río Guadalevín avant de remonter vers une petite ferme. Il continue approximativement vers le nord-ouest dans la vallée, puis il suit la ligne de crête à 1,5 km de la rivière. A ce point, tournez à droite et suivez le sommet de la colline jusqu'à la limite nord de Ronda.

Manifestations annuelles

Les fameuses anciennes arènes de Ronda présentent relativement peu de combats de taureaux dans l'année. Toutefois, au début du mois de septembre, elles accueillent plusieurs corridas parmi les plus réputées et les plus originales : au cours des Corridas Goyescas, les plus grands matadors combattent en costume du XIXe siècle, tels qu'ils sont représentés dans les corridas de Ronda peintes par Goya. Les *goyescas* marquent l'apogée des festivités générales. Elles ont lieu fin août sous le nom de Feria de Pedro Romero, qui sont aussi l'occasion d'une importante manifestation de flamenco, le Festival de Cante Grande.

Où se loger – petits budgets

Un bon terrain de camping agréablement situé à 2 km au sud-ouest de Ronda sur l'A-369, la route d'Algeciras, le ***Camping El Sur*** (☎ *95 287 59 39*) applique le tarif de 1 860 ptas plus IVA pour deux adultes avec une voiture et une tente.

Les chambres bon marché à Ronda ne sont généralement pas d'un confort et d'une qualité extraordinaires. Loin devant les autres, la ***Pensión La Purísima*** (☎ *95 287 10 50, Calle de Sevilla 10*) loue ses 10 simples/doubles 2 000/4 000 ptas. La propriétaire parle français. L'***Hostal Aguilar*** (☎ *95 287 19 94, Calle Naranja 28*), pratique par rapport à la gare routière, dispose de chambres, plus petites mais correctes, au prix de 2 800 ptas la double (5 000 ptas avec s.d.b.). Les 16 chambres de l'***Hostal San Francisco*** (☎ *95 287 32 99, Calle María Cabrera 18*), dont certaines avec s.d.b., valent 2 000/4 000 ptas.

Si vous êtes prêt à dépenser un peu plus, vous serez considérablement mieux logé à l'***Hotel Royal*** (☎ *95 287 11 41, fax 95 287 81 32, Calle Virgen de la Paz 42*). Ses 29 chambres, simples et correctes, sont équipées de s.d.b. et TV et coûtent 3 500/5 700 ptas plus IVA. L'***Hotel Hermanos Macías*** (☎ *95 287 42 38, Calle Pedro Romero 3*) loue une chambre double 5 000 ptas. A l'***Hotel Morale****s (☎/fax 95 287 15 38, Calle de Sevilla 51*), l'une des 18 chambres plaisantes avec s.d.b. revient à 3 500/6 000 ptas. Les murs sont tapissés de cartes de la région ; un espace est réservé aux vélos et le personnel, accueillant, ne tarit pas d'informations sur la ville et les parcs naturels des alentours. Il vous aiguillera pour louer un vélo ou vous procurer les services d'un guide, par exemple.

Où se loger – catégorie moyenne

Le seul hôtel dans La Ciudad est l'exceptionnel ***Hotel San Gabriel*** (☎ *95 219 03 92, fax 95 219 01 17, sangabriel@ronda.net, Calle José M Holgado 19*). Appartenant à une charmante famille, cette ancienne demeure du XVIIIe siècle propose, depuis 1998, 16 chambres confortables et stylées, toutes différentes. Les simples/doubles coûtent 9 000/11 000 ptas plus IVA. Le San Gabriel abrite également un café

L'***Alavera de los Baños*** (☎/*fax 95 287 91 43, Hoyo San Miguel s/n*), propriété

cours de conversion de l'euro 1 000 ptas = 6,01 €

Bandoleros, guerilleros et autres canailles des hautes sierras

Les sierras escarpées d'Andalousie, qui foisonnent de ravins, de grottes et de vallées cachées, ont servi de refuge pendant des siècles à tous ceux qui bravaient les autorités. Déjà au IXe siècle, la région d'El Chorro fut le foyer d'un long et vaste mouvement d'opposition au gouvernement de Córdoba, mené par une sorte de Robin des Bois musulman, Omar ibn Hafsun (voir *Bobastro* dans la section *El Chorro, Ardales et ses environs*).

Au XIXe siècle, les *bandoleros* (bandits) qui s'attaquaient aux riches devinrent à leur tour des héros populaires. Le plus célèbre d'entre eux fut José Maria Hinojosa, surnommé El Tempranillo (le précoce), né vers 1800 à Jauja, près de Lucena, dans la province de Córdoba. Dans les années 1820, il proclama : "Le roi peut régner en Espagne mais, dans la sierra, c'est moi le roi." El Tempranillo exigeait, dit-on, une once d'or de chaque véhicule qui traversait son domaine.

Au XIXe siècle, les agissements des bandits et des contrebandiers qui acheminaient leurs marchandises depuis Gibraltar jusque dans les collines de Ronda, conduisirent le gouvernement à créer la Guardia Civil, la police rurale espagnole, en 1844. Beaucoup de bandoleros furent alors contraints d'entrer au service de propriétaires terriens de la région et de gros bonnets politiques ou de la Guardia Civil même. C'est ainsi qu'El Tempranillo fut assassiné par un ancien camarade resté du mauvais côté de la barrière.

Le dernier de la lignée des bandoleros fut Juan José Mingolla, alias Pasos Largos (ou grands pas, 1873-1934), un orphelin de la région d'El Burgo, à l'est de Ronda, qui se mit à braconner et tua un garde-chasse qui l'avait dénoncé à la police. Il trouva la mort dans une grotte lors d'une fusillade avec la Guardia Civil.

Après la guerre civile, les sierras andalouses servirent de refuge à un nouveau type de fugitifs : les *guerilleros* communistes, qui menèrent la dernière résistance contre Franco. La Sierra Bermeja, au nord d'Estepona, et les montagnes de La Axarquía, à l'est de Málaga, abritèrent plusieurs de leurs cachettes. Ce chapitre peu connu de l'histoire espagnole s'est refermé dans les années 50.

---

d'un sympathique couple hispano-allemand, est un autre petit hôtel aménagé dans une ancienne tannerie à côté des Baños Árabes. Le tarif des chambres, attrayantes, s'échelonnent de 7 000 ptas la simple à 9 000 ou 10 000 ptas la double, petit déjeuner compris. Le restaurant de l'hôtel affiche quelques plats végétariens et, tout comme la décoration, il comporte quelques touches culinaires marocaines originales. Le site de l'hôtel est www.andalucia.com/alavera.

L'*Hotel Polo* (☎ 95 287 24 47, fax 95 287 24 49, *Calle Mariano Soubirón 8*), autre bon établissement familial, offre 33 chambres spacieuses pour 6 300/9 500 ptas plus IVA. Il possède également un restaurant très animé.

Le moins cher avec vue sur les gorges, est l'*Hotel Don Miguel* (☎ 95 287 77 22, fax 95 287 83 77, *Calle Villanueva 8*), où les doubles valent 9 500 ptas plus IVA.

Où se loger – catégorie supérieure

Dans l'étroite petite rue piétonne entre la Plaza de España et les arènes, l'*Hotel La Española* (☎ 95 287 10 52, fax 95 287 80 01, *Calle José Aparicio 3*) demande 12 600 ptas plus IVA pour de confortables chambres doubles.

Doté de 90 chambres, l'*Hotel Reina Victoria* (☎/fax 95 287 12 40, *Avenida Doctor Fleming 25*) fut construit par une société britannique dans les années 1900, à l'époque où Ronda était une destination populaire, reliée par le rail à Gibraltar et à Algeciras. On trouve ici un confort vieillot et le vague souvenir de ce que fut l'empire britannique. Les chambres valent de 9 900/15 600 ptas à 12 200/18 500 ptas plus IVA. L'hôtel est entouré de beaux jardins au sommet de la falaise.

Très stylé, le *Parador de Ronda* (☎ 95 287 75 00, ronda@parador.es, *Plaza de España s/n*), juste au bord de la gorge, est doté d'une piscine pratiquement en haut de la colline. Ses lumineuses simples/doubles vous coûteront 14 800/18 500 ptas plus IVA.

Où se restaurer

La cuisine typique de Ronda se compose de solides plats montagnards avec une nette préférence pour les ragoûts (appelés *cocido*, *estofado* ou *cazuela*), des spécialités à base de truite (*trucha*), de gibier, comme le lièvre (*conejo*), de perdrix (*perdiz*), de caille (*codorniz*) ou de queue de taureau (*rabo de toro*).

Sur la Plaza del Socorro, à une rue au nord-est des arènes, *Marisquería Paco* sert de bonnes tapas de fruits de mer, de *jamón* (jambon fumé) ; *El Molino* est réputé pour ses pizzas et ses pâtes (de 550 à 775 ptas), ses platos combinados à partir de 650 ptas ou ses petits déjeuners variés, allant d'une bonne *tostada* avec *café con leche* (café avec lait chaud) à 350 ptas, au *desayuno americano* (petit déjeuner américain) à 1 000 ptas. La *Cafetería Cristina* (*Pasaje del Correos*), une arcade courant entre la Plaza del Socorro et la Calle Virgen de la Paz, prépare des platos combinados à partir de 675 ptas et de bonnes pâtisseries. Le *Restaurante Doña Pepa* (*Plaza del Socorro 10*), un peu vieillot tant en ce qui concerne la cuisine que la décoration, propose des menus à 1 800 ptas et 2 100 ptas et un grand choix à la carte, y compris pour les végétariens.

Le *Restaurante Hermanos Macías* (*Calle Pedro Romero 3*), dans une rue piétonne entre la Plaza del Socorro et Calle Virgen de la Paz, est un petit établissement convivial de catégorie moyenne qui sert une cuisine très correcte – plats de viande et de poisson de 800 à 1 600 ptas. Le bar à tapas la *Bodega La Verdad*, la porte à côté, est très fréquenté par les habitants du coin.

La *Cervecería Patatín-Patatán* (*Calle Lorenzo Borrego Gómez 7*), donnant de l'autre côté de la Plaza del Socorro, sert xérès et vin, de 125 ptas à 150 ptas le verre, ainsi que tout un choix de délicieuses tapas. N'hesitez pas à demander la *carta de tapas* (menu de tapas) : la plupart d'entre elles coûtent 100 ptas, mais il est difficile de résister à une *orejitas* – petite tranche de steak avec du jambon, du fromage fondu, de la tomate, du piment doux et un œuf de caille, le tout accompagné de la sauce de votre choix – pour 250 ptas. Ambiance affairée à la *Pizzeria Michelangelo* (*Calle Lorenzo Borrego Gómez 5*), sa voisine, qui sert des pizzas et des pâtes plus qu'abordables entre 425 et 650 ptas.

Les restaurants du quartier des arènes et de la Plaza de España s'adressent en majorité aux touristes ; certains sont malgré tout à recommander. Face aux arènes, le *Restaurante Pedro Romero* (☎ 95 287 11 10, *Calle Virgen de la Paz 18*) célèbre la corrida avec ses tables recouvertes de nappes rouge sang et son décor de têtes de taureaux et de photos de combats. La cuisine, typique de Ronda, propose des plats à la carte entre 1 400 et 2 700 ptas plus IVA et un *menú del día* (menu du jour à prix fixe) à 1 650 ptas, plus IVA (boisson non comprise). Au *Restaurante Jerez*, (*Plaza Teniente Arce 2*), à l'angle de la Calle José Aparicio, soupes et salades vous coûteront de 500 à 900 ptas, la queue de taureau, 1850 ptas et la perdrix, 2 275 ptas.

Ouvert depuis peu, le *Restaurante Tragabuches* (☎ 95 219 02 91, *Calle José Aparicio 1*) s'est rapidement bâti une solide réputation. En plat principal, vous pourriez prendre de la venaison et des patates douces ou bien des pieds de porc aux calmars et aux graines de tournesol. A deux, vous débourserez entre 3 000 et 5 000 ptas plus IVA. Tragabuches ouvre de 13h à 16h et de 17h30 à 23h, lundi excepté.

Au *Restaurante Don Miguel* (*Calle Villanueva 4*), non loin de la Plaza de España, certaines tables donnent sur El Tajo ; vous pourrez commander du gibier – ragoût de perdrix ou cuissot de cerf rôti, par exemple. Comptez de 1 600 à 2 200 ptas.

A la *Pizzeria Piccola Capri* (*Calle Villanueva 18*), vous pourrez déguster des tortillas, des pizzas ou des pâtes d'un bon rapport qualité/prix (de 500 à 700 ptas), à des tables avec vue sur la gorge.

Dans La Ciudad, le *Restaurante Casa Luciano* (*Calle de Armiñán 42*) sert des petits déjeuners et un menu comprenant trois plats plus une boisson, pour 1200 ptas.

Où sortir
Une vie nocturne relativement modeste se concentre au début de l'Avenida Doctor Fleming avec, entre autres, le *Bar Niagara*, le *Bar Las Castañuelas* et, fréquentée par une clientèle très jeune, la *Cervecería Zaoin*, dotée d'un billard. Au *Café Las Bridas* (*Calle Los Remedios 18*) jouent parfois des groupes rock ou de flamenco.

Comment s'y rendre
Bus. La gare routière se situe Plaza Concepción García Redondo 2. Les bus Comes (☎ 95 287 19 92) desservent Arcos de la Frontera, Jerez de la Frontera et Cádiz 5 fois par jour ; Gaucín, Jimena de la Frontera et Algeciras (1 010 ptas) à 16h du lundi au vendredi ; et Zahara de la Sierra. Les bus Los Amarillos (☎ 95 218 70 61) relient Sevilla (1 285 ptas, 2 heures 30) *via* Algodonales de 3 à 5 fois par jour ; Grazalema (200 ptas), Benaocaz et Ubrique 2 fois par jour et Málaga (1 075 ptas, 2 heures) *via* Ardales 4 fois par jour. Les bus Portillo (☎ 95 287 22 62) circulent depuis/vers Málaga (1 110 ptas) *via* San Pedro de Alcántara et Marbella 3 ou 4 fois par jour.

Train. La gare de Ronda (☎ 95 287 16 73), Avenida de Andalucía, jalonne la spectaculaire ligne de chemin de fer entre Bobadilla et Algeciras. Cinq trains par jour minimum desservent Algeciras (de 910 à 1 500 ptas, 1 heure 30 à 2 heures) *via* Gaucín et Jimena de la Frontera ; un seul par jour circule depuis/vers Granada (1 775 ptas, 2 heures 15) *via* Antequera et un par jour également, excepté le dimanche, depuis/vers Málaga (1 175 ptas, 2 heures) ; deux par jour depuis/vers Córdoba (de 2 100 à 2 300 ptas, 2 heures 30) et Madrid (de jour : 8 200 ptas, 4 heures 30 ; de nuit : 4 700 ptas, 9 heures). Pour Sevilla, et les autres trains depuis/vers Granada, Málaga, Córdoba et Madrid, changez à Bobadilla ou à Antequera.

Comment circuler
Un kilomètre à peine sépare la gare ferroviaire des différents hébergements de Ronda. Quelques bus irréguliers se rendent à la Plaza de España, depuis l'Avenida Martínez Astein, en face de la gare.

Bicyclette
Bicicletas Jesús Rosado (☎ 95 287 02 21), Plaza del Ahorro 1, loue des VTT bien équipés 1 500 ptas par jour ou 3 000 ptas pour 3 jours.

LES ENVIRONS DE RONDA
Ronda constitue un point de départ pour explorer cette région aussi somptueuse qu'accidentée, parsemée de villes et villages de montagne isolés. Des collines verdoyantes et brumeuses (dont font partie les parcs naturels de la Sierra de Grazalema et de Los Alcornocales à l'ouest et au sud-ouest - voir le chapitre *Provincia de Cádiz* pour plus de détails) forment l'extrémité ouest de la Cordillera Bética.

Ronda la Vieja
Ville romaine en ruine située en haut d'une colline, à environ 16 km au nord-ouest de Ronda, Ronda la Vieja (également appelée Acinipo) possède un théâtre partiellement reconstruit. Un plan du site, remis à l'entrée, vous permettra de repérer d'autres édifices. Vous pourrez visiter les lieux de 10h à 17h ou 18h tous les jours excepté le lundi ; l'entrée est libre. Il est préférable de posséder un moyen de transport, car la bifurcation à prendre au nord de l'A-376 se trouve à environ 6 km de Ronda.

Serranía de Ronda
Les montagnes et les vallées qui portent ce nom au sud et au sud-est de Ronda ne sont pas les plus spectaculaires d'Andalousie, mais elles sont certainement parmi les plus verdoyantes et les plus belles. Toutes les routes qui les traversent sont autant d'itinéraires pittoresques entre Ronda et le sud de la province de Cádiz, Gibraltar ou la Costa del Sol. Les villages immaculés de la région offrent de nombreuses possibilités d'hébergements. **Cortés de la Frontera**, donnant sur la vallé de Guadiaro, et **Gaucín**, qui fait face à la vallée de Genal et à la Sierra Crestellina, représentent les haltes les plus attirantes sur ce trajet.

Cueva de la Pileta et Benaoján

Impressionnante grotte à 19 km au sud-ouest de Ronda, la Cueva de la Pileta a conservé des peintures paléolithiques représentant des chevaux, des chèvres, des poissons et même un phoque, datant d'il y a 20 000 à 25 000 ans. De splendides stalactites et stalagmites complètent l'ensemble. Vous découvrirez la grotte à la lueur d'une lampe à kérosène tenue par l'un des très savants membres de la famille Bullón, venu de sa ferme en contrebas dans la vallée. C'est l'un de ses aïeuls qui découvrit ces peintures en 1905, en cherchant des déjections de chauve-souris, alors utilisées comme engrais.

La Cueva de la Pileta (☎ 95 216 73 43) se trouve à 4 km au sud du village de Benaoján, à environ 250 m de la route Benaoján-Cortes de la Frontera. Un panneau vous indique où tourner. Les visites guidées durent une heure et démarrent à 10h, 11h, 12h, 13h, 16h et 17h tous les jours, plus une à 18h du 16 avril au 31 octobre. Le tarif est de 800 ou 900 ptas par personne, selon le nombre de participants. Les guides parlent un peu l'anglais et l'allemand. Attention, le groupe ne dépassant jamais 25 personnes pour la visite, il vous faudra peut-être attendre une place. En saison, il est conseillé de réserver à un horaire précis.

Le *Molino del Santo* (*☎ 95 216 71 51, Barriada Estación s/n*), à Benaoján, est un séduisant hôtel-restaurant de 17 chambres aménagé dans un ancien moulin à eau. Il est tenu par des Anglais. La formule "nuit plus petit déjeuner" coûte de 12 325/14 650 ptas à 14 375/18 750 ptas la simple/double. Du 15 avril au 3 juin et en septembre, la demi-pension (avec petit déjeuner, thé et dîner), obligatoire, vous reviendra à 23 840 ptas minimum en double. Il est recommandé de réserver. Le Molino ferme de mi-novembre à mi-février. Rejoignez-le sur son site www.andalucia.com/molino.

Le village de Benaoján est le point le plus proche de la Cueva de la Pileta qui soit accessible par les transports publics. Il est desservi par deux bus Los Amarillos (du lundi au vendredi) et par quatre trains quotidiens (au mieux) depuis/vers Ronda. Des sentiers de randonnée relient Benaoján à Ronda et aux villages de la vallée de Guadiaro.

Parque Natural Sierra de las Nieves

Ce parc de 180 km^2, au sud-est de Ronda, la partie la plus haute de la Serranía de Ronda, est réputé pour ses massifs de sapins espagnols très rares et pour sa faune qui comprend quelque 1 000 ibex et diverses espèces d'aigles. La neige (*nieve*) qui donne son nom à ces montagnes tombe généralement de janvier à mars.

El Burgo, petit village reculé mais attrayant, à 10 km au nord de Yunquera, sur l'A-366, constitue un bon point de départ pour visiter l'est et le nord-est du parc. Un centre d'information est en construction sur l'A-366 à Yunquera, à l'est du parc. En attendant, adressez-vous à l'office du tourisme de Yunquera (☎ 95 248 25 01), Calle del Pozo 17, ou à l'hôtel de ville d'El Burgo (☎ 95 216 00 02).

Torrecilla. Si vous êtes motorisé, le point de départ évident pour Torrecilla (1 919 m), le pic le plus élevé de la moitié ouest de l'Andalousie, est l'Área Recreativa Los Quejigales, à 10 km à l'est par une route non pavée qui part de l'A-376, la route Ronda-San Pedro de Alcántara. Au tournant, 12 km après Ronda, un panneau indique "Parque Natural Sierra de las Nieves". Si vous êtes à pied, en partant de Los Quejigales, vous gravirez une pente bien raide sur 470 m, par le couloir de Cañada de los Cuernos, parsemé de sapins espagnols, jusqu'au col de Puerto de los Pilones. Vient ensuite une portion relativement plate, suivie du dénivelé final de 230 m jusqu'au sommet – où la récompense vous attend : une vue somptueuse, par temps dégagé bien entendu. La montée et la descente prennent environ 5 heures au total.

Une autre approche, légèrement plus longue, consiste à partir du Puerto del Saucillo (environ 1 200 m), 6 km à l'ouest de Yunquera par une route poussiéreuse. En chemin, vous pouvez admirer un autre pic, le Peñón de los Enamorados (1 777 m).

cours de conversion de l'euro 1 000 ptas = 6,01 €

Ces randonnées peuvent être effectuées à n'importe quelle période de l'année à condition d'être correctement équipé. Sachez néanmoins qu'en juillet et août, la chaleur exige une résistance plus grande, et qu'en hiver, il faut être prêt à supporter des températures glaciales. Évitez de partir par temps nuageux, brumeux, pluvieux ou par grand vent. Emportez de l'eau pour être assuré d'arriver sans encombre au Cerro del Pilar, avant la dernière ascension, où se trouve une source d'eau fraîche. La carte IGN/Junta de Andalucía *Parque Natural Sierra de las Nieves* (1:50 000) vous indique les chemins à suivre.

Où se loger et se restaurer. A 1,8 km de la A-376, sur la route de Los Quejigales, le **Camping Conejeras** (*☎ 619 18 00 12*), demande 350 ptas par personne, par tente et par voiture. Il est fermé en juillet, août et septembre.

Au Km 135 sur l'A-376, à un bon kilomètre au nord de la bifurcation pour Los Quejigales, la **Pension Restaurante Navasillo** (*☎ 95 211 42 35*) dispose de quelques chambres simples/doubles avec s.d.b. coûtant 2 000/4 500 ptas ; vous pourrez aussi y goûter une cuisine typique de cette région de montagne, raciones de lapin ou de sanglier, pour 800 ptas.

A Yunquera, le **Camping Pinsapo Azul** (*☎ 95 248 27 54*), ouvert d'avril à octobre, facture environ 450 ptas par personne, par tente et par voiture ; l'**Hostal Asencion** (*☎ 95 248 27 16, Calle Mesones 1*), qui fait aussi restaurant, vous héberge pour 2 500/5 000 ptas.

A El Burgo, la **Posada del Canoñigo** (*☎ 95 216 01 85, Calle Mesones 24*), un charmant petit hôtel installé dans une demeure restaurée, loue ses chambres avec s.d.b. 4 000/6 000 ptas et vous accueille également dans son restaurant, de bonne qualité et très abordable. Les sympathiques gérants peuvent vous renseigner sur les randonnées à faire dans la région ou organiser des promenades à cheval. L'**Hostal Sierra de las Nieves** (*☎ 95 216 01 17, Calle Real 26*) dispose de doubles avec s.d.b. pour 4 000 ptas. Quant au **Bar Isla de las Palomas**, juste à côté, il vous propose ses tapas pour 25 ptas seulement !

Comment s'y rendre. Les bus reliant Málaga et Ronda (environ 1 100 ptas) par Yunquera et El Burgo, sont affrétés par la compagnie Sierra de las Nieves (☎ 95 287 54 35). Ils circulent 2 ou 3 fois par jour dans chaque sens.

ANTEQUERA
Code postal 29200 • 40 000 hab.
• **Altitude 575 m**

Antequera, à 50 km au nord de Málaga, est une ville séduisante avec un vieux centre bien préservé et deux sites naturels exceptionnels à moins de 25 km. Elle se situe à l'extrémité d'une plaine fertile, que bordent des montagnes escarpées au sud et à l'est, et sa situation en a toujours fait un lieu d'échanges commerciaux.

Les habitants de la région, entre 2 500 et 1 800 av. J.-C., érigèrent certains des plus grands dolmens (tombeaux faits d'énormes rochers) d'Europe. Par la suite, Antequera devint une cité romaine d'une certaine importance. Durant la période musulmane, elle fut l'une des villes favorites des émirs de Granada, avant d'être la première à tomber, en 1410, sous le joug castillan. Son âge d'Or s'étendit sur les deux siècles suivants, qui virent la construction de douzaines d'églises et autres édifices.

Orientation et renseignements

Du haut de la colline, l'Alcazaba, la forteresse musulmane, domine la ville. En descendant vers le nord-ouest, on arrive à la Plaza de San Sebastián, d'où part la rue principale, la Calle Infante Don Fernando, vers le nord-ouest également. Les gares routière et ferroviaire se situent au nord du centre : la première dans la Calle Sagrado Corazón de Jesús, à environ 1 km de la Plaza de San Sebastián ; la deuxième, environ 1,5 km plus loin, au bout de l'Avenida de la Estación.

L'office du tourisme (☎ 95 270 25 05), Plaza de San Sebastián 7, ouvre de 10h à 14h et de 17h à 20h (9h30 à 13h30 et 16h à 19h du 1er octobre au 15 juin) du lundi au samedi et de 10h à 14h les dimanche et jours fériés.

A voir

L'accès principal à l'Alcazaba, au sommet de la colline, se fait par une impressionnante porte, l'**Arco de los Gigantes**, construite en 1585 avec des pierres gravées d'inscriptions romaines. De l'**Alcazaba** lui-même, il ne reste pas grand-chose, mais la vue est magnifique et l'on peut visiter gratuitement la Torre del Homenaje (tour de guet) de 10h à 14h tous les jours, excepté le lundi. Juste en dessous de l'Alcazaba, sur la Plaza Santa María, la **Colegiata de Santa María la Mayor**, date du XVIe siècle. Cette vaste collégiale joua un rôle important au sein du mouvement humaniste andalou au XVIe siècle : elle s'enorgueillit d'une somptueuse façade Renaissance, de belles colonnes en pierre cannelée à l'intérieur et d'un plafond mudéjar *artesonado*. Elle n'est plus en activité aujourd'hui (Antequera possède 32 autres églises) mais accueille les visiteurs aux mêmes heures que la Torre del Homenaje et l'entrée est également gratuite. À côté de l'église, vous apercevrez le site mis au jour des bains romains.

En bas dans la ville, la fierté du **Museo Municipal**, Plaza Coso Viejo, est une splendide statue romaine en bronze de 1,40 m, l'*Efebo* – peut-être la plus belle sculpture romaine trouvée en Espagne. Découverte dans une ferme des alentours dans les années 50, l'Efebo représente le "garçon de compagnie" d'un patricien romain. Le musée expose également des pièces issues de fouilles opérées dans une villa romaine d'Antequera (non encore ouverte au public) où fut découvert, en 1998, un superbe ensemble de mosaïques. Les visites guidées du musée (200 ptas) ont lieu toutes les 30 minutes environ, de 10h à 13h30 et de 16h à 18h du mardi au vendredi, de 10h à 13h30 le samedi et de 11h à 13h30 le dimanche.

Le **Museo Conventual de las Descalzas**, installé dans le couvent des Carmelitas Descalzas (Carmélites aux pieds nus), datant du XVIIe siècle, Plaza de las Descalzas, à 150 m à l'est du Museo Municipal, expose les pièces maîtresses du riche héritage d'Antequera en matière d'art religieux. Parmi ces pièces exceptionnelles figurent un portrait de sainte Thérèse d'Ávila (qui fonda au XVIe siècle l'ordre des Carmelitas Descalzas), par Lucas Giordano, un buste de la *Dolorosa* réalisé par Pedro de Mena et la *Virgen de Belén*, sculpture de La Roldana. Le musée est ouvert pour les visites guidées (300 ptas), qui ont lieu toutes les 30 minutes, de 10h à 12h30 et de 16h30 à 18h30 du mardi au vendredi, de 10h à 12h30 le samedi et de 11h à 12h30 le dimanche.

Ceux que l'architecture et l'art religieux laissent indifférents seront malgré tout impressionnés par l'**Iglesia del Carmen**, sur la Plaza du même nom, à environ 400 m au sud-est. Le retable churrigueresque du XVIIIe siècle, véritable merveille, représente un sommet dans la sculpture andalouse. Réalisé en pin rouge (non peint) par l'*antequerano* Antonio Primo, il est orné de statues d'anges, œuvre de Diego Márquez y Vega ; de saints, d'évêques et de papes, par José de Medina. L'église est ouverte de 11h30 à 14h le lundi, de 10h à 14h du mardi au vendredi, de 10h à 14h et de 16h à 19h le samedi et de 10h à 14h le dimanche. L'entrée vaut 200 ptas.

Le **Dólmen de Menga** (vers 2 500 av. J.-C.) et le **Dólmen de Viera** (vers 2 000 av. J.-C) sont situés à 1 km du centre-ville, à proximité de la route rejoignant la N-331 vers le nord-est. Les habitants de l'époque préhistorique transportèrent des douzaines d'énormes roches depuis les collines proches pour bâtir ces tombeaux destinés à leurs chefs, recouverts ensuite de monticules de terre. Menga, le plus grand – 25 m de long et 4 m de haut, se compose de 32 dalles, dont la plus grande pèse 180 tonnes. En plein été, le soleil, qui se lève derrière le point de repère que constitue la montagne Peña de los Enamorados au nord-est, illumine directement l'entrée de ce dolmen. Menga et Viera sont ouverts de 9h à 15h30 le dimanche et le mardi, de 9h à 18h du mercredi au samedi. L'entrée est libre. Une troisième grande tombe, le **Dólmen del Romeral** (vers 1 800 av. J.-C.), se trouve un peu en dehors de la ville. Continuez sur 2,5 km après Menga et Viera en traversant une zone industrielle, puis tournez à gauche en suivant les panneaux Córdoba et Sevilla. Au bout de 500 m, tournez à gauche à un rond-point et suivez l'indica-

cours de conversion de l'euro 1 000 ptas = 6,01 €

tion "Dólmen El Romeral" sur 200 m. A sa récente ouverture, les horaires étaient les suivants : de 9h à 13h30 du mercredi au dimanche. L'entrée est gratuite.

Manifestations annuelles
Plutôt sobre et paisible, Antequera se débride néanmoins à l'occasion de sa Real Feria de Agosto, à la mi-août.

Où se loger
Le chaleureux *Camas El Gallo* (☎ 95 284 21 04, *Calle Nueva 2*), qui donne dans la Plaza de San Sebastián, possède de petites simples/doubles nettes, au prix de 1 400/ 2 400 ptas. Autre hébergement sympathique, la *Pensión Madrona* (☎ 95 284 00 14, *Calle Calzada 25*), à 400 m au nord-est de la Plaza de San Sebastián, près du marché, propose des chambres confortables avec s.d.b. à 2 750/3 850 ptas (plus deux petites simples avec s.d.b. commune pour 1 750 ptas).

Tout en coins et recoins, l'*Hotel Colón* (☎ 95 284 00 10, *Calle Infante Don Fernando 31*) dispose de bonnes chambres avec s.d.b. et TV pour 2 600/4 000 ptas plus IVA (plus chères en août, à Pâques et à Noël). Vous trouverez difficilement plus central que l'*Hostal Manzanito* (☎ 95 284 10 23, *Plaza de San Sebastián 5*), dont le tarif est compris entre 2 500/4 000 ptas et 3 000/5 000 ptas plus IVA, pour des chambres avec s.d.b.

L'*Hotel Castilla* (☎/*fax 95 284 30 90, Calle Infante Don Fernando 40*) loue ses chambres neuves, tout confort, avec TV et s.d.b. 4 500/6 500 ptas. Le *Parador de Antequera* (☎ 95 284 02 61, *antequera@ parador.es, Paseo García del Olmo s/n*), dans un quartier calme au nord de l'arène, dispose de jolis jardins et de chambres à 10 800/13 500 ptas plus IVA.

Où se restaurer
A Antequera, pratiquement tous les menus incluent des spécialités locales, comme la *porra antequerana*, une soupe froide qui ressemble au gazpacho sans adjonction d'eau ; le *bienmesabe* (littéralement "que je trouve bon"), sorte de gâteau de Savoie ; et l'*angelorum*, autre dessert composé de meringue, de biscuit et de jaune d'œuf. Antequera est aussi l'une des capitales mondiales du *mollete* (petit pain), servi au petit déjeuner.

Le restaurant de l'*Hotel Castilla* (*Calle Infante Don Fernando 40*) est à recommander pour son jambon de bonne qualité, ses œufs accompagnés de frites ou son poulet/porc avec légumes et frites également, de 550 à 650 ptas ; des tortillas avec un peu de salade reviennent de 300 à 500 ptas. La *Pensión Madrona* (*Calle Calzada 25*) abrite elle aussi un bon restaurant à des prix très raisonnables. Au *Café-Bar Chicón*, (*Calle Infante Don Fernando 1*), voisin de l'Hostal Manzanito, il en va de même : la cuisine est de bonne qualité et peu chère avec, par exemple, des platos combinados entre 600 et 800 ptas.

Si vous recherchez un endroit plus élégant, le *Restaurante La Espuela* (*Calle San Agustín 1*), non loin de la Calle Infante Don Fernando, propose des plats traditionnels de sanglier, de la venaison et de la queue de taureau à des prix compris entre 1 000 et 2 400 ptas, mais aussi pizzas et pâtes, de 700 à 900 ptas, plus IVA à chaque fois. Il existe aussi un menu del día à 1 000 ptas plus IVA et un menu típico composé de spécialités d'Antequera pour 2 100 ptas plus IVA (fermé le lundi). Établi de longue date, l'original *Restaurante La Espuela Plaza*, ouvert tous les jours dans les arènes à l'extrémité nord-ouest de la Calle Infante Don Fernando, prépare une cuisine similaire hormis les pizzas et les pâtes.

Le *Restaurante El Angelote*, installé dans une vieille demeure du XVIIIe siècle sur la jolie Plaza Coso Viejo, sert un menu à trois plats pour 1 200 ptas plus IVA, ainsi que des plats de viande et de poisson de 950 à 2 100 ptas plus IVA.

Où sortir
Parmi les bars les plus animés d'Antequera, citons *Le Bistrot* (*Calle San Agustín*), non loin de la Calle Infante Don Fernando, *La Guagua* et *La Calle* (*Calle Diego Ponce*), près de la Pensión Madrona.

Comment s'y rendre
Plusieurs bus circulent chaque jour depuis/

vers Málaga et de 3 à 5 depuis/vers Estepa, Osuna, Sevilla (Prado de San Sebastián), Granada et Córdoba. La plupart appartiennent à la compagnie Alsina Graells (☎ 95 284 13 65).

Deux à quatre trains partent tous les jours depuis/vers Granada, Sevilla, Ronda, Algeciras et Almería. Pour Málaga ou Córdoba, changez à Bobadilla.

Vous pouvez contacter la gare d'Antequera au ☎ 95 284 32 26.

LES ENVIRONS D'ANTEQUERA
El Torcal

Des millions d'années d'intempéries ont sculpté cette montagne (1 336 m) au sud d'Antequera, dressant des rochers étranges et magnifiques. Ces 12 km^2 de colonnades de calcaire noueuses et dentelées – qui formaient les fonds marins il y a 150 millions d'années – constituent la zone protégée du Paraje Natural Torcal de Antequera. Ces rochers sont entaillés de profonds ravins et jalonnés de falaises. Le centre d'information d'El Torcal (☎ 95 203 13 89) est ouvert tous les jours de 10h à 14h et de 16h à 18h (15h à 17h en hiver).

Les visiteurs occasionnels ne sont autorisés à prendre qu'un seul chemin de randonnée balisé sur 1,4 km, la "Ruta Verde", qui commence et se termine à proximité du centre d'information. Pour une découverte plus approfondie d'El Torcal, vous devez être accompagné d'un guide du centre des visiteurs : selon nos dernières informations, les randonnées de 2 heures (600 ptas) partaient à 10h30 (plus 12h30 et 15h30 si la demande est suffisante) le dimanche. Pour d'autres horaires, appelez le centre d'information à l'avance.

Comment s'y rendre. Il vous faut un véhicule. Des bus circulent depuis/vers Antequera, mais l'aller et le retour se font des jours différents. En voiture, descendez la Calle Picadero vers le sud presque jusqu'à l'extrémité ouest de la Calle Infante Don Fernando, puis suivez la C-3310 en direction de Villanueva de la Concepción. A 12 km de la ville, une bifurcation sur la droite monte vers le centre d'information, situé à 4 km.

Laguna de Fuente de Piedra

Quand il n'est pas à sec, il s'agit du plus grand lac naturel d'Andalousie. Situé juste au sud de l'A-92, à environ 20 km au nord-ouest d'Antequera, c'est aussi l'un des deux sites de reproduction en Europe du flamant rose (l'autre étant la Camargue). Après un hiver humide, jusqu'à 16 000 couples de flamants roses se reproduisent sur ce site. Les oiseaux arrivent en janvier ou février, les petits naissent en avril et en mai et ils restent ici ensemble jusque vers le mois d'août. A cette époque, le lac, rarement profond de plus d'un mètre, ne contient pas assez d'eau pour les abreuver tous. D'autant plus que les flamants roses partagent le lac avec quelque 170 autres espèces d'oiseaux.

Le Centro de Información Fuente de Piedra (☎ 95 211 10 50), près du lac et à la limite du village de Fuente de Piedra, ouvre de 10h à 14h et de 18h à 20h (16h à 18h à partir du dernier dimanche d'octobre et jusqu'au dernier samedi de mars), du mercredi au dimanche. L'on vous conseillera sur les meilleurs endroits où vous poster pour observer les oiseaux. Un véhicule et des jumelles vous seront d'un grand avantage, car vous découvrirez peut-être que les flamants se regroupent tout au bout du lac, à 6 ou 7 km, et ont tendance à s'envoler si vous vous approchez trop.

Le *Camping La Laguna* (☎ 95 273 52 94), à la limite du village de Fuente de Piedra, avec vue sur le lac, est bon marché. L'*Hostal La Laguna* (☎ 95 273 52 92), juste à la sortie de l'A-92 pour Fuente de Piedra, propose des doubles pour 5 000 ptas ; vous pourrez également goûter une cuisine de qualité au restaurant sur place.

Comment s'y rendre. Des bus circulent entre la gare routière d'Antequera et le village de Fuente de Piedra 9 fois par jour du lundi au vendredi, 4 fois le samedi et 3 fois le dimanche et les jours fériés.

La gare ferroviaire de Fuente de Piedra, à 500 m du lac, se trouve sur la ligne Málaga-Córdoba ; deux trains desservent le village chaque jour dans les deux sens. Les horaires ne permettent pas de faire l'aller-retour dans la journée depuis Málaga ou Antequera.

cours de conversion de l'euro 1 000 ptas = 6,01 €

L'est de Málaga

La côte à l'est de Málaga, parfois surnommée la Costa del Sol Oriental, est moins développée que celle qui s'étend vers l'ouest. Plusieurs stations balnéaires de taille moyenne sont disséminées le long des plages de sable gris : Rincón de la Victoria, Torre del Mar, Torrox Costa et Nerja. Les deux premières sont surtout fréquentées par les Espagnols, Torrox attirant plutôt des Allemands et Nerja, des Anglais. Le long de cette côte, la qualité de l'eau de mer laisse encore beaucoup à désirer – seul Torrox jouit d'un système de traitement des eaux usées avant leur rejet dans la mer (généralement par des évacuations situées à environ 1,5 km du rivage).

Toutes les villes possèdent des hostales, des hôtels et des appartements de vacances – Nerja arrive en tête – et il existe également plusieurs terrains de camping.

En allant vers l'intérieur des terres, la belle région appelée La Axarquía s'élance vers les reliefs escarpés qui longent la province de Granada. En 1999, cette zone de montagne qui s'étire sur 406 km^2 a été déclarée Parque Natural Sierras de Tejeda, Almijara et Alhama. C'est le 23e parc naturel d'Andalousie.

Une série d'anciennes tours plus ou moins délabrées, construites pour la plupart après la Reconquista (Reconquête) afin de guetter les assaillants musulmans venant d'Afrique du Nord, ajoute une note romantique au paysage.

RINCÓN DE LA VICTORIA
Code postal 29730 • 16 000 hab.
Las Cuevas del Tesoro (les grottes du trésor – les émirs musulmans qui les utilisaient comme refuge y auraient caché de l'or) de Rincón valent une visite. Ces grottes souterraines renferment des stalagmites, des stalactites, des piscines souterraines et quelques peintures rupestres du paléolithique (celles-ci ne sont pas accessibles aux visiteurs). Elles sont ouvertes du lundi au vendredi de 10h à 14h, puis de 15h à 18h ; le week-end et les jours fériés, de 10h à 18h. L'entrée s'élève à 500 ptas.

TORRE DEL MAR
Code postal 29740 • 6 600 hab.
Malgré l'affreuse rangée d'immeubles face à la mer, Torre del Mar est un endroit agréable et mieux préservé que les villes côtières plus à l'est. L'agréable promenade le long de la plage se prolonge sur environ 2 km jusqu'à la Playa La Caleta, où se trouve une marina. Les vacanciers espagnols affluent à Torre en juillet et en août. L'office du tourisme (☎ 95 254 11 04), Avenida Andalucía 119, est situé dans la rue principale qui traverse la ville, à quelques pâtés de maisons à l'ouest du boulevard central, le Paseo de Larios.

La Cueva (*Paseo de Larios*) sert d'excellentes tapas et raciones de fruits de mer. Au bout du Paseo de Larios, sur le front de mer, plusieurs **bars** et **discothèques** sont rassemblés dans ce qu'on appelle El Copo. Cet endroit reste animé toute la nuit les vendredi et samedi soirs et attire des foules de gens venus de très loin.

NERJA
Code postal 29780 • 14 000 hab.
Nerja, à 56 km à l'est de Málaga, avec la Sierra de Almijara en arrière-plan, est plus ancienne, éclatante de blancheur et charmante que les villes précédentes, bien qu'envahie par le tourisme depuis les années 60.

Le point de vue Balcón de Europa, dans le centre, s'ouvre sur de magnifiques paysages côtiers. Tout proche, l'office du tourisme (☎ 95 252 15 31), Puerta del Mar 4, dispose de brochures sur les randonnées dans la région. La plus belle plage est la Playa Burriana, du côté est de la ville. Nerja Book Centre, Calle Granada 30, propose des livres d'occasion dans plusieurs langues. La feria annuelle de Nerja (vers le 10 octobre) est l'une des dernières de l'année.

Où se loger
L'agréable *Nerja Camping* (☎ 95 252 97 14), environ 4 km à l'est de la ville sur la N-340, demande 2 200 ptas pour deux personnes avec une tente et une voiture.

En août, tâchez d'arriver tôt dans la journée pour être sûr de trouver une chambre. Parmi la vingtaine d'hostales et de pensiones que compte la ville, l'**Hostal Mena** (☎ *95 252 05 41, Calle El Barrio 15*), un peu à l'ouest de l'office du tourisme, constitue un choix judicieux. Les simples/doubles avec s.d.b. coûtent 2 250/4 450 ptas (davantage en août, moins d'octobre à juin). Les prix sont comparables à l'**Hostal Atenbeni** (☎ *95 252 13 41, Calle Diputación Provincial 12*), à une rue au nord de la Calle El Barrio. Il en est de même à l'**Hostal Alhambra** (☎ *95 252 21 74*), au coin de la Calle Chaparil, une rue à l'ouest de la Calle El Barrio ou à l'**Hostal Nerjasol** (☎ *95 252 22 21, Calle Arropieros 4*), quatre rues au nord de l'office du tourisme.

L'**Hotel Cala Bella** (☎ *95 252 07 00, Puerta del Mar 10*) et l'**Hotel Portofino** (☎ *95 252 01 50, Puerta del Mar 2*), près de l'office du tourisme, possèdent quelques chambres avec une jolie vue sur la plage. En haute saison, il comptez 6 500 ptas pour une double au Cala Bella et 9 000 ptas au Portofino, les deux plus IVA. Tenu par des Anglais, l'**Hotel Carabeo** (☎ *95 252 54 44, hcarabeo@arrakis.es, Calle Carabeo 34*), petit hôtel élégant avec jardins et piscine donnant sur la mer, ne dispose que de 6 chambres et suites de 11 000 à 20 500 ptas plus IVA, petit déjeuner compris.

Parmi les autres établissements de catégorie supérieure, citons l'**Hotel Balcón de Europa** (☎ *95 252 08 00, fax 95 252 44 90*), à proximité du Balcón et jouissant de sa propre petite plage (doubles à 17 100 ptas plus IVA en saison), et le **Parador de Nerja** (☎ *95 252 00 50, nerja@parador.es, Calle Almuñécar 8*), au-dessus de la Playa Burriana (19 000 ptas plus IVA).

Nerja dispose de nombreux appartements à louer – renseignez-vous auprès de l'office du tourisme.

Où se restaurer

Des dizaines d'endroits émaillent la ville mais l'une des meilleures cuisines se déguste au **Merendero Ayo**, vers l'est de la Playa Burriana, où une assiette de paella, cuite devant vous dans d'immenses poêles, vaut 675 ptas. Les salades sont à prix modérés, les plats de viande ou de poisson revenant plus cher.

En ville, **Haveli** (*Calle Christo 44*), au nord de Puerta del Mar, est un bon restaurant indien peu onéreux, doté d'une terrasse sur le toit, qui vous offre à choisir entre plus de 85 plats (ouvert le soir uniquement). L'**Ostería di Mamma Rosa** (*Edificio Corona, Calle Chaparil*), à 10 minutes à pied à l'ouest de Puerta del Mar, est un autre établissement à prix raisonnables (fermé le dimanche). Plus cher, le **Carabeo 34** (*Calle Carabeo 34*), à l'est de Puerta del Mar, avec une vue surprenante sur la Méditerranée, sert d'excellents repas et tapas (fermé le lundi). L'élégante **Casa Luque** (*Plaza Cavana 2*), derrière l'Iglesia del Salvador (l'église près du Balcón), prépare des spécialités espagnoles et basques à prix élevés.

Comment s'y rendre

Alsina Graells (☎ *95 252 15 04*), sur la N-340, presque au sommet de la Calle Pintada qui part près de l'office du tourisme, fait circuler environ 14 bus tous les jours depuis/vers Málaga (500 ptas), 8 depuis/vers Almuñécar, plusieurs depuis/vers Almería et 2 depuis/vers Granada.

LES ENVIRONS DE NERJA

La grande attraction touristique de la région est la **Cueva de Nerja**, à 3 km à l'est de la ville, tout près de la N-340. Cette gigantesque grotte, qui ressemble à une vaste cathédrale souterraine, reste impressionnante malgré les flots de visiteurs qui ne cessent d'y déambuler. Creusée par l'eau il y a environ 5 millions d'années, elle fut habitée par des chasseurs à l'âge de pierre, vers 15 000 av. J.-C. Malheureusement, l'accès aux peintures rupestres qu'elle renferme est interdit aux visiteurs. Vous admirerez néanmoins nombre de stalagmites, stalactites et autres formations rocheuses étonnantes. Chaque mois de juillet, des vedettes internationales du monde de la danse et de la musique présentent ici des spectacles dans le cadre du Festival Cueva de Nerja. La grotte est ouverte tous les jours de 10h à 14h et de 16h à 18h30 (750 ptas, 400 ptas pour les moins de 12 ans). Environ 14 bus la desservent chaque jour depuis Málaga et Nerja ; d'autres partent même de Marbella.

cours de conversion de l'euro 1 000 ptas = 6,01 €

En continuant vers l'est, la côte, plus escarpée, est ponctuée de paysages somptueux. Si vous disposez d'un véhicule, vous pourrez découvrir quelques superbes **plages** en empruntant les pistes partant de la N-340 à une dizaine de kilomètres de Nerja. La **Playa del Cañuelo**, juste avant la frontière avec la province de Granada, est l'une des plus belles et dispose de deux restaurants, ouverts uniquement pendant l'été.

A 7 km au nord de Nerja, et relié par plusieurs bus quotidiens, apparaît le ravissant village de **Frigiliana**. El Fuerte, la colline qui surplombe le village, fut le théâtre de la défaite finale sanglante des Maures de La Axarquía (voir plus loin *La Axarquía*). Certains Maures auraient préféré se jeter dans le vide du sommet de la colline plutôt que d'être capturés ou tués par les Espagnols. On raconte que des ossements et des armes rouillées de cette époque gisent encore au milieu des broussailles d'El Fuerte.

LA AXARQUÍA

Région longtemps oubliée, La Axarquía a attiré des habitants d'Europe du Nord, il y a une dizaine d'années. Depuis, le tourisme rural a pris un essor considérable. Les paysages de collines et de montagnes, les jolis villages blancs intacts, le vin fort et sucré fabriqué à partir des grappes séchées au soleil et de belles randonnées (les meilleures périodes sont avril et mai, puis de la mi-septembre à la fin octobre) constituent les principaux atouts de cette contrée.

La Axarquía se creuse en profondes vallées bordées de terrasses et de canaux d'irrigation qui remontent à l'époque musulmane. Pratiquement tous les villages éparpillés sur les pentes des collines plantées d'oliviers, d'amandiers et de vignes sont d'origine musulmane et se composent de rues étroites et enchevêtrées. La Axarquía se joignit à la révolte des Maures en 1569 (voir *Las Alpujarras* dans le chapitre *Provincia de Granada*), sa population ayant été remplacée par la suite par des chrétiens venus du nord.

Pour tout renseignement sur La Axarquía adressez-vous aux offices du tourisme de Málaga, Nerja or Torre del Mar. Les randonneurs demanderont le dépliant sur les sentiers du Parque Natural Sierras de Tejeda, Almijara y Alhama. Rural Andalus (☎ 95 227 62 29) – consultez la rubrique *Hébergement* du chapitre *Renseignements pratiques*) et Axartur (☎ 95 254 20 58) disposent de nombreuses **maisons** et **appartements équipés** à louer dans la région. Comptez environ 2 000 ptas par personne et par nuit.

Pour les randonneurs, les meilleures cartes sont celle de l'IGN au 1:50 000, *Zafarraya* et *Vélez-Málaga*. Si vous parlez l'anglais, le guide *25 Walks in and around Cómpeta & Canillas de Albaida*, par Albert et Dini Kraaijenzank, pourra vous être utile. Vous devriez trouver ces références chez Marco Polo à Cómpeta (voir *Cómpeta* plus bas). La Papelería Ariza, Avenida Constitución 57, à Cómpeta, dispose peut-être des guides de randonnée suivants (en espagnol) : *Sendas y Caminos por los Campos de la Axarquía* (Interguías Clave) et *Andar por La Axarquía* (El Búho Viajero).

La Axarquía occidentale

La "capitale" de La Axarquía, **Vélez Málaga**, à 4 km au nord de Torre del Mar, est une ville active mais sans grand intérêt, sauf le château musulman restauré en haut de la colline. De Vélez, l'A-335 passe au nord par l'Embalse de la Viñuela et monte à travers le **Boquete de Zafarraya**, une faille impressionnante au cœur de la montagne, jusqu'à Alhama de Granada. Chaque jour, un bus emprunte cette route entre Málaga, Torre del Mar et Granada (dans les deux sens).

Vers l'ouest, **Comares** ressemble à un amoncellement de neige au sommet d'une colline en forme de cône. La ville, l'un des fiefs d'Omar ibn Hafsun (voir plus haut *El Chorro, Ardales et ses environs*), se révolta autrefois contre les souverains musulmans et chrétiens. L'un des paysages les plus grandioses de La Axarquía s'étend autour des plus hauts villages, **Alfarnate** (925 m) et **Alfarnatejo** (858 m), au sud desquels se dressent des rochers escarpés, tels le Tajo de Gomer et le Tajo de Doña Ana.

Où se loger et se restaurer. Le *Camping Presa de la Viñuela* (☎ 95 203 01 27), sur la rive ouest de l'Embalse de la Viñuela, demande 1 775 ptas, plus IVA, pour 2 personnes avec une voiture et une tente. A Comares, le *Camping El Mirador de la Axarquía* (☎ 95 250 92 09) est moins cher, à 1 100 ptas, plus IVA.

Le moderne *Hotel Atalaya* (☎ 95 250 92 08, *Calle Encinilla s/n*), à Comares, dispose de simples/doubles avec s.d.b. à 3 000/ 6 000 ptas et d'un restaurant. L'*Hotel de La Viñuela* (☎ 95 251 91 93), qui jouit d'un superbe emplacement sur la rive est de l'Embalse de la Viñuela, est doté de chambres assez confortables à 7 110/ 9 845 ptas. Près de Periana, à quelques kilomètres en direction du nord, à la *Villa Turística de la Axarquía* (☎/fax 95 253 62 22, *Carril del Cortijo Blanco s/n*), les appartements et les petites villas reviennent à 6 420/10 035 ptas, petit déjeuner inclus ; vous profiterez en outre d'une piscine. Des promenades à cheval peuvent d'autre part être organisées. Les deux établissements sont dotés d'un restaurant. Leurs prix augmentent nettement en août.

La *Venta de Alfarnate* (☎ 95 275 93 88), sur la route de Loja, juste à la sortie d'Alfarnate, est probablement la plus vieille auberge d'Andalousie – elle date de 1690. Elle contient toutes sortes de souvenirs de ses anciens hôtes, y compris de certains des bandits qui hantaient ces collines et qui, de temps à autre, investissaient l'auberge. Elle est ouverte de 11h à 19h (jusqu'à minuit le vendredi et le samedi), tous les jours sauf le lundi. Sur le plan culinaire, l'endroit est réputé pour ses *huevos a la bestia*, assortiment montagnard d'œufs frits et de charcuterie (1 450 ptas). Les autres plats, de viande pour la plupart, vous reviendront de 600 à 2 400 ptas.

Cómpeta
Code postal 29754 • 2 700 hab.
• Altitude 625 m

Les plus hautes montagnes de la région s'élèvent à l'est du Boquete de Zafarraya. Le typique et joli village de montagne de Cómpeta, dont le charme attire un nombre croissant d'Espagnols et d'Européens du Nord, constitue une excellente base pour séjourner dans La Axarquía. Il produit l'un des meilleurs vins locaux et regroupe un assez grand nombre d'établissements pour se loger et se restaurer. La populaire Noche del Vino (Nuit du vin) a lieu le 15 août et présente un programme de musique et de danse flamenco et sevillana sur la Plaza Almijara centrale ; le vin coule alors à flots, gratuitement et à volonté. Marco Polo, Calle José Antonio 3, tout près de la Plaza Almijara, vend des livres en plusieurs langues, de même que des cartes.

Où se loger. Édifice en pierre très séduisant, entouré d'un jardin orné d'étranges sculptures, l'*Hostal Alberdini* (☎ 95 251 62 41) trône au sommet d'une colline à La Lomilla, à 1 km au sud-est de Cómpeta (tournez à droite au niveau du bar Venta de Palma, sur la route de Torrox) et bénéficie d'une vue spectaculaire. Les simples/doubles avec s.d.b. coûtent 3 000/5 000 ptas (tarif dégressif si vous y passez plus d'une nuit) ; vous profiterez également sur place d'un restaurant à prix modérés.

De nombreuses chambres avec s.d.b. sont disponibles un peu partout : la formule "petit déjeuner compris" revient à 3 600/ 6 000 ptas à *Las Tres Abejas* (☎ 95 255 33 75, *bart333@teleline.es, Calle Panaderos 43*), à environ 150 m en remontant depuis la Plaza Almijara, et à 3 500/6 000 ptas à la *Casa Azahara* (☎/fax 95 251 61 53, *Calle Carretería 9*), magnifiquement rénovée, qui donne juste sur la place.

L'*Hotel Balcón de Cómpeta* (☎ 95 255 35 35, *Calle San Antonio 75*) dispose de chambres avec clim. et balcon au prix de 6 350/8 700 ptas plus IVA, ainsi que d'un restaurant, d'un bar, d'un court de tennis et d'une belle piscine.

Où se restaurer. Pour dépenser raisonnablement et dans une ambiance chaleureuse, rendez-vous au *Bar Marcos*, à l'entrée du village, face à l'arrêt de bus. Au *Café Bar Perico* (*Plaza Almijara*) vous attend une cuisine standard très correcte, comprenant omelettes et des *revueltos* (plats à base d'œufs brouillés) de 400 à 750 ptas, des plats complets de viande et de poisson de 675 à 1 950 ptas. Non loin, *El Pilón* (*Calle*

cours de conversion de l'euro 1 000 ptas = 6,01 €

Laberinto) sert une très bonne cuisine espagnole et internationale : salade aux avocats et aux crevettes (750 ptas), *solomillo a la pimienta verde* (porc à la sauce au poivre vert, 1300 ptas) et des plats de poisson (aux alentours de 1 400 ptas). Le ***Museo del Vino*** (*Avenida Constitución 6*) propose des raciones de jambon, fromage et saucisses et du vin tiré au tonneau – sans oublier de l'artisanat régional. La porte à côté, le ***Restaurante Asador Museo del Vino*** est spécialisé dans d'excellentes viandes grillées, comme les côtes de porc/agneau à 650/1 275 ptas. Le ***Cortijo Paco*** (*Avenida Canillas 6*), au-dessus de l'hôtel, est un autre excellent restaurant, pourvu d'une jolie terrasse. Il concocte des plats typiques pour 1 200 ptas.

Comment s'y rendre. Trois bus par jour (deux le samedi, le dimanche et les jours fériés) partent de Málaga à destination de Cómpeta et de Canillas de Albaida, *via* Torre del Mar.

Les environs de Cómpeta

Árchez, à quelques kilomètres de Cómpeta, dans la vallée, s'enorgueillit d'un minaret de style almohade magnifiquement décoré, juste à côté de l'église. Une route panoramique serpente vers l'ouest à travers les villages de Salares, Sedella et Canillas de Aceituno avant de rejoindre l'A-335 au nord de Vélez Málaga. Une autre route au sud-ouest mène à **Arenas**, où un sentier pentu (mais carrossable) conduit jusqu'aux ruines musulmanes du **Castillo de Bentomiz**, juché au sommet d'une colline d'où apparaissent de très beaux panoramas. Ouvrez l'œil car, en Espagne, c'est dans la région d'Arenas que les caméléons sont les plus nombreux. Début octobre, Arenas organise la Feria de la Mula en l'honneur de la mule, bête de somme en voie (rapide) de disparition.

Randonnées. Pour vous informer sur les cartes et les guides de randonnée, reportez-vous à *La Axarquía*, plus haut.

La randonnée la plus exaltante de la région est probablement celle qui conduit au sommet du vertigineux **El Lucero** (1 779 m). Par temps clair, vous découvrirez des vues stupéfiantes jusqu'à Granada d'un côté et les montagnes du Maroc de l'autre. Cette ascension ardue de 1 150 m au départ de Cómpeta demande une journée entière. Commencez par monter sur la gauche le sentier qui passe au-dessus du terrain de foot de Cómpeta. Après 1 heure 45 de marche depuis Cómpeta, vous passerez en contrebas et à l'ouest d'une cabane d'observation anti-incendie, juchée sur la colline de La Mina. Tournez à droite par une brèche dans la roche 400 m après le virage vers la cabane. Ce chemin mène en 1 heure à Puerto Blanquillo (1 200 m), d'où un sentier gravit les 200 m restants jusqu'à Puerto de Cómpeta. Un kilomètre plus bas, après avoir dépassé une carrière, le chemin menant au sommet (1 heure 30) part sur la droite et traverse le lit d'un torrent signalé par un petit monticule de pierres et une marque de peinture verte et blanche sur la rive opposée. En haut d'El Lucero, vous apercevrez les ruines d'un poste de la Guardia Civil construit pour repérer les rebelles anti-Franquistes après la guerre civile. Il est possible de monter en voiture jusqu'au col de Puerto Blanquillo en 40 minutes environ ; empruntez la piste de montagne parfois difficile qui part de Canillas de Albaida, un village à 2 km au nord-ouest de Cómpeta.

Il est possible d'escalader la **Maroma** (2 069 m), le plus haut sommet des environs, en partant de Canillas de Albaida, de Salares, de Sedella, de Canillas de Aceituno ou de l'aire de pique-nique d'El Alcázar, à 5 km en voiture d'Alcaucín. Dans chaque cas, il faut compter entre 8 et 10 heures de marche pour atteindre 1 200 ou 1 400 m et redescendre.

Deux autres excursions agréables, et moins fatigantes, conduisent à la **Fábrica de Luz de Canillas de Albaita** et à la **Fábrica de Luz de Cómpeta**, toutes deux à 6 ou 7 km de Cómpeta. Ces bâtiments sont de minuscules installations hydroélectriques en ruine, implantées au bord d'une rivière au creux de vallées profondes et verdoyantes. De la Fábrica de Luz de Cómpeta, vous pourrez marcher jusqu'au hameau abandonné d'**Acebuchal**.

Provincia de Córdoba

La ville de Córdoba, dans la vallée fertile du Río Guadalquivir qui traverse la moitié de la province, témoigne d'un passé fascinant. Capitale d'Al-Andalus (partie de l'Espagne médiévale sous autorité musulmane) du temps de son apogée, son ancienne mosquée (*mezquita*) est l'un des joyaux de l'architecture islamique de par le monde. La province de Córdoba possède une campagne très souvent séduisante où la beauté des villages anciens et reculés s'allie à celle du relief vallonné.

CÓRDOBA
Code postal 14080 • 310 000 hab.
• altitude 110 m

Plantée sur une boucle du Guadalquivir et environnée de toutes parts par la campagne, Córdoba est de loin la ville la plus importante de cette province rurale. Il y règne une atmosphère à la fois provinciale et raffinée. Le dédale de ses vieux quartiers, merveilleusement préservés, autour de la Mezquita, est ce qui fascine le plus la plupart des visiteurs, mais le cœur de la ville moderne se trouve plus au nord. Pour avoir une idée de ce qu'être *cordobés* veut dire, essayez d'explorer les deux parties de la ville.

Engourdie la plus grande partie de l'année, Córdoba s'éveille à la vie de mi-avril à mi-juin, époque à laquelle le ciel est immensément bleu et la chaleur, supportable. Les nombreux arbres de la ville sont parés de frondaison et ses merveilleux patios regorgent de fleurs et de verdure. C'est dans cette atmosphère que se tiennent les fiestas les plus importantes de Córdoba. Les mois de septembre et octobre sont aussi agréables sur le plan du climat.

Histoire

La colonie romaine de Corduba, fondée en 152 av. J.-C., devint la capitale de la province de Baetica, qui couvrait la plus grande partie de l'Andalousie actuelle. Grand centre culturel, cette province vit naître deux célèbres écrivains latins : Sénèque et Lucain.

A ne pas manquer

- Laissez-vous envoûter par la Mezquita, l'un des édifices islamiques les plus fabuleux
- Enivrez-vous au printemps dans les patios de Córdoba, les jardins de l'Alcázar et la campagne environnante, débordants de fleurs et de verdure
- Flânez dans le dédale des quartiers juif et musulman du vieux Córdoba
- Visitez Medina Azahara, le site archéologique le plus impressionnant d'Andalousie
- Explorez le sud-est montagneux avec ses villages perchés dans des sites grandioses et les trésors architecturaux de Priego de Córdoba

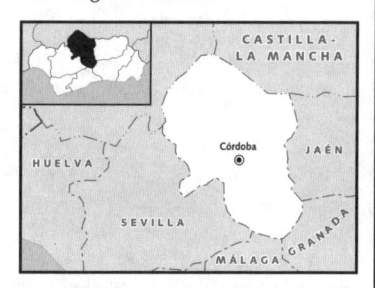

Córdoba tomba aux mains des envahisseurs musulmans en 711 et devint rapidement la capitale islamique de la Péninsule ibérique. C'est là que s'installa en 756 Abd al-Rahman 1er en tant qu'émir indépendant d'Al-Andalus, fondant ainsi la dynastie des Omeyyades. Córdoba – comme Al-Andalus en général – connut son heure de gloire sous Abd al-Rahman III (912-61), qui se proclama calife en 929. Cette consécration marquait la longue indépendance d'Al-Andalus vis-à-vis des califes abbassides de Bagdad. Córdoba était à cette époque la plus grande ville de toute l'Europe occidentale,

PROVINCIA DE CORDÓBA

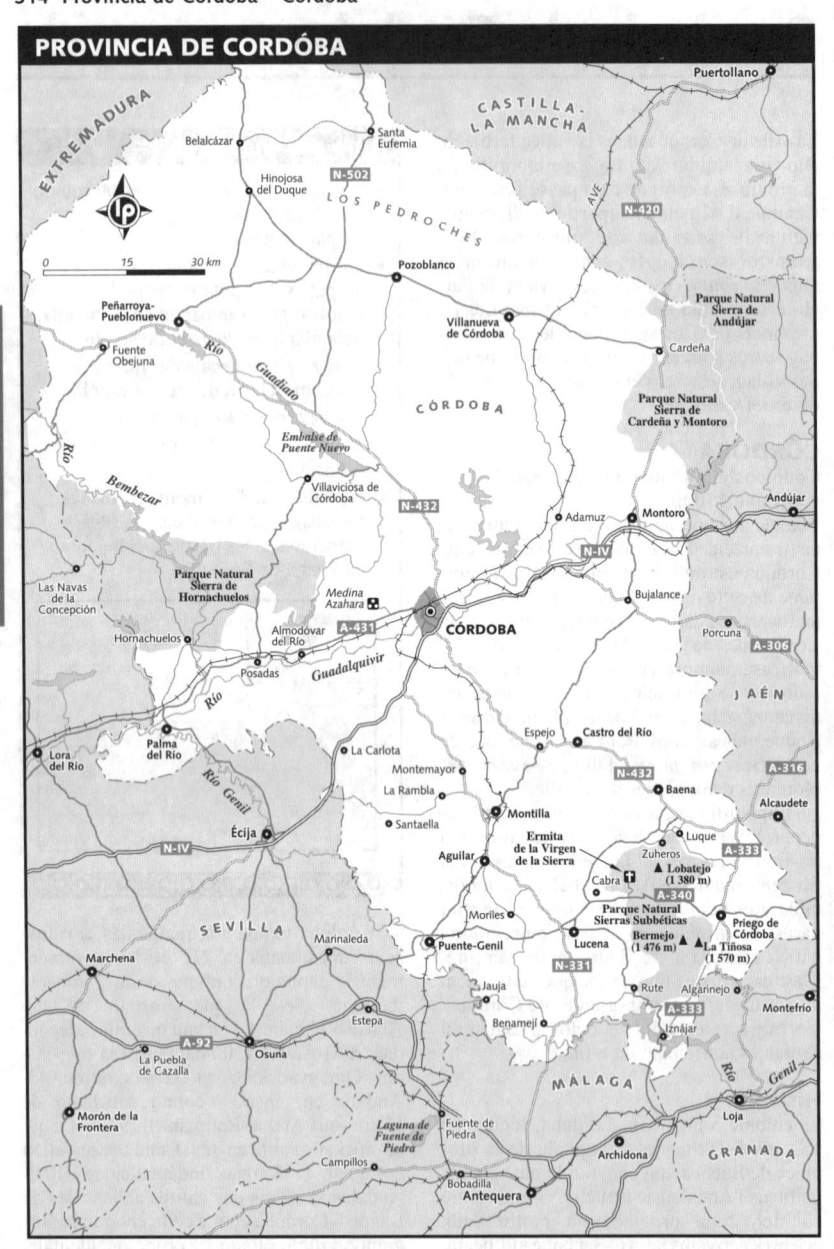

avec une population, estime-t-on, de 100 000 à 500 000 habitants. Son économie florissante reposait sur l'agriculture, grâce aux terres bien irriguées de l'arrière-pays, et sur les productions de ses artisans, notamment réputés pour leur habileté dans le travail du cuir, du métal, des textiles et des carreaux émaillés. De merveilleux patios et jardins, d'étincelantes mosquées, des fontaines, des aqueducs et des bains publics constellaient la ville. La cour d'Abd al-Rahman III attirait des érudits juifs, arabes et chrétiens. L'université de la ville, sa fameuse bibliothèque, ses observatoires et bien d'autres institutions propices à la recherche et aux échanges faisaient de Córdoba un centre intellectuel. Son rayonnement atteignit toute l'Europe chrétienne et son influence se fit sentir encore bien des siècles plus tard. Le savant le plus remarquable de cette époque fut peut-être Abulcasis (936-1013), auteur d'une encyclopédie médicale en trente volumes, souvent considéré comme le père de la chirurgie.

Un os provenant du bras de Mahommet, conservé dans la Mezquita, devint une arme psychologique contre les chrétiens qui, en réaction, vouèrent un culte à Santiago (saint Jacques). Córdoba s'imposa comme lieu de pèlerinage pour les musulmans qui ne pouvaient se rendre à La Mecque ou à Jérusalem.

Vers la fin du Xe siècle, Al-Mansour (Almanzor), sanglant général dont les raids vers le Nord semaient la terreur dans l'Espagne chrétienne, s'empara du pouvoir alors aux mains des califes. Lorsqu'il détruisit la cathédrale de Santiago de Compostela, haut lieu du culte de saint Jacques, il en fit transporter les cloches à Córdoba par des esclaves chrétiens et les fit suspendre à l'envers dans la Mezquita, en guise de gigantesques lampes à huile. Après la mort de son fils, Abd-al-Malik, en 1008, le califat sombra dans l'anarchie. Les prétendants rivaux au titre de calife, les troupes berbères et les armées chrétiennes de Castilla et de Cataluñya s'affrontèrent pour s'emparer de ses dépouilles. La ville fut pillée et terrorisée par les Berbères. Le califat omeyyade s'effondra en 1031.

Al-Andalus éclata alors en une multitude de petits royaumes (*taifas*). Córdoba se retrouva dans le royaume de Sevilla en 1069 et, depuis lors, a vécu dans l'ombre de cette ville. Néanmoins, les traditions intellectuelles de Córdoba se perpétuèrent. Au XIe siècle, les poètes philosophes Ibn Hazm (qui écrivait en arabe) et Judah Ha-Levi (qui écrivait en hébreu) passèrent tous deux une partie importante de leur vie à Córdoba. Au XIIe siècle, la ville donna naissance à deux des plus célèbres savants d'Al-Andalus, le musulman Averroès (1126-1198 ; voir la rubrique *Littérature* dans le chapitre *Présentation de l'Andalousie*) et le juif Maimonide (1135-1204), auteur du *Guide des égarés*. De ces deux hommes aux multiples talents, l'on retient surtout les efforts, en tant que philosophes, pour réconcilier la foi religieuse et le rationalisme aristotélicien. Tandis qu'Averroès occupa de hautes fonctions à Córdoba auprès des Almohades, Maimonide fuit leur intolérance religieuse et passa la plus grande partie de sa vie en Égypte.

Quand Córdoba fut conquise par Fernando III de Castilla, en 1236, la plupart de ses habitants s'enfuirent. Fernando fit réinstaller les cloches dans la cathédrale de Santiago de Compostela. Reléguée au rang de ville de province, Córdoba ne retrouva son éclat qu'au XIXe siècle, avec l'arrivée de l'industrie. La Córdoba chrétienne avait toutefois donné naissance à l'un des plus grands poètes espagnols, Luis de Góngora (1561-1627).

Orientation

La cité médiévale, immédiatement au nord du Guadalquivir, forme un labyrinthe de rues étroites autour de la Mezquita, à très peu de distance du fleuve. A l'intérieur de la vieille ville, la zone nord-ouest de la Mezquita constituait la *judería* (quartier juif) ; le quartier musulman s'étendait à l'est et au nord de la Mezquita ; quant au quartier mozarabe (chrétien), il se trouvait plus loin, au nord-est.

La place principale de la Córdoba moderne est la Plaza de las Tendillas, à 500 m au nord de la Mezquita, les grandes rues commerçantes s'étendant au nord et à l'ouest. Les gares routière et ferroviaire se situent à 1 km au nord-ouest de la Plaza de las Tendillas.

cours de conversion de l'euro 1 000 ptas = 6,01 €

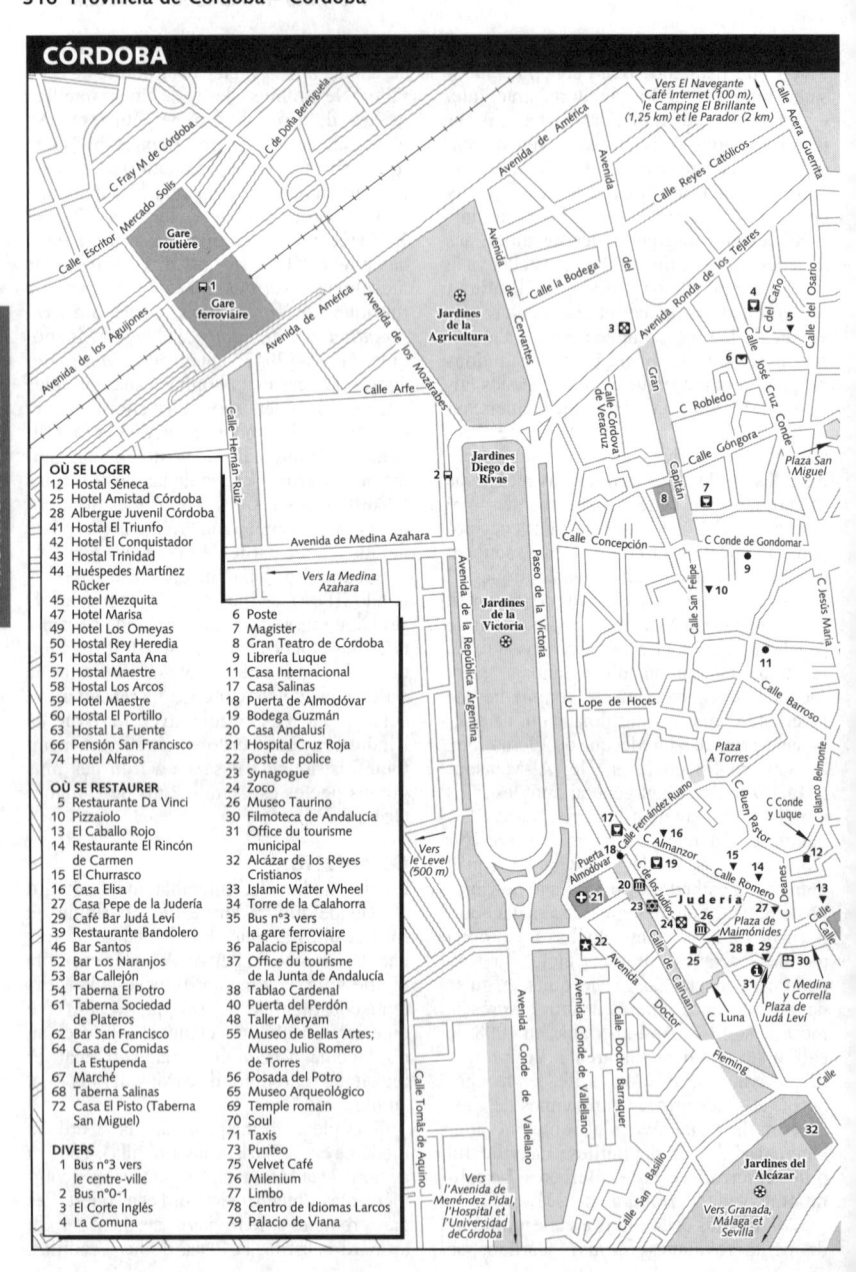

CÓRDOBA

OÙ SE LOGER
12 Hostal Séneca
25 Hotel Amistad Córdoba
28 Albergue Juvenil Córdoba
41 Hostal El Triunfo
42 Hotel El Conquistador
43 Hostal Trinidad
44 Huéspedes Martínez Rücker
45 Hotel Mezquita
47 Hotel Marisa
49 Hotel Los Omeyas
50 Hostal Rey Heredia
51 Hostal Santa Ana
57 Hostal Maestre
58 Hostal Los Arcos
59 Hostal Maestre
60 Hostal El Portillo
63 Hostal La Fuente
66 Pensión San Francisco
74 Hotel Alfaros

OÙ SE RESTAURER
5 Restaurante Da Vinci
10 Pizzaiolo
13 El Caballo Rojo
14 Restaurante El Rincón de Carmen
15 El Churrasco
16 Casa Elisa
27 Casa Pepe de la Judería
29 Café Bar Judá Leví
39 Restaurante Bandolero
46 Bar Santos
52 Bar Los Naranjos
53 Bar Callejón
54 Taberna El Potro
61 Taberna Sociedad de Plateros
62 Bar San Francisco
64 Casa de Comidas La Estupenda
67 Marché
68 Taberna Salinas
72 Casa El Pisto (Taberna San Miguel)

DIVERS
1 Bus n°3 vers le centre-ville
2 Bus n°0-1
3 El Corte Inglés
4 La Comuna
6 Poste
7 Magister
8 Gran Teatro de Córdoba
9 Librería Luque
11 Casa Internacional
17 Casa Salinas
18 Puerta de Almodóvar
19 Bodega Guzmán
20 Casa Andalusí
21 Hospital Cruz Roja
22 Poste de police
23 Synagogue
24 Zoco
26 Museo Taurino
30 Filmoteca de Andalucía
31 Office du tourisme municipal
32 Alcázar de los Reyes Cristianos
33 Islamic Water Wheel
34 Torre de la Calahorra
35 Bus n°3 vers la gare ferroviaire
36 Palacio Episcopal
37 Office du tourisme de la Junta de Andalucía
38 Tablao Cardenal
40 Puerta del Perdón
48 Taller Meryam
55 Museo de Bellas Artes; Museo Julio Romero de Torres
56 Posada del Potro
65 Museo Arqueológico
69 Temple romain
70 Soul
71 Taxis
73 Punteo
75 Velvet Café
76 Milenium
77 Limbo
78 Centro de Idiomas Larcos
79 Palacio de Viana

Cartes. La Librería Luque, Calle Conde de Gondomar 13, vend des plans de la ville et des cartes Michelin à environ moitié prix par rapport aux boutiques pour touristes autour de la Mezquita. Vous y trouverez aussi quelques cartes IGN.

Renseignements

Offices du tourisme. Une aide précieuse et en plusieurs langues vous est fournie par le personnel de l'office du tourisme de la Junta de Andalucía (☎ 957 47 12 35), Calle de Torrijos 10. Installé dans une chapelle du XVIe siècle, face à la partie ouest de la Mezquita, il ouvre de 9h30 à 20h du lundi au vendredi, de 10h à 20h le samedi et de 10h à 14h le dimanche et les jours fériés. La fermeture a lieu à 19h du lundi au samedi en mars et octobre (parfois aussi en août et septembre), et à 18h de novembre à février. L'office du tourisme municipal (☎ 957 20 05 22), Plaza de Judá Leví, quelques rues à l'ouest, rend également bien service mais il n'est ouvert que de 8h30 à 14h30 du lundi au vendredi, parfois plus tard en été.

Le kiosque d'information touristique à la gare ferroviaire ouvre de 10h à 14h et de 16h15 à 20h du lundi au vendredi.

Argent. La plupart des banques et distributeurs automatiques se situent dans la ville moderne, autour de la Plaza Tendillas et de l'Avenida del Gran Capitán. Les gares routière et ferroviaire disposent également de distributeurs.

Poste et communications. La poste principale, Calle José Cruz Conde 15, ouvre de 8h30 à 20h30 du lundi au vendredi et de 9h30 à 14h le samedi. El Navegante Café Internet (☎ 957 49 75 36), Llanos del Pretorio 1, ouvre de 9h 13h tous les jours et propose 15/30/60 minutes de connection pour 250/350/600 ptas.

Services médicaux et urgences. Le principal hôpital général, l'Hospital Reina Sofia (☎ 957 21 70 00) se trouve Avenida de Menéndez Pidal s/n, à 1,5 km au sud-ouest de la Mezquita. L'Hospital Cruz Roja (hôpital de la Croix-Rouge ; ☎ 957 42 06 66),

cours de conversion de l'euro 1 000 ptas = 6,01 €

Avenida Doctor Fleming s/n, est plus central. Pour appeler une ambulance, composez ☎ 957 21 79 03 ou ☎ 957 29 55 70.

La Policía Nacional (☎ 957 47 75 00) est située Avenida Doctor Fleming 2.

Mezquita

Ce superbe édifice peut déconcerter au premier abord. Du fait des transformations conséquentes apportées par les chrétiens à la structure islamique originelle, il faut faire preuve d'un peu d'imagination pour se représenter la mosquée telle qu'elle était à l'époque musulmane, alors ouverte et en harmonie avec son environnement.

La Mezquita recèle des trésors d'architecture, notamment les fameuses rangées d'arcades superposées, la remarquable alternance de brique rouge et de pierre blanche, ainsi que le splendide *mihrab* (niche de prière) entouré d'un décor élaboré d'arcades, de coupoles et de mosaïques.

De l'extérieur, l'édifice ressemble à une forteresse, avec ses épais murs de pierre ponctués de portes ornées. De l'ensemble assez bas émergent seulement la tour du minaret, les toits de la cathédrale intérieure et les dômes qui bordent le mur sud.

La Mezquita (☎ 957 47 05 12) est ouverte aux visiteurs de 10h à 19h30 du lundi au samedi et de 15h30 à 19h30 le dimanche, d'avril à septembre. Les autres mois, elle ouvre de 10h à 17h30 du lundi au samedi et de 14h à 17h30 le dimanche et les jours fériés. L'entrée coûte 800 ptas.

Histoire. C'est Abd al-Rahman I qui fonda la Mezquita en 785 sur le site d'une église partagée depuis cinquante ans entre musulmans et chrétiens et dont il avait racheté à ces derniers leur moitié. Dans les années 960, Abd al-Rahman II (821-852) agrandit la Mezquita vers le sud pour répondre à l'accroissement de la population de Córdoba. Al-Hakim II ajouta le mihrab actuel et, pour remédier au manque de lumière, il fit construire devant le mihrab plusieurs coupoles percées de baies. Sous Al-Mansour, d'autres ajouts du côté est, firent que le mihrab perdit sa position centrale sur le mur sud.

Ce que l'on voit aujourd'hui correspond à la forme musulmane finale, si ce n'est qu'elle a subi une altération majeure : l'implantation au XVIe siècle d'une cathédrale en plein milieu, d'où le terme fréquemment utilisé de "Mezquita-Catedral".

Orientation. L'entrée principale se fait par la Puerta del Perdón, une porte mudéjare du XIVe siècle qui donne sur la Calle Cardenal Herrero. La billetterie se situe immédiatement après l'entrée.

A côté de la Puerta del Perdón une tour des XVIe-XVIIe siècles se dresse à l'emplacement de l'ancien minaret. Dans l'entrée, s'ouvre le ravissant **Patio de los Naranjos** (cour des orangers) d'où une petite porte mène dans la Mezquita.

Un dépliant offert aux visiteurs contient une carte détaillant clairement les étapes de la construction de l'édifice. La mosquée d'origine, construite au VIIIe siècle par Abd al-Rahman I et achevée par son fils Hisham I, correspond aux douze premières travées est-ouest, formées par une forêt de colonnes et d'arcades. Elle s'étendait sur un peu plus de la moitié de l'édifice actuel, dans le sens ouest-est. Le mirhab est visible tout de suite en entrant, sur le mur opposé (sud). Au centre de la Mezquita se dresse la grande cathédrale chrétienne, orientée est-ouest et entourée de tous côtés par des allées de colonnes et d'arcades nettement plus islamiques. Juste au bout à droite (ouest) de la cathédrale, l'approche du mihrab est marquée par des arcades à la fois plus robustes et plus élaborées.

La Mezquita d'Abd al-Rahman I. Cette section d'origine se compose de chapiteaux et

Heures d'ouverture

Ne vous fiez guère aux heures d'ouverture des sites touristiques à Córdoba. Adressez-vous aux offices du tourisme. La plupart des établissements, à l'exception de la Mezquita, sont fermés le lundi. En hiver, les monuments ferment généralement une à deux heures plus tôt qu'en été.

de colonnes taillés dans du marbre, du granite et de l'albâtre de couleurs différentes – provenant de l'ancienne église wisigothique sur ce site, des édifices romains de Córdoba et d'ailleurs, voire de l'ancienne Carthage. Les colonnes étant de hauteurs différentes, il fallut enfoncer les plus grandes dans le sol. Elles supportent deux étages d'arcades, faisant ainsi penser aux aqueducs romains ou aux palmiers dattiers. L'utilisation alternée de matériaux de deux couleurs pour les arcades est du plus bel effet. La plupart des colonnes dans les autres parties de l'édifice ont été réalisées par des artisans cordouans.

Le mihrab et le maqsûra. La travée en face du mihrab et celles situées de chaque côté forment le **maqsûra**, où les califes et leur suite venaient prier (aujourd'hui fermé par une clôture à claire-voie). Maqsûra et mihrab constituent, sur le plan artistique, le joyau de l'édifice. Chacune des trois travées du maqsûra est surmontée d'une coupole en pierre de forme étoilée et percée de baies. Ces coupoles étant faites de pierre et non de bois comme les autres toits de la Mezquita, elles reposaient sur des arcades plus solides et plus sophistiquées.

La décoration en mosaïque de la coupole au-dessus de la travée centrale est particulièrement belle. C'est dans cette travée centrale que s'ouvre l'arc en fer à cheval donnant accès au mihrab lui-même. Cet arc et le cadre rectangulaire qui l'entoure *(alfiz)* sont merveilleusement décorés de motifs floraux en mosaïque réalisés par des artistes byzantins, d'un riche travail de stuc et d'inscriptions en mosaïque de versets du Coran, le tout dans des tons d'or, de pourpre, de vert, de bleu et de rouge. Le mihrab lui-même, dans lequel vous ne pouvez pénétrer, est octogonal et surmonté d'une coupole en forme de coquillage. Il servait à la fois à amplifier la voix de celui qui dirigeait la prière et à indiquer la direction de La Mecque.

La cathédrale. La Mezquita servit de cathédrale après la prise de Córdoba par Fernando III. Les premiers remaniements, tels que l'ajout dans les années 1370 de céramique mudéjare à la Capilla Real (neuf tra-

JANE SMITH

Les arcades et les piliers de la Mezquita : un chef-d'œuvre architectural

vées au nord et une à l'est du mihrab), de style mozarabique et almohade, restèrent encore relativement discrets. Toutefois, au XVIe siècle, le centre de la Mezquita fut carrément détruit pour permettre la construction de la Capilla Mayor (l'autel) et du chœur (*coro*) conçus par l'architecte Hernán Ruiz le Vieux. La Capilla Mayor abrite un riche retable du XVIIe siècle en marbre et en jaspe ; le chœur possède de belles stalles en acajou sculptées au XVIIIe siècle par Pedro, Duque Cornejo y Roldán.

Si l'on considère l'ensemble de l'édifice comme une cathédrale, la forêt de colonnes et d'arcades constitue un cadre magnifique pour les structures centrales. S'il apparaît comme une mosquée, les ajouts chrétiens détruisent indéniablement toute la conception d'ensemble du lieu. L'histoire raconte que Carlos Ier (Charles Quint), après avoir donné son accord pour la construction de la Capilla Mayor et du chœur, et ce, contre la volonté du conseil de la ville de Córdoba, fut horrifié quand il vit le résultat et s'exclama : "Vous avez détruit quelque chose d'unique au monde."

cours de conversion de l'euro 1 000 ptas = 6,01 €

Autres parties. La Mezquita renferme beaucoup d'autres chapelles : l'une à côté du mirhab et les autres le long des parois est et ouest. Lorsque l'on déambule dans les bas-côtés de la Mezquita, la multitude de colonnes et d'arcades, dont la continuité a été épargnée par les transformations chrétiennes, offre un spectacle saisissant et il est possible de s'y perdre. L'édifice islamique final possédait 1 300 colonnes, dont 850 subsistent de nos jours.

Le cœur caché de Córdoba

Derrière de lourdes portes en bois ou des grilles en fer forgé se dissimulent des lieux d'enchantement typiquement cordouans.

Depuis des siècles, les patios de Córdoba offrent une ombre bienfaisante dans la chaleur caniculaire de l'été, un havre de calme et de tranquillité, un lieu où se retrouver et bavarder. A l'époque romaine, c'étaient des lieux de rencontre. A l'époque islamique, des lieux de repos et de divertissement.

Durant la première quinzaine de mai, vous remarquerez dans les rues et les ruelles des signes indiquant "patio", vous invitant à pénétrer, pour les admirer, dans ces lieux fermés au public le reste de l'année. Fleuris à profusion, ils atteignent à cette époque le summum de leur beauté, bien que les créations présentées soient parfois de taille modeste. La plupart de ces patios participent au concours annuel primé, le Concurso de Patios Cordobeses. L'office du tourisme vous fournira, si vous le désirez, une carte des patios ouverts à la visite. Si vous ne disposez que d'un temps limité, sachez que certains des plus beaux se situent près de la Calle San Basilio, à environ 400 m à l'ouest de la Mezquita.

Durant la période du concours, les patios restent généralement ouverts du lundi au vendredi de 17h à 24h, ainsi que les samedi et dimanche de 12h à 24h. L'entrée est habituellement gratuite, mais il y a parfois un réceptacle pour les dons.

Palacio Episcopal

Le palais épiscopal, Calle de Torrijos, abrite le **Palacio de Congresos y Exposiciones**, qui présente quelques expositions intéressantes et le **Museo Diocesano** où est exposée une collection d'art religieux, dont des sculptures en bois d'une rare beauté.

Judería

L'ancien quartier juif s'étend à l'ouest et au nord-ouest de la Mezquita, pratiquement jusqu'au début de l'Avenida del Gran Capitán. Il est fait d'un dédale de ruelles étroites et de petites plazas bordées de murs blanchis à la chaux, de fenêtres grillagées d'où s'échappent une profusion de fleurs et de portes en fer forgé qui laissent entrevoir des patios débordants de plantes (voir l'encadré *Le cœur caché de Córdoba*). Les magasins et les restaurants pour touristes se font plus rares dès que l'on s'éloigne d'une rue ou deux de la Mezquita.

Sur la Plaza Maimónides, une demeure du XVIe siècle abrite le **Museo Taurino** (musée de la Corrida), consacré à la gloire des grands *toreros* de Córdoba. Dans les salles dédiées à El Cordobés et à Manolete, on peut même voir la peau, la queue et l'oreille d'Islero, le taureau qui blessa Manolete à mort à Linares en 1947. Le musée ouvre de 10h à 14h et de 18h à 20h (16h30 à 18h30 d'octobre à avril) du mardi au samedi et de 9h30 à 15h le dimanche et les jours fériés, moyennant 450 ptas (entrée gratuite le vendredi).

En remontant la Calle de los Judíos depuis le Museo Taurino vous découvrez le **Zoco**, un ensemble d'ateliers/salles d'expositions d'artisanat aménagé autour d'un ancien patio (voir la rubrique *Achats* plus loin dans ce chapitre). Calle de los Judíos 20, la **synagogue**, qui date du XIVe siècle, est l'une des rares synagogues médiévales espagnoles à avoir survécu à peu près intacte. A l'étage de ce superbe petit édifice subsistent la galerie des femmes ainsi que des décorations en stuc, telles des inscriptions en hébreu et des dessins mudéjars compliqués d'étoiles et de plantes. La synagogue est ouverte de 10h à 14h et de 15h30 à 17h30 du mardi au samedi et de 10h à 13h30 le dimanche et les jours

Expression de la foi d'un raffinement exquis, la construction de la Mezquita commença en 756

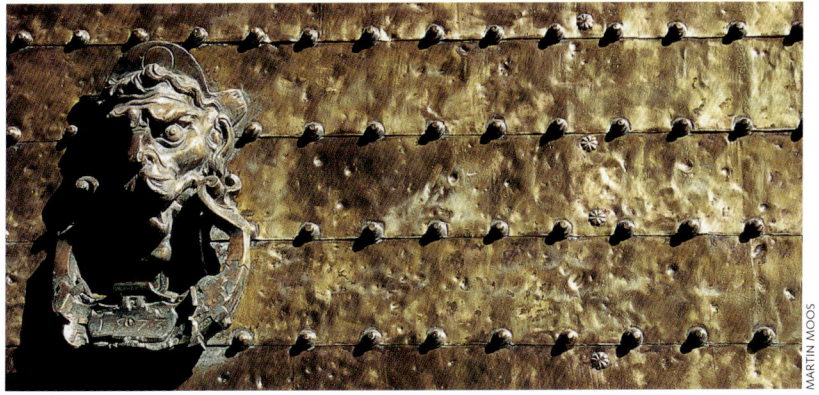

Détail de la porte est de la Mezquita de Córdoba

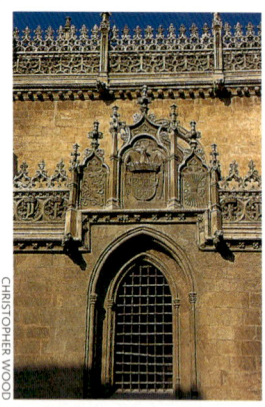

La Capilla Real, Granada

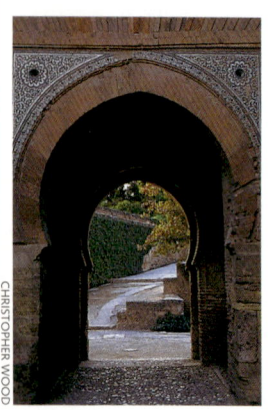

Puerta del Vino, Alhambra

Les jardins en terrasses du Partal, Alhambra, Granada

Quand l'eau se fait art, Alhambra

Fraîcheur et calme, Generalife

fériés (entrée gratuite pour les ressortissants de l'Union européenne, 50 ptas pour les autres). La **Casa Andalusí**, Calle de los Judíos 12 – une maison du XIIe siècle dont le patio s'orne d'une fontaine cristalline et la cave, d'une mosaïque romaine – présente diverses expositions. Elles ont essentiellement trait à la culture islamique médiévale de Córdoba. L'ouverture se fait de 10h30 à 20h (19h en hiver) et l'entrée coûte 300 ptas.

Sur la gauche, tout en haut de la Calle Judíos, s'ouvre la **Puerta de Almodóvar**, une porte de style musulman encastrée dans une partie restaurée des vieux remparts de la ville.

Alcázar de los Reyes Cristianos

Le palais des Rois chrétiens, au sud-ouest de la Mezquita, était à l'origine un palais-forteresse construit par Alfonso X au XIIIe siècle. De 1490 à 1821, ce palais devint le siège de l'Inquisition. Ses vastes jardins, qui regorgent de bassins où évoluent des poissons, de fontaines, d'orangers, d'arbustes et de fleurs, figurent parmi les plus somptueux d'Andalousie. L'Alcázar en lui-même, très altéré, abrite d'anciens bains royaux et un musée où l'on peut admirer d'intéressantes mosaïques romaines.

Il est ouvert du mardi au samedi de 10h à 14h et de 18h à 20h (de 16h30 à 18h30 d'octobre à avril) ; de 9h30 à 15h le dimanche et les jours fériés. L'entrée s'élève à 300 ptas (gratuite le vendredi).

Río Guadalquivir et Torre de la Calahorra

Le Guadalquivir n'a rien de particulièrement imposant à Córdoba, sauf quand son niveau s'élève lors des pluies hivernales. Juste au sud de la Mezquita, un pont romain, très restauré, le franchit : le **Puente Romano**. Légèrement en aval, près de la rive nord, subsiste une **roue à eau musulmane**, qui montait l'eau jusqu'au palais califal, à l'emplacement du Palacio Episcopal.

Du côté sud du Puente Romano se dresse la **Torre de la Calahorra**, une tour du XIVe siècle, qui abrite actuellement un curieux musée consacré aux apports intellectuels de la Córdoba musulmane, où l'accent est mis de façon plutôt lyrique sur sa réputation de tolérance religieuse. Un commentaire sur écouteur, d'une durée de 55 minutes et disponible en plusieurs langues, vous guide à travers l'exposition. Dans l'une des salles, des représentations grandeur nature d'Averroès, de Maimonide, du mystique musulman andalou Ibn al-Arabi (c. 1169-1240) et du roi castillan Alfonso X s'étendent sur les thèmes de la tolérance et de la compréhension des religions autres que l'Islam. Le musée recèle aussi de superbes maquettes de la Mezquita de Córdoba et de l'Alhambra de Granada. Bizarrement, son fondateur, le Français musulman Roger Garaudy, fut condamné par un tribunal parisien en 1998 pour diffamation raciale, remise en cause de l'holocauste et provocation à la haine raciale à la suite de la parution de son livre *Les mythes fondateurs de la politique israélienne*. Dans cet ouvrage, l'auteur mettait en question l'existence des chambres à gaz nazies et soutenait que l'extermination des juifs par les nazis ne relevait pas du génocide. La Torre de la Calahorra est ouverte tous les jours de 10h à 14h et de 16h30 à 20h30 (de 10h à 18h d'octobre à avril). Le billet d'entrée vaut 500 ptas.

Museo Arqueológico

Le Musée archéologique de Córdoba, Plaza de Jerónimo Páez 7, occupe une demeure Renaissance, dotée d'un grand patio. Un lion de pierre couché occupe la place d'honneur dans la section ibérique. La période romaine est bien représentée, avec de grandes mosaïques aux subtils dessins, d'élégantes céramiques et des coupes en verre coloré. Dans les salles à l'étage, consacrées à la Córdoba médiévale, on peut notamment voir des animaux en bronze provenant de Medina Azahara. Le musée ouvre le mardi de 15h à 20h, du mercredi au samedi de 9h à 20h et les dimanche et jours fériés de 9h à 15h (gratuit pour les ressortissants de l'Union européenne munis d'un passeport ou d'une carte d'identité, sinon 250 ptas).

Plaza del Potro

Dans *Don Quijote*, Miguel Cervantes, qui vécut un temps dans une rue voisine,

cours de conversion de l'euro 1 000 ptas = 6,01 €

évoque la charmante Plaza del Potro, située à 400 m au nord-est de la Mezquita. Cette place connut ses heures de gloire aux XVIe et XVIIe siècles quand elle servit de repaire aux marchands et aventuriers. Au centre de la place se dresse une ravissante fontaine en pierre du XVIe siècle, surmontée d'un poulain qui caracole (*potro*). La galerie d'art **Posada del Potro**, qui borde le côté ouest de la place, est installée dans une ancienne auberge. En face, l'ancien Hospital de la Caridad abrite le **Museo de Bellas Artes**, qui possède une collection de peintures d'artistes cordouans pour l'essentiel, et le **Museo Julio Romero de Torres**, entièrement consacré au peintre Julio Romero de Torres (1880-1930), qui se distingue par ses portraits sombres et sensuels de Cordouanes. Le Museo de Bellas Artes pratique les mêmes horaires d'ouverture et le même tarif que le Museo Arqueológico. Le Museo Julio Romero de Torres ouvre du mardi au samedi de 10h à 14h et de 18h à 20h (16h30 à 18h30 d'octobre à avril) et les dimanche et jours fériés de 9h30 à 14h30 (450 ptas ; gratuit le vendredi).

Plaza de la Corredera

Cette place jadis élégante, à 200 m au nord de la Plaza del Potro, semble toujours être en cours de restauration. Elle fut à l'époque romaine le site de l'amphithéâtre de la ville. Plus tard, l'Inquisition y dressa ses bûchers et elle servit aussi pour les combats tauromachiques. Aujourd'hui, elle accueille un petit marché alimentaire et, lorsque les travaux le permettent, un marché aux puces très animé le samedi.

Palacio de Viana

Ce palais Renaissance, Plaza de Don Gome 2, à 500 m au nord de la Plaza de la Corredera, doit sa célébrité à ses 12 patios et à son jardin à la française, très agréables à visiter au printemps mais plutôt insignifiants en plein hiver. Il était occupé par les Marqueses de Viana jusqu'à il y a une vingtaine d'années. Le palais est ouvert aux visites de 9h à 14h du lundi au samedi de juin à septembre, Il ouvre les autres mois de 10h à 13h et de 16h à 18h du lundi au vendredi et de 10h à13h le samedi. L'entrée à 500 ptas comprend une visite guidée d'une heure des salles (pleines à craquer d'objets d'art et d'antiquités) et l'accès aux patios et au jardin (dont on fait le tour en 30 minutes environ).

Plaza de las Tendillas et environs

La place principale de Córdoba affiche son horloge avec des carillons de flamenco et une statue équestre - très appréciée des pigeons - de Gonzalo Fernández de Córdoba, un homme du cru qui s'éleva jusqu'à devenir le bras droit militaire des monarques catholiques et acquérir le nom d'El Gran Capitán. Le **temple romain** situé Calle Claudio Marcello, partiellement restauré, a conservé onze de ses colonnes.

Cours de langue

Pour tout renseignement sur les cours mensuels à l'université d'octobre à juin (60 000 ptas), contactez l'Universidad de Córdoba, Servicio de Lenguas Modernas y Traducción Técnica (☎ 957 21 81 33, fax 957 21 89 96, si3goluj@uco.es), Edificio E U Enfermería, Avenida de Menéndez Pidal 5° Planta, 14071 Córdoba.

Pour les cours de langues privés, adressez-vous au Centro de Idiomas Larcos (☎ 957 47 11 03), Calle Manchado 9, et à la Casa Internacional (☎ 957 48 06 42), Calle Rodríguez Sánchez 15. Ces deux établissements offrent un choix de cours d'espagnol d'une durée d'une à deux semaines minimum et différentes options d'hébergement. Sur Internet, vous les trouverez respectivement sur www.larcos.net et www.cybercordoba.es/casa_internacional. Une formule standard de deux semaines de cours revient à 40 000 ptas et deux semaines de location d'un appartement à partager coûtent entre 17 000 et 25 000 ptas.

Manifestations annuelles

Le printemps et le début de l'été sont les périodes les plus riches en manifestations à Córdoba. Les principales sont les suivantes :

Semana Santa
   Tous les soirs pendant la semaine sainte, du dimanche des Rameaux au Vendredi saint, des

processions arborant jusqu'à 12 pasos (images religieuses portées sur des plates-formes) sillonnent la ville, en suivant le carrera oficial (parcours officiel) – Calle Claudio Marcelo, Plaza de las Tendillas, Calle José Cruz Conde – entre environ 20h et 24h. Le point culminant correspond à la madrugada du Vendredi saint, lorsque six pasos empruntent le carrera oficial entre 16h et 18h.

Cruces de Mayo
Les tout premiers jours de mai, places et patios s'ornent de croix fleuries surmontant des étals de tapas et de vin, prétexte à des réjouissances dégustatives dans une ambiance festive, au son de la musique.

Concurso et Festival de Patios Cordobeses
Durant la première quinzaine de mai, en même temps que le concours annuel des patios (voir l'encadré Le cœur caché de Córdoba), se déroule un programme culturel chargé qui, tous les trois ans, inclut le Concurso Nacional de Arte Flamenco, important concours de flamenco auquel participent d'illustres artistes (les prochains auront lieu en 2001 and 2004).

Feria de Mayo
Fin mai-début juin, 10 jours de festivités sont marqués par des concerts, une grande foire dans le quartier d'El Arenal, au sud-est du centre-ville, les temps forts de la tauromachie dans les arènes de Los Califas, Gran Via Parque, dans une ambiance de fête générale.

Festival Internacional de Guitarra
Fin juin et durant la première quinzaine de juillet, deux semaines sont consacrées à la guitare, avec concerts classique, flamenco, rock, blues et autres genres. De grands guitaristes se produisent le soir dans les jardins de l'Alcázar.

Où se loger

Les hébergements sont nombreux à Córdoba, souvent construits autour de ravissants patios, fierté et gloire de la ville. Beaucoup se concentrent autour de la Mezquita, les moins chers plutôt dans les rues à l'est. La liste qui suit ne représente qu'une sélection. Pendant les principales festivités, mieux vaut réserver. Les chambres simples à des prix peu élevés sont difficiles à trouver. D'une façon générale, les tarifs baissent entre novembre et mi-mars et, dans certains établissements, pendant les grosses chaleurs de juillet et août.

Où se loger – petits budgets

Camping. A environ 1,25 km au nord de la Plaza de Colón, le ***Camping El Brillante*** (☎ *957 27 84 81, Avenida del Brillante 50*) ouvre toute l'année. Ses tarifs sont de 570 ptas par adulte et par voiture et de 450 à 570 ptas par tente, plus IVA. Les bus n°10 et 11 circulent entre les gares ferroviaire et routière et la Plaza de Colón.

Auberge de jeunesse. L'excellente ***Albergue Juvenil Córdoba*** (☎ *957 29 01 66, fax 957 29 05 00, Plaza de Judá Leví s/n*), moderne et parfaitement située dans la Judería, peut loger jusqu'à 167 personnes en chambres doubles ou triples et en dortoirs de quatre ou cinq lits, tous avec clim., chauffage et s.d.b. L'une des ailes du bâtiment est installée dans un ancien couvent du XVIe siècle.

Hostales. Le convivial ***Huéspedes Martínez Rücker*** (☎ *957 47 25 62, hmrucker@alcavia.net, Calle Martínez Rücker 14*), agrémenté d'un joli patio, abrite 12 petites chambres simples/doubles bien nettes louées 2 000/3 500 ptas. Les prix montent de quelques centaines de pesetas durant la Semana Santa et deux semaines en août. L'***Hostal Rey Heredia*** (☎ *957 47 41 82, Calle Rey Heredia 26*), simple, vieillot et chaleureux, vous accueille dans son patio orné de plantes. Neuf chambres très correctes sont proposées au prix de 1 500/3 000 ptas ou 2 000/4 000 ptas avec s.d.b. Le petit ***Hostal Trinidad*** (☎ *957 48 79 05, Calle Corregidor Luis de la Cerda 58*) vous héberge pour 1 500/3 200 ptas. L'***Hostal Santa Ana*** (☎ *957 48 58 37, Calle Corregidor Luis de la Cerda 25*) dispose d'une simple à 1 800 ptas et de doubles à 4 000 ou 5 000 ptas avec s.d.b. ; les chambres à l'étage ont plus de charme. Un parking est disponible.

Non loin de la Mezquita, au nord, l'***Hostal Séneca*** (☎/*fax 957 47 32 34, Calle Conde y Luque 7*) est un établissement charmant de 12 chambres, doté d'un patio *típico* et d'une salle pour le petit déjeuner. La direction sympathique vous propose ses chambres à 2 550/4 700 ptas avec s.d.b. commune ou 4 750/5 900 ptas avec s.d.b., petit déjeuner inclus. Téléphonez pour réserver, par précaution.

cours de conversion de l'euro 1 000 ptas = 6,01 €

Les hostales suivants sont disséminés autour de la Calle de San Fernando, à l'écart de la Mezquita et du flot des touristes. L'*Hostal La Fuente* (☎ *957 48 78 27, Calle de San Fernando 51*) offre 40 chambres très correctes avec s.d.b., TV, clim. et chauffage. De petites simples coûtent 3 500 ptas ; les doubles, 6 000 ptas. Vous pouvez vous asseoir dans la cour et savourer un petit déjeuner. Chaleureux et moderne, l'*Hostal Los Arcos* (☎ *957 48 56 43, fax 957 48 60 11, Calle Romero Barros 14*) s'agence autour d'une jolie cour. Les chambres reviennent à 2 500/4 000 ptas ou 5 000 ptas les doubles avec s.d.b.

Agréable, l'*Hostal Maestre* (☎ *957 47 24 10, fax 957 47 53 95, Calle Romero Barros 16*) dispose de 20 chambres propres et spacieuses avec s.d.b. pour 3 000/5 000 ptas. A l'*Hostal El Portillo* (☎ *957 47 20 91, Calle Cabezas 2*), tout simple, l'ambiance est vieillotte et conviviale. Sept chambres sont à votre disposition pour 1 500/3 000 ptas. La minuscule *Pensión San Francisco* (☎ *957 47 27 16, Calle de San Fernando 24*) loue une simple ou une double 5 000/6 000 ptas sans/avec s.d.b.

Où se loger – catégorie moyenne

A quelques rues de la Mezquita, l'*Hotel Los Omeya* (☎ *957 49 22 67, fax 957 49 16 59, Calle Encarnación 17*) date seulement de quelques années mais son style traditionnel est attrayant. De belles simples/doubles confortables reviennent à 5 000/8 500 ptas plus IVA. L'établissement possède un joli patio et un café. A l'*Hotel Marisa* (☎ *957 47 31 42, fax 957 47 41 44, Calle Cardenal Herrero 6*), face au côté nord de la Mezquita, les chambres sans fioritures mais de bonne taille et confortables coûtent 5 500/9 000 ptas plus IVA. A l'*Hostal El Triunfo* (☎ *957 47 55 00, Calle Corregidor Luis de la Cerda 79*), face au côté sud de la Mezquita, 70 chambres avec clim. et TV valant 5 000/8 000 ptas plus IVA, ainsi qu'un restaurant accueillent la clientèle. L'*Hotel Mezquita* (☎ *957 47 55 85, fax 957 47 62 19, Plaza Santa Catalina 1*), juste en face dans la rue, côté est de la Mezquita, propose 21 bonnes chambres à 5 150/9 850 ptas plus IVA. Il est conseillé de réserver. Plus à l'est, l'*Hotel Maestre* (☎ *957 47 24 10, fax 957 47 53 95, Calle Romero Barros 4*) dispose de chambres simples mais lumineuses avec s.d.b. pour 3 800/6 500 ptas plus IVA ; pour vous garer au parking de l'hôtel, comptez 850 ptas la nuit.

Où se loger – catégorie supérieure

L'élégant *Hotel El Conquistador* (☎ *957 48 11 02, fax 957 47 46 77, Calle Magistral González Francés 15*), sur le côté est de la Mezquita, est doté de 102 chambres confortables à 18 000/22 000 ptas plus IVA. Dans la Judería, le séduisant *Hotel Amistad Córdoba* (☎ *957 42 03 35, Plaza de Maimónides 3*), occupe deux anciennes demeures modernisées et facture ses doubles 18 000 ptas plus IVA (12 500 ptas plus IVA certains weekends peu chargés). Vaste établissement de qualité comprenant 133 chambres, l'*Hotel Alfaros* (☎ *957 49 19 20, Calle Alfaros 18*), au nord du centre-ville, loue ses doubles 17 500 ptas plus IVA.

Le moderne *Parador de Córdoba* (☎ *957 27 59 00, fax 957 28 04 09, cordoba@parador.es, Avenida de la Arruzafa s/n*) est situé à 3 km au nord du centre-ville, à l'emplacement de l'ancien palais d'été d'Abd al-Rahman I, où furent plantés les premiers palmiers en Europe. Les chambres sont louées 14 000/17 500 ptas plus IVA.

Où se restaurer

Le *salmorejo*, que l'on rencontre pratiquement dans tous les menus cordouans, est un épais gazpacho, à base de tomate, parsemé de rondelles d'œufs durs. Le *rabo de toro* (ragoût de queue de taureau) revient souvent aussi. Certains restaurants haut de gamme affichent sur leur carte des spécialités d'Al-Andalus telles que la soupe à l'ail avec des raisins, l'agneau au miel, les aubergines frites et la viande farcie aux dattes et aux pignons. Le vin local, de Montilla ou de Moriles, ressemble au xérès ; fabriqué de la même façon, ce n'est cependant pas un vin liquoreux mais, comme lui, il peut être *fino*, *amontillado* ou *oloroso* (pour plus de détails sur les différentes sortes de xérès, voir *Xérès et Manzanilla* dans *L'Andalousie à table*). Il existe aussi un vin doux tiré du cépage Pedro Ximénez.

Córdoba tire sa fierté de ses *tabernas*, bars animés où l'on peut généralement aussi se restaurer.

Les abords de la Mezquita regorgent d'endroits où goûter à la cuisine locale, les uns chers, d'autres, médiocres et d'autres encore, épouvantables. Pour s'assurer d'un meilleur rapport qualité/prix, il faut faire quelques pas vers l'ouest du côté de la Judería. En poussant encore un peu vers l'est ou le nord, les petits budgets et les curieux dénicheront plus facilement les bons endroits.

Les alentours de la Mezquita. Le tout petit *Bar Santos* (*Calle Magistral González Francés 3*) constitue une bonne halte pour commander des *bocadillos* (petits pains longs farcis ; de 200 à 300 ptas), des tapas (150 ptas) et des *raciones* (portions de tapas équivalentes d'un repas ; 500 ptas). Vous pouvez aussi goûter l'excellente *tortilla española* (omelette aux pommes de terre), dont on vous propose trois variantes, et l'arroser d'un verre de *sangría* à prix très raisonnable. *El Caballo Rojo* (*Calle Cardenal Herrero 28*) a pour spécialité la cuisine mozarabique de l'époque des califes. Le *menú* (repas à prix fixe) coûte 2 950 ptas plus IVA ; les plats principaux sont compris entre 1 300 et 2 750 ptas plus IVA, mais vous dégusterez une cuisine qui sort de l'ordinaire. La qualité est aussi au rendez-vous au *Restaurante Bandolero* (*Calle de Torrijos 6*), côté ouest de la Mezquita. Il sert des *media-raciones* (moitié de raciónes) de 250 à 1 000 ptas et de petits *platos combinados* (assiettes mixtes) entre 975 et 1 100 ptas. A la carte, comptez de 3 000 à 4 000 ptas pour trois plats avec boisson. Vous pouvez vous asseoir au bar, dans le patio ou dans le restaurant à l'arrière.

Judería. La *Casa Pepe de la Judería* (*Calle Romero 1*) sert d'excellentes tapas et raciones au bar et dans des salles distribuées autour d'un petit patio. Les *puntillitas* (petits calamars frits ; 700 ptas la mediaración) et les *croquetas caseras* (croquettes maison ; 500 ptas) méritent l'attention. Le patio et le premier étage abritent un bon restaurant, où la plupart des plats principaux valent entre 1 600 et 2 400 ptas - un verre de Montilla vous étant offert pour vous ouvrir l'appétit. Un peu plus haut dans la rue, le douillet *Restaurante El Rincón de Carmen* (*Calle Romero 4*) propose dans son patio un menu à 1 600 ptas ; le café attenant sert de bons en-cas et petits déjeuners. *El Churrasco* (☎ *957 29 08 19, Calle Romero 16*) figure parmi les meilleurs restaurants de Córdoba. A la générosité de la cuisine et à l'abondance des portions s'ajoutent un service attentif et des prix en conséquence. Comptez 3 500 ptas pour un menu ; la plupart des plats principaux valent 2 000 ptas minimum, sauf le *churrasco*, filet de porc (au barbecue), qui coûte 1 600 ptas, et quelques plats de poissons à 1 200 ptas – plus IVA pour l'ensemble.

Le *Café Bar Judá Leví*, Plaza de Judá Leví, est très agréable pour déguster une glace, par exemple, mais il propose aussi des platos combinados à partir de 700 ptas. La petite échoppe de la *Casa Elisa* (*Calle Almanzor 34*) prépare d'excellents petits pains chauds garnis de toutes sortes de farces, à emporter, pour 150 à 275 ptas.

A l'est de la Mezquita. La *Taberna Sociedad de Plateros* (*Calle San Francisco 6*) est une taverne très fréquentée servant, selon l'heure, un petit déjeuner ou des tapas à des prix modiques. Elle est fermée le lundi. Dans la Calle de San Fernando, un café et une *tostada* (petit pain grillé) coûtent 200 ptas au *Bar Los Naranjos* ; les platos combinados, 750 ptas au *Bar San Francisco* ; et un menu à 1 100 ptas est proposé à la *Casa de Comidas La Estupenda*. Dans la Calle Enrique Romero de Torres (rue piétonne où il fait bon s'attabler au coucher du soleil), le *Bar Callejón*, dont les tables en terrasse donnent sur la Plaza del Potro, propose des omelettes, des plats de viande et de poisson et des platos combinados de 500 à 900 ptas, de même qu'un menu comprenant trois plats et une boisson pour 1 200 ptas. La *Taberna El Potro*, juste à côté, s'avère un peu plus chère.

cours de conversion de l'euro 1 000 ptas = 6,01 €

Très conviviale, la **Taberna Salinas** (*Calle Tundidores* 3), un peu plus au nord, mitonne de bonnes spécialités cordouanes à prix doux, notamment l'original *bacalao* (morue salée) aux oranges amères. Vous pouvez aussi savourer un délicieux *revuelto de ajetes, gambas y jamón* (œufs brouillés aux pousses d'ail, crevettes et jambon) et des *chuletas de cordero* (côtes d'agneau). Tous ces plats coûtent entre 675 et 775 ptas. Le restaurant est ouvert du lundi au samedi au déjeuner et au dîner.

Centre-ville. Existant depuis 1880, recherchée pour son ambiance, La Casa El Pisto, officiellement **Taberna San Miguel** (*Plaza San Miguel 1*), est l'une des tavernes les plus réputées de Córdoba. Vous aurez le choix en matière de tapas (250 à 275 ptas), de mediaraciones (500 à 1 000 ptas) et de raciones – à arroser, à un prix très correct, d'un bon Moriles servi en pichet ou au bar. Vous pouvez vous installer au bar ou bien aux tables qui se trouvent à l'arrière. La taverne ouvre de 12h à 16h et de 20h à 24h, du lundi au samedi. Un peu plus au nord, le **Restaurante Da Vinci** (*Plaza de Chirinos 6*) propose pizzas et pâtes à des prix modérés, entre 600 et 950 ptas, mais aussi des plats plus coûteux comme des *carnes a la brasa* (viandes grillées) ou des poissons. Le **Pizzaiolo** (*Calle San Felipe 5*) figure dans le *Livre Guinness des records* pour sa carte la plus longue du monde – plus de 360 plats toujours disponibles. Son atmosphère joyeuse est très courue mais on n'y atteint pas de grands sommets culinaires ; pizzas et pâtes coûtent entre 600 et 1 100 ptas plus IVA.

Où sortir

Le magazine *¿Qué hacer en Córdoba?*, distribué par l'office du tourisme, fournit quelques informations sur les manifestations prévues, de même que le quotidien *Córdoba*. Des annonces relatives aux groupes passant en concert sont affichées dans les bars à musique, à l'Albergue Juvenil Córdoba (voir plus haut *Où se loger*) et dans le magasin de musique Punteo, Calle Alfaros. Les concerts live commencent généralement vers 22h et sont généralement gratuits.

La plupart des bars de la vieille ville ferment vers minuit. Au **Bodega Guzmán** (*Calle de los Judíos 7*), l'un des plus courus, l'atmosphère est animée et l'on boit le vin au tonneau dans un décor de tauromachie et de fête générale. A l'angle de la Calle Fernández Ruano, la **Casa Salinas** est plus intime. A l'est de la Mezquita, la **Taberna Sociedad de Plateros** (*Calle San Francisco 6*) est fréquentée aussi bien par les gens du cru que par les touristes (voir *Où se restaurer*). Si vous êtes intéressé par du flamenco authentique, rendez-vous au **Tablao Cardenal** (☎ 957 48 33 20, Calle de Torrijos 10), du côté ouest de la Mezquita. Cet excellent spectacle, qui a lieu pratiquement tous les soirs, commence à 22h30 (2 800 ptas, une boisson comprise).

Les bars les plus animés de Córdoba sont principalement disséminés dans les nouveaux quartiers. La **Casa El Pisto** (voir *Centre-ville* dans la rubrique *Où se restaurer*) est une taverne classique, très populaire, de type traditionnel. Les endroits fréquentés par les jeunes s'animent aux alentours de 23h ou 24h, mais, où que ce soit, il ne se passe généralement pas grand-chose en début de semaine. **Soul** (*Calle Alfonso XIII 3*) attire une clientèle estudiantine et artiste avec une bonne programmation musicale d'avant-garde (parfois en concert live) et reste ouvert tous les soirs et jusqu'à 3h du matin. Poussez la porte des bars voisins, comme le **Velvet Café** (*Calle Alfaros 29*), le **Milenium** (*Calle Alfaros 33*) et le **Limbo** (*Calle Juan Rufo 2*), ne serait-ce que par curiosité. Des groupes live se produisent dans certains d'entre eux deux fois par semaine. **La Comuna** (*Calle del Caño 1*) est un autre bar pour jeunes qui vaut le coup d'œil.

Une clientèle un peu plus âgée fréquente le **Magister** (*Calle Morería*), qui brasse sa propre bière sur place. Cinq variétés savoureuses vous sont proposées, à environ 250 ptas le verre : les blondes *rubia* et *tostada*, les brunes *cara-melizada* et *morenita*, et la *especial*, qui change selon les saisons.

A partir de minuit le vendredi et le samedi, c'est au **Surfer Rosa** que les choses se passent, un entrepôt au bord du fleuve dans le Recinto Ferial El Arenal (champ de foire). Des groupes live y passent fréquemment, la musique est communicative et l'entrée, généralement libre.

Autre lieu de concerts, le *Level (Calle Antonio Maura 10)*, se situe dans la banlieue de Ciudad Jardín, à l'ouest du centre-ville. A proximité, d'autres bars animent le Camino de los Sastre.

Le ***Gran Teatro de Cordoba*** (☎ *957 48 02 37, Avenida del Gran Capitán 3*) affiche un programme chargé comprenant des concerts variés et des festivals de théâtre, de danse et de cinéma. La ***Filmoteca de Andalucía*** (☎ *957 47 20 18, Calle Medina y Corella 5*), juste à l'ouest de la Mezquita, passe régulièrement des films étrangers sous-titrés moyennant 150 ptas la séance.

Achats

Córdoba est réputée pour ses articles en cuir repoussé (*cuero repujado*), ses bijoux en argent (en particulier en filigrane) et ses superbes céramiques. Les magasins qui vendent ces produits et d'autres articles d'artisanat se concentrent autour de la Mezquita. Pour le cuir repoussé, la meilleure adresse est sans doute Taller Meryam, Calleja de las Flores, une jolie ruelle au nord de la Mezquita. Vous y trouverez un portefeuille ou une paire de mules entre 1 500 et 2 000 ptas, de belles boîtes à partir de 2 500 ptas. Le Zoco, Calle de los Judíos, regroupe des ateliers et des salles d'exposition où les produits en vente sont de belle qualité mais chers.

Plaza de la Corredera, quelques magasins vendent des bottes, des articles ayant trait à la musique et tout un bric-à-brac ; mais le samedi matin, lorsque la place est un peu dégagée des débris du chantier de rénovation en cours, elle se transforme en marché aux puces (*mercadillo*) animé.

Calle José Cruz Conde est la rue centrale la plus chic. L'excellent grand magasin El Corte Inglés est situé Avenida del Gran Capitán.

Comment s'y rendre

Bus. La gare routière (☎ 957 40 40 40), Plaza de las Tres Culturas, se cache derrière la gare ferroviaire. Alsina Graells (☎ 957 27 81 00) propose un service d'au moins 10 bus par jour depuis/vers Sevilla (1 225 ptas, 1 heure 45), 8 depuis/vers Granada (1 515 ptas, 3 heures) et 5 depuis/vers Málaga (1 570 ptas, 2 heures 30). Alsina Graells dessert aussi Écija, Carmona, Antequera, Cádiz, Nerja et Almería. Bacoma (☎ 957 27 98 60) rallie Baeza, Úbeda, Valencia et Barcelona. Transportes Ureña (☎ 957 40 45 58) dessert Jaén 5 ou 6 fois par jour et Secorbus (☎ 902 22 92 92) affrète quotidiennement 6 bus depuis/vers Madrid (1 600 ptas, 4 heures 30).

Autotransportes López y Lisetur (☎ 957 76 70 77) dessert l'Extremadura et le nord-ouest de la province de Córdoba. Autotransportes Ureña (☎ 957 27 81 00) circule dans le centre-nord de la province. Autotransportes San Sebastián (☎ 957 27 67 71) et Autocares Pérez Cubero (☎ 957 68 40 23) desservent l'ouest de la province et Empresa Carrera (☎ 957 40 44 14), le sud, avec plusieurs bus par jour vers Priego de Córdoba et Cabra, et au moins deux vers Zuheros, Rute et Iznájar.

Train. Córdoba est dotée d'une gare ferroviaire moderne (☎ 957 40 02 02), Avenida de América, à 1 km au nord-ouest de la Plaza de las Tendillas.

Une vingtaine de trains par jour desservent Sevilla dans les deux sens, tels les trains régionaux Andalucía Exprés (1 090 ptas, 1 heure 15) ou AVE (de 2 400 à 2 800 ptas en classe *turista*, la plus économique, 45 minutes). Depuis/vers Madrid, vous avez le choix entre les AVE circulant tous les jours (entre 6 100 et 7 200 ptas en turista, 1 heure 45) et le train de nuit, l'Estrella (3 700 ptas en place assise, 6 heures 15).

Plusieurs trains se rendent quotidiennement à Málaga (de 2 000 à 2 800 ptas, 2 à 3 heures), Cádiz et Barcelona, et 1 ou 2 à Jaén, Huelva et Fuengirola. Pour Granada (1 900 ptas, 4 heures), il faut changer à Bobadilla.

Voiture. Parmi les sociétés de location, citons Avis (☎ 957 47 68 62), Plaza de Colón 32, Europcar (☎ 957 40 34 80) et Hertz (☎ 957 40 20 60), situés à la gare ferroviaire.

cours de conversion de l'euro 1 000 ptas = 6,01 €

Comment circuler

Bus. Les bus municipaux coûtent 115 ptas. Le bus n°3, qui part de la rue située entre les gares ferroviaire et routière, rejoint la Plaza de las Tendillas, puis descend la Calle de San Fernando, 300 m à l'est de la Mezquita. Au retour, vous pouvez le prendre dans Ronda de Isasa, juste au sud de la Mezquita, ou Avenida Doctor Fleming.

Voiture et moto. Le système de circulation à sens unique et la difficulté pour trouver une place où se garer dans la vieille ville ne facilitent pas les déplacements en voiture dans Córdoba. Heureusement, l'itinéraire pour accéder à bon nombre d'hôtels et hostales est bien signalisé et un "P" indique si l'établissement possède un parking.

Taxi. Dans le centre-ville, les taxis attendent à l'angle nord-est de la Plaza Tendillas. Le prix de la course depuis les gares ferroviaire et routière jusqu'à la Mezquita s'élève à environ 600 ptas.

LES ENVIRONS DE CÓRDOBA
Medina Azahara

En 936, Abd al-Rahman III décida que son récent califat avait besoin d'une nouvelle capitale, aussi en fit-il construire une à 8 km à l'ouest de Córdoba, au pied de la Sierra Morena. Des écrits racontent que dix mille ouvriers s'attelèrent à la construction et réussirent à mettre en place six mille blocs de pierre par jour. Tant et si bien qu'en 945, le calife pouvait s'installer avec toute sa suite dans la nouvelle cité. S'étendant sur environ 1,5 km d'est en ouest et 700 m du nord au sud, elle fut baptisée Medina Azahara, ou Madinat al-Zahra, en hommage à Azahara, l'épouse du calife. C'était indubitablement une fastueuse cité palatiale, même si le chroniqueur qui rapportait que les poissons des bassins mangeaient 12 000 miches de pain par jour exagérait quelque peu.

Medina Azahara ne connut qu'une gloire éphémère. Dès 981, Al-Mansour transféra le siège du gouvernement dans un nouvel ensemble palatial situé à l'est de la cité. Puis, entre 1010 et 1013, Medina Azahara subit le vandalisme des soldats berbères, qui l'occupèrent durant la période d'anarchie qui accompagna l'effondrement du califat. Au cours des siècles ultérieurs, ses ruines, d'où étaient récupérés des matériaux de construction, furent pillées à plusieurs reprises.

Bien qu'un dixième seulement de la cité ait été fouillé et que sur ce dixième, uniquement un quart soit accessible aux visiteurs, Medina Azahara (☎ 957 32 91 30) reste un lieu intéressant à visiter. Sa situation au milieu d'une agréable campagne ajoute à son attrait. L'itinéraire de visite passe par l'authentique porte nord de la cité, pour accéder au **Dar al-Wuzara** (la maison des vizirs), un imposant bâtiment en partie restauré et qui aurait servi aux ministres du calife. Il donne sur un jardin carré et possède plusieurs arcades en fer à cheval. En descendant vers l'est, on arrive à un **portico**, une rangée d'arcades au dessin rouge et blanc, semblables à celles de la Mezquita de Córdoba, qui donne sur une place d'armes. En suivant le chemin qui descend, on domine les ruines de la **mosquée** califale de Medina Azahara et l'on accède au plus grandiose édifice du site, le **Salón de Abd al-Rahman III**, qui s'ouvre sur un vaste jardin. Cette salle du trône est composée de trois travées aux belles arcades en fer à cheval. Sa décoration de motifs floraux, géométriques et calligraphiques, taillés dans la pierre (encore en cours de restauration), était d'une somptuosité sans précédent dans le monde musulman. Dans son livre *Moorish Spain*, Richard Fletcher écrit que dans le centre de la salle se trouvait une vasque emplie de mercure : quand le calife désirait impressionner ses visiteurs, il demandait à un esclave de faire osciller la vasque, afin que la lumière réfléchie par le mercure lance comme des éclairs dans la salle.

La Medina Azahara ouvre de 10h à 14h et de 18h à 20h30 (de 16h à 18h30 d'octobre à avril) du mardi au samedi et de 10h à 14h (13h30 de mi-juin à fin septembre) le dimanche. L'entrée est gratuite pour les ressortissants de l'Union européenne, sinon comptez 250 ptas.

Comment s'y rendre. En bus, l'arrêt le plus proche est le Cruce de Medina Azahara, l'embranchement qui part de la A-431, après quoi il faut encore marcher 3 km en montant un peu avant d'arriver au site. Au moment de la rédaction de ce guide, ce bus partait de l'extrémité nord de l'Avenida de la República Argentina à 9h40, 11h20, 13h, 14h, 15h20 et 18h tous les jours.

Un taxi coûte 3 900 ptas pour vous ramener, en comptant une heure d'attente.

Córdoba Vision organise des visites de la Medina Azahara deux fois par jour, sauf le dimanche après-midi et le lundi, au tarif de 2 500 ptas – vous pouvez réserver dans les hôtels et les agences de la ville ou en appelant au ☎ 957 23 17 34.

Si vous êtes en voiture, prenez l'Avenida de Medina Azahara à l'ouest du centre-ville, qui mène à la A-431. Le tournant pour la Medina Azahara est indiqué à 5 km du centre-ville.

LE NORD DE CÓRDOBA

La Sierra Morena se dresse à pic au nord de Córdoba puis ondule modérément à travers le nord de la province.

Los Pedroches

Vous pouvez passer une ou deux journées agréables à flâner dans Los Pedroches, le secteur le plus au nord de la province, entre Belalcázar au nord-ouest et Cardeña au nord-est. Les bus desservent la plupart des villages depuis Córdoba mais, pour visiter la région en toute liberté, il vous faut une voiture.

Los Pedroches est particulièrement attrayant au printemps. Son atmosphère est semblable à celle de sa voisine Castilla-La Mancha, de même qu'à celle de l'Andalousie en général ; faiblement peuplée, elle compte ça et là des hameaux en granite, des affleurements rocheux et de vastes pâturages boisés *(dehesas)* – la ligne ferroviaire AVE traverse certaines des plus belles dehesas, près de Villanueva de Córdoba. Des cigognes blanches nichent précairement sur les toits des églises, des châteaux et autres élévations de la région.

Deux sites essentiels à voir sont les châteaux de Belalcázar et de Santa Eufemia ; les deux villages qui les abritent comptent des hostales simples et bon marché. Le Castillo de Sotomayor, dont la forme inquiétante se dessine au-dessus du lointain **Belalcázar**, compte parmi les fortifications les plus étranges d'Andalousie. Il fut construit au XVIe siècle, à l'emplacement d'un ancien fort musulman, par Gutierre de Sotomayor, maître des Chevaliers de Calatrava, un ordre de croisés de la Reconquista (Reconquête), qui contrôlait une vaste étendue de territoires allant de Córdoba à Toledo et Badajóz. Même le palais Renaissance que l'un des descendants de Gutierre accola par la suite au château se trouve écrasé par l'énorme tour de guet qui domine l'édifice.

Pour accéder au château depuis le village, il faut prendre un chemin pavé, passer un chenal grandiose du XVIe siècle et une cabane marquée "Disco Pub Nomada", de l'autre côté d'un vieux pont en pierre, dépasser un portail derrière lequel des chiens montrent méchamment les dents et enfin une enseigne annonçant que l'oliveraie entourant le château a été traitée avec un produit toxique. Vous n'atteindrez le château (par un chemin évitant l'oliveraie) que pour vous apercevoir que toutes ses entrées ont été murées – ce qui ne fait qu'ajouter à son romantisme et à la protection des cigognes, des freux et des pigeons qui y ont élu domicile.

Santa Eufemia, à 26 km à l'est de Belálcazar, dans un payage dénudé, est le village le plus septentrional de l'Andalousie. Le Castillo de Miramontes, édifice musulman à l'origine, qui le domine au nord, est une ruine à l'état pur mais la vue panoramique qu'il offre à 360° est stupéfiante. Pour l'atteindre, tournez en direction de l'ouest à partir de la N-502 au niveau de l'Hostal Paloma, dans le village ; au bout d'1 km, tournez à droite au panneau "Camino Servicio RTVE". De là, il ne vous reste plus qu'à monter sur 1,5 km jusqu'au château.

L'extrémité est de Los Pedroches est occupée par le **Parque Natural Sierra de Cardeña y Montoro**, un domaine montagneux et boisé, qui constitue l'un des derniers refuges andalous du loup et du lynx. Pour tout renseignement, rendez-vous à l'office du tourisme (☎ 957 17 43 70), Calle Miguel Gallo 33, dans le village de

cours de conversion de l'euro 1 000 ptas = 6,01 €

Cardeña. Il existe des possibilités d'hébergement en cottage, ainsi qu'un terrain de camping à Aldea Cerezo (☎ 957 17 43 70), à 7 km à l'est, au carrefour de plusieurs sentiers de randonnée.

Montoro

Dominant une boucle du Río Guadalquivir, cette vieille ville, juste à la sortie de la N-IV au sud de Cardeña, est l'une des plus jolies de la province. Elle vaut vraiment que l'on s'y arrête si le temps ne presse pas : l'office du tourisme (☎ 957 16 00 89), sur la centrale Plaza de España, vous aiguillera dans votre visite.

L'OUEST DE CÓRDOBA

A 25 km en descendant la vallée du Guadalquivir depuis Córdoba, **Almodóvar del Río** se présente couronné par un impressionnant château à huit tours (☎ 957 63 51 16) visible de loin. Bâti en 740, le château doit en grande partie son allure actuelle à la restauration post-Reconquista. Pedro I (le Cruel) s'en servit pour y entreposer ses richesses. Le château ne fut jamais pris par les armes. Les visiteurs sont accueillis de 11h à 18h tous les jours (contribution laissée à votre appréciation).

Au nord-ouest d'Almodóvar, le **Parque Natural Sierra de Hornachuelos** s'étend dans la Sierra Morena sur 672 km² de collines et de forêts, entrecoupées de belles vallées fluviales. Il est réputé pour sa population de vautours, d'aigles et autres rapaces ; ses nombreux daims roux et sangliers attirent les chasseurs. Le Centro de Visitantes Huerta del Rey (☎ 957 64 11 40), à 1,5 km au nord-ouest de la ville d'Hornachuelos, sur la route de San Calixto, voit converger tout un réseau de sentiers de randonnée de longueur variée. Hornachuelos possède deux hostales.

VERS MÁLAGA

La N-331, en direction d'Antequera et Málaga, traverse La Campiña, une région agricole vallonnée qui n'a rien de spectaculaire. **Montilla**, à 45 km de Córdoba, est le principal centre de production des vins de Córdoba de type xérès. Vous pouvez visiter Bodegas Alvear (☎ 957 65 01 00), Avenida María Auxiliadora 1, mais appelez auparavant pour réserver. Montilla possède plusieurs hôtels et hostales.

Plus au sud, **Lucena** est une ville industrielle et les magasins de meubles, de fer forgé et de luminaires jalonnent la N-331.

LA SUBBÉTICA

Du XIIIe au XVe siècle, le sud de la province de Córdoba se trouvait à cheval sur la frontière entre chrétiens et musulmans et de nombreux villages et villes sont couronnés par des châteaux. Le sud-est montagneux, magnifique, est appelé la Subbética du nom de la chaîne du Sistema Subbético qui traverse cette partie de la province. Les 316 km de montagnes, de canyons et de vallées boisées qui constituent le Parque Natural Sierras Subbéticas, offrent de bonnes possibilités de randonnées (la carte *Parque Natural Sierras Subbéticas* de l'IGN au 1/50 0000 est fort utile). Le **Centro de Visitantes Santa Rita** (☎ 957 33 40 34) est situé de façon assez peu commode à 10 km à l'est de Cabra sur la A-340.

Zuheros et ses environs
Code postal 14870 • 950 hab.
• altitude 625 m

Se dressant au milieu d'une mer d'oliviers, au sud de la N-432, Zuheros est un point de départ splendide d'où explorer la région. Vous obtiendrez tous renseignements utiles à Turismo Zuheros (☎ 957 69 47 75) ou d'un point information ouvert de temps à autre (☎ 957 33 52 55) à quelques centaines de mètres en remontant la route vers Cueva de los Murciélagos.

Le **château** de Zuheros, d'origine musulmane, est perché à une extrémité du village sur fond de rochers escarpés très pittoresques. A proximité du château, apparaissent une église – autrefois une mosquée – et un musée archéologique. Château et musée se découvrent en visite guidée toutes les heures de 12h30 à 14h30 et de 18h30 à 20h30 (de 16h30 à 18h30 du 15 septembre au 15 avril), le samedi, dimanche et les jours fériés sauf en juillet (215 ptas). En montant 4 km en voiture, la montagne que l'on aperçoit derrière le village est la **Cueva de los Murciélagos** (grotte des chauve-souris), qui fut habitée par les néandertaliens il y a plus de 35 000 ans. Elle est réputée pour ses peintures rupestres représentant des chèvres et des personnages de la période néolithique (6000-2000 av. J.-C.). Les visites guidées ont lieu à 11h, 12h30, 14h, 18h et 19h30 les samedi, dimanche et jours fériés (550 ptas), avec un maximum de 150 personnes par jour. En juillet, les visites n'ont lieu qu'à 12h et 19h et, du 15 septembre au 15 avril, les deux dernières visites démarrent à 16h30 et 18h.

L'*Hotel Zuhayra* (☎ *957 69 46 93, Calle Mirador 10*), établissement agréable, dispose de simples/doubles avec s.d.b. pour 4 600/6 200 ptas plus IVA ; vous y obtiendrez des renseignements sur les chemins de randonnée. Vous pourrez prendre vos repas au restaurant de l'hôtel ou au *Mesón Los Palancos* non loin, où les prix sont très raisonnables et qui possède une terrasse superbement située juste en contrebas du château.

Ermita de la Virgen de la Sierra

Cette chapelle au sommet de la colline d'El Picacho (1 217 m), à 15 km en voiture à l'est de la banale ville de Cabra, offre de superbes panoramas et attire nombre de pèlerinages festifs (*romerías*), dont la célèbre Romería de los Gitanos, qui a lieu un dimanche de la mi-juin. Les *gitanos* (rom) et d'autres fidèles venus d'Espagne se rassemblent alors pour honorer la Virgen de la Sierra, chanter et danser du flamenco sans relâche. A Cabra, la *Fonda Guerrero* (☎ *957 52 05 07, Calle Pepita Jiménez 7*) propose des doubles correctes avec s.d.b. à 3 900 ptas.

Priego de Córdoba
Code postal 14800 • 22 000 hab.
• altitude 650 m

Cette ville assez importante peut également servir de point de départ pour explorer les montagnes avoisinantes. Deux des plus hauts pics de la province, La Tiñosa (1 570 m) et le Bermejo (1 476 m) se dressent au sud-ouest. Priego est dotée d'une quantité d'églises baroques bâties au XVIIIe siècle, lorsque la ville tirait sa richesse d'une industrie textile florissante. L'office du tourisme (☎ 957 90 06 25) vous sera d'une grande aide. Il est situé Calle del Río 33, à quelques minutes à pied au sud de la Plaza de la Constitución dans le centre-ville et ouvre de 9h à 13h du mardi au dimanche. En dehors de ces horaires, pour obtenir des renseignements, vous pouvez toujours passer Calle Real 46 chez José Mateo Aguilera, le très énergique directeur de l'office du tourisme.

Les églises de Priego ouvrent normalement de 10h à 13h tous les jours.

A voir. L'église la plus remarquable, la **Parroquia de la Asunción**, se dresse sur la Plaza de Abad Palomino, à environ 200 m au nord-est de la Plaza de la Constitución. L'ensemble de l'église est assez décoré, mais la chapelle Sagrario compte parmi les joyaux du baroque fleuri andalou, avec sa magnifique coupole et son somptueux décor foisonnant de stuc blanc et de sculptures. Derrière l'église, on s'enfonce dans le dédale des ruelles tortueuses du vieux quartier musulman, le **Barrio de La Villa**, où l'amour des Andalous pour les géraniums en pot atteint son expression la plus parfaite dans la Calle Real.

Parmi les autres somptueuses églises baroques, signalons l'**Iglesia de San Pedro**, Plaza San Pedro, l'**Ermita de la Aurora**, Carrera de Álvarez et l'**Iglesia de San Francisco**, Calle Buen Suceso.

Ne manquez pas non plus la **Fuente del Rey**, au bout de la Calle del Río, une fontaine datant des années 1780, merveilleuse d'élégance. L'eau jaillit de 139 jets – ceux du haut étant des mascarons de pierre – et s'écoule successivement dans trois bassins aux belles courbes ornés de sculptures classiques.

Le **Museo Histórico** vaut aussi le détour, Carrera de las Monjas 16, juste à l'ouest de la Plaza de la Constitución – il est ouvert de 10h à 14h et de 17h à 21h du mardi au vendredi et de 11h à 15h le samedi et le dimanche.

Où se loger et se restaurer. Juste à l'est de la Plaza de la Constitución, l'*Hostal Rafí* (☎ *957 54 07 49, Calle Isabel La Católica 4*) possède de bonnes chambres doubles avec s.d.b. au prix de 4 300 ptas

cours de conversion de l'euro 1 000 ptas = 6,01 €

plus IVA. L'*Hostal Andalucía* (☎ *957 54 01 74, Calle del Río 13*), central lui aussi, dispose de doubles basiques avec s.d.b. commune pour 2 800 ptas. Le *Río Piscina* (☎ *957 70 01 86, Carretera Monturque-Alcalá La Real Km 44*), loue des chambres doubles à 6 200 ptas plus IVA et bénéficie d'une piscine. De style musulman, mais moderne, la *Villa Turística de Priego* (☎ *957 70 35 03*), à 7 km au nord de la ville sur la route de Zagrilla, propose de charmants appartements pour deux, équipés pour faire la cuisine, à 9 000 ptas plus IVA. L'établissement dispose d'une piscine et d'un restaurant.

Vous trouverez des cafés autour de la Plaza de la Constitución et dans les rues à l'est, à moins d'essayer le restaurant *El Aljibe* près de la Parroquia de la Asunción.

Comment s'y rendre. La gare routière de Priego se trouve Calle Nuestra Señora de los Remedios, à environ 1 km à l'ouest de la Plaza de la Constitución. Il existe jusqu'à douze bus aller-retour par jour pour Córdoba, au moins deux pour Granada et d'autres encore pour Cabra et d'autres destinations.

Au sud de Priego

La A-333 serpente vers le sud à partir dePriego – suivez les indications "Lagunillas, Rute" sur la route de Loja qui part du centre-ville – en direction de l'autoroute A-92 Granada-Sevilla. Vous traverserez un joli paysage de collines plantées d'oliviers. A 26 km de Priego, **Iznájar**, perché sur un impressionnant rocher surmonté d'un château musulman et d'une église du XVIe siècle, domine le bassin de retenue d'Embalse de Iznájar.

Provincia de Granada

Cette province, à l'est de l'Espagne, englobe non seulement la ville de Granada, célèbre dans le monde entier, mais aussi les plus hautes montagnes d'Andalousie, dans la Sierra Nevada, et, au sud de celles-ci, les superbes vallées de Las Alpujarras.

GRANADA
Code postal 18080 • 241 000 hab.
• altitude 685 m

L'arrivée à Granada est décevante : la ville moderne, avec ses grandes artères encombrées et bordées de hauts immeubles d'habitation, semble loin de son passé musulman… Et pourtant, il n'est que de lever les yeux pour voir se dessiner deux des sites phares d'un voyage en Andalousie : le fascinant Albayzín, vieux quartier musulman, et le célèbre Alhambra qui, du haut de sa colline, domine l'horizon.

Le site même de la ville, avec en arrière plan la Sierra Nevada souvent couronnée de neige, offre une vision grandiose ; sa verdure est un ravissement dans cette Andalousie souvent grillée par le soleil et son climat, un délice, surtout au printemps et en automne. Granada recèle un certain nombre de monuments édifiés après la Reconquista (Reconquête), très intéressants sur le plan architectural et historique. Son université et sa population de jeunes, débordants d'activité, lui valent aussi une vie culturelle intense, quelques bars vraiment sympathiques et une vie nocturne animée.

Ville cosmopolite, Granada est aussi une agglomération prospère. Côtoyant cette richesse subsiste une classe pauvre et on voit beaucoup de mendiants.

Histoire

Les Túrdulos, une tribu ibère, s'implanta ici au Ve siècle av. J.-C. Les Romains, arrivés à la fin du IIIe siècle av. J.-C., s'installèrent à proximité du futur Alcazaba (une partie de l'Alhambra) et de l'Albayzín et baptisèrent leur ville Illiberis. Les Wisigoths édifièrent des remparts autour de la cité et posèrent les fondations de l'Alcazaba. En 711, les forces musulmanes s'emparèrent de la cité avec l'aide des juifs qui habitaient là. La ville fut gouvernée depuis Córdoba jusqu'en 1031 et plus tard, depuis Sevilla, par les Almoravides puis par les Almohades. C'est de son nom musulman, Karnattah, que dérive le nom actuel de Granada (il se trouve que *granada* est également le terme espagnol qui signifie grenade, ce fruit qui figure sur les armes de la ville).

Après la chute de Córdoba (1236) et de Sevilla (1248) aux mains de la Castille chrétienne, les musulmans cherchèrent refuge à Granada, où le fondateur de la dynastie nas-

A ne pas manquer

- Admirer l'Alhambra et le Generalife, les merveilleux palais et les jardins légendaires de la dernière dynastie musulmane d'Espagne
- Explorer le dédale de l'Albayzín, le vieux quartier musulman de Granada, du haut duquel le coucher du soleil embrase l'Alhambra
- Visiter la Capilla Real de Granada où sont enterrés les Rois Catholiques
- Profiter de la vie nocturne de Granada
- Randonner dans les superbes et mystérieuses vallées de Las Alpujarras et dans la Sierra Nevada aux sommets couverts de neige

334 Provincia de Granada – Granada

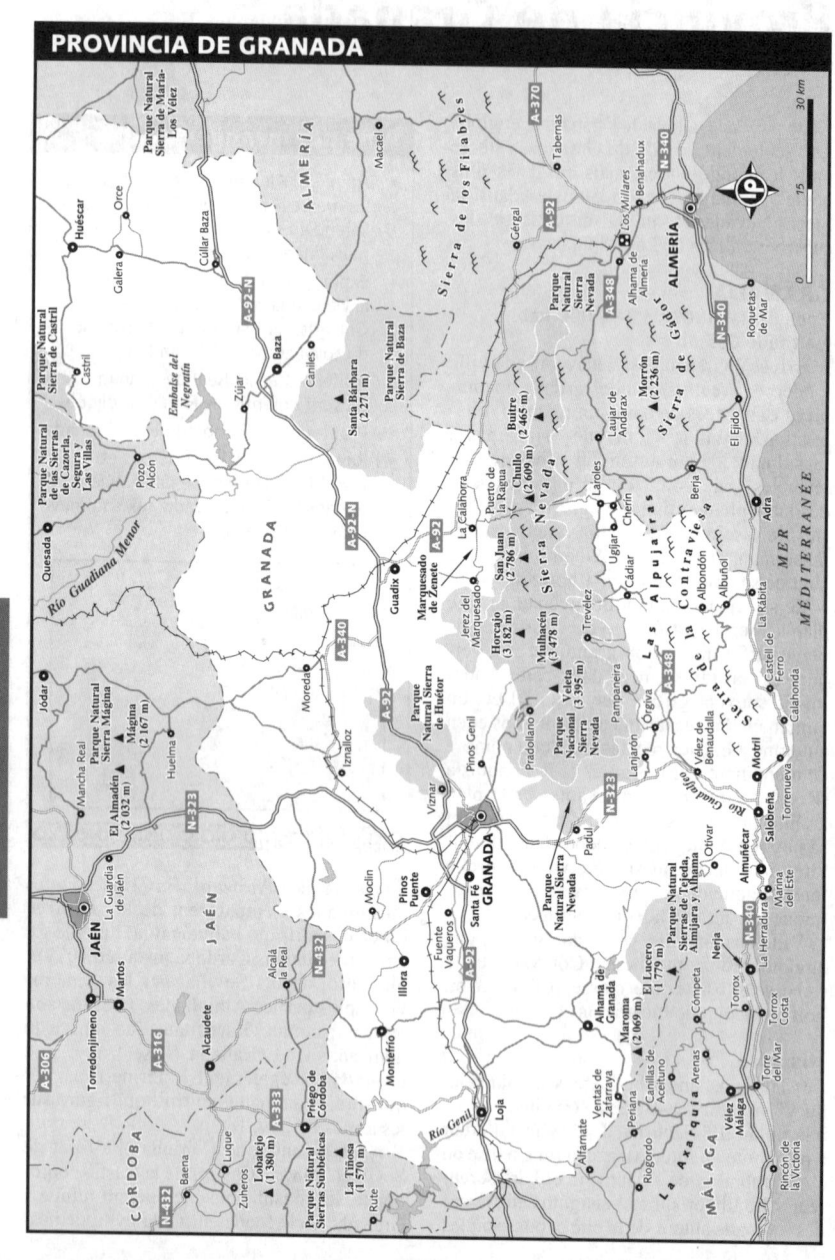

PROVINCIA DE GRANADA

ride, Mohammed ibn Yousouf ibn Nasr (également appelé Mohammed al-Ahmar) avait établi depuis peu un émirat indépendant. S'étendant du détroit de Gibraltar jusqu'à l'est d'Almería, cet émirat, dirigé durant deux cent cinquante ans par les Nasrides depuis leur fastueux palais de l'Alhambra, allait être le dernier vestige d'Al-Andalus (parties de la péninsule Ibérique contrôlées par les musulmans). Vassaux et alliés de la Castille, par opportunisme politique, les Nasrides aidèrent Fernando III à s'emparer de Sevilla et payèrent un tribut à la Castille jusqu'en 1476. Tout au long de leur règne, ils surent jouer des rivalités entre la Castille et l'Aragón (l'autre grand État chrétien de la Péninsule) et cherchèrent également une aide auprès des souverains du Maroc.

Granada devint l'une des cités les plus riches et les plus peuplées de l'Europe médiévale. Elle devait sa prospérité aux talents de ses innombrables marchands et artisans. Ses deux siècles de splendeur artistique et de progrès scientifique connurent leur apogée au XIVe siècle, sous Yousouf Ier et Mohammed V.

L'économie commença à stagner à la fin du XVe siècle ; les souverains s'adonnaient à une vie de plaisirs au sein de l'Alhambra et de violentes rivalités surgirent parmi les prétendants à la succession. L'une des factions soutenait l'émir Abu al-Hasan et sa concubine favorite Zoraya (une chrétienne originaire du Nord). L'autre défendait Boabdil, le fils d'Abu al-Hasan et de son épouse Aixa. En 1482, Boabdil se rebella, déclenchant une guerre civile très confuse. Les armées chrétiennes, qui n'attendaient qu'un prétexte et profitant de la situation, envahirent l'émirat de Granada.

Après avoir fait prisonnier Boabdil en 1483, les Rois Catholiques lui extorquèrent la promesse de leur abandonner une grande partie de l'émirat s'ils l'aidaient à récupérer Granada. Après la mort d'Abu al-Hasan en 1485, Boabdil réussit à prendre le contrôle de la ville. Les chrétiens envahirent alors le reste de l'émirat, assiégeant les villes et dévastant les campagnes. En 1491, ils mirent le siège devant Granada depuis la ville nouvellement construite de Santa Fé.

Au bout de huit mois, Boabdil accepta de livrer Granada en contrepartie des vallées des Alpujarras, de trente mille pièces d'or et de la reconnaissance de la liberté religieuse et politique de ses sujets. Pour prévenir les troubles, il laissa entrer les troupes castillanes dans l'Alhambra dans la nuit du 1er au 2 janvier 1492. Le lendemain Isabel et Fernando, vêtus à la mode musulmane, entraient en grande pompe dans Granada. La Reconquista était achevée. Ils établirent leur cour à l'Alhambra pour plusieurs années.

Sous Isabel et Fernando, Granada devint une cité castillane dynamique, mais aussi le siège de persécutions religieuses. Peu après la conquête de la ville, les juifs furent expulsés d'Espagne. Quant aux musulmans, leur persécution entraîna des révoltes dans l'ancien émirat, tant et si bien qu'ils furent eux aussi expulsés d'Espagne au début du XVIIe siècle.

Ayant perdu une grande partie de ses élites, Granada sombra dans le déclin. Il fallut attendre les années 1830 pour que l'intérêt passionné qu'elle suscita auprès des Romantiques contribue enfin à sa renaissance. Ce fut le point de départ du mouvement de restauration du patrimoine musulman de Granada et de l'arrivée du tourisme. Cela n'empêcha pas, néanmoins, la destruction de nombreux bâtiments historiques, pour laisser de la place à de larges artères.

Traditionnellement hostile au libéralisme, Granada laissa se perpétrer des massacres après la prise de la ville par les nationalistes au début de la guerre civile de 1936. On estime que quelque quatre mille *Granadinos*, d'obédience plus ou moins libérale ou de gauche, furent tués, dont Federico García Lorca, le plus célèbre écrivain de la ville et de toute l'Andalousie. Aujourd'hui encore, Granada garde sa réputation de conservatisme.

Orientation

Les deux rues principales, la Gran Vía de Colón et la Calle Reyes Católicos, se croisent Plaza Isabel La Católica. Au nord-est de cette place, la Calle Reyes Católicos passe par la Plaza Nueva pour rejoindre la Plaza Santa Ana, d'où part la Carrera del

cours de conversion de l'euro 1 000 ptas = 6,01 €

Darro qui monte vers l'Albayzín. Au sud, la Calle Reyes Católicos va jusqu'à la Puerta Real, la place principale de Granada. De là, l'Acera del Darro part vers le sud-est pour traverser le Río Genil.

L'Alhambra, perché sur la colline au nord-est du centre-ville, surplombe la Carrera del Darro et l'Albayzín. La Cuesta de Gomérez monte jusqu'à l'Alhambra depuis la Plaza Nueva.

La plupart des sites à visiter sont accessibles à pied depuis le centre-ville mais vous pouvez prendre le bus. La gare routière (au nord-ouest) et la gare ferroviaire (à l'ouest) sont situées à l'écart du centre-ville, mais de nombreux bus y conduisent.

Information

Offices du tourisme. L'office du tourisme de la province de Granada (☎ 958 22 66 88) donne sur la Plaza de Mariana Pineda. L'équipe, d'une grande aide, dispense des informations utiles sur Granada et la province. Il ouvre du lundi au samedi de 9h30 à 19h, le dimanche de 10h à 14h. Plus central, l'office du tourisme de la Junta de Andalucía (☎ 958 22 59 90) se situe Calle Mariana Pineda, dans le Corral del Carbón. Les cartes de la ville coûtent 100 ptas. Les informations sur les bus et les trains sont disponibles dans une pièce attenante. Les bureaux ouvrent du lundi au vendredi de 9h à 19h, et le samedi de 10h à 14h. Il existe aussi deux offices du tourisme dans l'Alhambra, ouverts de 9h à 16h du lundi au vendredi et de 10h à 14h le samedi.

Argent. Plusieurs banques donnent sur la Gran Vía de Colón, la Plaza Isabel La Católica et la Calle Reyes Católicos. American Express (☎ 958 22 45 12) se trouve Calle Reyes Católicos 31.

Poste et communications. La poste principale se situe Puerta Real s/n.

Net (☎ 958 22 69 19), Calle Santa Escolástica 13, est l'un des nombreux lieux qui offrent un accès public à Internet, moyennant 200 ptas par heure. Il ouvre du lundi au samedi de 9h à 23h et le dimanche de 16h à 23h.

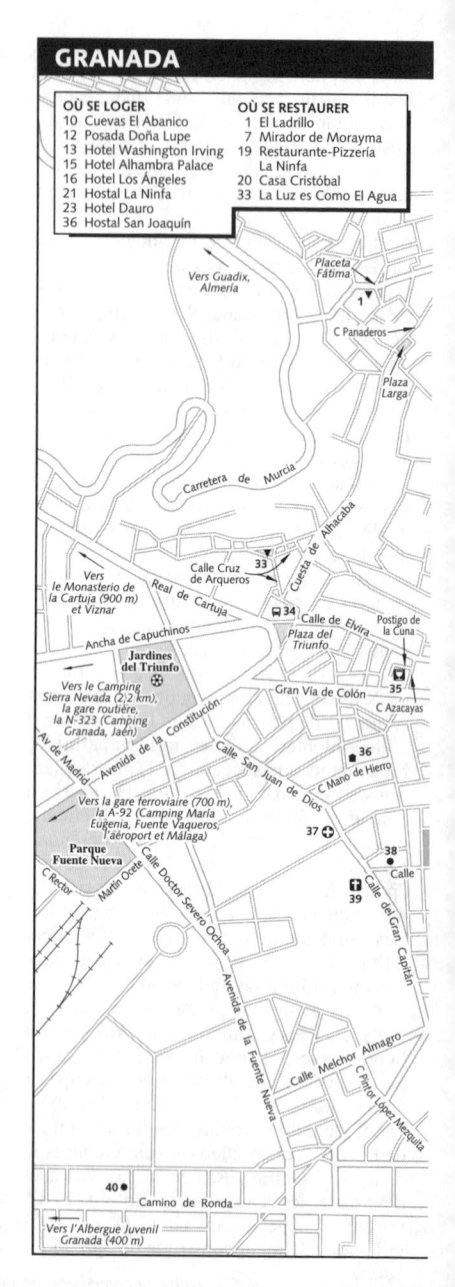

GRANADA

OÙ SE LOGER
- 10 Cuevas El Abanico
- 12 Posada Doña Lupe
- 13 Hotel Washington Irving
- 15 Hotel Alhambra Palace
- 16 Hotel Los Ángeles
- 21 Hostal La Ninfa
- 23 Hotel Dauro
- 36 Hostal San Joaquín

OÙ SE RESTAURER
- 1 El Ladrillo
- 7 Mirador de Morayma
- 19 Restaurante-Pizzería La Ninfa
- 20 Casa Cristóbal
- 33 La Luz es Como El Agua

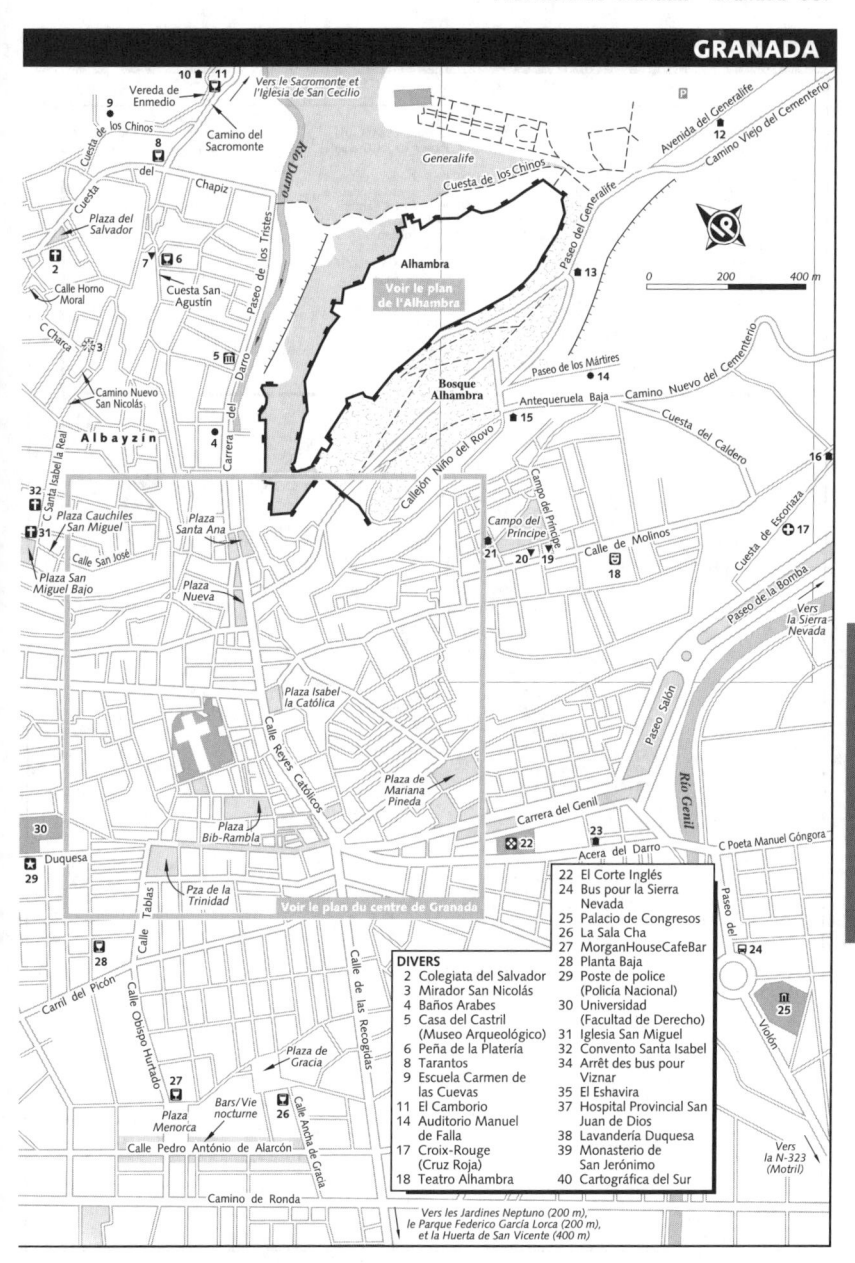

Provincia de Granada – Granada

GRANADA

DIVERS
2 Colegiata del Salvador
3 Mirador San Nicolás
4 Baños Arabes
5 Casa del Castril (Museo Arqueológico)
6 Peña de la Platería
7 Tarantos
8 Tarantos
9 Escuela Carmen de las Cuevas
11 El Camborio
14 Auditorio Manuel de Falla
17 Croix-Rouge (Cruz Roja)
18 Teatro Alhambra
22 El Corte Inglés
24 Bus pour la Sierra Nevada
25 Palacio de Congresos
26 La Sala Cha
27 MorganHouseCafeBar
28 Planta Baja
29 Poste de police (Policía Nacional)
30 Universidad (Facultad de Derecho)
31 Iglesia San Miguel
32 Convento Santa Isabel
34 Arrêt des bus pour Viznar
35 El Eshavira
37 Hospital Provincial San Juan de Dios
38 Lavandería Duquesa
39 Monasterio de San Jerónimo
40 Cartográfica del Sur

cours de conversion de l'euro 1 000 ptas = 6,01 €

CENTRE DE GRANADA

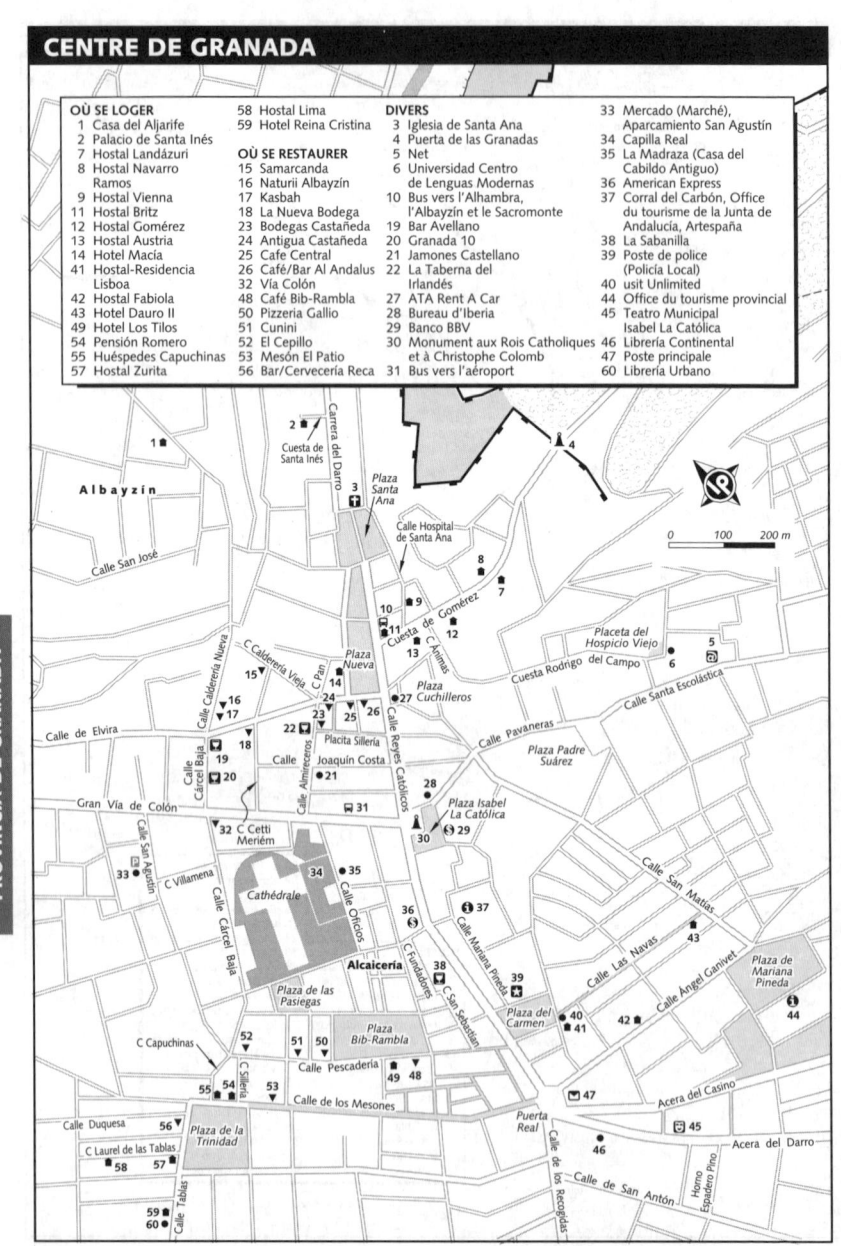

OÙ SE LOGER
1. Casa del Aljarife
2. Palacio de Santa Inés
7. Hostal Landázuri
8. Hostal Navarro Ramos
9. Hostal Vienna
11. Hostal Britz
12. Hostal Goméréz
13. Hostal Austria
14. Hotel Macía
41. Hostal-Residencia Lisboa
42. Hostal Fabiola
43. Hotel Dauro II
49. Hotel Los Tilos
54. Pensión Romero
55. Huéspedes Capuchinas
57. Hostal Zurita
58. Hostal Lima
59. Hotel Reina Cristina

OÙ SE RESTAURER
15. Samarcanda
16. Naturii Albayzín
17. Kasbah
18. La Nueva Bodega
23. Bodegas Castañeda
24. Antigua Castañeda
25. Cafe Central
26. Café/Bar Al Andalus
32. Vía Colón
48. Café Bib-Rambla
50. Pizzeria Gallio
51. Cunini
52. El Cepillo
53. Mesón El Patio
56. Bar/Cervecería Reca

DIVERS
3. Iglesia de Santa Ana
4. Puerta de las Granadas
5. Net
6. Universidad Centro de Lenguas Modernas
10. Bus vers l'Alhambra, l'Albayzín et le Sacromonte
19. Bar Avellano
20. Granada 10
21. Jamones Castellano
22. La Taberna del Irlandés
27. ATA Rent A Car
28. Bureau d'Iberia
29. Banco BBV
30. Monument aux Rois Catholiques et à Christophe Colomb
31. Bus vers l'aéroport
33. Mercado (Marché), Aparcamiento San Agustín
34. Capilla Real
35. La Madraza (Casa del Cabildo Antiguo)
36. American Express
37. Corral del Carbón, Office du tourisme de la Junta de Andalucía, Artespaña
38. La Sabanilla
39. Poste de police (Policía Local)
40. usit Unlimited
44. Office du tourisme provincial
45. Teatro Municipal Isabel La Católica
46. Librería Continental
47. Poste principale
60. Librería Urbano

Internet. Cela vaut la peine de consulter ces quelques sites Web :

Guía de Granada
www.moebius.es/ggranada
Granada en la Red
Il propose des liens vers plusieurs sites intéressants sur Granada (en anglais et en espagnol) et sa librairie en ligne contient des titres en rapport avec Granada.
http://granadainfo.com

Agences de voyages. Destinée aux jeunes et aux étudiants, l'agence usit Unlimited est située Calle Las Navas 29.

Librairies. Des livres en français peuvent être disponibles à la Librería Urbano, Calle Tablas 6, au sud-ouest de la Plaza de la Trinidad. Pour les cartes et les guides, adressez-vous à Cartográfica del Sur (☎ 958 20 49 01), Calle Valle Inclán 2, juste à côté du Camino de Ronda.

Blanchissage/nettoyage. La Lavandería Duquesa, Calle Duquesa 24, est un endroit accueillant où faire laver et sécher un sac de linge, ce qui coûte environ 1 100 ptas.

Services médicaux et urgences. En cas d'urgence, adressez-vous à la Cruz Roja (Croix-Rouge ; ☎ 958 22 22 22), Cuesta de Escoriaza 8, près du Paseo de la Bomba et du Río Genil. L'Hospital Universitario San Juan de Dios (☎ 958 24 17 24), Calle San Juan de Dios 15, est assez central.

La Policía Local (☎ 958 29 35 01) se trouve Plaza del Carmen 5. La Policía Nacional (☎ 958 27 83 00), Calle de la Duquesa 15.

L'Alhambra et le Generalife

Rien ne saurait vous préparer aux délices de l'Alhambra. Perché au sommet de la colline qu'on appelle La Sabika, c'est un lieu enchanteur. Le dépouillement de ces murailles rouges, simplement ponctuées de tours, peut décevoir un peu au premier abord. Pourtant, cette forteresse, nichée au milieu des cyprès et des ormes, qui se détache sur fond de Sierra Nevada, offre déjà une vision grandiose. Le ravissement est à son comble, à l'intérieur, en découvrant le Palacio Nazaries (Palais nasride), sublimement décoré, et le Generalife (les jardins de l'Alhambra) ! Dans l'un et l'autre de ces lieux, l'eau se fait art. Même à l'extérieur de l'Alhambra, le bruissement de l'eau et la verdure donnent un sentiment de calme unique, à mille lieux de la frénésie de la ville et de la sécheresse si répandue dans la campagne espagnole.

Les hordes de touristes (une moyenne de six mille par jour) qui déambulent bouleversent malheureusement cette tranquillité. Aussi vaut-il mieux visiter dès l'ouverture, en fin d'après-midi ou la nuit, un moment magique (seules les pièces principales du Palacio Nazaries se visitent de nuit).

L'Alhambra comporte deux parties principales, l'Alcazaba (forteresse) et le Palacio Nazaries. Il englobe aussi le Palacio de Carlos V, l'Iglesia de Santa María de la Alhambra, deux hôtels, quelques restaurants (reportez-vous aux rubriques *Où se loger* et *Où se restaurer*), des boutiques de souvenirs et des points de vente de rafraîchissements. Le Generalife ne se situe pas très loin à pied, à l'est.

Histoire. L'Alhambra, de l'arabe *al-qala'at al-hamra* (château rouge), était à l'origine, au IXe siècle, une forteresse. Aux XIIIe et XIVe siècles, les Nasrides en firent un palais-forteresse jouxtant une petite cité (*medina*), dont il ne subsiste rien. Le fondateur de la dynastie nasride, Mohammed ibn Yousouf ibn Nasr, s'établit au sommet de la colline en restaurant et en agrandissant l'Alcazaba. Au XIVe siècle, ses successeurs, Yousouf Ier et Mohammed V, édifièrent le Palacio Nazaries dont la décoration doit surtout beaucoup au second de ces souverains.

En 1492, après avoir conquis Granada, les Rois Catholiques s'installèrent dans le Palacio Nazaries. Ils chargèrent un musulman d'en restaurer la décoration. Puis une église vint remplacer la mosquée du palais et commença la construction du Convento de San Francisco (transformé aujourd'hui en hôtel, le Parador San Francisco, voir la rubrique *Où se loger*). Carlos Ier, petit-fils des Rois Catholiques, fit détruire une aile

cours de conversion de l'euro 1 000 ptas = 6,01 €

L'ALHAMBRA

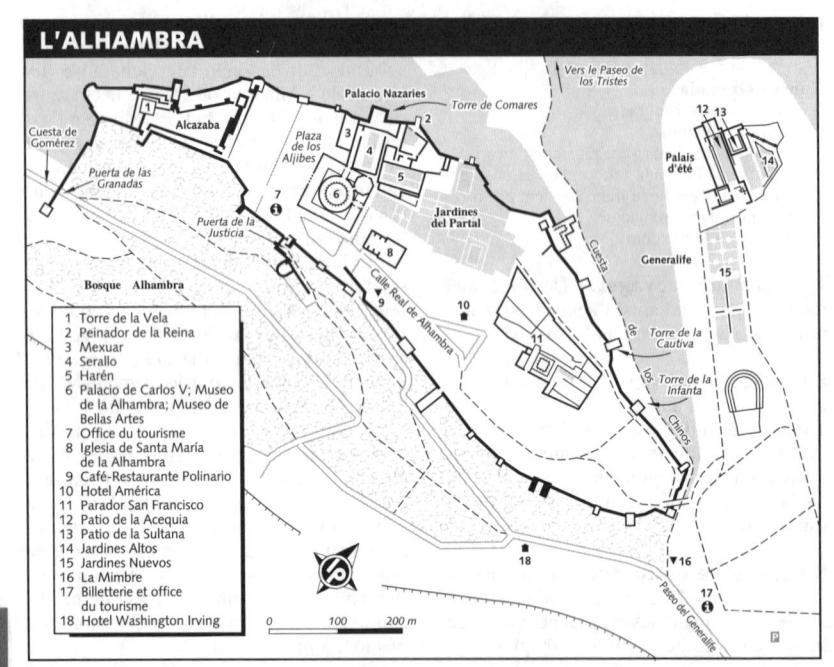

1. Torre de la Vela
2. Peinador de la Reina
3. Mexuar
4. Serallo
5. Harén
6. Palacio de Carlos V ; Museo de la Alhambra ; Museo de Bellas Artes
7. Office du tourisme
8. Iglesia de Santa María de la Alhambra
9. Café-Restaurante Polinario
10. Hotel América
11. Parador San Francisco
12. Patio de la Acequia
13. Patio de la Sultana
14. Jardines Altos
15. Jardines Nuevos
16. La Mimbre
17. Billetterie et office du tourisme
18. Hotel Washington Irving

du Palacio Nazaries, afin de dégager un espace suffisant pour la construction d'un immense palais Renaissance que l'on appelle le Palacio de Carlos V (en référence au titre de Saint Empereur Romain de Carlos Ier).

Au XVIIIe siècle, l'Alhambra fut abandonné aux pilleurs et aux mendiants. Sous l'occupation napoléonienne, il servit de caserne et a échappé de peu à la destruction. En 1870, il fut classé monument national à la suite de l'immense vague d'intérêt suscitée par les écrivains romantiques ; Washington Irving écrivit ses merveilleux *Contes de l'Alhambra*, lecture idéale lors d'un séjour à Granada, dans les pièces du palais où il avait son bureau dans les années 1820. Depuis lors, l'Alhambra a été sauvegardé et considérablement restauré.

Entrée. Nous vous recommandons vivement de réserver vos billets à l'avance, surtout si vous voyagez entre les mois de mai et octobre, afin d'éviter la queue, voire la déception de ne pas trouver de billet (les huit mille places vendues quotidiennement s'écoulent vite !). Vous pouvez le faire par téléphone (☎ 902 22 44 60) entre 9h et 18h, ou sur place dans n'importe quelle agence du Banco BBV (à Granada ou dans une autre ville espagnole). Des frais de réservation (125 ptas) vous seront facturés en sus du prix du billet (1 000 ptas, gratuit pour les handicapés et les enfants de moins de 8 ans). Les billets réservés par téléphone doivent être réglés par carte Visa ou Mastercard, et peuvent être retirés dans une agence du Banco BBV ou au guichet de l'Alhambra. Des billets, valables le jour même, sont en vente au guichet de l'Alhambra et, du lundi au vendredi de 9h à 14h, au Banco BBV de la Plaza Isabel la Católica, dans le centre de Granada. Sachez néanmoins que vous devrez faire la queue et parfois sans obtenir de billet, en particulier entre mai et octobre.

Votre billet définit un créneau horaire d'une demi-heure pendant lequel vous devez entrer dans le Palacio Nazaries ; une fois à l'intérieur, vous pouvez rester aussi longtemps que vous le désirez. Si vous achetez le billet le jour même, il est possible que la plage horaire débute plusieurs heures après le moment où il vous a été délivré (cela n'arrive généralement pas en hiver) ; cela ne pose pas de problème en soi, car vous pouvez visiter d'autres parties de l'Alhambra en attendant.

L'Alhambra et le Generalife sont ouverts tous les jours de 8h30 à 20h (jusqu'à 18h entre octobre et mars). Le Palacio Nazaries est accessible également en nocturne de 22h à 23h30 du mardi au samedi (de 20h à 21h30 les vendredi et samedi entre octobre et mars). L'entrée coûte 1 000 ptas ; elle est gratuite pour les personnes handicapées et les enfants de moins de 8 ans.

Le système de billetterie est susceptible de changer, car les responsables cherchent désespérément à réguler le flux gigantesque de visiteurs. Un système de réservation en ligne devrait prochainement être mis en fonctionnement.

Comment s'y rendre. Le bus Alhambra qui part de la Plaza Nueva (toutes les 10 minutes entre 7h45 et 22h, 120 ptas) monte la Cuesta de Gomérez jusqu'à la billetterie, à l'extrémité est de l'Alhambra. Sur la Plaza Nueva, vous trouverez également des bus en direction de l'Albayzín et du Sacromonte. Le bus n°32 circule entre le guichet de l'Alhambra et l'Albayzín.

En montant à pied la Cuesta de Gomérez, on accède rapidement à l'imposante **Puerta de las Granadas**, porte construite par Carlos Ier, dans la pierre de laquelle sont sculptées trois grenades. Après la porte commence le Bosque (bois) Alhambra. Si vous avez déjà votre billet, vous pouvez emprunter un sentier sur la gauche qui passe devant une belle fontaine Renaissance et pénétrer dans l'Alhambra par l'austère **Puerta de la Justicia** construite par Yousouf Ier en 1348 et qui était, à l'origine, le principal accès à l'Alhambra. Depuis la porte, un passage mène à la Plaza de los Aljibes, où se trouve un office du tourisme.

La billetterie et un autre office du tourisme sont situés à l'extrémité est du site, à côté du parc de stationnement, à un kilomètre de la Puerta de las Granadas. Pour vous y rendre, ne prenez pas le chemin qui monte à la Puerta de la Justicia mais continuez à l'extérieur des murailles de l'Alhambra.

Vous pouvez louer (500 ptas) des audio guides en français, anglais, espagnol ou italien dans l'un ou l'autre des offices du tourisme.

Alcazaba. De l'Alcazaba ne subsistent que les remparts et plusieurs tours, dont la plus importante et la plus haute, la Torre de la Vela (tour de guet). Là, un étroit escalier en colimaçon mène à la terrasse supérieure d'où l'on jouit d'une vue splendide sur la ville et ses environs. En janvier 1492, les croix et les bannières de la Reconquista furent hissées en haut de la tour.

Palacio Nazaries. Voilà l'apothéose de la visite ! Avec ses murs revêtus de stuc subtilement ouvragé, ses calligraphies arabes, ses plafonds en bois délicatement travaillés, ses coupoles aux alvéoles élaborées et les remarquables proportions de ses salles et de ses patios, le Palais nasride (également appelé Casa Real, maison royale) constitue un surprenant contraste avec l'austérité des murailles et des bastions de l'Alcazaba. L'ordre de visite des salles peut différer de ce que nous vous indiquons ci-dessous, en fonction des travaux de restauration.

Mexuar. Ces salles, par lesquelles on accède normalement dans le palais, datent du XIVe siècle. Elles servaient pour des usages administratifs et judiciaires. Le public n'était pas admis au-delà. La première, la salle du Conseil, a souffert de nombreuses altérations et comporte aussi bien des motifs chrétiens que musulmans. Elle donne, tout au bout, sur une petite salle somptueusement décorée qui était à l'origine une salle de prière, et qui surplombe le Río Darro. De là, on passe dans le Patio del Mexuar ou Patio del Cuarto Dorado, agrémenté d'une petite fontaine, puis, sur la gauche, dans le Cuarto Dorado (chambre

cours de conversion de l'euro 1 000 ptas = 6,01 €

dorée) mudéjar. En face du Cuarto Dorado s'ouvre l'entrée du Serallo, dont la façade est merveilleusement ornée de carreaux de faïence, de motifs de stuc et de bois sculpté.

Serallo. C'était la résidence officielle de l'émir ou du sultan. Ses salles entourent le Patio de los Arrayanes (patio des Myrtes), dont le nom vient des haies de myrtes qui flanquent son bassin rectangulaire et ses fontaines. On l'appelle aussi Patio de la Alberca (patio du Bassin). Des portiques, formés par des colonnes de marbre soutenant des arcades finement sculptées, bordent le patio au nord et au sud. En franchissant le portique nord, à l'intérieur de la Torre de Comares (tour des Comares) on pénètre dans la Sala de la Barca (salle de la Barque) dont le superbe plafond en bois a la forme d'une coque de bateau renversée. Cette salle ouvre sur l'imposant Salón de Embajadores (salon des Ambassadeurs), un salon carré où les émirs menaient leurs négociations avec les émissaires chrétiens. La coupole en bois de cèdre est remarquable et les murs, merveilleusement ornés de carreaux de faïence et de stuc dont les motifs se répètent. Du côté sud du patio se dressent malheureusement les murs gris sombre du Palacio de Carlos V.

Harén. Le harem, construit sous le règne de Mohammed V, entoure le célèbre Patio de los Leones, au centre duquel se dresse une fontaine où l'eau jaillit des gueules de douze lions de pierre. Cent vingt-quatre fines colonnettes de marbre soutiennent les galeries qui bordent le patio et, notamment, ses ravissants pavillons qui s'avancent côté est et côté ouest.

Quatre salles bordent le patio. La **Sala de los Abencerrajes**, qui ouvre du côté sud, est entrée dans la légende pour avoir été le cadre de l'assassinat des membres de la noble famille Abencerraj, dont le chef, dit l'histoire, aurait osé badiner avec Zoraya, la favorite d'Abu al-Hasan. La haute coupole, ornée de stalactites, lance des myriades d'éclats, créant un effet de voûte étoilée.

A l'extrémité est du patio, on accède à la **Sala de los Reyes** (salle des Rois) dont le plafond tapissé de cuir est orné de peintures représentant des scènes de chevalerie, attribuées à des artistes chrétiens du XIVe siècle. Cette salle doit son nom aux peintures du centre du plafond, qui représentent dix émirs nasrides. Au nord du patio, on pénètre dans la **Sala de las Dos Hermanas** (salle des Deux Sœurs), qui doit son nom aux deux grandes dalles de marbre blanc de part et d'autre de sa fontaine ; elle est aussi fastueusement décorée que la Sala de los Abencerrajes. C'était la salle de la favorite du sultan. Dans le fond s'ouvre la féerique **Sala de los Ajimeces**, ou **Mirador de Lindaraja/Daraxa**, la chambre à coucher et le cabinet de toilette de la favorite.

Autres parties. Après la Sala de las Dos Hermanas, un couloir longe des pièces désertes que Carlos Ier fit décorer et que fréquenta plus tard Washington Irving. La dernière, le Peinador de la Reina, servait de cabinet de toilette à la reine Isabel, l'épouse de Carlos Ier. De là, on descend dans le Patio de los Cipreses (patio des Cyprès), qui donne sur les Baños Reales (bains royaux) richement décorés, mais fermés au public.

A l'extérieur du palais s'étend une série de récents jardins en terrasse, le **Partal**, bordés par les tours du palais et par les remparts. De là, on peut sortir pour accéder au Palacio de Carlos V ou continuer sur le chemin qui mène au Generalife.

Palacio de Carlos V. Cet immense palais Renaissance, également appelé Casa Real Nueva, est l'édifice chrétien majeur de l'Alhambra. Commencé en 1527 par Pedro Machuca, un architecte de Toledo ancien élève de Michel-Ange, il ne fut jamais achevé. Cet édifice carré cache une étonnante cour intérieure bordée de galeries, entourée de trente-deux colonnes. Trois portiques formés de paires de colonnes cannelées et des sculptures de cavaliers, d'anges et de figures mythologiques ornent la façade principale, à l'ouest.

Le palais abrite deux musées. Au rez-de-chaussée, le **Museo de la Alhambra**, consacré à la période musulmane, recèle une merveilleuse collection d'objets provenant de l'Alhambra, de la province de Granada et de Córdoba. Les explications sont données en espagnol et en anglais. Le fleuron du musée est l'élégant Vase Alhambra décoré de gazelles. Le musée (gratuit) ouvre du mardi au samedi de 9h à 14h30.

Le **Museo de Bellas Artes**, à l'étage, possède une impressionnante collection de peintures et de sculptures. Parmi les plus remarquables, mentionnons le relief en bois sculpté de la Vierge à l'enfant par Diego de Siloé ; un petit triptyque émaillé, datant des années 1500, qui appartenait à El Gran Capitán (Gonzalo Fernández de Córdoba), grand chef de guerre au service des Rois Catholiques, et diverses œuvres d'Alonso Cano. Le musée est ouvert de 14h30 à 18h (20h d'avril à septembre) le mardi, de 9h à 18h (20h d'avril à septembre) du mercredi au samedi et de 9h à 14h30 le dimanche. L'entrée est gratuite pour les ressortissants d'un pays de l'Union européenne (250 ptas pour les autres).

Autres bâtiments chrétiens. L'**Iglesia de Santa María**, construite entre 1581 et 1617, occupe l'emplacement de l'ancienne mosquée du palais. Le **Convento de San Francisco**, aménagé en parador, fut érigé sur le site d'un palais musulman. Les dépouilles d'Isabel et de Fernando reposèrent dans ce qui est aujourd'hui le patio du parador, avant leur transfert à la Capilla Real.

El Generalife. Le nom signifie "Jardin de l'Architecte". Ces jardins palatiaux étagés à flanc de colline en face du Palacio Nazaries forment une composition ravissante et apaisante d'allées, de terrasses, de patios, de fontaines, de haies taillées, de hauts arbres vénérables, en particulier cyprès, peupliers et marronniers. Quand vient la saison, des fleurs d'une variété infinie de nuances complètent ce tableau idyllique. Le palais d'été des souverains musulmans se dresse dans un angle à l'extrémité. A l'intérieur, le Patio de la Acequia abrite un long bassin bordé de parterres de fleurs et de jets d'eau, dont les courbes font écho aux arcades des portiques à chaque extrémité. Du Patio de la Acequia, on passe dans le Patio de la Sultana, presque aussi ravissant, où se dresse un cyprès âgé de 700 ans. En montant, on accède aux modernes Jardines Altos (jardins hauts), et à un escalier d'eau tombant en cascade. En revenant vers l'entrée, on arrive aux Jardines Nuevos (jardins nouveaux). Pour revenir en ville, un autre itinéraire agréable consiste à suivre la Cuesta de los Chinos qui descend dans un petit ravin entre le Generalife et l'Alhambra proprement dit jusqu'au Río Darro.

Capilla Real

La superbe Chapelle Royale (☎ 958 22 92 39), Calle Oficios, à côté de la cathédrale, est le fleuron de l'architecture chrétienne de Granada. Construite dans le style gothique isabelin par les Rois Catholiques pour leur servir de mausolée, mais elle ne fut achevée qu'en 1521 ; leurs dépouilles furent donc conservées temporairement dans le Convento de San Francisco. Les monarques, ainsi que trois de leurs parents, reposent dans de simples cercueils en plomb dans la crypte située sous le chœur, au-dessous de leurs cénotaphes en marbre. Ces derniers sont protégés par une surprenante grille en fer forgé doré, œuvre de Maestro Bartolomé, de Jaén, en 1520. Les cercueils sont, de gauche à droite, ceux de Felipe El Hermoso (le Beau, mari de la fille des Rois Catholiques, Juana La Loca), de Fernando, d'Isabel, de Juana La Loca (la Folle) et de Miguel, l'aîné des petits-enfants d'Isabel et de Fernando. Les gisants, au-dessus de la crypte, ont été offerts par Carlos Ier en hommage à ses parents et grands-parents. Le monument qui représente Isabel et Fernando est l'œuvre de Domenico Fancelli, un artiste toscan. L'autre monument, dédié à Felipe et Juana, est légèrement plus élevé, apparemment du fait que Felipe était le fils du Saint Empereur Romain, Maximilien. C'est l'œuvre de Bartolomé Ordóñez, de Burgos, en 1520. Quant au retable plateresque richement orné du chœur (1522), son auteur s'appelle Felipe de Vigarni. Remarquez les figures d'Isabel et de Fernando en prière et les peintures au-dessous, représentant la défaite des musulmans et leur conversion au christianisme. Le cardinal Cisneros est également représenté.

cours de conversion de l'euro 1 000 ptas = 6,01 €

La sacristie abrite un remarquable musée où sont exposées de superbes pièces telles que le sceptre et la couronne en argent d'Isabel et l'épée de Fernando. La salle consacrée à la collection personnelle d'Isabel regroupe surtout des œuvres flamandes, mais aussi un Botticelli (*Prière au jardin des Oliviers*) et deux ravissantes statues orantes de monarques dues à Vigarni. La Capilla Real est ouverte du lundi au samedi de 10h30 à 13h et de 16h à 19h (15h30 à 18h30 en hiver), le dimanche de 11h à 13h. L'entrée coûte 300 ptas.

La cathédrale

Jouxtant la Capilla Real, la cathédrale possède une architecture trapue gothique-Renaissance et un intérieur sombre. Sa construction, commencée en 1521, fut dirigée par Diego de Siloé de 1528 à 1563, mais elle ne fut pas achevée avant le XVIII{{e}} siècle. C'est Alonso Cano (dont la statue se dresse au sud-ouest) qui dessina la façade principale, donnant sur la Plaza de las Pasiegas, dotée de quatre puissants arcs-boutants et d'un portail voûté. Quant à la somptueuse Puerta del Perdón, sur la façade nord-ouest, certaines de ses statues sont l'œuvre de Siloé. Il est aussi l'auteur d'une grande partie de l'intérieur de la cathédrale, en particulier de la Capilla Mayor avec ses dorures et ses peintures. Les statues orantes des Rois Catholiques (de part et d'autre du maître-autel, au-dessus des chaires merveilleusement sculptées et peintes) ont été réalisées par Pedro de Mena au XVII{{e}} siècle. Les bustes d'Adam et d'Ève sont l'œuvre de Cano.

Les visites (300 ptas) de la cathédrale (☎ 958 22 29 59) sont autorisées de 10h30 (10h45 en hiver) à 13h30 et de 16h à 19h du lundi au samedi, et de 16h à 19h le dimanche. L'accès se fait par la Gran Vía de Colón.

La Madraza

En face de la Capilla Real subsiste une partie de l'ancienne université musulmane, La Madraza, également appelée Casa del Cabildo Antiguo, pour avoir été par la suite le siège de l'hôtel de ville. Très altéré, avec sa façade baroque peinte, l'édifice a conservé une salle de prière au dôme octogonal orné d'entrelacs de stucs et de jolis carreaux de faïence. Le bâtiment fait actuellement partie de l'université, mais vous pouvez y jeter un œil s'il est ouvert.

Corral del Carbón

Cette place (cour du Charbon) est un ancien caravansérail du XIV{{e}} siècle, transformé en dépôt où l'on pesait le charbon, d'où il tient son nom, puis en théâtre. Il abrite aujourd'hui un office du tourisme et des boutiques d'artisanat d'État (Artespaña). Pour y accéder en venant de la Capilla Real, traversez la Calle Reyes Católicos et suivez les panneaux jusqu'à la ruelle.

Alcaicería

L'Alcaicería, ancien bazar musulman où se vendaient les soies, a été entièrement reconstruit au XIX{{e}} siècle à la suite d'un incendie. Il abrite aujourd'hui des boutiques pour touristes. Les bâtiments séparés par d'étroites ruelles se situent juste au sud-est de la Capilla Real.

Albayzín

Il faut absolument aller vous promener dans les vieilles ruelles étroites et escarpées de l'ancien quartier musulman de Granada. L'Albayzín couvre une grande partie de la colline qui fait face à l'Alhambra, de l'autre côté de la vallée du Darro. Son nom vient du fait que des musulmans de Baeza se réfugièrent dans ce quartier en 1227, après la conquête de la ville par les chrétiens. Devenu un quartier résidentiel très peuplé, il resta musulman quelques décennies après la Reconquista. De cette époque subsistent des remparts, des citernes, des portes, des fontaines et des maisons. Nombre d'églises et de *cármenes* (vastes villas entourées de jardins clos de mur) ont été édifiées à l'emplacement de bâtiments musulmans ; certains en intègrent même des vestiges.

Les bus n°31 et 32 relient la Plaza Nueva au Haut Albayzín.

Carrera del Darro et Paseo de los Tristes.

L'un des itinéraires pour se rendre à l'Albayzín consiste à monter la Carrera del

Darro qui part de la Plaza Nueva. Sur la Plaza Santa Ana se dresse l'**Iglesia de Santa Ana**, dont le clocher intègre le minaret d'une ancienne mosquée, comme c'est le cas de plusieurs églises de l'Albayzín. Arrêtez-vous au 31 Carrera del Darro pour voir les restes des **Baños Árabes**, des bains arabes datant du XIe siècle, ouverts du mardi au samedi de 10h à 14h. L'entrée est gratuite.

Au 41 Carrera del Darro, la Casa del Castril, de style Renaissance, abrite le **Museo Arqueológico** (☎ 958 22 56 40) où l'on peut découvrir quelques objets intéressants mis au jour dans la province. A l'étage, la salle musulmane recèle de ravissants azulejos, des bois sculptés et de jolies céramiques. Il est ouvert de 15h à 20h le mardi, de 9h à 20h du mercredi au samedi et de 9h à 14h30 le dimanche (ces plages horaires peuvent être réduites en hiver). L'entrée est gratuite pour les détenteurs d'un passeport ou d'une carte d'identité d'un pays de l'Union européenne (250 ptas pour les autres).

Peu après le musée, la Carrera del Darro devient le Paseo de los Tristes, également appelé Paseo del Padre Manjón. La vue sur les fortifications de l'Alhambra que l'on a des cafés et restaurants qui bordent cette rue est très attrayante.

Haut Albayzín. Partant de l'extrémité nord-est du Paseo de los Tristes, la Cuesta del Chapiz monte vers le nord, puis tourne vers l'ouest pour déboucher dans la Plaza del Salvador. L'église du XVIe siècle qui donne sur cette place, la **Colegiata del Salvador**, a conservé la cour intérieure de la mosquée qu'elle a remplacée. Elle est ouverte tous les jours de 10h30 à 13h et de 16h30 à 18h30 (100 ptas). En continuant par la Calle Panaderos, on arrive **Plaza Larga**, où des bars animés proposent des menus bon marché. A l'extrémité de la place, au bout des derniers vestiges des remparts de l'Albayzín, apparaît une impressionnante porte musulmane. De retour dans la Calle Panaderos, suivez la Calle Horno Moral et la Calle Charca, qui mènent au **Mirador San Nicolás** d'où l'on peut admirer des vues fantastiques sur l'Alhambra et la Sierra Nevada. Il faut absolument faire cette balade au coucher du soleil !

Descente depuis le Mirador San Nicolás. En descendant du point de vue par le Camino Nuevo San Nicolás, qui devient la Calle Santa Isabel la Real, on passe devant le **Convento Santa Isabel**, un ancien palais musulman. Son église, ouverte normalement tous les jours de 10h à 18h, recèle un plafond mudéjar. Tout près, sur la Plaza San Miguel Bajo, l'**Iglesia San Miguel** occupe l'emplacement d'une ancienne mosquée. Pour vous diriger à nouveau vers le centre, prenez la Plaza Cauchiles San Miguel puis la Calle San José. Cette dernière croise le haut de la pittoresque **Calle Caldería Nueva**, bordée de *teterías* (salons de thés arabes), à quelques pas de la Plaza Nueva. Vous pouvez aussi vous perdre dans le dédale de ruelles ; mais ne vous attardez pas la nuit.

Sacromonte

Le Camino del Sacromonte grimpe sur la colline du Sacromonte depuis la Cuesta del Chapiz jusqu'à l'**Iglesia de San Cecilio**, en passant devant les grottes creusées à flanc de coteau et occupées par des Gitans depuis le XVIIIe siècle. Pour plus d'informations, reportez-vous à la rubrique *Où sortir* et à l'encadré *Où trouver du flamenco authentique*. Environ six bus circulent tous les jours de 7h50 à 19h20 entre la Plaza Nueva (arrêt du bus Alhambra) et le Sacromonte, *via* l'Albayzín. Des bus circulent également entre 22h et 2h du matin les jeudi, vendredi et samedi.

Plaza Bib-Rambla et ses environs

Située juste au sud-ouest de l'Alcaicería, la vaste Plaza Bib-Rambla ne manque pas de charme avec sa fontaine centrale ornée de statues de géants et avec tous ses restaurants, marchands de fleurs et magasins de jeux. Cette plaza a été le cadre de joutes et de tauromachies, mais aussi du martyr de malheureux, fouettés et brûlés sous l'Inquisition. Aujourd'hui musiciens, mimes et vendeurs ambulants lui donnent un caractère nettement plus ludique et pacifique.

La rue suivante, côté sud-ouest, la Calle de los Mesones, est une rue piétonne bordée de boutiques modernes. A son extrémité nord-

cours de conversion de l'euro 1 000 ptas = 6,01 €

ouest, elle débouche dans la verdoyante Plaza de la Trinidad. Partant de cette place, la Calle Duquesa passe devant l'université fondée par Carlos Ier (aujourd'hui faculté de droit, dotée du principal campus moderne au nord du centre-ville) et conduit au **Monasterio de San Jerónimo**, couvent du XVIe siècle situé dans la Calle del Gran Capitán. On y retrouve le talent de l'omniprésent Diego de Siloé, notamment dans le plus grand des deux cloîtres et dans une partie considérable de l'église attenante au couvent. Les statues qui flanquent le maître-autel représentent El Grand Capitán (qui serait enterré sous l'autel) et son épouse María. Le monastère est ouvert tous les jours de 10h à 13h et de 16h à 19h (de 15h à 18h30 en hiver). L'entrée coûte 300 ptas.

Monasterio de La Cartuja

Imposant et fastueusement orné, le monastère de La Cartuja se trouve à 20 minutes à pied au nord du Monasterio de San Jerónimo (on peut aussi y accéder en prenant le bus n°8 sur la Gran Vía de Colón). Le monastère, dont la pierre extérieure a la couleur du sable, fut édifié entre le XVIe et le XVIIIe siècle. Son intérieur baroque respire l'opulence, en particulier sa sacristie d'un faste étonnant avec son décor de stuc et de marbre brun et blanc et, juste à côté, son sanctuaire orné d'une débauche de couleurs et de motifs, avec des colonnes en marbre torsadées. A ces richesses s'ajoutent une profusion de statues, de peintures et une coupole couverte de dorures et de superbes fresques. Le monastère (300 ptas) se visite tous les jours de 10h à 13h (12h le dimanche) et de 16h à 20h (15h30 à 18h en hiver).

Huerta de San Vincente

Cette maison, dans laquelle Federico García Lorca résida l'été et écrivit certaines de ses œuvres les plus célèbres, se situe à 15 minutes à pied du centre. Elle était autrefois entourée de vergers. Aujourd'hui, le nouveau Parque Federico García Lorca la sépare de la circulation, pour tenter de restituer à ce cadre la tranquillité qui inspira le poète. La maison a conservé une partie du mobilier d'origine et des témoignages des travaux de l'écrivain. Pour y accéder, en venant de la Puerta Real, descendez la Calle de las Recogidas et prenez la Calle del Arabial. Le parc se trouve sur la droite. La Huerta de San Vicente (☎ 958 25 84 66) est ouverte du mardi au dimanche de 10h à 13h et de 17h à 20h (16h à 19h en hiver). La visite guidée en espagnol commence à l'heure pile. L'entrée coûte 300 ptas (gratuite le mercredi). Reportez-vous à la rubrique *Autour de Granada* pour plus d'informations sur ce qui concerne García Lorca.

Cours de langue et de flamenco

Avec tous ses attraits et la jeunesse de sa population, Granada est une ville idéale pour qui veut étudier l'espagnol. L'université offre tout un choix de programmes intensifs, dont un stage de quatre-vingts heures de cours sur quatre semaines qui coûte 62 000 ptas. Pour en savoir plus, adressez-vous à l'Universidad de Granada, Centro de Lenguas Modernas, Cursos Para Extranjeros, Placeta de l'Hospicio Viejo s/n (Realejo), 18071 Granada (☎ 958 22 07 90, fax 958 22 08 44).

Autre alternative, l'Escuela Carmen de las Cuevas (☎ 958 22 10 62, fax 958 22 04 76), Cuesta de los Chinos 15, 18010 Granada, dans l'Albaycín, propose des cours d'espagnol de tous niveaux ainsi que des cours d'histoire, de littérature, d'art, ainsi que de chant, de guitare et de danse flamencos. Comptez 73 000 ptas pour des cours de langue intensifs d'une durée de quatre semaines. Visitez le site Internet : www.carmencuevas.com.

Circuits organisés

Granavisión (☎ 958 13 58 04) organise des visites guidées de l'Alhambra et du Generalife (4 250 ptas), des visites Granada Histórica (4 400 ptas), des spectacles de flamenco (3 900 ptas) et des excursions plus éloignées. Téléphonez directement ou réservez en passant par une agence de voyages.

Manifestations annuelles

Les deux grandes fêtes annuelles sont la Semana Santa (Semaine Sainte) et, neuf semaines plus tard, la *feria* de Corpus

Christi (la Fête-Dieu). Des bancs installés sur la Plaza del Carmen permettent d'assister confortablement aux processions de la Semana Santa. Fête foraine, boisson, *sevillana* (une danse traditionnelle proche du flamenco) et corrida sont les festivités les plus marquantes de la Fête-Dieu. Parmi les autres fêtes, signalons :

Día de la Cruz (Jour de la Croix)
Le 3 mai. Places, patios et balcons sont ornés de croix de fleurs (les Cruces de Mayo). Cavaliers et danseuses de sevillana en robes à pois ajoutent au pittoresque.

Festival Internacional de Música y Danza
Les spectacles de ce festival international de musique et de danse, qui a lieu fin juin/début juillet, se déroulent dans le Generalife, au Palacio de Carlos V et dans d'autres sites historiques et sont parfois gratuits. Pour tout renseignement ou pour réserver, appelez la billetterie du festival (☎ 958 22 18 44) ou adressez-vous à l'office du tourisme de la Junta de Andalucía, dans le Corral de Carbón. Les billets sont également en vente au Corte Inglés.

Où se loger
Trouver une chambre à Granada ne pose pas de problème, sauf durant la Semana Santa. Les tarifs ne sont pas plus élevés qu'ailleurs en Andalousie.

Où se loger – petits budgets
Il y a quelques bonnes adresses dans cette catégorie. En période d'affluence, les établissements (surtout ceux du quartier de la Plaza Nueva) affichent parfois complet dès midi.

Camping. Plusieurs terrains de camping, tous accessibles en bus, se situent dans un rayon de 5 km autour de Granada. Ils font payer entre 450 et 600 ptas par adulte, 500 ptas par tente et environ 600 ptas par véhicule. Le plus proche et le plus grand, le *Camping Sierra Nevada* (☎ *958 15 00 62, Avenida de Madrid 107)*, à 3 km au nord-ouest du centre, ferme de novembre à février et manque un peu de tranquillité depuis l'installation de la gare routière à proximité. Il dispose de sanitaires vastes et propres, d'une laverie et d'une piscine. Il est desservi par le bus n°3 qui part de la Gran Vía de Colón, en centre-ville.

Parmi les campings ouverts toute l'année, signalons le *Camping Granada* (☎ *958 34 05 48, Cerro de la Cruz s/n, Peligros)*, à 4 km au nord de Granada (sortie 123 sur la N-323), et le *Camping María Eugenia* (☎ *958 20 06 06, Carretera A-92 Km 286)*, dans la Vega, sur la route de Santa Fé.

Auberges de jeunesse. L'*Albergue Juvenil Granada* (☎ *958 27 26 38, Calle Ramón y Cajal 2)*, à côté du Camino de Ronda, se trouve à 1,7 km à l'ouest du centre et à 600 m au sud-ouest de la gare ferroviaire. C'est une grande bâtisse blanche et moderne qui abrite 9 chambres simples, 37 doubles et 47 triples/quadruples, toutes avec s.d.b., agrémentées d'une piscine. Le bus n°3 qui part de la gare routière vous amènera à proximité. Descendez à l'arrêt Constitución 4 et marchez vers l'ouest durant 400 m en suivant l'Avenida de la Constitución et l'Avenida del Sur, puis encore à peu près 400 m vers le sud sur le Camino de Ronda. Sinon, vous pouvez continuer dans le bus n°3 jusqu'à la cathédrale, dans le centre, et de là prendre le bus n°11 qui suit un parcours circulaire et vous déposera en face de l'auberge.

Hostales et pensiones. Les hostales (pensions bon marché) se concentrent surtout près de la Plaza Nueva, autour de la Plaza de la Trinidad et près de la Plaza del Carmen. Rare exception, la *Posada Doña Lupe* (☎ *958 22 14 73, fax 958 22 14 74, Avenida del Generalife s/n)*, à proximité de l'Alhambra, dispose de plus de 40 chambres – que la direction rechigne à montrer. Comptez 1 500 ptas au minimum par personne pour des chambres propres dont la fenêtre donne sur un couloir. Les doubles plus agréables coûtent entre 3 950 et 7 500 ptas plus IVA. L'établissement dispose d'un café, d'une petite piscine sur le toit et... d'un règlement intérieur. Le bus Alhambra qui part de la Plaza Nueva s'arrête à proximité.

Près de la Plaza Nueva. Vous trouverez tout un choix d'hébergements dans la Cuesta de Gomérez, qui va de la Plaza Nueva vers l'Alhambra, et aux alentours. La plupart des

cours de conversion de l'euro 1 000 ptas = 6,01 €

établissements disposent d'un parking (1 000 ptas par jour). Le chaleureux *Hostal Britz* (☎/fax 958 22 36 52, *Cuesta de Gomérez 1*) propose vingt-deux simples/doubles convenables et propres à 2 340/3 900 ptas, ou 4 000/5 400 ptas avec s.d.b. Le propriétaire de *l'Hostal Gomérez* (☎ 958 22 44 37, *Cuesta de Gomérez 10*), dynamique et serviable, parle français, anglais et italien. Ses neuf simples/doubles/triples, bien tenues, se louent 1 600/2 700/3 700 ptas.

L'*Hostal Vienna* (☎ 958 22 18 59, fax 958 22 18 54, *Calle Hospital de Santa Ana 2*) a perdu de sa tranquillité depuis l'ouverture d'un bar au rez-de-chaussée, mais garde sa bonne réputation. Les simples/doubles/triples avec s.d.b. commune valent 3 000/4 000/5 500 ptas. Les propriétaires, qui parlent anglais et allemand, sont très aimables. Ils tiennent également l'*Hostal Austria* (☎ 958 22 70 75, *Cuesta de Gomérez 4*), dont les chambres disposent toutes d'une s.d.b. et de chauffage. Comptez 3 500/5 500 ptas pour une simple/double.

Les simples/doubles à 2 200/3 200 ptas (3 100/4 075 ptas avec s.d.b.) plus IVA de l'*Hostal Landázuri* (☎ 958 22 14 06, *Cuesta de Gomérez 24*) n'ont rien d'extraordinaire, mais les triples à 6 000 ptas sont parfaites. Le propriétaire est vraiment sympathique et l'hostal dispose d'un jardin clos délicieux, d'une terrasse avec vue sur l'Alcazaba et d'une cafétéria. En face, l'*Hostal Navarro Ramos* (☎ 958 25 05 55, *Cuesta de Gomérez 21*) manque d'un espace pour s'asseoir à l'extérieur, mais propose des simples/doubles avec s.d.b. plus confortables et plus avantageuses (2 500/3 900 ptas, 1 575/2 500 ptas sans s.d.b.).

Près de la Plaza del Carmen. Tenu par une famille, l'*Hostal Fabiola* (☎ 958 22 35 72, *Calle Ángel Ganivet 5, 3ᵉ étage*) est doté de 19 simples/doubles/triples agréables, certaines avec balcons et toutes avec s.d.b., à 1 800/4 000/5 000 ptas. Deux rues au nord, l'agréable *Hostal-Residencia Lisboa* (☎ 958 22 14 13, fax 958 22 14 87, *Plaza del Carmen 27*) loue des simples/doubles avec s.d.b. à 3 900/5 600 ptas (2 600/3 900 ptas sans s.d.b.).

Près de la Plaza de la Trinidad. Certains des nombreux hostales de ce quartier sont occupés par des étudiants qui louent pour l'année scolaire. Les établissements suivants devraient disposer de chambres à tout moment de l'année. Accueillante et tenue par une famille, la *Pensión Romero* (☎ 958 26 60 79, *Calle Sillería 1*), au coin de la Calle de los Mesones, dispose de simples/doubles, certaines avec balcon, à 1 700/2 900 ptas. L'*Hostal Zurita* (☎ 958 27 50 20, *Plaza de la Trinidad 7*) offre un bon rapport qualité/prix avec ses chambres à 2 000/4 000 ptas et ses doubles avec s.d.b. à 5 000 ptas. C'est la même famille sympathique qui tient l'*Hostal Lima* (☎ 958 29 50 29, *Calle Laurel de las Tablas 17*), au coin de la rue, où les chambres confortables avec s.d.b. et TV valent 3 000/5 000 ptas. Tout aussi chaleureux, l'*Huéspedes Capuchinas* (☎ 958 26 53 94, *Calle Capuchinas 2, 2ᵉ étage*) possède cinq chambres propres avec s.d.b. commune à 2 500/4 000 ptas. Entre le centre-ville et la gare ferroviaire, l'*Hostal San Joaquín* (☎ 958 28 28 79, *Calle Mano de Hierro 14*) est curieusement agencé autour de deux patios plantés d'arbres. Les chambres, vastes et propres, toutes avec s.d.b., sont facturées 2 500 ptas par personne.

Où se loger – catégorie moyenne
Les prix mentionnés ci-dessous sont fixes, mais il faut ajoutez l'IVA.

Les quatre établissements suivants sont des hôtels de centre-ville classiques. L'*Hotel Los Tilos* (☎ 958 26 67 12, fax 958 26 68 01, *Plaza Bib-Rambla 4*) loue des simples/doubles à 5 000/7 600 ptas. Un peu au-dessus dans la catégorie, l'*Hotel Dauro* (☎ 958 22 21 56, fax 958 22 85 19, *Acera del Darro 19*) et l'*Hotel Dauro II* (☎ 958 22 15 81, fax 958 22 27 32, *Calle Las Navas 5*) pratiquent les mêmes tarifs : 9 150/11 750 ptas. L'*Hotel Macía* (☎ 958 22 75 36, fax 958 22 75 33, *Plaza Nueva 4*) est d'un bon rapport qualité/prix, avec 44 chambres confortables à 6 375/9 600 ptas.

L'*Hotel Reina Cristina* (☎ 958 25 32 11, clientes@hotelreinacristina.com, *Calle Tablas 4*), juste à côté de la Plaza de la Trinidad, occupe une maison rénovée qui appartenait autrefois à la famille Rosales, des amis de Lorca. C'est là que l'écrivain passa ses derniers jours, avant d'être arrêté par les nationalistes. Les chambres coûtent 8 200/12 300 ptas.

L'*Hotel América* (☎ 958 22 74 71, fax 958 22 74 70, Calle Real de Alhambra 53), ouvert uniquement de mars à octobre, bénéficie d'une bonne situation dans l'enceinte de l'Alhambra. Comme il n'a que treize chambres (12 500 ptas la double), il faut impérativement réserver. L'*Hotel Washington Irving* (☎ 958 22 75 50, fax 958 22 75 59, Paseo del Generalife 2) existe depuis le XIXe siècle et la rénovation dont il avait besoin est en cours. Les chambres sont facturées 8 975/11 250 ptas.

L'*Hostal La Ninfa* (☎ 958 22 79 85, fax 958 22 26 61, Campo del Principe s/n) propose douze chambres confortables, toutes avec s.d.b., TV et chauffage, à 7 000/8 000 ptas. Non loin de là, l'*Hotel Los Ángeles* (☎ 958 22 14 24, fax 958 22 12 25, Cuesta de Escoriaza 17) dispose de belles doubles à 11 500 ptas et d'une piscine.

Dans l'Albaycín, juste au-dessus des salons de thé de la Calle Caldería Nueva, la *Casa del Aljarife* (☎/fax 958 22 24 25, most@mx3.redestb.es, Placeta de la Cruz Verde 2) a aménagé ses trois chambres dans une belle maison du XVIIe siècle rénovée. Les simples/doubles/triples coûtent 6 420/9 095/12 305 ptas.

Vous pouvez aussi séjourner dans de confortables grottes, les *Cuevas El Abanico* (☎/fax 958 22 61 99, Vereda de Enmedio 89, Sacromonte). Vous avez le choix entre des grottes composées de une ou deux chambres, chauffées en hiver et avec cuisine équipée, respectivement à 8 700 ptas et 11 700 ptas. Renseignez-vous sur le site www.granadainfo.com/abanico.

Où se loger – catégorie supérieure

Là encore, ajoutez l'IVA aux prix indiqués. Le *Parador San Francisco* (☎ 958 22 14 40, fax 958 22 22 64, Calle Real de Alhambra s/n) est le meilleur hôtel de Granada et le parador le plus cher du pays. Installé dans l'ancien monastère, il allie la richesse de son histoire avec le charme de sa situation dans l'Alhambra. La simple/double coûte 26 400/33 000 ptas (un peu moins en hiver), et il faut réserver longtemps à l'avance.

L'immanquable *Hotel Alhambra Palace* (☎ 958 22 14 68, fax 958 22 64 04, Peña Partida 2), de style néomusulman, se situe près du Bosque Alhambra et dévoile une vue splendide sur la ville. Les chambres standard valent 17 000/22 500 ptas, les suites 33 000 ptas. Dans l'Albayzín, une ancienne bâtisse du début du XVIe siècle restaurée abrite le *Palacio de Santa Inés* (☎ 958 22 23 62, fax 958 22 24 65, sinespal@teleline.es, Cuesta de Santa Inés 9). Les chambres standard coûtent 12 000/15 000 ptas, les suites (avec cuisine équipée) entre 20 000 et 35 000 ptas. Certaines chambres donnent sur l'Alhambra.

Où se restaurer

La cuisine grenadine utilise les fruits de mer et les fruits de la Costa Tropical, les viandes et les charcuteries de l'arrière-pays (en particulier de Las Alpujarras) et les délicieux légumes frais des jardins maraîchers de la Vega (les asperges sont excellentes et les fèves, particulièrement savoureuses). L'influence du passé musulman se fait sentir dans les desserts, les pâtisseries telles que les gâteaux au sirop, les beignets anisés, les meringues aux amandes ainsi que dans la glace à l'avocat et les *granizados*.

Les Grenadins adorent les soupes copieuses et les ragoûts parfumés aux herbes comme le fenouil. Le *Rabo de toro* (ragoût de queue de taureau) et les *habas con jamón* (haricots cocos au jambon) font partie des *platos típicos*. Le plus célèbre des plats grenadins, la *tortilla Sacromonte*, est une omelette avec du jambon, des crevettes ou des huîtres, des légumes verts et des abats (traditionnellement de la cervelle de veau et des testicules de taureau !).

Les noctambules seront ravis de découvrir que les tapas sont souvent gratuites la nuit, bien que dans de nombreux établissements (notamment ceux autour de la Plaza Nueva) il faille en fait être installé au bar et consom-

cours de conversion de l'euro 1 000 ptas = 6,01 €

mer depuis 20h pour profiter de cette coutume. Les emplacements de choix tels que l'Alhambra et ses environs, la Plaza Bib-Rambla, la Plaza Nueva et certains des salons de thé de la Calle Calderías Nueva pratiquent évidemment des tarifs plus élevés.

Près de la Plaza Nueva. Très fréquenté, le *Cafe Central*, Calle de Elvira, en face de la Plaza, peut plaire à tous, avec de bons petits déjeuners, des en-cas, des menus à partir de 1 100 ptas, ainsi que des thés et des cafés de toutes sortes. A quelques pas de là, le *Café/Bar Al Andalus* sort des tables sur la Plaza Nueva quand il fait beau et prépare de la cuisine arabe savoureuse et bon marché, à déguster sur place ou à emporter. De délicieux falafels dans une pita coûtent 300 ptas, les kébabs et le houmous sont à 475 ptas et les plats de viande, bien épicés, valent environ 1 000 ptas.

A deux rues à l'ouest de la Plaza Nueva par la Calle de Elvira, *La Nueva Bodega (Calle Cetti Meriém 3)* prépare une cuisine bon marché et correcte, bien qu'un peu grasse. Les premiers menus coûtent 950 ptas. Pour savourer une cuisine plus raffinée dans un cadre typique, allez aux *Bodegas Castañeda* (appréciées tant des Grenadins que des touristes) ou à l'*Antigua Castañeda*, à deux pas l'une de l'autre, Calle Almireceros et Calle de Elvira. Toutes deux servent du *costa*, un vin puissant de la Sierra de la Contraviesa, au tonneau, ainsi que des plats délicieux et joliment présentés. Goûtez aux *montaditos* (325 ptas), des tranches de pain garnies par exemple de saumon fumé avec de l'avocat et du caviar. Les plats plus élaborés tournent autour de 1 700 ptas.

Café/bar très couru, l'élégant *Vía Colón (Gran Vía de Colón 13)* sert des *bocadillos* variés (sandwiches au fromage, au jambon, à la salade ou à la tortilla) à partir de 450 ptas, d'autres en-cas, des plats grenadins typiques (à partir de 1 400 ptas) et un menu à 975 ptas.

Vous pouvez acheter de l'épicerie de base, du jambon et du fromage au *Jamones Castellano*, au coin de la Calle Almireceros et de la Calle Joaquín Costa.

Pour les fruits et les légumes vous pouvez aller, entre autres, au grand *marché* couvert de la Calle San Agustín, à l'ouest de la cathédrale.

Alhambra. *La Mimbre*, au coin du Paseo del Generalife et de la Cuesta de los Chinos, installe des tables dans un jardin verdoyant sous les murs de l'Alhambra. Il sert des spécialités grenadines à des prix raisonnables.

Le *Café/Restaurante Polinario*, propose des bocadillos et un déjeuner-buffet à 1 350 ptas plus IVA. Outre son restaurant de luxe, le *Parador San Francisco* possède à l'arrière un bar en terrasse d'où la vue vaut vraiment le coup d'œil. Ouvert tous les jours de 11h à 23h, il sert des thés et des cafés à 260 ptas et des bocadillos à partir de 825 ptas.

Albayzín. A trois rues au nord-ouest de la Plaza Nueva, la Calle Calderería Nueva est une rue animée avec ses restaurants, ses teterías, ses boutiques de produits diététiques et ses échoppes de plats à emporter. La *Kasbah*, l'une des teterías les plus populaires, constitue une halte de détente pour savourer l'un des nombreux thés proposés (300 ptas) ou un verre de vin accompagné de pains variés.

L'excellent *Naturii Albayzín (Calle Calderería Nueva 10)* sert un menu végétarien d'inspiration arabe, des menus à 950 ou 1 250 ptas plus IVA accompagnés d'un délicieux pain complet, un couscous épicé aux légumes, mais pas d'alcool.

Le restaurant libanais *Samarcanda*, Calle Calderería Vieja, mitonne une délicieuse cuisine arabe élaborée. Goûtez au houmous et aux falafels (500 ptas) ou savourer le tajine de poisson (900 ptas). Par contre, les portions ne sont pas généreuses et les boissons, chères.

Presque tout en haut de l'Albayzín, les cafés et bars animés qui bordent la Plaza Larga ainsi que la Calle Panaderos voisine proposent des menus à environ 850 ptas. Un peu plus loin vers le nord, *El Ladrillo* sort des tables sur la Placeta Fátima dès qu'il fait beau. C'est un endroit amusant et très fréquenté, spécialisé dans les fruits de mer, avec un grand plateau *(barcos)* à 1 200 ptas.

Si vous voulez faire une folie, essayez le ***Mirador de Morayma*** *(☎ 958 22 82 90, Calle Pianista Carrillo 2)*. La rue donne dans la Cuesta San Augustín, à l'ouest de la Cuesta del Chapiz. Ce restaurant, très réputé, occupe un ravissant *carmen* (villa close de murs) et facture 1 500 ptas le plat. L'établissement ferme le dimanche.

En bordure ouest de l'Albayzín, les deux bars servant des tapas et des plats de la Plaza San Miguel Bajo sont très animés et fréquentés par les étudiants. Plus bas, près de la Plaza del Triunfo, ***La Luz es Como el Agua*** *(☎ 958 20 13 68, Calle Cruz de Arqueros 3)* est un lieu original et décontracté tenu par une Belge polyglotte qui sert, en principe, à partir de 20h du mercredi au samedi et de 14h à 17h30 le dimanche (menu à 1 550 ptas). Avant de vous déplacer, assurez-vous par téléphone que l'établissement est bien ouvert !

Plaza Bib-Rambla et alentour. Avec ses tables sur la plaza, le ***Café Bib-Rambla***, se prête à de merveilleux petits déjeuners. Vous avez le choix entre sept types de pain et sept ingrédients pour l'accommoder. Le café accompagné de toast, avec beurre et confiture, revient à 400 ptas (moins si vous le prenez au bar à l'intérieur). La ***Pizzeria Gallio*** *(Plaza Bib-Rambla 10)*, mijote une savoureuse cuisine italienne. Essayez la *pizza florentina* avec des épinards et une sauce béchamel (840 ptas, plus IVA). Les boissons valent cher.

Un peu vers l'ouest, Calle Pescadería, le ***Cunini***, restaurant de fruits de mer, sert en terrasse, mais vous paierez moins cher au bar (le menu coûte 2 400 ptas). A quelques portes de là, ***El Cepillo***, également restaurant de fruits de mer, attire une nombreuse clientèle par ses tarifs moins élevés (menus à 800 ptas). C'est bondé au déjeuner et fermé le lundi.

Le ***Bar/Cervecería Reca***, sur la plaza de la Trinidad est plein à craquer aux heures de repas. Le ***Mesón El Patio*** *(Calle de los Mesones 50)*, fera payer moitié prix l'habituel mélange de spécialités espagnoles et grenadines, servies dans son agréable patio. Un petit déjeuner à base de café, de jus de fruit, de pain, d'œufs et de bacon revient à 500 ptas, et le service débute à 10h.

Campo del Príncipe. Situé au sud de l'Alhambra, le Campo del Príncipe s'anime lui aussi beaucoup la nuit. Au n°14, les deux étages du ***Restaurante Pizzeria La Ninfa*** sont clairs et chaleureux. Des guirlandes de poivrons rouges sont accrochées aux terrasses. Les pizzas sont cuites au feu de bois et les pâtes maison sont succulentes. A quelques portes de là, vers l'ouest, la ***Casa Cristóbal*** propose des menus à partir de 950 ptas et fait une merveilleuse sangría.

Où sortir

En vente dans les kiosques au début de chaque mois, l'excellent *Guía de Granada* (100 ptas) recense les endroits où sortir et ceux où se restaurer, bars à tapas compris.

Bars, danse et musique. Vous pourrez facilement danser toute la nuit à Granada, comme presque partout en Espagne. De nombreux musiciens amateurs se recrutent parmi les nombreux étudiants de la ville, qui donnent des concerts en divers endroits. Surveillez les affiches et les tracts annonçant les groupes qui passent et les spectacles de flamenco authentique. La feuille bihebdomadaire *YOUthING* recense de nombreux lieux de concerts, parmi lesquels des discothèques avec des soirées DJ.

Autour de la Plaza Nueva. Les rues en bordure ouest de la Plaza Nueva sont animées les soirs de week-end. Les ***Bodegas Castañeda*** et l'***Antigua Castañeda*** (voir *Où se restaurer*), avec leurs tapas gratuites, permettent de bien commencer la soirée. Tout à côté, vous découvrirez des bars populaires avec de la bonne musique sur la Placita Sillería et la Calle Joaquín Costa, ainsi que ***La Taberna del Irlandés***, Calle Almireceros, qui sert des boissons alcoolisées.

Le ***Bar Avellano***, à l'angle de la Calle de Elvira et de la Calle Cárcel Baja, mérite une mention particulière pour sa formidable musique, africaine, blues et pop classique. Les meilleurs moments ont lieu après minuit le week-end. ***Granada 10***, la disco-

cours de conversion de l'euro 1 000 ptas = 6,01 €

Où trouver du flamenco authentique

Il est difficile de voir du flamenco qui ne soit pas un pur produit pour touristes : certains spectacles sont pourtant plus authentiques que d'autres et attirent autant les Espagnols que les étrangers. Parmi ceux-ci, signalons les spectacles du vendredi et du samedi soir (à minuit) dans la grotte du ***Tarantos*** (☎ *958 22 45 25 dans la journée,* ☎ *958 22 24 92 le soir, Camino del Sacromonte 9*), qui coûtent 3 900 ptas. Les spectacles du Tarantos qui ont lieu à 22h attirent davantage les étrangers. Les ***Jardines Neptuno*** (☎ *958 52 25 33, Calle del Arabial*), au sud-ouest du centre, présentent du flamenco pour touristes tous les jours à 22h15 (3 900 ptas, ou 7 900 ptas avec le dîner).

Pour tous ces établissements, vous pouvez réserver à l'avance sur place ou en passant par un hôtel ou une agence de voyages. Dans certains cas, on viendra vous chercher. La qualité du spectacle dépend des interprètes. S'il s'agit de l'un ou l'autre de ces grands professionnels, familiers des scènes de Granada, vous serez ravi du spectacle. Sinon vous risquez d'être déçu !

Danseurs et chanteurs de flamenco se produisent dans d'autres lieux plus huppés de Granada (voir *Autres endroits où sortir*).

A l'***El Eshavira*** (voir *Bars, live music et discothèques*) passent certains soirs des interprètes de flamenco. Dans l'Albayzín, la ***Peña de la Platería*** (☎ *958 21 06 50, Placeta de Toqueros*) programme du flamenco à partir de 22h le jeudi et le samedi.

Les voyageurs qui veulent aller dans les grottes du Sacromonte dans l'espoir de voir du flamenco à l'impromptu risquent d'être fort dépités. En réalité c'est extrêmement touristique et plutôt attrape-nigaud.

---

thèque située dans l'enceinte du superbe cinéma de la Calle Cárcel Baja, varie les musiques de danse. Elle ouvre vers minuit et commence à battre son plein vers 2h du matin (vous pouvez aller voir un film en attendant !). Tenue correcte exigée ! Le prix d'entrée de 1 000 ptas donne droit à une consommation.

Sur la Carrera del Darro et son prolongement, le Paseo de los Tristes, plusieurs bars s'animent après minuit, lorsqu'ils se remplissent d'étudiants.

La Sabanilla (*Calle San Sebastián 14*), près de l'Alcaicería, le plus ancien bar de Granada, a un peu vieilli, mais mérite une visite.

Ailleurs. Ne manquez pas de faire un tour à l'***El Eshavira*** (*Postigo de la Cuna 2*), un spacieux club de jazz et de flamenco en bas d'une ruelle sombre, qui donne dans la Calle Azacayas, près de l'extrémité nord de la Calle de Elvira. Le bar est ouvert tous les soirs à partir de 22h, et programme régulièrement des concerts.

Planta Baja (*Calle Horno de Abad 11*), près de la Plaza de la Trinidad, diffuse de la musique dance, tribal, house et deep house de 1h à 6h du matin le week-end, et organise des concerts.

Le week-end, à partir de 23h environ, toute une foule se dirige vers la Calle Pedro Antonio de Alarcón, à environ 1 km au sud-ouest du centre, où une succession de bars-discothèques proposent des formules avantageuses pour les boissons et des tapas gratuites.

Entre la Plaza de la Trinidad et la Calle Pedro Antonio de Alarcón, ***La Sala Cha*** (*Calle Ancha de Gracia 4*) est ouverte au moins le vendredi et le samedi et organise des concerts et des soirées DJ. Quatre rues plus au nord, le ***MorganHouseCafeBar*** (*Calle Obispo Hurtado 15*) programme de la house music tous les jours sauf le lundi de 16h à 4h du matin.

On peut danser tous les week-end de l'année à partir de 23h, au son d'une musique variée, sur les deux pistes (dont l'une est souterraine) d'***El Camborio***, discothèque très populaire. L'entrée coûte 600 ptas.

Granada et l'Alhambra comptent parmi les plus merveilleux sites d'Espagne

Le village de Bubión entouré par les sommets enneigés de Las Alpujarras, provincia de Granada

Les châtaignes abondent dans les Alpujarras, provincia de Granada

Forêt de chênes des Alpujarras

Pressoir moderne pour la production de l'huile d'olive

Un tiers de la provincia de Jaén est planté d'oliviers, ces arbres qui peuvent vivre 1 000 ans

Autres endroits où sortir. Sur le tableau d'affichage du hall de La Madraza, Calle Oficios, en face de la Capilla Real, sont annoncées les manifestations culturelles.

Des concerts ont lieu toutes les semaines à l'*Auditorio Manuel de Falla (☎ 958 22 00 22, Paseo de los Mártires s/n)*, près de l'Alhambra.

Le *Teatro Alhambra (☎ 958 22 04 47, Calle de Molinos 56)* et le *Teatro Municipal Isabel La Católica (☎ 958 22 15 14, Puerta Real s/n)*, plus central, programment en continu des pièces de théâtre et des concerts (parfois de flamenco).

En hiver sont organisés des spectacles culturels tels que Música En Los Monumentos : plusieurs fois par mois, des concerts animent certains monuments historiques, dont les Baños Arabes.

Achats

Granada est tout réputée pour sa marqueterie (*taracea*), utilisée sur des boîtes, des tables, des jeux d'échec, etc. Les plus belles marqueteries comportent des incrustations de coquillages, d'argent ou de nacre. Parmi les autres formes d'artisanat grenadin, citons le cuir estampé, les guitares, le fer forgé, le travail du cuivre jaune ou rouge, la vannerie, les textiles et, bien sûr, les poteries, que l'on peut voir notamment à l'Alcaicería, dans l'Albayzín et la Cuesta de Gomérez.

Des experts en marqueterie sont à l'œuvre dans la boutique en face de l'Iglesia de Santa María, à l'Alhambra, et dans une boutique de la Cuesta de Gomérez. Au moins deux fabricants de guitares sont installés Cuesta de Gomérez. Le magasin d'État Artespaña offre un bon choix d'artisanat local dans la Calle del Carbón.

Vous trouverez aussi des vêtements ethniques et des bijoux à des conditions intéressantes, notamment près de la Plaza Nueva. Pour les achats courants, la rue piétonne Calle de los Mesones regorge de boutiques. Le grand magasin El Corte Inglés se trouve Acera del Darro.

Comment s'y rendre

Avion. Iberia (☎ 958 22 75 92), Plaza Isabel La Católica 2, assure des vols quotidiens depuis/vers Madrid et Barcelona. Reportez-vous à la rubrique *Comment circuler* pour toute information sur l'accès à l'aéroport.

Bus. La gare routière de Granada se trouve Carretera de Jaén s/n, à 3 km au nord-ouest du centre. Tous les services de bus partent de là, sauf pour certaines destinations proches telles que Fuente Vaqueros, Viznar et l'Estación de Esquí Sierra Nevada (voir ces rubriques). Alsina Graells (☎ 958 18 54 80) dessert Córdoba (1 515 ptas, 3 heures sans arrêt, huit fois par jour), Sevilla (2 400 ptas, 3 heures sans arrêt, neuf fois par jour), Málaga (1 185 ptas, 1 heure 30 sans arrêt, 15 fois par jour), Las Alpujarras (voir la rubrique correspondante), Jaén, Baeza, Úbeda, Cazorla, Almería, Almuñecar, Nerja et Torre del Mar.

Il y a au moins neuf liaisons quotidiennes vers Madrid (1 950 ptas, 5 à 6 heures).

Bacoma (☎ 958 15 75 57) dessert quotidiennement Alicante, Valencia et Barcelona (7 915 ptas, 14 heures). Autedia (☎ 958 15 36 36) relie Granada à Guadix (550 ptas, 1 heure 30) et Mojácar.

Train. La gare (☎ 958 27 12 72) se situe à 1,5 km à l'ouest du centre, Avenida de Andaluces, près de l'Avenida de la Constitución. Trois à quatre trains desservent chaque jour Sevilla (entre 2 415 et 2 665 ptas, de 2 heures 45 à 3 heures 30), Antequera (1 000 ptas, 1 heure 15) et Almería (entre 1 610 et 1 775 ptas, de 2 heures 15 à 2 heures 45) *via* Guadix, et retour. Pour Málaga (1 795 ptas) et Córdoba (2 290 ptas), il faut changer à Bobadilla. Il y a chaque jour un train direct pour Ronda (1 775 ptas, 2 heures 15) et Algeciras (2 665 ptas, 4 heures) et au moins un train supplémentaire avec un changement à Antequera. Cádiz est desservie deux fois dans la journée (5 heures 30), mais avec un changement à Dos Hermanas, au sud de Sevilla. Il y a quatre liaisons quotidiennes vers Linares/Baeza.

La liaison avec Madrid est assurée tous les jours par un Talgo qui part à 15h40 (16h35 le samedi, 6 heures, 3 800 ptas) et

cours de conversion de l'euro 1 000 ptas = 6,01 €

par un train de nuit (9 heures 30, 3 600 ptas). Un train par jour dessert Valencia et Barcelona (12 heures 30, 6 100 ptas).

Voiture. La location de voiture revient cher. ATA Rent A Car (☎ 958 22 40 04), Plaza Cuchilleros, propose des locations à la semaine à partir de 37 300 ptas, plus IVA, assurance incluse.

Comment circuler

Desserte de l'aéroport. L'aéroport (☎ 958 24 52 23) se situe à 17 km à l'ouest de la ville par la A-92. Au moins quatre bus par jour (725 ptas) assurent sa desserte au départ du Palacio de Congresos, avec un arrêt dans la Gran Vía de Colón, juste au-delà de la Plaza Isabel La Católica. Pour tout renseignement, appelez le ☎ 958 13 13 09. En taxi, comptez 2 700 ptas.

Bus. Les bus urbains coûtent 120 ptas. Les offices du tourisme vous fourniront un plan de leurs itinéraires. Le bus n°3 part de la gare routière pour aller dans le centre, mais il faut parfois l'attendre 20 minutes. Descendez à l'arrêt Catedral.

Pour rejoindre le centre depuis la gare ferroviaire, marchez tout droit jusqu'à l'Avenida de la Constitución et, de là, prenez le bus n°3 ou n°11 qui roule vers la droite (est). Pour toute information concernant les bus pour l'Alhambra, l'Albayzín et le Sacromonte, reportez-vous aux rubriques correspondantes.

Taxi. Les taxis attendent Plaza Nueva. La plupart des courses en ville reviennent entre 400 et 700 ptas.

LES ENVIRONS DE GRANADA

Autour de Granada s'étend une plaine fertile, appelée La Vega, où alternent plantations de peupliers et cultures variées – de la pomme de terre au maïs en passant par le melon et le tabac. La Vega a toujours joué un rôle vital pour la ville. Ce fut aussi un sujet d'inspiration pour Federico García Lorca, qui naquit et fut tué dans cette région.

Fuente Vaqueros

La maison où naquit Lorca en 1898, dans ce village situé à 17 km à l'ouest de Granada, porte aujourd'hui le nom de **Casa Museo Federico García Lorca**. Ce lieu fait revivre l'âme du poète, avec des photos, des affiches, des costumes pour les pièces qu'il écrivit et qu'il dirigea, ainsi que des peintures illustrant certains de ses poèmes. Une courte vidéo le montre en pleine activité, alors qu'il était en tournée avec le Teatro Barraca.

La visite guidée du musée (300 ptas), en espagnol, a lieu tous les jours, sauf le mardi, toutes les heures de 10h à 13h et de 16h à 18h (de 17h à 19h d'avril à juin, de 18h à 20h de juillet à septembre). Pour accéder à ce

---

Attention ! Règles de conduite à Granada

L'accès au centre-ville est restreint par des petits poteaux (*pilotes*) noirs surmontés d'une lumière rouge, qui se dressent au milieu de la rue à des moments précis. Certaines personnes détiennent une carte spéciale qu'elles insèrent dans un boîtier, permettant ainsi la rétractation du poteau et donc le passage d'un véhicule. Le poteau ressurgit immédiatement après, n'essayez pas de forcer le passage ! Quand vous verrez le panneau "*obstáculos en calzada a 20 metros*" vous devrez contourner la rue.

Les touristes peuvent se rendre en centre-ville (zone sud-est) en voiture en empruntant la Gran Vía de Colón jusqu'au parking Aparcamiento San Agustín, une rue avant la cathédrale. Là, c'est la police elle-même qui restreint l'entrée au quartier. Pour les autres zones du centre-ville, renseignez-vous auprès de votre hôtel des possibilités d'accès et de parking. Pour être tranquille, vous pouvez emprunter la *circunvalación* (périphérique) pour vous rendre au parking de l'Alhambra et y laisser votre véhicule.

musée, prenez un bus de la compagnie Ureña (☎ 958 45 41 54) à la sortie de la gare ferroviaire de Granada. L'été, en semaine, ce service circule à peu près toutes les heures de 9h à 21h dans l'un et l'autre sens ; le week-end, toutes les deux heures. L'hiver, les bus se font plus rares. Un horaire des bus est affiché au rond-point dans le centre du village.

Viznar

Pour suivre Lorca sur les traces de sa triste fin, il faut vous rendre dans ce village situé à 8 km au nord-est de Granada. Quand la guerre civile espagnole éclata en 1936, García Lorca trouva refuge dans la maison d'un ami. Il fut bientôt découvert, arrêté et entraîné, avec des centaines d'autres, jusqu'à Viznar pour y être fusillé.

A l'extérieur du village, sur la route menant à Alfacar, dans le **Parque Lorca**, un bloc de granit rappelle le lieu où l'on pense que l'écrivain fut tué, mais son corps n'a jamais été retrouvé.

L'*Albergue Juvenil Viznar* (☎ 958 54 33 07), Camino de la Fuente Grande s/n, est une belle auberge de jeunesse moderne dotée d'une piscine.

Les bus pour Viznar partent de la Plaza del Triunfo à Granada, à 12h30, 14h45 et 20h en semaine ; ils repartent de Viznar à 7h45, 12h30 et 16h. Le samedi, un seul bus part à 13h30 de Granada et à 8h30 de Viznar. Le dimanche, il n'y a aucun bus. Pour vérifier les horaires, téléphonez à Martín Perez (☎ 958 15 12 49).

A l'est de Granada

A l'est de Granada, la A-92 traverse une région montagneuse et boisée, qui forme le Parque Natural Sierra de Huétor, avant de pénétrer dans un paysage de plus en plus aride. Après Guadix, la A-92 se dirige au sud-est vers Almería et passe par le Marquesado de Zenete, au pied de la Sierra Nevada, tandis que la A-92-N part en direction du nord-est à travers l'Altiplano, ces "hautes plaines" plutôt désertiques qui offrent de superbes panoramas et d'où émergent ici et là des montagnes.

GUADIX
code postal 18500 • 20 000 hab.
• **altitude 915 m**

C'est une pratique non pas préhistorique mais bien actuelle, et même très répandue à l'est de Granada, que d'élire domicile dans les rochers. Guadix (prononcez "gouadiks"), à 55 km de Granada, est célèbre en raison de ses habitats troglodytiques, les plus importants de la province ; quelque 3 000 personnes ont choisi ce mode de vie. La ville a été fondée au temps des Ibères et fut le siège d'un important évêché wisigoth. L'office du tourisme (☎ 958 66 26 65), Carretera de Granada s/n, se trouve sur la route de Granada, en quittant le centre-ville.

A voir

Le centre abrite une belle **cathédrale** de grès construite entre le XVIe et le XVIIIe siècles à l'emplacement de l'ancienne mosquée. Elle se visite du lundi au samedi de 11h à 13h et de 16h à 18h ou 19h. A l'intérieur, apparaissent, dans une partie, les voûtes en ogives gothiques et le plafond ajouré ; l'autre partie, ainsi que l'extérieur – construits plus tard selon des plans de Diego de Siloé – présentent les voûtes arrondies et les ornements typiques de la Renaissance et du baroque. La voûte située au bout du chœur central revêt curieusement les deux aspects. La **Plaza de las Palomas**, toute proche, resplendit en s'illuminant le soir.

Non loin vers le sud, dans la Calle Barradas, vous trouverez l'entrée du château musulman du XVe siècle, l'**Alcazaba**, ouvert du lundi au samedi de 9h à 14h et quelques heures dans l'après-midi du lundi au vendredi. La vue du château porte jusqu'au principal quartier troglodytique, la Barriada de las Cuevas, à 700 m au sud.

Une habitation troglodytique typique du XXIe siècle est dotée d'un mur de façade blanchi à la chaux tout autour de l'entrée, d'une cheminée et d'une antenne de télévision. Certaines possèdent plusieurs pièces et disposent de tout le confort moderne. Il y règne tout au long de l'année une agréable température voisine de 18°C. Le **Cueva Museo**, Plaza de Padre Poveda, dans la Barriada de las Cuevas, recrée la vie originale

cours de conversion de l'euro 1 000 ptas = 6,01 €

El hombre de Orce

Isolé dans l'Altiplano sur une petite route de campagne qui mène à María (au nord de la province d'Almería), le village d'Orce revendique le titre de "berceau de l'humanité européenne". L'appellation est fondée sur la découverte, près de Venta Micena en 1976, d'un fragment d'os fossilisé, vieux de un à deux millions d'années. On s'accorde aujourd'hui à penser que l'os faisait partie du crâne d'un bébé *Homo erectus* (l'ancêtre de l'*Homo sapiens*), qui aurait été dévoré par une hyène géante, constituant ainsi le plus ancien reste humain en Europe. Pour de nombreux paléontologues, cet "hombre de Orce" est la preuve que des êtres humains sont arrivés en Europe bien avant la période communément admise, directement d'Afrique et non par l'Asie comme on l'avait supposé. D'autres mettent en cause le caractère humain et l'âge du fragment, avançant l'hypothèse que l'os pourrait être celui d'un cheval ou d'un cerf datant de moins d'un million d'années.

Tous les experts s'accordent cependant sur le fait que, pendant les quatre derniers millions d'années, la plus grande partie de la Hoya de Baza, cette cuvette désormais à sec de la région de Baza-Orce, était un lac. Les animaux sauvages qui venaient se désaltérer, en position vulnérable, étaient attaqués par des bêtes plus grosses, comme en témoignent les os fossilisés de dizaines d'espèces, notamment de mammouths, de rhinocéros, de tigres à dents de sabre, d'hippopotames, de hyènes géantes, de loups, d'ours, d'éléphants et de buffles, que l'on a dégagés à Venta Micena et dans les environs. C'est assez déconcertant d'imaginer toutes ces créatures lorsque l'on traverse tranquillement la région !

Le Museo de Prehistoria y Paleontología (☎ 958 74 61 83) d'Orce présente une sélection intéressante des pièces découvertes, notamment d'énormes dents de mammouths et une réplique du fragment de l'"hombre de Orce" (l'original est exposé à l'hôtel de ville d'Orce). Installé dans un château de l'époque musulmane, juste à côté de la place principale, le musée est ouvert tous les jours de 11h à 14h et de 18h à 20h (16h à 18h d'octobre à mai). L'entrée coûte 200 ptas.

Vous pouvez loger aux **Casas-Cueva** (☎ 958 73 90 68) à Galera, à 8 km à l'ouest par la A-330. Ces confortables appartements troglodytiques démarrent à 5 350 ptas pour deux personnes et bénéficient d'une piscine et d'un restaurant. Les amateurs d'histoire ancienne peuvent également visiter les sites de l'âge de bronze à Galera, El Castellón Alto et El Cerro Real.

---

des troglodytes. Il ouvre de 10h à 14h et de 16h à 18h du lundi au vendredi, et de 10h à 14h le samedi (200 ptas).

Où se loger et se restaurer

A 600 m du centre-ville sur la route de Murcia, l'*Hotel Mulhacén* (☎ 958 66 07 50, *Avenida Buenos Aires 41*) propose des doubles avec s.d.b. à 5 395 ptas plus IVA. Les *Cuevas Pedro Antonio de Alarcón* (☎ 958 66 49 86, *Barriada San Torcuato*), un hôtel troglodytique moderne situé à 2,5 km de la ville sur cette même route en direction de la A-92 (guettez le panneau "*Alojamiento en Cuevas*"), loue des appartements confortables à 5 000/6 900/9 900 ptas plus IVA pour des simples/doubles/quadruples (les prix sont un peu plus élevés pendant la Semaine Sainte et le mois d'août). Il dispose également d'une piscine et d'un restaurant. A l'*Hotel Comercio* (☎ 958 66 05 00, *Calle Mira de Amezcua 3*), dans le centre, les belles simples/doubles avec s.d.b. coûtent 5 500/7 500 ptas plus IVA.

Comment s'y rendre

Guadix est à environ une heure de Granada et une heure et demie d'Almería et elle est desservie chaque jour depuis ces deux villes par une dizaine de bus et quatre trains, dans les deux sens. Il y a au moins deux bus quotidiens en direction de Baza, Murcia, Madrid,

Jaén et Mojácar. La gare routière se trouve au bout de la Calle Concepción Arenal, à côté de l'Avenida Medina Olmos, à 700 m environ au sud-est du centre-ville. La gare ferroviaire se situe près de la route de Murcia, à 2 km environ au nord-est du centre.

MARQUESADO DE ZENETE

Cette région plutôt désolée entre Guadix et la Sierra Nevada était un centre agricole prospère à l'époque musulmane. Après la Reconquista, elle fut offerte en récompense au cardinal Mendoza, premier conseiller des Rois Catholiques pendant la guerre contre Granada. Son fils illégitime, Rodrigo de Mendoza, en devint le premier marquis (*marqués*).

La ville principale, **Jerez del Marquesado**, constitue le point de départ de certaines ascensions des pics de la Sierra Nevada, en particulier de la difficile **Ruta Integral de los Tresmil**, une traversée de quatre jours jusqu'à Lanjarón (Las Alpujarras) incluant tous les sommets de plus de 3 000 m. Jerez est desservie tous les jours par des bus en provenance de Granada et Guadix.

A 13 km de Jerez en direction de l'est, l'imposant **Castillo de la Calahorra**, avec ses tours d'angle surmontées de dômes, se dresse au-dessus du village de La Calahorra. Le château fut construit entre 1509 et 1512 par Rodrigo de Mendoza, lequel, durant sa vie agitée, passa un moment en Italie où il tenta, en vain, de s'attirer les faveurs du tristement célèbre Lucrèce Borgia. D'aspect extérieur très sobre, l'édifice abrite une cour Renaissance italienne d'une élégance surprenante dotée d'un escalier en marbre de Carrare. Les visites ont lieu le mercredi uniquement, de 10h à 13h et de 16h à 18h. Le village de La Calahorra dispose de deux *hostales*.

De La Calahorra, la A-337 se dirige vers le sud et franchit le col **Puerto de la Ragua** (voir plus loin *A l'est de Trevélez* dans la rubrique *Las Alpujarras*).

PARQUE NATURAL SIERRA DE BAZA

Cette zone protégée de 523 km^2 s'étend au sud de Baza entre la A-92-N et la A-92. Il s'agit d'une prolongation montagneuse de la Sierra de los Filabres (provincia de Almería) ponctuée par quelques précipices abrupts, mais traversée par plusieurs routes dont la plupart ne sont pas goudronnées. Le Centro de Visitantes Narvaez (☎ 958 86 10 13) se trouve à 5 km de la A-92-N, à 15 km environ de Baza. Pour vous y rendre, prenez la bifurcation "Parque Natural Sierra de Baza". Il est ouvert du mercredi au dimanche de 10h à 14h et de 16h à 18h. A partir du centre, vous pouvez suivre à pied une route qui mène en une demi-heure au sommet le plus élevé du parc, le Santa Bárbara (2 271 m).

BAZA
code postal 18800 • 21 000 hab.
• altitude 850 m

Cette ville-marché située à 44 km au nord-est de Guadix a été construite à l'époque des Ibères. La belle Plaza Mayor est dominée par l'**Iglesia Concatedral de la Encarnación**, du XVIe siècle, et abrite le **Museo Municipal**. Celui-ci possède une collection archéologique comprenant une copie de la *Dama de Baza*, statue grandeur nature d'une déesse ibère découverte dans la région en 1971. Pièce majeure de l'art ibère, l'original est conservé au Museo Arqueológico Nacional de Madrid. Le musée se visite du lundi au vendredi de 10h à 13h et de 18h à 20h (de 16h à 18h en période hiver).

L'*Hostal Avenida* (☎ *958 70 03 77, Avenida José de la Mora 26)*, à 500 m environ au sud de la Plaza Mayor, demande 4 300 ptas pour une chambre avec s.d.b. (3 300 ptas sans s.d.b.). A proximité, l'*Hotel Anabel* (☎ *958 86 09 98, Calle María de Luna s/n)* propose des doubles à 6 000 ptas plus IVA. Parmi les bars à bière et à tapas du quartier de la Plaza Mayor, citons en particulier *La Solana*, Calle Serrano.

La gare routière (☎ 958 70 21 03) se trouve Calle Reyes Católicos, à 200 m au nord de la Plaza Mayor. Une quinzaine de bus desservent tous les jours Guadix et Granada dans une direction, Vélez Rubio et Murcia dans l'autre.

cours de conversion de l'euro 1 000 ptas = 6,01 €

La Sierra Nevada et Las Alpujarras

Enneigée presque toute l'année, la chaîne montagneuse de la Sierra Nevada, dominée par le Mulhacén (3 478 m), point culminant de l'Espagne, forme un superbe arrière-plan au sud-est de Granada. Elle s'étire sur environ 75 km d'ouest en est, de Granada jusque dans la province d'Almería.

Le long de son versant sud s'étend l'une des plus pittoresques et des plus étranges contrées d'Andalousie : Las Alpujarras (ou La Alpujarra), une succession désordonnée de vallées sur 70 km de longueur. Ses versants arides, entaillés par de profonds ravins, sont ponctués de villages blancs, qui, tels des oasis, s'étalent le long des torrents tumultueux parmi des jardins, des vergers et des bois. La région se prête merveilleusement à la randonnée.

La partie occidentale de la Sierra Nevada rassemble tous ses sommets les plus élevés (3 000 m et plus) ; Sur son versant nord, sont installées les stations de ski les plus méridionales d'Europe. Les meilleures cartes de la région sont celles publiées par Editorial Alpina (*Sierra Nevada, La Alpujarra*, au 1/40 000) et le CNIG (*Sierra Nevada*, au 1/50 000). Celle d'Alpina est un peu plus récente (1999) et elle est fournie avec un livret, en espagnol ou en anglais, décrivant 32 itinéraires de randonnées à pied, à VTT ou à ski de fond. La carte du CNIG couvre par contre une zone plus étendue. Sur place, vous pouvez vous les procurer aux centres d'information El Dornajo et Pampaneira (voir les coordonnées ci-dessous). Ce dernier dispose également de certains feuillets du CNIG au 1/25 000.

Les meilleures périodes pour profiter des hautes montagnes (début juillet à début septembre) ne coïncident pas avec celles pour se promener plus bas dans Las Alpujarras (avril à mi-juin et également mi-septembre à début novembre, lorsque règne une température idéale et que la végétation révèle toutes ses beautés). Dans ce cas, la période de fin juin-début juillet et les quinze premiers jours de septembre représentent un bon compromis. Dans la Sierra Nevada, soyez toujours bien équipé et prêt à supporter les nuages ou la pluie. C'est une montagne plutôt rude à affronter. Dans les sommets, les températures sont en moyenne de 14°C inférieures à celles relevées dans les villages les plus élevés des Alpujarras. En altitude, le temps est à peu près stable et le terrain, relativement déneigé, seulement de début juillet à début septembre. Même par temps beau et clair, les sommets sont parfois balayés par des vents glaciaux et violents.

Walking in Spain, de Lonely Planet, couvre huit jours de randonnée dans Las Alpujarras et la Sierra Nevada. Sur place, vous trouverez des guides de randonnée en espagnol.

Presque toutes les zones les plus élevées de la Sierra Nevada font partie des 862 km^2 du Parque Nacional Sierra Nevada, le plus grand de la douzaine de parcs nationaux espagnols. Ce milieu de haute altitude tout à fait original abrite environ 2 000 des 7 000 espèces de plantes recensées dans le pays, notamment soixante-six espèces et sous-espèces endémiques comprenant des variétés uniques de crocus, de narcisse, de chardon, de trèfle, de pavot et de gentiane. Quelque 5 000 bouquetins vivent là et, en été, vous en croiserez sûrement au-dessus de 2 800 m.

Entourant le parc national à une altitude inférieure, le Parque Natural de Sierra Nevada couvre une zone de 848 km^2 un peu moins protégée.

ESTACIÓN DE ESQUÍ SIERRA NEVADA

La A-395 relie Granada à la Estación de Esquí Sierra Nevada, au pied de hauts sommets. Une dizaine de kilomètres avant la station de ski, le Centro de Visitantes El Dornajo (☎ 958 34 06 25) fournit quantité de renseignements sur les possibilités d'activités et les infrastructures dans la Sierra Nevada.

Ski

Les constructions modernes sans caractère et l'affluence du week-end ôtent malheureusement tout son charme à Pradollano, station de ski située à 33 km de Granada. Cepen-

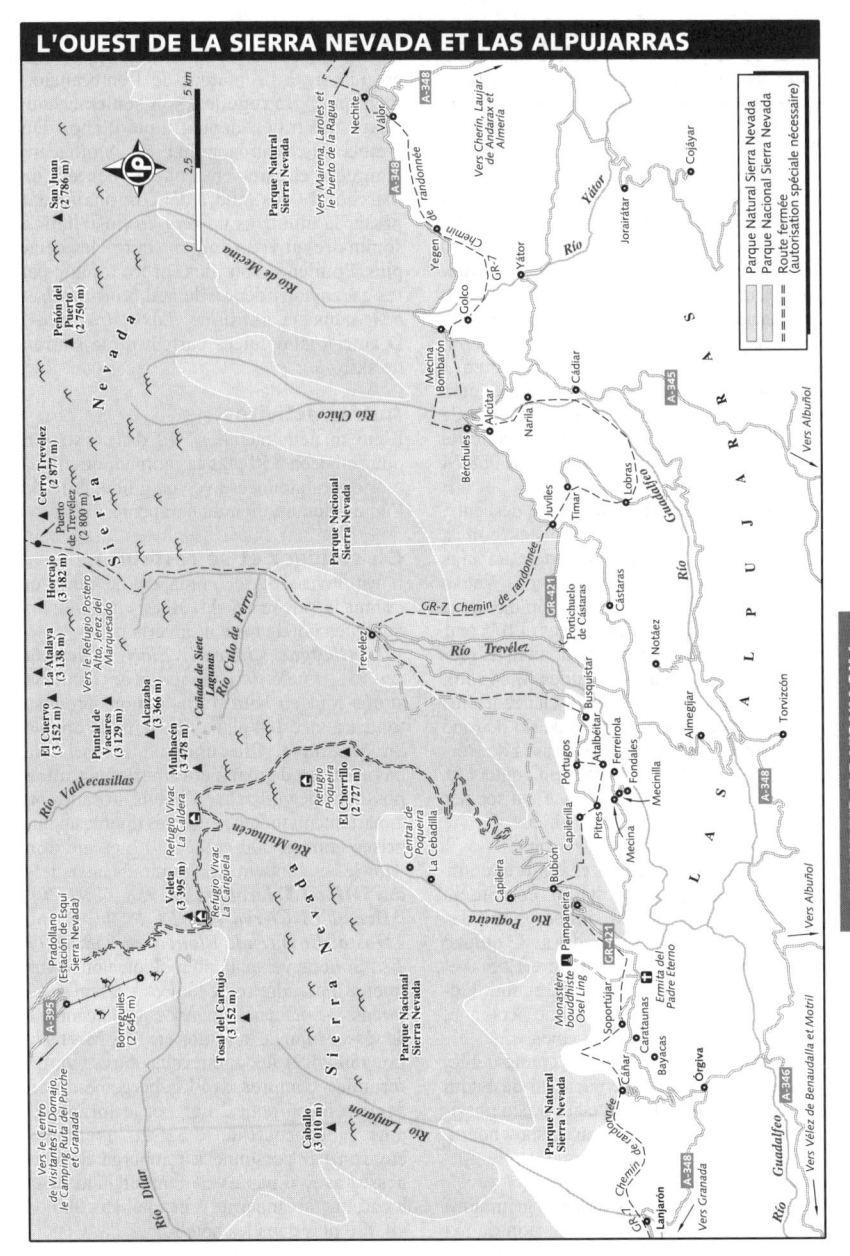

cours de conversion de l'euro 1 000 ptas = 6,01 €

dant, la qualité de ses installations et de ses pistes lui a permis d'accueillir les championnats du monde de ski alpin en 1996.

La saison dure normalement de décembre à avril ou début mai, mais les conditions d'enneigement sont difficilement prévisibles. Les prix de l'hébergement et des forfaits de ski (de 3 200 à 3 900 ptas par jour) baissent durant les saisons promotionnelles (les quinze premiers jours de décembre et à partir d'une date variable en avril). Ils atteignent leur maximum de Noël à début janvier, pendant la Semana Santa et la semaine de vacances aux alentours du 28 février. Pour toute information, consultez le site Internet de la station sur www.sierranevadaski.com ou appelez le ☎ 958 24 91 19 (boîte vocale interactive). Vous pouvez aussi solliciter le bureau d'information de la station (☎ 958 24 91 11) installé Plaza de Andalucía.

La station compte 45 pistes de descente, soit un total de 61 km : 5 pistes noires, 18 rouges, 18 bleues et 4 vertes. La plus haute part presque du haut du Veleta (3 395 m), deuxième plus haut sommet de la Sierra Nevada. Des téléphériques (1 075 ptas aller-retour pour les piétons) montent de Pradollano (2 100 m) à Borreguiles (2 645 m), où d'autres remonte-pentes s'élancent plus haut. Il existe aussi des pistes de ski de fond et une aire de snowboard au-dessus de Borreguiles. Les non-skieurs peuvent goûter aux joies de la luge, du patin à glace, du scooter des neiges ou du traîneau à chiens. La vie nocturne est très animée en station.

La location de skis et de chaussures coûte 2 600 ptas par jour. La station compte au moins trois écoles de ski, qui proposent des stages (du lundi au vendredi) avec quinze heures de cours, qui coûtent entre 12 500 et 15 500 ptas. Les cours particuliers sont facturés 3 700 ptas l'heure pour une personne, 6 000 ptas pour quatre personnes.

Pour des cours collectifs de courte durée, contactez l'Escuela Internacional de Esquí (☎ 958 48 01 42). Il existe aussi des possibilités de cours et de location de snowboard.

Randonnée

En juillet et août, vous pourrez grimper à pied en 3 ou 4 heures de la station de ski jusqu'au Veleta. Une route goudronnée monte en réalité jusqu'en haut, mais elle est fermée à la hauteur de l'embranchement pour Borreguiles, soit seulement un quart du trajet depuis Pradollano. Du Veleta jusqu'au sommet du Mulhacén, comptez encore environ 5 heures de marche. Il vous faudra donc normalement passer la nuit dans un *refugio* (installation sommaire) si vous voulez "faire" les deux pics. Pour en savoir plus sur les refugios et les ascensions depuis le sud, voir *Mulhacén* dans la rubrique *Las Alpujarras*. D'autres randonnées partent de la station de ski.

Autres activités

L'été, on peut louer des VTT dans la station pour environ 850 ptas la journée, ou effectuer des randonnées avec un guide, faire de l'équitation ou bien du parapente.

Où se loger et se restaurer

Il est vivement recommandé de réserver durant la saison de ski. Hors saison, seuls quelques hôtels restent ouverts.

L'*Albergue Juvenil Sierra Nevada* (☎ *958 48 03 05*), auberge de jeunesse située tout en haut de la station, propose toute l'année 214 places en chambre double ou quadruple. Elle pratique ses prix de basse saison de mai à novembre. La station possède une quinzaine d'hôtels, hostales ou appartements-hôtels, avec des doubles comprises entre 8 000 et 12 000 ptas environ dans les établissements les moins chers tels que l'*Hotel Telecabina* (☎ *958 24 91 20*), l'*Hostal El Ciervo* (☎ *958 48 04 09*) ou l'*Hostal El Duende Blanco* (☎ *958 48 11 10*). Si vous venez là pour skier, vous avez intérêt à prendre un forfait et à réserver au moins 2 semaines à l'avance par la centrale de réservation de la station (☎ 958 24 91 11, fax 958 24 91 46, agencia@cetursa.es). La formule comprenant l'hébergement en demi-pension pour 2 nuits et le forfait ski pour 2 jours coûte de 17 225 et 20 600 ptas environ par personne à l'auberge de jeunesse (avec 6 heures de cours de ski et la location du matériel) et de 15 000 à 40 000 ptas dans les hôtels.

Comment s'y rendre

La compagnie Autobús Viajes Bonal (☎ 958 27 31 00) assure trois liaisons quotidiennes (quatre le week-end) entre Granada et la station. Le bus part du Bar Ventorillo, Paseo del Violón, près du Palacio de Congresos de Granada. Le billet aller simple/aller-retour coûte 425/800 ptas. En taxi depuis Granada, comptez environ 6 000 ptas.

La route qui traverse la Sierra Nevada depuis la station de ski jusqu'à Capileira, dans Las Alpujarras, est actuellement interdite aux véhicules, sauf munis d'une autorisation spéciale, et ce, à partir de l'embranchement pour Borreguiles, 4 km environ après le haut de Pradollano.

LAS ALPUJARRAS

Bien qu'elles aient connu une explosion du tourisme ces dix ou vingt dernières années, Las Alpujarras demeurent un monde à part, mystérieux et hors du temps. Leur histoire est surprenante : au XVIe siècle, l'ensemble de la communauté musulmane qui y prospérait a été entièrement supplantée par des colons chrétiens. Les témoignages du passé musulman sont omniprésents, dans les villages de style berbère comme dans le système de culture en terrasse et d'irrigation des terres.

Histoire

Les Alpujarras se sont fait connaître aux Xe et XIe siècles par leurs imposantes magnaneries, qui fournissaient au fil de soie aux ateliers d'Almería, obtenu en dévidant les cocons des vers à soie qui se nourrissent de feuilles de mûrier. Cette activité se développa en même temps que l'arrivée d'une vague de Berbères dans la région. Par la suite, la soie tissée avec les fils des Alpujarras devint l'un des nerfs de l'économie de la Granada nasride. A côté de l'agriculture florissante grâce à l'irrigation, à la fin du XVe siècle, la production de soie faisait vivre une population de plus de 150 000 personnes, réparties dans au moins 400 villages et hameaux.

Lorsqu'en 1492, Boabdil, le dernier émir de Granada, accepta de capituler devant Fernando et Isabel, il reçut en échange les Alpujarras pour fief personnel. Il s'établit à Laujar de Andarax, dans les Alpujarras almériennes, avant de partir pour l'Afrique l'année suivante. Les chrétiens, qui s'étaient engagés à respecter la religion et la culture des musulmans, ne tinrent bientôt plus leurs promesses. Les conversions forcées et les expulsions de terres entraînèrent en 1500 des révoltes musulmanes dans l'ancien émirat et, en particulier, dans les Alpujarras. Quand la révolte échoua, les musulmans durent choisir entre la conversion ou l'exil. Nombre d'entre eux se convertirent (ceux qu'on allait appeler les Moriscos) mais le plus souvent de manière complètement formelle.

En 1567, Felipe II alla même jusqu'à promulguer un décret particulièrement répressif leur interdisant l'usage de leur nom, de leurs costumes et même de la langue arabe, ce qui déclencha une nouvelle révolte dans les Alpujarras en 1568. Menée par un Morisque du nom d'Aben Humeya et soutenue par les musulmans d'Afrique du Nord, la rébellion fit à nouveau tache d'huile dans tout le sud de l'Andalousie. Il s'ensuivit deux années de violentes guérillas, qui ne s'achevèrent qu'avec l'intervention de Don Juan d'Autriche, chargé par son demi-frère Felipe d'écraser l'insurrection, et par l'assassinat d'Aben Humeya par son cousin Aben Abou.

Presque toute la population des Alpujarras fut déportée pour travailler les terres de l'ouest de l'Andalousie et de certaines parties de la Castille. Quelque 270 villages et hameaux furent repeuplés par des chrétiens venus du nord de l'Espagne. Le reste des villages fut abandonné. Au fil des siècles, l'industrie de la soie perdit de son attrait et les bois des Alpujarras cédèrent la place à l'exploitation minière et aux cultures de céréales. Les Alpujarras sombrèrent dans l'oubli.

Randonnées

Une multitude de belles randonnées relient les villages de la vallée ou grimpent dans la Sierra Nevada. Certaines sont évoquées dans les paragraphes ci-dessous. Le GR-7, sentier de grande randonnée qui traverse l'Europe de la Grèce à Algeciras, est balisé en rouge et blanc et par les lettres E4 GR7, ainsi que par des panneaux dans les villages. Vous pouvez le suivre à partir de Laroles, au pied du Puerto de la Ragua, jusqu'à Lanjarón, à l'ouest de Las Alpujarras. Comptez une semaine de marche. L'itinéraire est décrit dans le guide *GR-7 : Senda Granadina : Tramo Alpujarreño*, de Mariano Cruz, Jesús Espinosa et Natalio Carmona (en espagnol).

Hébergement

Mieux vaut réserver si vous venez durant la Semana Santa ou de juin à septembre. Outre des hôtels et des hostales, les villages offrent souvent la possibilité de louer des appartements ou des maisons pour un court séjour (renseignez-vous auprès des offices de tourisme, guettez les panneaux ou demandez à la ronde). Parmi les organismes qui louent des maisons et des appartements dans différents villages, citons Rural Andalus et RAAR (reportez-vous à la rubrique *Hébergement* dans *Renseignements pratiques*), ainsi que Rustic Blue (☎ 958 76 33 81, fax 958 76 31 34), Barrio de la Ermita, 18412 Bubión. Pour 4 personnes, les prix débutent à environ 10 000 ptas la nuit ou 60 000 ptas la semaine. Vous pouvez consulter le site de Rustic Blue (www.rusticblue.com).

Nourriture et boisson

Les Alpujarras restent un pays de cuisine simple et copieuse, à base notamment de bonnes viandes et charcuteries ainsi que de truites locales.

Trevélez est célèbre pour son *jamón serrano*, mais bien d'autres villages produisent également de délicieux jambons.

Le *plato alpujarreño*, qui vaut autour de 700 ptas, est composé de pommes de terres frites, d'œufs frits, de saucisse, de jambon et parfois de boudin noir.

Le vin des Alpujarras, ou costa, plutôt fort et brut, provient surtout de la Sierra de la Contraviesa, région entre Las Alpujarras et la mer.

Comment s'y rendre

Bus. Les bus desservant les Alpujarras dépendent d'Alsina Graells (☎ 958 18 54 80 à Granada). Au départ de Granada, il y a trois bus par jour (à l'époque de la rédaction de ce guide, ils partaient à 10h30, 12h et 17h15) pour Lanjarón, Órgiva (520 ptas, 1 heure 30), Pampaneira, Bubión, Capileira et Pitres (2 heures 45) ; les deux derniers continuent jusqu'à Trevélez (830 ptas, 3 heures 15) et Bérchules (3 heures 45). Au retour, les bus partent de Bérchules à 5h et 17h et de Pitres à 15h30.

Il existe aussi un service biquotidien Granada-Ugíjar *via* Lanjarón, Órgiva, Torvizcón, Cádiar (910 ptas, 3 heures 45), Yegen et Válor. Alsina assure plusieurs liaisons tous les jours sauf le dimanche et les jours fériés : Málaga-Lanjarón *via* Órgiva, Almería-Ugíjar *via* Berja et Almería-Bérchules *via* Adra.

Voiture et moto. En venant de l'ouest, la principale route pour aller dans les Alpujarras est la A-348 (indiquée C-333 sur certains panneaux). Le GR-421 part de la A-438 vers le nord, juste à l'ouest d'Órgiva et serpente le long des pentes nord des Alpujarras pour la rejoindre à quelques kilomètres au nord de Cádiar. Il y a une station-service sur le GR-421 entre Pampaneira et Pitres. En venant de Motril, quittez la N-323 en direction de l'est juste au nord de Vélez de Benaudalla.

Lanjarón
code postal 18420 • 4 000 hab.
• **altitude 660 m**

Ville la plus occidentale de Las Alpujarras, cette station thermale a une situation privilégiée sur le versant sud de la Sierra Nevada, mais elle s'est développée de façon anarchique autour de la A-348 (Avenida de Andalucía). Quantité d'hostales et d'hôtels bordent cette avenue, avec des doubles entre 3 000 et 8 000 ptas, mais la plupart sont fermés en hiver. Les établissements les moins chers se trouvent plutôt à l'extrémité est du village.

Órgiva
code postal 18400 • 6 100 hab.
• **altitude 725 m**

Principale agglomération de l'ouest des Alpujarras, Órgiva (parfois écrit Órjiva) est particulièrement encombrée ; mais c'est aussi un lieu très animé, en particulier le jeudi matin quand les gens du pays et la communauté internationale, assez importante, des Alpujarras (qui compte beaucoup de marginaux/New Age) descendent à Órgiva pour acheter et vendre toutes sortes de choses, légumes et alimentation biologique, aussi bien que bijoux et art hippy, sur le pittoresque marché qui se tient dans la partie haute de la ville, le Barrio Alto.

Depuis l'agence et l'arrêt de bus Alsina Graells, Avenida González Robles, remontez la rue puis tournez à droite et vous arriverez aux feux de circulation. Vous trouverez des banques, dont certaines avec distributeur automatique, sur la Calle Doctor Fleming qui part d'ici en direction de la colline.

Facilement repérable à ses tours jumelles, l'**Iglesia de Nuestra Señora de la Expectación**, au pied de la Calle Doctor Fleming, date du XVIe siècle.

Où se loger et se restaurer.
Le *Camping Órgiva* (☎ 958 78 43 07) offre l'attrait de sa piscine et de son restaurant mais manque un peu d'espace. Deux adultes avec une voiture et une tente paieront environ 2 000 ptas. Il se situe à 2 km au sud du centre, sur la A-348 qui descend vers le Río Guadalfeo.

La *Pensión Alma Alpujarreña* (☎ 958 78 40 85, Avenida González Robles 49), juste en dessous des feux de circulation, dispose de simples/doubles à 2 000/ 4 000 ptas (5 000 ptas avec s.d.b.) et sert, en salle ou en terrasse, une cuisine variée (y compris des plats végétariens) à des prix raisonnables.

L'*Hostal Mirasol* (☎ 958 78 51 59, Avenida González Robles 3), près du pont de la A-348 sur le Río Chico, vers l'extrémité ouest de la ville, propose des chambres correctes avec s.d.b. à 2 000/4 000 ptas plus IVA. Les chambres, avec TV, de son voisin *l'Hotel Mirasol* (☎ 958 78 51 08, Avenida González Robles 5), plus récentes et plus confortables valent 7 000/8 000 ptas plus IVA. Ils partagent le même restaurant où un dîner avec trois plats vous reviendra autour de 1 700 ptas. L'*Hotel Taray* (☎ 958 78 45 25), à 1,5 km au sud du centre sur la A-348, demande 6 180/8 370 ptas, plus IVA, pour ses chambres.

La boulangerie *La Zahona*, Calle Doctor Fleming, fait de bons gâteaux, parfaits pour accompagner une boisson que vous prendrez en terrasse au *Café Galindo Plaza*, dont elle partage les locaux. Le Galindo sert aussi des pizzas à 1 000 ptas. Vous pouvez acheter du pain complet (*pan integral*) au *mercado* qui se tient tous les jours en haut de la Calle Doctor Fleming.

Pampaneira, Bubión et Capileira
Pampaneira : code postal 18411, 350 hab., altitude 1 050 m.
Bubión : code postal 18412, 370 hab., altitude 1 300 m.
Capileira : code postal 18413, 580 hab., altitude 1 440 m.

Ces villages, accrochés à flanc de paroi au-dessus du profond ravin Barranco de Poqueira, se succèdent au nord-est d'Órgiva et comptent parmi les plus ravissants, les plus spectaculaires et les plus touristiques de Las Alpujarras. Leurs maisons en pierre blanchie à la chaux semblent se hisser les unes au-dessus des autres pour éviter de glisser dans les gorges. Ombragées par les balcons fleuris, leurs venelles grimpent au petit bonheur.

Le plus haut des trois, Capileira, offre une base idéale pour les randonnées dans les vallées et les montagnes environnantes, si vous n'avez pas votre propre moyen de locomotion.

Renseignements.
Le Centro de Visitantes de Pampaneira (☎ 958 76 31 27), sur la Plaza de la Libertad, vous fournira une foule de renseignements sur les Alpujarras et la Sierra Nevada (y compris des cartes payantes) et également sur les randonnées et les refuges de montagne. Il ouvre de 10h à 14h et de 16h à 18h (de 17h à 19h de mai à mi-octobre) du mardi au samedi, et de 10h à 15h les dimanche et lundi. A Capileira, un petit kiosque d'information, en bordure de la rue principale, vous donnera une carte du village très utile.

Il existe des distributeurs automatiques juste avant l'entrée du parking à Pampa-

cours de conversion de l'euro 1 000 ptas = 6,01 €

neira et à la banque La General, Calle Doctor Castilla, à Capileira. Les trois villages possèdent des supermarchés.

A voir. Ces villages, comme bien d'autres dans les Alpujarras, abritent de solides **églises mudéjares** du XVIe siècle (ouvertes seulement aux heures de messes, affichées à la porte). Elles recèlent de petits **ateliers de tissage** et quantité de boutiques d'artisanat, qui vendent parfois des poteries venant de toute l'Andalousie, aussi bien que des petits tapis en coton typiques des Alpujarras.

Vu le caractère un peu himalayen du paysage de Poqueira, on ne s'étonnera guère de voir un petit monastère bouddhique tibétain, **Osel Ling** (lieu de la Lumière claire) perché à quelque 1 550 m d'altitude tout au bout de la vallée quand on vient de Pampaneira. Ce monastère accueille les visiteurs à certains moments (téléphonez ☎ 958 34 31 34 pour connaître les horaires). On peut y accéder à pied depuis chacun de ces trois villages ou en voiture en prenant l'embranchement indiqué "Ruta Pintoresca" en face de l'Ermita del Padre Eterno, une chapelle qui borde le GR-421, à 5 km en contrebas de Pampaneira.

Randonnées. Huit chemins de randonnée de 4 à 23 km de long (de 2 heures à 8 heures) sillonnent le magnifique Barranco de Poqueira, mais les poteaux balisés de couleurs codées sont rares. Leur tracé figure sur les cartes sommaires affichées dans les villages et ils sont décrits dans la carte d'Editorial Alpina *Sierra Nevada, La Alpujarra*. La plupart de ces itinéraires partent de Capileira, sauf le circuit n°1 (6 km) qui part de Pampaneira et le circuit n°6 (23 km) qui part de Bubión.

Depuis Capileira, l'itinéraire n°4 (8 km, 3 heures 30) vous emmène au hameau de La Cebadilla, puis redescend sur le versant ouest de la vallée et remonte jusqu'à Capileira. Pour rejoindre son point de départ, descendez jusqu'au bout de la Calle Cubo à l'extrémité nord de Capileira, puis tournez à droite à la hauteur des Apartamentos Vista Veleta et continuez. Les itinéraires n°7 et 8 remontent tous deux la vallée depuis La Cebadilla. Les n°2 et 5 démarrent au bout de la Calle Cerezo à Capileira.

Vous pouvez aller à pied de Capileira à Trevélez (5 heures environ) en empruntant une large piste qui rejoint sur la droite au bout de 4 km la route Capileira-Mulhacén, quelques centaines de mètres après la borne km 8. Cette route peut également se parcourir en voiture.

Nevadensis (☎ 958 76 31 27, fax 958 76 33 01, nevadensis@arrakis.es), une association de guides de montagne qui dirige également le centre d'accueil aux visiteurs de Pampaneira, organise des randonnées guidées pour des groupes d'au moins cinq personnes. Une sortie de cinq heures dans le Barranco de Poqueira revient à 2 300 ptas par personne. Un circuit associant l'approche en 4x4 du Mulhacén et son ascension à pied coûte 4 000 ptas. Ils programment également des randonnées de quatre ou cinq jours. Consultez le site www.nevadensis.com pour de plus amples informations.

Les maisons des Alpujarras

Les voyageurs qui connaissent le Maroc remarqueront peut-être la ressemblance entre les villages des Alpujarras et ceux de l'Atlas. De fait, ce sont les Berbères, venus s'établir dans les Alpujarras à l'époque musulmane, qui ont introduit ce style de construction.

Les maisons sont généralement bâties sur deux niveaux, celui du bas servant pour les animaux et d'entrepôt. Les *terraos*, ou toits-terrasses, caractéristiques avec leur haute cheminée, sont faits d'une couche de *launa* (sorte d'argile) tassée sur des pierres plates qui reposent sur des poutres de châtaignier, de frêne ou de pin. De nos jours, une feuille de plastique est souvent glissée entre les pierres et la launa pour renforcer l'imperméabilité. Le blanchiment à la chaux est également d'introduction récente, comme le montrent les quelques villages qui ont conservé la pierre à nu des constructions anciennes.

Autres activités. En fonction de la saison, Nevadensis (voir ci-dessus) peut organiser des balades à cheval (environ 4 000 ptas par personne pour deux heures, 8 500 ptas pour la journée), des randonnées à ski ou à VTT, de l'escalade, du parapente et des excursions en 4x4. Pour monter à cheval, vous pouvez également contacter Rafael Belmonte (☎ 958 75 31 35) ou Dallas Love (☎ 958 76 30 38, fax 958 76 30 34) à Bubión. Ils proposent des sorties guidées, depuis la promenade de 2 heures jusqu'à la randonnée d'une semaine.

Où se loger et se restaurer
Les trois villages offrent des possibilités.

Pampaneira. A l'entrée du village, deux bons hostales se font face de part et d'autre de la Calle José Antonio. L'*Hostal Pampaneira* (☎ 958 76 30 02) loue des simples/doubles avec s.d.b. à 3 000/4 000 ptas. Son restaurant est le moins cher du village (truite ou côte de porc à 650 ptas). L'*Hostal Ruta del Mulhacén* (☎ 958 76 30 10, fax 958 76 34 46) dispose de chambres avec s.d.b. à 3 100/4 250 ptas dont certaines offrent une vue panoramique sur la vallée. Des trois restaurants qui donnent directement sur la rue, Plaza de la Libertad, nous vous conseillons le *Restaurante Casa Diego* et sa charmante terrasse en étage. La plupart des plats valent entre 600 et 1 200 ptas (la truite au jambon, le jambon de pays et les œufs figurent parmi les moins chers). Le *Bar Belezmín* sert quelques plats végétariens.

Bubión. Un peu en retrait de la grand-route, tout en haut du village, la *Villa Turística de Bubión* (☎ 958 76 31 11, fax 958 76 31 36, Barrio Alto s/n) loue des appartements douillets avec cheminée pour deux à six personnes (12 000 ptas plus IVA pour deux/trois personnes). Elle dispose également d'un restaurant. Les simples/doubles avec s.d.b. (2 750/3 900 ptas) de l'*Hostal Las Terrazas* (☎ 958 76 30 34, fax 958 76 32 52, Plaza del Sol 7), en contrebas de la grand-rue, quoiqu'un peu petites, sont confortables, de même que les appartements dans les bâtiments voisins (entre 6 000 et 12 000 ptas pour deux à six personnes). Ces deux établissements louent des VTT à leurs clients.

Nous vous recommandons le *Restaurante Teide*, sur la grand-rue, qui sert un menu composé de trois plats et d'une boisson pour 1 100 ptas plus IVA. A la carte figurent plusieurs plats à moins de 800 ptas, notamment la truite au jambon et des plats végétariens tels que les aubergines fourrées au fenouil. Plus haut dans la rue vous trouverez le *Café-Bar Fuenfria*, sorte de pub très convivial, avec une terrasse de l'autre côté de la rue.

Capileira. Les simples/doubles avec s.d.b. à 2 400/4 000 ptas du *Mesón Hostal Poqueira* (☎/fax 958 76 30 48, Calle Doctor Castilla 6), à deux pas de la grand-rue, sont convenables. L'*Hostal Atalaya* (☎ 958 76 30 25, Calle Perchel 3), 100 m plus bas, qui pratique des prix similaires, est moins tentant. L'*Hostal Paco López* (☎ 958 76 30 11, Carretera de la Sierra 5), en remontant la grand-rue, dispose de chambres avec s.d.b. à partir de 2 000/3 000 ptas. Un peu plus haut, dans un virage à droite, le *Restaurante Ruta de las Nieves* (☎ 958 76 31 06, Carretera de la Sierra s/n) offre huit chambres correctes avec s.d.b. à 2 000/4 000 ptas. En haut du village, la *Finca Los Llanos* (☎ 958 76 30 71, fax 958 76 32 06) loue des appartements plus luxueux à 12 000 ptas plus IVA pour deux personnes.

La plupart de ces établissements ont des restaurants, mais il existe d'autres possibilités. Le *Bar El Tilo*, Plaza Calvario, tout au bout de la Calle Doctor Castilla et en descendant, sert des *raciones* (portions de tapas équivalant à un plat) d'un bon rapport qualité/prix telles que les *patatas a lo pobre* (les pommes de terres du pauvre, accommodées avec des poivrons et de l'ail, 400 ptas) et les *chuletas de cerdo* (côtes de porc, 550 ptas). La *Casa Ibero*, en contrebas de l'église (suivez les panneaux), prépare une cuisine internationale originale qui va des croquettes végétariennes (850 ptas) aux divers couscous (de 875 à 1 300 ptas), en passant par l'agneau à la sauce au gin-

cours de conversion de l'euro 1 000 ptas = 6,01 €

gembre (1 300 ptas). Il est ouvert pour le déjeuner et le dîner sauf le dimanche soir et un autre jour dans la semaine (le mercredi au moment de la rédaction de ce guide).

Mulhacén

En haut de la vallée de Poqueira se dressent les deux plus hauts sommets de la Sierra Nevada : le Mulhacén (3 478 m) et le Veleta (3 395 m). Moulay Abu al-Hasan, le père de l'infortuné Boabdil, a donné son nom au Mulhacén, point culminant de l'Espagne continentale. Le sommet abrite un petit sanctuaire, une chapelle sans toit et une croix de fer brisée. De l'autre côté, la montagne tombe à pic sur 500 m environ, jusqu'à la cuvette Hoya del Mulhacén. Par temps clair on peut apercevoir la Sierra de Cazorla et le Rif marocain.

La route qui monte dans la Sierra Nevada depuis Capileira jusqu'à la Estación de Esquí Sierra Nevada est désormais fermée aux véhicules ne disposant pas d'une autorisation spéciale, à 7 ou 8 kilomètres de Capileira.

On peut accéder aux hauts sommets de différentes manières. Quel que soit l'itinéraire emprunté, il vous faudra au moins 6 heures de marche (sans les pauses) jusqu'en haut du Mulhacén. Nous vous recommandons donc de passer une nuit dans l'un des trois refuges ou bien de camper.

Le *Refugio Poqueira* (☎ 958 34 33 49, ☎ 608 55 42 24), est une installation moderne qui dispose de 87 places. Il se trouve à 2 500 m, vers le haut de la vallée de Poqueira et il est ouvert toute l'année (dans la mesure du possible, réservez quelques jours à l'avance) et demande 1 000 ptas par personne. Des repas sont servis (550 ptas le petit déjeuner, 1 600 ptas le dîner), les couvertures sont fournies et il y a des douches. Plus haut, juste au-dessus de la route de la Sierra Nevada, on trouve deux abris de pierre, des *refugios vivac*. Ils sont chacun équipés pour douze couchages (de simples planches où installer son duvet), d'une grande table et de bancs. Ces refuges sont gratuits et ouverts en permanence, mais il est impossible de réserver. Le *Refugio Vivac La Caldera* se situe sous le versant ouest du Mulhacén, à 1 heure 30 de marche du Refugio Poqueira ; le *Refugio Vivac La Carigüela* se trouve au col Collado del Veleta (3 200 m), sous le pic du Veleta, à 2 heures 30 de marche à l'ouest du Refugio Vivac La Caldera.

Une autorisation officielle est indispensable pour faire du camping sauvage. Au moment de la rédaction de ce guide, il fallait remplir un formulaire, disponible par exemple au Centro de Visitantes de Pampaneira, le faxer à la Consejería de Medio Ambiente (fax 958 53 76 21), qui le renvoyait par retour du courrier pour peu qu'elle l'ait reçu entre 9h et 14h du lundi au vendredi. Pour tout renseignement sur la réglementation, adressez-vous aux centres d'accueil des visiteurs de Pampaneira ou El Dornajo, ou au bureau du Parque Nacional et du Parque Natural de Sierra Nevada (☎ 958 48 68 89, fax 958 48 60 72), Carretera Antigua de Sierra Nevada Km 7, Pinos Genil, Granada.

On peut aborder le Veleta et le Mulhacén par la station de ski (voir plus haut *Randonnée* de la rubrique *Estación de Esquí Sierra Nevada*). Pour rejoindre le Mulhacén depuis le Veleta, empruntez la route jusqu'au Refugio Vivac La Caldera, puis suivez le sentier sur le versant ouest du Mulhacén – une rude montée de 400 m de dénivelé. Comptez en tout (en incluant le Veleta) environ 8 heures de marche (sans les pauses) depuis la station.

Depuis Las Alpujarras, on peut aborder le Mulhacén par Trevélez et Capileira. De Trevélez, rejoignez par une pente raide la route de la Sierra Nevada près d'El Chorillo (2 727 m). De là, suivez la route, puis un chemin, puis un sentier jusqu'au sommet (entre 5 et 6 heures, plus les pauses). Un itinéraire plus attrayant passe par la Cañada de Siete Lagunas, un bassin constellé de lacs en bas du versant est du Mulhacén, puis s'élève par la crête rocheuse Cuesta del Resuello jusqu'au sommet (environ 7 heures de marche depuis Trevélez, avec la possibilité de camper dans la Cañada de Siete Lagunas).

De Capileira, le Refugio Poqueira est accessible en 5 heures environ. Suivez la route de la Sierra Nevada sur 7,5 km à la montée, jusqu'à un virage d'où part une piste sur la gauche, près d'une maison en pierre avec une piscine. Prenez la piste sur 800 m en direction du nord-nord-ouest, jusqu'à une maison en construction (on peut se rendre en voiture jusqu'à ce point, et se garer). De là, continuez en direction du nord le long du canal d'irrigation Acequía Baja pendant 6 km environ. Quelque 400 m avant le Río Mulhacén, tournez à droite (nord-nord-est) et montez vers le refuge (420 m de dénivelé). Du refuge, vous pouvez remonter la vallée du Río Mulhacén pendant 1 heure 30 jusqu'à ce que vous croisiez la route de la Sierra Nevada en contrebas du Refugio Vivac La Caldera. Il ne vous reste plus qu'à gravir le flanc escarpé du Mulhacén. Comptez 2 heures 30 depuis le refuge.

La Ruta Integral de los Tresmil est sans doute l'itinéraire le plus difficile dans la Sierra Nevada (voir *Marquesado de Zenete*).

Pitres et La Taha

Presque aussi charmant que les villages des gorges de Poqueira, Pitres (code postal 18414, environ 500 habitants, altitude 1 250 m) est pourtant nettement moins touristique. Vous y trouverez une banque et un distributeur automatique. Les cinq hameaux de la vallée en contrebas sont regroupés dans une commune appelée La Taha, un nom qui évoque l'émirat musulman de Granada à l'époque où Las Alpujarras étaient divisées en douze unités administratives, les *tahas*. De nos jours, Mecina, Mecinilla, Fondales, Ferreirola et Atalbéitar forment un monde original où le poids des siècles est particulièrement présent. D'anciens chemins traversent des bois luxuriants et des vergers prolifiques, bercés par le clapotement incessant des torrents. En contrebas de Fondales, un pont de l'époque musulmane franchit la gorge du Río Trévélez. A côté subsistent les ruines d'un moulin de la même période. A Fondales, demandez le *puente árabe*, c'est à quelques minutes de marche.

Le *Camping El Balcón de Pitres* (☎ 958 76 61 11) du côté ouest du village près du GR-421, ouvre de mars à octobre et demande 1 725 ptas plus IVA pour deux adultes avec une voiture et une tente. Il possède une piscine et un restaurant correct. Le *Refugio Los Albergues* (☎ 958 34 31 76), à deux minutes à pied en descendant un chemin (indiqué par un panneau) qui part du GR-421 du côté est du village, est un petit gîte pour randonneurs chez l'habitant. Il dispose de douze lits superposés en dortoir à 1 000 ptas, d'une chambre double à 3 000 ptas, d'une cuisine équipée, de douches chaudes et de toilettes extérieures. Il ferme du 10 janvier au 10 février. Le propriétaire, un Allemand fort sympathique, connaît une mine d'informations sur la région et sur les randonnées à faire.

La *Fonda Sierra Nevada* (☎ 958 76 60 17), plaza de Pitres, loue des simples/doubles à 1 700/3 400 ptas. Vous trouverez des hôtels de catégorie moyenne (doubles entre 5 000 et 7 500 ptas) à Pitres, Mecina et Pórtugos.

Quelques cafés et restaurants sont installés tout autour de la plaza de Pitres.

Trevélez
code postal 18417 • 800 hab.
• altitude 1 476 m

Niché dans une entaille, à flanc de montagne, presque aussi impressionnante que les gorges de Poqueira, Trevélez est le plus célèbre des villages des Alpujarras, pour trois raisons : il sert fréquemment de point de départ pour les ascensions des pics de la Sierra Nevada ; il se proclame le village plus haut d'Espagne – en fait, le sommet de Trevélez se trouve à 1 600 m, et certains villages, en particulier Valdelinares, en Aragón, à 1 700 m, pourraient contester ; mais comme elle englobe le Mulhacén, la municipalité de Trevélez est bien la plus haute de l'Espagne continentale – et il produit l'un des meilleurs *jamón serrano* du pays. Les jambons arrivent en camion de partout, même de loin, pour sécher à l'air de montagne.

La rue principale est bordée d'échoppes de souvenirs et de jambon, mais il suffit de se promener dans les hauteurs pour découvrir ce village bien vivant, si typique des Alpujarras. La banque La General, juste au-

cours de conversion de l'euro 1 000 ptas = 6,01 €

dessus de la grand-route, possède un distributeur automatique.

Randonnée. Point de départ pour le Mulhacén et pour les randonnées vers les autres villages des Alpujarras, Trevélez se trouve aussi à l'extrémité d'une ancienne route de bêtes de somme qui remonte la vallée de Trevélez et franchit le Puerto de Trevélez, un col situé à 2 800 m, avant de rejoindre la charmante bourgade de Jerez del Marquesado, à 22 km au nord-est (voir plus haut *Marquesado de Zenete*). On peut parcourir cet itinéraire en une longue journée de marche, mais il vaut mieux passer la nuit au **Refugio Postero Alto** (☎ *958 34 51 54)*, avant Jerez.

Où se loger et se restaurer. A 1 km au sud de Trevélez par le GR-421 en direction de Busquístar, le *Camping Trevélez* (☎ *958 85 87 35)*, qui dispose aussi d'un restaurant, est ouvert toute l'année (entre 1 665 et 2 050 ptas plus IVA pour deux adultes avec une voiture et une tente). On peut aussi louer des bungalows à 2 500/5 500 ptas plus IVA pour deux/quatre personnes. Les propriétaires sont sensibles à la protection de l'environnement.

Le *Restaurante González* (☎ *958 85 85 31, Plaza de Don Francisco Abellán s/n)*, près de la grand-route au pied du village, loue des simples/doubles avec s.d.b. commune à 2 000/3 000 ptas et des doubles avec s.d.b. à 4 500 ptas. Le restaurant propose un menu d'un excellent rapport qualité/prix à 950 ptas, ainsi que de la truite, du poulet ou un *plato alpujarreño* entre 750 et 1 100 ptas. L'*Hostal Regina* (☎ *958 85 85 64, Plaza de Don Francisco Abellán 12)* dispose de chambres plus confortables avec s.d.b. à 3 000/5 300 ptas et de doubles avec s.d.b. commune à 4 100 ptas.

L'*Hostal Fernando* (☎ *958 85 85 65, Pista del Barrio Medio s/n)*, sur la route qui monte vers le haut du village, propose des simples/doubles propres avec s.d.b. de 2 000/3 500 ptas à 2 500/4 500 ptas. Un peu plus haut, Plaza Barrio Medio, des panneaux vous indiqueront la direction de l'*Hotel La Fragua* (☎ *958 85 86 26, Calle San Antonio 4)*, dont les chambres sont les plus confortables de Trevélez (2 800/5 500 ptas avec s.d.b.). Non loin de là, le *Mesón La Fragua* est une bonne table, dont les spécialités sont relativement originales : la perdrix aux noix (1 500 ptas), la glace à la figue (500 ptas), ou l'excellent filet de porc (*solomillo*) accommodé de différentes façons (950 ptas). En bas de la rue, le *Café Bar Castellón* (☎ *958 85 85 07, Calle Cárcel)* demande 1 500/3 000 ptas pour des chambres sommaires, la plupart aveugles, avec s.d.b. commune.

Le *Mesón Haraicel*, juste au-dessus de la Plaza de Don Francisco Abellán, dispose de quelques tables en terrasse et prépare une bonne cuisine, dont plusieurs plats de truite ou de viande entre 850 et 1 000 ptas. Également savoureux, le *Mesón Joaquín*, sur la grand-route à l'ouest du village, propose un menu composé de trois plats et d'une boisson pour 1 000 ptas.

Le jamón de Trevélez figure sur tous les menus. Si vous avez envie d'en acheter un entier, sachez que les boutiques du haut du village pratiquent des prix moins élevés que celles qui bordent la route principale.

A l'est de Trevélez

A 7 km au sud de Trevélez, le GR-421 franchit un col assez bas, le Portichuelo de Cástaras, et tourne vers l'est dans un paysage plus dénudé. Seules quelques oasis de verdure entourent les villages. Ces parties centrale et orientale des Alpujarras ont autant de caractère que celle de l'ouest, mais elles attirent infiniment moins de touristes.

De **Juviles**, à 12 km de Trevélez, vous pouvez atteindre en une demi-heure Fuerte, promontoire rocheux s'élevant à l'est du village et qui constituait sa forteresse à l'époque musulmane. Le *Café Bar Pensión Tino* (☎ *958 76 91 74)*, à l'extrémité sud-ouest du village, propose des chambres agréables avec s.d.b. à seulement 2 000/3 500 ptas. Le *Restaurante Alonso* dispose également de chambres.

Bérchules, 5 km à l'est, est situé dans une vallée verdoyante qui s'enfonce profondément dans les collines propices à de belles randonnées. *La Posada* (☎ *958 85 25 41,*

Plaza del Ayuntamiento 3) est une solide bâtisse ancienne aménagée en gîte, simple mais confortable, et destinée particulièrement aux randonneurs. La nuit et le petit déjeuner coûtent 2 000 ptas par personne et des repas végétariens sont servis. On parle anglais.

Cádiar, au fond de la vallée à 8 km au sud de Bérchules, l'un des plus gros villages de Las Alpujarras (2 000 habitants), présente beaucoup plus d'attraits qu'il n'en paraît de loin. Le *Café Bar Montoro (☎ 958 75 00 68, Calle San Isidro 20)*, à 200 m de la grande église de style alpujarreño, loue des doubles avec s.d.b. (seulement 2 000 ptas plus IVA). A 2 km au sud, juste à côté de la A-348 en direction d'Órgiva, l'*Alquería de Morayma (☎ 958 34 32 21)* constitue une halte excellente. Elle jouit d'une vue superbe sur la vallée et les montagnes. Il s'agit d'une ferme restaurée avec beaucoup de goût et agrandie, où ont été aménagés une douzaine de chambres et appartements dont les prix s'échelonnent entre 7 000 et 12 500 ptas plus IVA (les plus grands appartements sont conçus pour quatre personnes). Le restaurant, savoureux, pratique des prix raisonnables ; il y a aussi une bibliothèque d'information sur Las Alpujarras et des objets d'art et d'artisanat fascinants. **Yegen**, où l'écrivain britannique Gerald Brenan s'installa dans les années 20, est situé à 12 km de Bérchules. Une plaque est apposée sur sa maison, à deux pas de la place principale avec sa fontaine. La vallée en contrebas de Yegen revêt parfois un caractère lunaire. Plusieurs itinéraires de randonnée sont balisés, notamment la Ruta de Gerald Brenen (2 heures 30). L'accueillant *Café-Bar Nuevo La Fuente (☎ 958 85 10 67)*, sur la place, fournit des brochures sur ces itinéraires et dispose de simples/doubles à 1 300/2 600 ptas. *El Rincón de Yegen (☎ 958 85 12 70)*, sur la route en lisière du village, loue des chambres autour de 5 000 ptas, des appartements pour quatre personnes à partir de 10 000 ptas, et possède un restaurant.

Aben Humeya, le chef de la rébellion de 1568, est né à **Válor**, à 5 km au nord-est de Yegen. C'est là que sont aujourd'hui le plus célébrées les fêtes des Moros y Cristianos dans Las Alpujarras : elles reconstituent les événements de 1568-1570. Les 14 et 15 septembre, de midi jusque dans la soirée, des "armées" en costumes colorés se livrent à grand bruit à une succession de batailles acharnées. L'*Hostal Las Perdices (☎ 958 85 18 21, Calle Torrecilla s/n)*, dans le centre, propose des doubles avec s.d.b. à 3 500 ptas. La *Fonda El Suizo*, à l'extrémité ouest du village, dispose de chambres et d'un restaurant.

Principale ville-marché des environs, **Ugíjar** (2 600 habitants), à 7 km au sud-est de Válor, possède 2 hostales. La A-348 ne tarde pas alors à pénétrer dans la province d'Almería (voir *Les Alpujarras almeriennes* dans le chapitre *Provincia de Almería*). Quant à la A-337, elle franchit au nord la Sierra Nevada par le Puerto de la Ragua, un col à 2 000 m, parfois bloqué par la neige en hiver, et rejoint La Calahorra (voir *Marquesado de Zenete* plus haut).

Le littoral

Le littoral de la province de Granada, côte déchiquetée et bordée de falaises, s'étire sur 80 km. La N-340, qui relie les villes et villages clairsemés, ne cesse de zigzaguer en montant et en descendant. L'industrie touristique a baptisé cette région la Costa Tropical, car des cultures de climats chauds telles que la canne à sucre, les anones, les avocats ou les mangues, sont développées sur la plaine côtière dès qu'elle s'élargit un peu. La N-323 qui vient de Granada débouche sur le littoral juste à l'ouest de Motril, après avoir traversé d'impressionnantes gorges creusées par le Río Guadalfeo. A l'est de Motril, sans charme, les montagnes plongent souvent directement dans la mer, ne laissant dégagées que quelques plages de galets. Si vous venez de l'est, la route en direction des Alpujarras bifurque vers le nord pour s'enfoncer dans la Sierra de la Contraviesa à la hauteur de La Rábita.

Pour trouver quelques localités bordées de plages agréables, c'est à l'ouest de

cours de conversion de l'euro 1 000 ptas = 6,01 €

Motril qu'il faut aller, là où le terrain devient un peu moins abrupt.

SALOBREÑA
code postal 18680 • 10 000 hab.

Des maisons blanches blotties en haut d'un rocher surgissent entre la N-340 et la mer, à 2 km à l'ouest du croisement avec la N-323 : Salobreña. Un imposant château musulman couronne la ville, une longue et large plage de sable noir s'étend à ses pieds. Tranquille tout au long de l'année, la petite ville s'anime soudain en juillet et en août.

Orientation et renseignements

L'Avenida Federico García Lorca, qui part de la N-340, longe la partie est et le bas de la ville pour conduire au bord de mer, à environ 1 km au sud. Juste à 200 m, Plaza de Goya, l'efficace office du tourisme (☎ 958 61 03 14), ouvre de 9h30 à 13h30 et de 16h30 à 19h (de 17h à 20h en été) du lundi au vendredi, de 9h30 à 13h30 le samedi. L'arrêt des bus Alsina Graells se situe à l'opposé, en diagonale, de l'office du tourisme.

Les jours de marché sont le mardi et le vendredi.

A voir

En grimpant 20 minutes à pied depuis l'office du tourisme, on accède au **Castillo Árabe**, qui date du XIIIe siècle (le site était fortifié dès le Xe siècle). Superbe la nuit quand il est illuminé, ce château servait de résidence d'été aux émirs de Granada. La légende raconte que l'émir Mohammed IX y enferma ses trois filles Zaida, Zoraida et Zorahaida. Washington Irving raconte cette histoire dans ses *Contes de l'Alhambra*. A l'intérieur, l'Alcazaba a conservé en grande partie sa structure nasride et sert de cadre à de nombreuses manifestations culturelles. Le château est ouvert tous les jours de 10h à 14h et de 16h à 20h30. Le billet (400 ptas) comprend l'entrée au **Museo Arqueológico**, installé à côté dans l'ancien hôtel de ville, en contrebas de l'église. Ouvert aux mêmes heures que le château, le musée présente une maquette et des visuels expliquant que Salobreña était pratiquement une île jusqu'à ce que les sédiments du fleuve forment un delta fertile autour de l'émergence rocheuse sur laquelle la ville fut construite.

Au pied du château se dresse l'**Iglesia de Nuestra Señora del Rosario**, une église mudéjare du XVIe siècle dotée d'un étonnant portail voûté. L'ancienne ville musulmane (l'Albayzín d'origine et les quartiers plus tardifs de Broval et de Boveda) s'étale en contrebas du château et elle est bordée sur un côté, de falaises abruptes. Il y a un **mirador** dans l'Albayzín et un autre sur le Paseo de las Flores en bas du château.

Manifestations annuelles

Les processions de la Semana Santa dans les rues escarpées de la vieille ville attirent une foule de visiteurs. Le Día de la Cruz (Jour de la Croix), le 3 mai, connaît une grande animation avec cavaliers et femmes en robes à pois qui dansent des sévillanes, comme à Granada. La feria de Salobreña a lieu la dernière semaine de juin. Vers le 20 août, le Lucero de Alba, qui dure une journée, donne lieu à des prestations de rock et de flamenco dans le château et ailleurs.

Où se loger

Salobreña dispose d'une demi-douzaine d'hostales, la plupart bon marché. La *Pensión Mari Carmen* (☎ *958 61 09 06, Calle Nueva 32)*, et la *Pensión Arnedo* (☎ *958 61 02 27, Calle Nueva 15)*, toutes deux à 10 minutes à pied à l'ouest de la Plaza de Goya, disposent de doubles convenables avec s.d.b. commune pour moins de 3 000 ptas. L'*Hotel Salambina* (☎ *958 61 00 37)*, juste à l'ouest de la ville sur la N-340, offre de meilleures chambres doubles, à 6 000 ptas plus IVA. Légèrement plus tape-à-l'œil, l'*Hotel Salobreña* (☎ *958 61 02 61)*, distant de 2 km à l'ouest sur la N-340, est doté de chambres confortables à 9 200 ptas plus IVA.

Où se restaurer

Le petit *Restaurante Pesetas*, dans la Calle Bóveda, la rue qui part en face de l'Iglesia de Nuestra Señora del Rosario, sert des repas et des tapas savoureux. Très fréquentée, *La Bodega*, dont les tables en terrasse donnent sur la Plaza de Goya, propose un menu à 1 300 ptas. A 200 m en bas de l'Avenida Federico García Lorca, Plaza Ramírez de Madrid, le *Mesón de la Villa* paraît également un bon choix. Sur le front de mer et alentour se concentrent plusieurs restaurants, ainsi que des *chiringuitos* (petits restaurants), et des bars ; c'est un endroit très animé la nuit. Le restaurant *El Peñon*, près du gros rocher qui coupe la plage principale de Salobreña en deux, prépare de bons plats à base de produits de la mer.

Comment s'y rendre

De nombreux bus Alsina Graells (☎ 958 60 00 64) longent le littoral dans les deux sens (Málaga 955 ptas ; Almería 1 145 ptas) et au moins six bus par jour desservent Granada (735 pats). Il existe aussi des services quotidiens pour Sevilla, Córdoba, Jaén, Lanjarón et Madrid.

ALMUÑECAR
code postal 18690 • 21 000 hab.

Situé à 15 km à l'ouest de Salobreña, Almuñecar cache derrière ses abords rébarbatifs un charmant vieux quartier autour de son château du XVIe siècle. Très fréquenté par les touristes espagnols et par une petite communauté d'Européens du Nord, c'est une station vivante et pas trop onéreuse, qui a malheureusement des plages de galets.

Histoire

Au VIIIe siècle av. J.-C., les Phéniciens implantèrent ici une colonie – appelée Ex ou Sex –, afin de se procurer à l'intérieur des terres de l'huile et du vin pour en faire le commerce. La Roman Sexi Firmum Iulium a été fondée en 49 av. J.-C. Là également, débarqua de Damas en 755 Abd al-Rahman Ier pour fonder l'émirat musulman de Córdoba. Par la suite, la ville servit de forteresse pour assurer la protection de l'émirat de Granada sur le littoral. C'est d'ici encore qu'en 1493, Boabdil quitta l'Espagne avec 1 130 de ses fidèles pour gagner l'Afrique du Nord.

Orientation et renseignements

La gare routière (☎ 958 63 01 40) se situe Avenida Juan Carlos Ier, juste au sud de la N-340. La Plaza de la Constitución, la place principale de la vieille ville, n'est qu'à quelques minutes à pied, au sud-ouest ; la petite Plaza de la Rosa est à peine plus loin, au sud-est. L'office du tourisme (☎ 958 63 11 25) se trouve à l'autre bout de la ville dans le charmant Palacete de la Najarra néomudéjar, Avenida de Europa, juste derrière l'extrémité est de la Playa de San Cristóbal. Il est ouvert tous les jours de 10h à 14h et de 16h à 19h (17h à 20h l'été).

Un énorme rocher, le Peñon del Santo, divise le bord de mer d'Almuñecar en deux : à l'ouest, la Playa de San Cristóbal, la plus belle, et à l'est, la Playa Puerta del Mar. Plus loin encore, à l'est, s'étend la Playa de Velilla, plage plutôt agréable, même si elle est bordée par quantité d'immeubles.

A voir

Juste derrière la Playa de San Cristóbal, une volière abrite des oiseaux tropicaux : le **Parque Ornitológico Loro-Sexi** est ouvert tous les jours de 11h à 14h et de 16h à 19h (300 ptas). Le **Castillo de San Miguel**, vers l'intérieur, en haut de la colline, a été construit par les conquérants chrétiens sur des fortifications romaines et musulmanes. La montée par les rues étroites jusqu'à l'entrée (côté nord) est rude mais vaut la peine, car la vue est superbe. Le château abrite un musée présentant des panneaux complétant une brève évocation de l'histoire de la ville. Les visites ont lieu du mardi au samedi de 10h30 à 13h30 et de 16h à 19h, et le dimanche de 10h30 à 14h. Le billet (300 ptas) permet aussi d'entrer au **Museo Arqueológico**, aménagé non loin de là dans des grottes romaines du Ier siècle appelées la Cueva de Siete Palacios. Il expose des pièces phéniciennes, romaines et musulmanes ainsi qu'une amphore égyptienne vieille de 3 500 ans, probablement amenée par les Carthaginois. A 100 m de l'office du tourisme par l'Avenida de Europa, dans le Parque Botánico El Majuelo, subsistent les vestiges d'une conserverie de poisson carthaginoise et romaine, la **Factoría de Salazones de Pescado**.

cours de conversion de l'euro 1 000 ptas = 6,01 €

Nettement plus loin, à environ une demi-heure à pied de l'ouest de la vieille ville, près de l'Avenida del Mediterráneo, vous découvrirez la **Necrópolis Puente de Noy**, un cimetière phénicien et romain où quelque deux cents tombes ont été dégagées. Près de la N-340, un **aqueduc romain** subsiste partiellement.

Où se loger

Deux campings ouverts toute l'année bordent la N-340, à l'est du centre. Le *Camping Carambolo* (☎ 958 63 03 22), au Km 315, est le moins cher des deux et le plus éloigné de la plage. Plus loin, au Km 317,5, le *Camping El Paraíso* (☎ 958 63 23 70) donne sur le côté mer de la N-340. Les campings ouverts l'été à La Herradura, pas très loin de là, jouissent d'une meilleure situation.

Les hostales à prix modiques se situent dans les rues entre la gare routière et le Plaza de la Rosa. Parmi eux, et bien qu'il ne soit ouvert qu'en juillet et en août, signalons l'*Hostal Victoria* (☎ 958 63 00 22, *Plaza de la Victoria 6*), sommaire mais propre, qui loue des doubles avec s.d.b. à 4 000 ptas. Meilleur, l'*Hotel Victoria II* (☎ 958 63 17 34, *Plaza de Damasco 2*), dispose de doubles à 6 000 ptas. Tout près, dans un bâtiment néomusulman, le bon *Hostal Plaza Damasco* (☎ 958 63 01 65, *Calle Cerrajeros 16*), a des prix similaires. L'*Hotel Goya* (☎ 958 63 05 50, *Avenida de Europa 31*), près de la Playa de San Cristobal, offre des doubles à 6 500 ptas plus IVA. Ces trois derniers établissements baissent considérablement leurs prix de septembre à juin. Plus haut de gamme et donnant sur la Playa de San Cristobál, en face du grand monument dédié à Abd al-Rahman Ier, l'*Hotel Casablanca* (☎ 958 63 55 75, *Plaza San Cristóbal 4*), demande 9 000 ptas plus IVA pour de confortables doubles.

Où se restaurer

Les quelques restaurants avec tables en terrasse donnant sur la Plaza de la Constitución sont très fréquentés. Entre la Plaza de la Constitución et la Plaza de la Rosa, la *Bodega Francisco* (*Calle Real 15*), un bar *típico*, affiche une longue liste de tapas et un menu à 850 ptas. Plusieurs bars avec tables en terrasse bordent la Plaza Kelibia, juste à l'est de la Plaza de la Rosa, dont *La Trastienda* qui sert d'excellentes tapas. Tout près, la *Pizzería Il Grillo* (*Plaza de Damasco 5*), concocte une savoureuse cuisine italienne. Il y a d'autres endroits où se restaurer à Acera del Mar, juste au sud de la Plaza Rosa, face à la Playa Puerta del Mar. Vous pouvez aussi aller dans les restaurants en face du front de mer, Paseo de las Flores et Paseo de San Cristóbal : le restaurant de l'*Hotel Casablanca*, dont les tables en terrasse donnent sur une plaza au bout du Paseo de los Flores, propose un menu à 900 ptas et de savoureux plats de viande.

Où sortir

La nuit, la Plaza Kelibia et l'Acera del Mar débordent d'animation. L'*Auditorio Martín Recuerda*, dans la Casa de la Cultura, Calle Puerta de Granada, accueille toutes sortes de manifestations : musique, théâtre, lecture de poésie et ciné-club. La *Venta Luciano*, à 3 km au nord d'Almuñecar, Carretera Suspiro del Moro, organise des soirées barbecues, avec nourriture et boisson à volonté, suivies de spectacles de flamenco (3 300 ptas, 4 300 ptas avec le transport). Elles ont lieu les vendredi à partir de 20h30. Vous pouvez réserver (☎ 958 63 13 79) ou vous adresser à votre hôtel ou à une agence de voyages.

Comment s'y rendre

Plusieurs bus par jour relient Almuñecar à Nerja, Málaga et Almería sur le littoral ainsi que Granada. Il existe également un bus par jour pour Lanjarón, Orgiva, Jaén, Úbeda, ainsi que deux pour Sevilla.

MARINA DEL ESTE

A l'ouest d'Almuñecar, la N-340 zigzague entre les montagnes et le littoral pendant 7 km jusqu'à La Herradura. L'embranchement pour Marina del Este se situe peu avant, à la hauteur du promontoire de Punta de la Mona. Il serpente sur 4 km en montant, puis en redescendant brusquement à pic avant d'atteindre la côte et cette ravis-

cours de conversion de l'euro 1 000 ptas = 6,01 €

sante marina où règne une atmosphère bien particulière.

Il existe deux centres de plongée. Le Club Nautique (☎ 958 82 75 14) demande 5 500 ptas pour une plongée, transport en bateau et fourniture du matériel compris, ou 50 000 ptas pour une préparation de quatre jours au PADI. Peu avant la marina, l'Alcázar (☎ 958 64 01 82), un club sportif installé dans un vaste bâtiment néomusulman, propose une foule d'activités, notamment du parapente.

El Barco sert d'excellents produits de la mer moyennant 1 000 à 2 000 ptas. En été, il fait bon prendre un verre et des tapas au *Tradewinds*, qui reste animé jusque tard dans la nuit.

LA HERRADURA
code postal 18697 • 1 800 hab.
Les amateurs de parapente viennent de loin dans cette petite station balnéaire, qui doit son nom à sa jolie baie en forme de fer à cheval. Elle est réputée localement pour ses sports nautiques (elle possède une école de planche à voile et deux centres de plongée) et ses restaurants de bord de mer. Sur sa plage, bien abritée, les places sont chères en juillet et en août. En janvier, la ville accueille le concours international de guitare classique Andrés Segovia.

Orientation et renseignements
L'arrêt des bus Alsina Graells se situe tout en haut de la Calle Acera del Pilar, sur la N-340, qui part vers le sud jusqu'au front de mer, le Paseo Andrés Segovia, également appelé Paseo Marítimo, qui borde la baie. La Herradura, qui compte quelques boutiques et services, s'étend en pente douce entre la N-340 et la plage, et en bordure du Paseo Andrés Segovia. Suivez cette rue jusqu'à Windsurf La Herradura (☎ 958 64 01 43), si vous voulez louer planche à voile, canoë, bateau pneumatique ou catamaran.

Pour faire de la plongée, adressez-vous à Granada Sub (☎ 958 64 02 81) ou à Mar Azul (☎ 958 88 10 38).

Où se loger
Deux terrains de camping, ouverts en été, le *Camping La Herradura* (☎ *958 64 00 56)* et le *Nuevo Camping La Herradura* (☎ *958 64 06 34)* donnent sur le Paseo Andrés Segovia, face à la plage. Le plus cher, le Nuevo Camping, demande 2 500 ptas plus IVA pour deux adultes, une tente et une voiture. Dans la même rue, à l'extrémité ouest, l'*Hostal Peña Parda* (☎ *958 64 00 66)* et, à l'extrémité ouest, l'*Hostal La Caleta* (☎ *958 82 70 07)* possèdent tous les deux un bon restaurant et demandent 7 000 ptas plus IVA pour des doubles avec s.d.b. en été. L'*Hotel Tryp Los Fenicios* (☎ *958 82 79 00)*, à quelques pas à l'est de l'Hostal La Caleta, propose des doubles à 16 000 ptas plus IVA en haute saison.

Où se restaurer
La plupart des restaurants du Paseo Andrés Segovia servent de la bonne cuisine à des prix raisonnables, mais ils se rattrapent sur les boissons. Le menu de la *Casa Antonio & Evelyn*, à l'est de la Calle Acera del Pilar, est varié. Essayez l'une de leurs excellentes soupes ou le *jabalí* (sanglier). Également situé tout au bout du Paseo Andrés de Segovia, côté est, le *Café Luciano*, ouvert à partir de 13h, est idéal pour se détendre en sirotant un café. A proximité, *El Chambao de Joaquín* (☎ *958 64 00 44)* dispose d'un jardin sur la plage et sert une paella sensationnelle à 14h30 le samedi et le dimanche (750 ptas avec une boisson). Réservez pour le dimanche).

Comment s'y rendre
Quantité de bus Alsina Graells desservent le littoral vers l'est et vers l'ouest, mais seuls quelques-uns se rendent à Granada.

Provincia de Jaén

Vous avez deux bonnes raisons de vous aventurer depuis Granada ou Córdoba dans l'arrière-province de Jaén (ha-**en**). D'abord, l'immense Parque Natural de Cazorla, au nord-est, dans la plus belle région montagneuse d'Andalousie, justifie pleinement un tel détour. Ensuite, l'héritage architectural, dû essentiellement au maître de la Renaissance, Andrés de Vandelvira, mérite une escapade à Úbeda, mais aussi à Baeza et Jaén.

Traversée par le Río Guadalquivir, qui prend sa source dans le parc de Cazorla, puis s'écoule vers l'ouest de la province, la région de Jaén alterne les étendues agricoles de la *campiña* (terres cultivées) couvertes d'oliviers, avec d'impressionnantes chaînes de montagnes. Le col de Desfiladero de Despeñaperros, une trouée dans la Sierra Morena au nord de Jaén, constitue depuis toujours la voie d'accès par le nord de l'Andalousie.

Vous trouverez quantité d'informations intéressantes en anglais, français, allemand et espagnol sur le site Internet du gouvernement provincial "Jaén, Paraíso Interior" (www.promojaen.es).

Spécialités culinaires

Jaén possède une cuisine traditionnelle très variée. De nombreux bars ont la sympathique habitude de servir des tapas gratuitement pour accompagner un verre.

Elle utilise les produits locaux comme l'huile d'olive, les légumes de saison (dont les champignons sauvages), le gibier, la truite, le *bacalao* (la morue, seul poisson de mer que l'on trouve à l'intérieur de l'Andalousie), le porc et le jambon. La marinade *escabeche* sert à conserver les aliments.

L'*ensalada de perdiz* (salade de perdrix), le *choto* (veau) et une grande variété de *revueltos* (plats d'œufs brouillés) figurent parmi les mets préférés des habitants de la région. Le *lomo de orza* est une spécialité à base de rognons de porc assaisonnés et frits, puis conservés dans un récipient d'argile appelé *orza*.

A ne pas manquer

- Explorez le magnifique Parque Natural de Cazorla – la plus grande réserve protégée d'Espagne, un paradis pour la faune, regorgeant de montagnes escarpées et de riantes vallées propices à de belles randonnées
- Admirez l'élégante architecture Renaissance d'Úbeda, Baeza et Jaén
- Flânez dans la pittoresque ville de Cazorla, un bon point de départ pour les excursions dans le Parque Natural
- Visitez les impressionnants châteaux érigés sous la période musulmane et la Reconquista à Jaén, Baños de la Encina, Cazorla et Segura de la Sierra

Plat traditionnel, le *rin-rán* se compose de bacalao, de pommes de terre et de poivrons rouges secs réduits en purée. Pour préparer du *carruécano*, on frit du potiron avec de l'ail et des piments rouges. Dans la région de Cazorla, les venaisons (*ciervo*, chevreuil, *gamo*, daim et *jabalí*, sanglier) sont très appréciées. Il n'est pas impossible qu'on vous serve du *mouflon* (mouton sauvage).

JAÉN
code postal 23080 • 113 000 hab.
• altitude 575 m

Installée au milieu de montagnes aux contours déchiquetés et d'oliveraies, la capi-

PROVINCIA DE JAÉN

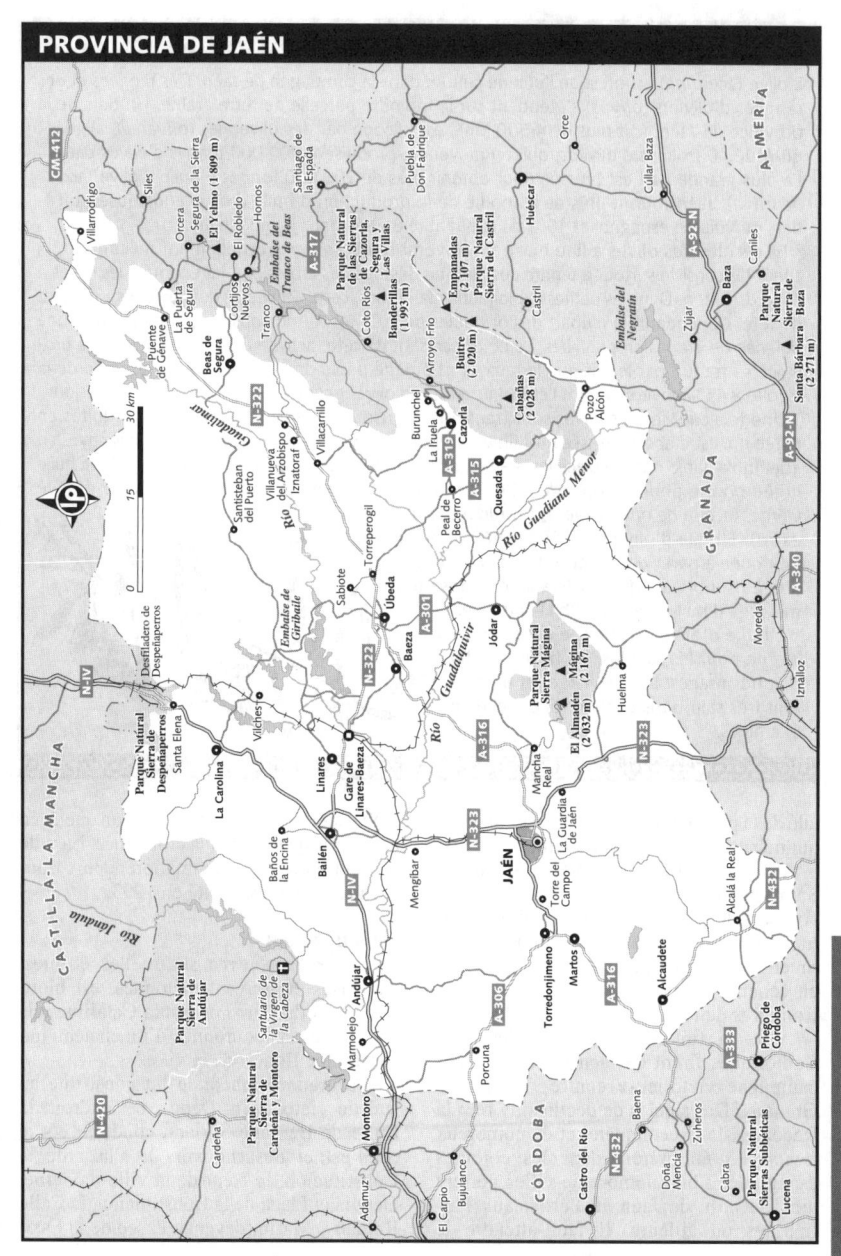

cours de conversion de l'euro 1 000 ptas = 6,01 €

Huile essentielle

L'olive (*aceituna*) est presque l'unique culture dans la campagne de Jaén. Des rangées et des rangées d'oliviers (*olivos*) s'étendent sur la moindre parcelle de terre arable. Un tiers de la province de Jaén, soit plus de 4 500 km^2, est occupé par des oliveraies (*olivares*), alignant quelque 40 millions d'oliviers, qui, en moyenne, produisent 900 000 tonnes d'olives par an. La plus grande part est pressée pour obtenir près de 200 000 tonnes d'huile d'olive (*aceite de oliva*). Jaén fournit près de la moitié de la production d'huile d'olive andalouse, soit le tiers du volume espagnol et 10% de la quantité utilisée dans le monde entier.

La récolte des olives a lieu entre fin novembre et janvier. Partiellement mécanisée, la cueillette consiste surtout à tendre des filets en dessous des arbres et à faire tomber les olives à coup de bâton. Dans les petites exploitations familiales, cette activité se déroule dans un climat de fête. Cependant, la plupart des oliveraies de Jaén (et d'Andalousie) appartiennent à une poignée de grands propriétaires. Le poids écrasant de cette activité dans l'économie de la province se traduit par le fait que le taux de chômage passe de 10% pendant la période de la récolte à 45% environ durant l'été. Un cueilleur d'olives gagne à peu près 5 000 ptas par jour.

Une fois cueillies, les olives sont transportées jusqu'au pressoir, où elles sont réduites en purée qui est d'abord pressée puis filtrée. Depuis peu, des machines modernes et des cuves en acier inoxydable ont remplacé les presses, actionnées par des mules, et les tapis en alfa. L'huile jugée bonne pour la consommation immédiate est vendue sous le label "huile d'olive vierge"(*aceite de oliva virgen*), c'est le premier choix (la meilleure étant la *virgen extra*). L'huile d'olive raffinée (*aceite de oliva refinado*) est fabriquée à partir d'une huile de moins bonne qualité. La simple *aceite de oliva* se compose d'un mélange d'huile vierge et d'huile raffinée.

L'huile d'olive est utilisée dans toute l'Espagne pour les salades, les fritures et bien d'autres usages. L'huile vierge est un produit très sain, sans cholestérol et riche en vitamines.

---

tale de la province est une ville assez animée, qui mérite une halte d'une journée ou deux.

Fernando III de Castilla ("El Santo", le Saint) prit Jaén à l'émirat de Granada après six mois de siège, en 1246. L'émir consentit à verser à la Castilla la moitié de son revenu annuel, en guise de tribut. Il obtint en échange l'engagement de respecter les frontières de l'émirat.

Vers la fin du XVe siècle, les Rois Catholiques firent de Jaén la base de leur campagne victorieuse contre l'émirat de Granada. Des siècles de déclin suivirent la Reconquista (Reconquête) et de nombreux *jiennenses* émigrèrent dans les colonies espagnoles : bon nombre de villes portent ainsi le nom de Jaén au Pérou, aux Philippines ou ailleurs. Il faut attendre le XXe siècle et les années 60 pour que Jaén connaisse de nouveau la croissance. La ville connaît un regain d'animation depuis l'ouverture d'une université en 1993.

Orientation

Le vieux Jaén, avec ses ruelles étroites, sinueuses et souvent piétonnes, est blotti aux pieds du Cerro de Santa Catalina, une colline boisée, couronnée d'un château qui surplombe l'ouest de la ville.

La grande cathédrale fut construite au sud du vieux Jaén. Depuis cet endroit, la Calle de Bernabé Soriano conduit vers le nord-est et descend vers la Plaza de la Constitución, le cœur de la ville moderne. Depuis la Plaza de la Constitucíon, la Calle Roldán y Marín (devenue Paseo de la Estación), principale artère de la ville nouvelle, mène au nord-ouest vers la gare ferroviaire, 1 km plus loin. La gare routière se dresse sur la Plaza de Coca de la Piñera, à l'est du Paseo de la Estación et à 250 m au nord de la Plaza de la Constitución.

Renseignements

Offices du tourisme. Quand vous vous rendrez à Jaén, un office du tourisme unique sera probablement en service Calle de la Maestra 13, près de la cathédrale. Vous y trouverez des renseignements sur la ville et la province de Jaén ainsi que sur le reste de l'Andalousie. Il devrait être ouvert tous les jours le matin et l'après-midi.

Au moment de la rédaction de ce guide, il existait toujours deux offices du tourisme, l'un tenu par la ville (☎ 953 21 91 16), Calle de la Maestra 16, ouvert de 8h à 15h du lundi au vendredi, l'autre tenu par la Junta de Andalucía (☎ 953 22 27 37), Calle del Arquitecto Berges 1, ouvert de 9h à 19h du lundi au vendredi et de 10h à 13h le samedi.

Argent. Ce ne sont ni les banques ni les distributeurs de billets qui manquent aux environs de la Plaza de la Constitución et de la Calle Roldán y Marín

Poste et communications. La principale poste, Plaza de los Jardinillos, ouvre ses portes du lundi au vendredi de 8h30 à 20h30 et le samedi de 9h30 à 14h.

Librairie. La Librería Metrópolis, dans le vieux Jaén, Calle del Cerón 17, vend des cartes et des guides en espagnol.

Services médicaux et urgences. L'Hospital Ciudad de Jaén (☎ 953 22 24 08), principal établissement hospitalier, est situé Avenida del Ejército Español. Vous pouvez joindre la Croix-Rouge (Cruz Roja) au ☎ 953 25 15 40.

La Policía Municipal (☎ 953 21 91 05) se trouve Carrera de Jesús, juste derrière l'hôtel de ville. La Policía Nacional (☎ 953 26 18 50) est située Calle del Arquitecto Berges 11.

La cathédrale

L'imposante cathédrale de Jaén, construite à l'emplacement de la principale mosquée de la cité, fut érigée dans sa majeure partie aux XVIe et XVIIe siècles. Andrés de Vandelvira en fut l'architecte principal. Ne manquez pas sa somptueuse **façade sud-ouest**, flanquée de deux tours, donnant sur la Plaza de Santa María. D'ordonnance plutôt baroque que Renaissance, elle renferme une série de statues du XVIIe siècle, sculptées pour la plupart par le Sévillan Pedro Roldán.

L'intérieur, vaste mais sombre, est ouvert aux visites du lundi au samedi de 8h30 à 13h et de 17h à 20h (16h à 19h en hiver), ainsi que le dimanche et les jours fériés de 8h30 à 13h30 et de 17h à 19h. Juste derrière le principal autel, la **Capilla Mayor** (ou Capilla del Santo Rostro) abrite la Reliquia del Santo Rostro de Cristo, un linge avec lequel sainte Véronique aurait essuyé le visage du Christ lors de sa montée au Calvaire et qui aurait gardé son empreinte. Tous les vendredi à 11h30 et 17h, une foule de croyants, venus pour vénérer le suaire, attend devant l'église.

Palacio de Villardompardo

Ce somptueux palais Renaissance, Plaza de Santa Luisa de Marillac, à 500 m au nord-ouest de la cathédrale, abrite deux musées et les plus grands bains arabes d'Espagne.

Les différentes salles des **Baños Árabes** (bains arabes) communiquent entre elles par des arcs en fer à cheval et sont percées d'ouvertures en forme d'étoile. La plus impressionnante est la *sala templada* (salle tiède). Construits au XIe siècle, les bains furent convertis en tannerie par les chrétiens après la Reconquista. Lorsque le Conde de Villardompardo fit construire un palais à cet emplacement, au XVIe siècle, les travaux ensevelirent les bains. Ils ne furent redécouverts qu'en 1913.

Le **Museo Internacional de Arte Naïf** (musée international d'Art naïf), ouvert en 1988, est le seul musée espagnol consacré à cette école de peinture, riche en tableaux aux teintes vives et n'utilisant pas la perspective. Une part importante de l'exposition est composée de l'œuvre et de la collection

cours de conversion de l'euro 1 000 ptas = 6,01 €

du fondateur du musée, Manuel Moral, de Torre del Campo, dans la province de Jaén. La vie villageoise et rurale est un thème constant et les tableaux de Haïti font partie des plus colorés.

Les collections d'anciennes voitures à chevaux et de costumes du XIXe siècle figurent parmi les pièces les plus intéressantes du **Museo de Artes y Costumbres Populares** (musée des Arts et traditions populaires).

Ces trois lieux sont ouverts de 9h à 20h du mardi au vendredi et de 9h30 à 14h30 le samedi et le dimanche, sauf les jours fériés. L'entrée est gratuite, mais il faut présenter un passeport ou une carte d'identité.

Iglesia de la Magdalena

La plus ancienne église de Jaén se dresse à quelques minutes de marche du Palacio de Villadompardo, le long de la Calle Santo Domingo. Mosquée à l'origine, l'édifice possède une façade et un intérieur gothiques. La tour, ancien minaret, fut restaurée au XVIe siècle. Vous pouvez visiter l'église tous les jours de 18h à 20h. Ne manquez pas le remarquable retable, œuvre de Jacobo Florentino. Derrière l'église, vous admirerez un joli patio musulman couvert de pierres tombales romaines et possédant un bassin qui servait lors des ablutions rituelles à l'époque musulmane.

Iglesia de San Ildefonso

Sanctuaire dédié à la sainte patronne de la ville, la Virgen de la Capilla, la deuxième plus grande église de Jaén, Plaza de San Ildefonso, à 200 m au nord-est de la cathédrale, a été fondée au XIIIe siècle et remaniée à plusieurs reprises. Une inscription gravée au bas de la façade extérieure (nord est) marque l'endroit où la Vierge serait apparue le 10 juin 1430, alors que les troupes musulmanes assiégeaient la ville. A l'intérieur, une image de la Vierge, très vénérée, orne une chapelle consacrée. L'église est ouverte tous les jours de 8h30 à 12h et de 18h à 20h30.

Museo Provincial

Le Musée provincial de Jaén, Paseo de la Estación 27, possède une intéressante sec-

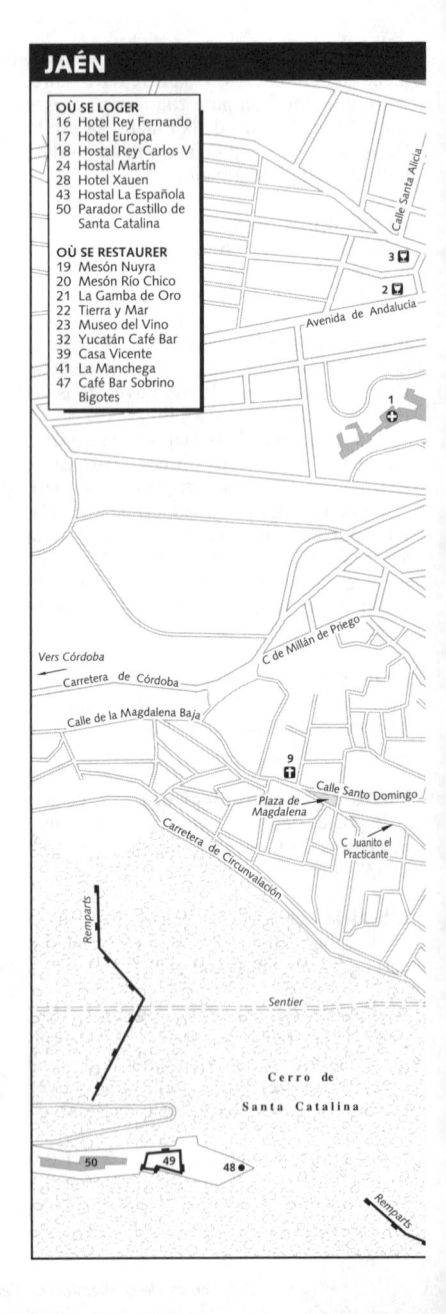

Provincia de Jaén – Jaén 379

JAÉN

DIVERS
1. Hospital Ciudad de Jaén
2. Moet
3. Talismán
4. Chubby Cheek
5. St Louis Irish Pub
6. Arrêt de bus
7. Museo Provincial
8. Pub Inn
9. Iglesia de la Magdalena
10. Palacio de Villardompardo (Baños Árabes, Museo de Arte Naïf et Museo de Artes y Costumbres Populares)
11. Policía Nacional
12. Poste principale
13. Office du tourisme de la Junta de Andalucía
14. Viajes Sacromonte
15. Gare routière
25. Iroquai
26. Iglesia de San Ildefonso
27. Paddy O'Hara, Sala Club
29. Mercado Central San Francisco
30. Parking San Francisco
31. Provincial Council
33. Bar del Pósito
34. El Azulejo
35. Palacio de los Vélez
36. Palacio de los Covaleda-Nicuesa
37. Policía Municipal
38. Hôtel de ville
40. La Barra
42. El Gorrión
44. Librería Metrópolis
45. Office du tourisme municipal
46. Nouvel office du tourisme
48. Croix
49. Castillo de Santa Catalina

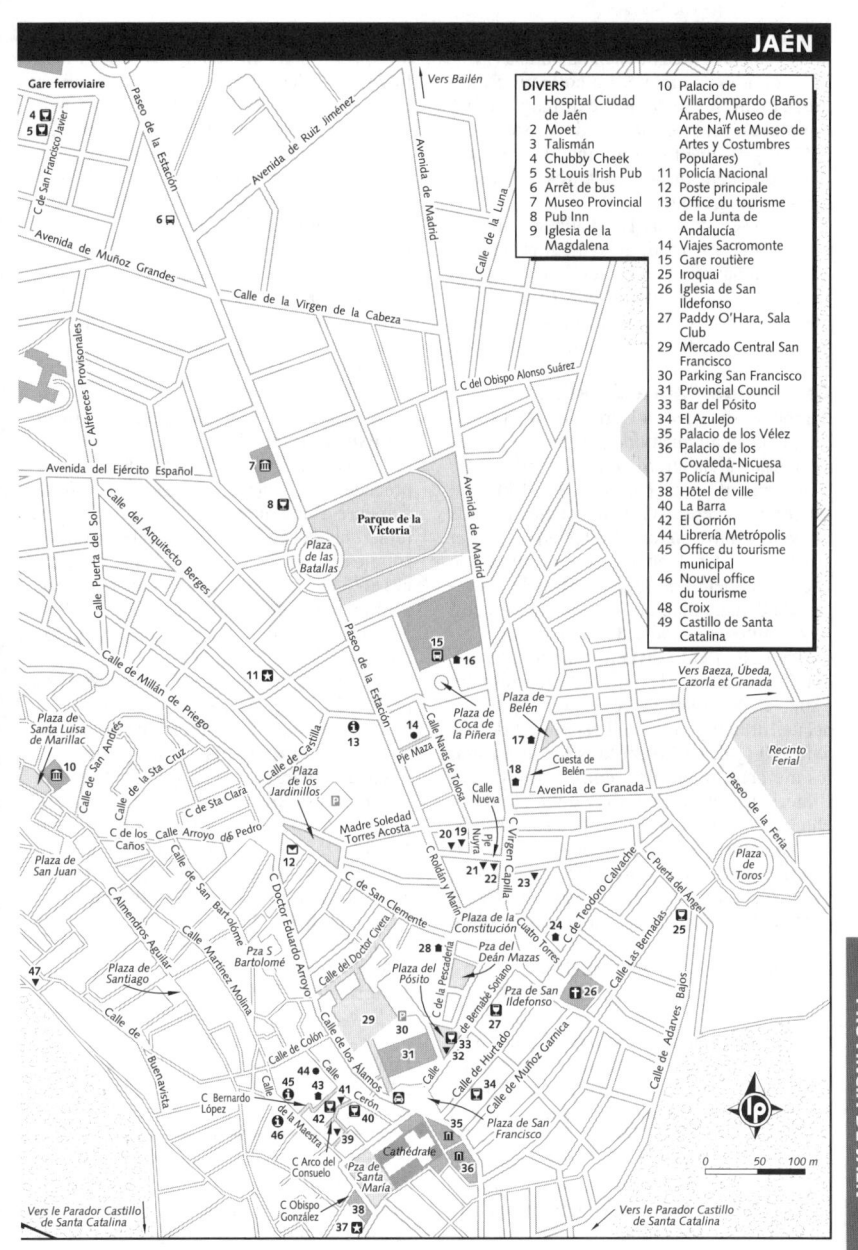

cours de conversion de l'euro 1 000 ptas = 6,01 €

PROVINCIA DE JAÉN

tion archéologique, qui couvre les civilisations de la province de Jaén de 3000 av. J.C. à l'époque musulmane. La collection maîtresse du musée se compose de magnifiques sculptures ibériques, datant du Ve siècle av. J.-C. et provenant de Porcuna, dans la province de Jaén, où apparaît très nettement l'influence grecque.

Le musée ouvre de 15h à 20h le mardi, de 9h à 20h du mercredi au samedi et de 9h à 15h le dimanche (fermé les lundi et jours fériés). L'entrée vaut 100 ptas (gratuite sur présentation d'un passeport ou d'une carte nationale d'identité de l'Union européenne).

Castillo de Santa Catalina

Perché au sommet du Cerro de Santa Catalina, le château musulman est le site le plus intéressant à visiter. Si vous ne disposez pas d'un véhicule pour parcourir les 4 km qui séparent le centre-ville du château, vous pouvez prendre un taxi (800 ptas) ou y aller à pied (environ 1 heure) en empruntant le chemin en pente raide qui part de la Carretera de Circunvalación, pratiquement face à l'extrémité de la Calle de Buenavista.

En 1246, l'émir de Granada remit le château à Fernando III, qui ne fit agrandir. En 1808, il fut réaménagé afin de pouvoir accueillir une garnison. Il est ouvert de 10h à 13h30 (14h en hiver) tous les jours sauf les mercredi ouvrables (entrée gratuite). A l'intérieur, vous découvrirez un donjon, une chapelle et des réservoirs d'eau souterrains.

Au-delà du château, au sommet de la colline, Fernando III fit placer une grande croix, pour célébrer sa victoire de 1246. Les vues sur la ville et les oliveraies sont magnifiques.

Manifestations annuelles

La Semana Santa (Semaine Sainte) est célébrée en grande pompe. Pour lors, treize confréries (*cofradías*) déroulent leurs processions à travers le vieux Jaén. Les festivités atteignent leur apogée aux premières heures du Vendredi saint. A l'occasion de la Feria y Fiestas de San Lucas, la ville connaît un climat de fête extraordinaire. Concerts, foires, corridas et autres réjouissances durent environ dix jours, jusqu'à la San Lucas, le 18 octobre.

Où se loger

Vous serez souvent dérangés par les moustiques dans les hôtels de Jaén, notamment dans les établissements les plus économiques. Les prix tendent à augmenter légèrement durant la Semana Santa et la Feria.

L'*Hostal Rey Carlos V* (☎ 953 22 20 91, *Avenida de Madrid 4*), le plus proche de la gare routière, est dans une artère bruyante. Les simples/doubles sommaires valent 2 700/3 700 ptas.

L'*Hostal Martín* (☎ 953 24 36 78, *Calle Cuatro Torres 5*), dans une rue étroite à l'est de la Plaza de la Constitución, propose des chambres rudimentaires mais correctes à 3 000/4 000 ptas.

A proximité de la cathédrale, l'*Hostal La Española* (☎ 953 23 02 54, *Calle Bernardo López 9*) a plus de caractère que les précédents. Aménagé dans une vieille demeure d'une ruelle étroite, il possède une remarquable cage d'escalier en bois, tout en spirale et inclinée. Hélas, les lits sont défoncés et l'eau chaude ne coule que de manière sporadique. Les chambres coûtent 2 000/3 800 ptas, les doubles avec douche et toilettes 4 250 ou 4 750 ptas.

De meilleure qualité, l'*Hotel Europa* (☎ 953 22 27 00, *Plaza de Belén 1*) offre de belles chambres modernes avec clim., s.d.b. et TV à 5 300/8 650 ptas. Vous pouvez disposer d'un garage.

Tout aussi bien et plus central, l'*Hotel Xauen* (☎ 953 24 07 89, *Plaza del Deán Mazas 3*), juste à côté de la Plaza de la Constitución, dispose de chambres avec clim., s.d.b. et TV à 5 900/8 000 ptas.

L'*Hotel Rey Fernando* (☎ 953 25 18 40, *Plaza de Coca de la Piñera 5*), juste à côté de la gare routière, loue des chambres confortables à 7 700/10 000 ptas plus IVA.

Si votre budget le permet et si vous disposez d'un véhicule, passez vos nuits au *Parador Castillo de Santa Catalina* (☎ 953 23 00 00, *fax 953 23 09 30, jaen@parador.es*), qui jouit d'un fabuleux emplacement en haut du Cerro de Santa Catalina. Réplique du château voisin, bâti en 1965 et décoré dans le style musulman, il dispose de simples/doubles confortables valant 14 000/17 500 ptas plus IVA, et aussi d'une piscine.

Où se restaurer

Plusieurs bars au charme suranné se succèdent dans la Calle Cerón, la Calle Arco del Consuelo et la Calle Bernardo López, à proximité de la cathédrale. Leurs *raciones* (portion de tapas équivalant à un plat) et leurs tapas sont tout à fait correctes. L'un d'entre eux, **La Manchega**, propose aussi des *platos combinados* (plats garnis) à 500 ptas et des petits déjeuners avec café et petits pains grillés entre 130 et 240 ptas.

Non loin, Calle Francisco Martín Mora, la **Casa Vicente**, l'une des meilleures tables de Jaén, est aménagée dans une belle demeure restaurée. Goûtez le porc et le gibier, les spécialités de la maison. A la carte, le repas (entrée, plat, dessert) revient à environ 3 000 ptas, sans les boissons.

Le **Yucatán Café Bar**, Calle de Bernabé Soriano, se prête bien au petit déjeuner, mais sert aussi des platos combinados corrects jusqu'à 795 ptas.

La petite Calle Nueva, à côté de la Calle Roldán y Marín, regorge de bars et de restaurants sympathiques. Nous vous recommandons en particulier le **Mesón Río Chico** (☎ *953 24 08 02, Calle Nueva 2*). En bas, la *taberna* prépare d'excellentes tapas et raciones de viandes (essayez le *solomillo al roquefort*, aloyau au roquefort, 1 200 ptas), des *revueltos* (œufs brouillés) et du poisson. En haut est installé un restaurant plus onéreux. Le **Tierra y mar** et la **La Gamba de Oro**, tous deux animés et spécialisés dans les fruits de mer, servent des raciones entre 400 et 800 ptas. Un peu plus chic, le **Mesón Nuyra** (☎ *953 27 31 31*), dans le Pasaje Nuyra, passage donnant sur la Calle Nueva, sert des salades entre 1 100 et 1 600 ptas, et des poissons et des viandes entre 1 500 et 2 200 ptas. Le **Museo del Vino** (*Calle Doctor Sagaz Zubelzu 4*), doté lui aussi d'une taberna et d'un restaurant, propose des plats à 1 500 ptas et, comme son nom l'indique, du bon vin.

Le **Parador Castillo de Santa Catalina** (voir *Où se loger*) dispose d'une excellente table. Un repas complet revient à environ 4 000 ptas, boisson non comprise. Le menu comporte de nombreuses spécialités de Jaén. Vous pouvez acheter tous les produits frais au vaste et moderne **Mercado Central San Francisco**, Calle de los Álamos.

Où sortir

Au nord-ouest de la cathédrale, la Calle Cerón et les étroites Calle Arco del Consuelo et Calle Bernardo López sont jalonnées de vieux bars très conviviaux. Citons notamment **La Barra** (*Calle Cerón 7*), **El Gorrión** (*Calle de Arco del Consuelo 7*) et **La Manchega**, accessible par la Calle Arco del Consuelo et la Calle Bernardo López. Les deux derniers existent depuis les années 1880 (voir la rubrique *Où se restaurer* pour La Manchega). Plusieurs établissements de la Calle Nueva (voir *Où se restaurer*) sont également parfaits pour prendre un verre et déguster des tapas.

Le bar **El Azulejo** (*Calle de Hurtado 8*) et l'agréable **Bar del Pósito** (*Plaza del Pósito 10*), qui donne sur une charmante petite place à côté de la Calle de Bernabé Soriano, sont un peu plus dans le vent.

Si vous voulez un peu plus d'animation, essayez l'**Iroquai** (☎ *953 24 36 74, Calle de Adarves Bajos 53*), doté d'une autre entrée Calle Las Bernadas, qui programme généralement des concerts de rock, de blues, de flamenco ou de fusion le jeudi (regardez les affiches), et diffuse de la bonne musique les autres soirs. Le **Paddy O'Hara** (*Calle de Bernabé Soriano 30*) propose la combinaison éprouvée Guinness et musique celtique. Son voisin, le **Sala Club** organise des soirées le jeudi avec des DJs house, funk ou hip-hop.

Le quartier où la vie nocturne est la plus intense se situe plus loin, près de la gare ferroviaire et de l'université. Vous goûterez à l'animation de fin de semaine au **Pub Inn** (*Paseo de la Estación 23*), au **Moët** (*Avenida de Andalucía 10*), au **Talismán** (*Avenida de Muñoz Grandes 5*), au **St Louis Irish Pub** (*Calle de San Francisco Javier 5*) et au **Chubby Cheek** (☎ *953 27 38 19, Calle de San Francisco Javier 7*), où vous pourrez écouter des concerts de jazz pratiquement toutes les semaines et surtout le week-end.

Achats

Les principales artères commerçantes sont la Calle Roldán y Marín, le Paseo de la

cours de conversion de l'euro 1 000 ptas = 6,01 €

Estación et la Calle de San Clemente (donnant sur la Plaza de la Constitución). Un important marché aux puces (*mercadillo*) prend place le jeudi matin au Recinto Ferial, Avenida de Granada.

Comment s'y rendre

Bus. Depuis la gare routière (☎ 953 25 01 06), Alsina Graells assure 11 liaisons quotidiennes vers de Granada (930 ptas, 1 heure 30), 7 ou davantage à destination de Baeza (465 ptas, 45 minutes) et d'Úbeda (545 ptas, 1 heure 15). Des bus desservent Cazorla (960 ptas, 2 heures) à 12h et 16h30. La ligne Ureña assure jusqu'à 8 départs quotidiens pour Córdoba et 3 vers Sevilla. D'autres bus se rendent à Guadix, Málaga, Almería, Madrid, Valencia, Barcelona et desservent plusieurs localités de la province de Jaén.

Train. La gare de Jaén (☎ 953 27 02 02) est au bout d'une ligne secondaire. Le plus souvent, il n'y a que 4 départs quotidiens. Un train s'élance à 8h en direction de Córdoba (1 175 ptas, 1 heure 30), Sevilla (2 255 ptas, 3 heures) et Cádiz. Trois trains rallient Madrid.

Voiture et moto. Jaén est à 92 km au nord de Granada par la voie rapide N-323. Cette route mène jusqu'à Bailén, où elle rejoint la N-IV reliant Córdoba et Madrid. Depuis/vers Córdoba, empruntez la A-306 *via* Porcuna.

Vous pouvez louer une voiture auprès de Viajes Sacromonte (☎ 953 22 22 12), Pasaje Maza, une arcade du Paseo de la Estación 12.

Comment circuler

Vous trouverez un arrêt de bus au sud de la gare ferroviaire, Paseo de la Estación. Le bus N°1 vous emmènera Plaza de la Constitución, point de rencontre de tous les bus de la ville (150 ptas).

Le Parking San Francisco, non loin de la Calle de Bernabé Soriano et de la cathédrale, ouvre 24h/24. Les tarifs sont de 100/1 400 ptas pour 1 heure/24 heures.

Les taxis se garent Plaza de San Francisco, près de la cathédrale.

LE NORD-OUEST

La N-IV, autoroute reliant Córdoba à Madrid, traverse le nord-ouest de la province de Jaén. Si vous empruntez cette voie, sachez que de nombreux sites, plus ou moins éloignés, valent le détour.

Parque Natural Sierra de Andújar

Ce parc naturel de 740 km^2, au nord d'Andújar, s'enorgueillit de posséder les plus vastes étendues de végétation naturelle de la Sierra Morena. Dans les zones ensoleillées poussent des chênes verts. Les aires plus ombragées sont occupées par les chênes rouvres et couvertes d'abondantes broussailles. Des élevages de taureaux, quelques loups, des lynx, des cerfs, des marcassins, des mouflons et une grande variété d'oiseaux de proie ont trouvé refuge dans le parc. Pour toute information, adressez-vous au centre d'accueil des visiteurs du parc (☎ 953 54 90 30), au Km 12 de la route reliant Andújar au Santuario de la Virgen de la Cabeza, ou à l'office du tourisme d'Andújar (☎ 953 50 49 59), Plaza de Santa María.

Dans le parc, à 31 km au nord d'Andújar, vous pourrez visiter le Santuario de la Virgen de la Cabeza, datant du XIIIe siècle, aujourd'hui largement reconstruit suite aux huit mois de siège des républicains pendant la guerre civile. L'une des plus grandes célébrations religieuses en Espagne, la Romería de la Virgen de la Cabeza, réunit le dernier dimanche d'avril, à partir de 11 h du matin, un demi-million de personnes. Elles convergent en ce lieu pour assister au transport d'une petite statue de la Vierge Marie, appelée La Morenita (la Brunette), à travers le Cerro del Cabezo, pendant environ 4 heures.

Vous pourrez résider dans le petit *Hotel La Mirada* (☎ *953 54 91 11*) ou à la *Pensión Virgen de la Cabeza* (☎ *953 12 21 65*), à proximité du sanctuaire, et explorer le parc en dehors de la période de ces festivités. Plusieurs possibilités d'hébergement s'offrent à vous à Andújar.

Au moins 4 bus quotidiens rejoignent Andújar. Le samedi et le dimanche des bus desservent le sanctuaire depuis Andújar.

Baños de la Encina

L'un des plus belles forteresses musulmanes d'Andalousie surplombe la tranquille cité de Baños de la Encina, aux toits crénelés, édifiée à quelques kilomètres au nord de l'impersonnelle Bailén. Érigé en 967 sur l'ordre du calife cordouan Al-Hakim II, le château ovale possède quatorze tours et un imposant donjon auquel on accède en passant sous un portail en double arc de fer à cheval. Cet édifice passa aux mains des chrétiens en 1212, après la bataille de Las Navas de Tolosa. Les informations touristiques et la clé de la forteresse sont disponibles à l'hôtel de ville (☎ 953 61 30 04), édifice du XVIe siècle érigé sur la place principale, la Plaza de la Constitución, où vous serez accueilli du lundi au vendredi de 9h à 13h. Baños de la Encina possède de nombreuses églises et des demeures anciennes qui valent une promenade dans ses vieilles rues. L'Ermita del Cristo Llano, dont la décoration rococo rappelle l'Alhambra, mérite le détour.

PARQUE NATURAL SIERRA MÁGINA ET HUELMA

Peu visité, ce parc naturel que l'on voit depuis les routes Jaén-Granada et Jaén-Baeza est traversé par la A-301 au sud d'Úbeda. Il abrite, parmi les montagnes au contour déchiqueté, le point culminant de la province, le Mágina (2 167 m). Un certain nombre de sentiers de randonnée sont balisés. Le parc est célèbre pour ses champignons sauvages, dont 300 espèces poussent ici. Au château de Jódar, au nord-est du parc, le centre d'accueil pour les visiteurs vous reçoit de 18h à 20h les jeudi et vendredi, ainsi que de 10h à 14h et de 18h à 20h les samedi et dimanche.

La petite ville de Huelma, dans les contreforts du sud, constitue une bonne base pour visiter la région. Vous découvrirez son vieux quartier musulman aux ruelles étroites et tortueuses et son château en ruine, resté aux mains des Maures jusqu'en 1438, bien après des villes plus méridionales comme Jaén et Baeza. Andrés de Vandelvira et Diego de Siloé ont tous deux participé à la conception de la Iglesia de la Inmaculada. L'*Hostal Marce* (☎ 953 39 10 06, Calle Santa Ana 17) propose des doubles avec s.d.b. à environ 3 000 ptas.

BAEZA
code postal 23440 • 15 000 habitants • altitude 770 m

Blotti sur le flanc nord de la vallée du Guadalquivir, à 48 km au nord-est de Jaén, ce bourg calme regorge de magnifiques édifices gothiques et Renaissance.

Siège de l'évêché sous les Wisigoths, Baeza (ba-**eh**-çah) devint un comptoir commercial célèbre pour ses bazars à l'époque musulmane. En 1227, ce fut la première ville andalouse de taille importante à tomber aux mains des chrétiens, lorsqu'elle fut prise par Fernando III. La cité connut son heure de gloire au XVIe siècle. Sa production textile et céréalière était alors considérable. La noblesse de Baeza, ayant finalement mit un terme à des siècles de querelles, investit les bénéfices dans d'imposants édifices.

Orientation et renseignements

La Plaza de España et le vaste et long Paseo de la Constitución, qui s'étend au sud-ouest, constituent le cœur de la ville.

La gare routière est située à 700 m à l'est de la Plaza de España, Paseo Arco del Agua (aujourd'hui officiellement nommé Avenida Alcalde Puche Pardo).

L'office du tourisme (☎ 953 74 04 44) occupe un bel édifice du XVIe siècle de la Plaza del Pópulo, juste au sud-ouest du Paseo de la Constitución. Il ouvre du lundi au vendredi de 9h à 14h30, et un samedi sur deux de 10h à 13h. Le bureau de poste principal est situé Calle Julio Burell 19.

Des banques, avec des distributeurs automatiques de billets, s'échelonnent le long du Paseo de la Constitución et dans la partie est de la Calle San Pablo.

Vous pouvez flâner dans les ruelles de la ville et découvrir ses différents édifices, dont les heures d'ouverture restent imprévisibles.

Plaza de España et Paseo de la Constitución

Sur la Plaza de España, se dresse la **Torre de los Aliatares**, l'un des rares vestiges de la

Las Navas de Tolosa

A environ 40 km au nord-est de Bailén, la N-IV se sépare en deux l'espace d'un kilomètre pour traverser une faille profonde et rocheuse, avant de poursuivre au-delà de l'Andalousie. C'est le Desfiladero de Despeñaperros (Défilé des chiens jetés), qui tient son nom de ce qui fut sans doute la bataille la plus marquante de l'histoire de l'Andalousie, laquelle se tint à quelques kilomètres au sud en 1212.

Après la débâcle infligée en 1195 à l'armée chrétienne castillane par les Almohades musulmans à Alarcos, près de Ciudad Real (Castilla-La Mancha), et les efforts diplomatiques de la papauté qui s'ensuivirent, certains États chrétiens de la péninsule Ibérique finirent par s'allier. En 1212, trois armées chrétiennes, menées par Alfonso VIII de Castilla, Pere II d'Aragón et Sancho VII "El Fuerte" (le Fort) de Navarra, assistées par quelques croisés français, marchèrent sur le sud. Dans les plaines de Las Navas de Tolosa, au sud du Desfiladero de Despeñaperros, les attendaient les forces almohades de Mohammed II al-Nasir. Les musulmans avaient bloqué un canyon étroit où ils s'étaient embusqués. Un mystérieux berger, nommé Martín Alhaga, apparut alors et guida les armées chrétiennes à travers un autre défilé, inconnu des Almohades.

Le 16 juillet, les deux armées s'affrontèrent à Las Navas de Tolosa, où les chrétiens emportèrent une victoire écrasante. Les musulmans abandonnèrent leurs armes sur le champ de bataille. Alfonso VIII raconta au pape que les armées chrétiennes, campant sur le théâtre des combats, alimentèrent pendant deux jours leurs feux avec les flèches et les lances laissées par l'ennemi. La victoire, événement majeur de la Reconquista, ouvrit les portes de l'Andalousie aux chrétiens.

De nombreuses pointes de flèches et des hachettes furent découvertes sur le site supposé de la bataille, Mesa del Rey, à 4 ou 5 km au sud du village de Santa Elena.

Bayyaza musulmane, qui servait à renforcer l'enceinte fortifiée. Cette tour a survécu à l'ordre d'Isabel la Católica, qui exigea en 1476 sa démolition pour mettre un terme aux querelles opposant deux familles nobles de la ville, les Benavides et les Carvajal.

Plaza del Pópulo

Cette jolie place, à quelques mètres à l'ouest du Paseo de la Constitución, doit son second nom, Plaza de los Leones, à la **Fuente de los Leones** (fontaine aux Lions). Construite à partir de gravures retrouvées dans un village romano-ibérique de Cástulo, à 15 km à l'ouest de Baeza, la fontaine est surmontée d'une statue qui représenterait Imilce, princesse ibérique de Cástulo et épouse du chef carthaginois Hannibal.

Au sud de la place, la **Casa del Pópulo**, de style plateresque, fut érigée en 1540. Anciennement un tribunal, elle abrite aujourd'hui l'office du tourisme de Baeza. Elle jouxte l'**Arco de Villalar**, datant de 1526, près duquel s'élève la **Puerta de Jaén** musulmane.

A l'est de la place, se dresse l'**Antigua Carnicería** (ancien abattoir), un bel édifice doté d'une galerie Renaissance, construit en 1548 et portant le sceau de Carlos Ier, l'aigle à deux têtes des Habsbourg.

Si vous avez le temps, franchissez la Puerta de Jaén et longez le **Paseo de las Murallas**, un chemin contournant les remparts du vieux Baeza presque jusqu'à la cathédrale et qui offre de belles vues sur les environs.

Antigua Universidad

L'ancienne université de Baeza se trouve Calle del Beato Juan de Ávila, à proximité de la Plaza del Pópulo en marchant vers le sud-est. Fondée en 1538, l'université était un foyer progressiste face aux tendances conservatrices des grandes familles de Baeza. Elle fut fermée en 1824 et abrite depuis 1875 un *instituto de bachillerato* (lycée). Vous pouvez la visiter de 10h à 13h et de 16h à 18h du mardi au dimanche (entrée libre). Le patio principal comporte

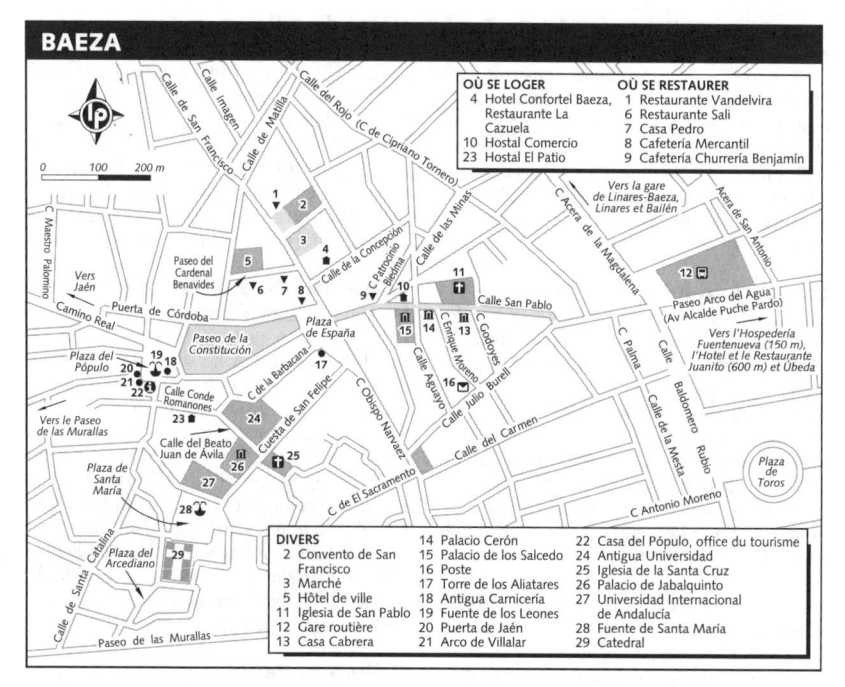

BAEZA

OÙ SE LOGER
- 4 Hotel Confortel Baeza, Restaurante La Cazuela
- 10 Hostal Comercio
- 23 Hostal El Patio

OÙ SE RESTAURER
- 1 Restaurante Vandelvira
- 6 Restaurante Sali
- 7 Casa Pedro
- 8 Cafetería Mercantil
- 9 Cafetería Churrería Benjamín

DIVERS
- 2 Convento de San Francisco
- 3 Marché
- 5 Hôtel de ville
- 11 Iglesia de San Pablo
- 12 Gare routière
- 13 Casa Cabrera
- 14 Palacio Cerón
- 15 Palacio de los Salcedo
- 16 Poste
- 17 Torre de los Aliatares
- 18 Antigua Carnicería
- 19 Fuente de los Leones
- 20 Puerta de Jaén
- 21 Arco de Villalar
- 22 Casa del Pópulo, office du tourisme
- 24 Antigua Universidad
- 25 Iglesia de la Santa Cruz
- 26 Palacio de Jabalquinto
- 27 Universidad Internacional de Andalucía
- 28 Fuente de Santa María
- 29 Catedral

une double galerie d'élégants arcs Renaissance. Une plaque fixée à l'entrée d'une salle de classe indique que le poète Antonio Machado enseigna le français dans cet établissement entre 1912 et 1919.

Palacio de Jabalquinto

Non loin de la Calle San Felipe Neri, fut érigée la plus belle demeure noble de Baeza. Probablement construite au début du XVIe siècle, pour l'un des membres de la famille Benavides, elle possède une magnifique façade dans le flamboyant style isabélin gothique, surmontée d'une galerie Renaissance. Le patio était récemment en restauration mais il ouvre normalement aux mêmes heures que l'Antigua Universidad (entrée gratuite). De style Renaissance, il aligne des colonnes en marbre et d'élégantes arches. Vous y trouverez aussi une fontaine et des orangers. Sur le côté, ne manquez pas la somptueuse cage d'escalier baroque.

Iglesia de la Santa Cruz

De l'autre côté de la place depuis le Palacio de Jabalquinto, l'église de la Sainte-Croix, qui date du milieu du XIIIe siècle, fut l'une des premières églises édifiées en Andalousie après la Reconquête. C'est aussi l'une des dernières en Espagne, et l'une des rares en Andalousie, à avoir été bâtie selon le style roman (à l'époque de l'édification des premières églises post-Reconquête, le style gothique s'imposait déjà). Les portails en arc arrondi et les absides semi-circulaires de Santa Cruz sont bien distincts du gothique. L'église est en principe ouverte de 11h à 13h du lundi au samedi et de 12h à 14h le dimanche et les jours fériés, mais ces horaires ne sont pas très fiables. Quelques tableaux du XVe siècle sont exposés à l'intérieur.

Plaza de Santa María

Cette agréable place, au sud-est du Palacio de Jabalquinto, est dominée par la cathédrale. Au centre de la Plaza, la **Fuente de**

cours de conversion de l'euro 1 000 ptas = 6,01 €

Santa María et l'**Universidad Internacional de Andalucía**, au nord, forment un bel ensemble. La jolie fontaine, construite en 1569 par le *baezano* Ginés Martínez, de Baeza, est une réplique miniature d'un arc de triomphe romain. L'université, où les diplômés de l'enseignement supérieur suivent de courtes formations, occupe l'ancien Seminario de San Felipe Neri, sobre édifice du XVIIe siècle.

La cathédrale

La cathédrale de Baeza (catedral) possède des éléments intéressants. Sa **façade principale**, donnant sur la Plaza de Santa María, et les trois nefs (conçues par Andrés de Vandelvira et Jerónimo del Prado), de style Renaissance, datent du XVIe siècle. L'élément le plus ancien, la **Puerta de la Luna**, gothico-mudéjar, exécutée au XIIIe siècle, est situé à l'ouest, sous une belle rosace gothique du XIVe siècle. La **Puerta del Perdón**, au sud, illustre le style gothique du XVe siècle.

La cathédrale est ouverte tous les jours de 10h30 à 13h et de 17h15 à 19h (16h15 à 18h en hiver). L'entrée est gratuite mais les dons sont bienvenus. Vous verrez un magnifique **retable** en son autel principal ainsi qu'une **Crucifixion** romano-gothique, courant peu représenté en Andalousie. Cette sculpture du XIIIe siècle se trouve au-dessus du retable de la Capilla del Sagrario adjacente. A l'ouest, la **grille** fermant l'Antiguo Coro (ancien chœur) figure parmi les plus belles œuvres de Maestro Bartolomé, le maître du fer forgé à Jaén, au XVIe siècle. En son centre, sont représentés avec une belle simplicité saint André, le couronnement de la Vierge (portant l'Enfant Jésus) et la Crucifixion. A droite de la grille, vous pouvez glisser 100 ptas dans une fente près d'un tableau sans intérêt. Le tableau coulisse bruyamment, un enregistrement de musique sacrée se fait entendre et la **Custodia del Corpus** du XVIIIe siècle, un imposant ostensoir en argent, utilisé lors des processions de la Fête-Dieu à Baeza, apparaît dans toute sa splendeur.

Le **cloître** de la cathédrale possède quatre chapelles mudéjares, avec des inscriptions en arabe.

Hôtel de ville

Un peu plus au nord du Paseo de la Constitución, l'hôtel de ville, Paseo del Cardenal Benavides 9, possède une magnifique façade plateresque dotée de quatre baies finement sculptées, séparées par les armes de Felipe II. Le magistrat Juan de Borja fit construire cet édifice, qui servit d'abord de tribunal et de prison (dont les entrées respectives se trouvent à droite et à gauche).

Convento de San Francisco

Le couvent San Francisco, Calle de San Francisco, est à quelques minutes de marche de l'hôtel de ville. Chef-d'œuvre d'Andrés de Vandelvira, il faisait office de chapelle funéraire pour la famille Benavides. Ruiné par un tremblement de terre, il fut ensuite pillé par les troupes françaises, au début du XIXe siècle. Aujourd'hui, l'édifice est partiellement restauré et l'on peut voir, du côté est, des colonnes marquant la forme du dôme autour d'un espace agrémenté de gravures Renaissance. Le cloître, occupé par le Restaurante Vandelvira (voir *Où se restaurer*), mérite également une visite.

Calle San Pablo

Cette artère, allant vers l'est depuis la Plaza de España, est bordée de nombreuses demeures du XVIe siècle, dont le Palacio de los Salcedo, au n°18, et le Palacio Cerón (également appelé Nuevo Casino), au n°24, avec un joli patio, s'ouvrant sur deux niveaux. Au n°30, ne manquez pas la Casa Cabrera à la façade plateresque. En face, l'Iglesia de San Pablo, édifice gothique du XVe siècle, mérite un détour.

Manifestations annuelles

Les processions de la Semana Santa et de la Fête-Dieu, ainsi que la feria qui se déroule du 10 au 15 août, constituent les principaux événements. Mentionnons aussi la célèbre Romería de la Yedra. Le matin du 7 septembre, l'image de la Virgen del Rosell est portée depuis l'Iglesia de San Pablo à travers les rues de la ville, suivie d'une foule en liesse. L'après-midi, une procession haute en couleur de cavaliers et de chariots décorés défile derrière la Vierge jusqu'au village de la Yedra, à 4 km au nord, où les festivités se poursuivent.

Où se loger

Certains établissements augmentent leurs tarifs de quelques centaines de pesetas entre juin et septembre.

Le sympathique *Hostal El Patio* (☎ *953 74 02 00, Calle Conde Romanones 13*) occupe une demeure du XVIIe siècle, dotée d'une fontaine et d'un patio couvert abritant un gigantesque salon. Les simples/doubles, agréables et modernes, valent 2 000/ 3 000 ptas, ou bien 2 500/3 500 ptas avec douche. Les doubles avec s.d.b. coûtent 4 000 ptas.

Tout aussi convivial, l'*Hostal Comercio* (☎ *953 74 80 67 ou 953 74 01 00, Calle San Pablo 21*) propose des chambres correctes avec douche et toilettes à 2 083/3 337 ptas (ou des simples avec toilettes communes un peu moins chères et des doubles avec s.d.b. à 3 885 ptas). L'établissement est chauffé en hiver et l'eau chaude ne manque pas. Antonio Machado séjourna dans la chambre 215 en 1912.

L'hôtel le plus chic de la ville, l'*Hotel Confortel Baeza* (☎ *953 74 81 30, fax 953 74 25 19, baeza@globalnet.es, Calle de la Concepción 3*), est aménagé dans l'ancien Hospital de la Purísima Concepción, qui a été rénové mais possède toujours un vaste patio avec des arcades. Les chambres confortables avec clim. valent 6 700/10 200 ptas plus IVA, petit déjeuner compris.

Ancienne prison pour femmes convertie en un petit hôtel joliment restauré et agréable, l'*Hospedería Fuentenueva* (☎ *953 74 31 00, fax 953 74 32 00, fuentenueva@mx4.redestb.es, Paseo Arco del Agua s/n*), à environ 300 m de la gare routière, dispose de 12 chambres claires, confortables et en général spacieuses, avec clim. et s.d.b. en marbre. Comptez 6 700/ 10 500 ptas plus IVA, petit déjeuner compris. Vous pouvez réserver en ligne sur www.fuentenueva.com.

L'*Hotel Juanito* (☎ *953 74 00 40, fax 953 74 23 24, Paseo Arco del Agua s/n*), 450 m plus loin, à côté d'une station-service, propose des chambres avec s.d.b., clim., chauffage et TV à 5 050/6 050 ptas plus IVA. Son restaurant est le plus réputé de toute la province (voir *Où se restaurer*).

Où se restaurer

La *Cafetería Churrería Benjamín* (*Calle Patrocinio Biedma 1*), à l'angle de la Calle San Pablo, est idéale pour les petits déjeuners avec ses croustillants *churros y chocolate* (beignets que l'on trempe dans un épais chocolat chaud).

La clientèle est surtout masculine à la *Cafetería Mercantil*, Plaza de España, qui ne désemplit pas du matin jusqu'au soir. Elle sert un vaste choix de raciones entre 1 000 et 1 500 ptas, des *media-raciones* (demi-raciones), des tapas et des *bocadillos* (sandwiches). C'est l'occasion où jamais de goûter aux *criadillas* (testicules de taureau ou d'agneau) ou aux *sesos* (cervelle), mais vous pouvez aussi choisir quantité de plats moins originaux !

Pour un repas bon marché, rendez-vous à la *Casa Pedro* (*Paseo del Cardenal Benavides 3*), où les œufs au jambon coûtent 600 ptas, les omelettes entre 375 et 700 ptas, et le menu 1 200 ptas.

Meilleur et plus cher, le *Restaurante La Cazuela* de l'Hôtel Confortel Baeza (voir *Où se loger*) est très fréquenté. Les plats valent entre 1 350 et 1 950 ptas, le menu 1 600 ptas.

Le *Restaurante Sali* (*Paseo del Cardenal Benavides 9*) affiche un menu complet et varié à 1 600 ptas. A la carte, les plats principaux vont du poulet ou du filet de porc à 800 ptas au *solomillo pimienta* (steak au poivre) à 2 300 ptas.

L'un des établissements les plus chic de la ville, le *Restaurante Vandelvira* (*Calle San Francisco 14*) occupe une partie du Convento de San Francisco rénové (voir plus haut). Il sert un menu à 2 100 ptas et des plats à la carte entre 1 450 et 2 350 ptas. Si vous voulez faire une folie, prenez une salade au pâté de perdrix (1 300 ptas) suivie d'un *solomillo al carbón* (steak grillé au charbon de bois, 2 350 ptas). Ajoutez l'IVA à tous ces prix.

Le bon restaurant de l'*Hospedería Fuentenueva* (voir *Où se loger*) prépare des

cours de conversion de l'euro 1 000 ptas = 6,01 €

spécialités de Jaén et des plats d'ailleurs, par exemple du couscous. Comptez entre 2 000 et 3 000 ptas pour un repas complet. Au café-bar, vous pouvez commander de délicieux en-cas comme les *suelas* (sandwiches toastés assez copieux) à 500 ptas environ.

On vient de loin pour s'attabler au *Restaurante Juanito* (☎ 953 74 00 40, *Paseo Arco del Agua s/n*) de l'hôtel du même nom (voir *Où se loger*), où Juan Antonio Salcedo et sa femme Luisa concoctent depuis 40 ans des mets traditionnels de Jaén. Un menu complet ne vous coûtera pas moins de 4 000 ptas, boisson non comprise. Parmi les délicieuses spécialités de la maison, les *alcachofas Luisa* (artichauts Luisa) ou la salade de perdrix en entrée, le *cabrito al horno* (chevreau rôti), le *lomo de orza* ou encore les *codorniz/perdiz/faisán* (caille/perdrix/faisan) et l'*escabeche* remportent les suffrages. L'établissement est fermé le dimanche et le lundi soir.

Comment s'y rendre

Depuis la gare routière (☎ 953 74 04 68), Alsina Graells assure jusqu'à 11 liaisons quotidiennes vers Jaén (465 ptas, 45 minutes), jusqu'à 15 vers Úbeda et au moins 5 vers Granada. Deux bus partent chaque jour pour Cazorla (13h et 17h30). Des dessertes relient également Madrid, Córdoba, Sevilla et Málaga.

La station ferroviaire la plus proche, celle de Linares-Baeza (☎ 953 65 02 02), se situe à 13 km au nord-ouest. Quelques trains partent chaque jour en direction de Granada, Córdoba, Sevilla, Málaga, Cádiz, Almería, Madrid et Barcelona. Des bus quotidiens assurent la liaison jusqu'à la gare du lundi au samedi.

ÚBEDA
code postal 23400 • 32 000 habitants • altitude 750 m

À 9 km à l'est de Baeza, à travers les oliveraies, vous arrivez à Úbeda (**ou-bè-dah**), ville voisine et rivale. Cette localité recèle davantage de somptueux édifices datant des siècles antérieurs. La Plaza Vázquez de Molina rassemble à elle seule les constructions Renaissance les plus belles de toute l'Andalousie.

Histoire

Fernando III prit Úbeda aux musulmans en 1234. Au XIVe siècle, un groupe de chevaliers reçurent le titre de Lions d'Úbeda en récompense de l'héroïsme dont ils firent preuve lors de la conquête d'Algeciras. Le motif du lion revient souvent sur les édifices de la ville.

Cependant, comme ce fut le cas à Baeza, après la Reconquista, les grandes familles, notamment les de la Cuevas et les Cobos, gaspillèrent beaucoup d'énergie en querelles. Elles se mêlèrent aussi à des factions qui luttaient pour le trône de Castille. En 1506, la majorité des fortifications d'Úbeda furent démolies sur l'ordre d'Isabel la Católica, qui voulait mettre un terme à ces conflits. Ouverts aux cultures européennes, sensibles au courant italien de la Renaissance, ces aristocrates et quelques autres riches propriétaires terriens érigèrent, au XVIe siècle, une profusion de somptueuses demeures et d'églises Renaissance, que l'on admire encore aujourd'hui.

Orientation et renseignements

La plupart des richesses architecturales – la raison majeure d'une visite à Úbeda – se découvrent dans le dédale de ruelles sinueuses et les vastes places qui forment la vieille ville, au sud-est. Les hébergements les plus économiques et la gare routière sont situés à environ 1 km, dans la terne nouvelle ville qui s'étend à l'ouest et au nord. La Plaza de Andalucía marque la limite entre les deux secteurs de la villes.

L'office du tourisme (☎ 953 75 08 97) est installé dans le Palacio Marqués de Contadoro, édifice du XVIIIe siècle situé dans la vieille ville, Calle Baja del Marqués 4. Il est ouvert de 8h à 15h du lundi au samedi.

La poste, Calle Trinidad 4, ouvre du lundi au vendredi de 8h30 à 14h30 et le samedi de 9h30 à 13h. Les banques et les distributeurs automatiques de billets sont concentrés sur la Plaza de Andalucía et à proximité de la Calle Rastro.

Le Centro de Salud (Centre de soins, ☎ 953 75 11 03), avec un service d'urgences, est situé dans la ville nouvelle, Calle Explanada. L'hôpital (☎ 953 79 71 00) se trouve au nord-ouest de la ville, Carretera de Linares Km 1. La Policía Nacional (☎ 091) occupe l'Antiguo Pósito, Plaza Vázquez de Molina.

Plaza Vázquez de Molina

Presque entièrement entourée de magnifiques immeubles en pierre datant des XVe et XVIe siècles, cette place de 180 m de long constitue le joyau de la ville, admirablement mis en valeur par les éclairages nocturnes. Un point de vue (*mirador*) à 150 m à l'est de la place et longeant la Baja de El Salvador, offre une vue magnifique sur les montagnes de la Cazorla qui s'étendent vers l'est.

Capilla de El Salvador.
Longeant la Plaza Vázquez de Molina du côté ouest, cette église est la première œuvre d'Andrés de Vandelvira à Úbeda. Commandée par Francisco de los Cobos y Molina pour servir de chapelle funéraire familiale, elle appartient aujourd'hui aux ducs de Medinaceli, établis à Sevilla et descendants des Cobos. Vandelvira construisit la chapelle dans les années 1540, selon un plan simple élaboré par Diego de Siloé. Il enrichit l'ensemble de touches personnelles, comme les portails et la sacristie.

La façade principale donnant sur la Plaza Vázquez de Molina illustre parfaitement l'art plateresque. Inspirée de la Puerta del Perdón que Siloé réalisa pour la cathédrale de Granada, le portail est surmonté d'une gravure représentant la transfiguration du Christ et flanqué des statues de saint Pierre et saint Paul. Sous l'arcade, juste après l'entrée, se dressent des statues de dieux grecs, sculptées par l'artiste français Esteban Jamete. Les sculptures ornant le portail attestent du goût gothique pour l'héraldique. A gauche, des soldats portent le blason à cinq lions de Francisco de los Cobos y Molina. A droite, deux femmes tiennent le bouclier de son épouse, María Manrique. Les portails latéraux de l'église présentent des gravures finement travaillées, particulièrement celles de la Portada del Evangelio, au nord, représentant Carlos I sous les traits de Santiago Matamoros, que surmonte un médaillon du Christ.

L'église se visite chaque jour de 10h30 à 14h et de 16h30 à 18h (350 ptas). L'entrée se fait côté sud, dans la sacristie, œuvre de Vandelvira, avec des sculptures classiques d'Esteban Jamete et le portrait de Francisco de los Cobos y Molina. Richement décoré, le chœur de l'église, dont le dôme est orné d'une fresque, est inspiré de la Capilla Mayor que Siloé réalisa dans la cathédrale de Granada. Le grand retable, œuvre d'Alonso Berruguete, fut très endommagé pendant la guerre civile. Seule une statue, la *Transfiguración del Monte Tabor* (*Transfiguration sur le mont Thabor*) est d'origine. Une jolie grille datant de 1557, que certains attribuent à Maestro Bartolomé, artiste originaire de Baeza, sépare le chœur de la nef, sous laquelle se

Andrés de Vandelvira

Né en 1509 à Alcaraz, à 150 km au nord-est d'Úbeda, Andrés de Vandelvira fut le grand iniateur de la Renaissance dans la riche province de Jaén. S'inspirant de l'architecte espagnol Diego de Siloé, Vandelvira réalisa une série de somptueux édifices en pierre à Úbeda, Baeza, Jaén et ailleurs. Ses ouvrages constituent une illustration remarquable de l'architecture Renaissance en Espagne.

Son œuvre s'articule autour des trois phases importantes. A Úbeda, trois des plus beaux édifices témoignent clairement de cette évolution. Les constructions ornementales des débuts de la Renaissance, de style plateresque, comme la Capilla de El Salvador, privilégiaient les blasons sculptés, hérités du gothique isabélin. Plus pur et plus classique, le Palacio de Vásquez de Molina fut construit ultérieurement. Enfin, pour son dernier ouvrage, l'Hospital de Santiago (achevé l'année de sa mort, en 1575), Vandelvira fit preuve d'une sobriété égalant celle de Juan de Herrera, qui conçut El Escorial, apogée du style austère, caractéristique de la fin de la Renaissance espagnole.

cours de conversion de l'euro 1 000 ptas = 6,01 €

trouve la crypte des Cobos avec le tombeau de Francisco de los Cobos y Molina.

Palacio del Deán Ortega. A proximité de la Capilla de El Salvador se dresse l'ancienne demeure de ses chapelains. Au moins aussi vaste que l'église, elle compte parmi les ouvrages les plus raffinés de Vandelvira. Partiellement restaurée au XVIIe siècle, elle fut transformée en parador en 1930. Sa cour à double niveau, caractéristique de Vandelvira, est l'un des lieux les plus agréables pour prendre un verre ou déguster un en-cas.

Palacio de Vázquez de Molina. Cette belle demeure, qui abrite maintenant l'hôtel de ville d'Úbeda, domine l'ouest de la Plaza Vázquez de Molina. Elle fut construite par Vandelvira en 1562 pour Juan Vázquez de Molina, dont les armoiries surmontent la porte d'entrée.

La sobre façade, d'inspiration italienne, présente de superbes proportions harmonieuses. Elle est divisée en trois niveaux horizontaux séparés par de fines corniches. Les cariatides verticales d'Esteban Jamete séparant les fenêtres ovales de l'étage supérieur s'harmonisent avec les piliers qui bordent les fenêtres rectangulaires de l'étage du milieu.

Des visites quotidiennes sont possibles de 9h à 14h30 et de 17h à 21h à l'entrée nord sur la Plaza del Ayuntamiento.

Le **Museo de Alfarería Artesana**, qui jouxte un côté du palacio, se consacre à la poterie d'Úbeda, artisanat remontant à l'époque musulmane. Il est ouvert tous les jours sauf dimanche après-midi et lundi de 10h30 à 14h et de 16h30 à 19h (230 ptas).

Santa María de los Reales Alcázares. Face au Palacio de Vázquez de Molina, cette grande église figure parmi les plus belles d'Úbeda mais elle a été fermée pour restauration durant plusieurs années. Construite à l'emplacement de la principale mosquée, elle possède une façade Renaissance mais date essentiellement du XVe siècle gothique. Des grilles de Maestro Bartolomé et un joli cloître gothique en décorent l'intérieur.

Autres édifices. Non loin de Santa María, apparaît le **Cárcel del Obispo** (Prison de l'évêque) où étaient enfermées les religieuses qui sortaient du droit chemin. Il fait actuellement office de tribunal. Sous les arbres, se dresse une **statue d'Andrés de Vandelvira**. Non loin, face à la grand-place, l'**Antiguo Pósito** du XVIe siècle, à l'origine entrepôt public de céréales, abrite aujourd'hui un poste de police. La Calle de Santa María Soledad de Torres Acosta mène au sud, vers la partie de la ville où se trouvait la forteresse musulmane.

Plaza del Ayuntamiento et alentour

Cette vaste place, qui donne sur le côté nord du Palacio de Vázquez de Molina, est surmontée dans son angle nord-ouest par le **Palacio de Vela de los Cobos**, doté de magnifiques fenêtres au niveau intermédiaire et d'une galerie à l'étage supérieur. L'édifice fut construit par Vandelvira pour le compte d'un autre membre de la famille Cobos, Francisco Vela de los Cobos.

La Calle Real, autrefois principale artère commerçante, file vers le nord-ouest. Trois rues plus haut, fut érigé au XVIIe siècle le **Palacio de los Condes de Guadiana**, l'une des demeures les plus raffinées d'Úbeda, avec sa tour et les fines gravures de ses fenêtres et balcons.

La Plaza 1° de Mayo et ses environs

Quelques rues après la Plaza del Ayuntamiento, en allant vers le nord-est, vous apercevrez l'ancienne place du marché et lieu de combats tauromachiques. C'est aussi sur cette place que l'Inquisition dressa ses bûchers, à l'emplacement qu'occupe actuellement le kiosque à l'angle sud-est de la place. Les seigneurs de la ville contemplaient ce spectacle depuis la galerie de l'élégant **Antiguo Ayuntamiento** (ancien hôtel de ville), construit sur la place au XVIe siècle. Au nord, apparaît l'**Iglesia de San Pablo**, avec son splendide portail de style gothique tardif (1511). Sa façade ouest date du XIIIe siècle et la tour d'angle à l'est, de style plateresque, fut érigée en 1537.

ÚBEDA

OÙ SE LOGER
1. Hotel La Paz
4. Hostal Castillo
6. Hostal Sevilla
9. Hostal Victoria
19. Palacio de la Rambla
33. Parador Condestable Dávalos et Palacio del Deán Ortega

OÙ SE RESTAURER
2. Restaurante El Gallo Rojo
3. Churrería Anpa
13. Mesón Gabino
20. Restaurante El Marqués
26. Restaurante El Seco
28. Mesón Restaurante Navarro

DIVERS
5. Centre de soins
7. Gare routière
8. Hospital de Santiago
10. Poste
11. Iglesia de la Santísima Trinidad
12. Marché
14. Alfarería Góngora
15. Alfarería Paco Tito
16. Ateliers de potiers
17. Museo de Úbeda
18. Pub Siglo XV
21. Iglesia de San Pedro
22. Palacio de los Condes de Guadiana
23. Artesanía Blanco
24. Palacio de Vela de los Cobos
25. Office du tourisme
27. Boutique Alfarería Tito
29. Antiguo Ayuntamiento
30. Iglesia de San Pablo
31. Museo de San Juan de la Cruz
32. Capilla de El Salvador
34. Museo de Alfarería Artesana
35. Palacio de Vázquez de Molina (hôtel de ville)
36. Casa de las Torres
37. Santa María de los Reales Alcázares
38. Cárcel del Obispo
39. Statue of Andrés de Vandelvira
40. Antiguo Pósito, Policía Nacional
41. Palacio del Marqués de Mancera
42. Point de vue

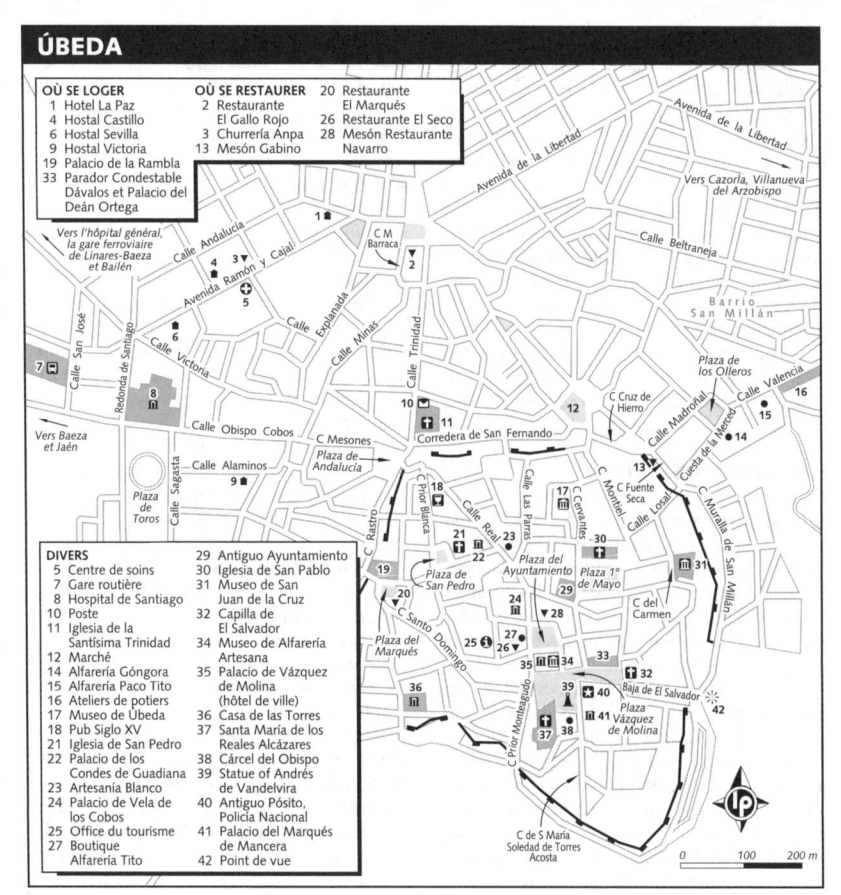

L'église accueille les visiteurs tous les jours de 19h à 21h. La Capilla de Camarero Vago, autre œuvre de Vandelvira, datant des années 1530, s'orne de jolies grilles.

Juste au nord, Calle Cervantes 4, la maison mudéjare du XIVe siècle abrite un charmant patio et le **Museo de Úbeda**. Vous pouvez admirer les collections d'archéologie, allant du néolithique à l'époque musulmane, de 15h à 20h le mardi, de 9h à 20h du mercredi au samedi et de 9h à 15h le dimanche. L'entrée est gratuite pour les ressortissants d'un pays de l'Union européenne (250 ptas pour les autres visiteurs).

Museo de San Juan de la Cruz

Aménagé dans l'oratorio du XVIIe siècle de San Juan de la Cruz, Calle del Carmen, une rue à l'est de la Plaza 1° de Mayo, ce musée est consacré à saint Jean de la Croix, poète et réformateur religieux, du XVIe siècle.

Né en Castilla y León en 1542, Jean de la Croix fonda l'ordre monastique dissident des Carmelitos Descalzos (carmes déchaussés), qui voulaient retrouver l'austérité et la vie contemplative que les carmes originels avaient perdues. Il écrivit sur "la sombre nuit de l'âme" qui mène à l'aube claire de la révélation divine.

cours de conversion de l'euro 1 000 ptas = 6,01 €

L'œuvre de Jean de la Croix provoqua de graves querelles et il fut emprisonné à plusieurs reprises. Après avoir été recteur du monastère de Baeza, il vint à Úbeda en septembre 1591. Atteint de gangrène, il mourut trois mois après son installation.

Au rez-de-chaussée du musée, vous visiterez la chapelle où le saint fut enterré. Une effigie indique l'emplacement. A l'étage, dans la chambre où il mourut, une partie de ses os ont été mis sous verre. Les autres pièces gardent des documents sur les moments importants de sa vie.

Le musée ouvre de 11h à 13h et de 17h à 19h tous les jours sauf le lundi (entrée libre). Les visites, guidées par des moines parlant espagnol, durent environ une demi-heure.

Hospital de Santiago

Le dernier ouvrage de Vandelvira, l'un de ses chefs-d'œuvre, érigé de 1562 à 1575, est éloigné du cœur du vieil Úbeda. Situé Calle Obispo Cobos, cet édifice fin Renaissance, imposant et sobre, fut qualifié d'Escorial de l'Andalousie, par référence au palais-monastère construit à la même époque près de Madrid pour Felipe II.

L'absence de décoration permet de se concentrer sur les proportions de l'édifice, de la longue façade surmontée d'une tour à chaque extrémité au classique patio à deux niveaux, doté de colonnes de marbre, caractéristique du style de Vandelvira. A proximité du patio, se dresse une chapelle, gravement endommagée pendant la guerre civile. Un auditorium y est désormais installé. La cage d'escalier s'orne de fresques originales et colorées.

Vous pouvez vous promener dans l'hôpital (qui abrite aujourd'hui une bibliothèque, l'école de danse municipale et une salle d'exposition) de 8h30 à 14h et de 16h à 22h du lundi au vendredi, de 11h à 14h30 et de 18h à 21h30 samedi et dimanche.

Manifestations annuelles

Les processions de la Semana Santa sont hautes en couleur, et Úbeda célèbre l'approche de l'été avec le Festival Internacional de Música y Danza Ciudad de Úbeda, qui programme des spectacles de danse et de musique variés tout au long du mois de mai. Les Fiestas de San Miguel, du 27 septembre au 4 octobre, sont la principale attraction de la ville, avec notamment feux d'artifices, parades, concerts, et corridas.

Où se loger

L'*Hostal Victoria* (☎ 953 75 29 52, Calle Alaminos 5), à 200 m à l'ouest de la Plaza de Andalucía, propose des simples/doubles avec s.d.b., TV, clim. et chauffage à 2 600/4 700 ptas. Éloigné du centre-ville et appartenant aux mêmes propriétaires, l'*Hostal Castillo* (☎ 953 75 04 30, Avenida Ramón y Cajal 16), dispose de chambres identiques, sans TV, au même tarif, et des chambres avec lavabo à 2 200/3 500 ptas.

L'*Hostal Sevilla* (☎ 953 75 06 12, Avenida Ramón y Cajal 9), offre des chambres propres et assez modernes avec s.d.b. et chauffage à 2 000/3 800 ptas (un peu moins sans TV).

L'*Hotel La Paz* (☎ 953 75 21 40, Calle Andalucía 1), d'aspect extérieur quelconque, est doté de chambres à la décoration surprenante, assez spacieuses. Les doubles avec s.d.b., TV et clim. valent 7 200 ptas. Les rares simples (environ 2 500 ptas) sont petites.

Dans la vieille ville, le *Parador Condestable Dávalos* (☎ 953 75 03 45, fax 953 75 12 59, ubeda@parador.es, Plaza Vázquez de Molina), a été aménagé avec tout le confort moderne dans le Palacio del Deán Ortega. Le privilège de passer la nuit dans l'une de ses 30 chambres vous coûtera 14 800/18 500 ptas plus IVA.

Autre établissement chic, le *Palacio de la Rambla* (☎ 953 75 01 96, Plaza del Marqués 1), dans un palais du XVIe siècle, loue 8 doubles spacieuses à 14 000 ptas plus IVA, petit déjeuner compris. La Marquesa de la Ramblada y habite encore. L'endroit possède également un joli patio, œuvre de Vandelvira, et un agréable jardin.

Où se restaurer

Dans la nouvelle ville, l'*Hostal Castillo* (voir *Où se loger*) sert un menu correct comprenant entrée, plat, salade, dessert et boisson à 1 100 ptas. Pour le petit déjeuner, pensez à la ***Churrería Anpa***, juste plus haut dans la rue, très animée le matin.

Le ***Restaurante El Gallo Rojo*** *(Calle Manuel Barraca 3)*, au de l'Avenida Ramón y Cajal, est l'une des meilleures tables de la ville moderne. Il propose un menu complet très varié, avec une boisson, à 1 300 ptas plus IVA. A la carte, viandes et poissons reviennent entre 900 et 1 800 ptas plus IVA. Vous pouvez commander des plats moins chers, comme les *tortillas* (omelettes).

Dans le vieil Úbeda, le ***Restaurante El Marqués*** sur la Plaza del Marqués, à 150 m en descendant de la Plaza de Andalucía, sert des platos combinados d'un bon rapport qualité/prix entre 700 et 1 000 ptas (20% de plus si vous vous attablez).

Le ***Mesón Restaurante Navarro*** *(Plaza del Ayuntamiento 2)* – l'enseigne indique juste "Mesón Restaurante" – possède un bar avec un choix d'excellents raciones (1 200 à 1 600 ptas), media-raciones et bocadillos (175 à 600 ptas). A l'arrière, le restaurant est spécialisé dans la cuisine locale (1 200 à 2 000 ptas pour un plat principal).

Le ***Mesón Gabino***, dans la Calle Fuente Seca, aménagée dans une cave soutenue par des piliers anciens, propose une cuisine convenable, notamment des salades, des plats d'œufs garnis de légumes (500 à 850 ptas) et des viandes ou des poissons (850 à 2 000 ptas). Dans la même gamme de prix, le ***Restaurante El Seco*** *(Calle Corazón de Jesús 8)* sert des tortillas ou des œufs brouillés de 600 à 1 200 ptas, des viandes et des poissons autour de 1 400 ptas, et un menu complet à 1 600 ptas, boisson comprise.

La meilleure table de la ville est le restaurant du ***Parador Condestable Dávalos*** (voir *Où se loger*). Comptez environ 4 000 ptas pour le déjeuner ou le dîner, tarif tout à fait justifié pour une excellente cuisine locale comprenant notamment du *carruécano* (poivrons farcis de perdrix), de la dinde d'Úbeda et quelques succulents desserts.

Où sortir

Non dénué de charme, le ***Pub Siglo XV***, dans la Calle Prior Blanca, accueille parfois des groupes de flamenco.

Achats

Le vernis vert typique des jolies poteries d'Úbeda et les traditionnels tapis aux motifs colorés, tissés dans de l'alfa (*ubedíes*), datent de l'époque musulmane.

Plusieurs ateliers du barrio San Millán, le quartier des potiers au nord-est de l'ancienne ville, vendent leurs articles. Les artisans expliquent volontiers les vieilles techniques auxquelles ils recourent. L'Alfarería Paco Tito, Calle Valencia 22, figure parmi les plus réputées mais d'autres potiers occupent la même rue. A proximité, l'Alfarería Góngora, Cuesta de la Merced 32, mérite une visite. L'Alfarería Tito a ouvert également une grande boutique Plaza del Ayuntamiento 12.

Si vous recherchez des tapis ou des paniers en alfa, visitez l'Artesanía Blanco, Calle Real 47, dans le vieil Úbeda.

Les principales artères commerçantes sont la Calle Mesones et la Calle Obispo Cobos, entre la Plaza de Andalucía et l'Hospital de Santiago.

Comment s'y rendre

Bus. La gare routière (☎ 953 75 21 57), Calle San José 6, est située dans la nouvelle ville. Les bus Alsina Graells desservent Baeza jusqu'à 16 fois par jour et Jaén (545 ptas, 1 heure 15) jusqu'à 13 fois. Chaque jour, 3 ou 4 bus relient Cazorla et près de 7 Granada. Les bus Bacoma assurent des liaisons en direction de Córdoba et Sevilla 4 fois par jour. D'autres bus partent pour Málaga, Madrid, Valencia, Barcelona et les petites localités de la province de Jaén.

Train. La gare ferroviaire la plus proche, celle de Linares-Baeza (☎ 953 65 02 02), se situe à 21 km au nord-ouest. Vous pouvez vous y rendre en empruntant les bus Linares. Voyez la rubrique *Baeza* pour de plus amples informations sur les trains.

CAZORLA
code postal 23470 • 8 500 habitants
• altitude 885 m

Cazorla, à 45 km au sud-est d'Úbeda, est le principal accès au Parque Natural de Cazorla. La ville elle-même est intéres-

cours de conversion de l'euro 1 000 ptas = 6,01 €

sante, avec son imposant château et ses étroites ruelles, accrochées aux flancs des collines, au pied de la Peña de los Halcones (pic du Faucon). Vous y découvrirez des endroits agréables où séjourner et vous restaurer. Cazorla ne désemplit pas pendant les périodes de congés et les week-ends ensoleillés.

Orientation et renseignements

La A-319, en provenance de l'ouest, débouche à Cazorla *via* la Calle Hilario Marco, qui se termine Plaza de la Constitución, la place principale de la partie la plus récente de la ville. La Plaza de la Corredera s'étire à 150 m au sud de la Plaza de la Constitución, le long de la Calle Doctor Muñoz, principale artère de Cazorla. La Plaza de Santa María se situe 300 m plus loin en allant vers le sud-est par des ruelles étroites. Plus bas, vous découvrirez le cœur du vieux Cazorla.

L'office du tourisme (☎ 953 71 01 02), Paseo del Santo Cristo 17, à 200 m au nord de la Plaza de la Constitución, vous proposera des informations sur le parc naturel et sur la ville, mais n'ouvre qu'en été. Quercus (☎ 953 72 01 15), Calle Juan Domingo 2, à proximité de la Plaza de la Constitución, fournit des renseignements touristiques et vend des cartes et des guides en espagnol. Il organise aussi des excursions dans le parc (reportez-vous à la rubrique *Parque Natural de Cazorla*).

La poste se situe Calle Mariano Extremera 2, derrière l'hôtel de ville, non loin de la Plaza de la Corredera. Plusieurs banques, avec des distributeurs automatiques, sont installées sur la Plaza de la Constitución et la Plaza de la Corredera.

Le centre de soins, Centro de Salud Dr José Cano Salcedo (☎ 953 72 10 61), est installé Calle Ximénez de Rada 1. La Policía Local (☎ 953 72 01 81) a établi ses quartiers dans l'hôtel de ville, près de la Plaza de la Corredera.

Plaza de la Corredera

Au nord de la place, l'**Iglesia de San José**, du XVIIe siècle, renferme six copies des peintures d'El Greco, exécutées par Rafael del Real. A l'angle de la place, se dresse la tour-horloge de l'**hôtel de ville**, installé dans un monastère. Un théâtre a été aménagé dans son ancienne église. Environ 200 m plus haut, par la Calle del Carmen, vous découvrirez la plus élégante église de Cazorla, l'**Iglesia del Carmen**. Malgré sa tour plateresque, l'édifice date des XVIIe et XVIIIe siècles.

Plaza de Santa María

La Calle Gómez Calderón file du sud de l'hôtel de ville vers le **Balcón de Zabaleta**, où vous bénéficierez d'une magnifique vue sur la ville et le Castillo de la Yedra. Plus bas, à gauche, apparaît la jolie Plaza de Santa María (ou Plaza Vieja). L'imposante **Iglesia de Santa María**, en ruine, tout au bout de la place, fut érigée par Andrés de Vandelvira au XVIe siècle, au bord d'une rivière, qui coule sous la place. L'église fut détruite par les troupes napoléoniennes en représailles contre la résistance tenace des habitants de Cazorla. Elle accueille aujourd'hui des concerts de musique en plein air. Sur cette même place, se dresse la **Fuente de las Cadenas**, une fontaine vieille de 400 ans.

Castillo de la Yedra

Une courte marche depuis la Plaza de Santa María vous mènera à l'impressionnant château de Lierre (appelé aussi Castillo de las Cuatro Esquinas, château des Quatre angles). Romain à l'origine, il doit l'essentiel de sa construction aux musulmans. Restauré au XVe siècle, il abrite désormais le Museo del Alto Guadalquivir (musée du Guadalquivir supérieur). Vous y verrez d'intéressantes œuvres d'art, dont une chapelle dotée d'une Crucifixion romano-byzantine, grandeur nature. Le musée présente aussi des témoignages de la vie locale d'autrefois : des modèles de presses à huile et une reconstitution d'une cuisine traditionnelle de Cazorla. Le château est ouvert de 15h à 20h le mardi, de 9h à 20h du mercredi au samedi, et de 9h à 15h les dimanche et jours fériés. L'entrée est gratuite pour les ressortissants d'un pays de l'Union européenne (250 ptas pour les autres visiteurs).

Manifestations annuelles

Le 14 mai, à l'occasion d'un pèlerinage appelé La Caracolá, San Isicio (apôtre chrétien lapidé à mort à Cazorla par les Romains) est transporté de l'Ermita de San Isicio à l'Iglesia de San José. Les rues sont alors éclairées avec des lampes à huile. La principale fête se déroule du 17 au 21 septembre, accompagnée de corridas et de musique. Le 17 septembre, la procession traverse la ville, portant une peinture du XVIIe siècle figurant le Cristo del Consuelo (Christ de Miséricorde), œuvre sauvée lors de la destruction de l'Iglesia de Santa María.

Où se loger

Le minuscule *Camping Cortijo San Isicio* (☎ 953 72 12 80), à côté de la route de Quesada, à 4 km au sud-ouest du centre de Cazorla, peut héberger tout juste 54 personnes et demande 1 400 ptas plus IVA pour 2 adultes avec une tente et une voiture. Il est ouvert de mars à octobre.

Impeccable, l'*Albergue Juvenil Cazorla* (☎ 953 72 03 29, Plaza Mauricio Martínez 6), à 200 m en remontant depuis la Plaza de la Corredera, dispose d'une piscine. Aménagée dans un couvent du XVIe siècle, cette auberge de jeunesse peut loger 120 hôtes dans des chambres de 2 à 6 lits, la plupart avec s.d.b. commune. Les doubles de l'étage sont aussi agréables que n'importe quelle chambre d'un établissement à petit budget.

Propre et sympathique, l'*Hostal Betis* (☎ 953 72 05 40, Plaza de la Corredera 19), propose des simples de 1 200 à 1 500 ptas et des doubles de 2 500 à 2 800 ptas. Certaines chambres donnent sur la place. L'accueillante *Pensión Taxi* (☎ 953 72 05 25, Travesía de San Antón 7), près de la Plaza de la Constitución, loue des simples/doubles avec s.d.b. commune à 1 800/3 500 ptas. *La Cueva de Juan Pedro* (☎ 953 72 12 25, Calle La Hoz 2), à un angle de la Plaza de Santa María, dispose de 6 chambres avec s.d.b. et cuisine à 2 000/4 000 ptas.

Plus chic, l'*Hotel Guadalquivir* (☎./fax 953 72 02 68, Calle Nueva 6), juste à côté de la Calle Doctor Muñoz, tenu par une famille accueillante, loue ses chambres joliment décorées, avec s.d.b., TV, clim. et chauffage, à 4 200/5 800 ptas plus IVA, et dispose d'un café.

D'aspect un peu terne, l'*Hotel Andalucía* (☎. 953 72 12 68, Calle Martínez Falero 42) propose néanmoins des chambres agréables et spacieuses avec s.d.b. et TV, au prix raisonnable de 3 600/4 700 ptas.

Le nouvel *Hotel Ciudad de Cazorla* (☎ 953 72 17 00, fax 953 71 04 20, Plaza de la Corredera 9) comporte un restaurant, une piscine, un garage et 35 chambres avec clim., chauffage, s.d.b. et TV, la plupart à 8 400/12 000 ptas.

A 400 m en amont de la Plaza de la Corredera, l'*Hotel Peña de los Halcones* (☎ 953 72 02 11, fax 953 72 13 35, Travesía del Camino de la Iruela 2) offre des chambres de belle taille équipées de meubles en pin, avec clim., s.d.b. et TV à 7 500/8 200 ptas plus IVA. Certaines jouissent d'une vue splendide. Un restaurant, un café et une piscine sont à votre disposition.

Plus loin, la Calle Hilario Marco abrite d'autres hôtels. Le petit *Hotel Parque* (☎ 953 72 18 06, Calle Hilario Marco 62) et, en face, l'*Hotel Don Diego* (☎ 953 72 05 31, Calle Hilario Marco 163) de 23 chambres, proposent des doubles avec s.d.b. pour environ 4 000/6 000 ptas plus IVA.

La *Villa Turística de Cazorla* (☎ 953 71 01 00, Ladera de San Isicio) loue des chambres équipées d'une cuisine et d'une cheminée à 6 500/10 500 ptas plus IVA. Un bon restaurant et une piscine agrémentent le séjour.

Où se restaurer

A la fin de l'été et en automne, les habitants de la région disparaissent dans les bois pour cueillir d'énormes et délicieux champignons appelés *níscalos*. N'hésitez pas à les goûter si vous vous trouvez sur place.

Le sympathique *Mesón Don Chema (Calle Escaleras del Mercado 2)*, au bas d'une allée donnant sur la Calle Doctor Muñoz, concocte de bon plats typiques à prix moyens, revueltos, viandes, poissons et diverses raciones (700 à 1 600 ptas).

cours de conversion de l'euro 1 000 ptas = 6,01 €

Si vous avez envie d'une pizza, poussez la porte de **La Forchetta** *(Calle de las Escuelas 2)*, au bas de la Plaza de la Constitución, où pizzas et pâtes valent 500 à 850 ptas. Le **Restaurante La Sarga** *(Plaza del Mercado s/n)*, l'un des plus chic, sert des menus (4 plats) à 1 700 ptas et des plats entre 1 200 et 1 800 ptas. Parmi les spécialités goûtez à la *caldereta de gamo* (ragoût de venaison).

Plus loin, Plaza de Santa María, **La Cueva de Juan Pedro**, un restaurant ancien avec des poutres en bois et des tresses d'ail et de piments séchés accrochés au plafond. La cuisine traditionnelle de Cazorla est à l'honneur : *conejo* (lapin), *trucha* (truite), rin-rán, *jabalí* (sanglier), *venado* (gibier) et même du mouflon. Tous ces plats sont disponibles en raciones et accommodés de diverses façons (entre 800 et 1 000 ptas).

Plusieurs bars situés sur les trois places principales de Cazorla servent de bonnes tapas et raciones. Au **Bar Las Vegas** *(Plaza de la Corredera 17)*, le *lomo de jabalí* (rognons de marcassin) côtoie sur la carte la *gloria bendita* (gloire bénie, *revuelto* de crevettes et de poivrons). Las Vegas sert les meilleures *tostadas* (petits pains grillés) de toute la ville, une bonne adresse pour le petit déjeuner. **La Montería** *(Plaza de la Corredera 18)*, mitonne des tapas de *choto con ajo* (veau à l'ail) et de la venaison. Des tapas vous attendent au **Café-Bar Rojas** *(Plaza de la Constitución 2)*, plutôt animé, ou à la discrète **Taberna Quinito** *(Plaza de Santa María 6)*.

Un *marché* se tient tous les jours Plaza del Mercado.

Où sortir

A part ses bars à tapas (voir *Où se restaurer*), Cazorla compte un certain nombre de cafés-concerts qui s'animent les soirs de week-end, notamment **La Rana Verde** *(Calle San Juan 12)*, au-dessus de l'auberge de jeunesse, et le **Pub Liberty** *(Calle Hilario Marco 4)*.

Comment s'y rendre

Bus. Alsina Graells assure 2 liaisons quotidiennes depuis/vers Úbeda, Baeza, Jaén (960 ptas, 2 heures) et Granada. L'arrêt principal à Cazorla se situe Plaza de la Constitución. Quercus met un horaire à votre disposition. Quand nous l'avions consulté, les bus en direction de Cazorla quittaient Granada à 10h30 et 15h, Jaén 1 heure 30 plus tard, Baeza 2 heures 30 plus tard et Úbeda 3 heures plus tard. Les départs depuis Cazorla avaient lieu à 17h30 tous les jours, ainsi qu'à 7h du lundi au samedi et à 8h le dimanche et les jours fériés. Deux autres bus quotidiens assurent la liaison entre Úbeda et Cazorla.

LES ENVIRONS DE CAZORLA

Le village de **La Iruela**, niché à une centaine de mètres au-dessus de Cazorla sur une colline à l'est, se situe à moins de 1 km de la Plaza de la Corredera, en haut de la Calle del Carmen, que prolonge le Camino de la Iruela. A La Iruela, les ruines du château des Templiers se dressent au sommet d'un rocher escarpé, qui forme un à-pic à l'extrême est du village. A côté de la A-319, juste après la bifurcation vers La Iruela, l'accueillant **Hotel La Finca Mercedes** (☎ *953 72 10 87*) dispose de doubles avec s.d.b. et jolie vue à 5 500 ptas plus IVA.

Pour les randonnées à pied et les excursions en voiture dans la région de Cazorla-La Iruela, voyez la rubrique ci-dessous.

PARQUE NATURAL DE CAZORLA

Le Parque Natural de las Sierras de Cazorla, Segura y Las Villas (pour le nommer intégralement), de 2 143 km^2, est la plus grande zone protégée de toute l'Espagne. Région de plissements et de pics entrecoupés de chaînes montagneuses d'altitude moyenne tourmentées mais d'une grande beauté, elle est aussi occupée par de hautes plaines appelées *navas* et des vallées profondes où coulent des rivières. Des lacs et d'épaisses forêts complètent le paysage. Les principales montagnes s'alignent du nord au sud. Parmi les attraits du parc, les randonnées pédestres permettent d'observer la faune et de découvrir de vieux villages.

Il est plus facile et plus agréable de disposer de son propre véhicule. Toutefois, vous pouvez très bien emprunter les bus (voir *Comment s'y rendre* à la fin de cette rubrique) et séjourner dans la réserve, ou encore, pour les zones les plus reculées, vous joindre à des excursions organisées.

Le Río Guadalquivir, la plus longue rivière d'Andalucía, prend sa source entre la Sierra de Cazorla et la Sierra del Pozo, au sud du parc, et se déverse vers le nord dans le réservoir Embalse del Tranco de Beas, d'où il coule vers l'ouest en direction de l'océan Atlantique.

La meilleure période pour visiter le parc se situe d'avril à juin, en septembre et en octobre. Non seulement la végétation arbore ses plus éclatantes couleurs mais vous évitez les pluies hivernales et les chaleurs estivales. En hiver, la neige couvre une bonne partie du parc. Partez en randon-

La faune et la flore de Cazorla

Dans les collines et les forêts du Parque Natural de Cazorla, vous apercevrez sans doute des bouquetins, des mouflons, des cerfs, des daims et des marcassins, certains même à proximité des routes principales. Ces cinq espèces font l'objet d'une chasse réglementée.

Le bouquetin vit surtout dans les hauteurs rocheuses. Après une épidémie de gale à la fin des années 80 qui a pratiquement décimé sa population (elle passa de 10 000 têtes à 500), l'espèce se porte mieux aujourd'hui et compte 2 000 individus. Les quatre autres espèces préfèrent les forêts. Le mouflon (un gros mouton sauvage à la fourrure couleur brun-roux) et le daim ont été introduits pour le plaisir des chasseurs. Le cerf et le sanglier ont été réintroduits dans les années 60, après avoir disparu pour avoir été trop chassés. Le chevreuil, lui aussi trop chassé, n'a pas été réintroduit.

Plus vous vous éloignerez des sentiers battus, plus vous aurez de chances d'apercevoir ces animaux. Les meilleurs moments se situent bien sûr tôt dans la journée ou tard dans la soirée. Là, vous verrez peut-être un cerf surgir et traverser une clairière. En marchant, vous tomberez probablement sur des endroits où la terre a été retournée par un sanglier en quête de nourriture.

Quelque 140 espèces d'oiseaux nichent dans le parc. Les pics rocailleux constituent l'habitat favori de l'aigle royal, de l'aigle de Bonelli, du vautour fauve, du percnoptère d'Égypte et du faucon pèlerin. Dans les forêts, vous repérerez peut-être des buses, des circaètes, des aigles bottés, des autours, des éperviers et des pics épeiche.

Avec une envergure de plus de 2 m, le gypaète barbu est l'emblème du parc, mais il vient seulement d'être réintroduit, après avoir disparu en 1987 de ce qui était son seul habitat en Espagne en dehors des Pyrénées. On essaie actuellement de développer une nouvelle population dans le parc à partir d'oiseaux captifs amenés d'Europe centrale. Un premier oisillon est né en décembre 1999. Le nom espagnol du gypaète barbu, *quebrantahuesos* (brise-os), témoigne de son habitude de casser les os en les faisant tomber sur des rochers afin d'en atteindre la moelle.

La riche végétation du parc est une merveille. Au printemps, les fleurs sauvages sont d'une grande beauté et, en automne, les arbres caduques se parent de multiples couleurs. Des 2 300 espèces végétales du parc, 24 sont uniques, dont la splendide violette de Cazorla (*violeta de Cazorla*), d'un brillant violet, et le géranium de Cazorla (*geranio cazorlense*). Ces deux fleurs poussent dans les fissures rocheuses des zones sèches.

Parmi les arbres, les pins prédominent. Le grand pin noir (*pino laricio*) se caractérise par ses branches développées horizontalement et rassemblées à la cime. Il pousse surtout au-dessus de 1 300 m. Le pin maritime (*pino resinero* ou *pino marítimo*), dont la cime est arrondie, existe jusqu'à 1 500 m. Le pin d'Alep (*pino carrasco*), à la cime touffue et aux branches peu fournies et décalées, prédomine au-dessous de 1 100 m. Ces deux dernières essences ont été introduites aux XVIIIe et XIXe siècles, après qu'une grande partie des chênes d'origine aient été abattus et transportés à Cádiz ou Cartagena, pour la construction de bateaux. Il subsiste encore des forêts de chênes verts et de chênes à la noix de galle. Si vous connaissez la botanique, vous reconnaîtrez beaucoup d'autres espèces comme l'olivier sauvage, le genévrier, le peuplier, le frêne, le saule, l'érable, ces quatre derniers poussant essentiellement dans les vallées des rivières.

cours de conversion de l'euro 1 000 ptas = 6,01 €

née correctement équipé, avec des vêtements adéquats et de l'eau en quantité suffisante. En altitude, les températures sont inférieures de plusieurs degrés à celles constatées dans les vallées, et le vent rafraîchit souvent l'atmosphère.

Très fréquentée par les touristes espagnols, la réserve attire environ 600 000 visiteurs par an, dont quelque 50 000 pendant la Semana Santa. Les autres périodes d'affluence se situent en juillet, en août et les week-ends d'avril à octobre.

Cartes et guides
Walking in Spain, publié par Lonely Planet, détaille trois itinéraires parmi les plus belles randonnées pédestres proposées dans le Parque Natural de Cazorla.

Les meilleures cartes sont celles au 1/40 000 publiées par Editorial Alpina en 1998 : *Sierra de Cazorla* couvre le tiers sud du parc (environ 700 ptas) et *Sierra de Segura*, les deux tiers nord (1 000 ptas environ). Plusieurs itinéraires de randonnée à pied ou à VTT sont indiqués, et décrits dans les livrets d'accompagnement (nous ne les avons trouvés qu'en espagnol). Vous devriez pouvoir vous procurer les cartes Alpina, ainsi que d'autres cartes et guides, au centre d'information Torre del Vinagre (voir plus loin *Le centre du parc*) et dans certains magasins à Cazorla.

Renseignements
Offices du tourisme. Le principal centre d'information du parc se trouve à Torre del Vinagre. Des offices du tourisme saisonniers sont installés à Cortijos Nuevos, Hornos, Santiago de la Espada, Segura de la Sierra, Orcera et Siles. Les offices du tourisme de Cazorla fournissent également des informations sur le parc.

Argent. Des banques et des distributeurs automatiques sont à disposition à Burunchel, Arroyo Frío et Cortijos Nuevos.

Circuits organisés
Un certain nombre d'agences organisent des excursions dans les parties les plus reculées du parc et programment d'autres activités. Plusieurs hôtels et campings du parc sont en relation avec ces agences.

Le prestataire le plus qualifié, Quercus (☎ 953 72 01 15), emploie des guides parlant anglais ou français. Vous pouvez les joindre Calle Juan Domingo 2 à Cazorla et à Torre del Vinagre. Quercus organise des sorties en 4x4 vers les *zonas restringidas* (zones où les véhicules sont normalement interdits, avec itinéraires hors piste), moyennant 3 000 à 3 700 ptas par personne la demi-journée ou 5 000 à 5 500 ptas la journée. Cet organisme propose aussi des excursions et des *"caza fotográfica"* (chasses photographiques).

Excursions Bujarkay (☎ 953 71 30 11) organise des randonnées pédestres, sorties en 4x4, à vélo et à cheval accompagnées de guides locaux (*guías nativos*). Il se situe Calle Borosa 81 à Coto Ríos, mais dispose d'un kiosque en bordure de route à Arroyo Frío. Les prix pratiqués sont similaires à ceux de Quercus.

Hébergement et alimentation
Beaucoup de possibilités d'hébergement s'offrent à vous mais les solutions à petit budget sont rares si l'on exclut les campings (au nombre de 10). En haute saison, n'oubliez pas de réserver à l'avance.

Vous n'avez pas le droit de camper en dehors des emplacements autorisés. Les campings ne respectent pas toujours les dates d'ouverture publiées. Entre octobre et avril, mieux vaut téléphoner ou se renseigner auprès d'un office du tourisme.

Presque tous les hôtels, hostales et campings disposent de restaurants, la plupart proposant une cuisine locale. D'autres restaurants et kiosques sont implantés tout autour du parc.

Pour plus de renseignements, reportez-vous à la rubrique *Où se loger*.

Le sud du parc
Le parc commence à quelques centaines de mètres à l'est de Cazorla, en haut de la colline. Les sentiers et les routes non goudronnées qui traversent les forêts de pins, les prairies, les rochers, les torrents et les vallées de la Sierra de Cazorla offrent une

Provincia de Jaén – Parque Natural de Cazorla

LES ENVIRONS DE CAZORLA

OÙ SE LOGER
2 Hotel Paraíso de Bujaraiza
3 Camping Fuente de la Pascuala
4 Camping Llanos de Arance
5 Camping Chopera Coto Ríos
6 Hotel San Fernando, Hostal Mirasierra, Apartamentos El Pinar
7 Hotel de Montaña La Hortizuela
12 Hotel Noguera de la Sierpe
14 Hotel Río
18 Complejo Puente de las Herrerías
20 Parador El Adelantado (Parador de Cazorla)
24 Hotel de Montaña Riogazas

DIVERS
1 Parque Cinegético Collado del Almendral
8 Piscifactoría
9 Jardin botanique
10 Picadero El Cortijillo
11 Torre del Vinagre et Museo de Caza
13 Central Eléctrica
15 Mirador Paso del Aire
16 Cascada de Linarejos
17 Fuente del Oso
19 Puente de las Herrerías
21 Empalme del Valle
22 Prado Redondo
23 Ermita de la Virgen de la Cabeza
25 Monasterio de Monte Sion
26 Nacimiento del Guadalquivir
27 Cañada de las Fuentes

multitude de possibilités de balades à pied ou encore en voiture.

La A-319, artère principale en provenance du nord-est de Cazorla, entre dans le parc au niveau de Burunchel, à 7 km de là. Elle remonte ensuite pendant 5 km jusqu'au col Puerto de las Palomas (1 200 m). Un peu plus loin, se dresse le Mirador Paso del Aire. Après 5 km d'une route sinueuse, en redescendant la colline, apparaît Empalme del Valle, où la A-319 prend la direction du nord, vers Arroyo Frío, pour rejoindre le Guadalquivir qui s'écoule tout au nord.

La Sierra de Cazorla en voiture. Pour ceux qui disposent d'un véhicule, ce circuit d'environ 60 km constitue une bonne introduction aux zones du parc proches de Cazorla. Il emprunte essentiellement des routes non goudronnées, mais accessibles à des voitures ordinaires (attendez-vous tout de même à être secoué par moments).

Rendez-vous d'abord à La Iruela (voir *Les environs de Cazorla*) et tournez à droite dans la Carretera Virgen de la Cabeza juste après l'entrée du village (un panneau indique "Ermita" et "Merendero de Riogazas"). Vous atteignez après 700 m environ

cours de conversion de l'euro 1 000 ptas = 6,01 €

le point de vue de **Merenderos de Cazorla**, avec un beau panorama sur Cazorla. Poursuivez pendant 4 km (la route n'est plus goudronnée) et dépassez l'Hotel de Montaña Riogazas (voir *Où se loger*). Environ 3 km plus au sud, vous atteindrez la gorge d'**El Chorro**, un site pour observer des vautours fauves et des percnoptères d'Égypte.

Juste au-delà d'El Chorro, la route rejoint une autre piste venant du sud-ouest et part vers la gauche (direction sud au début) jusqu'au col de **Puerto Lorente**. Redescendez jusqu'à un embranchement, 12 km plus bas, et prenez à droite. A 200 m, un panneau "Nacimiento del Guadalquivir" indique le fleuve sur votre gauche. Sur la rive opposée, une plaque marque la **source du Guadalquivir**. En période sèche, vous verrez peut-être le petit cours d'eau sortir de terre mais, s'il a plu, il sera recouvert par un autre cours d'eau qui descend de plus haut.

La route continue au-delà de la source vers l'aire de pique-nique **Cañada de las Fuentes**. Si vous n'êtes pas pressé, vous poursuivez pendant 8 km jusqu'au Cabañas (voir plus loin *Randonnée du Cabañas*).

Depuis la Cañada de las Fuentes et le Nacimiento del Guadalquivir, dirigez-vous vers le nord en suivant le fleuve naissant. La route est belle, avec l'eau bouillonnante d'un côté et les rochers aux contours déchiquetés tout autour. Après 11 km, vous arrivez au **Puente de las Herrerías**, un pont sur le Guadalquivir qui aurait été construit en une nuit par l'ordre d'Isabel La Católica durant l'une de ses campagnes contre Granada. La route redevient goudronnée et 3 km plus loin, après le vaste camping Complejo Puente de las Herrerías (voir *Où se loger*) vous arrivez à un carrefour. Prenez à gauche. A 400 m, en face de la bifurcation vers le village de Valdillo Castril, part le **Sendero de la Cerrada de Utrero**, une belle boucle de 2 km à pied (voir plus loin *Empalme del Valle*). Environ 1 km plus loin, vous atteignez la bifurcation vers le Parador El Adelantado (à 5 km par la route goudronnée), puis l'embranchement d'Empalme del Valle après environ 2,5 km. De là, rejoignez Cazorla par la A-319, *via* le Puerto de las Palomas et Burunchel (17 km).

Randonnée de la Sierra de Cazorla. Longue de 18 km, cette randonnée au départ de Cazorla prend 6 ou 7 heures (sans les pauses) pour un dénivelé supérieur à 1 000 m. Belles forêts, sommets venteux, fermes de conte, vues superbes et monastère abandonné sont au programme. Vous verrez peut-être même des animaux sauvages.

Dans Cazorla, quittez la Plaza de Santa María par le Camino de San Isidro, entre la Fuente de las Cadenas et le La Cueva de Juan Pedro. Après 5 minutes, prenez à gauche la piste qui monte, puis tournez à gauche encore à la fontaine. En haut de la montée en zigzag (30 minutes), prenez encore à gauche. Vous croiserez le **Monasterio de Monte Sión**, du XVIIe siècle, après 10 minutes. Le chemin contourne le verger du monastère et grimpe dans les bois. Vous débouchez 30 minutes plus tard sur la piste Riogazas-El Chorro. Empruntez-la sur 50 m à droite, puis repérez le sentier, peu signalé au début, qui monte sur la gauche. Il est balisé par une flèche verte et se dirige vers l'est. Après 15 minutes, il croise un chemin venant de la gauche (marque de peinture bleue et verte sur le rocher). Prenez à droite et vous atteindrez en 40 minutes le **Puerto Gilillo** (1 750 m). Vous remarquerez un petit abri de pierre juste en dessous du col. Si vous voulez gravir le **Gilillo** (1 848 m), le plus haut sommet de cette partie du parc, prenez au sud au sortir de la passe (15 minutes).

De retour à Puerto Gilillo, empruntez vers le nord le sentier qui part de la cabane en pierre et poursuivez nord-nord-est le long de la crête **Loma de los Castellones**. Le chemin est bien marqué la plupart du temps, sauf au niveau de la deuxième bosse (à la cote 1 732 m sur la carte Alpina), qu'il faut contourner par la gauche. Quelques minutes après, suivez la flèche verte qui descend vers la gauche. Vous vous retrouvez bientôt dans votre première direction. Après 35 minutes, vous traversez une cuvette herbeuse et rejoignez un chemin qui vient de la droite. Poursuivez encore 10 minutes vers le **Puerto del Tejo** (1 556 m) où arrive un autre chemin. Si vous le prenez sur la droite (au nord), vous redescendez sur 2 km jusqu'au Parador

El Adelantado (1 325 m). Pour Cazorla, partez à gauche. Le chemin contourne le Cerro de la Laguna, puis descend en direction du nord. Environ 1 heure après avoir quitté le col, vous découvrez une vieille ferme en bon état, le **Prado Redondo**, entouré de bois et de vertes prairies.

De là, dirigez-vous vers l'ouest à travers les arbres. Le chemin s'incurve un peu vers la droite, en montant, puis s'incline progressivement vers la gauche avant de redescendre dans un ravin sous des lignes à haute tension (10 minutes depuis le Prado Redondo). Descendez le chemin, qui s'éloigne du ravin après quelques minutes. Vous passez au-dessus de La Iruela pour atteindre l'**Ermita de la Virgen de la Cabeza** (chapelle) au bout de 25 minutes. Continuez la descente pendant 5 minutes, jusqu'à la route El Chorro-La Iruela et tournez à droite. Vous déboucherez sur la grand-rue de La Iruela après 15 minutes. Prenez à gauche et, de nouveau, à gauche à l'embranchement (5 minutes). Descendez ensuite vers Cazorla (15 minutes).

Randonnée Empalme del Valle-Puente de las Herrerías – Cerrada del Utrero. Cette boucle de 12 km au départ d'Empalme del Valle comprend 7 km de marche sur route, mais elle peut se faire en une journée en prenant le bus entre Cazorla et Empalme del Valle. Elle permet également de se rendre à l'hébergement de Puente de las Herrerías.

A Empalme del Valle (1 100 m), un panneau indique le **Sendero de El Empalme del Valle** qui prend au nord-ouest sur 1,5 km et passe par le Collado del Oso (1 230 m) et la Fuente de Oso, une fontaine ombragée sur le côté de la route d'accès au Parador El Adelantado. De là, le **Sendero de la Fuente del Oso** descend au sud-est sur 1,4 km, jusqu'au **Puente de las Herrerías** (1 000 m). Suivez l'itinéraire décrit plus haut dans *La Sierra de Cazorla en voiture* entre le Puente de las Herrerías et le début du Sendero de la Cerrada del Utrero. (Attention, le Sendero de la Cerrada del Utrero et le Sendero de la Central de Utrero partent du même point.)

Le **Sendero de la Cerrada de Utrero** forme une boucle de 2 km et vous emmène sous d'imposantes falaises jusqu'à la Cascada de Linajeros, qui se déverse dans un bassin juste en dessous d'un petit barrage sur le Guadalquivir. Lorsque le fleuve est bas – la plupart du temps –, vous pouvez le traverser jusqu'aux chutes puis explorer les chemins alentour. Le sentier (*sendero*) principal continue au-dessus de l'Embalse de la Cerrada del Utrero, étroit réservoir formé par la retenue du Guadalquivir, puis revient vers la route au niveau d'un pont situé 300 m plus bas que votre point de départ. De là, continuez vers Empalme del Valle pendant 3,5 km.

Randonnée du Cabañas. Point culminant du parc, ce sommet de 2 028 m est accessible par une boucle de 2 heures partant de la route à Puerto Llano, à 8 km au sud de Cañada de las Fuentes (voir *La Sierra de Cazorla en voiture*). L'itinéraire contourne la montagne par le sud et monte vers le sommet, d'où la vue est superbe, par le sud-est.

Randonnées de la Sierra del Pozo et du Barranco del Guadalentín. Le sud du parc vous fera découvrir d'autres belles randonnées, dans la Sierra del Pozo, qui s'élève au-dessus de la rive est de la vallée supérieure du Guadalquivir, et dans le Barranco del Guadalentín, une vallée profonde plus à l'est, où la vie animale est particulièrement riche. Un véhicule est indispensable pour vous rendre sur place.

Où se loger. Il existe peu de possibilités d'hébergement dans le sud du parc.

Situé au Km 4,5 sur la route entre La Iruela et El Chorro, l'***Hotel de Montaña Riogazas*** (☎ 953 12 40 35, hotelriogazas@cibercentro.es) est un ancien pavillon de chasse transformé en petit hôtel agréable avec piscine et restaurant. Ses 12 belles simples/doubles coûtent 4 000/5 800 ptas plus IVA. L'établissement est fermé de novembre à mai, sauf pendant les vacances de Noël et de la Semana Santa.

Le ***Complejo Puente de las Herrerías*** (☎./fax 953 72 70 90), le plus grand terrain

cours de conversion de l'euro 1 000 ptas = 6,01 €

de camping du parc, peut accueillir jusqu'à 1 000 personnes, au prix de 475 ptas plus IVA par adulte, par tente et par voiture. Son petit hôtel comprend 11 doubles avec s.d.b. à 6 500 ptas plus IVA et des bungalows avec cheminée, s.d.b., cuisine et salle de séjour de 6 500 à 20 500 ptas plus IVA pour 2 à 10 personnes. Vous trouverez un restaurant et un bar, où vous pourrez pratiquer l'équitation, le canoë, le canyoning et l'escalade.

Niché dans une pinède, le *Parador El Adelantado* ou *Parador de Cazorla* (☎ 953 72 70 75, fax 953 72 70 77, cazorla@parador.es) dispose d'un confort digne de sa catégorie, d'un joli jardin et d'une agréable piscine. Les 33 chambres coûtent 12 000/15 000 ptas plus IVA, mais seulement 9 d'entre elles profitent d'une belle vue.

Le centre du parc

Depuis Empalme del Valle, la A-319 descend vers le nord la vallée du Guadalquivir et traverse des villages sans intérêt – Arroyo Frío (6 km) et Coto Ríos (22 km) – et l'Embalse del Tranco de Beas. Des installations et hébergements jalonnent cette route, vous permettant éventuellement de rejoindre la randonnée la plus recherchée, vers le Río Borosa. Le bus partant de Cazorla va jusqu'à Coto Ríos.

Torre del Vinagre. A 16 km au nord-est d'Empalme del Valle, le Centro de Interpretación Torre del Vinagre (☎ 953 71 30 40), en bordure de route, était dans les années 50 un pavillon de chasse. Il accueillait des membres de la classe dirigeante, dont Franco. Aujourd'hui, il communique des informations sur le parc, à des horaires variables en fonction de la saison. Généralement fermé le lundi en hiver, il est en principe ouvert le reste de l'année de 11h à 14h, et de 17h à 20h en été, de 16h à 19h au printemps et en automne, de 16h à 18h en hiver. Un bâtiment annexe, ouvert aux mêmes horaires, abrite le **Museo de Caza** (musée de la Chasse), où vous verrez des animaux du parc empaillés et d'impressionnants bois et défenses. En haut de la route s'étend un **jardin botanique** qui expose des spécimens de la flore du parc. Les horaires d'ouverture sont limités. L'entrée au musée et au jardin est gratuite.

Sur l'autre rive du Guadalquivir, Picadero El Cortijillo (☎ 953 72 72 51), sur la route menant au départ de la randonnée du Río Borosa (voir ci-dessous), organise des balades à cheval (de 1 heure à une journée) et loue des VTT.

Randonnée du Río Borosa. Ce n'est pas sans raison que cette randonnée de 7 heures (aller-retour, sans les pauses) est très fréquentée, en particulier le week-end et les jours fériés. Elle remonte le Río Borosa en traversant des paysages de plus en plus somptueux. Vous passerez une gorge et deux tunnels (pensez à vous munir d'une torche) et déboucherez sur deux magnifiques lacs de montagne (12 km, 500 m de dénivelé depuis Torre del Vinagre). Depuis Cazorla, vous pouvez faire l'excursion en une journée si vous prenez le bus jusqu'à Torre del Vinagre (voir plus bas *Comment s'y rendre*). Vous passerez plusieurs sources pendant cette randonnée, la dernière se situant à la Central Eléctrica. Prenez une gourde que vous remplirez sur place en prévision d'une marche de 3 heures.

A l'est de la A-319, en face du centre d'information, une route signalée par un panneau indiquant "Central Eléctrica" traverse le Guadalquivir après 500 m puis atteint, au bout d'1 km, une pisciculture (*piscifactoría*). Un parking est situé à proximité. Le départ de la randonnée est indiqué sur votre droite, juste après la pisciculture.

Suivez la route non goudronnée qui traverse à plusieurs reprises la rivière, où les truites abondent. Après 40 minutes, partez vers la droite par un sentier balisé "Cerrada de Elías". Suivez-le pendant 30 minutes à travers la vallée, qui va en se rétrécissant jusqu'à devenir une gorge (la **Cerrada de Elías**). Le chemin se prolonge alors par une passerelle en bois, avant de déboucher de nouveau sur la piste. Suivez celle-ci pendant 40 minutes, jusqu'à la petite **Central Eléctrica**.

Le sentier passe entre la centrale électrique et la rivière et traverse une passerelle. Suivez le panneau "Nacimiento de Aguas

Negras, Laguna de Valdeazores". Après 40 minutes de montée, il s'oriente vers la gauche et grimpe en zigzag jusqu'à un **tunnel** percé dans la falaise et qui permet à l'eau de dévaler jusqu'à la centrale électrique. Traversez le tunnel grâce à un étroit passage séparé du lit du torrent par une barrière (5 minutes). Après 5 autres minutes à l'air libre, vous pénétrez dans un **second tunnel** (1 minute). Vous ressortez juste au-dessous du barrage de la **Laguna de Aguas Negras**, un charmant petit réservoir entouré d'arbres et de belles collines. Poursuivez pendant 15 minutes en direction du sud, jusqu'à un lac naturel de la même taille, la **Laguna de Valdeazores**. Comptez 3 heures 30 au total depuis Torre del Vinagre.

Parque Cinegético Collado del Almendral et Tranco. Entre la A-319 et l'Embalse del Tranco de Beas, à 7 km au nord de la bifurcation de Coto Ríos, vous atteindrez le *parque cinegético* (parc giboyeux), vaste enclos où vivent des bouquetins, des mouflons et des daims. Un sentier de 1 km mène du parking à trois points de vue. Vous aurez peut-être la chance d'apercevoir quelques animaux, notamment à l'aube et au crépuscule.

A 15 km plus au nord, la A-319 traverse le barrage qui retient les eaux du réservoir. Le petit village de Tranco se niche au nord de cette retenue.

Où se loger. Arroyo Frío compte deux hôtels modernes de taille moyenne, l'*Hotel Cazorla Valle* (☎ 953 72 71 00, fax 953 72 06 09) et l'*Hotel Montaña* (☎ 953 72 70 11, fax 953 72 70 01), qui louent des doubles autour de 8 500 ptas. Au nord du village, le *Complejo Turístico Los Enebros* (☎ 953 72 71 10, fax 953 72 71 34) comprend un hôtel, des appartements, un petit terrain de camping, deux piscines et un terrain de jeux. A l'hôtel, les simples/doubles avec s.d.b., TV et chauffage valent 5 500/7 000 ptas plus IVA. Les appartements pour 6 personnes sont facturés 14 000 ptas plus IVA.

A environ 1 km au nord d'Arroyo Frío, une bifurcation vers l'est mène, 2 km plus loin, au confortable *Hotel Río* (☎ 953 71 30 33, fax 953 72 13 35), tout en pin et doté d'une piscine. Ses 23 doubles avec s.d.b. coûtent 6 900 ptas plus IVA.

A 5 km d'Arroyo Frío par la A-319, l'*Hotel Noguera de la Sierpe* (☎ 953 71 30 21, fax 953 71 31 09), la halte préférée des chasseurs, regorge de trophées (pas tous d'origine locale – remarquez le lion empaillé exposé dans le hall). Les chambres (7 000/9 500 ptas plus IVA) sont confortables, sans plus. Le vaste jardin comporte une piscine, un petit lac et un ranch pour l'élevage de chevaux.

A 2 km au nord de Torre del Vinagre, une bifurcation mène à l'*Hotel de Montaña La Hortizuela* (☎/fax 953 71 31 50), agréable hôtel situé au calme, à 1 km de la route, doté de 27 chambres de taille moyenne avec s.d.b. à 4 500/5 500 ptas plus IVA. Le restaurant de l'hôtel sert un bon menu à 1 400 ptas. Après le repas, des sangliers sauvages viennent manger les restes jetés dans le jardin.

Plus loin vers le nord, à 1 km sur la A-319, le confortable et moderne *Hotel San Fernando* (☎ 953 71 30 69) loue des chambres à 6 700/8 475 ptas plus IVA, et le plus ancien *Hostal Mirasierra* (☎/fax 953 71 30 44) demande 4 200/5 200 ptas plus IVA. Les deux établissements disposent d'une piscine. Jouxtant le Mirasierra, les *Apartamentos El Pinar* (☎ 953 71 30 68) proposent des appartements pour 4 personnes à 8 700 ptas.

Les 4 km suivants le long de la A-319 mènent à trois campings de taille moyenne installés sur les bords du Guadalquivir : le *Camping Chopera Coto Ríos* (☎ 953 71 30 05), petit mais ombragé, proche de la route secondaire de Coto Ríos ; le *Camping Llanos de Arance* (☎ 953 71 31 39), sur l'autre rive du Guadalquivir, et le *Camping Fuente de la Pascuala* (☎ 953 71 30 28), au bord de la A-319, qui facturent environ 1 100 ptas pour 2 adultes avec une voiture et une tente.

Juste avant le Parque Cinegético Collado del Almendral, l'*Hotel Paraíso de Bujaraiza* (☎ 953 12 41 14), qui occupe les rives de la retenue d'eau, propose des doubles avec s.d.b. à 5 000 ptas.

Au nord de Tranco sur la route d'Hornos, l'*Hotel de Montaña Los Parrales* (☎ 953 12 61 70), édifice de pierre surplombant le réservoir, dispose d'une piscine et de doubles avec s.d.b. à 5 350 ptas, petit déjeuner compris, et le *Camping Montillana* (☎ 953 12 61 94) demande 325/450/ 325 ptas plus IVA par adulte/tente/voiture.

Le nord du parc
Au nord de l'Embalse del Tranco de Beas, la principale vallée s'élargit et les collines se font moins abruptes.

Hornos et ses environs. A 12 km au nord du barrage de Tranco, la A-319 se heurte à un carrefour en T, depuis lequel la A-317 serpente sur 4 km jusqu'à Hornos (code postal 23292, 800 habitants, altitude 870 m), un petit village juché au sommet d'un rocher. Le château de Hornos, édifié à l'époque musulmane, est plus impressionnant de loin.

La A-317 couvre 45 km, sud-est, à travers la Sierra de Segura depuis Hornos jusqu'au petit bourg de Santiago de la Espada, non loin de la limite est du parc. A 10 km au nord-est de Hornos, se trouve le col de Horno de Peguera. Vous êtes alors à un carrefour. Si vous prenez la route au nord vers Siles, vous arriverez à un tronçon non goudronné (au bout d'1 km). Il laisse à gauche des maisons en ruine pour continuer vers le sommet d'**El Yelmo** (1 809 m), l'une des plus remarquables montagnes de la partie nord du parc. Pour gagner le sommet, comptez 5 km et 360 m de dénivelé. Au bout de 1,75 km, le chemin se scinde en deux : laissez la voie de gauche qui descend vers El Robledo et Cortijos Nuevos et prenez à droite. Les flancs et le sommet d'El Yelmo offrent un panorama superbe. Levez la tête et vous verrez sans doute des vautours fauves planant dans le ciel... de même que des adeptes du parapente et du deltaplane le week-end et pendant les vacances. Même étroite, la route est accessible aux voitures.

Segura de la Sierra. Village le plus pittoresque et le plus intéressant du parc, Segura de la Sierra (code postal 23379, 2 000 habitants, altitude 1 115 m) est juché au sommet d'une colline que surplombe un château dominant les alentours. Il se situe à 20 km au nord de Hornos, en prenant à l'est depuis la A-317, 4 km après le village de Cortijos Nuevos.

Segura, petite bourgade probablement d'origine phénicienne, où les Romains exploitèrent un gisement d'argent, compte seulement quelques venelles étroites. A l'époque musulmane, elle eut brièvement le privilège d'être la capitale d'un petit royaume. Prise en 1214 par les chevaliers de Santiago, elle fut l'une des premières conquêtes chrétiennes en Andalousie.

Situé dans la partie haute du village, la plus ancienne, l'office du tourisme (☎ 953 48 02 80) accueille les visiteurs pendant la Semana Santa et l'été seulement. A proximité de la Puerta Nueva, vous apercevrez une arcade, reste de l'une des portes de l'enceinte fortifiée musulmane. Pendant les autres périodes de l'année, vous pouvez obtenir des informations de 8h à 15h du lundi au vendredi à l'hôtel de ville (☎ 953 48 02 80), juste derrière l'arcade. Les deux sites principaux, le château et le Baño Moro, sont en principe ouverts tous les jours et toute la journée. Mais il n'est peut-être pas inutile de s'en assurer auparavant.

De l'autre côté de la rue qui part de l'hôtel de ville, se dresse l'**Iglesia de Nuestra Señora del Collado**, l'église paroissiale édifiée vers 1400 mais amplement reconstruite depuis. L'**Iglesia de los Jesuitas**, qui la jouxte, présente une belle façade Renaissance. Descendez puis prenez sur votre gauche la Calle Caballeros Santiaguistas jusqu'au **Baño Moro** (bain maure), construit vers 1150, probablement pour le souverain de la région, Ibn ben Hamusk. Il comporte trois salles (froide, tiède et chaude), une cave voûtée percée de lucarnes et des arcades en fer à cheval. A proximité se dresse la **Puerta Catena**, la mieux préservée des quatre portes musulmanes de la ville.

Si vous montez au **château** à pied, en haut du village, prenez la première venelle à droite de l'église, la Calle de las Ordenanzas del Común. Après quelques minutes de marche, vous atteindrez la minuscule arène rectangulaire de Segura. La route vers le château se trouve alors à votre droite. Si vous êtes motorisé, passez devant l'église puis contournez le village.

Le principal attrait du château réside dans son donjon à trois niveaux, la vue est magnifique sur El Yelmo et ses environs. Il existe encore une chapelle. Le château date au moins de l'époque musulmane. La première restauration est l'œuvre des chevaliers de Santiago, la plus récente date des années 70. Entretemps, l'édifice a subi les exactions des troupes napoléoniennes.

Où se loger et se restaurer. A Hornos, le *Bar El Cruce* (☎ *953 49 50 03, Puerta Nueva 27)*, à l'entrée du village, propose 6 simples/doubles correctes avec s.d.b. à 3 100/3 700 ptas et sert une bonne cuisine. A l'angle, le restaurant *El Mirador* (☎ *953 49 50 19, Puerta Nueva 11)*, dispose de 8 chambres avec s.d.b. à 2 700/3 900 ptas.

Le *Camping El Robledo* (☎ *953 12 61 56)* se situe à Robledo même, environ 4 km à l'est de Cortijos Nuevos, sur une route montant vers El Yelmo.

L'unique hébergement à Segura de la Sierra, le *Mesón Jorge Manrique* (☎ *953 48 03 80, Calle de las Ordenanzas del Común 2)*, dispose de quelques chambres à 1 800/3 500 ptas ou de doubles avec s.d.b. à 4 000 ptas. Il comporte un petit restaurant servant des plats autour de 1 100 ptas.

Comment s'y rendre

Bus. Carcesa (☎ 953 72 11 42) assure un service de bus quotidien, sauf le dimanche, depuis la Plaza de la Constitución à Cazorla vers Empalme del Valle, Arroyo Frío, la Torre del Vinagre et Coto Ríos. Les horaires changent de temps à autre et nous vous conseillons de les vérifier auprès de la compagnie, ou de Quercus à Cazorla (voir plus haut *Orientation et renseignements* dans la rubrique *Cazorla*). Selon les dernières informations en notre possession, les bus partent de Cazorla à 5h45 (6h30 de fin juin à mi-septembre et tous les samedi) et 14h30. Ils rejoignent Empalme del Valle (30 minutes environ), Torre del Vinagre (1 heure) et Coto Ríos (1 heure 15). Au retour vers Cazorla, les bus quittent Coto Ríos à 7h10 (8h de fin juin à mi-septembre et tous les samedi) et 16h15.

Aucun bus ne relie la partie nord du parc au centre ou au sud. Mais, en provenance de Jaén, Baeza ou Úbeda, vous pouvez emprunter un bus Alsina Graells jusqu'à La Puerta de Segura (qui quitte Jaén tous les jours à 9h30). Depuis le même arrêt à La Puerta de Segura, Gil San (☎ 953 49 60 27) assure une liaison quotidienne sauf les samedi, dimanche et jours fériés à 13h30 en direction de Segura de la Sierra et Cortijos Nuevos.

Voiture et moto. Vous pouvez atteindre le parc par la A-319 depuis Cazorla, ou emprunter des routes vers le nord à partir de Villanueva del Arzobispo et de Puente de Génave sur la N-322. La A-317 vers Santiago de la Espada depuis Puebla de Don Fadrique, au nord de la province de Granada, est aussi une solution. Au moins 7 stations-service jalonnent le parc.

Provincia de Almería

La province la plus orientale de l'Andalousie est aussi la plus ensoleillée. Avec ses vastes étendues rocheuses semi-désertiques, c'est la région la plus aride d'Espagne, en particulier au nord et à l'est de la ville d'Almería. Au Cabo de Gata, un promontoire montagneux qui s'avance dans la mer, le paysage nu, grillé par le soleil, offre un sublime contraste avec les eaux limpides des calanques, nichées entre de spectaculaires falaises, ou les versants érodés de la côte rocheuse. Plus au nord, une succession de chaînes de montagnes de 2 000 m et plus, généralement orientées est-ouest, sont séparées par des vallées au fond desquelles les rivières sont souvent asséchées. Vous aurez plaisir à partir à l'aventure sur les petites routes qui parcourent ces montagnes, mais il est raisonnable de les éviter lorsque celles-ci sont dans les nuages ou bien recouvertes de neige.

Cette province qui avait sombré dans l'oubli et dans la pauvreté a su, depuis quelques décennies, tirer parti de sa principale richesse naturelle, le soleil, pour revenir sur la scène économique grâce au tourisme et à la culture intensive de fruits, de légumes et de fleurs sous des serres de plastique.

ALMERÍA
code postal 04080 • 168 000 hab.

La grande forteresse musulmane qui domine la cité, l'Alcazaba, reste le témoin majeur de ses lointains jours de gloire. Principal port du califat de Córdoba et capitale d'un *taifa* (petit royaume) au XIe siècle, la cité islamique d'Al-Mariyat fonda sa prospérité sur le commerce et sur l'industrie textile qui tissait les fils de soie provenant des Alpujarras. Les Rois Catholiques s'emparèrent de la cité en 1489 et en expulsèrent la population musulmane l'année suivante. Dévastée par un tremblement de terre en 1522, Almería ne commença à se rétablir qu'au XIXe siècle. Aujourd'hui, cette ville portuaire, agréable et animée, est le centre de plus en plus prospère d'une région minière et horticole.

A ne pas manquer

- Prenez le temps de parcourir les plages, les sentiers côtiers et les villages du Cabo de Gata, cap aride et déchiqueté
- Émerveillez-vous devant l'Alcazaba d'Almería, l'un des plus impressionnants châteaux musulmans d'Andalousie
- Admirez les poteries colorées de Níjar
- Découvrez les traces fascinantes du passé de Los Vélez, une région peu visitée au cœur de superbes montagnes

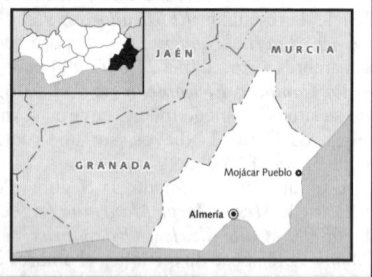

Orientation et renseignements

Le centre-ville s'étend entre l'Alcazaba, à l'ouest, et la Rambla de Belén, un *paseo* (promenade) créé dans le lit d'une rivière asséchée, à l'est. La principale artère, le Paseo de Almería, part de la Rambla de Belén pour se diriger vers le nord-ouest jusqu'à un carrefour baptisé Puerta de Purchena. Les gares routière et ferroviaire se trouvent à quelques centaines de mètres à l'est de la Rambla de Belén.

Le bureau d'information touristique du Patronato Provincial de Turismo (☎ 950 62 11 17), Plaza Bendicho, est plein de ressources. Il ouvre du lundi au vendredi de 10h à 14h et de 17h à 20h. L'office du tourisme de la Junta de Andalucía (☎ 950 27 43 55), Parque de Nicolás Salmerón s/n, est ouvert de 9h à 19h du lundi au vendredi et de 10h à 14h le week-end.

PROVINCIA DE ALMERÍA

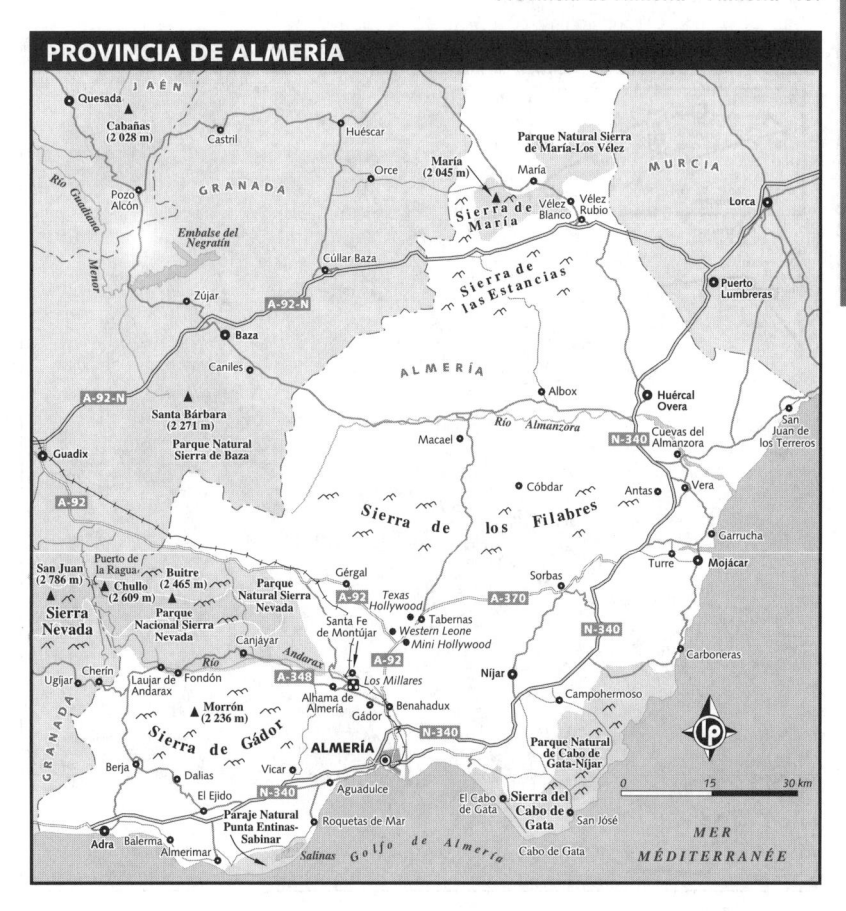

De nombreuses banques donnent sur le Paseo de Almería. La poste se trouve Plaza de Juan Cassinello 1. Les agences de voyages sont regroupées Paseo de Almería et Avenida de la Estación.

Le principal hôpital public est l'Hospital Torrecárdenas (☎ 950 21 21 00), Pasaje Torrecárdenas, à 4 km au nord-est du centre-ville. La Policía Local (☎ 950 21 00 19) se situe Calle Santos Zárate 11.

Alcazaba

Séismes et autres ravages du temps n'ont guère épargné l'intérieur de l'Alcazaba, dont la splendeur rappelait jadis celle de l'Alhambra, mais les murailles et les tours de cette puissante forteresse dominent toujours la ville et s'ouvrent sur un superbe panorama. L'entrée se situe Calle Almanzor, sur la hauteur à l'ouest de la Calle de la Reina.

L'Alcazaba fut fondé en 955 par le calife de Córdoba, Abd al-Rahman III, afin de défendre la côte contre les raids des Fatimides en provenance d'Afrique du Nord. La ville s'est ensuite développée autour du fort. L'Alcazaba comporte trois enceintes. La plus basse, le **Primer Recinto**, englobe aujourd'hui surtout des jardins. A l'origine,

cours de conversion de l'euro 1 000 ptas = 6,01 €

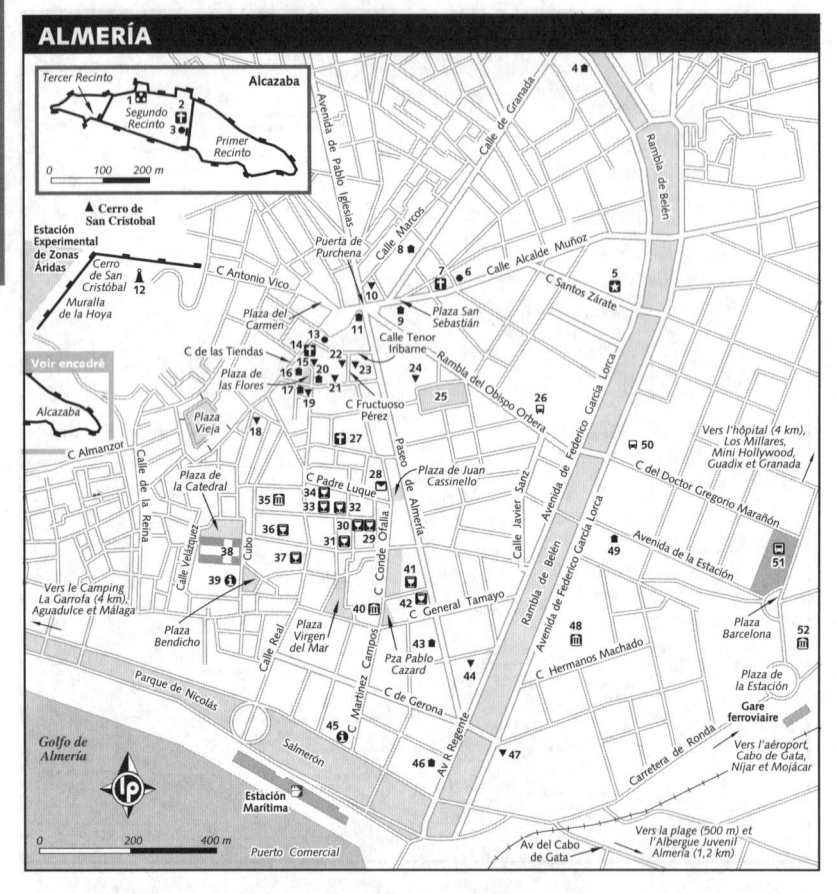

il abritait le campement militaire et servait de refuge pour la population en temps de siège. De son angle supérieur part la **Muralla de la Hoya** (ou Muralla de Jairán), construite au XIe siècle par Jairán, le premier souverain du taifa d'Almería. Cette longue muraille descend la vallée sur le versant nord de l'Alcazaba et remonte le Cerro de San Cristóbal de l'autre côté.

Le **Segundo Recinto** formait le cœur de l'Alcazaba. Près de son mur est se trouvent les Aljibes Califales (citernes califales) ainsi qu'une ancienne mosquée transformée en chapelle par les Rois Catholiques, l'Ermita de San Juan. On peut voir aussi, du côté nord du recinto, les vestiges du palais des souverains musulmans, le Palacio de Almotacín, du nom de celui qui régna lors de l'apogée d'Almería au Moyen Age (1051-1091). La Ventana de la Odalisca (fenêtre de l'odalisque) doit son nom au fait qu'une jeune esclave se serait jetée par là pour suivre dans la mort son amant, un prisonnier chrétien, précipité par cette fenêtre alors qu'il cherchait à s'enfuir.

Le **Tercer Recinto**, à l'extrémité nord-ouest de l'Alcazaba, correspond à une forteresse rajoutée par les Rois Catholiques. Ses épais murs de pierre et ses robustes

ALMERIA

OÙ SE LOGER
- 4 Hostal Maribel
- 8 Hostal Sevilla
- 9 Hostal Bristol
- 11 Hostal Universal
- 16 Hotel Torreluz (trois-étoiles)
- 17 Hotel Torreluz (deux-étoiles)
- 20 Hotel Torreluz (quatre-étoiles)
- 43 Hotel Costasol
- 46 Gran Hotel Almería
- 49 Hostal Americano

OÙ SE RESTAURER
- 10 Restaurante Alfareros
- 15 Torreluz Mediterráneo
- 18 Casa Puga
- 19 Cafetería Torreluz
- 21 Tasca Restaurante Torreluz
- 22 Asador Torreluz
- 23 Bodega Las Botas
- 24 Restaurant Sol de Almería
- 44 Calle Mayor
- 47 Cafetería Central

DIVERS
- 1 Ruines du Palacio de Almotacín
- 2 Ermita de San Juan
- 3 Aljibes Califales
- 5 Commissariat de police (Policía Local)
- 6 Agence RENFE
- 7 Templo de San Sebastián
- 12 Statue du Christ
- 13 Aljibes Árabes, Peña El Taranto
- 14 Templo de Santiago
- 25 Marché couvert
- 26 Bus pour l'Albergue Juvenil Almería
- 27 Iglesia de San Pedro
- 28 Poste
- 29 Cortabón, Taberna Postigo
- 30 El Cafetín
- 31 Velvet
- 32 Pub Venue
- 33 Irish Tavern
- 34 Georgia Café Bar
- 35 Archivo Histórico Provincial
- 36 Vértice Pub
- 37 Vhada
- 38 Cathédrale
- 39 Patronato Provincial de Turismo
- 40 Centro Andaluz de la Fotografía
- 41 La Clásica
- 42 Molly Malone
- 45 Office du tourisme de la Junta de Andalucía
- 48 Biblioteca Pública
- 50 Bus pour l'aéroport
- 51 Gare routière
- 52 Centro de Arte – Museo de Almería

---

tours subsistent en bien meilleur état que le reste de l'Alcazaba.

L'Alcazaba est ouvert de 10h à 14h et de 17h à 20h30 tous les jours de mi-juin à septembre et de 9h à 18h30 tous les jours d'octobre à mi-juin, sauf les 25 décembre et 1er janvier. L'entrée est gratuite pour les ressortissants des pays de l'Union européenne et coûte 250 ptas pour les autres visiteurs.

Au fond de la vallée, au nord de l'Alcazaba, vous remarquerez un certain nombre d'enclos abritant des gazelles et autres animaux sauvages qui n'ont rien d'espagnol. Ce site abrite l'Estación Experimental de Zonas Áridas, un centre de recherche sur la faune saharienne menacée.

Catedral

La massive cathédrale d'Almería se dresse au cœur de la partie ancienne de la ville, un dédale d'étroites ruelles au pied de l'Alcazaba. Commencée en 1524, elle présente surtout un mélange de styles gothique et Renaissance. Elle doit ses six tours et son apparence de forteresse à la nécessité d'assurer sa protection contre les incursions des pirates d'Afrique du Nord. Ne manquez pas le Sol de Portocarrero, du XVIe siècle, un superbe soleil gravé dans la pierre sur le côté est de l'édifice, Calle del Cubo.

Surmonté d'un plafond gothique nervuré, l'intérieur spacieux (ouvert tous les jours de 18h à 20h) joue des entrelacs du jaspe et des marbres locaux, dans un style baroque et néo-classique. La chapelle située derrière le maître-autel abrite le tombeau de l'évêque Diego Villalán, le fondateur de la cathédrale. Son gisant, au nez cassé, est l'œuvre de Juan de Orea, architecte et sculpteur du XVIe siècle, de même que les stalles du chœur en noyer et la Sacristía Mayor dont la pierre est délicatement sculptée. L'entrée est libre.

Musées et expositions

Le **Centro Andaluz de la Fotografía**, Plaza Pablo Cazard, présente de belles expositions de photos dans un ravissant patio. Il est ouvert du lundi au vendredi de 9h à 14h et de 16h à 21h, le samedi de 18h à 21h. L'entrée est gratuite.

De manière temporaire, le musée Archéologique d'Almería est actuellement réparti sur deux sites. Les pièces mises au jour à Los Millares et les autres objets préhistoriques sont exposés à la **Biblioteca Pública,** Calle Hermanos Machado (ouverte de 9h à 14h du mardi au samedi). Les collections romaines et ibères se trouvent à l'**Archivo Histórico Provincial,** Calle Infanta 12 (ouvert de 9h à 14h du lundi au vendredi). L'accès aux deux bâtiments est libre.

Le **Centro de Arte – Museo de Almería,** Plaza de la Estación, organise des expositions temporaires et possède une collection permanente. Il est ouvert de 11h à 16h tous les jours sauf le samedi et de 19h à 21h (de 18h à 20h en hiver) tous les jours sauf le dimanche. L'entrée est gratuite

Plage
Une longue plage de sable gris s'étend le long du Paseo Marítimo, bordé de palmiers, à l'est du centre-ville.

Manifestations annuelles
L'événement de l'année est la *feria* (foire) qui se tient fin août. Musique, corridas, fêtes foraines, expositions et folle ambiance sont au programme pendant 10 jours et 10 nuits.

Où se loger – petits budgets
Camping. Le *Camping La Garrofa* (☎ *950 23 57 70*) se situe sur la route d'Aguadulce, à 4 km à l'ouest de la ville. Ouvert toute l'année, il dispose de 200 places au tarif de 550 ptas par adulte, par tente et par voiture.

Auberge de jeunesse. L'impeccable *Albergue Juvenil Almería* (☎ *950 26 97 88, Calle Isla de Fuerteventura s/n)* peut héberger 170 personnes, essentiellement en chambres doubles. Elle se situe à 1,5 km à l'est du centre-ville, près du stade Estadio de la Juventud et à trois rues au nord de l'Avenido del Cabo de Gata. Prenez le bus N°1 "Universidad", qui part de l'extrémité est de la Rambla del Obispo Orbera, et demandez au conducteur de vous indiquer l'arrêt pour l'*albergue* ou le stade.

Hostales et hotels. L'*Hostal Americano* (☎ *950 28 10 15, Avenida de la Estación 6)* présente l'avantage d'être proche des gares routière et ferroviaire. Les simples/doubles, bien tenues et de taille correcte, débutent à 2 665/5 175 ptas plus IVA avec lavabo et 3 660/5 990 ptas plus IVA avec s.d.b.

Dans le centre-ville, l'*Hostal Universal* (☎ *950 23 55 57, Puerta de Purchena 3)*, qui possède environ 20 chambres simples, mais de taille convenable, avec s.d.b. commune, à 2 000/4 000 ptas, et occupe un ancien manoir, comme en témoigne le grand escalier.

A proximité et de meilleure qualité, l'*Hostal Sevilla* (☎ *950 23 00 09, Calle de Granada 23)* loue des chambres propres avec clim., TV et s.d.b. à 3 600/5 500 ptas plus IVA. L'*Hostal Bristol* (☎ *950 23 15 95, Plaza San Sebastián 8)* est similaire, mais un peu plus cher. L'*Hostal Maribel* (☎ *950 23 51 66, Avenida de Federico García Lorca 153)*, à 600 m au nord-est de la Puerta de Purchena, dispose de simples/doubles avec TV, petites mais propres, à 3 250/6 000 ptas avec s.d.b. commune ou 3 650/6 700 ptas avec s.d.b. Les doubles avec clim. coûtent 7 000 ptas.

Où se loger – catégories moyenne et supérieure
Dans ces catégories, les chambres disposent toujours d'une s.d.b., de la TV satellite, de la clim. en été et du chauffage en hiver. L'*Hotel Torreluz* (☎ *950 23 43 99, Plaza de las Flores)*, est composé en fait de trois hôtels de deux, trois et quatre- étoiles pratiquant des prix susceptibles de convenir à toutes les bourses. L'hôtel deux-étoiles propose de bonnes simples/doubles à 5 000/8 250 ptas plus IVA, le trois-étoiles demande 6 900/10 675 ptas plus IVA, le quatre-étoiles facture les doubles 18 000 ptas plus IVA.

L'*Hotel Costasol* (☎ *950 23 40 11, Paseo de Almería 58)* loue de belles chambres à 8 340/10 425 ptas plus IVA, et bénéficie d'un restaurant.

Le meilleur établissement est le *Gran Hotel Almería* (☎ *950 23 80 11, Avenida Reina Regente 8)*. Comptez environ 20 000 ptas plus IVA pour une double.

Où se restaurer
Très animée et fréquentée en particulier à l'heure du petit déjeuner, la *Cafetería Tor-*

reluz, dans la Calle de las Flores, sert des *tostadas* (petits pains ou pain de mie grillés) et des *mini bocadillos* (petits sandwiches) entre 115 et 230 ptas, et un *desayuno continental* (petit déjeuner) avec jus d'orange, café et tostada à 400 ptas. D'autres établissements à l'enseigne Torreluz sont regroupés aux alentours de la Plaza de las Flores. Le **Tasca Restaurante Torreluz**, dans la Calle Concepción Arenal, propose des tapas, des *raciones* (portion de tapas équivalant à un plat) de 700 à 3 000 ptas, ou des *platos combinados* (plats garnis), par exemple des *patatas con huevos estrellados* (œufs sur le plat et frites, 875 ptas) ou du *solomillo de cerdo al ajo* (filet de porc à l'ail, 1 550 ptas). Pour un repas complet, essayez le chic **Torreluz Mediterráneo** *(Plaza de las Flores)* ou l'**Asador Torreluz** (*Calle Fructuoso Pérez*), où vous dégusterez des poissons ou des viandes entre 1 500 et 3 000 ptas.

La **Bodega Las Botas** *(Calle Fructuoso Pérez 3)*, un bar à xérès plein de caractère, sert un grand choix de tapas, de *media-raciones* (moitié de raciones, 600 à 1 100 ptas) et de raciones (1 000 à 2 000 ptas).

Tout simple, le **Restaurante Alfareros** *(Calle Marcos 6)*, près de la Puerta de Purchena, propose tous les jours au déjeuner et au dîner un bon *menú* (repas à prix fixe) comprenant entrée, plat, dessert et vin, ainsi qu'un choix correct de viandes et de poissons à 1 000 ptas.

Le **Restaurant Sol de Almería**, dans la Calle Circunvalación, près du marché couvert, sert plusieurs menus du jour à 900 ptas, boisson comprise. Il ouvre le midi et le soir.

Avenida de Federico García Lorca, à côté de la Rambla de Belén, l'étincelante **Cafetería Central** prépare des pâtes et des salades pour environ 700 ptas, ainsi que des platos combinados et des plats principaux entre 700 ptas et 2 000 ptas.

En matière de tapas, la **Casa Puga** *(Calle Jovellanos 7)* a peu de rivaux sur la place d'Almería. Près des étagères remplies de vieilles bouteilles de vin, vous savourerez des champignons, des blancs de poulet ou de l'espadon *a la plancha* (grillés), ou bien des *anchoas con alcachofa* (anchois à l'artichaut), ou encore du *revuelto de jamón* (œufs brouillés au jambon). Comptez entre 100 et 125 ptas pour chaque tapa. Un peu plus moderne, le **Calle Mayor** *(Calle General Segura 12)* concocte de bonnes tapas (par exemple saumon et fromage) entre 100 et 125 ptas, des pommes de terre au four pour 350 ptas et des raciones.

Où sortir

Une dizaine de bars diffusant de la musique jalonnent les rues situées entre la poste et la cathédrale. Certains ouvrent en fin d'après-midi. Le **Georgia Café Bar** (☎ 950 25 25 70, *Calle Padre Luque 17*), installé depuis plus de 20 ans, programme parfois des concerts de jazz. Reportez-vous au plan pour localiser d'autres bars parmi les plus courus. Un peu à l'écart, **La Clásica** (☎ 950 26 70 25, *Calle Poeta Villaespesa 4*), reste ouvert plus tard que la plupart des autres. On danse sur des rythmes de salsa et de pop dans son patio. Malgré son nom irlandais, le **Molly Malone** *(Paseo de Almería 56)* s'affiche comme un "English Bar" et sa décoration intérieure, à base de fer forgé et de carreaux de céramique, est indéniablement andalouse.

Le meilleur club de flamenco en ville est le **Peña El Taranto** (☎ 950 23 50 57), installé dans les Aljibes Árabes (citernes arabes) rénovées, dans la Calle Tenor Iribarne. Des concerts publics ont souvent lieu le week-end. Avec un peu de chance, vous pourrez écouter la célébrité locale, le guitariste Tomatito.

Comment s'y rendre

Avion. L'aéroport d'Almería (☎ 950 21 37 00) accueille des charters en provenance de plusieurs pays européens. Vous pouvez obtenir des tarifs très avantageux sur les vols internationaux auprès de Viajes Cemo (☎ 950 62 70 19 à Roquetas de Mar, ☎ 950 47 28 35 à Mojácar, ☎ 950 21 38 47 à l'aéroport) ou Tarleton Direct (☎ 950 33 37 34 à Roquetas, ☎ 950 47 22 48 à Mojácar, ☎ 950 21 37 70 à l'aéroport).

Bus. Tous les jours partent de la gare routière (☎ 950 21 00 29, mais le numéro ne répond pas souvent) au moins 9 bus pour Guadix (1 300 ptas, 1 heure 15), 5 pour

cours de conversion de l'euro 1 000 ptas = 6,01 €

Granada (1 300 ptas, 2 heures 15), 8 pour Málaga (1 945 ptas, 3 heures 15), 3 pour Sevilla (5 100 ptas, 5 heures) et 10 pour Murcia (2 150 ptas). Il existe au moins un service par jour pour Jaén, Úbeda, Córdoba, Madrid, Valencia, Barcelona et aussi, sauf le dimanche, Ugíjar (*via* Berja) et Bérchules (*via* Adra).

Pour les bus desservant la province d'Almería, voir la rubrique *Comment s'y rendre* de la destination correspondante.

Train. Vous pouvez acheter vos billets à l'agence RENFE du centre-ville (☎ 950 23 18 22), Calle Alcalde Muñoz 7, ouverte de 9h30 à 13h30 du lundi au vendredi et de 9h30 à 13h le samedi, ou à la gare (☎ 950 25 11 35). Des trains directs desservent Granada (1 610 à 1 775 ptas, 2 heures 15 à 3 heures, 4 fois par jour), Sevilla (4 260 ptas, 5 heures à 5 heures 30, 3 fois par jour) et Madrid (4 000 à 4 200 ptas, 6 heures 45 à 10 heures, 2 fois par jour). Tous les trains passent par Guadix (920 à 1 400 ptas, 1 heure 15 à 1 heure 45).

Voiture et moto. Plusieurs agences de location de voiture sont installées en ville. Avis, Europcar, Hertz et une compagnie locale, Atesa (☎ 950 29 31 31) disposent de comptoirs à l'aéroport.

Bateau. Depuis l'Estación Marítima, Trasmediterránea (☎ 950 23 61 55 ou ☎ 902 45 46 45) effectue la traversée depuis/vers Melilla (8 heures) 6 jours par semaine et 3 fois par jour de mi-juin à fin août ou début septembre. Le tarif passager le moins cher en *butaca* (place assise) revient à 4 020 ptas l'aller simple. Le passage d'une voiture coûte 16 125 ptas. Les billets sont en vente à l'Estación Marítima. Les compagnies marocaines Ferri Maroc (☎ 950 27 48 00) et Limadet (☎ 950 27 12 80) assurent des services depuis/vers Nador, la ville marocaine voisine de Melilla, à une fréquence et des tarifs similaires.

Desserte de l'aéroport. L'aéroport se situe à 9 km à l'est de la ville par la N-344. Le bus N°14 "Aeropuerto" (110 ptas) effectue la navette entre la ville (au bout de la Calle del Doctor Gregorio Marañon) et l'aéroport toutes les 30 ou 45 mn de 7h (7h30 le samedi) à 21h30.

LES ENVIRONS D'ALMERÍA
A l'ouest d'Almería

Aux abords d'Almería, **Aguadulce**, à 11 km, et **Roquetas de Mar**, un peu plus loin sur la côte, sont des stations assez banales qui vivent surtout du tourisme organisé. Plus à l'ouest, Almerimar est fréquentée par les vacanciers espagnols. Les zones humides du **Paraje Natural Punta Entinas-Sabinar**, entre Roquetas et Almerimar, sont propices à l'observation des grands flamants et d'autres oiseaux aquatiques (environ 150 espèces recensées).

Une vaste zone à l'ouest d'Almería – comme une autre un peu moins vaste à l'est – est envahie de serres en plastique qui, à l'aide d'engrais et d'eau pompée dans des puits atteignant 100 m de profondeur, ont transformé cette région sauvage et désertique en l'une des régions d'Europe où se pratique l'horticulture la plus intensive. L'essentiel de la production est acheminé par camion vers le nord de l'Europe. La capitale de la "*plasticultura*" est la tentaculaire **El Ejido**, à l'ouest d'Almería, réputée être la ville d'Espagne où le taux d'agences bancaires par habitant est le plus élevé. Toutefois, elle fut surtout le théâtre d'une tension considérable entre les Espagnols et les travailleurs marocains, pourtant indispensables à l'essor de l'horticulture. La situation tendue a explosé en 2000, avec une série de violentes attaques à l'encontre de la population marocaine et de ses biens, après que trois Espagnols aient été tués par des Marocains.

Los Millares

Les férus d'archéologie apprécieront ce site, à 17 km au nord-ouest d'Almería, sur la N-324 entre les villages de Gádor et de Santa Fé de Mondújar. Les transports publics étant quasiment inexistants, il est nécessaire de disposer d'un véhicule pour se rendre sur place.

Los Millares, occupé entre 2700 et 1800 av. J.-C., connut, pense-t-on, la première culture de l'âge des métaux. Sa population, qui compta jusqu'à 2 000 personnes, maîtrisait la fonte du cuivre, l'art de la poterie et des bijoux, chassait, élevait des animaux domestiques et pratiquait l'agriculture. Ce vaste site, qui s'étend sur près d'un kilomètre sur un éperon dominant les lits du Río Andarax et de la Rambla de Huéchar, recèle les vestiges de quatre tracés d'épais murs défensifs (qui témoignent des agrandissements successifs du village), de huttes rondes et de plus d'une centaine de tombes. Ces tombes sont généralement constituées d'une chambre voûtée que l'on atteint par une galerie basse. Quelques-unes ont été reconstruites.

Lors de notre dernière visite, Los Millares était ouvert du mercredi au samedi de 9h30 à 16h30 et les dimanche et jours fériés de 9h30 à 14h. Il est préférable de vérifier les horaires auprès de l'un des offices du tourisme d'Almería ou en téléphonant sur place (☎ 608 95 70 65). L'entrée est gratuite.

Depuis Almería, prenez la A-92 au nord vers Benahadux, puis suivez la A-348, en direction du nord-ouest. Des panneaux indiquent l'embranchement pour Los Millares peu avant Alhama de Almería.

Villes du Far West

Au nord de Benahadux, le paysage prend l'aspect d'un désert creusé de canyons et hérissé de rochers, semblable au désert d'Arizona. Dans les années 60 et 70, les réalisateurs de cinéma ont profité de cette similitude pour tourner des dizaines de westerns. Les gens du pays figuraient dans les rôles d'Indiens, de hors-la-loi et de soldats de la cavalerie américaine, tandis que Clint Eastwood, Raquel Welch ou Charles Bronson tenaient les grands rôles. Les réalisateurs viennent désormais moins souvent, mais trois décors de villes du Far West sont restés sur place, transformés en attractions touristiques.

Mini Hollywood (☎ 950 36 52 36), le plus connu et le mieux entretenu de ces sites, est situé à 24 km d'Almería sur la N-340 qui va à Tabernas. Parmi plus d'une centaine de films, c'est là que furent notamment tournés *Pour une poignée de dollars*, *Les Sept Mercenaires* et *Le Bon, la Brute et le Truand*.

Mini Hollywood est normalement ouvert tous les jours de 10h à 21h d'avril à octobre et de 10h à 19h, sauf le lundi, le reste de l'année. L'entrée coûte 1 200/850 ptas (adultes/enfants). A 12h et à 17h (et à 20h de mi-juin à mi-septembre) ont lieu un hold-up de banque et une fusillade. Ne manquez pas le spectacle si vous avez des enfants ! Au même endroit et ouverte aux mêmes heures, la Reserva Zoológica (☎ 950 36 29 31) abrite des lions, des éléphants et une centaine d'autres espèces de la faune africaine et ibérique. Le billet combiné pour les deux attractions revient à 2 395/1 200 ptas (adultes/enfants).

A 3 km en direction de Tabernas, puis à quelques minutes sur une piste qui part vers le nord, **Texas Hollywood** (☎ 950 16 54 58) vante sa ville de western, son fort palissadé, son village mexicain et ses tipis indiens. **Western Leone** (☎ 950 16 54 05) se situe sur la A-92, à environ 1 km au nord de la bifurcation de la A-370. Toutes deux revendiquent une participation au tournage de certains films réalisés à Mini Hollywood.

Mini Hollywood assure une navette en bus depuis les hôtels de Roquetas de Mar et Aguadulce. Si vous venez d'ailleurs, vous aurez besoin de votre propre véhicule.

Níjar

Située à 4 km au nord de la N-340 et à 31 km au nord-est d'Almería, cette bourgade est renommée pour ses poteries vernissées, parmi les plus jolies et les plus originales d'Andalousie, et pour ses *jarapas*, de pittoresques couvertures confectionnées avec des bandes de tissu de coton. Il est impossible d'y aller en bus dans la journée depuis Almería. Les boutiques qui vendent la production locale – souvent à des prix très abordables – bordent la Calle García Lorca, qui mène au centre de la vieille ville, ainsi que la proche Calle Las Eras, dans le "Barrio Alfarero" (quartier des potiers). Níjar compte deux *hostales*.

LAS ALPUJARRAS

A l'ouest de la petite ville thermale d'Alhama de Almería, la A-348 remonte en zigzaguant la vallée d'Andarax pour s'enfoncer

cours de conversion de l'euro 1 000 ptas = 6,01 €

Le Faro de Cabo de Gata ouvre la voie aux bateaux passant entre l'Andalousie et l'Afrique

dans les Alpujarras almériennes (pour une présentation de cette sucession de vallées au pied de la Sierra Nevada, voyez la rubrique *Las Alpujarras* dans le chapitre *Provincia de Granada* ; la partie almérienne est beaucoup moins visitée que celle du côté de Granada). Le paysage, d'abord étonnement aride – avec des lignes de crêtes en dents de scie totalement dénudées et qui s'étendent à perte de vue –, devient de plus en plus verdoyant à mesure que l'on approche de Fondón, où le ***Camping Puente Colgante*** *(☎ 950 51 42 90)* est ouvert de mi-juin à mi-septembre.

Vous pouvez obtenir toute information sur les itinéraires de randonnée et les refuges dans cette chaîne de montagnes auprès du Centro de Visitantes Laujar de Andarax (☎ 950 51 35 48), juste à l'ouest de Laujar de Andarax sur la A-348.

Laujar de Andarax
code postal 04470 • 1 800 hab.
• altitude 920 m

L'agréable "capitale" des Alpujarras almériennes accueillit brièvement Boabdil, le dernier émir de Granada, lorsqu'il perdit la ville. Elle fut aussi le quartier général d'Aben Humeya, le premier chef de la rébellion morisque de 1568-1570, jusqu'à ce qu'il fût assassiné par son cousin Aben Abou. Aujourd'hui, c'est là que l'on produit le meilleur vin de la province.

A voir et à faire. L'élégante **Casa Consistorial** (hôtel de ville), qui donne sur la Plaza Mayor de la Alpujarra, date de 1792 et possède une façade dotée d'arcades sur trois niveaux. La grande **Iglesia de la Encarnación**, construite en brique au XVIIe siècle, possède une tour carrée qui ressemble à un minaret et abrite un somptueux retable doré. Une route indiquée depuis le village mène, 1 km au nord, à **El Nacimiento**, une succession de cascades nichées dans une vallée profonde et escarpée. Deux restaurants se situent à proximité. Ces chutes d'eau constituent un point de départ pour de belles randonnées. Le Centro de Visitantes, à l'ouest de la ville, pourra vous renseigner.

Où se loger et se restaurer. L'*Hostal Fernández (☎ 950 51 31 28, Calle General Mola 4)*, près de la Plaza Mayor de la Alpujarra, dispose de bonnes doubles avec s.d.b. à 4 500 ptas plus IVA. La ***Fonda Nuevo Andarax*** *(☎ 950 51 31 13, Calle Canalejas 27)*, à 300 m à l'ouest, accessible par la rue principale, loue des chambres avec s.d.b. à 5 000 ptas. L'*Hotel Almirez (☎ 950 51 35 14)*, à 1 km à l'ouest de la ville sur la A-348, plus confortable, est doté de doubles avec s.d.b. à 5 000 ptas et d'un restaurant. Sur une colline surplombant l'extrémité est du village, la ***Villa Turística de Laujar*** *(☎ 950 51 30 27)* propose de confortables "villas-appartements" (11 355 ptas pour

2 personnes, petit déjeuner compris), agrémentées d'un restaurant, d'une piscine, de courts de tennis et de vastes jardins.

Comment s'y rendre. Un bus part tous les jours à 8h30 de la gare routière en direction de Laujar (845 ptas). Au retour, il quitte Laujar à 16h15. Pour rejoindre les Alpujarras grenadines depuis Laujar, vous devez prendre un bus vers Berja, puis un autre vers Ugíjar ou au-delà.

CABO DE GATA

Le paysage sauvage et aride à l'est d'Almería devient spectaculaire lorsque la Sierra del Cabo de Gata plonge dans les eaux azur et turquoise de la Méditerranée. Certaines des plus sublimes plages d'Espagne et des moins fréquentées se nichent entre les falaises et les caps de ce promontoire d'origine volcanique, d'une hauteur impressionnante.

Toute cette contrée dégage une impression de force originelle intacte. Avec seulement 100 mm de pluie par an, le Cabo de Gata est la région la plus sèche d'Europe. Son aspect quasi désertique n'est comparable à aucune autre des régions de plages andalouses. A l'horizon, seuls quelques villages disséminés ponctuent le paysage. Ils ne s'animent qu'en juillet et en août.

On peut longer à pied la côte, en s'en éloignant parfois, depuis Retamar, au nord-ouest, jusqu'à Agua Amarga, au nord-est. En été, méfiez vous du soleil (l'itinéraire est décrit dans *Walking in Spain* publié par Lonely Planet). Le versant ouest du promontoire, droit et plat, est bordé par une plage de sable sur presque toute sa longueur. Le sud et l'est sont plus escarpés et découpés, avec des criques superbes. Plusieurs sites se prêtent merveilleusement à la plongée avec tuba.

Mieux vaut réserver à l'avance pour vous loger pendant la Semana Santa ainsi qu'en juillet et août. Le camping n'est officiellement autorisé que dans les quatre campements prévus à cet effet.

La carte IGN *Parque Natural de Cabo de Gata-Níjar* au 1/50 000 est celle qui convient le mieux pour la région.

Comment s'y rendre
Bus. Les horaires de bus depuis la gare routière d'Almería sont les suivants :

Agua Amarga (615 ptas) – lundi et vendredi à 19h45, par les Autocares Bergarsan (☎ 950 26 42 92). Dans l'autre sens, les bus partent d'Agua Amarga les mêmes jours à 6h15.

El Cabo de Gata (300 ptas) – au moins 4 services quotidiens par les Autocares Becerra (☎ 950 22 44 03)

La Isleta del Moro (415 ptas) – le lundi à 18h30 et le samedi à 14h15, par les Autocares Bernardo (☎ 950 25 04 22). Les autres jours, vous pouvez toujours tenter de convaincre les chauffeurs de bus qui vont à San José de faire un détour. Dans l'autre sens, les bus partent de la Isleta del Moro vers Almería à 6h30 le lundi et le samedi

Las Negras (500 ptas) – à 17h30 du lundi au vendredi et à 13h le samedi, par TM (☎ 950 22 81 78). Dans l'autre sens, le départ a lieu à 7h30 du lundi au samedi

San José (355 ptas) – à 13h15 et 18h30 du lundi au vendredi et à 14h15 le samedi, par les Autocares Bernardo (☎ 950 25 04 22). Dans l'autre sens, les bus partent de San José à 7h et 15h du lundi au samedi et à 19h30 du lundi au vendredi. De juin à septembre, un bus supplémentaire circule le samedi et le dimanche

Depuis Mojácar, il n'existe qu'un bus Autocares Baraza (☎ 950 39 00 53) le jeudi et deux le samedi depuis/vers Carboneras, à 9 km au nord d'Agua Amarga.

Voiture et moto. La seule station-service du Cabo de Gata se situe à mi-chemin sur la route Ruescas-San José. San José compte deux agences de location de voiture.

Centro de Interpretación Las Amoladeras

Situé sur la route en provenance d'Almería, à 2,5 km avant Ruescas, c'est le principal centre d'information du Parque Natural de Cabo de Gata-Níjar, qui couvre les 60 km de côte bordant le Cabo de Gata, plus une large bande d'arrière-pays. Le centre (☎ 950 16 04 35) présente des expositions sur la flore, la faune et les activités humaines de la région et fournit des renseignements touristiques. Le centre est en principe ouvert de 10h à 14h et de 17h à 21h

cours de conversion de l'euro 1 000 ptas = 6,01 €

CABO DE GATA

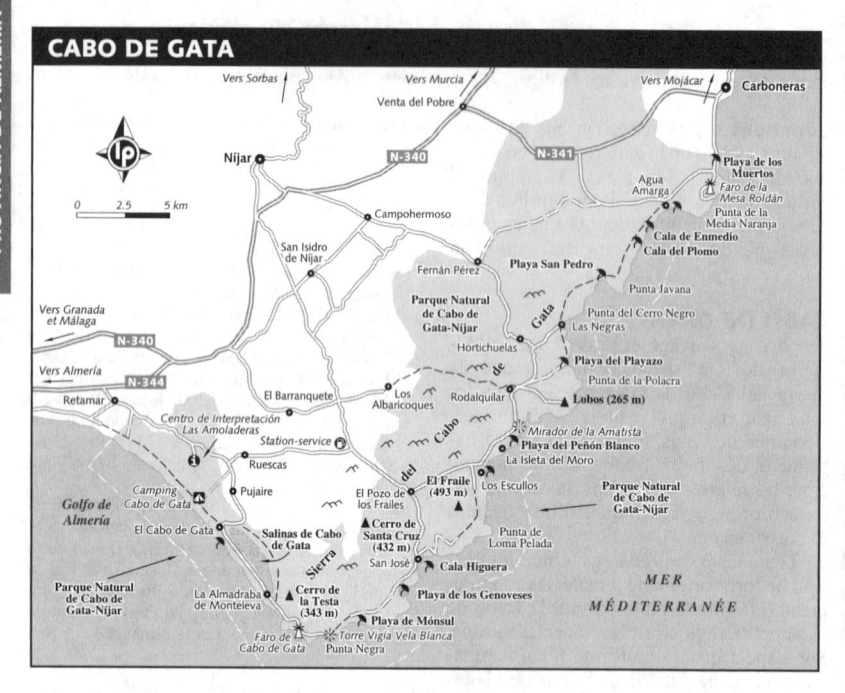

tous les jours entre mi-juillet et mi-septembre, et de 10h à 15h tous les jours, sauf le lundi, le reste de l'année.

El Cabo de Gata

Appelé officiellement San Miguel de Cabo de Gata, c'est le principal village sur le versant ouest du promontoire. Bordé d'une longue plage de sable, il se compose surtout de résidences secondaires à un ou deux étages. Dans sa partie sud, avec sa flottille de pêche, il garde une certaine authenticité. La banque située Calle Iglesia dispose d'un distributeur automatique.

Au sud du village s'étendent les **Salinas de Cabo de Gata**, des marais salants. Au printemps, quantité de grands flamants et d'autres oiseaux aquatiques y font escale lors de leur migration depuis l'Afrique, ou depuis la région de Doñana, jusqu'aux sites de nidification plus au nord (notamment en Camargue pour les flamants). Quelques flamants restent sur place pour nidifier, comme beaucoup d'espèces, puis d'autres arrivent l'été. L'automne, bon nombre d'oiseaux migrateurs font à nouveau une pause avant de retourner vers le sud. Pour les observer, le mieux est de se tenir dans la partie palissée de bois à côté de la route, à 3 km au sud du village.

Un autre endroit propice à l'observation des flamants est situé à 2 km au nord-ouest du village, près d'un petit lagon où la rivière **Rambla de Morales** rejoint la plage.

Où se loger et se restaurer. Le *Camping Cabo de Gata* (☎ *950 16 04 43*) se situe près de la plage, à 2 km en contre-bas d'une petite route au sud-ouest de Ruescas, ou à 2 km d'El Cabo de Gata par une piste qui part au nord du village. Ouvert toute l'année, doté d'un restaurant et d'une piscine, il dispose de 250 places à 550 ptas plus IVA par adulte, par voiture et par tente. Le raccordement à l'électricité coûte 425 ptas. L'*Hostal Las Dunas (☎ 950 37 00 72, Calle Barrio Nuevo 58)*, à 250 m de la plage, tout au nord du village, propose des chambres propres et modernes avec s.d.b. à 4 500/6 500 ptas plus IVA. L'*Hostal Chiri-Bus (☎ 950 37 00 36, Calle La Sardina 2)*, à gauche en entrant dans le village lorsque l'on vient de Ruescas, possède quelques belles simples/doubles modernes avec s.d.b. à 3 500/5 000 ptas. Non loin de là, la *Pizzeria Pedro (Calle Islas de Tabarca 2)* sert de bonnes pizzas et pâtes à prix raisonnables. Le *Restaurante Mediterráneo (☎ 950 37 11 37)*, dans la Calle Iglesia, vers l'extrémité sud du front de mer du village, loue quelques chambres avec s.d.b. commune à 4 000/6 000 ptas et prépare une cuisine correcte, notamment à base de fruits de mer et de viandes entre 750, et 1 110 ptas.

Faro de Cabo de Gata et ses environs

Le sel récolté dans les marais est stocké en immenses dunes à **La Almadraba de Monteleva**, un village un peu terne à l'extrémité sud des salinas, flanqué d'une curieuse église toute en hauteur. Plus au sud, la côte, beaucoup plus découpée et escarpée, fait que la route serpente sur 4 km en montant le long des falaises pour atteindre le Faro de Cabo de Gata, le phare situé à la pointe méridionale du promontoire. Un embranchement qui part près du Bar José y María, juste avant le phare, grimpe jusqu'à la **Torre Vigía Vela Blanca**, une tour de guet du XVIIIe siècle perchée sur des falaises de 200 m de haut et s'ouvrant sur une vue impressionnante. La route se termine là, mais vous pouvez continuer à pied ou à bicyclette jusqu'à la Playa de Mónsul (environ 1 heure), la Playa de los Genoveses et San José.

Où se loger et se restaurer. L'*Hotel Las Salinas (☎ 950 37 01 03)*, à La Almadraba de Monteleva, possède un restaurant chic et des chambres très confortables entre 10 000 et 15 000 ptas la double. Près du phare, le *Bar José y María* sert des platos combinados à partir de 650 ptas et des raciones de fruits de mer à partir de 750 ptas.

San José et ses environs
code postal 04118 • 175 hab.

San José s'étire autour d'une baie au sud du versant est du Cabo de Gata. Ce village qui, l'été, se transforme en une petite station assez huppée, redevient l'hiver presque désert avec ses habitants clairsemés et ses résidences secondaires vides. Malgré son évolution, San José reste une agréable petite localité.

Orientation et renseignements. La route venant du nord devient la rue principale de San José, la Calle Correo, qui mène rapidement à la plage sur la gauche. Dans cette rue, le bureau d'information du parc naturel (☎ 950 38 02 99) ouvre de 10h à 14h et de 17h30 à 21h30 tous les jours de juin à septembre, et de 9h30 à 14h30 tous les jours, sauf le mardi, le reste de l'année. Un office du tourisme municipal, avec le même numéro de téléphone et les mêmes horaires, est installé sur la place derrière le Restaurante El Emigrante (voyez *Où se restaurer*). La Calle Correo, au centre du village, abrite également une banque Caja Rural, un distributeur automatique et un supermarché Spar. La poste se situe plus loin, sur la hauteur.

Plages. San José possède une plage de sable dont l'extrémité est donne sur le port. Deux des plus belles plages du Cabo de Gata bordent une route de terre au sud-ouest du bourg. La **Playa de los Genoveses**, une large bande de sable fin doré, longue d'environ 1 km, baignée par des eaux peu profondes et enchâssée entre deux caps rocheux, se situe à 4,5 km de San José. La **Playa de Mónsul**, 2,5 km plus loin, offre une étendue un peu moins longue de sable fin gris, derrière laquelle se dressent d'immenses blocs volcaniques. A 2 km à l'ouest de la Playa de Mónsul, la route, interdite aux véhicules mais accessible aux marcheurs et aux cyclistes, monte vers la Torre Vigía Vela Blanca (voir *Faro de Cabo de Gata et ses environs* plus haut dans ce chapitre).

Activités. Les bureaux d'information touristique vous indiqueront où louer des bicyclettes, monter à cheval, faire des pro-

cours de conversion de l'euro 1 000 ptas = 6,01 €

menades en bateau, des circuits en 4x4 ou de la plongée.

Où se loger – petits budgets. Ouvert d'avril à septembre, le *Camping Tau* (☎ 950 38 01 66) occupe un site ombragé à environ 400 m de la plage et peut accueillir 185 personnes. Comptez environ 500 ptas par personne, par tente et par voiture. Pour y accéder, suivez le panneau "Tau" sur la gauche du Camino de Cala Higuera, en arrivant à San José par le nord, et continuez environ 800 m.

L'*Albergue Juvenil de San José* (☎ 950 38 03 53, Calle Montemar s/n) est une sympathique auberge de jeunesse qui ne dépend pas de l'Inturjoven, mais de la municipalité. Ses 86 lits répartis dans des chambres de 2 à 8 personnes et coûtent 1 300 ptas la nuit. Elle ouvre du 1er avril au 1er octobre, entre Noël et le jour de l'an et pour les week-ends prolongés. Son petit café en terrasse sert des petits déjeuners et, en période d'affluence, des dîners. Pour vous y rendre, prenez la route du Camping Tau, mais tournez à droite après avoir traversé un lit de rivière asséché, puis prenez la première à gauche vers la colline.

Le *Bar El Refugio Cala Higuera* (☎ 950 52 56 25, albergerar@larural.es) donne sur la Cala de Higuera, une baie avec une plage de galets à environ 1,25 km du Camping Tau par une route de terre. Ses 10 chambres ou studios, rustiques mais chaleureux, certains avec cuisine, peuvent héberger entre 2 et 5 personnes et sont facturés entre 3 000 et 8 000 ptas en haute saison. Les sympathiques gérants préfèrent que l'on séjourne au moins 2 nuits et proposeront probablement une réduction si vous restez plusieurs jours. Son restaurant en terrasse donne sur la mer. Pour y accéder, continuez après le Camping Tau pendant 200 m jusqu'à un croisement. Prenez à droite et suivez les panneaux.

Où se loger – catégories moyenne et supérieure. Dans le centre de San José, l'*Hostal Bahía* (☎ 950 38 03 07), dans la Calle Correo, et son jumeau, l'*Hostal Bahía Plaza* (même numéro de téléphone), en face, disposent de 34 simples/doubles agréables et propres avec s.d.b. et TV, dans des bâtiments modernes et étincelants, à 5 000/7 500 ptas. A l'entrée de San José en venant du nord, plusieurs autres hostales de taille moyenne pratiquent des tarifs légèrement supérieurs, notamment l'*Hostal Las Gaviotas* (☎ 950 38 00 10), l'*Hostal Ágades* (☎ 950 38 03 90) et l'*Hostal Puerto Genovés* (☎ 950 38 03 20), dans la Calle Arrastre, juste à l'est de la grand-rue.

Tenu par des Français, l'*Hostal Eldorado* (☎ 950 38 01 18) surplombant la route en direction de la Playa de los Genoveses, loue de jolies doubles bien équipées et avec une belle vue à 9 000 ptas. Le restaurant prépare de la cuisine française, espagnole et mexicaine.

Le meilleur établissement est l'*Hotel San José* (☎ 950 38 01 16), sur la hauteur après la poste. Comptez 15 000 ptas plus IVA pour une double mais l'hôtel, qui ne dispose que de 8 chambres, affiche souvent complet.

Quantité d'appartements sont à louer (renseignez-vous à l'office du tourisme ou guettez les panneaux), souvent facturés seulement 2 500 ptas la journée pour 2 personnes et pour un court séjour hors saison, mais plutôt autour de 8 000 ptas en plein été.

Où se restaurer. Propre et agréable, le *Restaurante El Emigrante*, dans la Calle Correo, réunit à la fois qualité du service et cuisine savoureuse. Poisson ou viande, un plat coûte entre 850 et 1 400 ptas ; des tortillas ou une salade mixte, entre 400 et 500 ptas.

Juste derrière l'extrémité est de la plage, la *Cafetería Restaurante El Ancla* est réputée pour ses fruits de mer. La plupart des plats valent entre 1 200 et 2 100 ptas, bien que certaines préparations soient moins onéreuses. Juste au-delà, près du port, vous verrez une série de restaurants avec des tables en terrasse, dont deux italiens (pizzas ou pâtes entre 650 et 1 100 ptas) et l'*El Tempranillo*, qui propose des platos combinados entre 700 et 800 ptas.

Si vous voulez faire une folie, offrez-vous le *Restaurant El Borany* de l'Hotel San José.

De San José à Las Negras

La côte accidentée au nord-est de San José ne laisse la place qu'à deux petits villages, un vieux fort isolé et quelques plages avant d'atteindre le village un peu plus important de Las Negras, à 17 km à vol d'oiseau. La route s'enfonce souvent l'arrière-pays.

Le hameau de **Los Escullos** possède une petite plage en grande partie sablonneuse et un vieux fort restauré, le Castillo de San Felipe. On peut y accéder à pied depuis San José par un chemin qui part de la route menant à la Cala Higuera. Vaste et peu ombragé, le *Camping Los Escullos (☎ 950 38 98 11)*, à 900 m de la plage, est ouvert toute l'année. Il est doté d'une piscine, d'une épicerie et d'un distributeur automatique. En haute saison, comptez 2 800 ptas plus IVA pour 2 adultes, une tente, une voiture et le branchement électrique. Vous pouvez louer des bicyclettes sur place. Deux hôtels convenables de catégorie moyenne sont situés près de la plage, l'*Hotel Los Escullos (☎ 950 38 97 33)*, qui demande 8 000 ou 9 000 ptas, et le *Casa Emilio (☎ 950 38 97 32)*, qui offre des simples/doubles à 4 500/6 500 ptas. Les trois endroits possèdent un restaurant.

La Isleta del Moro, à 1 km en direction du nord-est, est un minuscule village avec deux bateaux de pêche et une plage, la Playa del Peñon Blanco, qui s'étend à l'est. L'*Hostal Isleta del Moro (☎ 950 38 97 13)* propose des chambres avec s.d.b. à 3 000/5 000 ptas. Son restaurant sert des fruits de mer frais. Dominant le village (la vue est superbe), tenu par un sympathique Allemand qui parle anglais, la *Casa Café de la Loma (☎ 950 52 52 11)*, dispose de 6 jolies chambres à 3 500/4 500 ptas ou de doubles avec s.d.b. à 5 800 ptas (ajoutez 1 000 ptas à tous ces prix au mois d'août). Un restaurant végétarien est ouvert en été et programme d'excellentes soirées flamenco une fois par semaine.

De là, la route grimpe jusqu'au **Mirador de la Amatista** avant de s'enfoncer vers l'intérieur après l'ancien site d'exploitation aurifère de Rodalquilar. Passé le village, vous trouverez à 1 km la bifurcation pour la **Playa del Playazo**, que l'on rejoint par une piste de 2 km. Cette belle plage de sable s'étend entre deux caps, dont l'un est couronné par les fortifications de la Batería de San Ramón (résidence privée). Les marcheurs peuvent continuer en longeant la côte jusqu'au Camping La Caleta et Las Negras.

Petit village en bordure d'une plage de galets qui s'étire vers un promontoire massif de roche volcanique – le Cerro Negro –, **Las Negras** attire une clientèle de vacanciers vaguement à la mode. Le *Camping La Caleta (☎ 950 52 52 37)*, ouvert toute l'année, se situe à 1 km au sud, dans une autre crique. Peu ombragé, il dispose néanmoins d'une belle piscine et d'un restaurant. Il facture 550 ptas par adulte, 500 ptas par voiture et 600 ptas par tente, plus IVA. Sur la grand-rue, l'*Hostal Arrecife (☎ 950 38 81 40, Calle Bahía 6)* propose des simples/doubles avec s.d.b. à 4 000/6 000 ptas. Vous pouvez aussi louer un appartement ou une maison, ou encore une chambre chez l'habitant (regardez les panneaux). Sur la plage, le *Restaurante La Palma* sert de la bonne cuisine à prix moyens.

De Las Negras à Agua Amarga

Aucune route ne longe ce littoral bordé de falaises, la partie la plus isolée du Cabo de Gata, mais les marcheurs peuvent suivre un sentier long de 11 km qui monte et qui descend. A 1 heure de marche de Las Negras, la **Playa San Pedro** abrite un hameau en ruine avec un château, où vivent deux ou trois dizaines de hippies de toutes nationalités. De là, vous pouvez continuer pendant 1 heure 30 jusqu'à **Cala del Plomo**, où sont installées également quelques personnes, et 1 heure 30 encore avant d'atteindre Agua Amarga. A 30 minutes de Cala del Plomo, la petite plage de Cala de Enmedio constitue une halte agréable.

Pour aller en voiture de Las Negras à Agua Amarga, il faut passer par l'intérieur et par Hortichuelas. A partir de l'abri de bus, du côté est de la route dans Fernán Pérez, vous pouvez suivre au nord-est, sur 10 km à travers la campagne, une route non goudronnée en grande partie, mais correcte (gardez la trace principale), jusqu'à la jonction avec la route goudronnée reliant la N 341 à Agua Amarga.

cours de conversion de l'euro 1 000 ptas = 6,01 €

Agua Amarga

Localité la plus septentrionale du versant est du Cabo de Gata, Agua Amarga, à la fois station touristique et village de pêcheurs, se situe en bordure d'une plage de sable. Elle possède une poste, ainsi qu'un supermarché.

La route de Carboneras qui monte vers l'est débouche à 3 km sur un embranchement menant en haut d'une falaise où se dressent un phare, le Faro de la Mesa Roldán (1,25 km), et une ancienne tour de guet, d'où la vue est exceptionnelle. Depuis le parking situé à côté de l'embranchement, vous pouvez descendre à pied jusqu'à une plage naturiste, la Playa de los Muertos. La route continue vers le nord en passant par Carboneras, une minuscule station balnéaire proche d'une énorme cimenterie, jusqu'à Mojácar.

Où se loger et se restaurer. A l'extrémité est de la plage, l'*Hostal Restaurante La Palmera* (☎ 950 13 82 08, *Calle Aguada s/n*) loue 10 chambres agréables avec s.d.b. entre 7 000 et 11 000 ptas plus IVA, selon la vue. Surplombant l'extrémité ouest de la plage, l'*Hotel Family* (☎ *950 13 80 14, Calle La Lomilla)*, tenu par une famille française, est doté de 9 ravissantes chambres avec s.d.b. entre 8 000 et 12 000 ptas, le copieux petit déjeuner étant compris. Le restaurant sert un excellent menu (4 plats, 2 000 ptas, boisson comprise) à 19h tous les jours et à 13h le week-end.

Parmi les autres possibilités d'hébergement, citons l'*Hotel Las Calas (*☎ *950 13 82 35)*, derrière le Chiringuito Las Tarahis, à l'extrémité ouest de la plage, qui propose des doubles à 19 260 ptas et des appartements ou des maisons en location. Le *Chiringuito Las Tarahis* sert des tortillas à partir de 500 ptas, ainsi que des viandes et des poissons à partir de 1 200 ptas. Dans le village, la *Pizzeria Sotavento*, dans la Calle La Noria, est également très fréquentée.

MOJÁCAR
code postal 04638 • 4 000 hab.

Situé à 85 km d'Almería, en haut de la côte nord-est du Cabo de Gata, Mojácar regroupe deux agglomérations : le vieux Mojácar Pueblo, un dédale de maisons blanches perchées sur une hauteur à 2 km à l'intérieur des terres, et le nouveau Mojácar Playa, une station balnéaire moderne qui s'étire sur 7 km et ne s'étend quasiment pas vers l'intérieur. Même si le Pueblo est envahi par le tourisme, il a conservé son caractère pittoresque, en particulier dans la pénombre. Mojácar Playa ne compte que quelques grands immeubles et possède une longue et belle plage, bien propre. Très animée l'été, elle redevient tranquille d'octobre à Pâques.

Du XIIIe au XVe siècle, Mojácar Pueblo se trouvait à la frontière orientale de l'émirat de Granada et subit plusieurs attaques chrétiennes, dont un tristement célèbre massacre en 1435, avant de tomber aux mains des Rois Catholiques en 1488. Isolée dans une contrée perdue d'une des régions plus reculées d'Espagne, la cité était quasiment abandonnée et tombait en ruine quand, au milieu du XXe siècle, le maire commença à attirer des artistes et d'autres personnes en leur offrant des propriétés.

Orientation et renseignements

Mojácar Playa et Mojácar Pueblo sont reliés par une route montante issue d'un embranchement situé à la hauteur du centre commercial Parque Comercial.

L'office du tourisme (☎ 950 47 51 62) se situe Calle Glorieta, juste au nord de la place principale de Mojácar Pueblo, la Plaza Nueva. Il est ouvert du lundi au vendredi de 10h à 14h et de 17h à 20h (de 9h à 16h de novembre environ jusqu'à mai) et le samedi de 10h à 13h. A Mojácar Playa, un guichet d'information (☎ 950 47 87 26), ouvert aux mêmes heures que l'office du tourisme de Mojácar Pueblo, est installé sur le Paseo del Mediterráneo, en face du Parque Comercial, de juin à octobre. Un bureau de poste et la Policía Local (☎ 950 47 20 00) occupent le bâtiment de l'office du tourisme du Pueblo. Banesto, juste à côté, Unicaja, de l'autre côté de la place, et le Banco de Andalucía, dans le Parque Comercial, disposent de distributeurs automatiques. Un autre bureau de poste est installé dans le Parque Comercial.

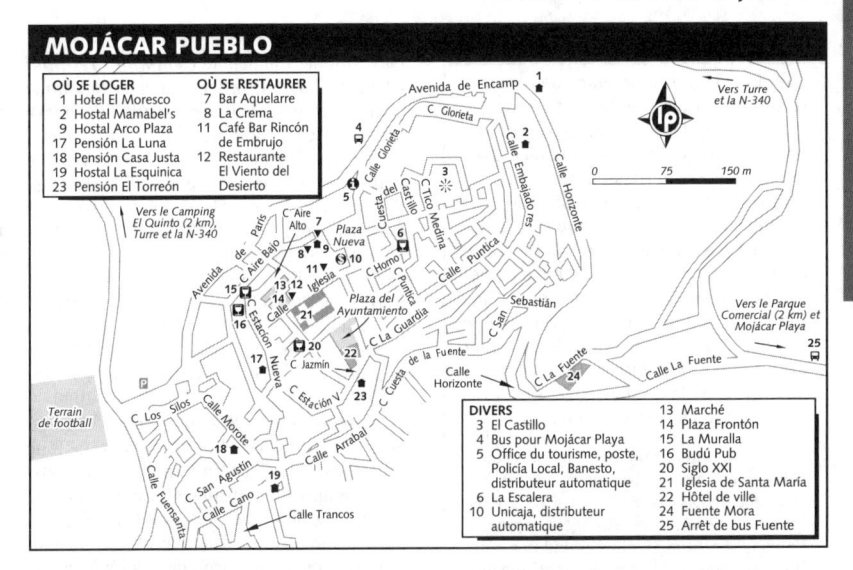

MOJÁCAR PUEBLO

OÙ SE LOGER
1. Hotel El Moresco
2. Hostal Mamabel's
9. Hostal Arco Plaza
17. Pensión La Luna
18. Pensión Casa Justa
19. Hostal La Esquinica
23. Pensión El Torreón

OÙ SE RESTAURER
7. Bar Aquelarre
8. La Crema
11. Café Bar Rincón de Embrujo
12. Restaurante El Viento del Desierto

DIVERS
3. El Castillo
4. Bus pour Mojácar Playa
5. Office du tourisme, poste, Policía Local, Banesto, distributeur automatique
6. La Escalera
10. Unicaja, distributeur automatique
13. Marché
14. Plaza Frontón
15. La Muralla
16. Budú Pub
20. Siglo XXI
21. Iglesia de Santa María
22. Hôtel de ville
24. Fuente Mora
25. Arrêt de bus Fuente

A voir et à faire

Pour découvrir le Pueblo, il faut s'aventurer dans ses venelles tortueuses, surmontées de balcons couverts de fleurs, tout en s'attardant dans les boutiques d'artisanat, galeries et autres magasins. **El Castillo**, tout en haut du village, est une propriété privée (et pas un château), mais l'allée qui la contourne offre de belles vues. L'**Iglesia de Santa María**, Calle Iglesia, au sud de la Plaza Nueva, date de 1560.

La station dispose d'une grande **plage** de sable, ainsi que de plusieurs autres plus retirées au sud de la ville. Au-delà de la Torre de Macenas – une tour fortifiée du XVIIIe siècle –, certaines plages sont destinées aux naturistes.

Manifestations annuelles

La fête des Moros y Cristianos, le week-end le plus proche du 10 juin, remet en scène la conquête de Mojácar par les chrétiens et donne lieu à des danses, des processions et d'autres festivités.

Où se loger

Mojácar Pueblo. Petit, mais agréable et ouvert toute l'année, le *Camping El Quinto* (☎ *950 47 87 04*), à 2 km à l'ouest du Pueblo sur la route de Turre, demande 1 900 ptas plus IVA pour 2 adultes avec une voiture et une tente. La *Pensión Casa Justa* (☎ *950 47 83 72, Calle Morote 7*) offre un bon rapport qualité/prix, avec des simples/doubles à 2 500/5 000 ptas et des doubles avec s.d.b. de 6 000 à 7 000 ptas.

Non loin de là, l'*Hostal La Esquinica* (☎ *950 47 50 09, Calle Cano 1*) facture 2 500/4 500 ptas. La *Pensión La Luna* (☎ *950 47 80 32, Calle Estación Nueva 11*) dispose de 11 chambres confortables avec s.d.b., toutes décorées de façon différente, à 6 000 ptas, petit déjeuner compris. Juste à côté de la Plaza Nueva, l'*Hostal Arco Plaza* (☎ *950 47 27 77, Calle Aire 1*) offre 16 jolies chambres peintes dans des tons pastels avec s.d.b., TV, clim. et chauffage à 6 000/8 000 ptas.

Établissement de charme, l'*Hostal Mamabel's* (☎ *950 47 24 48, Calle Embajadores 5*) possède seulement 8 superbes doubles avec s.d.b., chauffage et TV, spacieuses et décorées avec goût, à 9 000 ptas. Toutes ont vue sur la mer et certaines jouissent d'une terrasse. Son restaurant sert de délicieux repas.

cours de conversion de l'euro 1 000 ptas = 6,01 €

Au nom de la tolérance

L'endroit le plus émouvant de Mojácar reste toutefois la **Fuente Mora** (fontaine mauresque), dans la Calle La Fuente, en bas du Pueblo. Bien que remaniée dans les temps modernes, cette fontaine témoigne de la tradition hispano-mauresque des jeux d'eau s'apparentant à une forme d'art. L'eau qui jaillit de douze bouches dans des bassins en marbre, tinte en ruisselant dans une cour ornée de plantes. Une inscription rappelle le discours qu'aurait prononcé le dernier gouverneur musulman de Mojácar devant Garcilaso, l'envoyé des Rois Catholiques. En voici un extrait :

> Je suis tout autant un Espagnol que vous. Alors que moi et les miens vivons en Espagne depuis plus de 700 ans, vous nous dites : "Vous êtes des étrangers, reprenez la mer." En Afrique, nous attend une côte inhospitalière, où l'on nous dira sûrement aussi, comme vous le faites, et à plus forte raison : "Vous êtes des étrangers, retraversez la mer par laquelle vous êtes arrivés pour retourner sur votre propre terre." Traitez-nous comme des frères, non comme des ennemis, et laissez-nous continuer à travailler la terre de nos ancêtres.

La *Pensión El Torreón* (☎ 950 47 52 59, *Calle Jazmín 4*) ne dispose que de 5 chambres avec s.d.b. commune à 6 000 ptas la double. La vue est superbe depuis le balcon couvert de bougainvilliers. On dit à Mojácar que Walt Disney est né dans cette maison vers 1901. De son vrai nom José Guirao, il émigra dans son enfance avec ses parents aux États-Unis. A la mort de ces derniers, le jeune José fut adopté par une famille californienne du nom de Disney, qui le rebaptisa Walt.

L'*Hotel El Moresco* (☎ 950 47 80 25), dans l'Avenida de Encamp, doté de 147 chambres, loue des doubles à 14 000 ptas plus IVA.

Mojácar Playa. Presque tous les établissements se trouvent sur le Paseo del Mediterráneo, la route principale qui longe la plage. Ouvert toute l'année, le *Camping El Cantal* (☎ 950 47 82 04), à 1 km au sud du Parque Comercial (près de l'arrêt de bus El Cantal), peut accueillir 800 personnes, moyennant 2 300 ptas plus IVA pour 2 adultes avec une voiture et une tente. Au sud du camping, l'*Hostal Bahía* (☎ 950 47 80 10) dispose de doubles avec s.d.b. à 6 500 ptas.

Établissement correct de taille moyenne, agrémenté d'une piscine et d'un restaurant, l'*Hotel El Puntazo* (☎ 950 47 82 65, *Paseo del Mediterráneo 257*), à 2 km au sud du Parque Comercial, offre diverses simples/doubles entre 5 640/7 050 ptas et 13 185/16 480 ptas.

L'*Hotel Playa Río Abajo* (☎ 950 47 89 28), au nord de l'agglomération, loue 18 belles chambres en bungalows répartis dans un agréable jardin en bordure de plage (jusqu'à 9 000 ptas plus IVA). L'hôtel est doté d'une piscine, d'un bar et d'un restaurant. En venant de l'arrêt de bus La Rumina, prenez la direction de la plage.

Le *Parador* (☎ 950 47 82 50, fax 950 47 81 83, *mojacar@parador.es*), quelques centaines de mètres au sud du Parque Comercial, est un établissement moderne entouré de jolis jardins. Comptez 12 000/15 000 ptas plus IVA.

Où se restaurer

Mojácar Pueblo. A côté de l'église, le *Restaurante El Viento del Desierto*, sur la Plaza Fontón, est d'un bon rapport qualité/prix avec une soupe de poisson à 400 ptas et des plats principaux, comme le bœuf bourguignon ou le lapin à la moutarde, entre 650 et 800 ptas. Le *Café Bar Rincón de Embrujo* (*Calle Iglesia 4*), au bas de la rue, sert platos combinados et raciones de fruits de mer à partir de 500 ptas seulement.

Le *Bar Aquelarre*, dans le quartier commerçant au-dessus de la Plaza Nueva, prépare des plats de viande et de fruits de mer corrects, certains entre 600 et 800 ptas, d'autres plus chers. *La Crema*, dans le même secteur, est l'un des rares endroits où vous pourrez prendre un petit déjeuner matinal hors saison.

La meilleure table de Mojácar est sans doute celle de l'*Hostal Mamabel's* (voyez *Où se loger*), où vous pourrez déguster des plats principaux entre 1 500 et 2 500 ptas ou un menu de 3 plats à 1 800 ptas, boisson non comprise, plus IVA dans tous les cas.

Mojácar Playa. Des dizaines d'endroits où se restaurer jalonnent le Paseo del Mediterráneo, notamment au sud du Parque Comercial.

Le *Restaurante Chino La Gran Muralla*, à 2 km au sud du Parque Comercial, près de l'arrêt de bus Pueblo Indalo, propose des menus fixes à prix raisonnables (625 à 1 750 ptas). Très bien placé juste au-dessus de la plage, près de l'arrêt de bus Cueva del Lobo, l'*Antonella* attire la clientèle avec ses pizzas et ses pâtes à prix modérés. Hors saison, ce restaurant n'ouvre généralement que le soir et le dimanche midi. Le *Mesón Casa Egea*, près de l'extrémité sud de Mojácar Playa (arrêt de bus Las Ventánicas), est réputé pour ses plats de viande ou de poisson entre 600 et 1 000 ptas.

Où sortir

Parmi les bars animés de Mojácar Pueblo figurent *La Escalera*, Calle Horno, le *Budú Pub*, Calle Estación Nueva, *La Muralla*, Calle Aire Alto, et le *Siglo XXI*, Calle Enmedio. De Pâques à octobre, vous pouvez dépenser votre énergie après minuit le week-end et les jours fériés en essayant l'une des discothèques en plein air de Mojácar dont le *Master*, à mi-chemin entre Mojácar Pueblo et Playa ; le *Pascha*, sur la plage juste au nord du Camping El Cantal, ou le *Tuareg*, au milieu de jardins aux allures d'oasis, sur la route de Carboneras, à 3,5 km au sud de Mojácar Playa. Au bar *Tito's*, près de l'arrêt de bus Las Ventánicas, vous pouvez prendre un verre assis sur les marches dehors en regardant la plage et en assistant parfois à des concerts.

Comment s'y rendre

Bus. Les bus longue distance s'arrêtent au Parque Comercial et à l'arrêt Fuente au pied de Mojácar Pueblo. L'office du tourisme vous communiquera les horaires. Chaque jour, au moins 2 bus relient, dans les deux sens, Mojácar à Murcia (1 295 ptas, entre 2 et 3 heures), Almería (815 ptas, 1 heure 45), Granada (2 080 ptas, 4 heures 15) et Madrid (4 225 ptas, 8 heures). Il existe également un service quotidien vers Málaga, sauf le dimanche et les jours fériés. Pour Almería, Granada et Murcia, les billets s'achètent dans le bus. Pour Málaga et Madrid, il faut réserver dans une agence de voyages, par exemple Viajes Cemo (☎ 950 47 28 35), Paseo del Mediterráneo, à 2 km au sud du Parque Comercial (arrêt de bus Pueblo Indalo). Des bus vers Alicante, Valencia et Barcelona partent de Vera, à 16 km au nord, qui est desservie tous les jours par plusieurs bus au départ de Mojácar.

Voiture et moto. Mojácar se situe à 14 km à l'est de la N-340. Une route côtière magnifique serpente vers Mojácar depuis Agua Amargua et Carboneras au sud.

Comment circuler

Une navette locale (100 ptas) dessert les extrémités sud et nord de Mojácar Playa (arrêts Hotel Indalo à La Rumina), puis retour vers le Parque Comercial, le Pueblo (avec un arrêt Calle Glorieta, au niveau de l'office du tourisme), puis de nouveau le Parque Comercial et l'Hotel Indalo. Le bus passe environ toutes les demi-heures entre 9h et 23h30 en été, et environ toutes les heures entre 9h30 et 19h30 en hiver. Comptez 15 minutes entre le départ et le Pueblo.

VÉLEZ BLANCO ET SES ENVIRONS
code postal 04830 • 2 300 hab.
• altitude 1 070 m

Au nord de la A-92-N entre Granada et Murcia, tout au nord de la province, la fascinante région appelée Los Vélez s'organise autour de trois petites villes, Vélez Rubio, Vélez Blanco et María, et les superbes montagnes de la Sierra de María, dont le point culminant, le María, s'élève à 2 045 m. Avec ses toits de tuiles, Vélez Blanco est sans conteste le bourg le plus intéressant et le plus attirant. Une bonne partie des zones naturelles sont protégées dans le Parque Natural Sierra de María-Los Vélez.

cours de conversion de l'euro 1 000 ptas = 6,01 €

Renseignements

Ouvert tous les jours de 10h à 14h, le Centro de Visitantes Almacén del Trigo de Vélez Blanco (☎ 950 41 56 51), Avenida del Marqués de los Vélez (la route qui mène à María), fournit toute information relative aux itinéraires de randonnée, aux refuges et aux autres activités. Il existe un autre centre d'accueil des visiteurs du parc naturel, le Centro de Visitantes Mirador Umbría de María (☎ 950 52 70 05), à 2 km à l'ouest de María, près de la A-317.

A voir

Vélez Blanco est dominée par le très impressionnant **Castillo de los Fajardo**. Édifié sur un ancien fort musulman, le château fut conçu au XVIe siècle par un architecte de la Renaissance italienne, Florentini, pour le compte de Don Pedro Fajardo, marquis de los Vélez. L'intérieur est désormais nu (ses propriétaires ont été contraints de vendre les décorations vers 1900), mais ne désespérez pas : vous pourrez admirer son merveilleux patio en marbre lors de votre prochain passage à New York, où il a été reconstruit dans le Metropolitan Museum of Art ! Vous pouvez visiter le château de 11h à 13h et de 16h à 18h les lundi, mardi, jeudi et vendredi, et de 11h à 16h les week-ends et les jours fériés (150 ptas).

Au sud de Vélez Blanco, sur la A-317 en venant de Vélez Rubio, des panneaux indiquent la **Cueva de los Letreros**, une ancienne grotte abritant les plus remarquables, parmi plusieurs séries de peintures rupestres vieilles de 7 000 ans présentes dans la région. Les peintures, qui ont probablement un sens sacré ou magique, représentent des symboles abstraits ainsi que des animaux et des humains lors de scènes de chasse. Petites et pas toujours très nettes, elles exercent néanmoins une curieuse fascination. Pour les observer de plus près, adressez-vous au Centro de Visitantes Almacén del Trigo et convenez d'une heure où l'on vous ouvrira la grille de fer qui barre l'accès au site. L'entrée est gratuite. Depuis la A-317, empruntez le chemin de terre indiqué sur 500 m, puis marchez pendant 10 minutes.

Vélez Rubio est organisée autour de sa belle Plaza de la Constitución, dominée par une somptueuse église baroque, la Iglesia de la Encarnación. Le Museo Miguel Guirao, Carrera del Carmen 27, rassemble des collections archéologique, géologique et ethnographique.

Où se loger et se restaurer

Dans le centre de Vélez Blanco, l'*Hostal La Sociedad* (☎ 950 41 50 27, *Calle Corredera 5*) possède de bonnes doubles avec s.d.b. à 4 000 ptas, mais il est parfois fermé en hiver. En face, le *Bar Sociedad* sert des tapas et des repas. Le nouvel *Hotel Velad Al-Abyadh* (☎ 950 41 51 09, *Calle Balsa Parra 28*), à l'entrée de Vélez Blanco en venant de Vélez Rubio, dispose de confortables simples/doubles à 6 000/7 000 ptas plus IVA (sur l'arrière) ou 7 000/8 000 ptas plus IVA (sur l'avant). Pour déjeuner, essayez le *Restaurante Los Vélez (Calle Balsa Parra 15)*, dans la même rue.

A Vélez Rubio, l'*Hotel Jardín* (☎ 950 41 01 06), sur l'ancienne route principale, la N-342, à l'extrémité est de la ville, loue des doubles avec s.d.b. à 4 200 ptas. Sur la même route, vers l'extrémité ouest de la ville, à l'embranchement de la A-317 vers Vélez Blanco, l'*Hostal Zurich* (☎ 950 41 03 35) propose des doubles entre 5 000 et 6 000 ptas plus IVA. Ces deux établissements disposent également d'un restaurant. Toujours sur la N-342, quelques centaines de mètres plus à l'est, la *Cafetería Gaspar* sert des platos combinados d'un bon rapport qualité/prix.

María compte deux hostales bon marché, l'*Hostal Torrente* (☎ 950 41 73 99, *Camino Real 23*), sur la grand-route, et l'*Hostal Sevilla* (☎ 950 41 74 10), sur la Plaza de la Encarnación.

Comment s'y rendre

Alsina Graells (☎ 968 29 16 12) assure tous les jours 3 ou 4 dessertes vers Granada (1 515 ptas), Guadix (1 005 ptas) et Murcia (955 ptas).

Tous ces bus s'arrêtent à Vélez Rubio. Sevilla et Córdoba sont également desservies. Les bus Bacoma/Enatcar (☎ 902 42 22

cours de conversion de l'euro 1 000 ptas = 6,01 €

42) relient également quotidiennement Granada, Guadix et Alicante (1 620 ptas) à Vélez Rubio.

Des bus Enatcar partent d'Almería tous les jours, sauf le dimanche, à 13h30 et 15h30, vers Vélez Rubio (1 585 ptas), Vélez Blanco (1 640 ptas) et María (1 715 ptas).

Les Autobuses Giménez García (☎ 968 44 19 61) assurent une liaison entre María (départ à 7h30 du lundi au vendredi, 9h30 le samedi) et Vélez Blanco, Vélez Rubio et Lorca. Au retour, ils s'arrêtent à Vélez Rubio à 15h40 du lundi au vendredi et à 12h55 le samedi.

A Vélez Rubio, l'arrêt de bus se situe devant l'Hostal Zurich.

Langue

L'espagnol, ou plus précisément le castillan *(castellano)*, est parlé dans toute l'Andalousie. Vous trouverez probablement plus de personnes parlant un peu le français ou l'anglais dans les grandes villes et les régions touristiques.

Prononciation andalouse

La prononciation de l'espagnol ne pose pas de grandes difficultés et elle est assez proche de la graphie. Néanmoins, rares sont les Andalous à prononcer le castillan comme dans d'autres parties de l'Espagne ou comme il est enseigné. Les accents locaux varient également, mais si vous appliquez les règles suivantes, vous ne devriez pas rencontrer trop de problèmes pour vous faire comprendre.

Voyelles. On dénombre cinq voyelles, comme en français, auxquelles vient s'ajouter un accent, qui ne modifie pas la prononciation mais indique simplement une accentuation tonique de la syllabe. Accentuées ou non, les voyelles sont toujours prononcées clairement, même à la fin d'un mot. Le **a**, le **i** et le **o** se prononcent comme en français.

e se prononce "é"
u se prononce "ou"

Consonnes. A quelques exceptions près, la prononciation des consonnes se rapproche de celle du français. L'alphabet espagnol comprend en plus la lettre ñ. Encore récemment, les agglomérats **ch** et **ll** étaient officiellement considérés comme des consonnes à part ; vous risquez de rencontrer maintes situations – par exemple dans les listes et les dictionnaires – où ils sont toujours traités comme tels.

b se prononce "v" comme dans "van" ; ou (moins fréquemment) "b" comme dans "bout", quand il est placé au début d'un mot ou précédé d'une nasale telle que "m" ou "n"
c se prononce "s" devant "e" ou "i" (et non comme le "s" sifflant du castillan standard qui ressemble au "th" anglais), et "k" devant toutes les autres lettres
ch comme dans "tchin-tchin"
d comme en français lorsqu'il est placé au début d'un mot ; sinon il se prononce comme le "th" anglais et parfois pas du tout – ainsi, *partido* (découpé) se dit "partio"
g comme en français devant un "a", un "o" et un "u" ; lorsqu'il précède un "e" ou un "i", il se prononce comme "la jota" de manière gutturale et aspirée, comme "a*ch*tung" en allemand
h toujours muet
j la "jota", son guttural comme dans "a*ch*tung" en allemand
ll "l" mouillé comme dans "paille", mais souvent proche du "j" en Andalousie
ñ nasalisé comme dans "pagne"
q comme dans "coq" ; toujours suivi d'un "u" muet puis d'un "e" (comme dans "que") ou d'un "i" (comme dans "aquí")
r roulé
s ne se prononce souvent pas du tout, notamment à la fin d'un mot ; ainsi, *pescados* (poissons) est prononcé *pecao* en Andalousie
v comme le "b"
x comme dans "taxi" lorsqu'il est placé entre deux voyelles et comme le "s" de "soie" quand il précède une consonne
z se prononce comme le "s" (et non comme le "s" sifflant du castillan classique)

Semi-consonne. L'andalou possède en outre une semi-consonne, **y**, qui se prononce **i** à la fin d'un mot ou quand il est utilisé tout seul comme conjonction de coordination.

Salutations et formules de politesse

Salut	¡ *Hola* !
Au revoir	¡ *Adiós* !
Oui	*Si*
Non	*No*
S'il vous plaît	*Por favor*
Merci	*Gracias*
De rien/ Je vous en prie	*De nada*

Langue 427

Pardon	*Perdón/Perdoneme*
Excusez-moi	*Lo siento/Discúlpeme*

Phrases utiles

Parlez-vous français ?	*¿ Habla francés ?*
Quelqu'un parle-t-il français ?	*¿ Hay alguien que hable francés ?*
Je (ne) comprends (pas)	*(No) Entiendo*
Une minute	*Un momento*
Pouvez-vous l'écrire, ps'il vous plaît ?	*¿ Puede escribirlo, por favor ?*
Combien cela coûte-t-il ?	*¿ Cuánto cuesta/vale ?*

Circuler

A quelle heure part/arrive le...?	*¿A qué hora sale/llega el...?*
bateau	*barco*
bus (en ville)	*autobús/bus*
autocar	*autocar*
train	*tren*
métro	*metro*
prochain	*próximo*
premier	*primer*
dernier	*último*
1re/2e classe	*primera/segunda clase*
Je voudrais un billet.	*Quisiera un billete...*
aller	*sencillo*
aller-retour	*de ida y vuelta*

Directions

Où est l'arrêt de bus	*¿Donde está la parada de autobús ?*
Je veux aller à...	*Quiero ir a...*
Pouvez-vous me le montrer (sur la carte) ?	*¿ Me puede indicar (en el mapa) ?*
Allez tout droit	*Siga/Vaya todo derecho*
Tournez à gauche	*Gire a la izquierda*
Tournez à droite	*Gire a la derecha*
près/proche	*cerca*
loin	*lejos*

En ville

Je cherche...	*Estoy buscando...*

Panneaux

Entrée	*Entrada*
Sortie	*Salida*
Renseignements	*Información*
Ouvert	*Abierto*
Fermé	*Cerrado*
Interdit	*Prohibido*
Poste de police	*Comisaria*
Toilettes	*Servicios/Aseos*
Hommes	*Hombres*
Femmes	*Mujeres*

une banque	*un banco*
le centre-ville	*el centro de la ciudad*
le consulat	*el consulate*
l'ambassade	*la embajada*
mon hôtel	*mi hotel*
le marché	*el mercado*
la police	*la policía*
la poste	*los correos*
les toilettes publiques	*los servicios/ aseos públicos*
un téléphone	*un teléfono*
l'office du tourisme	*la oficina de turismo*
la plage	*la playa*
le pont	*el puente*
le château	*el castillo*
la cathédrale	*la catedral*
l'église	*a iglesia*
l'hôpital	*el hospital*
le lac	*el lago*
la place principale	*la plaza mayor*
la mosquée	*la mezquita*
la vieille ville	*la ciudad antigua/ el casco antiguo*
le palais	*el palacio*
les ruines	*las ruinas*
la mer	*el mar*
la place	*la plaza*
la tour	*el torre*

Hébergement

Où y a-t-il un hôtel bon marché ?	*¿ Dónde hay un hotel barato ?*
Quelle est l'adresse ?	*¿ Cuál es la dirección ?*
Pouvez-vous l'écrire, s'il vous plaît ?	*¿ Puede escribirla, por favor ?*

428 Langue

Urgences

Au secours !/	¡ Socorro !/
A l'aide !	Auxilio !
Appelez un médecin !	¡ Llame a un doctor !
Appelez la police !	¡ Llame a la policía !
Allez-vous en !	¡ Vete !

Avez-vous des chambres libres ?	Tiene habitaciones libres ?
Je voudrais...	Quisiera...
un lit	una cama
une chambre simple	una habitación individual
une chambre double	una habitación doble
une chambre avec bain	una habitación con baño
partager un dortoir	compartir un dormitorio

Combien cela coûte-t-il...?	¿ Cuánto cuesta...?
par nuit	por noche
par personne	por persona

Puis-je la voir ?	¿ Puedo verla ?
Où est la salle de bains ?	¿ Dónde está el baño ?

A table

Je voudrais le menu du jour	Quisiera el menú del día
Le service est-il compris dans l'addition ?	¿ El servicio está incluido en la cuenta ?
Je suis végétarien/ne	Soy vegetariano/a

table – *mesa*
assiette – *plato*
fourchette – *tenedor*
couteau – *cuchillo*
cuillère – *cuchara*
tasse – *taza*
verre – *vaso*
verre (à vin en général) – *copa*
bouteille – *botella*

Nourriture

petit déjeuner	desayuno
déjeuner	almuerzo/comida
dîner	cena
menu	carta
serveur/serveuse	camarero/a

huile (d'olive) – *aceite (de oliva)*
vinaigre – *vinagre*
poivre – *pimienta*
sel – *sal*
sauce – *salsa*
pimenté, épicé – *picante*
pain – *pan*

Boissons

eau – *agua*
eau minérale gazeuse – *agua mineral con gas*
eau minérale plate – *agua mineral sin gas*
eau du robinet – *agua de grifo*
jus de fruit – *zumo*
boisson fraîche – *refrescos*
café noir – *café solo*
café allongé – *doble*
café décaféiné *café descafeinado*
thé — *té*
lait – *leche*
sucre – *azúcar*
chaud – *caliente*
froid – *frío/a*

un verre de ... vin – *un vino ...*
rouge – *tinto*
blanc – *blanco*
rosé – *rosado*
doux – *dulce*
mousseux – *espumoso*

Temps et dates

Quelle heure est-il ?	¿ Qué hora es ?
aujourd'hui	hoy
demain	mañana
du matin	de la mañana
de l'après-midi	de la tarde
du soir	de la noche
lundi	lunes
mardi	martes
mercredi	miércoles
jeudi	jueves
vendredi	viernes

samedi	*sábado*
dimanche	*domingo*
janvier	*enero*
février	*febrero*
mars	*marzo*
avril	*abril*
mai	*mayo*
juin	*junio*
juillet	*julio*
août	*agosto*
septembre	*setiembre/septiembre*
octobre	*octubre*
novembre	*noviembre*
décembre	*diciembre*

Santé

Je suis...	*Soy...*
diabétique	*diabético/a*
épileptique	*epiléptico/a*
asthmatique	*asmático/a*
Je suis allergique aux (à)...	*Soy alérgico/a a...*
antibiotiques	*los antibióticos*
la pénicilline	*la penicilina*
antiseptique	*antiséptico*
aspirine	*aspirina*
préservatifs	*preservativos/condones*
contraceptif	*anticonceptivo*
diarrhée	*diarrea*
médicament	*medicamento*
nausée	*náusea*
crème solaire	*crema protectora contra el sol*
tampons	*tampones*

Nombres

0	*cero*
1	*uno, una*
2	*dos*
3	*tres*
4	*cuatro*
5	*cinco*
6	*seis*
7	*siete*
8	*ocho*
9	*nueve*
10	*diez*
11	*once*
12	*doce*
13	*trece*
14	*catorce*
15	*quince*
16	*dieciséis*
17	*diecisiete*
18	*dieciocho*
19	*diecinueve*
20	*veinte*
21	*veintiuno*
22	*veintidós*
23	*veintitrés*
30	*treinta*
31	*treinta y uno*
40	*cuarenta*
50	*cincuenta*
60	*sesenta*
70	*setenta*
80	*ochenta*
90	*noventa*
100	*cien/ciento*
1 000	*mil*
un million	*un millón*

Glossaire

Reportez-vous également à la section *L'Andalousie à table* pour un glossaire des termes relatifs à la nourriture.

abierto – ouvert
acequia – canal d'irrigation
aficionado – amateur, passionné
alameda – allée ou avenue, initialement planté de peupliers (*álamo*)
albergue juvenil – auberge de jeunesse, à ne pas confondre avec l'hostal
alcalde – maire
alcázar – forteresse de l'époque musulmane
alfiz – encadrement rectangulaire au sommet d'un arc dans l'architecture musulmane
altar mayor – maître-autel
andaluz – andalou
alumbrados – illuminés (libres penseurs religieux du XVIe siècle)
años de hambre – années de la faim (les années 40)
apartado de correos – boîte postale
apnea – apnée
armadura – plafond *mudéjar* en bois, rappelant une coque de bateau renversée
arroyo – ruisseau
artesonado – plafond *mudéjar* en bois comportant des caissons décorés
auto da fe – cérémonie organisée sous l'Inquisition, précédant une exécution
autonomía – communauté autonome ou région ; les cinquante *provincias* espagnoles appartiennent à l'une des dix-sept autonomías.
autopista – autoroute
autovía – route à quatre voies, gratuite
AVE – Tren de Alta Velocidad Español : train à grande vitesse
ayuntamiento – hôtel de ville
azulejo – carreau de faïence

bailaor/a – danseur/euse de flamenco
baile – danse (flamenco)
bakalao – musique techno espagnole stridente (à ne pas confondre avec le *bacalao*, morue)
balneario – balnéaire
barrio – quartier (d'une ville)
bici todo terreno – vélo tout terrain
bodega – cave (à vin notamment) ; signifie également établissement vinicole ou bar à vin traditionnel censé servir du vin au tonneau
bota – fût de xérès ou gourde de peau contenant du vin
botijo – gargoulette, généralement en terre
BTT – abréviation de *bici todo terreno* ou VTT
buceo – plongée sous-marine
bulería – chanson flamenco au rythme enlevé

cajero automático – distributeur automatique de billets
calle – rue
callejón – ruelle
cama – lit
cambio – change et monnaie
campo – campagne, champs
caña – bière servie dans un verre, également une canne
cantaor/a – chanteur/euse de flamenco
cante jondo – littéralement "chant profond", l'essence du flamenco
capilla – chapelle
capilla mayor – chapelle principale où se trouve le maître-autel d'une église
carmen – villa entourée d'une muraille avec jardins, à Granada
carnaval – carnaval, période de parades costumées et de divertissements, qui s'achève en général le mardi, quarante-sept jours avant le dimanche de Pâques
carpa – chapiteau, toile tendue pour protéger du soleil ou servir d'abri. Les tentes andalouses sont souvent de style marocain
carretera – route
carta – menu
casa de huéspedes – pension de famille
casa rural – ferme, maison de la campagne ou d'un village, louant des chambres
casco – littéralement "casque", désigne la partie ancienne de la ville (*casco antiguo* est plus correct)

castellano – langue officielle de l'Espagne, parlée à l'origine en Castille
castillo – château
catedral – cathédrale
caza – chasse
cercanías – trains locaux desservant les banlieues et les villes voisines
cerrado – fermé
cervecería – brasserie
chiringuito – buvette, souvent en extérieur
churrigueresque – style architectural baroque très chargé, qui doit son nom à l'artiste le plus représentatif de cet art, José Churriguera
claustro – cloître
cofradía – confrérie, synonyme de *hermandad*
colegiata – collégiale
comarca – un district ou un groupement de *municipios* (municipalités)
comedor – réfectoire
comisaría – commissariat de police
comunidad autónoma – synonyme de *autonomía*
consejo de gobierno – cabinet de la Junta de Andalucía
consigna – consigne
converso – juif converti à la religion chrétienne pendant le Moyen Age
copas – boissons (littéralement verres) ; sortir boire un coup : *ir de copas*
copla – chant flamenco
cordillera – chaîne montagneuse
cordobés/a – cordouan/e
coro – chœur d'une église, au centre de la nef
correos – poste
corrida de toros – corrida
cortes – parlement
cortijo – ferme
costa – côte (bord de mer)
costumbristas – peintres et écrivains andalous du XIXe siècle, qui s'intéressaient aux traditions locales
coto – réserve de chasse
cuenta – addition
cuesta – côte (sur une colline)
custodia – ostensoir

dehesa – pâturage boisé de chênes verts
dólmen – tombe mégalithique

ducha – douche
duende – inspiration, esprit, émanant des grands maîtres du flamenco
duro – littéralement dur, désigne une pièce de cinq pesetas

embalse – réservoir, lac de retenue
embarcadero – jetée ou embarcadère
encierro – course de taureaux, dans le style de celles de Pamplona
entrada – entrée
ermita – ermitage ou chapelle
escalada – escalade
estación de autobuses – gare routière
estación de esquí – station de ski
estación de ferrocarril – gare ferroviaire
estanco – bureau de tabac
estípete – pilastre

farmacia – pharmacie
faro – phare
feria – foire ; foire commerciale ou foire organisée dans une ville ou un village, donnant lieu à plusieurs jours de festivités
ferrocarril – chemin de fer
fiesta – festival, jour férié ou fête
finca – ferme
fin de semana – week-end
flamenco – désigne les Flamands et la musique ou la danse flamenco
fonda – pension modeste, avec restaurant
fuente – fontaine

gaditano – personne originaire de Cádiz
garum – sauce épicée et riche en vitamines à base d'entrailles de poisson, préparée en Andalousie à l'époque romaine, utilisée en assaisonnement ou comme tonique
gitano – gitan
glorieta – rond-point

hermandad – confrérie participant à une procession religieuse
hispalense – sévillan
hospedaje – pension de famille
hostal – maison d'hôtes simple, ou petit hôtel ; à ne pas confondre avec une auberge de jeunesse
humedal – marécage

iglesia – église

infanta – princesse
infante – prince
IVA – *impuesto sobre el valor añadido* ; taxe sur la valeur ajoutée

jardín – jardin
jiennense – personne originaire de Jaén
jornalero – travailleur agricole saisonnier et sans terre
judería – quartier juif de l'Espagne médiévale
Junta de Andalucía – gouvernement exécutif de l'Andalousie

laberinto – labyrinthe
latifundio – grande propriété terrienne
lavandería – laverie
librería – librairie
lidia – art de combattre les taureaux
lista de correos – poste restante
litera – couchette (dans un train) ou wagon-lit
llegada – arrivée
lucio – étang des marais de Doñana

madrileño – madrilène
madrugada – les "premières heures", à partir de 3h du matin jusqu'à l'aube, tranche horaire particulièrement animée dans certaines villes espagnoles !
marcha – action, vie, goût pour les sorties
marismas – marais
marisquería – restaurant de poissons
medina – mot arabe signifiant ville ou centre-ville
menú del día – repas à prix fixe, servi à l'heure du déjeuner et parfois le soir
mercadillo – marché aux puces
mercado – marché
mezquita – mosquée
mihrab – niche indiquant la direction de La Mecque dans une mosquée
mirador – poste d'observation
morería – anciennement quartier musulman
morisco – musulman converti (souvent en apparence) au christianisme dans l'Espagne médiévale
moro – "maure" ou musulman (au Moyen Age)
movida – synonyme de *marcha*, une *zona de movida* correspond à un quartier animé où sont concentrés bars et discothèques

mozárabe – chrétien vivant sous l'autorité musulmane dans l'Espagne médiévale
mudéjar – musulman vivant sous l'autorité chrétienne dans l'Espagne médiévale ; par extension, désigne un style architectural
muelle – quai ou jetée
muladíes – ou muwallads, chrétiens convertis à l'islam au Moyen Age
municipo – municipalité, unité administrative locale de base
museo – musée

nao – navire servant au transport des marchandises

oficina de turismo – office du tourisme
onubense – personne originaire de Huelva

palo – littéralement bâton ; désigne un chant flamenco
panadería – boulangerie
papelería – papeterie
parador – luxueux hôtel appartenant à l'État, souvent aménagé dans un édifice historique
paseo – avenue, cours, promenade
paso – littéralement un pas ; plate-forme servant à transporter une statue lors d'une procession religieuse
peña – club, généralement de supporters de football ou d'*aficinados* de flamenco
pescadería – poissonnerie
pícaros – tricheurs (aux dés ou aux cartes) ; coquins
pinsapar – forêt de sapins
piscina – piscine
plateresque – style architectural du début de la Renaissance, caractérisé par des façades richement ornementées
plato combinado – littéralement "plat combiné", plat copieux de viande/fruits de mer/ omelette, accompagné de garnitures
playa – plage
plaza de toros – arène
porrón – cruche dotée d'un bec long et fin avec laquelle on boit (ou on essaie de boire) à la régalade
presa – barrage
provincia – province ; l'Espagne est divisée en cinquante provinces
pueblo – village, ville

puente – pont (désigne l'ouvrage mais aussi les week-ends prolongés)
puerta – portail ou porte
puerto – port ou col montagneux

quinto real – quinte royale : 20% de l'or du Nouveau Monde auquel avait droit la couronne espagnole

ración – tapas servies en portion suffisante pour faire un repas
rambla – cours d'eau, torrent
rastro – marché aux puces, troc
Reconquista – reconquête chrétienne de la péninsule ibérique menée contre les musulmans (du VIIIe au XVe siècle)
reembolso – remboursement
refugio – abri ou refuge, notamment en montagne, avec un confort rudimentaire, pour les randonneurs
reja – grille en fer forgé, qui marque la séparation entre le chœur et la nef
RENFE – Red Nacional de los Ferrocarriles Españoles, réseau ferroviaire national
reserva – réserve
retablo – retable
ría – estuaire
río – rivière
romería – pèlerinage ou procession
ronda – route périphérique d'une ville

s/m – sur les menus, abréviation signifiant *según mercado*, c'est-à-dire "selon arrivage"
s/n – *sin número* (sans numéro), apparaît sur certaines adresses
sacristía – sacristie, partie de l'église où sont conservés les vêtements sacerdotaux et les objets sacrés
saeta – chant religieux s'élevant parmi la foule lors des processions de la Semana Santa
salida – sortie ou départ
salinas – lagons salés
Semana Santa – Semaine Sainte, semaine précédant le dimanche de Pâques
sendero – sentier
sevillana – danse andalouse populaire ; sévillane
sevillano - sévillan (de Séville)
sierra – chaîne montagneuse
Siglo de Oro – Siècle d'or : apogée de la culture espagnole, dans les domaines artistique au XVIIe siècle et littéraire du milieu du XVIe siècle au milieu du XVIIe siècle
supermercado – supermarché

taifa – petit royaume musulman de l'Espagne médiévale
tapas – en-cas, traditionnellement servis dans une soucoupe ou un couvercle *(tapa)*
taquilla – guichet
tarjeta de crédito – carte de crédit
tarjeta de residencia – carte de résidence
tarjeta telefónica – carte téléphonique
techumbre – toit ou type commun d'*armadura*
terraza – terrasse (tables installées à l'extérieur d'un café ou d'un restaurant)
tetería – salon de thé à la mode asiatique, avec sièges bas et table basse ronde
tienda – boutique ou tente
tocaor/a – guitariste flamenco
torno – comptoir pivotant, dans un couvent, permettant aux religieuses cloîtrées de vendre des gâteaux ou des sucreries sans être vues
trascoro – paravent placé derrière le chœur
trono – littéralement trône, se réfère aussi à la plate-forme sur laquelle est posée la statue lors d'une procession religieuse
turismo – tourisme, voiture particulière ; *el turismo* signifie parfois l'office du tourisme
turismo rural – tourisme rural : se réfère à l'hébergement dans les *casas rurales* et les activités associées, comme la randonnée et l'équitation

urbanización – prolifération de constructions en marge des villes

v.o.s. (versión original subtitulada) – version originale sous-titrée en espagnol
valle – vallée

zoco – grand marché dans les villes musulmanes
zona de acampada – site de camping autorisé et gratuit, mais sans commodités ni surveillance
zonas restringidas – zones où les véhicules sont normalement interdits

Remerciements

Nous remercions tous les lecteurs qui nous ont fait part de leurs remarques, expériences et anecdotes. Excusez-nous par avance pour tout nom mal orthographié.

Alan Thornton, Alberto Larocca, Alejandro Contreras, Alfred Shaw, Audrey Dallez, Bernhard Raps, Bjorn Furumark, Beth Connors, Camille Credeville, Carlos P Moran, Caroline Raphael, Charles Moberley, Charles William Kersey, Christian Armbruester, Christian Bowers, Christine Hédreuil, Claudia Balzer, Cormac Bracken, Cynthia Gehan, Daniel A Brown, David Gibbons, Dirk Jan van der Kaa, Dr R Kwidzinski, E Sarlet, Emma Morgan, Eric Roche, Felice, Felix Weickmann, Geoff Walker, George Hawkins, George Musser, Georgia Carr, Gerhard Zarbrock, Gillian Sutton, Hannah Main-van der Kamp, Hanneke Fialka, Harold Zuberman, Helen Sundhaug, Isabel Noriega, Janessa Maria-Diego, Jean et Odile Bourdillon, Jean-Louis Malroux, Jim Alexander, Johan Andersson, John O Donoghue, Jully Jeunet, Laura Edmunds, Leya Nelson, Linda Highton, Lisa Rozenbes, Malcolm Love, Mark and Kath, Mary Lewis, Mary Ryan, Melanie America, Mike Shen, Mikole Liese, Milly Dudley-Owen, Mostapha Karim, Mrs. MG Savage, Nadja Peachey, Nathalie Peyrard, Nico Morgan, Nicolas Jonard, Nicole Fabisch, Paul McGrath, Peter Cliefe, Piero Facchinetti, RA Zambardino, Ray Singer, Richard Lewis, Rob Azarcon, Robert Mason, Ron Faris, Rose Brannen, Ruth MacGintie, Sandy Wubben, Sarah Woolston, Scott Slayton, Sean Donegan, Sebastian Lechel, Sergei Strid, Sheila et Roman Russek, Stefan Rukatukl, Stéphane Robert, Susie Roy, Swantje Paula Pohlmann, Terry D Schoessow, Tim Hoy, Tim Reid, Ton Renders, Tricia Harrison, Valérie

LONELY PLANET

GUIDES DE VOYAGE EN FRANÇAIS

Le catalogue de nos guides en français s'étoffe d'année en année : aux traductions de destinations lointaines comme l'Inde ou la Chine, s'ajoutent aujourd'hui des créations françaises avec des guides sur Tahiti, Madagascar, la Corse, Marseille ou encore le Restoguide Paris. Nos guides sont disponibles dans le monde entier et vous pouvez les commander en librairie. Pour toute information complémentaire, vous pouvez consulter notre site lonelyplanet.fr, nous contacter par email à bip@lonelyplanet.fr ou par courrier au 1 rue du Dahomey, 75011 Paris.

- Afrique du Sud
- Amsterdam
- Andalousie
- Athènes et les îles grecques
- Australie
- Barcelone
- Brésil
- Cambodge
- Chine
- Corse
- Cuba
- Égypte
- Guadeloupe et Dominique
- Guatemala et Belize
- Inde
- Indonésie
- Laos
- Lisbonne
- Londres
- Louisiane
- Madagascar
- Malaisie et Singapour
- Maroc
- Marseille et sa région
- Martinique, Dominique et Sainte-Lucie
- Mexique le Sud
- Myanmar (Birmanie)
- Namibie
- Népal
- New York
- Ouest américain
- Pérou
- Pologne
- Prague
- Québec
- Restoguide Paris 2000
- Réunion et Maurice
- Rome
- Sénégal
- Sri Lanka
- Tahiti et la Polynésie française
- Thaïlande
- Turquie
- Vietnam
- Yémen
- Zimbabwe et Botswana

LONELY PLANET

WWW.LONELYPLANET.FR

Notre site web, constamment actualisé, offre de plus en plus d'informations pour préparer et réussir ses voyages : plus d'une centaine de destinations passées au crible (cartes et photos), des conseils pratiques, des dépêches d'actualité, notre catalogue et des mises à jour en ligne de guides sur certains pays. Il permet également à la communauté des voyageurs d'échanger, de débattre grâce aux forums, à la rubrique controverse et au courrier des lecteurs.

LE JOURNAL

Afin de partager notre passion du voyage et les impressions ou renseignements que vous nous envoyez quotidiennement, nous publions Le Journal, un trimestriel gratuit.
Vous y trouverez des conseils de lecteurs, des informations pratiques liées à la santé comme aux habitudes culturelles à respecter, des articles sur des destinations ou événements à découvrir dans le monde entier ou encore sur des sujets d'actualité avec la volonté de promouvoir toujours davantage un tourisme responsable.
Pour vous abonner, écrivez-nous au 1 rue du Dahomey, 75011 Paris, France

LONELY PLANET

**RESTOGUIDE PARIS 2001 : 500 restaurants et bars
sélectionnés par des auteurs de Lonely Planet**

Du brunch au dîner en terrasse, cette deuxième édition de notre guide sur les restaurants, bars et cafés à Paris vous donne encore davantage le choix. Chaque endroit a été sélectionné pour une cuisine ou un service de qualité, à des prix abordables et également pour l'ambiance, le décor ou le petit plus qui font de chaque endroit une adresse à retenir et surtout à partager.

- 20 plans des arrondissements de Paris
- un index original par critères : sortir avec des enfants, dîner en terrasse, manger seul(e), ouvert tard, ouvert le dimanche, où jouer au billard, les meilleurs bars à bières, où se séparer ou se réconcilier !
- une sélection de bars et cafés par arrondissement
- un large choix d'adresses, du bistrot aux cuisines du monde
- des adresses de cafés pour se donner rendez-vous à la sortie du métro

**En vente en librairie
79,00 FF - $C 21,95 – UKL 10,99 – US$ 16,99**

LONELY PLANET

LES GUIDES DE PLONGÉE LONELY PLANET

Nos guides de plongée tout en couleur explorent les plus beaux sites de plongée du monde.
La description de chaque site comprend des informations sur le niveau conseillé, la profondeur, la visibilité et également sur la faune marine.
Tahiti et la Polynésie Française et Mer rouge sont nos deux premiers guides de plongée en français.
D'autres sites exceptionnels à travers le monde sont couverts par nos guides en anglais.

En vente en librairie :
En français
Guide de plongée Tahiti et la Polynésie française
22,71 E - 149 FF - $C 39.95 – L19.99 - US$ 31.99

Guide de plongée Mer rouge
24,24 E - 159 FF - $C 39,95 – L20.99 - US$ 33.99

En anglais (collection *Diving and snorkeling*)
Baja California - Belize - Bermuda - Cayman Islands - Chuuk Lagoon, Pohnpei & Kosrae - Cozumel - Dominica - Fiji - Guam & Yap - Hawaii - Palau - Papua New Guinea - Puerto Rico - Red Sea - Tahiti & French Polynesia - Thailand

LONELY PLANET

GUIDES DE VOYAGE EN ANGLAIS

Leader mondial en édition de guides de voyage, Lonely Planet publie également plus de 500 titres en anglais et couvre presque la terre entière.
Les différentes collections :
Les **travel guides** explorent des pays, des régions ou des villes, et s'adressent à tous les budgets,
les **shoestring guides** couvrent l'ensemble d'un continent et s'adressent plutôt aux voyageurs qui ont plus de temps que d'argent,
les **condensed guides** sont des guides de poche tout en couleurs, avec des photos et de nombreux plans, pour les séjours brefs dans une capitale,
les **phrasebooks** sont de précieuses méthodes de conversation,
les **walking guides et cycling guides** s'adressent aux marcheurs et cyclistes,
les **world food guides** dressent une présentation exhaustive de l'art culinaire de certains pays,
les **Out to Eat guides** recommandent les meilleurs restaurants et bars de quelques villes internationales, les **diving & snorkeling guides** donnent un descriptif complet des plus belles plongées d'une région ou d'un pays.
Existent également des **Atlas** routiers et des **cartes** des grandes villes du monde.
Pour vous procurer ces ouvrages, n'hésitez pas à vous adresser à votre libraire.

EUROPE Amsterdam • Andalucia • Austria • Baltic States phrasebook • Barcelona • Berlin • Britain • Brussels, Bruges & Antwerp • Budapest • Canary Islands • Central Europe on a shoestring • Central Europe phrasebook • Corsica • Crete • Croatia • Czech & Slovak Republics • Denmark • Dublin • Eastern Europe on a shoestring • Eastern Europe phrasebook • Edinburgh • Estonia, Latvia & Lithuania • Europe • Finland • Florence • France • French phrasebook • Germany • Georgia, Armenia & Azerbaijan • German phrasebook • Greece • Greek phrasebook • Greek Islands • Hungary • Iceland, Greenland & the Faroe Islands • Ireland • Italy • Italian phrasebook • Krakow • Lisbon • London • Madagascar • Madrid • Maldives • Malta • Mauritius, Réunion & Seychelles • Mediterranean Europe on a shoestring • Mediterranean Europe phrasebook • Moscow • Munich • Paris • Poland • Portugal • Portuguese Phrasebook • Portugal travel atlas • Prague • Provence & Côte d'azur • Romania & Moldova • Rome • Russia, Ukraine & Belarus • Russian phrasebook • Scandinavian & Baltic Europe • Scandinavian Europe phrasebook • Scotland • Sicily • Slovenia • Spain • South West France • Spanish phrasebook • St Petersburg • Sweden • Switzerland • The Loire • Trekking in Spain • Tuscany • Ukranian phrasebook • Venice • Vienna • Walking in Britain • Walking in France • Walking in Italy • Walking in Ireland • Walking in Switzerland • Western Europe • Western Europe phrasebook
Out to Eat : London

AMÉRIQUE DU NORD Alaska • Backpacking in Alaska • Baja California • Boston • California & Nevada • Canada • Chicago • Corfu & the Ionians • Cyprus • Deep South • Florida • Great Lakes States • Hawaii • Hiking in USA • Honolulu • Las Vegas • Los Angeles • Miami • New England • New England USA • New Orléans • New York City • New York, New Jersey & Pennsylvania • Oahu • Pacific Northwest USA • Rocky Mountains States • San Francisco • Seattle • Southwest USA • Southwest Arizona, New Mexico, Utah • USA • USA phrasebook • Vancouver • Virginia & the Capital Region
Out to Eat : San Francisco

AMÉRIQUE CENTRALE ET CARAÏBES Bahamas and Turks & Caicos • Bermuda • Central America on a shoestring • Costa Rica • Cuba • Dominican Republic & Haiti • Eastern Caribbean • Guatemala, Belize & Yucatan : La Ruta Maya • Jamaica • Mexico • Mexico City • Panama • Yucatan

LONELY PLANET

AMÉRIQUE DU SUD Argentina, Uruguay & Paraguay • Bolivia • Brazil • Brazilian phrasebook • Buenos Aires • Chile & Easter Island • Chile & Easter Island travel atlas • Colombia • Ecuador & the Galapagos Islands • Latin American (Spanish) phrasebook • Peru • Quechua phrasebook • Rio de Janeiro • South America on a shoestring • Trekking in the Patagonian Andes • Venezuela

AFRIQUE Southern Africa • Africa on a shoestring • Arabic (Egyptian) phrasebook • Arabic (Moroccan) phrasebook • Cairo • Cape Town • East Africa • Egypt • Egypt travel atlas • Ethiopia, Eritrea & Djibouti • Ethiopian (Amharic) phrasebook • The Gambia & Senegal • Kenya • Kenya travel atlas • Malawi • Mozambique • Morocco • South Africa, Lesotho & Swaziland • South Africa travel atlas • Swahili phrasebook • Tanzania, Zanzibar & Pemba • Trekking in East Africa • Tunisia • West Africa • Zimbabwe, Botswana & Namibia •

ASIE DU NORD-EST Beijing • Bhutan • Cantonese phrasebook • China • Hiking in Japan • Hong Kong, Macau & Gangzhou • Hong Kong • Japan • Japanese phrasebook • Korea • Korean phrasebook • Kyoto • Mandarin phrasebook • Mongolia • Mongolian phrasebook • Seoul • South West China • Taiwan • Tibet • Tibetan phrasebook • Tokyo

ASIE CENTRALE ET MOYEN-ORIENT Bahrain, Kuwait & Qatar• Central Asia • Central Asia pharasebook • Dubai • Georgia, Armenia & Azerbaijan • Hebrew Phrasebook • Iran • Israel & Palestinian Territories • Israel & Palestinian Territories travel atlas • Istanbul • Istanbul to Cairo on a shoestring • Jerusalem • Jordan • Jordan, Syria & Lebanon travel atlas • Lebanon • Middle East on a shoestring • Oman & the United Arab Emirates • Syria • Turkey • Turkish phrasebook • Turkey travel atlas • Yemen

SOUS-CONTINENT INDIEN Bangladesh • Bengali phrasebook • Delhi • Goa • Hindi/Urdu phrasebook • India • India & Bangladesh travel atlas • Indian Himalaya • Karakoram Highway • Kerala • Mumbai (Bombay) • Nepal • Nepali phrasebook • Pakistan • Rajastan • South India • Sri Lanka • Sri Lanka phrasebook • Trekking in the Indian Himalaya • Trekking in the Karakoram & Hindukush • Trekking in the Nepal Himalaya

ASIE DU SUD-EST Bali & Lombok • Bangkok • Burmese phrasebook • Cambodia • Hanoi • Hill Tribes phrasebook • Ho Chi Minh City (Saigon) • Indonesia • Indonesian phrasebook • Indonesia's Eastern Islands • Jakarta • Java • Lao phrasebook • Laos • Malay phrasebook • Malaysia, Singapore & Brunei • Myanmar (Burma) • Philippines • Pilipino phrasebook • Singapore • South-East Asia on a shoestring • South-East Asia phrasebook • Thai phrasebook • Thailand • Thailand's Islands & Beaches • Thailand, Vietnam, Laos, Cambodia road atlas • Vietnam • Vietnamese phrasebook

AUSTRALIE ET PACIFIQUE Auckland • Australia • Australia travel atlas • Australian phrasebook • Bushwalking in Australia • Bushwalking in Papua New Guinea • Fiji • Fijian phrasebook • Islands of Australia's Great Barrier Reef • Melbourne • Micronesia • New Caledonia • New South Wales • New Zealand • Northern Territory • Outback Australia • Papua New Guinea • Pidgin phrasebook • Queensland • Rarotonga & the Cook Islands • Samoa • Solomon Islands • South Australia • South Pacific • South Pacifique phrasebook • Sydney • Tahiti & French Polynesia • Tasmania • Tonga • Tramping in New Zealand • Vanuatu • Victoria • Western Australia
Out to Eat : Sydney • Melbourne

PÔLES NORD ET SUD Antartica • The Artic

ÉGALEMENT DISPONIBLE Chasing Rickshaws • Sacred India • Travel with Children

Index

Texte

A

Achats 100
Agua Amarga 420
Al-Andalus 15, 18
Alájar 207
Alanís 182
Albayzín 344
Alcazaba (Almería) 407
Alcazaba (Antequera) 270
Alcázar (Sevilla) 142
Alfarnate 310
Alfarnatejo 310
Algeciras 253, **255**
Alhambra 339
Almería 406, **408**
  Alcazaba 407
Almohades 17, 384
Almonaster la Real 207
Almoravides 17
Almuñecar 371
Alpujarras almériennes 413
Ambassades 63
Andalousie, accès **119**
Antequera 304
Aracena 203, **204**, **208**
Árchez 312
Architecture 42
  Al-Andalus 18
  Alpujarras 364
Arcos de la Frontera 234
Ardales 294
Argent 64
  Taux de change 65
  Taxes 67
Aroche 208
Assurance 62, 76
Auberges de jeunesse 62, 93
Avion 115-118
Ayamonte 200
Aznalcóllar 195

B

Baeza 383, **385**
Bandelero 300
Barbate 243
Baños de la Encina 383
Barrio de Bella Vista 202
Bars 96, 105
Bateau 125
Baza 357
Benamahoma 240
Benaocaz 242

Bibliographie 39, 71
Bicyclette 89, 131
Bière 110
Bobastro 293, 300
Bolonia 246
Bourbons 21
Bubión 363
Bus 119, 120, 121, 128

C

Cabo de Gata 415, **416**
Cadix *voir* Cádiz
Cádiz 211, **214**
  Cathédrale 216
  Hospital de Mujeres 215
  Oratorio de San Felipe
    Neri 215
  Plaza de Topete 213
  Torre Tavira 213
Cafés 105
Cante jondo 50
Capileira 363
Capilla Real 343
Carmona 173, **174**
Carnaval 86, 216
Cartes 58, 130
Casares 292
Castaño del Robledo 210
Catholicisme romain 48
Cazalla de la Sierra 180
Cazorla 393, **399**
Cerro del Hierro 182
Charles Quint 20
Chipiona 227
Cigognes 254
Cinéma 56, 97
Circuits organisés 131, 155
Climat 28
CNT (Confederación Nacional
  del Trabajo) 23
Code postal 68
Colomb, Christophe 20, 188
Comares 310
Cómpeta 311
Concert 96
Confederación Nacional del
  Trabajo *voir* CNT
Constantina 181
Constitution 34
Consulats 63
Córdoba 313, **316-317**
  Alcázar de los Reyes
    Cristianos 321

Judería 320
Mezquita 318
Museo Arqueológico 321
Palacio Episcopal 320
Patio 320
Plaza del Potro 321
Torre de la Calahorra 321
Cordoue *voir* Córdoba
Corrida 97, 187, 298
Corta Atalaya 202
Corta Cerro Colorado 202
Cortegana 208
Cortes (Parlement) 22
Costa de la Luz 242
Costa del Sol 281
Cours 90
Cuevas del Tesoro 308
Cyclotourisme 89

D

Danse, flamenco 55
Dauphins 264
Démocratie 26
Désagréments et dangers 82
Désert 28
Discothèques 96
Disques 54
Distractions 96
Don Juan 40
Douane 64
Drogue 84

E

Écija 176
Écologie 29
Économie 35
El Bosque 239
El Chorro 292
El Pedroso 182
El Puerto de Santa María 220
El Rocío 196
El Rompido 199
El Torcal 307
Électricité 75
Enfants en voyage 81
Environnement *voir* Écologie
Équitation 89, 127
Ermita de la Virgen
  de la Sierra 331
Escalade 88
Estepa 178
Estepona 291

F

Falla, Manuel de 52
Faro de Cabo de Gata 417
Faune 31, 194, 254, 397
Felipe II 21
Femme en voyage 80
Ferrocarril Turístico-Minero 202
Festivals 85
Flamenco 50, 96, 168, 186, 352
    Films 56
Flore 30, 31, 194, 397
Football 97, 188
Franco, Francisco 25
Front populaire 24
Fuengirola 285
Fuente Vaqueros 354
Fuenteheridos 209

G

Galaroza 209
Gastronomie 101
    Spécialités culinaires (Cádiz) 374
    Spécialités provinciales 101
Gazpacho 107
Géographie 27
Gibralfaro 272
Gibraltar 259
    Gibraltar Museum 262
    The Town 261
    Upper Rock Nature Reserve 263
    Ville **262**
Giralda 157
Gitans 36
Golf 89
Granada 333, **336-337**
    Albayzín 344
    Alhambra 339, **340**
    Capilla Real 343
    Cathédrale 344
    Centre **338**
    Generalife 343
Grazalema 240
Grenade voir Granada
Guadalcanal 182
Guadalquivir 27, 321
Guadix 355
Guardia Civil 82
Guerre civile 24

Les références des cartes sont indiquées en **gras**.

H

Handicapés 81
Hébergement 93
Heure locale 75
Heures d'ouverture 84, 85
Histoire 13
    Al-Andalus 15
    Découverte des Amériques 20
    Époque romaine 14
    Reconquista 15, 19
    Rois Catholiques 19
    Wisigoths 15
Homosexualité 80
Hornos 404
Huelva 183, **185**
    Barrio Reina Victoria 186
    Museo de Huelva 185
    Santuario de Nuestra Señora de la Cinta 186

I

Ibères 14
Iglesia de la Magdalena 151
Inquisition 20
Institutions politiques 34
Instituto Cervantes 82
Internet 70
Isla Cristina 199
Isla de la Cartuja 154
Itálica 173
Iznájar 332

J

Jabugo 209
Jaén 374, **378-379**
    Castillo de Santa Catalina 380
    Palacio de Villardompardo 377
    Spécialités culinaires 374
Jamón 102
Jerez de la Frontera 227, **229**
Jimenez, Juan Ramón 41, 73
Journaux 74
Jours fériés 84
Judería 320
Juifs 20, 49

L

La Antilla 199
La Axarquía 310
La Campiña 173
La Capitana 182
La Cartuja 234
La Herradura 373
La Línea de la Concepción 257
La Rábida 189
La Taha 367
La Yeguada del Hierro del Bocado 234
Laguna de Fuente de Piedra 307
Langue 49, 426
Lanjarón 362
Las Alpujarras 358, **359**, 361, 413
Las Navas de la Concepción 182
Las Navas de Tolosa 384
Librairies 71
Linares de la Sierra 206
Littérature 39
Livres 71
Lorca, Federico García 41, 52, 73, 355
    Casa Museo (Fuente Vaqueros) 354
Los Caños de la Meca 243
Los Escullos 419
Los Millares 412
Los Pedroches 329
Los Vélez 423
Lucía, Paco de 53
Lugares colombinos 183, 189

M

Macaques de Barbarie 32, 263
Machado, Antonio 41, 73
Magellan 224
Málaga 268, **271**
    Alameda Principal 274
    Alcazaba 270
    Cathédrale 272
    Centre **272**
    Gibralfaro 272
    Museo Picasso 273
    Semaine Sainte 275
Manzanilla 109
Marbella 286, **288**
Marina del Este 372
Marquesado de Zenete 357
Matalascañas 193
Mazagón 192
Medina Azahara 328
Mezquita (de Córdoba) 318
Mijas 286
Minas de Riotinto 201
Mini Hollywood 413

Moguer 191
Mojácar 420, 422, **421**
Montoro 330
Moto 120-121, 124, 129
Mozarabique 43
Mudéjar 43
Mulhacén 366
Musique 38, 50
    Flamenco 50

N

Nasride 18
Nerja 308
Niebla 192
Níjar 413

O

Offices du tourisme 61
Olive 376
Orce 356
Órgiva 362
Ornithologie 32, 90, 254, 397
Osuna 177

P

Palos de la Frontera 190
Pampaneira 363
Paraje Natural Marismas del Odiel 188
Parcs nationaux 33
Parque Cinegético Collado del Almendral 403
Parque Nacional de Doñana 193
Parque Natural
    Los Alcornocales 252
    Sierra de Andújar 382
    Sierra de Grazalema 237
    Sierra de las Nieves 303
    Sierra Mágina et Huelma 383
    Sierra Norte 179
    Sierras de Cazorla 396
Peinture 44
Pèlerinage 197
Peña de Arias Montano 207
Philippe II *voir* Felipe II
Photographie 75
Picasso, Pablo 47
    Casa natal (Málaga) 273
    Museo (Málaga) 273
Pitres 367
Planche à voile 89, 249
Plongée 89

Population 36
PP (Partido popular, parti populaire) 26
Presse 74
Priego de Córdoba 331
Primo de Rivera, José Antonio 24
Primo de Rivera, Miguel 23
Provincias
    Almería 406, **407**
    Cádiz 211, **212**
    Córdoba 313, **314**
    Granada 333, **334**
    Huelva 183, **184**
    Jaén 374, **375**
    Málaga 268, **269**
    Sevilla 132, **133**
PSOE (Partido socialista obrero español, parti socialiste) 26
Puerto Banús 291
Punta Umbría 199

R

Radio 74
Randonnée 88, 127, 238, 312, 360, 361, 364, 368, 400-402
Reconquista 15, 19
Religion 48
    Semana Santa (Semaine Sainte) 158-159
Réserves 33
Restaurants 106
Retable 46
Rincón de la Victoria 308
Rois Catholiques 19
Romains 14
Ronda 295, **297**
Ronda la Vieja 302
Roquetas de Mar 412

S

Salinas de Cabo de Gata 416
Salobreña 370
San José 417
San Nicolás del Puerto 182
Sanlúcar de Barrameda 224
Santa Ana la Real 207
Santé 76
Sculpture 44
Sécheresse 30
Segura de la Sierra 404
Semaine Sainte 86, 158-159, 275

Sendero del Aroyo de las Cañas 182
Seniors 81
Sevilla 132, **136-137**
    Alcázar 142, **142**
    Archivo de Indias 145
    Cathédrale 139, **140**
    Corrida 169
    El Arenal 149
    El Centro 145, **146-147**
    Flamenco 168
    Football 170
    Giralda 139
    Museo de Bellas Artes 151
    Santa Cruz 145
    Semana Santa (Semaine Sainte) 158-159
Séville *voir* Sevilla
Sierra Morena 179
Sierra Nevada 358, **359**
Siglo de Oro 45
Ski 89, 358
Spécialités provinciales 101

T

Tapas 105, 107, 164
Tarifa 247, **249**
Tartessos 13, 185
Tauromachie 97, 187, 298
Téléphone 68
Télévision 74
Terrorisme 83
Torre del Mar 308
Torremolinos 282
Trafalgar 22
Train 119, 120, 122, 128, 129
Tranco 403
Travailler en Andalousie 91
Trevélez 367
Triana 172

U

Úbeda 388, **391**
UGT 23
Unión General de Trabajadores *voir* UGT

V

Vandelvira, Andrés de 389

Les références des cartes sont indiquées en **gras**.

Vejer de la Frontera 242
Vidéo 74
Vin 108
Visas 61
Voile 89
Voiture 120-121, 124, 129
  Assistance routière 130
Essence 130
Location 130
Voyages organisés 126

W

Wisigoths 15

X

Xérès 109, 220, 221, 230, 231

Z

Zahara de la Sierra 241

Liste des encadrés

Gastronomie
  El Menú ne figure pas toujours sur la carte 104
  Huile essentielle 376
  Le système Solera 231
  Les spécialités andalouses de tapas 107
  Mettez un couvercle – tapas et raciones 105
  Suspends un jambon 102
Histoire et culture
  Andrés de Vandelvira 389
  Bandoleros, guerilleros et autres canailles des hautes sierras 300
  De Sanlúcar a Sanlúcar via la Terre de Feu 224
  El hombre de Orce 356
  L'Andalousie à travers le roman 40
  L'empreinte musulmane 18
  La Romería del Rocío 197
  La Semana Santa 158-159
  Las Navas de Tolosa 384
  Les maisons des Alpujarras 364
  Les quatre traversées de Christophe Colomb 188
Patrimoine culturel et naturel
  La faune et la flore de Cazorla 397
  Les conséquences du désastre d'Aznalcóllar 195
  Les dehesas d'Andalousie 31

  Oiseaux de haut vol dans le détroit de Gibraltar 254
  Randonnées dans l'Área de Reserva de Grazalema 238
  Retablos 46
Transport
  Aller simple en bus 128
  Aller simple en train 129
  Cartes de réduction ferroviaires 122
  Comment circuler 128
  Distances routières (km) 121
  Quelques numéros utiles 118
Vie pratique
  Code postal 68
  Heures d'ouverture 318
  Horaires très variables 85
  Le juste prix 92
  Luxe à l'ancienne 95
  Où trouver du flamenco authentique 352
  Police – qui fait quoi ? 82
  Règles de conduite à Granada 354
  Repaires du Flamenco à Sevilla 168
Société andalouse
  A cheval sur les marées 226
  Au nom de la tolérance 422
  Le cœur caché de Córdoba 320
  Les Romero, combattants de Ronda 298
  Taureaux sacrés 221

LÉGENDE DES CARTES

ROUTES

Villes	Régionales	
	Autoroute	Rue piétonne
	Auto. payante	Escalier
	Nationale	Tunnel
	Départementale	Randonnée
	Cantonale	Promenade
	Non goudronnée	Sentier

TRANSPORTS

- Gare
- Trajet bus
- Station de métro
- Trajet ferry

LIMITES ET FRONTIÈRES

- Internationale
- Département
- Province
- Non certifiée

HYDROGRAPHIES

- Bande côtière
- Lac intermittent
- Source, rapide
- Rivière ou ruisseau
- Lac salé
- Chute
- Lac
- Canal
- Marais

TOPOGRAPHIE

- Marché
- Cimetière
- Terrain de golf
- Sable
- Édifice
- Terrain de sport
- Parc
- Forêt
- Campus
- Jardin
- Place
- Mangrove

SYMBOLES

- ⊙ CAPITALE NATIONALE
- ⊚ Capitale régionale
- ● Grande ville
- ⊙ Ville Moyenne
- ○ Petite ville
- ○ Village, lieu-dit
- ■ Où se loger
- ▼ Où se restaurer
- ● Centre d'intérêt
- Canoë, kayak
- Ancrage, mouillage
- Plage
- Aérodrome
- Église
- Musée
- Piste de ski
- Aéroport
- Cinéma
- Observatoire
- Belle demeure
- Site archéologique, ruines
- Site de plongée
- Parc
- Surf
- Banque
- Ambassade, consulat
- Parking
- Synagogue
- Café
- Passerelle
- Col
- Temple Tao
- Champs de bataille
- Fontaine
- Aire de pique-nique
- Borne de taxi
- Location de vélo
- Station-service
- Poste de police
- Téléphone
- Poste frontière
- Hôpital
- Piscine
- Théâtre
- Zoo
- Information touristique
- Bureau de poste
- Toilette publique
- Gare routière
- Cybercafé
- Bar, pub
- Tombeau
- Téléphérique, funiculaire
- Phare
- Caravaning
- Chemin de randonnée
- Terrain de camping
- Point de vue
- Refuge
- Terminus de tram
- Château
- Accessibilité
- Épave
- Transports
- Cathédrale
- Monument
- Parc national
- Volcan
- Grotte
- Montagne
- Ornithologie
- Vignoble

Note : tous les symboles ne sont pas utilisés dans cet ouvrage

BUREAUX LONELY PLANET

Australie
Locked Bag 1, Footscray, Victoria 3011
☎ (03) 9689 4666 ; Fax (03) 9689 6833
e-mail : talk2us@lonelyplanet.com.au

États-Unis
150 Linden Street, Oakland, CA 94607
☎ (510) 893 8555 ; Fax (510) 893 85 72
N° Vert : 800 275-8555
e-mail : info@lonelyplanet.com

Royaume-Uni et Irlande
10 A Spring Place, London NW5 3BH
☎ (020) 7428 4800 ; Fax (020) 7428 4828
e-mail : go@lonelyplanet.co.uk

France
1, rue du Dahomey,
75011 Paris
☎ 01 55 25 33 00 ; Fax 01 55 25 33 01
e-mail : bip@lonelyplanet.fr

World Wide Web : http://www.lonelyplanet.fr et http://www.lonelyplanet.com
Lonely Planet Images : lpi@lonelyplanet.com.au